HANDBUCH DES DEUTSCHEN THEATER- FILM- MUSIK- UND ARTISTEN-RECHTS

VON

PAUL DIENSTAG UND ALEXANDER ELSTER

BERLIN
VERLAG VON JULIUS SPRINGER
1932

ISBN-13:978-3-642-93881-8 e-ISBN-13:978-3-642-94281-5
DOI: 10.1007/978-3-642-94281-5

SOFTCOVER REPRINT OF THE HARDCOVER 1ST EDITION 1932

Vorwort.

Die Entwicklung des Films, des Rundfunks und der Schallplatte hat dem alten Begriff des Theaters und Konzerts neuen Inhalt und eine starke Erweiterung gegeben. Damit wuchsen begreiflicherweise auch die Rechtsprobleme für die Erscheinungsformen der künstlerischen Aufführungen und Vorführungen. Diese Rechtsprobleme enthalten trotz der Verschiedenartigkeit in vielen Einzelfragen doch sehr viel grundsätzlich Einheitliches.

Diese einheitlichen Rechtsgrundlagen herauszuarbeiten, aus ihnen die Antworten im einzelnen zu entnehmen und so der Fülle der Gesichte im besonderen gerecht zu werden, ließen wir uns in diesem Buche angelegen sein. Daß wir nicht auf alle Einzelfragen eine erschöpfende oder überhaupt eine Antwort geben konnten, erklärt sich aus dieser Fülle des Stoffes und aus der Notwendigkeit, das Buch in einem Umfang zu halten, der seinen Preis nicht zu hoch werden ließ. Deshalb haben wir — schweren Herzens — viel gestrichen, was schon niedergeschrieben war, und uns so kurz, wie es sich mit der Verständlichkeit der zum Teil recht schwierigen Rechtsmaterien noch vereinigen ließ, zu fassen gesucht.

Es soll, da es ein aus der Praxis entstandenes Buch ist, wie wir hoffen, ein Buch für die Praxis geworden sein. Dabei blieben aber die theoretischen Grundlagen nicht außer acht, weil wir überzeugt sind, daß gerade bei verhältnismäßig neuen und ungeklärten Rechtsgestaltungen die richtige Antwort nur auf sicherem Grunde theoretischer Erkenntnis gegeben werden kann.

Wie wir uns in die Bearbeitung des Gesamtstoffes geteilt haben, ist aus dem Buche selbst ersichtlich. Jeder der Verfasser trägt die Verantwortung für seine Auffassung.

Bei der Anfertigung des Sachverzeichnisses ist Herr Rechtsanwalt Dr. FINKELSTEIN behilflich gewesen, wofür wir ihm Dank sagen.

Berlin, im Dezember 1931.

Rechtsanwalt Dr. PAUL DIENSTAG, Berlin.

Dr. ALEXANDER ELSTER, Berlin.

Inhaltsverzeichnis.

Erstes Buch.

Theater- Film- Musik- Funk- und Artisten-Urheberrecht

von

ALEXANDER ELSTER.

I. Allgemeines.

II. Theater-Urheberrecht.

III. Film-Urheberrecht.

IV. Musik-Urheberrecht.

V. Rundfunk-Urheberrecht.

VI. Artisten-Urheberrecht.

Zweites Buch. Seite

Filmfabrikationsrecht und Urhebervertriebsrechte

von

PAUL DIENSTAG.

Drittes Buch.

Öffentliches Theater- und Lichtspielpolizeirecht

von

PAUL DIENSTAG.

I. Polizeirecht.

Fünftes Buch.

Seite

Der Theater- Film- Schaustellungs- und Konzertbetrieb

von

Paul Dienstag.

I. Besuchsrecht.

II. Unternehmensrecht.

Verzeichnis wesentlicher Abkürzungen.

Gesetze, Entscheidungssammlungen und Zeitschriften sind im allgemeinen nach MAAS-MAGNUS: Abkürzungsverzeichnis der Rechtssprache, Berlin und Leipzig 1929 zitiert.

Arch.f.Urh.R. = Archiv für Urheber- Film- und Theaterrecht.
AV. = Ausführungsverordnung zum Lichtspielgesetz.
Bensheimer Sammlung = Entscheidungen des Reichsarbeitsgerichts und der Landesarbeitsgerichte. Mannheim 1927ff.
BuschZ. = Zeitschrift für Zivilprozeß.
DB. = Die deutsche Bühne, Amtliches Blatt des deutschen Bühnenvereins.
DJZ. = Deutsche Juristenzeitung.
GO. = Gewerbeordnung.
GRUR. = Gewerblicher Rechtsschutz und Urheberrecht. Zeitschrift des deutschen Vereins für den Schutz des gewerblichen Eigentums.
GerS. = Der Gerichtssaal.
GewArch. = Gewerbearchiv für das Deutsche Reich.
HdR. = Handwörterbuch der Rechtswissenschaft.
HGZ. = Hanseatische Gerichtszeitung.
LZ. = Leipziger Zeitschrift.
LG. = Lichtspielgesetz.
MuW. = Markenschutz und Wettbewerb. Monatsschrift für Markenrecht, Patentrecht und Wettbewerbsrecht.
NW. = Der Neue Weg. Halbmonatsschrift für das deutsche Theater. Amtliches Organ der Genossenschaft deutscher Bühnenangehöriger.
NV. = Bühnennormalvertrag zwischen dem deutschen Bühnenverein und der deutschen Bühnengenossenschaft.
NZArbR. = Neue Zeitschrift für Arbeitsrecht.
OPSt. = Filmoberprüfstelle.
OSchG. = Bühnenoberschiedsgericht.
OVG. = Preußisches Oberverwaltungsgericht.
PrVBl. = Preußisches Verwaltungsblatt.
PrKAG. = Preußisches Kommunalabgabengesetz.
RFZ. = Entscheidungen des Reichsfinanzhofs.
RGZ. = Entscheidungen des Reichsgerichts in Zivilsachen.
RGSt. = Entscheidungen des Reichsgerichts in Strafsachen.
ROHG. = Entscheidungen des Reichsoberhandelsgerichts.
Reger. = Entscheidungen der Gerichte und Verwaltungsbehörden auf dem Gebiete des Verwaltungs- und Polizeistrafrechts.
VarSchG. = Varietéschiedsgericht.
VTV. = Varietétarifvertrag.
ZBlfH. = Zentralblatt für Handelsrecht.

Erstes Buch.

Theater- Film- Musik- Funk- und Artisten-Urheberrecht.

Von

ALEXANDER ELSTER.

Das Urheberrecht soll hier nur soweit dargestellt werden, wie es für die Vorgänge im Leben des Theaters, des Films, der Musik, des Rundfunks und der Artisten als Begründung der rechtlichen Regelung von Bedeutung ist. Es ist bei einem in so vielen seiner Teile noch unerforschten und unbeachteten Rechtsgebiet erforderlich, sich immer wieder die allgemeinen Grundlagen vor Augen zu führen und auf ihnen die Beantwortung der Einzelfragen aufzubauen. Denn hier kann man sich häufig nicht auf positive und eindeutige Bestimmungen stützen, sondern muß das Recht als Ergebnis und Überzeugung aus einer klaren Anschauung der systematischen Grundlagen des Ganzen herleiten. Hier galt es also nicht, das Urheberrecht als Selbstzweck darzustellen (dafür darf auf mein Buch „Urheber- und Erfinder-, Warenzeichen- und Wettbewerbsrecht", 2. Aufl. 1928, hingewiesen werden), sondern auswählend das für die Praxis des Theater-, Film- und sonstigen Aufführungsrechts Wichtige zu behandeln.

I. Allgemeines.

§ 1. Der Urheber und die Aufführung[1].

1. Der Urheber. Wer es auch sei, um dessen aufzuführendes oder vorzuführendes Schaffen es sich handelt, ihm steht *das Urheberrecht an seinem Werke* zu — und das bedeutet:

a) daß er allein darüber bestimmen darf, ob das Werk aufgeführt oder vorgeführt werden soll (§ 11 Abs. 2 LitUG.: „Das Urheberrecht an einem Bühnenwerk oder an einem Werke der Tonkunst enthält auch die ausschließliche Befugnis, das Werk öffentlich aufzuführen),

b) daß er allein die Form zu bestimmen hat, in der das Werk aufgeführt oder vorgeführt werden soll[2] (§ 9 LitUG.; vgl. auch § 13 Verl.G.),

c) daß er gegen Plagiat u. dgl. geschützt wird[3] (§§ 11, 31 LitUG.),

d) daß sein Werk nicht zu einer Neubearbeitung verwendet wird, wenn er es nicht genehmigt (§ 12 LitUG.)[2],

e) daß bei ihm eine Reihe solcher Rechte zurückbleiben, auch wenn er das „Urheberrecht" an seinem Werk einem Anderen überlassen hat (§ 14 LitUG.)[4],

f) daß, wenn aus seiner Vorlage durch Mithilfe Anderer etwas Neues gemacht wird, doch ihm das Urheberrecht an dem Teil des Ganzen verbleibt, der auf sein Schaffen zurückgeht, äußerstenfalls in der Gestalt eines „Mit-Urheberrechts" (§§ 13, 6 LitUG.)[5].

Über alle diese wichtigen Fragen wird im einzelnen noch gesprochen.

Freilich ist die Idee oder der Einfall noch nicht „das Geisteswerk"; um das es sich hier handelt. Ein Geisteswerk als Grundlage der Aufführung liegt immer erst dann vor, wenn spezielle Arbeit mit richtunggebendem Willen auf die formende Gestaltung verwendet worden ist[6]. Wie weit die Gestaltung gediehen und ob das Werk vollendet ist, macht für den Urheberrechtsschutz wenig aus: auch Entwürfe genießen den Schutz, denn als Entwürfe sind sie in ihrer (fragmentarischen) Form schon gestaltet. Fragmente sind schon geformte Geisteswerke. Und ob die Formgebung eine schriftliche, eine literarische, eine musikalische, eine bildnerische, eine filmische, eine choreographische ist, bleibt sich ebenfalls gleich. Auch Bearbeitung ist Formgebung. Ein Geistes- oder Kunstwerk, das einen urheberrechtlichen Schutz verdient, liegt also — unabhängig von der äußeren Größe oder Gewichtigkeit seines Daseins — immer dann vor, wenn durch eine schöpferische

---

[1] Reiners, Fritz: Das Bühnenwerk und sein urheberrechtlicher Schutz (Abh. d. Rechts- u. Staatswiss. Fakultät d. Univ. Göttingen). Leipzig 1927. Opet: Theaterrecht 1897, 269ff.

[2] S. das Nähere unten §§ 3 und 11. [3] S. das Nähere unten §§ 3 und 18.

[4] S. das Nähere unten §§ 2 und 5.

[5] S. das Nähere unten §§ 4, 15, 17, 21.

[6] Vgl. des Näheren Elster: Formgebung und Ausdrucksmittel in ihrer Bedeutung für das Recht des Urhebers. Arch.f.Urh.R. 2, 595ff.; 3, 371ff.

Geistestätigkeit eine Form gestaltet worden ist, die sich selbständig und objektiviert als ein eigenartiges Etwas ergreifen und wiedergeben läßt.

Auf diesen Werken sowohl wie auf den sie wiedergebenden Leistungen (neben Leistungen ohne Geisteswerkunterlage wie zumeist bei Artisten) beruhen im wesentlichen die Funktionen des Theaters, des Films und der Musikdarbietungen. Auf Bühne und Podium vermischen sich Werk und Leistung fast zur Untrennbarkeit; und doch muß man diese beiden Teile juristisch streng auseinanderhalten.

2. Das Aufführungsrecht von Bühnenwerken. Das Aufführungsrecht ist ein Teil des Urheberrechts (§ 11 Abs. 2 LitUG.), umfaßt also eines der für den Inhaber des Urheberrechts wichtigen Befugnisse. Das Gesetz gibt dieses Recht, ausschließlich über die Aufführung zu bestimmen, nur dem Autor von „Bühnenwerken oder Werken der Tonkunst". Über dieses (normale) Aufführungsrecht handeln viele Kapitel des vorliegenden Buches. Ob die szenische Wiedergabe eines Gedichtes, einer Ballade, eines Romans keine dem Autor vorbehaltene Aufführung sei, weil in diesen Fällen ja kein Bühnenwerk vorliege, ist eine etwas strittige Frage[7]. Sicher und unbestritten ist, daß der „Vortrag" erschienener Werke frei ist (§ 11 Abs. 3, arg. e contrario, weil dort nur der Vortrag *nicht* erschienener Schriftwerke dem Autor vorbehalten ist). Das ist ein *Ausnahme*-Rechtssatz des Urheberrechts, der mithin *eng* und keineswegs ausdehnend auszulegen ist[8]. Es fragt sich also zunächst, ob die halbszenische Wiedergabe eines Romanteils, einer Novelle oder einer Ballade „Vortrag" ist und mithin der Vortragsfreiheit zuzurechnen sei. Dem stehen drei gewichtige Gründe entgegen:

1. daß aus einem Wortbegriff („Vortrag") keine weitreichenden sachlich-juristischen Schlüsse zu ziehen sind (man hat das beim Rundfunk-Urheberrecht-Streit erlebt!);

2. daß solche Wiedergabe eines nicht bühnenmäßig gedachten Werkes einen starken Eingriff in das Recht des Urhebers bedeutet;

3. daß die Tendenz der §§ 11ff. LitUG. die ist, dem Autor im Rahmen der dort genannten Kategorien alle Rechte vorzubehalten, die ihm nicht ausdrücklich verwehrt sind. (Damit ist nicht ein uferloses droit d'auteur gemeint.)

Die Begründung dieser Sätze im einzelnen sowie die Behandlung der nichtbühnenmäßigen Aufführung von Bühnenwerken würde hier zu weit führen. Vgl. darüber den in Fußnote 7 genannten Aufsatz.

[7] Diese Frage ist näher behandelt in meinem Aufsatz „Prolegomena des Aufführungs- und Vorführungs-Urheberrechts", Arch.f.Urh.R. 4, 433ff.

[8] GOLDBAUM, der dies ebenfalls (mit Recht) betont, meint jedoch, der öffentliche Vortrag erschienener Bühnenwerke sei *nicht* freigestellt, weil Schriftwerk im Abs. 3 zu Bühnenwerk im Abs. 2 des § 11 in Gegensatz stehe. Das dürfte anfechtbar sein.

3. Bedeutung der Schutzfrist. Die vom Gesetz mit einer runden Zahl von Jahren begrenzte Schutzfrist (30—50 Jahre[9]) ist ein gewillkürtes Kompromiß zwischen dem monopolistischen Individualinteresse des Urhebers und dem sozialen Allgemeininteresse des Publikums. Welche Dauer der Schutzfrist die „richtige", d. h. die gerechte oder angemessene, sei, kann daher grundsätzlich überhaupt nicht gesagt werden; für manchen Schaffenden sind schon 30 Jahre nach dem Tode zu viel, da seine Werke schon viel früher gestorben sind; für manchen sehr bedeutenden, aber zu früh gestorbenen Mann kommt die allgemeinere Anerkennung seiner Werke erst zu einer Zeit, wo auch die längere Schutzfrist schon abgelaufen ist. Überdies ist dies eine Frage mehr des Erbrechts und der Rentenbeschaffung für die Angehörigen[10] als etwa eine künstlerische und geistige Notwendigkeit. Nicht zuzustimmen ist der Ansicht (z. B. GOLDBAUMS), daß das Urheberrecht von Natur aus ewig sei und die Beschränkung der Schutzdauer eigentlich als ein Eingriff in das Autorrecht anzusehen sei; vielmehr ist das Urheberrecht aus dem auf Zeit erteilten Privilegienrecht entstanden und hat sich erst allmählich ausgeweitet, ohne jedoch zu einem unbedingten Monopol oder zu einer Beeinträchtigung der Interessen der konsumierenden Allgemeinheit werden zu sollen. Für die Interessenten einer Aufführung, also für Theater, Film, Konzertsaal, ist die Frage der Schutzdauer von großer Bedeutung; denn nicht immer läßt sich ein rechtes wirtschaftliches Verhältnis zwischen der Tantieme und dem an dem Werk bestehenden Publikumsinteresse erzielen (was ja schon zu Lebzeiten des Autors oftmals einer Tragödie ähnlich sieht). Aber nicht nur die finanzielle Seite der Schutzfrist, auch das Problem der Bühnengestaltung des Werkes vor und nach Ablauf der Schutzdauer ist für die Aufführungsveranstalter von erheblicher Wichtigkeit. Änderungen und Bearbeitungen sind nach Erlöschen des Urheberrechts in ganz anderer Weise zulässig als vorher.

Die Agitation für eine Verlängerung der für Deutschland geltenden Schutzfrist von 30 auf 50 Jahre verdient also *keine* Förderung — m. E. auch im Interesse der Autoren nicht! — Ebenso wenig aber verdient dies der nach englischem Muster vorgeschlagene Ausweg des sogenannten domaine public payant[11], wonach 25 Jahre lang voller Schutz und weitere

---

[9] Deutschland, Schweiz, Österreich bis 30 Jahre nach dem Todesjahr des Urhebers, in den meisten anderen Ländern 50 Jahre, in England eine Teilung: 25 Jahre unbedingter Schutz, 25 Jahre domaine public payant.

[10] Wenn man es noch auf nähere Angehörige beschränken könnte, mag eine Verlängerung diskutabel sein, für entferntere Verwandte als Erben aber entbehrt es auch der moralischen Begründung.

[11] Vgl. auch NÖLDEKE: DJZ. 1930, 933, abgedr. Die Deutsche Bühne 1927, 254; HEYMANN: Sitzgsber. preuß. Akad. Wiss. 1927; VOIGTLÄNDER: DJZ. 1930, 1457; ELSTER: LZ. 1927, 971; ELSTER: Der Schutz des Geisteswerks als Ausgleich zwischen Urheber und Allgemeinheit. Arch.f.Urh.R. 4, 215.

25 Jahre lang eine halbe Freiheit, nämlich gegen Zahlung einer Gebühr, gelten soll. Das ist eine halbe Sache und bringt große Schwierigkeiten im internationalen Verkehr mit sich, weil man nicht sagen kann, ob diese zweiten 25 Jahre zur Schutzfrist gehören oder nicht. In Ausnahmefällen mag man, wie es für WAGNER und BRAHMS vorgeschlagen war und wie es Österreich für STRAUSS und MILLÖCKER getan hat (Verlängerungsgesetz v. 19. Dez. 1929, BGBl. Nr. 434), Abhilfe schaffen unter Berücksichtigung der Lage der Erben, der Geltung der Werke u. dgl.

Vorbereitungen für die Zeit des Freiwerdens (also Vorbereitung der Drucklegung, Beginn der Drucklegung, Proben für Aufführungen) dürfen schon geschehen, *ehe* der Zeitpunkt des Schutzablaufs eingetreten ist, wenn nur nicht die fertige Leistung früher herausgegeben wird (Erscheinen des Buches, öffentliche Aufführung). Vgl. darüber RGZ. 107, 277.

4. Aufführung ungeschützter Werke. Die Anzahl älterer Werke, die noch aufgeführt werden, ist nicht allzu groß. Immerhin sind es ihrer doch noch so viele, daß die Rechtslage betrachtet zu werden verdient. Es handelt sich von deutschen Autoren in der Hauptsache um Bühnenwerke von SCHILLER, GOETHE, LESSING, KLEIST und HEBBEL auf der Schauspielbühne, von BEETHOVEN, MOZART, WAGNER, LORTZING, GLUCK, WEBER und einigen Anderen auf der Opernbühne. Des weiteren kommen — hie und da ist das auch schon bei einigen Werken der genannten Großen der Fall — Bearbeitungen der älteren ungeschützten Werke in Betracht. Rein juristisch nach deutschem Recht ist solche Bearbeitung erlaubt, während das ausländische Recht z. T. andere Normen auch für gemeinsame Werke erlassen hat. Aber auch nach deutschem Recht bleibt noch die Frage offen, wie weit, *wenn* die Bearbeitung erlaubt ist, sie kenntlich gemacht werden muß. Dabei wird die Rechtsfrage von der ästhetischen Frage nicht ganz unbeeinflußt sein.

Man hat ja Kritik geübt an den Veränderungen, die an berühmten älteren Werken, um sie für eine Aufführung zugkräftiger zu machen, vorgenommen worden sind (Räuber, Hamlet, Werke von GLUCK und MOZART; auch die Frage der Kürzungen bei SCHILLER, SHAKESPEARE, WAGNER, Willkürlichkeit bei Faust-Aufführungen u. dgl. spricht hier mit). Es muß auf alles dies unten im § 11 noch näher eingegangen werden.

Für das deutsche Recht sind auch Stimmen laut geworden, die eine Bestimmung in ein künftiges Urheberrechtsgesetz aufzunehmen verlangen, nach denen gegen Verschandelung auch ungeschützter Werke vorgegangen werden soll und nach denen (den Familienangehörigen, den Erben oder dem Fiskus?) das Recht zustehen soll, über die Wahrung der Form anerkannter und bekannter Werke zu wachen — nicht in dem

Sinne unbedingter Werktreue, denn oftmals sind Bearbeitungen geeignet und in der Lage, ein teilweise veraltetes Werk wieder aufzufrischen und in seinen Hauptmomenten wieder lebensfähig zu machen, wohl aber in dem Sinne einer Wahrung geheiligten Kulturgutes. Groß sind freilich die Aussichten nicht, daß in absehbarer Zeit eine solche Bestimmung in Deutschland Gesetz werden wird.

Ist aber eine Bearbeitung eines älteren Werkes erfolgt, so hat der Bearbeiter (wer es auch sei) Urheberrecht an seiner Bearbeitung erlangt (darüber s. auch unten § 4). Das hat auch erhebliche Bedeutung für den Film (vgl. unten § 18).

Für die Wiedergabe von Musikstücken, deren Schutzfrist abgelaufen ist, gilt das Gleiche wie für Werke der Literatur. Bei älterer Musik ist der Anreiz oder die Notwendigkeit, Änderungen und Bearbeitungen vorzunehmen, nicht so groß wie bei Bühnenwerken. Entweder spielt man die veraltete Musik nicht mehr, oder sie ist eben nicht veraltet; durch Bearbeitung wird sie gewöhnlich nicht besser. Doch kommen auch paraphrasierende Bearbeitungen vor: so wenn REGER ein Thema von MOZART oder von HILLER variiert hat oder wenn BRAHMS Ähnliches tat. Das sind dann freilich Werke geworden, bei denen das Neue so überragend, so eigenschöpferisch ist, daß der § 13 LitUG. da die Erlaubnis geben würde, selbst wenn das ältere Thema noch geschützt wäre.

Anders bei den geistlosen Aneinanderreihungen älterer Lieder, Motive und Opernstellen unter irgendeinem feuilletonistischen Gesichtspunkt, wie dies schon immer in Gartenkonzerten und jetzt vielfach in der Unterhaltungsmusik des Rundfunks geschieht. Hier würde der § 13 keine Berechtigung geben, wenn es sich nicht um so alte Musikstücke handelte, daß keine Schutzfrist mehr in Betracht kommt. Moderne Stücke dürfen in solche Potpourris und Zusammenstellungen nicht mit eingeschlossen werden, ohne daß die Genehmigung dazu von den Berechtigten zuvor einzuholen wäre (vgl. auch die RG.-Urteile über die Schlagerliederbücher, RGZ. 122, 66 und 128, 102, Näheres unten in § 20). Große Schwierigkeiten können entstehen, wenn ungeschützte Musik mit noch geschütztem Text verbunden ist oder umgekehrt. Darüber im Folgenden.

5. Verschiedener Ablauf der Schutzfrist bei verbundenen Werken. Die Rechtslage gegenüber verbundenen Werken (insbesondere: Text und Musik bei Opern, Bild und Handlung bei Filmen, Bild, Handlung und Musik bei Tonfilmen, Text, Musik und Film in neuen Opern) ist des näheren unten im Abschnitt „Musik-Urheberrecht" als eines der akutesten Probleme bei der Verbindung eines Werkes mit Musik zu besprechen. Hier, wo es sich um die Schutzdauer und das Verhältnis gegenüber ungeschützten Werken handelt, ist nur kurz und grundsätzlich die

Sonderfrage zu beantworten: wie es sich verhält, wenn an dem einen Anteil des verbundenen, von Mehreren geschaffenen Werkes, kein Urheberschutz mehr besteht (oder etwa nie bestanden hat), an *dem* oder *den* anderen aber noch besteht.

Für das deutsche Recht (nach französischem Recht kann es — es ist nicht ganz unbestritten — anders liegen) ist es zweifellos, daß nach Erlöschen des Urheberrechts des einen Partners an einem zusammengehörigen Werk *sein Teil frei wird.* Abgesehen von etwa vorhandenen vertraglichen Bindungen besteht dann keine Schranke — also jedenfalls nicht für den beliebigen Dritten, der in keinerlei Vertragsbeziehung zu dem noch geschützten Partner steht —, den frei gewordenen Teil selbständig als ein ungeschütztes Werk zu behandeln. Das heißt aber: ihn ohne den noch geschützten Teil aufzuführen, ja sogar ihn durch einen anderen als den geschützten Teil zu ergänzen. Näheres darüber unten im § 21.

6. Ausländische Werke, ausländische Autoren. Durch die „Berner Übereinkunft zum Schutze von Werken der Literatur und der Kunst" (von 1886, revidiert 1908 und 1928)[12] ist der Schutz des Urhebers über das Ursprungsland hinaus gewährleistet, und zwar in gleichem Maße, wie dem Inländer das Recht seines Staates zur Seite steht. Der Ausländer ist dem Inländer also gleichgestellt, soweit es sich um Verbandsländer handelt. Es ist hier nicht erforderlich, auf Einzelheiten der BÜ. näher einzugehen; es genügt, diese Reziprozität festzustellen und das durch Art. 4 gegebene Territorialitätsprinzip als leitenden Grundsatz hervorzuheben. Dieser Art. 4 lautet in der Hauptsache: „Die einem der Verbandsländer angehörigen Urheber genießen sowohl für die nicht veröffentlichten als für die in einem Verbandslande zum ersten Male veröffentlichten Werke in allen Verbandsländern, mit Ausnahme des Ursprungslandes des Werkes, diejenigen Rechte, welche die einschlägigen Gesetze den inländischen Urhebern gegenwärtig einräumen oder in Zukunft einräumen werden, sowie die in dieser Übereinkunft besonders festgesetzten Rechte . . . Soweit nicht diese Übereinkunft ein anderes bestimmt, richten sich demnach der Umfang des Schutzes sowie die dem Urheber zur Wahrung seiner Rechte zustehenden Rechtsbehelfe ausschließlich nach den Gesetzen des Landes, in welchem der Schutz beansprucht wird."

Dieser Grundsatz gilt also in vollem Maße auch für Aufführungen. Für Film und Rundfunk hat die BÜ. die Einbeziehung in die Ausschließungsrechte des Urhebers gefördert.

---

[12] Erläutert in den Kommentaren des Urheberschutzgesetzes (Allfeld, Marwitz-Möhring, Goldbaum, Voigtländer-Fuchs usw.); gesondert kommentiert nach der Revision von 1928 von Goldbaum (1929) und Textausgabe von Marwitz (1929).

Die *Verbandsländer* sind (z. Zt.: 1931): Deutschland, Australien und Neuseeland, Belgien, Bulgarien, Brasilien, Dänemark mit Färöer, Danzig, Estland, Finnland, Frankreich mit Kolonien, Griechenland, Großbritannien mit Kolonien, Haiti, Indien, Irland, Italien, Japan, Jugoslawien, Kanada, Luxemburg, Monako, Niederlande, Niederl.-Indien (und Curaçao und Surinam), Norwegen, Österreich, Palästina, Polen, Portugal mit Kolonien, Rumänien, Schweden, Schweiz, Spanien mit Kolonien, Südafrikan. Union, Syrien und Libanon, Tschechoslowakei, Tunis, Ungarn.

Also sind von *wichtigeren* Staaten *nicht* dabei: USA., USSR., China, Türkei und die meisten südamerikanischen Staaten.

Vorbehalte haben folgende Länder gemacht:

a) bezüglich *Übersetzungsrecht* (Art. 8): Estland, Griechenland, Japan, Irland, Italien, Niederlande (mit Curaçao und Niederl.-Indien);

b) bezüglich *Aufführungsrecht* (Art. II): Estland, Griechenland, Japan, Italien, Niederlande (mit Curaçao und Niederl.-Indien).

Für diese Länder gelten statt der Artikel der Rev. BÜ. die entsprechenden Vorschriften der BÜ. von 1886[13].

7. Übertragung. Der Autor kann seine Rechte ganz oder teilweise an verschiedene Interessenten (auch gleichzeitig) *vergeben*, kann die Befugnisse verteilen: dem Verleger das Buchvervielfältigungsrecht, mitunter nachdem er schon zuvor einer Zeitschrift oder Zeitung das Erstabdrucksrecht verkauft hat, der Filmgesellschaft das Verfilmungsrecht, dem Theater das Aufführungsrecht, der Sendegesellschaft das Senderecht, einer ausländischen Firma das Übersetzungsrecht, einem Kabarett ein Auszugs- oder Bearbeitungsrecht usw. Die Tatsache, zu wissen, daß der Urheber das kann, ist für seinen Kontrahenten wichtig; denn dieser wird durch Vertrag sich alle diejenigen Rechte zu wahren suchen müssen, die er zur Ausschaltung der Konkurrenz — also auch der auf Nebengebieten tätigen, die ihm ins Gehege kommen könnte — braucht. Lehrreich ist in dieser Hinsicht der „Musikantenmädel"-Fall (RGZ. 118, 282) sowie die anderen RG.-Entscheidungen (besonders kraß der Fall Busch-Senderechte, RGZ. 123, 312), die die Tendenz zeigen, auch bei dem kleinsten Zweifel eine Rechtsausübung als nicht übertragen, sondern beim Urheber verblieben anzusehen[14]. Darauf ist in den Abschnitten über

---

[13] Näheres über diese Unterschiede s. Marwitz-Möhring: Komm., S. 348, 353, 373. Vgl. auch W. Maus: Das Übersetzungsrecht der wichtigsten Staaten der Berner Übereinkunft. Stuttgart 1930. Dieses Buch gibt auf alle Fragen des Übersetzungsrechtes, dieses gefaßt als einen Teil des Urheberrechts, gute Auskunft, zumal in einigen tabellarischen Übersichten über deutsches, ausländisches und internationales Recht. Vgl. auch Magnus, Tabellen zum Urheberrecht, Berlin 1928.

[14] S. auch unten § 2.

Theater-, Film-, Musik- und Funkrecht (unten § 9 ff.) für Einzelheiten des näheren zurückzukommen.

Was die *Vererblichkeit* betrifft, so ist die vermögensrechtliche Seite der Rechtsabwicklung verhältnismäßig einfach. Die Erben, die sich durch Erblegitimation ausweisen, haben den Anspruch auf die Tantiemen und sonstige zugesagte Leistungen. Sie selbst haben zugleich die Pflicht, die Erfüllung des Vertrages nicht zu beeinträchtigen. Sie dürfen also nicht ihrerseits mit Ansprüchen an den Vertragspartner hervortreten, die ohne klare Berechtigung die Sachlage zu verändern geeignet wären; mit andern Worten: *sie haben die Rechtslage so zu übernehmen, wie sie liegt*, d. h. wie sie mit dem Willen des Erblassers sich gestaltet hat. Etwa jetzt erst entdeckte Vertragsverletzungen oder Mißbräuche können sie natürlich, soweit es das Urheberrecht angeht, bekämpfen, rügen, anfechten, richtigstellen lassen. Schwieriger aber ist es, festzustellen, wie weit sie zu einer Mitwirkung verpflichtet sind, die bisher *persönlich* von dem verstorbenen Inhaber des Urheberrechts, dem Schöpfer des Werkes, zu leisten war; also etwa: Mitwirkung bei der Regie, Vollendung zugesagter Änderungen und Umarbeitungen für die Aufführung oder die Verfilmung, Genehmigung von Änderungen, die der Theater- oder Filmunternehmer jetzt erst fordert.

Darauf wird zu antworten sein: höchstpersönliche Verpflichtungen, z. B. Mitwirkung bei der Regie, sind die Erben zu leisten weder verpflichtet noch in der Regel berechtigt; letzteres (die Berechtigung) kann jedoch den Umständen nach vorliegen, wenn unter den Erben eine mit den Absichten des Autors eng verbundene und zu der gedachten Tätigkeit befähigte Person sich befindet; auf diese muß auch dieses Recht übergehen, da es ja nur ausfällt, wenn tatsächliche Unmöglichkeit der Fortführung (im bisherigen Sinne!) vorliegt; eine Fortführung in abweichendem Sinne jedoch würde dem Urheberpersönlichkeitsrecht des Autors, das ja im Erbgang problematisch ist, *nicht* entsprechen. (Vgl. unten § 2.)

Ob die Erben ein *unvollendetes* Werk, das einer Bühne oder einem Filmunternehmer zugesichert worden ist, herauszugeben haben, wird nicht generell zu beantworten sein. Es muß Folgendes gelten: Zur Zurückhaltung des Manuskripts sind die Erben nur aus Rücksicht auf die Persönlichkeitsrechte des Autors, die pietätvoll zu wahren sind, berechtigt, also nur mit Rücksicht darauf, daß das Werk noch nicht so existiert, wie es als „Werk“ existieren müßte; das wird jedoch *dann nicht* der Fall sein, wenn nur noch Unwesentliches zur Vollendung fehlt, das leicht im Sinne des Erblassers und Autors ergänzt werden kann. Andernfalls hat eben der Tod einen Strich durch diese Rechnung gemacht und das Fragment muß unvollendet bleiben; ob es deshalb auch unaufgeführt bleiben muß oder von fremder Hand ergänzt werden darf, ist, solange die Schutzfrist läuft, zu erlauben Sache der Erben.

§ 2. Das Urheberpersönlichkeitsrecht[1].

Die Anerkennung des Persönlichkeitsrechts — namentlich in Verbindung mit dem Urheberrecht, aber auch als Ergänzung des Urheberrechts — hat die unverkennbare Tendenz der Ausdehnung. SMOSCHEWER[2] macht ausdrücklich darauf aufmerksam, und es ist ganz klar, daß sich diese Anerkennung ausbreiten muß, je mehr man sich mit den „persönlichkeitsrechtlichen Bestandteilen" des Urheberrechts beschäftigt und dabei erkennt, daß diese vielfach die Basis des vermögensrechtlichen Urheberschutzes sind, wie dies auch an mehreren Stellen meiner Arbeiten ausgeführt ist. Beachtet man dann weiter, daß in den das Urheberrecht (als kombiniertes Persönlichkeits- und Vermögensrecht) regelnden Gesetzen ein dahinter stehendes Persönlichkeitsrecht nicht nur richtunggebend erkennbar wird, sondern auch in dem „Recht am eigenen Bilde"[3] und in dem Verbot der Änderungen trotz Übertragung „des" Urheberrechts[4] ganz hell ins Licht tritt, so kann man die große Bedeutung des sich wie ein Zellkern gebarenden Persönlichkeitsrechts im Urheberrecht nicht leugnen und wird es verstehen, wenn ein Leistungsschutzrecht für den ausübenden Künstler (Schauspieler, Sänger, Musiker, Dirigenten) statuiert wird, das, obwohl methodisch kein Urheberrecht, so doch nach ähnlichen Sätzen zu beurteilen ist und sogar auf das LitUG. gegründet werden kann[5].

Das alles bleibt richtig, auch wenn die Rechtsprechung (z. B. des Reichsgerichts und des Kammergerichts) vor der Anerkennung eines „allgemeinen" Persönlichkeitsrechts noch zurückschreckt, aber doch die persönlichkeitsrechtlichen Bestandteile des Urheberrechts anerkennt. So, wenn das KG.[6] in dem Prozeß KAISER WILHELM gegen PISCATOR-Bühne u. a. sagte: „Dem LG. ist darin beizutreten, daß der Klageanspruch auf ein *allgemeines Persönlichkeitsrecht* sich nicht stützen läßt. Für die Anerkennung eines solchen Rechtes ist in neuerer Zeit u. a. LOBE eingetreten (GRUR. 1917, 21). Allein die Rechtsprechung hat diesen Weg nicht eingeschlagen. So hat RGZ. 69, 403 dargelegt, ein Individualrecht an den eigenen Briefen sei nicht vorhanden, ein allgemeines subjektives Persönlichkeitsrecht sei dem geltenden bürgerlichen Rechte fremd, es gebe nur *besondere* gesetzlich geregelte Persönlichkeitsrechte wie das Namensrecht, das Warenzeichenrecht, das Recht am eigenen Bilde und die persönlichkeitsrechtlichen Bestandteile des Urheberrechtes. Diesen

[1] Darüber s. insbesondere SMOSCHEWER: Das Persönlichkeitsrecht im allgemeinen und im Urheberrecht. Arch.f.Urh.R. 3, 119ff., 229ff., 349ff. (dort vollständige Literaturangaben); ELSTER: Urheber- und Erfinder-, Warenzeichen- und Wettbewerbsrecht (1928), 43ff. und in Die Reichsgerichtspraxis im deutschen Rechtsleben 4, 252ff. (1929); ferner in GRUR. 1927, 431ff.; 1928, 34ff.; GEORG MÜLLER: Arch.f.Urh.R. 2, 392ff.

[2] a. a. O. S. 254ff. [3] S. unten § 5. [4] Vgl. insbesondere unten § 11.

[5] S. unten § 13. [6] JW. 1928, 363ff. Vgl. insbesondere auch unten § 14.

Standpunkt hat das RG. auch in der Folge vertreten, so RGZ. 79, 397; 107, 281; 113, 414; in letzterer Entscheidung wird die Auffassung des KG. gebilligt, „ein allgemeines Persönlichkeitsrecht sei nur als Oberbegriff über den einzelnen von der Rechtsordnung anerkannten Befugnissen denkbar, gewähre aber neben diesen besonderen rechtlichen Behelfen keine Möglichkeit, Ansprüche zu rechtfertigen, und vermöge daher, soweit nicht eine Verletzung solcher einzelnen vom Gesetz gegebenen Befugnisse vorliege, keinen Abwehr- oder Schadensersatzanspruch zu begründen".“

Hat der Urheber das Recht, sein Werk aufzuführen, einem Anderen übertragen, so *bleibt* dem Urheber doch noch *ein Teil* seines Urheberrechts, nämlich das sogenannte *Urheberschaftsrecht, das Urheberpersönlichkeitsrecht,* also dasjenige, was nicht zum Urhebervermögensrecht gehört. Welche Befugnisse hierzu gerechnet werden müssen, ist in der Wissenschaft und in der Rechtsprechung bisher nicht ganz festgestellt; aber es schält sich doch allmählich ein einigermaßen klares Bild heraus, das insbesondere auf den Bestimmungen der §§ 12 und 14 LitUG., § 12 KunstUG. und § 13 VerlG. beruht und etwa Folgendes umfaßt: Dem Urheber sind trotz Übertragung „des“ Urheberrechts (d. h. namentlich des Vermögensrechtes) vorbehalten *diejenigen Bearbeitungen und Nutzungen* seines Werkes, bei denen sein Werk einer Veränderungsgefahr unterliegt (Dramatisierung, Entdramatisierung, Verfilmung u. dgl.); ferner sind *Änderungen* an seinem Werk dem fremden Erwerber des Urheberrechts untersagt ebenso wie dem Verleger, der ein Verlagsrecht erwirbt, also auch dem Erwerber des Aufführungsrechts, das ja zu den Ausübungsformen des Urheberrechts gehört; es ist ferner ihm allein vorbehalten, sein Werk *erstmalig mitzuteilen,* also es „herauszulassen aus dem stillen Winkel des Herzens, seinem mütterlichen Boden“ wie auch aus der Schublade des Schreibtisches und den vier Wänden des vertrauten Familien- oder Freundeskreises. Zu diesem persönlichkeitsrechtlichen Schutz der *Eigensphäre,* so daß also niemand ein etwa zufällig gefundenes Werk eines noch geschützten Autors aufführen darf, und zu diesem Schutz gegen Veränderungen, auf den als eine der wichtigsten Fragen noch später[7] zurückzukommen ist, kommen noch zwei wichtige persönlichkeitsrechtliche Gesichtspunkte des Urheberrechts: die *Wahrung und Nichtunterdrückung des Autornamens* und die *Wahrung der Wirkungskraft des Werkes.* Ersteres ist unbestritten[8], letzteres noch ein wenig problematisch. Die Wahrung und Nichtunterdrückung des Autornamens ist ein persönlichkeitsrechtliches Moment, gegen das praktisch im modernen Theaterbetrieb (nur zum Teil beim Film, weniger bei der Musik)

[7] Unten § 11.

[8] Abgesehen von der Ansicht der Filmindustrie, wie deren „Normal-Manuskriptvertrag“ zeigt; Näheres s. unten in § 19.

vielfach gesündigt wird. Ich glaube nicht, daß der Autor sich gefallen lassen muß, in Ankündigungen so sehr hinter der Anpreisung der darstellenden Künstler zurückgestellt zu werden, so daß das weitere, auch das gebildete Publikum, sofern es nicht gerade vom Bau ist, kaum sich die Namen der Autoren auch vielgespielter Stücke einprägen wird. In dieser Hinsicht ist gegen früher eine Übung eingerissen, die unter Umständen dem Urheberpersönlichkeitsrecht des Autors widerstreitet. Beim Film gibt es trotz vertraglicher Unterschätzung des Drehbuchautors immerhin meist einen langen Titel-„Vorspann".

Schwieriger ist der, z. B. im polnischen Gesetz festgelegte, Schutz gegen Beeinträchtigung der Wirksamkeit des Werkes (der „immanenten Dynamik"). Hier haben sich feste Anschauungen oder gar Rechtssätze für das deutsche Recht noch nicht gebildet. Aber unwichtig ist trotzdem die Erwähnung solcher Möglichkeit nicht. Gerade beim Theater und beim Film kann durch das Nichtherausbringen einer zugesagten Aufführung oder Filmung[9] eine Beeinträchtigung der Wirksamkeit des Werkes geschehen, gegen die dieser sich mit Rechtsmitteln zur Wehr setzen kann. Freilich wird er dies am besten mittels der vertraglichen Abmachungen versuchen; über dieses Recht und die Frage des Verfilmungszwanges ist daher unten im § 19 näher zu sprechen.

Mit Recht weist aber SMOSCHEWER[10] darauf hin, daß es sich bei dem Persönlichkeitsrechtsschutz um *wichtige* Dinge handeln muß und nicht um „individuelle Empfindlichkeiten", also daß „entsprechend dem Gebot der Rechtssicherheit der Schutz nur gegen *grobe* Verletzungen, gegen *offenbare* Eingriffe in den Persönlichkeitsbereich gewährt wird und daß er seine Grenzen findet, wo gleichwertige schutzwürdige Interessen entgegenstehen".

Jedenfalls bleibt der persönlichkeitsrechtliche Satz bestehen, den das Reichsgericht mehrfach als Grundsatz ausgesprochen hat[11], daß in Zweifelsfällen anzunehmen ist, eine Befugnis sei beim Urheber verblieben. Das ist für den *Aufführungsberechtigten* wichtig und beachtlich zu wissen: *nur was ihm an Rechten ausdrücklich oder verkehrsüblicherweise übertragen worden ist*, steht ihm zu; das Vermögensrechtliche meist unangefochtenermaßen, aber was ins Persönliche des Autors eingreift, ist stets problematisch. Diese Entwicklung wird weitergehen, denn sie wird gestärkt durch den neuen Art. 6a der in Rom i. J. 1928 revidierten Berner Übereinkunft, der das sogenannte „droit moral", d. i. das Urheberpersönlichkeitsrecht, vorsieht und nähere Bestimmungen darüber den Verbandsländern empfiehlt und folgendermaßen lautet: „Unabhängig von den

---

[9] Gerade für den Film ist hier ein urheberschaftlicher Schutz des Autors gegenüber den praktischen Gepflogenheiten von Wichtigkeit.

[10] a. a. O. S. 352.

[11] z. B. RGZ. 118, 285; 119, 412; 122, 68; 123, 320; auch 113, 413ff.

vermögensrechtlichen Befugnissen des Urhebers und selbst nach der Übertragung dieser Rechte, verbleibt dem Urheber das Recht, die Urheberschaft am Werke für sich in Anspruch zu nehmen, sowie das Recht, sich jeder Entstellung, Verstümmelung oder sonstigen Änderung des Werkes zu widersetzen, die seiner Ehre oder seinem Rufe abträglich ist. Der inneren Gesetzgebung der Verbandsländer bleibt es vorbehalten, die Bedingungen der Ausübung dieser Rechte festzusetzen. Die Rechtsbehelfe zu ihrem Schutze werden durch die Gesetzgebung des Landes geregelt, in welchem der Schutz beansprucht wird" (Text nach der Übersetzung von MARWITZ).

Man bemüht sich mancherseits auch, alles, was das Urheberpersönlichkeitsrecht betrifft, unabdingbar, unverzichtbar, unübertragbar zu machen. Doch dürfte das noch nicht so bald verwirklicht werden. Geschähe das, so würde es die Verhandlungen für Theater-, Film- und Rundfunkaufführungsverträge, wie leicht einzusehen ist, sehr erschweren.

§ 3. Das Plagiat.

Das Plagiat ist — im Gegensatz zu dem mehr vermögensrechtlichen Eingriff des Nachdrucks, der unerlaubten Aufführung usw. — ein Tatbestand des Eingriffs in das Urheberpersönlichkeitsrecht[1]. ENGLÄNDER[2] nennt klar die „vier Anwendungsformen" des Plagiats: Unterlassene Quellenangabe beim erlaubten Zitat; totaler oder partieller Nachdruck unter Urheberschaftsanmaßung; mittelbare Aneignung unter Verschweigung des benutzten Autors (für Musik); Melodieübernahme unter Urheberschaftsanmaßung (wobei ich letzteres noch zu der dritten Gruppe rechnen, also nicht als besondere Anwendungsform bezeichnen würde). Jedenfalls ist es *das Wesen des Plagiats, Fremdes als Eigenes* zu geben, also auf diese Weise in das fremde Urheberpersönlichkeitsrecht, das „Urheberschaftsrecht" einzugreifen.

Bekannt ist der Fall *Alt-Heidelberg — Jung-Heidelberg*, bei dem es darauf ankam, festzustellen, ob eine erlaubte Benutzung zu eigentümlicher Schöpfung (§ 13 LitUG.) oder ein unerlaubtes Plagiat vorlag. Eine reisende Theatertruppe spielte ein Stück „Jung-Heidelberg", eine „Fortsetzung" von MEYER-FÖRSTERS „Alt-Heidelberg". Die Klage auf Urheberrechtsverletzung und unlauteren Wettbewerb ging bis vor

[1] S. auch §§ 2 u. 18. Das hat K. ENGLÄNDER (Arch.f.UrhR. 3, 20ff.) treffend dargelegt, freilich nicht, wie er meint, als erster diese Begründung des Begriffs auf eine Anmaßung fremder Urheberschaft ausgesprochen, da er offenbar das übersehen hat, was ich in meinem Lehrbuch „Urheber- und Erfinder- usw. Recht", S. 27f., 129ff. und in „Das Urheberpersönlichkeitsrecht in der Rechtsprechung des Reichsgerichts" in „Die Reichsgerichtspraxis im deutschen Rechtsleben" 4, 270ff., 277, schon zuvor in gleichem Sinne ausgeführt habe.

[2] a. a. O. S. 26; vgl. auch die Ausführungen unten in § 20.

das Kammergericht, dessen Urteil[3] streng gegen das Plagiat vorging. Das neue Stück erwies sich als eine ziemlich skrupellose Benutzung des alten Stückes, da nur die Zeit der Ereignisse vorgerückt, die Personen älter geworden, aber keine wesentlich neue Idee oder neuer dramatischer Inhalt zu ersehen war. Man pflügte also mit fremdem Kalbe, suchte für sich das auszunutzen, was MEYER-FÖRSTER und seinen Rechtsnachfolgern gehört. Das KG. erkannte auf Unterlassung und Schadenersatz und auf Vernichtung des Stückes, auch nahm es Verletzung des Titelschutzes und unlauteren Wettbewerb an[4]. Das Gericht war sich durchaus klar darüber, daß es Fortsetzungen von Werken aus anderer Feder geben könne, die dann wirklich eine eigene neue geistige Schöpfung bedeuten, selbst wenn sie teilweise dieselben Personen der Handlung wiederkehren lassen. Das war aber hier nicht der Fall, wo man sogar die eindrucksvolle Schlußszene aus Alt-Heidelberg übernommen und auch sonst die auftretenden Personen viel in Erinnerungen hatte schwelgen lassen. Und da es nicht lediglich auf den Wortlaut, sondern in hohem Maße auf den geistigen Gehalt eines Werkes der Literatur ankommt, so war das strenge Urteil des KG. durchaus berechtigt.

Ebenso aufschlußreich über die in solchen Fragen steckenden urheberrechtlichen Probleme waren zwei andere Plagiatprozesse, die deshalb hier herangezogen zu werden verdienen.

Der eine betraf einen *Revue-Sketch „Hinter den Kulissen des Rundfunks“* im Vergleich zu einem anderen Revue-Sketch *„Im Rundfunksenderaum“*[5]. Übereinstimmend war hier die Idee, aus den künstlichen Geräuschmitteln im Senderaum bei ihrer Sichtbarkeit komische Wirkungen zu erzielen. Das RG. sah hier ein Plagiat *nicht* als vorliegend an, aus der richtigen Erkenntnis, daß nicht die Idee, sondern nur die Ausgestaltung, die „Formgebung“ geschützt wird. Diese war aber hier gedanklich und zielmäßig verschieden. In dem einen Sketch handelte es sich darum, „diese Wirkung unmittelbar durch den Witz, die Lächerlichkeit, den Unsinn des vom Zuschauer Gehörten und Gesehenen“ zu erzeugen, im anderen Sketch darum, die Komik mittelbar aus den Gedanken des Rundfunkhörers heraus herzuleiten, der einen ganz anderen Ursprung der Geräusche in seiner Phantasie empfinden soll, als sie ihn tatsächlich in banaler Weise haben. Deshalb, so meinten Berufungsgericht und RG., seien „Inhalt, Aufbau und leitender Gedanke der beiden Stücke beträchtlich verschieden“, und das Urteil weist sogar auf den Leitsatz in dem KG.-Urteil Jung-Heidelberg (s. oben) hin,

---

[3] Vom 23. Juni 1926, GRUR. 1926, 441ff. Vgl. auch GOLDBAUM: Komm. S. 157ff.

[4] Vgl. auch weiter unten die §§ 7 u. 19.

[5] Entsch. des Reichsgerichts v. 18. April 1928, RGZ. 121, 65; Arch.f.Urh.R. 1 308ff.; JW. 1928, 2071.

daß „wesentliche Abweichungen dann nicht vorliegen, wenn zwar gewisse Äußerlichkeiten abgeändert sind, der gedankliche Inhalt aber der gleiche ist". Das sind völlig zutreffende Darlegungen über das Wesentliche der Formgebung, worauf es bei der Kennzeichnung der Eigenart und Selbständigkeit eines Werkes ja ankommt. „Gewiß kann unzulässige Benutzung (Bearbeitung) eines Schriftwerkes nicht bloß in der Übernahme der Sprachform, sondern auch in der Wiedergabe des Inhalts bestehen", — aber „das jüngere Stück hat weder erhebliche Teile überhaupt noch wesentliche Stücke des Gedankengehalts noch kennzeichnende Züge der Gestaltung dem älteren entnommen" (RGZ. 116, 303). Auch Sittenwidrigkeit bei der Entlehnung der Anregung nimmt das RG. nicht an; denn: „hält sich das um des Wettbewerbs willen geschaffene Werk in den Grenzen des urheberrechtlich Erlaubten, so liegt in seiner Ausnutzung auch kein Verstoß gegen die guten Sitten".

Anders lag es in dem Verhältnis *zweier anderer Sketche* zueinander, das vom LG. III Berlin und vom KG. zu beurteilen war[6] („*Salonlöwen*" in der Revue „*Das bist Du*" gegen „*X Ray Dialog*" oder auch „*Ce qu'on dit — ce qu'on pense*"). Hier stimmte die Grundlinie der Handlung der beiden Stücke vollkommen überein, und diese „Form, in der der Gedanke in den beiden Sketchs gestaltet worden ist, war keineswegs zwangsläufig". Denn es handelte sich darum, daß in dem Stück die gesellschaftliche Lüge herrscht, die sich namentlich zum Schluß hin bei einem Vortrag einer Sängerin oder Schauspielerin steigert, und daß dann dieselbe Szene noch einmal gespielt wird — nachdem X Strahlen eingeführt sind oder die Schauspieler aufgefordert sind, ihre wirklichen Gedanken auszusprechen. Auf diesem Gegensatz von frommer gesellschaftlicher Lüge und ungeschminkter Meinungsäußerung beruhte die Idee, aber die Ähnlichkeit der Stücke war größer als etwa nur in dieser Idee, denn die Formgebung war auch ganz analog. Obwohl der Verfasser des zweiten Stückes bewußtes Plagiat bestritt, sahen die Gerichte ein solches doch als objektiv vorliegend an, und obwohl der bloße Einfall auch hier mit Recht als ungeschützt bezeichnet wird, ist doch „die Übernahme der individuellen Gestaltung des Einfalls" verboten. Besonders bemerkenswert ist aber der Hinweis des landgerichtlichen wie des kammergerichtlichen Urteils auf die wirtschaftlich-wettbewerbliche Komponente in diesem Fall: „Zu einer Lösung kann nur der Zweck des Gesetzes führen, den Verfasser vor einer Ausbeutung seiner geistigen Arbeit durch Andere ideell und wirtschaftlich zu schützen. Es soll verhindert werden, daß ein Anderer sich mit seiner Arbeit einen Namen macht und Geld schafft, ihn selbst aber dadurch daran verhindert. Dieser Zweck ergibt, daß eine eigentümliche Schöpfung nur

[6] LG. III v. 28. Juli 1927 und KG. v. 15. Aug. 1927, Arch.f.Urh.R. 1, 233ff.

dann vorliegt, wenn alle Gestaltungsteile, die wesentlich Wert und Wirkung ausmachen, eigenes Schaffen darstellen. Dazu gehört bei dem streitigen Sketch aber die Handlungsführung . . . Den Prüfstein bildet die Frage, ob einem ernsthaften Theaterbesitzer nach der Aufführung des H.schen Sketches durch den Beklagten die Aufführung des J.schen Sketches noch zugemutet werden kann."

Dieses wirtschaftlich-wettbewerbliche Moment[7] ist in der Praxis, wie auch hieraus wiederum zu ersehen ist, für die Frage, ob eine Urheberrechtsverletzung vorliegt, wichtig genug, zumal in Grenz- und Zweifelsfällen. Es ist mit diesen Urteilen ganz klargelegt, worauf es für die Differenzierung von Plagiat und Nichtplagiat ankommt[8]. Vgl hierüber auch unten § 4. Deshalb dürfte man auch heute nicht SHAKESPEARE vorwerfen, daß er italienischen Novellen seine Stoffe entnahm, dahingegen mußte man — anders als es in Wirklichkeit geschah — FULDA wegen seiner „Zwillingsschwester" gegen die Operette „Die ideale Gattin" schützen; *denn* hier war dieser zentrale Handlungsgedanke das Ausschlaggebende des Stückes, war es der eigentliche Kern und Charakter des Geisteswerks, aus dem Handlung und Dialog sich fast von selbst ergaben, während SHAKESPEARES Dramatik ein völliges Novum an Geistesschaffen gegenüber dem ihm vorliegenden Stoffe war.

Nicht mehr so maßgebend wie diese neueren Urteile erscheinen zwei ältere Plagiat-Urteile des RG. in den Fällen „*Durchlaucht Radieschen*" und „*Die lustige Witwe*", die beide mit einer Abweisung der Klage wegen Urheberrechtsverletzung endeten[9]. Den Standpunkt des älteren dieser beiden Urteile, das ein Plagiat beinahe nur dann bejahen wollte, wenn das neue Werk fast als eine Reproduktion des alten erscheine, hat das RG. in dem späteren Urteil nicht mehr wiederholt und seine Richtigkeit dahingestellt sein lassen, aber auch trotzdem erscheinen noch Zweifel daran berechtigt, ob die Umformung in ein anderes Lokalkolorit schon als bemerkenswerte Eigenschöpfung anzusehen sei[10], und wenn ein neues Werk den allgemeinen Grundgedanken des Stückes, eine große Anzahl der auftretenden Personen, in den beiden ersten Akten im wesentlichen auch den Gang der Handlung und im Dialoge zahlreiche Redewendungen, insbesondere witzige und zugkräftige, hergenommen haben[11], so dürften

---

[7] Grundsätzlich methodisch behandelt in meinem Buch „Urheber- und Erfinder-, Warenzeichen- und Wettbewerbsrecht" (1928), 26ff.; JW. 1930, 1653.

[8] Vgl. ergänzend auch die Ausführungen über Plagiat und Bearbeitung beim Film, unten § 18.

[9] RGZ. 63, 158ff. u. 82, 16ff. Hierauf kommen wir bei dem Problem „Bearbeitung und Benutzung" unten in § 9 nochmals zurück.

[10] Das lehnt mit Recht auch REINERS: Das Bühnenwerk und sein urheberrechtlicher Schutz, S. 89 ab. Wie hier urteilen auch MARWITZ-MÖHRING und ROSENTHAL über diese Urteile; s. Fußnoten 5 u. 6, 8 u. 9 unten zu § 9.

[11] RGZ. 82, 18.

nach heutiger, wohl strenger gewordener Auffassung die Änderungen und Hinzufügungen kaum so stark ins Gewicht fallen, daß man Plagiat, zum mindesten ein teilweises Plagiat verneinen dürfte. Man muß immer beachten, wie wesentlich die übernommenen Dinge für das Werk — das alte und das neue — sind und worauf das Schwergewicht der Wirkung eines Werkes beruht, ob auf dem Inhalt, der Form, dem Ausdruck. Wichtiges für die *Wirkung* zu übernehmen, ist im Zweifel das Kennzeichen des Plagiators. (Vgl. für den Film an der Hand einiger Fälle unten § 18.)

§ 4. Die Bearbeitung und Benutzung.

Der Unterschied zwischen Bearbeitung und (freier oder abhängiger) Benutzung ist dieser: bei der „Bearbeitung" bleibt es deutlich, daß es sich trotz der Veränderungen um das *alte* Werk handeln soll, bei der „Benutzung" soll trotz der Anlehnungen ein *neues* Werk entstehen.

a) *Bearbeitung*, d. h. eine Tätigkeit, die das Werk *einer abändernden Gestaltung* unterzieht, ist nicht ohne Genehmigung des Urhebers des Originalwerkes erlaubt. Ist sie aber geschehen, dann ist an der Bearbeitung ein Urheberrecht für den Bearbeiter entstanden, so daß er für diese Bearbeitung den Schutz gegen deren Nachahmung, Benutzung oder Wiedergabe genießt. Wohlgemerkt aber nicht etwa an den Teilen, die, aus dem Original mit verwendet, in der Bearbeitung enthalten geblieben sind (an diesen erlangt der Bearbeiter kein Urheberrecht), sondern nur an seinen Zutaten und Änderungen. Bearbeitung dieser Art liegt aber nur vor, wenn eine dem ursprünglichen Werk in der Art *parallele Schöpfung* (parallel ist nicht gleichbedeutend mit gleichwertig!) getätigt worden ist. Der Vortragende also oder der Schauspieler, der Sänger und Musiker sind an sich keine Bearbeiter[1].

Bearbeiter aber sind oftmals die Regisseure, die Direktoren, die ein Werk „in Szene setzen". *Ob* sie es im Einzelfall sind oder nicht sind, ist (nach dem eben Ausgeführten) Tatfrage. Auf die Qualität ihrer Leistung kommt es wie überall im Urheberrecht nicht an. Nur darauf kommt es an, ob sie selbständiges Neues geschaffen haben oder ob ihre Tätigkeit sich in der fachmännischen Regietätigkeit der Herausbringung des geistigen und künstlerischen Gehaltes des Werkes erschöpft.

b) Was aber die *Benutzung* eines fremden Werkes für eine neue eigentümliche Schöpfung (§ 13 LitUG.) anlangt, so ist diese „Benutzung" in mancher Hinsicht der *Gegensatz* zur Bearbeitung (in anderer auch wieder nicht). Gegensatz ist es insofern, als der Benutzer eines „Werkes",

[1] Obwohl § 2 II LitUG. den, der auf mechanischen Instrumenten etwas „vorgetragen" hat, als Bearbeiter gelten läßt; hierüber Näheres unten im § 13.

der eine wirklich eigenartige Neuschöpfung macht, jenes andere Werk eben *nicht* bearbeitet, sondern beiseite läßt, nur eine Idee, ein Motiv daraus entnimmt, um frei zu schaffen. Unter Hinweis auf die RG.-Entscheidungen in RGZ. 63, 159 („Durchlaucht Radieschen") und RGZ. 82, 16 („Lustige Witwe") muß mit dem RG. gesagt werden: „Ausscheiden muß hierbei freilich die Umgestaltung der äußeren Form, der Übergang vom Lustspiel zur Operette. Denn durch die anderweite Formgebung und die dadurch bedingte Änderung des Textes wird die Annahme einer bloßen Bearbeitung keineswegs ausgeschlossen." . . . „Entscheidend kann nur der Gesichtspunkt sein, ob die Neugestaltung der Operette in so hohem Maße Ausfluß der selbständigen Denktätigkeit ihrer Verfasser ist, daß demgegenüber die Entlehnungen aus dem Lustspiel als unwesentlich in den Hintergrund treten." Aber beide Urteile fordern die Kritik heraus[2] und man wird sagen müssen: Brauchbar erscheint nur der wettbewerbliche Gesichtspunkt in dem Sinne der Benutzung fremden Geisteserzeugnisses *zum Schaden dessen, den man benutzte!* Beruht die wettbewerbliche Geltung des Werkes ganz wesentlich auf der Fabel, dann ist schon Übernahme der Fabel Plagiat und nicht erlaubte Benutzung, wie in dem Fall: FULDAS Lustspiel „Zwillingsschwester" und die Operette FALLS „Die ideale Gattin". Die Entscheidung des LG. I Berlin, die hier eine eigentümliche Schöpfung unter freier Benutzung des FULDAschen Lustspielstoffes erblickte[3], verkennt das Wesen des Wettbewerbsmoments[4] und das Wesen der Formgebung im Gegensatz zum Ausdrucksmittel.

§ 5. Recht am eigenen Bilde und am eigenen Namen.

Im Kunsturhebergesetz ist (§§ 18, 22—24) eine Bestimmung enthalten, die dort nur soweit hingehört, als sie das Recht des bildenden Künstlers in der Verfügung über das von ihm geschaffene Personenbildnis zu Gunsten der abgebildeten Person einschränkt. Darüber hinaus hat aber das Recht am eigenen Bilde eine persönlichkeitsrechtliche Funktion, die mehrfach in das Gebiet des Theaters und Films, ja auch in manche Darbietungen der kleinen Varietébühne (die früher viel gepflegte Kunst des Mimikers) hineinspielt. Beim *Film* handelt es sich teilweise um einfache Anwendungsformen dieses Bildnisrechts, nämlich wenn z. B. in der Wochen-

---

[2] Von MARWITZ-MÖHRING: Komm., S. 143, werden nach geistvoller Kritik diese beiden Urteile Fehlurteile genannt.

[3] GOLDBAUM: MuW. 18, 103. Mit Recht heißt es bei MARWITZ-MÖHRING: Komm., S. 145, zu diesem Fall, daß, „ist die Fabel beim Urwerk nicht das Essentielle, wohl aber beim entnehmenden Werk, gleichfalls eine unzulässige Benutzung vorliegt". Wieviel mehr also noch, wenn in *beiden* die Fabel das überragend Wichtige ist.

[4] Vgl. ROSENTHAL: UWG., § 1, Note 54 mit treffenden Ausführungen in dieser Hinsicht.

schau oder bei nicht gestellten (d. h. nicht von Schauspielern dargestellten) Szenen Personen auf der Leinwand erscheinen. „Bildnisse dürfen nur mit Einwilligung des Abgebildeten verbreitet oder öffentlich zur Schau gestellt werden.“ Hierüber und über die Ausnahmen von diesem Satz (Personen der Zeitgeschichte, Personen als Beiwerk zur Landschaft, in Versammlungen und Aufzügen) wird später noch näher gesprochen[1].

Wenn aber durch *Schauspieler* bestimmte Personen, die gelebt haben oder noch leben, dargestellt werden, so liegt da die gleiche Fragestellung wie für die Sprechbühne. Auch über diese interessanten und teilweise schwierigen Dinge (auch über die Karikatur) wird bei der besonderen Behandlung des Theaterurheberrechts zu sprechen sein. (Vgl. Näheres unten **§ 14**: „Das Recht der Maske“.)

Der ***Mimiker*** aber, der im Kabarett oder Tingeltangel, mit Perücken und Schminke bewaffnet, Köpfe berühmter Personen zeigt, wählt dazu ja fast nur solche der *Zeitgeschichte*, deren Wiedergabe auch ohne Einwilligung des Abgebildeten erlaubt ist; und wenn dies auch manchmal nicht eben sehr gut gelingt, so kann man es doch nicht als Karikatur bezeichnen, weil die Vorführung ja nur annähernd Treffendes bieten und vielmehr zeigen will, was man mit wenigen Mitteln in großer Geschwindigkeit auf mimischem Wege erreichen kann.

An dieser Stelle ist aber noch des Schutzes des Eigenbildes und des Namens gegen *reklamehafte Benutzung* zu gedenken. So hat das Reichsgericht (RGZ. 74, 311) mit Recht eine Tabakfirma verurteilt, die Namen und Bild des Grafen ZEPPELIN ohne dessen Wissen und Willen sich als Warenzeichen hat eintragen lassen und Zigarren damit versehen hatte. Denn wenn auch Graf ZEPPELIN unstreitig zur Zeitgeschichte gehört und er sich das Abgebildetwerden und die Benutzung seines Namens in der Öffentlichkeit gefallen lassen muß, so hat das doch seine Grenze an der rein geschäftsmäßigen Benutzung, insbesondere zur Reklame. Ähnlich hat das Kammergericht in einer Entscheidung vom 12. Nov. 1927 (Arch.f.Urh.R. 2, 682) eine Verletzung des Namenrechts darin erblickt, daß in einem Film mit dem Namen eines berühmten Kampffliegers Reklame gemacht wurde. Im Gegensatz zu der — erlaubten — Behandlung geschichtlicher Vorgänge und geschichtlicher Personen auf der Bühne und im Film lag hier die Sache anders, denn das KG. sagt: „Aus der überreichten Inhaltsangabe des Films ergibt sich nämlich, daß der Name v. R. in dem Film lediglich verwendet wird, um durch diesen allseitig bekannten und berühmten Namen für den Film Reklame zu machen“ — er war nicht die Hauptfigur, der Film behandelte nicht als wesentlichen Inhalt das der Zeitgeschichte angehörende Wirken des Kampffliegers, dieser tritt vielmehr gegenüber dem Hauptinhalt des Films ganz in den Hintergrund. Vgl. des weiteren unten **§ 14**.

[1] S. unten im § 14.

Hierher gehört auch der *Schutz gegen Hervorzerrung persönlicher Begebenheiten* durch Literatur, Theater und Film. OLG. Kiel hat in einer wichtigen Entscheidung[2] das Namen- und Bildnisschutzrecht auf den Fall angewendet, daß die Geschehnisse einer Familientragödie aus einem Kriminalfall in einem Theaterstück mit den richtigen Namen der Personen behandelt worden sind. Und nicht nur die Nennung der Namen, sondern die ganze Art der Behandlung, die die Intimitäten in sehr häßlicher Weise darstellte, wurde als starker Verstoß gegen die guten Sitten bezeichnet. „Das Eindringen in die ‚Geheimsphäre' des Seelenlebens anderer, um sie Fernstehenden zu offenbaren und selbst daraus einen Geldvorteil zu erzielen, ist verwerflicher Eigennutz und kann keinen Rechtsschutz genießen." Auch das Recht am eigenen Bilde nach §§ 22, 23 KunstUG. wird mit Recht hier analog angewendet. Auch durch nachträgliche Umänderung der Namen würde der Vorgang nicht ein erlaubter, da man doch nun wisse, wer und was gemeint sei.

Über das Recht des *Pseudonyms* s. unten § 7.

§ 6. Musterschutz-, Patent- und Warenzeichenrecht.

1. Musterschutz. Nahe verwandt mit dem Kunstwerkschutz ist der *Geschmacksmusterschutz*. Er ist sozusagen der arme Verwandte des Kunstwerkschutzes. Was nicht kunstgewerblich schutzfähig erscheint und doch ein ästhetisch zu bewertendes Modell *in* oder *an* irgendeinem Gegenstande ist, ist dem Geschmacksmusterschutz zugänglich und kann als solcher in die Musterrolle eingetragen werden. Wegen dieser Sichtbarkeit und Festlegung empfiehlt sich dies sogar häufig auch bei Dingen, die vermutlich kunstgewerblichen Schutz genießen können. Der Geschmacksmusterschutz kann also in Betracht kommen und darauf sei hier besonders hingewiesen: bei Bühneneinrichtungen, die man sich als Modell — ohne Rücksicht auf ihren etwaigen Wert als Kunstwerke — schützen lassen will[1], und bei ähnlichen Einrichtungen im Film. Insbesondere aber können Artisten, die in ihren Darbietungen etwas Modellhaftes produzieren, von diesem Recht Nutzen ziehen. Denn es kann m. E. dagegen nicht eingewendet werden, daß diese „Modelle" der Darbietungen nicht in einem greifbaren Stoff dargestellt und festgehalten werden; man kann sie ja photographisch festhalten und so ihre Modellhaftigkeit beweisen und man kann sie immer nach dem einmal festgestellten Modell wiederholen.

---

[2] 9. Juli 1929, Arch.f.Urh.R. 2, 559ff. (Fall Donner); ferner OLG. Nürnberg, 3. Jan. 1930, Arch.f.Urh.R. 3, 207ff.; Kammergericht 10. Nov. 1930, Arch.f.Urh.R. 4, 320ff., u. 24. Aug. 1931, GRUR. 1931, 1096ff.

[1] Das gilt auch für Einrichtungen im Theater selbst, sofern es sich dabei um Modelle irgendwelcher Art handelt.

Es kann nicht darauf ankommen, ob die mustergeschützte Darbietung des Artisten oder des Bühnenbildners als solche bildlich *fixiert* ist, sondern nur darauf, ob der Vorgang irgendwie modellhaft festhaltbar erscheint. Denn das Urheberrecht steht ja auch choreographischen oder pantomimischen Erzeugnissen zu, gleichgültig ob der Vorgang schriftlich oder sonstwie fixiert ist. Es steht also nichts im Wege, bühnenbildnerischen Einrichtungen modellhafter Art oder artistischen (z. B. akrobatischen oder clownischen) Darbietungen nach einem festhaltbaren und wiederholbaren Modell den Rechtschutz als Muster und Modell zuzusprechen, der einer Eintragung fähig ist und dann gegen Nachahmung geschützt ist.

Selbstverständlich aber gilt dies nicht für unoriginale, für Allerweltsformen, die regelmäßig zur Gattung der betreffenden Arbeit gehören und der Natur der betreffenden Akrobatik oder der Bühnentechnik entsprechen. Denn auch für den Geschmacksmusterschutz ist *Eigenart* und *Neuheit* Voraussetzung. Mithin kann die alltägliche Pyramide der Akrobatentruppe, der Einzelpurzelbaum des Clowns, die schulmäßige hohe Reitschule, die typische Bühnenverdunkelung mit Nebelschwaden o. dgl. einen Geschmacksmusterschutz nicht genießen. Wohl aber kann das für einen wirklich in allen Teilen eigenartigen Akt oder eine neuartige modellhafte Einrichtung, wenn sie als ästhetisch zu bewertende sichtbare Muster erscheinen, der Fall sein.

Handelt es sich aber um ein Muster oder Modell, dessen Eigenart und Bedeutung nicht ästhetischer Art, sondern *technischer* Art ist — etwa um eine Beleuchtungseinrichtung der Bühne, um ein technisches Hilfsmittel für Zauber- und Illusionskünstler, um eine Vorrichtung bei Geräteakrobaten usw. —, dann kommt nicht Urheberschutz, sondern Erfinderschutz in Betracht; das heißt: der *Gebrauchsmusterschutz* wird vom Patentamt nach vorhergegangener Prüfung des technischen Vorganges erteilt, während ein Geschmacksmusterschutz von selbst (originär), also ohne amtliche Erteilung entsteht, mithin schon vor Anmeldung und Niederlegung vorhanden ist. Die volle Wirkung freilich wird auch beim Geschmacksmusterschutz erst durch die Anmeldung und Eintragung gewährleistet. Diese Anmeldung geschieht zum Musterregister, das dezentralisiert bei dem örtlich zuständigen Amtsgericht geführt wird, für Inländer ohne festen Wohnsitz oder Niederlassung im Reich beim Amtsgericht in Leipzig, — während die Anmeldung und Prüfung des Gebrauchsmusterschutzes beim Reichspatentamt zu geschehen hat.

Der Geschmacksmusterschutz dauert 1—3 Jahre und kann bis auf 15 Jahre verlängert werden (gegen Gebührenzahlung).

Ein internationaler Musterschutz ist durch das Haager Abkommen vom 6. Nov. 1925 gewährleistet.

2. Patentschutz. Auch bezüglich des Patentrechtes kann es hier nur darauf ankommen, auf die Möglichkeiten eines solchen Schutzes für Schöpfungen im Theater-, Film- und sonstigen Aufführungsbetrieb aufmerksam zu machen[2], ohne daß hier eine eingehende Darlegung des Patentrechts möglich oder auch nur geboten wäre.

Welche Rolle das Patentrecht bei neuen hierhergehörigen Erfindungen, z. B. beim Tonfilm, beim Rundfunk, spielt, ist durch den Streit mit den amerikanischen Tonfilmapparaturen allen Beteiligten deutlich genug geworden. Der ganze gewaltige Ausbau des Filmbetriebs wie des Rundfunkbetriebs beruht auf patentierten Erfindungen, mit deren Monopolrechten gerechnet werden muß, während Patente im eigentlichen Theater-, Musik- und Varietébetrieb keine so erhebliche Rolle spielen. Trotzdem sind sie auch da nicht ohne Bedeutung. Eine moderne Drehbühne oder eine Versenkungsmaschinerie des ganzen Bühnenraums einzurichten, ist nicht ohne Berücksichtigung patentierter Erfindungen möglich, doch berührt dies vorwiegend die finanzielle Seite des Baues, der die Lizenzen mit abgelten muß, wird jedoch kaum zu patentrechtlichen Konflikten führen. Anders, wenn ein Varietékünstler sich einen Apparat gebaut hat, der patentfähig ist, und ein Patent erlangt hat; in diesem Falle darf ein Anderer nicht ohne weiteres den gleichen Apparat bauen und benutzen. Daher ist es wichtig für den Akrobaten und Spezialitätenkünstler, zu wissen, ob und wann ein von ihm konstruiertes Hilfsmittel patentfähig ist[3].

Damit etwas patentfähig sei, muß es sich, wie die Lehre sagt, um eine *Kräftekombination* (nicht um eine bloße Raumformkombination, die für den Musterschutz genügt) handeln, und zwar technischer Art. Daher ist die Varietékunst als solche, die körperlich-menschliche oder die Tierdressur nicht patentfähig, wohl aber kann eine unter Benutzung von Naturkräften geschaffene technische Vorrichtung patentfähig sein, etwa eine Sprungmatratze eigener Art, ein Luftakrobaten-Drehgestell, eine Drehbühnenkonstruktion, Beleuchtungseinrichtungen, Kuppelhorizonte usw. usw. Immer aber muß die Einrichtung einen technischen Fortschritt gegenüber schon Vorhandenem verkörpern, ferner eine gewisse Erfindungshöhe aufweisen und es muß die Lösung einer technischen Aufgabe durch Neuschöpfung eines Gegenstandes oder eines Verfahrens vorliegen. Anmeldung und Prüfung geschieht beim Reichspatentamt.

3. Das Warenzeichen ist im Filmbetrieb von großer Bedeutung — während es im Theater, im Rundfunk, im Varieté und in der Musik (außer bei der Schallplatte) kaum eine Rolle spielt.

---

[2] Auch CL.-D. KOCH: Das Urheberrecht des Bühnenregisseurs, S. 57, weist darauf hin, daß für Akrobatentanznummern sowie für Beleuchtungs- und Ausstattungstricks Patent- oder Musterschutz in Betracht kommen kann.

[3] Über die Nachahmung eines *nicht* patentierten Trapezapparates s. unten im § 7.

Das kommt daher, weil nur der Film es mit einer „Ware“, nämlich dem Filmstreifen, zu tun hat, während die anderen genannten Kunstzweige sich mit ihren Leistungen ziemlich weit vom Warencharakter entfernen. Auch die Sichtbarkeit der Ware spielt dabei eine Rolle, da das Patentamt für ein regelrechtes Warenzeichen Sichtbarkeit verlangt (während es bloße Hörbarkeit, die für Funkdarbietungen wichtig sein könnte, als ungenügend ablehnt). Wenn also auf dem Filmstreifen Zeichen wie Ufa, Emelka, Parufamet, ein flammendes E, ein rotierender Globus, ein Eisbär auf der Erdkugel, ein lebender Löwenkopf in einem Oval sichtbar wird, so wirkt dieses Zeichen als Herkunfts- und zugleich als Qualitätsmarke. Der Globus ist dabei übrigens ein sogenanntes „schwaches“ Zeichen; er allein, ohne markante Unterscheidungsmerkmale, würde nicht als Warenzeichen für Filme tauglich sein.

§ 7. Wettbewerbsrecht.

I. *Wettbewerb* ist die Seele aller Arbeit, namentlich auch der künstlerischen. In der Betätigung des Wettbewerbs liegt ein starkes Recht, und zwar positiv für die aktive Betätigung und zugleich negativ für die Abwehr gegen unberechtigte Beeinträchtigung. Der sogenannte „unlautere Wettbewerb“ (s. unten zu II) ist nur ein Spezialfall des Wettbewerbsrechts. Das muß man sich immer gegenwärtig halten, will man das Urheberrecht wie den Kampf um geistige und künstlerische Leistungen überhaupt verstehen. Jedermann darf sich wettbewerblich frei betätigen, soweit nicht bestimmte Verbote gesetzlicher oder sittlicher Art dem entgegenstehen. Der Theaterleiter darf also, wenn er das Recht dazu vom Autor erlangt hat oder wenn es sich um ein gemeinfreies Werk handelt, dasselbe Stück aufführen wie eine andere Bühne, mit der er im Wettbewerb steht. Er darf auch Anregungen übernehmen, nur dürfen diese nicht zum Plagiat werden[1]. Der Kapellmeister darf dieselbe Symphonie spielen wie sein etwa berühmterer Kollege, darf auch von ihm lernen, und wenn er ihn zu kopieren sucht, so wird man ihm kaum etwas anhaben können, sofern er nicht in sittenwidriger Weise mit falschen Angaben arbeitet. Der Filmunternehmer darf prima vista denselben Stoff, wenn er frei ist, für einen Film benutzen, obschon der Stoff schon in einem anderen Film behandelt ist — es sei denn, daß das Wesentliche des Werkes nicht in der Bearbeitung, sondern im Stoffe selbst liegt[2]. Der Artist darf die Produktionen eines anderen im allgemeinen nachahmen, denn es kommt ja dabei darauf an, ob er sie überhaupt bzw. ebenso gut fertigbringt wie der andere — es sei denn, daß ein Geistesgut- oder Erfinder- oder Modellschutz für jene Leistung besteht (was jedoch selten ist)[3].

---

[1] Näheres darüber siehe unten §§ 12 u. 18. [2] Vgl. unten § 18.
[3] S. oben § 6.

Aber man sieht bereits aus diesen Beispielen, wie hart an der Grenze zwischen Erlaubtem und Unerlaubtem der im Wettbewerb mit Anderen stehende Künstler oder künstlerisch-geschäftliche Unternehmer steht. Ein Schritt über die Grenze, und es ist schon unerlaubt, was er tut. Diese Grenze aber wird durch zwei große Rechtsgedanken gebildet: 1. den urheberrechtlichen Rechtsgedanken und 2. den Rechtsgedanken des unlauteren Wettbewerbs. Häufig durchdringen diese beiden einander, aber es sind trotzdem zwei verschiedene Rechtsgedanken. Der urheberrechtliche beschäftigt uns ex officio in allen Ausführungen dieses Buches und braucht daher hier nicht näher besprochen zu werden; wir kommen noch häufig genug darauf zurück. Aber der Rechtsgedanke des unlauteren Wettbewerbs wird (obwohl er in den Spezialabschnitten ebenfalls verschiedentlich mit zu erörtern ist) hier doch auf der Grundlage des Gesetzes in seinen verschiedenen Anwendungsmöglichkeiten auf Theater-, Film-, Musik- und Artistenrecht kurz überblickend betrachtet werden müssen (unten zu II). Dabei ist aber immer daran zu denken, daß nicht jeder dem Anderen unbequeme Wettbewerb schon ein unlauterer ist, sondern daß ganz bestimmte Momente vorliegen müssen, um ihn zu einem unlauteren zu machen. Denn grundsätzlich ist der Wettbewerb als solcher eine funktionelle Größe, die im modernen Recht eine erhebliche Rolle spielt. Er ist a) eine grundsätzliche Funktion des Rechts, da das Recht selber darauf zu sehen hat, daß unter den Menschen ein Wettbewerb zum Guten, ein Wettlauf um das Richtige und Sittliche geschieht, und b) eine kasuistische Funktion, die die Anwendung dieses Grundsatzes im einzelnen Falle betrifft, damit Konflikte, die aus dem Wettbewerb entstehen, gelöst werden können. In Wettbewerb treten kann Jemand mit seiner Leistung gegen jeden beliebigen Dritten, ja dies ist sogar schon der Fall, *ehe* dieser eine gleiche oder ähnliche Leistung erbracht oder überhaupt versucht hat; denn solche Leistung kann ja in ihm schlummern und bedarf nur der Erweckung. Denn Wettbewerb ist zunächst ein Verhältnis zwischen Individuum und Allgemeinheit, woraus sich erst im einzelnen Fall ein Verhältnis zwischen Individuum und Individuum spezialisiert. Daher ist fast jede Leistung, die der Mensch erbringt und die für die Kultur oder die Wirtschaft im weitesten Sinne tauglich sein soll, eine *immanent* wettbewerbliche Leistung. Nur ergibt erst das reale Leben, ob sie (von vornherein oder erst später) in *handgreiflichen* Wettbewerb zu *bestimmten* anderen Leistungen tritt oder ob ihre Wettbewerbseigenschaft bis zu einem gewissen Grade latent bleibt.

Auch ohne laute Anpreisung oder Berühmung wirkt der Wettbewerb durch die *Leistung selbst*, sei es durch ihre Qualität oder ihre Priorität. Auch wer kein Wesens davon macht, kann das Vorhandensein dieses Wettbewerbs nicht leugnen. Ob er mit lauteren oder unlauteren

Mitteln arbeitet, bleibt dabei zunächst dahingestellt. Wichtig wird dieser stille Qualitäts- und Prioritätswettbewerb für das Recht durch die Frage, wieweit man die Leistungen eines Anderen nachmachen darf und dadurch dessen Priorität, die er vielleicht langsam und mühevoll sich errang, durch Wegesabkürzung sich selber gutbringt. Einen *unbedingten* Schutz jeder Leistung und jeder Arbeit gegen Benutzung, Nachahmung, Wiederholung durch einen Anderen gibt es freilich nicht; aber es gibt zahlreiche Bedingungen, die die Nachahmung und Benutzung zu einer unlauteren machen. Davon ist im Folgenden zu sprechen.

II. Ein „*unlauterer*" *Wettbewerb*, wie er von dem RG. v. 7. Juni 1909 (RGBl. S. 499) verboten wird, ist durch *spezielle Tatbestandsmerkmale* bedingt. Soweit sie das Thema dieses Buches betreffen, handelt es sich dabei hauptsächlich um Folgendes:

1. Unlauterer Wettbewerb ist — zunächst und allgemein — ein *sittenwidriger* Wettbewerb. Das sagt die Generalklausel des § 1 des Gesetzes. Diese Sittenwidrigkeit liegt nicht schon im Wettbewerbsmoment an sich. Daß Jemand einen Anderen durch Wettbewerb schädigt, ist noch nicht sittenwidrig, denn — wie wir soeben zu A. dargelegt haben — gehört Wettbewerb zu den Elementen der Arbeit und des Lebens. Spezielle Sittenwidrigkeit aber liegt z. B. vor, wenn dieser Wettbewerb sich verwerflicher Mittel bedient: etwa der Theaterdirektor macht einen Schauspieler dem bisherigen Prinzipal abspenstig durch Vorspiegelung falscher Hoffnungen oder mit Verleitung zum Kontraktbruch oder durch gehässige Angaben oder Verunglimpfung des anderen Prinzipals; oder: ein Filmhersteller sucht durch Titelähnlichkeit Verwechselungsgefahr herbeizuführen oder verschafft sich auf unredliche Weise Kenntnis von Plänen und Abschlüssen des Konkurrenten; oder: eine Artistentruppe, die die Leistungen einer bekannten Truppe nachmacht, legt sich einen Namen bei, der geeignet ist, beim Publikum Verwechselungen mit der berühmten Truppe hervorzurufen (natürlich ebenso bei einzeln auftretenden Künstlern); oder: Ausbeutung des mühsam und kostspielig erlangten Arbeitsergebnisses eines Anderen, z. B. durch Nachmachen der Bildprogramme zu Filmen (Streit zweier Filmzeitschriften, Urt. des KG. v. 24. Okt. 1930). Das sind nur *Beispiele* für sittenwidrig-wettbewerbliches Verhalten, für das das Reichsgericht die *Formel* geprägt hat, daß sittenwidrig sei, „was dem Anstandsgefühl aller billig und gerecht Denkenden zuwiderläuft". Daß dieser Maßstab kein unbedingt klarer ist, liegt natürlich auf der Hand; er ist sowohl von der persönlichen Einstellung des urteilenden Richters wie auch von den Gepflogenheiten (Verkehrssitte) in dem betreffenden Gewerbszweig abhängig. Ob in dieser Hinsicht der Verkehr im künstlerischen und artistischen Arbeitsgebiet besonders strenge oder etwa besonders liberale Ansichten und

Sitten aufweist, müßte im Einzelfalle von demjenigen bewiesen werden, der sich darauf beruft. Ein Anlaß, von vornherein für diese Berufs- und Betriebszweige einen anderen Maßstab als gewöhnlich anzulegen, besteht nicht. Nur muß immer beachtet werden, daß das, was seit langer Zeit unbeanstandet geübt wird, der Sitte in den betreffenden Kreisen im allgemeinen entspricht (falls es nicht als Unsitte besonders gebrandmarkt wird). Daneben erscheint natürlich unbedingt sittenwidrig das, was ohne besondere Verkehrssitte überall und nach allgemeinen Anschauungen gegen das Anstandsgefühl verstößt. Wenn z. B. die Maske CHAPLINS von vielen Artisten nachgeahmt wird, so liegt darin zwar keine wettbewerbliche Sittenwidrigkeit, wohl aber ein Verstoß gegen das Recht der Maske und am eigenen Bilde[4].

Eine Klage dieser Art ist 1928/29 vom LG. I Berlin (30. Okt. 1928, 38 Q. 180. 28) und vom KG. (9. März 1929, 10. U. 14 579. 28) entschieden worden: eine für eine Zahnakrobatik am fliegenden Trapez hergestellte besondere Konstruktion war von einem anderen Artisten nachgemacht und z. T. mit den dem Vorgänger wegengagierten Artisten zur Vorführung benutzt worden. Das LG. erblickte eine Verletzung des § 826 BGB. und der Wettbewerbsbestimmungen darin, das KG. jedoch stützte sich mit seinem entgegengesetzten Entscheid darauf, daß die Technik und Mechanik des Apparats nicht patentiert oder als Gebrauchsmuster geschützt gewesen sei, auch durchaus nichts zuvor Unbekanntes oder Geheimes dargestellt habe, so daß es der Nachahmung zugänglich sei, wenn nicht besondere sittenwidrige Wettbewerbstatsachen dabei zutage treten.

2. Unter den weiteren Tatbeständen des UnlWG. — also unter den *speziellen* Tatbeständen — sind für Theater usw. von Bedeutung:

a) §§ 3, 4, die die *unlautere Anpreisung*, die Unwahrheit in der Ankündigung verbieten und u. U. bestrafen. Es dürfen Ankündigungen der Darbietungen, Leistungen oder Waren nicht so abgefaßt sein, daß sie der Wahrheit zuwider den „Anschein eines besonders günstigen Angebots" hervorzurufen geeignet sind; d. h. also: das Angebot darf nicht günstiger erscheinen, als es in Wirklichkeit ist. Maßgebend ist dabei, wie die Ankündigung auf das Publikum *wirkt*, nicht wie man sie vielleicht bei ausgeklügelter Auslegung verstehen *kann*. So wäre es z. B. eine unlautere Ankündigung, wenn eine Provinzbühne einen Sänger als „von der Staatsoper in Berlin" ankündigte, der dort etwa nur als Gast aufgetreten ist — oder wohl auch dann, wenn er dem Verbande der Staatsoper nicht mehr angehört. Bedenklich scheint mir auch die auf Provinz-Varietébühnen vielfach übliche Angabe „von der Skala in Berlin" für Artisten, die einmal einen Monat lang in der Skala aufgetreten sind; ist

[4] Vgl. unten §§ 14 u. 28.

dies erst vor kurzem geschehen oder ist ein periodisch wiederholtes Auftreten in der Skala vorangegangen oder zu erwarten, dann mag die Angabe als wahrheitsmäßig noch durchgehen, nicht aber, wenn das Engagement vielleicht als ein Fehlschlag sich erwiesen hat und sicherlich nicht wiederholt wird. Man weiß ja zwar, daß Varietébühnen wie die Skala keine Dauerengagements für Artisten haben können, aber dann mag der Wahrheit Rechnung getragen und das einmonatliche Auftreten auch entsprechend benannt werden („aufgetreten in der Skala in Berlin"). Falsche und zu günstige Ankündigungen beim Film können z. B. durch großsprecherische, der Wahrheit nicht entsprechende Angaben über Dauer und Mühen der Aufnahmen, Länge des Films od. dgl. geschehen.

In den Umkreis dieser Vortäuschungen gehört auch die Berühmung des Besitzes von Auszeichnungen, Medaillen und Diplomen, falls dies nicht der Wahrheit entspricht oder es sich um minderwertige private Auszeichnungen handelt, die so verwendet werden, als handle es sich um amtliche.

b) Ähnliche Gesichtspunkte treten bei dem *Namenmißbrauch* (§ 16 UnlWG.) auf, der auch dazu benutzt wird, irreführende Vorstellungen beim Publikum zu erwecken. So hat das RG. (RGZ. 101, 226) dahin entschieden, daß eine Artistentruppe nicht den bisherigen Künstlernamen ihres Ausbilders und Leiters weiterführen darf, wenn dieser sich von der Truppe getrennt hat und ihr seinen Namen nicht belassen will[5].

Auch darf sich z. B. nicht ein neugegründetes Theater „Stadttheater" nennen, wenn ein Stadttheater an dem Ort schon existiert, oder ein Kinounternehmen nicht Ufa-Palast, wenn es nicht der Ufa gehört, eine Tanzkapelle nicht Marga Weber oder Marc Werner, weil das mit Marek Weber zu verwechseln wäre, und ein Clown nicht Grock II. Priorität berechtigter Namenführung ist immer zu achten, und es soll niemand mit einem fremden oder dem fremden ähnlichen Namen „krebsen gehen". Führt der Zweite mit Recht (z. B. als angestammten Eigennamen) einen gleichen oder ähnlichen Namen wie ein berühmterer Vorgänger, so kann man ihm zwar in der Regel die Führung seines Namens nicht verwehren, er muß aber durch Zusätze (Vornamen) od. dgl. die Verwechslungsgefahr nach Möglichkeit beseitigen. Zwar setzt der § 16 nicht Unlauterkeit der Namensführung voraus und es genügt die objektive Verwechslungsgefahr für die Forderung durch Unterlassung, aber trotzdem muß irgendeine Beziehung zum Gedankenkreis des unlauteren Wettbewerbs vorliegen, wenn der § 16 anwendbar sein soll. „Es kommt darauf an, ob der befugt geführte Name durch Zusätze geflissentlich und in lauterer Absicht gegenüber den Mitbewerbern unter-

---

[5] Näheres s. unten § 28.

schieden wird, oder ob die verwechslungsfähige Benutzung mit einer Art dolus eventualis gebraucht wird[6]".

Verwechselungs*gefahr* ist dabei etwas anderes als bloße Verwechselungs*möglichkeit.* Nicht jede Unaufmerksamkeit des Publikums, das ja alles Mögliche verwechselt, ist schon die vom § 16 zu berücksichtigende Verwechselungsgefahr. Auch deutet der Ausdruck Gefahr darauf hin, daß durch die Verwechselungsmöglichkeit Ruf und Geschäft des Konkurrenten gefährdet wird — z. B. indem seine Leistung mit der *schlechteren* des einen ähnlich klingenden Namen führenden Konkurrenten verwechselt und daher selber als minderwertig vermutet wird.

Aber damit sind die im Theaterwesen wichtigen *Namensfragen* noch nicht erschöpft. Urheberrecht und Wettbewerbsrecht reichen sich im Namenrecht (wie auch beim Titelschutz) die Hand. Der § 12 BGB. schützt den bürgerlichen Namen, den Jemand berechtigermaßen führt: „Wird das Recht zum Gebrauch eines Namens dem Berechtigten von einem Andern bestritten oder wird das Interesse des Berechtigten dadurch verletzt, daß ein Anderer unbefugt den gleichen Namen gebraucht, so kann der Berechtigte von dem Andern Beseitigung der Beeinträchtigung verlangen. Sind weitere Beeinträchtigungen zu besorgen, so kann er auf Unterlassung klagen." Hier handelt es sich in *erster Linie* um den *obrigkeitlich* anerkannten Namen, um den Namen, den Jemand als *Staatsbürger* führt. Ob der Paragraph auch einen Schutz für das *Pseudonym*, den Künstlernamen, den Decknamen, enthalten soll, war so bestritten, daß man mit gleich guten Gründen sowohl das Ja wie das Nein verteidigen und rechtlich glaubhaft machen konnte; aber die Frage muß seit der RG.-Entsch. in RGZ. 101, 226 als in bejahendem Sinne erledigt gelten[7]. Der Schutz steht auch der Abkürzung des Pseudonyms zu (z. B. Ossi für Ossi Oswalda im Film[8]). Kaum ein Zweifel kann darüber bestehen, daß der berechtigte bürgerliche Name auf Grund des § 12 BGB. gegen ein gleiches Pseudonym Schutz genießt. Aber auch ein bereits als nom de guerre *bekannter* Name muß gegen einen gleichen nom de guerre geschützt sein, selbst wenn die Gegenansicht sich darauf beruft, daß es sich nur um eine Art *Kennmarke* und nicht um einen „Namen" im gesetzlichen Sinne handelt. Die Wahrhaftigkeit und Stetigkeit des Gebrauchs des Künstlernamens steht der Behauptung, daß es ein unwahrer Name sei, entgegen. Praktisch kommt dies sowohl für den Schriftstellernamen wie für den Künstlernamen (bei Schauspielern, Sängern, Varieté- und Zirkuskünstlern) in Betracht. Dabei besteht insofern ein Unterschied, als der Schriftstellername nicht so häufig wie der Künstlername auch für die Betätigung der betreffenden Persönlichkeit in der Öffentlichkeit benutzt wird, sondern mehr oder weniger nur mit dem Werke verbunden

[6] Vgl. Pinner-Elster: UnlW. (1927), 171 mit näheren Literaturangaben.
[7] Vgl. HdR., Art. Namenrecht 4, 176. [8] KG. in JW. 1921, 348.

wird. Hier ist ja Eintragung des wahren Namens in die Eintragsrolle vorgesehen, also die Berechtigung der Decknamenführung dadurch vorausgesetzt und ausdrücklich eine Schutzfrist für anonym und pseudonym erschienene Werke (auf 30 Jahre seit Erscheinen) gesetzlich festgesetzt. Wird der wahre Name des Verfassers eines anonym oder pseudonym erschienenen Werkes in die Eintragsrolle (zu Leipzig) angemeldet, dann genießt der Urheber den üblichen Schutz bis 30 Jahre nach dem Tode. Bei der Führung eines Künstlernamens der ausübenden Künstler kommt insbesondere die Frage in Betracht, wie weit diese den Namen auch im bürgerlichen Leben verwenden, wie weit sie sich unter diesem Namen rechtlich verpflichten und berechtigen können. Das kann nur in begrenztem Maße der Fall sein, da RG. in RGZ. 101, 230 den § 12 BGB. als Namensschutz dem Pseudonym nur „innerhalb des Verkehrs, für den er bestimmt ist", zubilligt — andernfalls wäre es ja eine Namensänderung, die nicht ohne Genehmigung der Behörde (Justizministerium) möglich ist. Für Wechselunterschriften ist in RGZ. 14, 18 und 63, 380 die Gültigkeit jedes Namens abgelehnt worden, der weder der Name der Person noch der der Firma ist. Der Normal-Vertrag des Bühnenvereins erkennt jetzt das Pseudonym des Bühnenangehörigen als formal gültigen „Vertragspartner" an.

Besondere Schwierigkeiten knüpfen sich begreiflicherweise an den Gebrauch *eines adligen Namens als Pseudonym oder des Doktor- oder eines anderen Titels*. Ohne Zweifel darf jemand, der zur Führung des Doktortitels berechtigt ist oder einen anderen Titel hat, diesen Titel auch seinem Pseudonym beifügen; ebenso wird ein Adliger auch bei seinem Pseudonym die gleiche oder eine mindere Standesbezeichnung wählen dürfen. Das Umgekehrte — sich selbst im Pseudonym zu adeln, zu promovieren, im Stand oder im Titel heraufzusetzen — kann jedoch nicht als erlaubt angesehen werden; freilich hat man, was den Adel betrifft, neuerdings, weil Adel nach der RV. von 1919 keine Standesbezeichnung, sondern nur Namensteil ist und es Standesbezeichnungen nicht mehr gebe, anders geurteilt[9], doch entspricht dies meiner Ansicht nach nicht den im deutschen Volke noch herrschenden Ansichten und erscheint daher wettbewerblich unzulässig.

Ein besonders weites Feld und wichtiges Kapitel des Namen- und Bezeichnungsmißbrauchs bezieht sich auf den *Titel* von *Druckschriften, Stücken, Filmen*. Da dies wichtig und eigenartig namentlich für den *Filmtitel* (u. U. auch für den Titel von Bühnenwerken) ist, wird darüber unten im § 19 gesprochen.

c) Unter den übrigen speziellen Tatbeständen des UnlWG. kommen für unsere Gebiete hier nur noch das *Verbot der Betriebs- und Kredit-*

[9] Opet: Der adlige Bühnenname. Arch.f.Urh.R. 1, 79ff.; jedoch wie im Text OLG. Dresden in JW. 1922, 1223.

schädigung (üble Nachrede, §§ 14, 15) und der *Verletzung von Betriebs- und Geschäftsgeheimnissen* (§§ 17—20) in Betracht. Diese Dinge bieten aber keine Besonderheiten für unser Thema. Die Äußerungen der Kritik (Presse) über die Leistungen der Schaubühnen aber können den §§ 14/15 des UnlWG. in der Regel nicht unterworfen werden, denn erstens fehlt da der „Wettbewerbszweck", der Voraussetzung für die Anwendbarkeit dieser Paragraphen ist, und zweitens wird für die berufsmäßige Kritik auch der Tadel als Ausdruck der freien Meinungsäußerung, nicht der üblen Nachrede gewertet, zumal wenn es sich um Urteile und nicht um tatsächliche Angaben handelt.

Was aber den Geheimnisverrat betrifft, so kann ein solcher wohl nur in der Ausplauderung angenommener Werke, in der Mitteilung artistischer Tricks od. dgl. beruhen, was kaum häufig vorkommt oder gar zu Rechtsstreit Anlaß gibt.

§ 8. Abwehr von Rechtsverletzungen.

Urheberrecht und gewerblicher Rechtsschutz sind Rechtsgebiete, die zu größerem Teil privatrechtlicher, zu geringerem Teil strafrechtlicher Natur sind. Die groben Verletzungen, z. B. gänzlich unerlaubte Wiedergabe eines geschützten Werkes, Plagiat, vorsätzlich unlautere Wettbewerbshandlungen, sind bei besonderem Tatbestand mit Strafe bedroht, und so hat man diese Rechtsmaterie zu den „strafrechtlichen Nebengesetzen" gerechnet — aber mit wenig Recht. Ihre Stärke liegt vielmehr auf der zivilrechtlichen Seite, und die Rechtsfolgen von Verletzungen sind Klage auf Unterlassung und Schadenersatz. Auch auf Buße kann erkannt werden.

Es seien hier kurz die wichtigsten durch Theater- und andere Aufführungen und Vorführungen möglichen Rechtsverletzungen mit ihren Folgen aufgeführt:

1. Unbefugte 1) Vervielfältigung (auch teilweise), 2) gewerbsmäßige Verbreitung, 3) öffentliche den wesentlichen Inhalt betreffende Mitteilung eines Werkes, 4) öffentliche Vorführung — vorsätzlich oder fahrlässig —: Schadensersatz (§ 36 LitUG., § 31 KunstUG.); *wichtig namentlich für Film und Musik*; vorsätzlich: auch Geldstrafe (§ 38 LitUG., § 32 KunstUG.) und u. U. Buße (§ 40 LitUG., § 35 KunstUG.), ferner Vernichtung der Exemplare und Vorrichtungen (§ 42 LitUG, § 37 KunstUG.).

2. Unbefugte 1) öffentliche Aufführung oder 2) Vortrag, 3) auch einer dramatischen Bearbeitung, 4) Vorführung bildlicher Darstellung, alles, auch wenn nur für Teile des Werkes — vorsätzlich oder fahrlässig —: Schadensersatz (§ 37 LitUG.); *wichtig für Theater, Musik, Film, Rundfunk;* vorsätzlich: auch Geldstrafe (§§ 38, 39 LitUG.) und u. U. Buße (§ 40 LitUG., § 35 KunstUG.).

3. Unbefugte Änderungen am Werk, am Titel oder an der Bezeichnung des Urhebers: Geldstrafe (§ 38 Abs. 2 LitUG., § 32 Abs. 2 KunstUG.) und u. U. Buße (§ 40 LitUG., § 35 KunstUG.); *wichtig für Theater, Film, Rundfunk, Musik.*

4. Verbreitung und öffentliche Schaustellung eines Personenbildnisses (zuwider den §§ 22, 23 KunstUG.) — vorsätzlich: Geldstrafe (§ 33 KunstUG.); *wichtig für Theater, Film, Varieté.* Auch u. U. Buße (§ 35 KunstUG.).

5. Verstöße gegen Wettbewerbsrecht (Ges. gegen den unl. Wettbew.): gegen § 1 (Sittenwidrige Handlung) und § 16 (Namensmißbrauch): Unterlassung und Schadenersatz, gegen § 3 (unrichtige Angaben) und § 14 (üble Nachrede) Unterlassung und Schadenersatz; gegen § 4 (absichtliche wissentliche unrichtige Angabe) und § 15 (wissentlich unwahre Verleumdung) Geld- oder Gefängnisstrafe, gegen §§ 17ff. (Geheimnisverrat) Schadenersatz und Geld- oder Gefängnisstrafe.

Strafverfolgung stets nur auf Antrag (§ 45 LitUG., § 41 KunstUG.); Verjährung von Schadensersatzforderung und Strafverfolgung in 3 Jahren (§§ 50, 51 LitUG., §§ 47, 48 KunstUG.).

Verjährung der Ansprüche auf Unterlassung und Schadenersatz: 6 Monate. Neben Strafe u. U. auch Buße an den Verletzten.

Der Instanzenzug ist für alle Streitfälle des Urheber- und Wettbewerbsrechts wie überhaupt des ganzen geistig-gewerblichen Rechtsschutzes bis ans Reichsgericht möglich.

Die Rechtsprechung auf diesen Gebieten steht auf einem sehr hohen Niveau, und wenn die Kritik hie und da mit dem einen oder anderen Urteil nicht einverstanden ist und Argumente dagegen vorbringen zu müssen glaubt, so ändert dies nichts an dem mit voller Überzeugung auszusprechenden Bekenntnis, daß Streitfälle auf diesen Gebieten, wenn sie an Spezialkammern (an großen Landgerichten) und an Spezialsenate (in den höheren Instanzen durchweg) gelangen, mit tief eindringendem Verständnis und überlegenem Gerechtigkeitssinn entschieden werden.

Freilich gehört dazu, daß es möglich ist, die Angelegenheit den Gerichten zu unterbreiten. Bei Privatklagen gehört dazu Geld, um den Prozeß zu führen, und nicht häufig findet sich eine Organisation oder ein Verein bereit, die Sache aus allgemeinem Interesse zu führen. Bei strafbaren Verstößen gegen das Urheberrecht ist ja die Anzeige bei der Staatsanwaltschaft als bequemer und billiger Weg gegeben. Aber dieser Weg war längere Zeit dadurch versperrt, daß die Staatsanwaltschaften das öffentliche Verfahren nur dann einleiteten, wenn ein öffentliches Interesse durch den Verstoß verletzt erschien, und dieses Vorliegen des öffentlichen Interesses wurde nicht häufig bejaht. Wegen der dadurch hervorgerufenen Mißstände haben der Deutsche Bühnen-Verein, die

Genossenschaft Deutscher Bühnenangehöriger und die Vereinigung der Bühnenverleger gemeinsam am 27. Juli 1926 eine Eingabe an den Preuß. Justizminister gerichtet, in welcher sie u. a. ausführten[1]:

„...Eine große Anzahl von Vereinen und wandernden Theaterdirektoren veranstalten fortgesetzt unberechtigte Aufführungen tantiemepflichtiger Werke der dramatischen und der dramatisch-musikalischen Kunst. Nicht nur, daß die Werke in der unwürdigsten Weise vorgeführt werden, die Veranstalter zahlen auch keinerlei Entgelt an die Urheber. Hierdurch werden diese um Beträge geschädigt, die sich nach einwandfreier Feststellung auf Hunderttausende von Goldmark jährlich belaufen...

...Nach § 374 Nr. 8 StPO. können alle Verletzungen des Urheberrechts, soweit sie als Vergehen strafbar sind, im Wege der Privatklage verfolgt werden, ohne daß es einer vorgängigen Anrufung der Staatsanwaltschaft bedarf, und nach § 376 wird die öffentliche Klage wegen dieser Handlungen von der Staatsanwaltschaft nur dann erhoben, wenn dies im öffentlichen Interesse liegt... Wollte man widerrechtliche Aufführungen im Wege einer einstweiligen Verfügung vereiteln, so kam diese Verfügung in der Regel erst dann heraus, wenn die Aufführung stattgefunden hatte. Man kann ohne jede Übertreibung sagen, daß hinsichtlich der unbefugten Aufführungen in den letzten Jahren eine vollständige Anarchie eingerissen ist. Das geistige Eigentum ist vogelfrei...

...Wir bitten Sie, Herr Minister, durch einen Erlaß an die Staatsanwaltschaften klar darzulegen, *wann* ein öffentliches Interesse an der Verfolgung der in Rede stehenden Vergehen vorliegt. Unseres Erachtens liegt dieses Interesse unter allen Umständen dann vor, wenn eine Person hinreichend verdächtig ist, auch nur ein einziges Mal ein Stück unter einem falschen Titel gegeben zu haben, denn das ist moralisch, wenn auch nicht gesetzlich, ein Betrug. Das öffentliche Interesse ist aber auch dann gegeben, wenn ein und dieselbe Person hinreichend verdächtig ist, *mehrfach* widerrechtliche Aufführungen unter richtiger Bezeichnung der Werke veranstaltet zu haben, denn das ist wieder moralisch betrachtet fortgesetzter Diebstahl, gegen den man uns doch wohl schützen wollte..."

Der Erfolg dieser Eingabe war die AllgVfg. d. JM. v. 7. Sept. 1926[2], die folgende wichtige Anordnung trifft:

„Nach § 374 Abs. 1 Nr. 8 i. V. mit § 376 StPO. wird bei Verletzungen des literarischen, künstlerischen und gewerblichen Urheberrechts, soweit sie als Vergehen strafbar sind, die öffentliche Klage vor der Staatsanwaltschaft nur dann erhoben, wenn dies im öffentlichen Interesse liegt. Im Hinblick auf die wirtschaftliche Notlage, in der sich unter den gegenwärtigen Zeitverhältnissen viele der von Urheberrechtsverletzungen betroffenen geistigen Arbeiter befinden, ersuche ich die Staatsanwaltschaften, bei der Prüfung der Frage des öffentlichen Interesses nicht engherzig zu verfahren, sondern von Fall zu Fall sorgfältig zu prüfen, ob besondere Umstände die Annahme eines öffentlichen Interesses an der Erhebung der öffentlichen Klage rechtfertigen. Ein solches wird insbesondere dann regelmäßig anzunehmen sein, wenn die

[1] Vgl. Die Deutsche Bühne 1926, 13.

[2] Ähnliche Verfügungen sind auch in Bayern, Hessen und anderwärts erlassen worden.

Tat wegen der Zahl oder des Umfanges der Verletzungen, wegen der Hartnäckigkeit des Täters, die er etwa durch die Nichtbeachtung einer vorangegangenen Warnung an den Tag gelegt hat, oder durch die verwerfliche Art der Begehung z. B. dadurch, daß die Verletzung durch die Verwendung falscher Namen, Titel oder sonstiger Bezeichnungen verschleiert worden ist, sich als eine besonders schwere Verletzung des Urheberrechts darstellt."

Über die *Unterlassungsklage* und die *Schadenersatzklage* sei noch Einiges hier ausgeführt.

1. Die auf § 1004 BGB. beruhende *Unterlassungsklage* (actio negatoria) ist unabhängig von dem Vorliegen eines Verschuldens, wie vom maßgebenden Schrifttum durchweg anerkannt[3]. Sie beruht lediglich auf dem objektiven Tatbestand einer Urheberrechtsverletzung, wozu auch schon der drohende Tatbestand, d. h. der durch Vorbereitungshandlungen sich ankündigende Tatbestand gehört. Voraussetzung ist nach geschehener Verletzung die Wiederholungsgefahr („Besorgnis weiterer Beeinträchtigungen" § 1004 BGB.), die namentlich dann als vorliegend anzusehen ist, wenn der Verletzer nicht grundsätzlich anerkennen will, ein Recht verletzt zu haben.

Zu dem Unterlassungsanspruch tritt u. U. ein *Beseitigungsanspruch*, d. h. der Anspruch, die sichtbaren Folgen der Verletzung zu beseitigen, z. B. Vernichtung der Exemplare, Platten usw., wie es in § 42 LitUG. und § 37 KunstUG. vorgesehen ist.

2. Die auf §§ 36, 37 LitUG. und § 31 KunstUG. beruhende *Schadenersatzklage* entspricht § 823 BGB. und ist, wie dort, auf Verschulden (Vorsatz oder Fahrlässigkeit) begründet. Daher wird, obwohl es eine objektive Urheberrechtsverletzung geben kann, Schadenersatz bei Nichtverschulden auszuschließen sein. Im übrigen ist das Schadenersatzrecht (Umfang des Schadens, Ersatz des entgangenen Gewinns usw.) nach §§ 249ff. BGB. (Herstellung des Zustandes, der bestehen würde, wenn der zum Ersatze verpflichtende Umstand nicht eingetreten wäre) zu behandeln, was hier im einzelnen auszuführen nicht erforderlich erscheint.

3. Zu erwähnen ist aber noch die auf §§ 812ff. BGB. beruhende, für das Urheberrecht teilweise (aber mit Unrecht) bestrittene *Bereicherungsklage*. Daß eine Klage auf Herausgabe der ungerechtfertigten Bereicherung neben der Schadenersatz- und Unterlassungsklage bei Urheberrechtsverletzungen statthaft ist, ist nach anfänglich anderer Ansicht jetzt auch vom Reichsgericht bejaht worden[4]. Diese Ansicht ist

---

[3] Vgl. namentlich Marwitz-Möhring: Komm., S. 232 und Rosenthal: Komm. z. UnlWG. (1928) S. 16ff.

[4] RGZ. 121, 258; JW. 1928, 2070 mit Anm.; vgl. Elster: Urheber- u. Erfinderrecht, S. 137; Marwitz-Möhring: Komm., S. 234. Vgl. unten S. 53.

zutreffend, zumal eine objektive Urheberrechtsverletzung vorkommen kann, bei der die Schadenersatzklage ausfällt. Die Bereicherungsklage ist aber nur ein subsidiärer Rechtsbehelf, wie ERLANGER[5] mit Recht betont, und nicht geeignet, im Regelfall die Schadenersatzklage wegen verschuldeter Urheberrechtsverletzung zu ersetzen. Das hängt auch damit zusammen, daß die Problematik des Bereicherungsanspruchs die Gefahr in sich trägt, seine rechtlichen Voraussetzungen zu leicht zu nehmen und ein Allerweltsmittel aus ihm zu machen, das er nicht sein kann und darf[6]. Die Anwendbarkeit des Anspruchs aus ungerechtfertigter Bereicherung ist also jeweils ganz besonders sorgfältig zu prüfen.

II. Theater-Urheberrecht.

§ 9. Der Aufführungsvertrag.

1. Wesen und Parteien des Aufführungsvertrags. Beim Aufführungsvertrag stehen sich zwei *Parteien* gegenüber, von denen die eine über ein Geistesgutrecht — das Aufführungsrecht an einer Eigenschöpfung (von dem Berechtigten selbst oder von einem Andern) —, die andere aber über Möglichkeiten der Realisierung — Aufführung — verfügt. Sehr häufig ist der Verleger oder der Bühnenvertrieb Inhaber des Aufführungsrechts geworden und somit Partei gegenüber dem Theaterunternehmer. Der wirtschaftliche oder kulturelle Wert dieser beiderseitigen Rechte und Möglichkeiten ist juristisch ziemlich gleichgültig: Das Geistesgut (das Stück) mag größer oder kleiner, künstlerisch bedeutsam oder ein Schmarrn, eine Oper oder ein Sketch sein, das bringt für den Aufführungsvertrag keine grundsätzliche Änderung; ebensowenig ist das für die Gegenseite der Fall: das Theater mag eine Staatsbühne oder ein Tingeltangel, ein Künstlertheater oder eine Schmiere sein, Aufführungsvertrag bleibt Aufführungsvertrag. Er mag sich dadurch in einzelnen seiner Bedingungen ändern, in seinem Rechtscharakter bleibt er der gleiche.

---

[5] ERLANGER: Schadensersatzpflicht und Bereicherungshaftung des Unternehmers bei Aufführung urheberrechtlich geschützter Musik. Arch.f.Urh.R. 3, 514ff.

[6] Vgl. ELSTER: Ungerechtfertigte Bereicherung. HdR. 6, 210ff. und die Kommentare zum BGB. §§ 812ff.

Insoweit aber stehen die Parteien fest; sie werden durch ihr Verhältnis zu dem aufzuführenden Werk bestimmt und nicht etwa durch andere Dinge, wie berufliche Zugehörigkeit od. dgl. Vorwiegend wird ja der Theaterdirektor kein Amateur sein; aber das ist nicht ausschlaggebend. Wie der Aufführungsberechtigte kein Berufsschriftsteller, ja nicht einmal der Verfasser selbst zu sein braucht, so kann sein Partner im Aufführungsvertrag sowohl ein Theaterunternehmer sein wie einer, der es erst werden will oder der die Aufführung nur vermitteln will — wenn er nur die Pflicht der Aufführung übernimmt.

Und damit kommen wir bereits auf das *Wesen* des Aufführungsvertrags. Es muß sich um Hingabe eines Aufführungsrechts zum Zwecke der Tätigung der Aufführung handeln. Nach GOLDBAUM[1] ist es „der Vertrag, durch den sich der an einem Bühnenwerk Aufführungsberechtigte verpflichtet, dem Theaterunternehmer gegen Entgelt und gegen Übernahme der Pflicht zur öffentlichen Aufführung die Aufführungsbefugnis zu übertragen“.

Hierin fällt die Betonung der Entgeltlichkeit und der Öffentlichkeit auf, über die man verschiedener Ansicht sein kann. GOLDBAUM fordert diese Merkmale, weil er den üblichen Vertrag der deutschen Theaterpraxis definieren will. Aber es ist als Bedenken dagegen vorzubringen, daß der Vertrag, den ein Autor mit einer Versuchsbühne — vor geladenem Publikum und unentgeltlich — abschließt, doch zweifellos begrifflich auch ein Aufführungsvertrag ist, bei dem der Autor ebenso wie sonst das Recht auf würdige und unveränderte Wiedergabe und der Unternehmer die Pflicht zur Aufführung hat. Begrifflich also gehört das Moment der Entgeltlichkeit ebensowenig wie das der Öffentlichkeit zum Aufführungsvertrag, aber es ist natürlich nicht zu leugnen, daß dem regelmäßigen Theater-Aufführungsvertrag diese beiden Merkmale eigen sind.

Man hat gefragt, ob es ein *Verlagsvertrag* sei. Bei einem solchen ist die Entgeltlichkeit nicht wesentliches Begriffsmerkmal, die Veröffentlichung und Verbreitung aber ist es. Bei der engen Spezialisierung des Verlagsvertrags kann man den Aufführungsvertrag diesem Begriff *nicht* subsumieren, wenn er auch — insbesondere durch die Pflicht des Unternehmers zur Aufführung — Ähnlichkeiten mit dem Verlagsvertrag hat.

Eine RG.-Entsch. setzt den Aufführungsvertrag mit dem *Pachtvertrag* gleich, allerdings vom Steuerrecht ausgehend. So sagt RG. (übrigens wie die Vorinstanzen auch)[2]: „Die Auffassung des OLG., daß in den streitigen Aufführungsverträgen stempelsteuerpflichtige Pachtverträge zu sehen sind, ist frei von rechtlichen Bedenken. Der erkennende Senat hat in seinem Urt. v. 19. Okt. 1926 (RGZ. 115, 17ff., bes. S. 20)

[1] Theaterrecht (1914) S. 106. Vgl. OPET: Theaterrecht (1897), S. 316ff.

[2] Urt. VII, 552/1928 v. 4. Juni 1929, abgedr. in Die Deutsche Bühne 1929, 246ff.

im Anschluß an die bisherige Rechtsprechung des RG. ausgesprochen, daß die entgeltliche Überlassung der Ausnutzung von Befugnissen, die das Urheberrecht verleiht (§ 8 LitUG.), einen Pachtvertrag darstellen kann und daß mit dessen Wesen auch eine Vertragsvorschrift nicht im Widerspruch steht, die die Pächter zum Gebrauch der verpachteten Sache oder des verpachteten Rechts verpflichtet. Trotzdem hat der Senat für den damals zu entscheidenden Fall zweier Aufführungsverträge über das Theaterstück von BERNARD SHAW ‚Die heilige Johanna' den rechtlichen Charakter des Pachtvertrags verneint. Dies geschah aber nur deshalb, weil eine den Revisionsrichter bindende tatsächliche Feststellung des Berufungsgerichts darüber vorlag, daß die Vertragschließenden die Aufführungspflicht des Theaterunternehmers, die in jenen beiden Verträgen eingehend geregelt war, als Hauptleistung in dem in RGZ. 101, 431 dargelegten Sinne hatten bedingen wollen. Für solche Fälle wurde angenommen, daß sich die Aufführungspflicht dem Rahmen des Pachtvertrags, wie er im § 581 Abs. 1 BGB. gegeben ist, nicht einfügen läßt. Im vorliegenden Falle hat aber der Berufungsrichter eine dahingehende tatsächliche Feststellung nicht getroffen."

Man ersieht aber auch aus dieser Entscheidung, daß die Einreihung des Aufführungsvertrags in die Pachtverträge nur unter einem ganz bestimmten Gesichtswinkel gegeben erscheint und jedenfalls keine grundsätzliche Bedeutung hat. Denn, ebenso wie es dem Aufführungsvertrag gegenüber dem Verlagsvertrag oder dem Werkvertrag ergeht, hat er auch gegenüber dem Pachtvertrag Besonderheiten, auf die die Regeln des Pachtvertrags nicht passen[3]. So fehlt beim Pachtvertrag insbesondere die Pflicht, die Pachtsache ordnungsgemäß und sachgemäß zu benutzen, was beim Aufführungsvertrag — will man nicht dem Unternehmer eine pflichtlose Stückehamsterei zubilligen — jedenfalls nicht regelmäßige Absicht der Parteien ist[4].

Der Aufführungsvertrag ist ein *Vertrag eigener Art*, der Elemente des Verlagsvertrags, des Pachtvertrags, des Kaufvertrags, des Werkvertrags, hie und da auch des Gesellschaftsvertrags in sich vereinigt, aber *seine Wesenheit und seine Rechtssätze aus seiner Zweckbestimmung erhält.* Da auch § 7 Nr. 1 des Normal-Aufführungsvertrags nichts Be-

---

[3] *Nicht* das Wesentliche trifft GOLDBAUM (a. a. O. S. 110), wenn er auf die Benutzung fremden Rechtes beim Pachtvertrag, aber eigenen Rechtes der Aufführungsbefugnis beim Aufführungsvertrag hinweist; die Erteilung des Aufführungsrechts ist ja doch nur Ausfluß des größeren Immaterialgüterrechts (Urheberrechts), so daß der Erwerber des Aufführungsrechts (analog der Pacht) ein Recht an fremdem Gut (Geistesgut, analog dem Eigentum) erwirbt.

[4] Es ist zwar schon häufiger vorgekommen, daß der Direktor Stücke angenommen hat und sie dann ungenutzt liegen ließ; aber während das RG. beim Film (s. unten § 17) einen Filmungszwang abgelehnt hat, hat es dabei gerade den Unterschied gegenüber dem Bühnenaufführungsvertrag betont.

stimmtes für die Beurteilung des rechtlichen Charakters des Aufführungsvertrags darlegt, so bleibt — wie stets bei contractus sui generis und gemäß der im Immaterialgüterrecht u. U. beachtlichen, von GOLDBAUM betonten Zwecktheorie — die Beurteilung nach dem Zweck des Vertrags die Richtschnur, die überdies durch Auslegung nach Treu und Glauben mit Rücksicht auf die Verkehrssitte zu ermitteln ist. Denn die Frage nach dem Zweck eines Vertrags ist eng verwandt mit der Auslegung nach Treu und Glauben.

Dieser *Zweck* aber erschöpft sich nicht — wie es etwa der Pachtvertrag nahelegen könnte — in dem Recht des Direktors, das Stück zu geben, und seiner Pflicht, den „Pachtzins“ (Tantiemen) zu zahlen. Denn schon in dem Begriff der Tantieme liegt die Notwendigkeit der Verwirklichung der Aufführung, und zwar der bestmöglich erfolgreichen, da die Beträge der Tantieme z. T. davon abhängen. Und der Zweck erschöpft sich auch nicht in der Verpflichtung der Aufführung ohne Tantiemezahlung, was einem Verlagsvertrag ähnlich wäre. Doch da dem Direktor durch das Aufführungsrecht eine Benutzung des Geisteswerkes eingeräumt und eine Pflicht zur würdigen Wiedergabe des Geisteswerks auferlegt wird, so ist die Verwandtschaft mit dem Verlagsvertrag die größte, da ja auch bei diesem die Honorarzahlung, wenn auch nicht gesetzlich, so doch tatsächlich sehr wichtig ist, während ja andrerseits auch Aufführungsverträge ohne Entgelt oder gar unter Zuzahlung des Autors vorkommen.

Der Aufführungsvertrag hat — seiner Entstehung aus dem Immaterialgüterrecht entsprechend — ein *ausschließliches Recht* zum Gegenstande. Er enthält neben dem Nutzungsrecht ein Verbotsrecht[5] und gibt *dingliche Befugnisse.* Die Rechte und Pflichten beider Parteien sind also teils *obligatorische,* d. h. solche, die unmittelbar und ausschließlich aus dem Vertrage hervorgehen, teils *dingliche,* d. h. solche, die aus dem Urheberrecht und aus der Aufführungsbefugnis hervorgehen. Sie lassen sich aber häufig nicht scharf trennen. Denn das Aufführungsrecht ist ein Teil des Urheberrechts des Autors[6], wobei das Verbotsrecht häufig persönlichkeitsrechtlicher Natur ist und zugleich zur Unterstützung des vermögensrechtlichen Nutzungsrechts dient. „Seltener kommt es vor, daß der Autor dem Theaterunternehmer nur die *obligatorische* Gestattung der Aufführung einräumt. Hier verzichtet der Urheber dem Bühnenleiter gegenüber lediglich auf sein Verbotsrecht. Auf den Theaterunternehmer wird *kein* Recht übertragen. Da die Substanz des Rechts in diesem Falle beim Autor zurückbleibt, so kann *nur er* unberechtigte Aufführungen des Stückes verbieten, andererseits

---

[5] So spricht zutreffend GOLDBAUM (a. a. O.) von Gebrauchsbefugnis und Verbotsbefugnis.

[6] Vgl. oben §§ 1—4.

aber auch *anderen* Theaterunternehmern im selben Bezirk weitere Aufführungslizenzen erteilen" (REINERS[7]).

Gegenstand des Vertrags ist das Recht und die Pflicht, die Aufführung des Werkes zu veranstalten, verbunden mit der aus diesem Recht und dieser Pflicht hervorgehenden Monopolisierung in irgendeinem Umfange. Dieser Umfang soll nicht unendlich nach Raum und Zeit sein, aber er muß — das liegt in dem Zweck des Aufführungsvertrags — der Aufführungspflicht ein gewisses Äquivalent der Nutzungsbreite bieten. Daher heißt es auch in den „Allgemeinen Bestimmungen für den Geschäftsverkehr zwischen den Mitgliedern des Deutschen Bühnen-Vereins, des Verbandes Deutscher Bühnenschriftsteller und Bühnenkomponisten und der Vereinigung der Bühnenverleger" § 1 Ziff. 8: „Die Übertragung des Aufführungsrechts zur Uraufführung bewirkt das ausschließliche Aufführungsrecht. Die Ausschließlichkeit bewirkt, daß das Stück an keiner anderen Bühne des gleichen Ortes aufgeführt werden darf. Im übrigen ist die Ausschließlichkeit des Aufführungsrechts im Aufführungsvertrag zu vereinbaren." Diese Einschränkung der Ausschließlichkeit auf den gleichen Ort trägt dem wettbewerblichen Charakter des Urheberrechts Rechnung, der sich sowohl für den Autor wie für den Erwerber des Aufführungsrechts als eines Teils des Urheberrechts wichtig erweist; denn wer ein Aufführungsrecht erhält, muß sicher sein dürfen, daß er es nach der natürlichen Reichweite seines Rechtserwerbs auch mit Erfolg soll nutzen können.

Darin zeigt sich, daß die — u. a. von GOLDBAUM wiederholt betonte — *Zwecktheorie* der Urheberrechtsübertragungsverträge als Auslegungsgrundsatz von Bedeutung ist. Geraten etwa Autor und Theaterdirektor in Streit über den — zeitlichen oder örtlichen — Grad der Ausschließlichkeit des übertragenen Aufführungsrechts, will also z. B. der Autor das Aufführungsrecht gleichzeitig einer Wanderbühne oder einem benachbarten Ort geben (z. B. Elberfeld neben Barmen, Weimar neben Eisenach od. dgl.), oder will er es zu früh einem zweiten Direktor derselben Stadt einräumen, so kann, wenn nichts Genaueres darüber im Aufführungsvertrag bestimmt ist, die Auslegung sich nur nach dem *Zweck* der Übertragung richten. Die besonderen, im Zweifelsfall nachzuweisenden Zwecke der Übertragung *können* die absolute Kraft des dinglichen Urheberrechts obligatorisch *so weit* einengen, wie die Ausschließlichkeit des Rechts für den Direktor nötig ist, damit er den Zweck durch die Aufführung (ideell und materiell) nicht nur für den Autor, sondern auch für sich selbst zu erreichen vermag.

Daß auch *künftig entstehende* Urheberrechte den Inhalt eines Aufführungsvertrags bilden können, unterliegt keinem Zweifel: auch über

---

[7] Das Bühnenwerk und sein urheberrechtlicher Schutz, S. 108.

ein noch nicht geschriebenes Werk kann man mit einer Bühne einen Aufführungsvertrag schließen. Dabei kann sich der Vertrag einem Werkvertrag (Werklieferungsvertrag) nähern, wenn nämlich der Autor eine Verpflichtung, das Stück zu schreiben, übernimmt. Aber es hat mit Werkvertrag dann nichts zu tun, wenn die Abmachung etwa so gefaßt ist, daß der Theaterdirektor Anspruch auf das Aufführungsrecht hat, *falls* der Autor das Stück schreibe.

Besonderheiten können entstehen, wenn *mehrere Träger des Aufführungsrechts* vorhanden sind, namentlich wenn bei der Abfassung des Werkes mehrere Urheber oder ein oder mehrere Bearbeiter neben dem Originalurheber beteiligt sind. Aber daraus entstehen nicht eigentlich Besonderheiten des Aufführungsvertrags als Typus, der dann eben nur mit mehreren, statt mit einem geschlossen werden muß; es handelt sich dabei mehr darum, wann Miturheberrecht und gemeinsame Rechtsausübung oder geteiltes (getrenntes) Urheberrecht vorliegt. Der Direktor hat natürlich mit jedem Vereinbarungen zu treffen, der an dem Werk ein Urheber- bzw. Aufführungsrecht besitzt (§ 28 LitUG.) und dieses nicht etwa vertraglich schon den anderen Beteiligten zur stellvertretenden Ausübung übertragen hat — abgesehen noch von der Sonderbestimmung des § 28 Abs. 2 LitUG.: „Bei einer Oper oder einem sonstigen Werke der Tonkunst, zu welchem ein Text gehört, bedarf der Veranstalter der Aufführung nur der Einwilligung desjenigen, welchem das Urheberrecht an dem musikalischen Teile zusteht“[8].

Über die urheberrechtlichen Verhältnisse bei der *Übertragung einer Oper auf telephonischem oder funkmäßigem Wege* hat Direktor Dr. A. Bauckner vom Bayerischen Staatstheater in München einen größeren Aufsatz in der „Deutschen Bühne“ schon im Jahre 1926[9] veröffentlicht und den Standpunkt vertreten, daß telephonische Übertragung *innerhalb des Ortsnetzes* auch ohne besondere Einwilligung des Autors durch den Aufführenden erlaubt sei — freilich gegen eine der Mehrverbreitung entsprechende Tantieme! —, während die Übertragung durch *Rundfunk*, weil diese *nicht auf die betreffende Stadt* beschränkt werden *kann*, als außerhalb des Aufführungsvertrages stehend anzusehen und deshalb *nicht* ohne besondere Genehmigung des Autors erlaubt sei. Er begründet das mit dem Hinweis darauf, daß derjenige, der das ausschließliche Aufführungsrecht für den betreffenden Ort hat, anderweitige Aufführungen — also z. B. durch die Sendegesellschaft — verbieten

[8] Hat der Komponist den Text rechtswidrig komponiert (z. B. wenn das Schriftwerk noch gar nicht veröffentlicht war und er nicht die ausdrückliche Genehmigung hatte), so hat er das Recht des § 28 II nicht, vgl. Goldbaum: Theaterrecht, S. 122. Hier wird auch gesagt, daß der Komponist dem Aufführungskommissionär die ausschließliche Aufführungsbefugnis nicht übertragen könne.

[9] Die Deutsche Bühne 1926, H. 16; 1927, H. 1.

kann, mithin der Autor nicht das Recht haben kann, diese Rundfunkverbreitung neben der Bühnenaufführung zu gestatten. Es hänge das mit der Frage, ob die Rundfunksendung Aufführung sei, zusammen. Mir scheint, daß hier bei Bauckner mehrere, ganz voneinander verschiedene Gedankengänge durcheinanderlaufen. *Der eine* ist: ein vertragsrechtlicher, also ob der Autor nicht nach Vertrag verpflichtet ist, dem Aufführenden die ungestörte Ausübung des Aufführungsrechts innerhalb des Gebiets, das ihm zur ausschließlichen Ausübung eingeräumt ist, zu garantieren, also sowohl sich selbst von einer anderweitigen Erlaubniserteilung (etwa für den Rundfunk) zurückzuhalten wie auch auf Grund seines Urheberrechts derlei Versuche zu inhibieren, wenn sie von anderer Seite unternommen würden. Der *andere* Gedankengang ist der, ob der Aufführende kraft seines dinglichen Aufführungsrechts (also urheberrechtlich) die Störung verbieten kann. Der *dritte* Gedankengang aber ist der, ob die örtliche Begrenzung seines Aufführungsrechts die *Stadt* ist, für die er das alleinige Theateraufführungsrecht hat, oder etwa nur der *Raum* seines *Theaters*, da vielleicht gerade letzteres als die dem Vertragszweck entsprechende Umgrenzung des Aufführungsrechts anzusehen ist. Es handelt sich also um Vertragsauslegung einerseits und um das Wesen des Aufführungsrechts als einer Ausübung urheberrechtlicher Befugnisse andererseits. Aber *zwei* von Bauckner gezogene Schlußfolgerungen scheinen mir *nicht* schlüssig: 1. die dem Aufführenden zugebilligte Befugnis der telephonischen Übertragung der Aufführung aus dem Theater bis zu den Grenzen der Stadt und 2. der Einschluß des Verbreitungsrechts einer Rundfunksendung, wenn diese beruflich als „Aufführung" anzusehen sei. Die Ausführungen Bauckners entsprechen m. E. nicht dem, was man als richtiges Recht bezeichnen muß. Die etwaige telephonische Übertragung aus dem Hause hinaus auf das Ortsnetz ist ein zu der genehmigten Aufführung hinzutretender *neuer Akt der Vervielfältigung oder Verbreitung*, der *nicht* in der Genehmigung eingeschlossen war, weil nach reichsgerichtlicher Judikatur *im Zweifel* neu hinzutretende Befugnisse beim Urheber verbleiben und nicht als mitübertragen gelten. Dies schon deshalb nicht, weil es sich hier *nicht* bloß um vermögensrechtliche Interessen handelt, die man ja schließlich durch entsprechende Gewinnbeteiligung gemäß dem Gesetz vom Umsatznutzen befriedigen könnte, *sondern um persönlichkeitsrechtliche* Belange des Urheberrechts, da die telephonisch oder funkmäßig wiedergegebene Aufführung auch ihrem Wert wie ihrer Erscheinungsform nach *keineswegs die gleiche* ist wie die Originalaufführung selbst[10]. Bauckner fühlt das ja auch, indem er ausdrücklich Tantieme

[10] Über die Abgrenzung der Auslegung solcher Ausdehnung der Urheberrechte gegenüber den Interessen der Allgemeinheit vgl. meinen Aufsatz in Arch.f.Urh.R. 4, 215ff.

von der Mehreinnahme verlangt, — eine Forderung, mit der er aber *nicht* auskommt, wenn etwa keine Tantieme von der Einnahme, sondern eine Pauschalvergütung oder gar keine Vergütung zu zahlen war. Es ist anzunehmen, daß der Autor dann eine *andere* Abmachung mit dem Aufführungsberechtigten getroffen hätte, wenn dieser in der Lage war, die Aufführung den Bewohnern der ganzen Stadt auch außerhalb des Theaters zugänglich zu machen. Liegt es doch auch in der Vertragsabsicht, daß der Theaterdirektor, der ein ausschließliches Aufführungsrecht für *eines* seiner Theater erhalten hat, nicht ohne weiteres das Werk auch in einem anderen Theater aufführen darf. Und was die Rundfunkwiedergabe betrifft, so ist da zweierlei zu unterscheiden: a) die Sendung dieser berechtigten Aufführung durch den Aufführenden; b) die anderweitige Aufführung vor dem Sender auf Genehmigung des Autors.

Zu a). Der Erwerber des Ausführungsrechts (Theaterdirektor) darf *nicht* ohne besondere Genehmigung des Autors die Aufführung rundfunkmäßig senden lassen (selbst wenn er das Aufführungsrecht ohne *örtliche* Beschränkung erhalten hätte!), weil die Radiosendung ein *neuer Akt* der Wiedergabe ist, der nicht ohne weiteres in dem Bühnen-Aufführungsrecht des Aufführenden eingeschlossen ist.

Zu b): Dem Autor seinerseits kann aus Urheberrechtsgründen seine Genehmigungsbefugnis für die Aufführung durch eine Sendegesellschaft an sich nicht versagt werden (da ja *er* dieses Recht behalten hat), *wohl aber* ist er durch verständige Auslegung des Aufführungsvertrages, insbesondere aus Wettbewerbsmomenten, daran gehindert, eine solche Genehmigung zu erteilen, weil er zweifellos dem Erwerber des Aufführungsrechts nicht sein für das überlassene Gebiet notwendigerweise ausschließliches Recht beeinträchtigen darf.

Nach alledem empfiehlt es sich, diese Dinge im Aufführungsvertrag genau zu regeln. Es ist leichter, diese Fragen im Vertrag von vornherein zu klären, als sie hernach im Rechtsstreit zu ordnen.

2. Abschluß und Form des Aufführungsvertrages. Der Aufführungsvertrag ist *an sich* an *keine Form* gebunden. Mündliche, briefliche Abmachungen können einen gültigen Aufführungsvertrag herbeiführen[11]. Aber es empfiehlt sich eine schriftliche Festlegung, und sie ist auch üblich. Das hat — s. unten — eine gewisse rechtliche Bedeutung. Sie dokumentiert nicht nur die Tatsache und den Zeitpunkt des Abschlusses,

[11] Hiermit steht *nicht* im Widerspruch, daß § 9 des speziellen Normal-Aufführungsvertrages sagt: „Die durch Übersendung dieses Vertragsentwurfes gemachte Offerte ist freibleibend für den Verlag, bis sich der Vertrag mit der Unterschrift des Verlages in der Hand des Bühnenunternehmers befindet" — denn wenn von einer Partei eine bestimmte schriftliche Fixierung gewünscht oder vorgelegt wird, so ist diese Fixierung natürlich Bestandteil der Vereinbarung geworden und Vorbedingung ihrer Gültigkeit. Vgl. auch unten Anm. 15.

sondern regelt auch die Einzelheiten, am besten in der Form des Normal-Aufführungsvertrages, wie er von den beteiligten Verbänden aufgesetzt worden ist.

Dieser *Normal-Aufführungsvertrag* besteht aus drei Bestandteilen: 1. einem „Aufführungsvertrag" (im engeren Sinne) — 16 §§; 2. einem Tarifvertrag — 12 §§; 3. Allgemeinen Bestimmungen für den Geschäftsverkehr. Er enthält somit alles, worüber Vereinbarungen erforderlich erscheinen.

(1) Der *Aufführungsvertrag* enthält Bestimmungen über: Aufführungspflicht, Aufführungstermin, Übertragung des Aufführungsrechtes, Urheberanteil, Material und Materiallieferung, Abrechnung und Zahlung, Dauer des Vertrages, Vertragsabschluß, Vertragsstrafe, Verzugsschaden, Sicherheit (Kaution), Bühnenspielplan, Verbandszugehörigkeit, Mithaftung, Gerichtsstand.

(2) Der *Tarifvertrag* enthält Bestimmungen über: Geltungsgebiet, Dauer des Vertrages, Mitgliedschaft und Beschränkungen der Übertragung des Aufführungsrechts, Unwirksamkeit abweichender Verträge, Tarifausschuß, Schiedsausschuß, Übereinstimmung des Vertrags mit den Satzungen der beteiligten Verbände, Haftung der Verbände, Schlichtung durch Schiedsgericht und Oberschiedsgericht, Ausdehnung auf Österreich.

(3) Die *Allgemeinen Bestimmungen* betreffen: Übertragung des Aufführungsrechts (Einzelheiten), Urheberanteil (Bemessung und Berechnung), Abrechnung, Material (Benutzung, Gebühr usw.), Dauer des Vertrages und Kündigung, Vertragsstrafe, Wahrung der künstlerischen Interessen des Urhebers und Pflichten des Urhebers, Verhalten bei behördlichem Aufführungsverbot, Aufführungen in konventionsfreien Ländern, Gerichtsstand, Stempel.

Das in diesen Normalverträgen festgelegte materielle Recht wird in den folgenden Ausführungen mitberücksichtigt.

Der Abschluß des Vertrages geschieht also durch Vereinbarung bzw. Unterzeichnung einer Formulierung. Die *Übersendung des Manuskripts* an ein Theater ist noch kein Vertragsangebot im Rechtssinne[12], sondern nur die Aufforderung zu einer Offerte der Gegenseite, da diese Zusendung nicht einfach mit ja beantwortet werden kann, vielmehr gemäß §§ 151 mit 154 BGB. Abmachungen über die verschiedensten im Vertrag wesentlichen Dinge getroffen werden müssen. Mithin liegt in der Übersendung des Manuskripts, wie Goldbaum und Opet ebenfalls mit Recht sagen[13], noch nicht die Erteilung der Aufführungsbefugnis. Nur wenn etwa der in allen Einzelheiten ausgefüllte Normal-Aufführungsvertrag mitgeschickt würde, in der Meinung, der Theaterdirektor werde ihn

[12] Goldbaum: Theaterrecht, S. 126; Opet: Theaterrecht, S. 334.

[13] Goldbaum: ebenda; Opet: S. 339ff.

einfach unterschreiben, so liegt darin in Verbindung mit der Manuskriptzusendung — aber niemals in dieser allein — ein Vertragsangebot.

Manuskripte hat der Theaterdirektor, auch wenn er sie nicht bestellt hat, mit der diligentia quam suis, d. h. derjenigen Sorgfalt, die er in eigenen Angelegenheiten anzuwenden pflegt (§ 690 BGB.), zu verwahren. Er darf das Werk natürlich von den dazu Berufenen — nicht von Anderen — lesen lassen; denn das ist der Zweck der Zusendung und mithin zugleich die vom Autor gegebene Genehmigung der Kenntnisnahme.

Auch die *Erklärung der Annahme des Werkes* zur Aufführung ist noch kein Abschluß des Aufführungsvertrags, es sei denn, daß man sich stillschweigend oder nach früheren Vorgängen, evtl. nach Maßgabe des Normalvertrages, über die Bedingungen einig ist (oder auch wohl jede Bedingung der Gegenseite zu akzeptieren geneigt ist). Denn „Annahme des *Werkes*" ist durchaus nicht gleichbedeutend mit Annahme des *Vertrages* im Rechtssinne[14]. So ist z. B., wenn das Stück an eine Anzahl von Bühnen gleichzeitig geschickt worden ist, die „Annahme des Stückes" erst seinerseits eine Offerte des Theaterunternehmers an den Autor, auf die der Autor nicht mehr einzugehen braucht, wenn er sich inzwischen anders entschlossen oder schon mit anderen Bühnen abgeschlossen hat.

Es können auch *bedingte Annahmen* (z. B. mit der Bedingung, daß der Autor noch Änderungen des Stückes in bestimmter Richtung vornehme) und befristete Annahmen (z. B. wenn das Stück bis zu einem bestimmten Zeitpunkt geschrieben sein wird), ja auch befristete Verträge (z. B. daß die Aufführung bis zu einem bestimmten Zeitpunkt herauskommen müsse, widrigenfalls der Vertrag erlösche) vorkommen; im letzteren Falle handelt es sich um einen auflösend bedingten Vertrag.

Die Verkehrssitte versteht unter Vertragsabschluß einen *Austausch der Urkunden*[15]. Diese Verkehrssitte verdient Berücksichtigung, obschon der Austausch der Urkunden wie die Schriftform der Urkunde überhaupt, wie wir sahen, keine rechtliche Voraussetzung an sich für den Abschluß des Aufführungsvertrages ist. Die Verkehrssitte hat daher im wesentlichen die Bedeutung, daß sie Irrtümer der einen oder anderen Partei über Tragweite mündlicher, brieflicher oder telegraphischer Abreden beseitigt.

3. Pflichten des Erteilers des Aufführungsrechts (Autors oder Verlegers). Den Verpflichtungen des Erteilers des Aufführungsrechts entsprechen analoge Rechte des Aufführungsunternehmers. Es ist ziemlich gleichgültig, ob man das Einzelne vom Autor aus als Pflicht oder vom Theaterunternehmer aus als Recht ansieht. Denn es handelt sich ja um

[14] Vgl. Goldbaum: a. a. O. S. 131.

[15] Goldbaum: a. a. O. S. 312 folgert: „aus dieser ständigen langjährigen Übung folgt, daß der Aufführungsvertrag der Schriftform bedarf".

einen gegenseitigen (synallagmatischen) Vertrag, bei dem beiderseits Rechte und Pflichten miteinander korrespondieren.

1. Der Urheber bzw. der Aufführungsrechtsträger (z. B. der Verleger) hat in Erfüllung des Aufführungsvertrages in allererster Linie die Pflicht, dem Aufführenden *das dingliche Recht einwandfrei zu verschaffen.* Ebenso wie beim Verlagsvertrag der Autor dem Verleger das Verlagsrecht zu bestellen hat, hat der Autor oder Verleger oder die Bühnenvertriebsstelle dem Theater das Aufführungsrecht zu bestellen, d. h. dafür einzutreten, daß kein Verbietungsrecht seitens eines urheberrechtlich Berechtigten gegen die Aufführung besteht oder geltend gemacht wird. Aufführungsvertrag § 3 spricht es aus, daß der durch den Urheber berechtigte Verlag das (ausschließliche oder nicht ausschließliche[16]) Recht zur bühnenmäßigen Aufführung des Werkes zu übertragen habe. Nach AllgBest. § 1 gilt dieses Recht (falls nichts anderes ausdrücklich vereinbart ist) für „sämtliche gleichartige oder gleichwertige Bühnen" des betreffenden Unternehmers an demselben Ort, und die Überlassung des Aufführungsrechts darf nicht von der Bedingung abhängig gemacht werden, daß zugleich noch ein anderes Bühnenwerk erworben wird oder andere Vorteile eingeräumt werden.

2. Der Autor oder Verleger hat dem Theaterunternehmer das *Material zur Aufführung* zu liefern. Die Überlassung kann (§ 4 AllgBest.) im Wege des Kauf- oder Mietvertrags geschehen, also zur dauernden oder nur zur zeitweisen Benutzung, zu Eigentum oder mietweise. Die frei zu vereinbarende Materialgebühr richtet sich z. T. danach. Daß bei gemietetem Material die Benutzung dem Bühnenunternehmer nur für ihn selbst bzw. seinen Nachfolger erlaubt ist (§ 4 AllgBest.), entspricht den sonstigen Sätzen vom *Miet*vertrage, ebenso daß er es nur zu den vereinbarten Aufführungen benutzen darf. Aber auch, wenn er das Material *gekauft* hat, ist die Benutzung ebenso beschränkt; das ergibt sich aus den natürlichen Beschränkungen des Aufführungsvertrages, der maßgebend bleibt, auch wenn das Material dauernd dem Theater gehört. Darf ja doch auch der Käufer eines Buches, das Dramen enthält, diese nicht ohne besondere Genehmigung des Aufführungsberechtigten öffentlich aufführen[17]. Auch der Käufer des Materials darf es nicht weiter verkaufen, vermieten, verleihen, verschenken, vervielfältigen oder vervielfältigen lassen. Das ist nur teilweise aus dem Urheberrecht begründet (Verbot der Vervielfältigung); die anderen Verbote sind spezifisch vertragsrechtlicher Natur aus dem Normalvertrage (AllgBest.), während an sich sonst der Weiterverkauf, die Vermietung, Verleihung

---

[16] Die Übertragung des Aufführungsrechts zur Uraufführung bedeutet immer Ausschließlichkeit für den betreffenden Ort (AllgBest. § 1 Ziff. 8).

[17] Beim Kauf von Notenmaterial ist es *nur manchmal* anders; darüber unten § 20.

und Verschenkung gekaufter Bücher und Drucksachen dem Eigentümer erlaubt ist. Wir haben also in dieser Bestimmung des Normalvertrages eine starke Abweichung von sonstigen Rechtsgrundsätzen im Falle des Kaufes zu erblicken, die nur mit Sicherungs-, nicht mit grundsätzlichen Rechtsgründen zu erklären ist. Das Gleiche gilt von der Bestimmung: „Ein Ausschreiben der Rollen ist für den Fall, daß die Bücher oder Rollen nicht vom Verlag zu beziehen sind, nur für den eigenen Gebrauch des Theaters gestattet.“ Dies ist sogar eine über das materielle Interesse des Verlags (der ja die Rollen doch nicht liefern kann) hinausgehende Vorsichtsmaßregel zum Schutze gegen unberechtigte Aufführungen[18].

Daß der Verleger keine Materialgebühr verlangen kann, wenn er das Material nicht zu dem vertraglich vereinbarten Termin liefert und der Unternehmer es nun nicht abnehmen will, ist selbstverständlich. „Der Bühnenunternehmer ist berechtigt, sich das Material anderweitig zu beschaffen, wenn das Material nicht binnen einer von ihm zu setzenden, angemessenen Frist geliefert wird.“ Dies kann dann wohl nur unter Verletzung des Verbots der Weitergabe des Materials (s. oben) geschehen; denn wie soll sich der Unternehmer das vom Verlag nicht gelieferte Material sonst „anderweitig“ beschaffen?

Über die Behandlung des gemieteten Materials finden sich in den „AllgBest.“ nähere Vorschriften.

3. Wenn die *Teilnahme des Autors an den Proben* vereinbart ist, so liegt darin im Zweifel nicht nur ein Recht, sondern auch eine *Pflicht* zur Mitwirkung. Daß er dann ein Recht hat, Dinge, die ihm als Änderung seines Werkes erscheinen, zu verbieten, ergibt sich aus seinem Urheberrecht. Aus seiner Vertragspflicht aber ergibt sich, daß er gegebenenfalls zu Auskünften darüber verpflichtet ist, wie sein Werk bzw. Stellen darin zu verstehen sind. Denn sonst hätte die Pflicht zur Beteiligung an den Proben keinen Sinn, während natürlich eine eigentliche Regietätigkeit mangels besonderer Eignung oder Abmachung nicht vom Autor — und natürlich noch weniger vom aufführungsberechtigten Verleger — verlangt werden kann.

Als besondere Pflichten des Autors sind in § 7 AllgBest. noch erwähnt: a) das Bühnenwerk aufführungsbereit einzureichen; b) auf Abänderungsvorschläge des Bühnenunternehmers, die im eingeschriebenen Brief erfolgen müssen, unverzüglich zu antworten (widrigenfalls der Unternehmer zur Vornahme der Änderungen befugt ist)[19]; c) in Tageszeitungen alle das Stück betreffenden Veröffentlichungen zu unterlassen, die geeignet sind, die Interessen des Bühnenunternehmers oder des Theaters zu gefährden. a) und c) sind an sich selbstverständliche

[18] Vgl. oben „Abwehr der Rechtsverletzung“ § 8.

[19] Näheres über das Änderungsrecht s. unten § 11.

Pflichten, die sich aus der richtig verstandenen Bedeutung des Aufführungsvertrages ohne weiteres ergeben.

4. Pflichten des Bühnenunternehmers. 1. Die wesentliche Erfüllungspflicht des Vertrages ist es, *die Aufführung überhaupt herauszubringen.* Das besagt sowohl der richtunggebende § 1 Aufführungsvertrag („Der Bühnenunternehmer ist verpflichtet, das Werk an dem bezeichneten Theater zur Aufführung zu bringen") wie auch § 10 Ziff. 10 der AllgBest.: „Der Aufführungsvertrag muß ernstlich gemeint sein, indem er nicht die geschäftliche Verwertung des Aufführungsrechtes an sich, sondern die Aufführung selbst zu bezwecken hat." Dies, was als Vertragspflicht aus Sinn und Inhalt des Aufführungsvertrages eigentlich selbstverständlich erscheinen sollte, bedarf deshalb der besonderen Hervorhebung, weil mancher Autor lange und vergeblich auf die Aufführung warten muß, die mit allerlei Gründen hinausgezögert wird, und weil die mit dem Film gemachten schlimmen Erfahrungen hier schrecken könnten. Denn beim Film hat, worüber Näheres unten im § 17 auszuführen ist, das Reichsgericht entgegen der Auffassung des Kammergerichts einen „Verfilmungszwang" schlechthin verneint, und man könnte versucht sein, diese Auffassung auch auf kostspielige Bühnenaufführungen zu übertragen (nach Maßgabe der dort vorgebrachten Argumente). Aber davon kann für das Theater keine Rede sein; denn es gibt keine wichtigere Erfüllung des Aufführungsvertrages als eben die Aufführung.

Auch die Position des Normalvertrages über die Entschädigung bei Aufgabe des Theaterunternehmens und Rücktritt vom Vertrage bestätigt die zentrale Bedeutung der Aufführungspflicht.

Mag man den Aufführungsvertrag, der ja (s. oben sub 1) ein contractus sui generis ist, ansehen wie man will und Analogien vom Kauf-, Verlags-, Werk- oder Pachtvertrag heranziehen, *immer* ist die *Pflicht,* das Recht *auszuüben,* gegeben. Für Kauf und Pacht schon aus dem Grunde, weil der Preis aus den Tantiemen zu bezahlen ist und Tantiemen nicht erzielt werden können, wenn Aufführungen nicht stattfinden. Ja, wollte man selbst zugeben, bei Kauf- oder Pachtvertrag brauche der Käufer oder Pächter die Sache nicht zu benutzen, so läßt sich dies — trotz sonstiger Analogien — nicht auf den Aufführungsvertrag übertragen, weil mit der Übertragung des Aufführungsrechts eine ausschließliche Lizenz für einen bestimmten Zeitraum oder Ort verbunden zu sein pflegt und mithin die Nichtbenutzung „teils dieserhalb, teils außerdem" eine Schädigung des Persönlichkeitsrechts des Autors sein würde.

Daraus ergibt sich als logische Folgerung, daß (§ 1 Ziff. 2 und 3 AllgBest.) der Vertragspartner *selbst* das Werk aufführen lassen muß und nicht das Aufführungsrecht weiter übertragen darf und daß er bei eigener Übernahme eines anderen gleichwertigen Theaters die Aufführung an diesem Theater herausbringen muß und darf. Damit ist auch die von OPET und GOLDBAUM erwähnte und für unrichtig erklärte[20] Entscheidung des Reichsoberhandelsgerichts vom Jahre (1874 und) 1878 überholt, nach welcher jeder folgende Unternehmer das Aufführungsrecht, das der frühere Unternehmer hatte, ohne weiteres erwirbt. Das kann nicht der Fall sein, weil sowohl der Unternehmer wie die Bühne wesentlich sind für die angemessene Art der Aufführung (s. unten zu 3) und weil es gerade beim Theater sich um Leistungen handelt, die nicht fungibel oder einfach geschäftsmäßig weitergebbar sind.

2. Die Aufführung muß auch *rechtzeitig* herausgebracht werden (§ 2 Aufführungsvertrag), wie es der Vertrag vorsieht, und der Termin darf nicht abhängig gemacht werden von dem Termin der Uraufführung des gleichen Stückes an einer oder mehreren anderen Bühnen (§ 1 Ziff. 11 AllgBest.). Zur zeitlich richtigen Aufführung gehört es auch, daß das Stück in Abendvorstellung herausgebracht wird, und der Vertrag sieht zumeist vor, daß erst nach einer bestimmten Zahl von Abendvorstellungen Nachmittagsvorstellungen erlaubt sind.

3. Die Aufführung muß auch *würdig und angemessen* herausgebracht werden. So sagt § 7 AllgBest.: „Der Bühnenunternehmer ist verpflichtet, das Bühnenwerk in würdiger Weise vorzubereiten, aufzuführen und angemessen im Spielplan auszunützen.“ Dazu gehört (§ 7 1c), „bei Uraufführungen und wichtigen Erstaufführungen die geplante Besetzung auf Wunsch dem Urheber und dem Verlag noch vor Verteilung der Rollen mitzuteilen und etwaige Gegenvorschläge nach Möglichkeit zu berücksichtigen, dem Urheber und dem Verleger oder deren Stellvertreter die Teilnahme an den Proben zu ermöglichen und dem Verlag zu diesem Zweck sowohl den Probenplan als auch etwaige nachträgliche Änderungen des Probenplans mitzuteilen“. Darin liegt eine Anerkennung des Umstandes, daß die Auslegung des Begriffs der *„würdigen und angemessenen“* Aufführung *auch teilweise subjektiv* sein darf, nämlich die Wünsche des Autors als des die Absichten seines Werkes am besten kennenden Schöpfers zu berücksichtigen hat, um würdig und angemessen zu sein. Übrigens ist der Verfasser in die Lage zu versetzen, die Aufführung auch später noch zu kontrollieren; denn nach § 7 1f. AllgBest. muß er dem Urheber und dem Verlag zu jeder Aufführung außer an Sonnabenden, Sonntagen und Feiertagen je zwei gute Plätze zur Verfügung stellen.

Es kann der Fall eintreten — und er ist schon eingetreten —, daß der Theaterdirektor oder Regisseur eine persönliche Auffassung des Werkes zu verwirklichen sucht, die, objektiv betrachtet, als würdig

[20] Siehe OPET: Theaterrecht, S. 371ff. und GOLDBAUM: Theaterrecht, S. 163. Auch REINERS: Das Bühnenwerk und sein urheberrechtlicher Schutz führt (S. 109/10) aus, daß der Erwerber des Aufführungsrechtes dieses nicht weiter übertragen oder in anderer Form ausnutzen darf.

oder angemessen erscheinen wird, dem Autor aber *nicht* so erscheint. Die objektive Auffassung ist dann zwar ein Exkulpationsgrund bei einer etwaigen Klage wegen nicht gehöriger Erfüllung des Vertrages, aber der richtige Maßstab kann doch nicht ganz von den persönlichen Auffassungen des Autors gelöst werden, soweit diese nicht absurd sind. Dies alles hängt eng mit der Frage zusammen, ob und wie weit der Erwerber des Aufführungsrechts an dem Stück, dessen Titel usw. *Änderungen* ohne besondere Einwilligung des Autors vornehmen darf. Diese Frage ist von so großer und selbständiger Bedeutung, daß über sie (unten im § 11) gesondert gesprochen wird.

4. Der Theaterunternehmer hat für *geeignete Reklame* zu sorgen. Dahin gehört insbesondere:

a) Der Spielplan ist in dem vom Deutschen Bühnenverein herausgegebenen „Deutschen Bühnenspielplan" allmonatlich zu veröffentlichen (§ 13 Aufführungsvertrag und § 3 Ziff. 5 AllgBest.).

b) Dem Verlag ist der Termin der Erstaufführung mindestens 8 Tage zuvor schriftlich mitzuteilen (§ 7, 1d AllgBest.), damit auch der Verlag in der Lage ist, den Vertrieb des Buches vorzubereiten oder die Propaganda des Theaters zu unterstützen.

c) Es sind „die an dem Aufführungsort erscheinenden Tageszeitungen einzuladen und die Zeitungsberichte über die Aufführung mit Quellenangabe (dies gilt nicht für Berlin und Wien) unverzüglich ohne besondere Aufforderung und unberechnet einzusenden" (§ 7, 1e AllgBest.).

d) Rechtzeitige Ankündigung des Bühnenwerks, und zwar auf Theaterzetteln, Plakaten und sonstigen Ankündigungen „mit vollem Titel unter Namhaftmachung des Urhebers und gegebenenfalls des Bearbeiters, wofern nicht überhaupt von Einzelangaben, insbesondere z. B. der Personen der Mitwirkenden usw. vollständig abgesehen wird" (§ 7, 1 g AllgBest.). Gegen diese Bestimmung wird sehr häufig verstoßen — überall da, wo das Stück angekündigt „mit" dem und dem als Darsteller, aber ohne Nennung des Verfassers. Darin liegt nicht nur eine Vertragsverletzung, wenn der Normalvertrag zugrunde gelegt wird, sondern auch eine Verletzung des Urheberrechts gemäß § 9 LitUG. (vgl. unten § 11).

5. Der Bühnenunternehmer hat die vereinbarte *Tantieme* (*Urheberanteil*) zu zahlen (§ 4 Aufführungsvertrag) — dem Verlag oder dem Autor.

In § 12 Aufführungsvertrag ist überdies vorgesehen, daß der Bühnenunternehmer einen unverzinslichen Betrag bei Abschluß des Aufführungsvertrages als Sicherheit für sämtliche Forderungen des Verlages zu hinterlegen hat. Dieser Betrag ist also auch für das gemietete Material als Sicherheit gedacht.

Die den normalen Urheberanteil sowie die Abrechnung eingehend regelnden §§ 2 und 3 der AllgBest. seien hier im Wortlaut wiedergegeben:

§ 2. Urheberanteil.

1. Im Aufführungsvertrag muß eine Bestimmung über den Ertragsanteil des Urhebers enthalten sein. Der Urheberanteil beträgt für neue Bühnenwerke, zu denen Musik nicht oder nicht als wesentlicher Bestandteil gehört:

10 Prozent, sofern das Werk allein den Abend ausfüllt oder als abendfüllend angenommen ist,

7 Prozent, sofern es gemeinschaftlich mit einem Einakter aufgeführt wird,

5 Prozent, sofern es gemeinschaftlich mit einem Zweiakter oder zwei Einaktern aufgeführt wird,

2½ Prozent, sofern es gemeinschaftlich mit einem Dreiakter oder drei Einaktern oder einem Zweiakter und einem Einakter aufgeführt wird.

2. Für Aufführungen an Bühnen, deren Einnahmemöglichkeit bei normalen Preisen 2000.— Mk. nicht übersteigt, ferner für Aufführungen in Städten mit nicht über 50000 Einwohnern, endlich für Wanderbühnen können geringere Sätze oder eine feste Vergütung vereinbart werden. Niedrigere Sätze können auch vereinbart werden für ältere Bühnenwerke, jedoch nicht unter der Hälfte der oben genannten Sätze. Ältere Bühnenwerke sind Werke, nach deren erstmaliger Aufführung in dem betreffenden Orte drei Jahre verflossen sind oder deren letztmalige Aufführung im Tarifvertragsgebiet drei Jahre zurückliegt.

3. Bei Verträgen über die Uraufführung von Bühnenwerken und bei Verträgen über die Aufführungen in Berlin oder Wien, wenn es sich um Bühnenwerke handelt, die in nicht mehr als drei Städten unter 250000 Einwohnern zur Aufführung angenommen worden sind, können niedrigere Sätze vereinbart werden.

4. Roheinnahme ist die Einnahme der Bühne aus dem Verkauf von Eintrittskarten einschließlich der Vorverkaufsgebühren und der sogenannten Freikartensteuer, dem Anteil an Mieten und ähnlichen Platzzuweisungen, der auf die Vorstellung entfällt, weiterhin aus den Einnahmen für die Kleiderablage, nach Maßgabe der Bestimmungen des § 2 Ziff. 7.

5. Gibt der Bühnenunternehmer die Gesamtheit der Plätze oder einen Teil der Plätze nicht unmittelbar an die Besucher ab, so gilt als Roheinnahme der zwischen ihm und dem Abnehmer vereinbarte Preis (Pachtsumme, Pauschalvergütung der Besucherorganisation u. dgl.). Ist der Bühnenunternehmer an den die Vergütungssumme übersteigenden Einnahmen beteiligt oder gelangen Eintrittskarten daneben zum Verkauf, so wird außer der Vergütungssumme der volle die Vergütungssumme übersteigende Betrag der Einnahmen für die Berechnung der Urheberanteile zugrunde gelegt.

Für Veranstaltungen, die von Besucherorganisationen selbst unternommen werden, darf ein Abzug von 20 Prozent vom Mitgliedsbeitrag für ihre Kulturaufgaben und die dazu erforderliche Organisationsarbeit vorgenommen werden.

6. Abzuziehen von der Roheinnahme sind.

a) Die Beiträge der von den Gemeinden erhobenen Vergnügungssteuer;

b) Die mit dem Eintrittspreis oder der Gesamtpauschalvergütung erhobenen Abgaben für Kleiderablage und Theaterzettel. Die Abzüge für Kleiderablage dürfen 12 Prozent, die Abzüge für Theaterzettel 5 Prozent der Roheinnahme nicht übersteigen.

c) Zuschläge für soziale Zwecke.

Als soziale Zwecke kommen nur solche in Betracht, die der allgemeinen Wohlfahrt oder der Unterstützung oder Versorgung dienen, ohne daß eine gesetzliche Verpflichtung vorliegt. Die Abzüge für soziale Zwecke dürfen 2 Prozent der Roheinnahme nicht übersteigen.

d) Bei Abstechern stehender Bühnen zur Abgeltung der wirklich entstandenen Reise- und Transportkosten 20 Prozent des zu zahlenden Urheberanteils.

7. Wird die Kleiderablage gesondert neben dem Eintrittspreis erhoben, so ist sie der Tantiemepflicht nicht unterworfen. Sie darf aber in diesem Falle den im Verhältnis zum Eintrittspreis angemessenen und ortsüblichen Satz nicht übersteigen. Über die Angemessenheit und Ortsüblichkeit entscheidet im Streitfalle der in § 6 Ziff. 2 des Vertrages vorgesehene Schiedsausschuß. Der übersteigende Betrag ist der Roheinnahme hinzuzurechnen.

8. Der Abzug von Vergnügungssteuer bei Theatern, die von Gemeinden oder Gemeindeverbänden geführt werden oder auf deren Betriebsführung Gemeinden oder Gemeindeverbände bestimmenden Einfluß haben, ist nicht zulässig, wenn und soweit die Bühne Steuerfreiheit nach den geltenden Reichsrats-Bestimmungen oder an ihre Stelle tretenden entsprechenden Normen beanspruchen kann, sie aber nicht beansprucht.

9. Die Zusicherung eines bestimmten Mindestbetrages des Urheberanteils oder einer bestimmten Anzahl von Aufführungen ist unzulässig. — Vorschüsse auf den Urheberanteil und Sicherheiten dürfen vereinbart werden, ebenso, daß ein Werk nicht früher vom Spielplan abgesetzt werden darf, als bis die Roheinnahme einer Anzahl von Aufführungen, mit Berücksichtigung eines bestimmten Gesamtetats, unter einen gewissen Betrag sinkt.

§ 3. Abrechnung.

1. Die auf Grund des Aufführungsvertrages sich ergebenden Beträge sind mit einer Abrechnung, aus der die Roheinnahme und die Abzüge (§ 2 Ziff. 6a—d) jeder Aufführung ersichtlich sein müssen, an den Verlag kostenfrei einzusenden.

Auf Verlangen des Verlages hat der Bühnenunternehmer die Kassenberichte und die Lustbarkeitsteuerquittungen kostenfrei einzusenden.

Die Kassenberichte müssen die Roheinnahme einer jeden Vorstellung (§ 2 Ziff. 4 und 5) ausweisen, weiterhin:

a) wieviel Plätze jeder Gattung vorhanden sind, wieviel davon und zu welchen Preisen sie verkauft sind;

b) die Anteile von den Mieten und ähnlichen Platzzuweisungen.

2. Der Urheber, der Verlag und die Zentralstelle der Bühnen-Autoren und -Verleger sind berechtigt, die Einsichtnahme in die Bücher, soweit sie die Abrechnungen betreffen, und in die sonstigen für die Abrechnung notwendigen Unterlagen zu verlangen.

3. Die Abrechnung soll, soweit im Aufführungsvertrag nicht eine andere Frist vereinbart wird, wöchentlich erfolgen.

4. Werden die Verpflichtungen zur richtigen und pünktlichen Abrechnung sowie zur ordnungsgemäßen Abführung der geschuldeten Anteilsbeträge oder zur Bereitstellung der Bücher und Unterlagen im Rahmen der Ziff. 2 dieses Paragraphen von einem Bühnenunternehmer wesentlich verletzt, so ist der Anteilsberechtigte eine Woche nach Anzeige mittels eingeschriebenen Briefes an den Vorstand des Deutschen Bühnen-Vereins befugt, den betreffenden Aufführungsvertrag unter Wahrung seiner sonstigen Rechte mit sofortiger Wirkung zu kündigen.

Die *Rechtsnatur der Tantieme* bedarf hier einiger Ausführungen. Gewöhnlich versteht man unter Tantieme — im Gegensatz zur Provision, die als Anteil von bestimmten einzelnen Geschäften gezahlt wird — den Anteil an Gemeinsamkeitserfolgen[21]. Das trifft für die

---

[21] Vgl. Art. Provision in HdR. 4, 599.

Aufführungstantieme zu. Aber während es sich bei Tantiemen im Geschäftsleben in der Regel um Anteile am Gewinn — Rein- oder Bruttogewinn—handelt[22], ist die Aufführungstantieme ein Anteil an der Brutto*einnahme* und hat daher mit Bilanz, Gewinnberechnung u. dgl. nichts zu tun.

Im wesentlichen gleicht wohl die Aufführungstantieme dem Absatzhonorar im Verlagsrecht[23], so daß es nicht ganz richtig (aber vielleicht aus dem speziellen Sprachgebrauch der Bühnenautorenkreise erklärlich) ist, wenn Honorar als feste Summe, Tantieme aber im *Gegensatz* zum *Honorar*[24] als Abgabe von der Bruttoeinnahme bezeichnet wird, während man im Verlagsvertragsverhältnis zwar „festes Honorar" vom „Abgabenhonorar" unterscheidet, aber doch beides — mit Recht — als Honorar oder Vergütung bezeichnet.

Man kann, wie gesagt, sowohl das Absatzhonorar, die Buchverlag- wie die Aufführungstantieme im Bühnenverkehr als *Lizenzgebühr* bezeichnen, und zwar in Anbetracht des Umstandes, daß sie an den Inhaber eines Urheberrechts für die Überlassung von Befugnissen aus diesem Urheberrecht gezahlt wird — und zwar trifft das genau so gut auf den Verlagsvertrag wie auf den Aufführungsvertrag zu. Es handelt sich in beiden Fällen um eine Ausnutzung eines fremden Geistesgutrechts, an welchem dingliche Teilrechte durch Vertrag bestellt worden sind.

Dabei ist jedoch daran zu erinnern, daß sich Verlagsvertrag und *Lizenzvertrag* gerade dadurch unterscheiden, daß beim Verlagsvertrag eine Ausführungspflicht des Vertrages für den Erwerber der „Lizenz" gegeben ist, beim Lizenzvertrag (im engeren Sinne) aber nicht. Ich muß dies betonen im Hinblick auf Ausführungen von JAMES GOLDSCHMIDT[25] gegen Darlegungen von mir[26], wobei aber meiner Ansicht nach GOLDSCHMIDT Ansichten bekämpft, die ich gar nicht so, wie er meint, ausgesprochen habe.

Zunächst wird man sich klar sein müssen, daß der Sprachgebrauch hier häufig irreführend ist. Im Patentrecht bezeichnet man durchweg als Lizenzvertrag, was häufig (wie auch ISAY[27] betont) Verlagsvertrag

[22] BONDI: Art. Gewinnanteil in HdR. 2, 946ff. und STAUB: HGB., zu §§ 65 Anm. 4—11, 237 u. 245.

[23] v. DADELSEN: ArchBürgR. 40, 357ff., der im Verlagsverhältnis aber Absatzbeteiligung mit Provision, Gewinnbeteiligung mit Tantieme gleichsetzt. Dazu ELSTER: ArchBürgR. 42, 208ff.

[24] GOLDBAUM: Theaterrecht, S. 155, Anm. 112. Vgl. ferner die grundsätzlichen Darlegungen bei OPET: Theaterrrecht, S. 353ff.

[25] GOLDSCHMIDT, J.: Das Schicksal der Filmlizenz bei Zahlungsunfähigkeit des Filmverleihers. Arch.f.Urh.R. 2, 1ff.

[26] ELSTER, A.: Lizenzen an urheberrechtlich geschützten Werken. Arch.f.Urh.R. 1, 195ff.; OPET: Theaterrecht, S. 361.

[27] ISAY: Komm. z. PatG., Anm. 13 zu § 6: „Ist der Lizenznehmer zur Benutzung der Erfindung verpflichtet, so liegt ein Verlagsvertrag vor".

ist, im Urheberrecht dagegen spricht man vom Verlagsvertrag auch da, wo man richtiger von Lizenzvertrag sprechen sollte. Dazu kommt, daß man, wie ich es selbst[28] ausdrücklich betont habe, als „Lizenz im weiteren Sinne" auch die Bestellung des Verlagsrechts betrachten kann, die ja die bekannteste Anwendung und der Hauptfall des Lizenz*gedankens* ist. Deshalb bestritt ich dem Lizenzvertrag als solchem die dingliche Wirkung, die erst vom ausschließlichen Lizenzvertrag oder vom Verlagsvertrag, in denen eine Ausführungsverpflichtung gegeben ist, ausgeht, und es ist nicht zutreffend, wenn GOLDSCHMIDT dem entgegenhalten will, daß meine Lehre die Tatsache verkenne, daß der Verlagsvertrag ja überhaupt nur die schuldrechtliche Causa der dinglichen Belastung des Urheberrechts bilde. „Dies wird dadurch nicht anders", sagt er, „daß der eine Verpflichtung zur Übertragung eines Patent- oder Urheberrechts oder zur Bestellung einer Lizenz daran begründende Vertrag regelmäßig zugleich die dingliche Übertragung oder Begründung des Rechts enthält." Nun, ich meine, es werde *gerade dadurch* „anders"; denn wenn der Vertrag die dingliche Übertragung oder Begründung „enthält", so kann man doch, will man nicht dem Formalismus verfallen, nicht sagen, ein solcher Vertrag sei „nur" die schuldrechtliche Causa! Ich muß also meine grundsätzliche Ansicht aufrechterhalten, daß es zur Klärung all dieser Dinge beitrage, wenn man — mag der Vertrag nun in den einzelnen Sparten des Verkehrs genannt werden, wie er will — methodisch zwischen Verlags- und Lizenzvertrag unterscheide, je nachdem ob der Vertrag eine Ausführungspflicht enthält oder nicht.

Was aber lehren diese Dinge für den Aufführungsvertrag und für die Tantieme?

Der *Aufführungsvertrag* würde zu den Lizenzverträgen (in weiterem Sinne) gehören, wenn er keine Aufführungspflicht enthält. Da er aber regelmäßig eine solche enthält, so gehört er zu der Gruppe der Verlagsverträge (ebenfalls in weiterem Sinne), oder man mag, um Wortstreitigkeiten zu entgehen, ihn, wie ich es ähnlich an anderer Stelle schon getan habe[29], ansehen als einen Lizenzvertrag mit verlagsrechtlicher Verpflichtung. Für die *Tantieme* folgt daraus, daß sie zu den Honoraren, und zwar zu der Gruppe der *Absatzhonorare* (im Verlagsrecht) gehört, die man aber mit *Lizenzgebühren* auf eine Stufe stellen kann, weil sie die gleichen Voraussetzungen und Funktionen haben wie jene. Es bleibt sich dafür also gleich, ob man jene methodische Unterscheidung zwischen Verlags- und Lizenzvertrag macht, denn — ob Ausführungspflicht oder nicht — die Tantieme ist ja *nur* von geschehener Ausführung

[28] a. a. O. S. 201.

[29] Urheber- und Erfinder-, Warenzeichen- und Wettbewerbsrecht (1928) S. 247.

(= Aufführung) zu zahlen, und es heißt in dem oben mitgeteilten Normalvertrag ausdrücklich[30]: „Die Zusicherung eines bestimmten Mindestbetrages des Urheberanteils oder einer bestimmten Anzahl von Aufführungen ist unzulässig." Danach ist also eine Tantieme nicht fällig, wenn nicht die Einnahme bereits tatsächlich vorliegt, von der sie zu zahlen ist; andernfalls hätte diese Normalvertrags-Bestimmung ja keinen Sinn.

Da aber — an derselben Stelle — die Erlaubtheit von *Vorschüssen* ausgesprochen ist, so taucht die wichtige Frage auf, ob Vorschußbeträge, denen entsprechende Einnahmen der Bühne, wie sich etwa nachträglich zeigen könnte, *nicht* gegenüberstehen, zurückgefordert werden können. Für gewöhnlich wird ja der Unternehmer keinen *größeren* Betrag als Vorschuß zahlen, als er *bestimmt* entsprechend der Einnahme abführen zu können hoffte, oder er wird sich (falls das nicht ein leerer Wahn ist) Rückgewährung des Nichtverdienten ausbedingen müssen; aber wenn der Fall nun *doch* eintritt, so wird der nicht verdiente Vorschußteil eine ungerechtfertigte Bereicherung des Autors und kann als solche gemäß § 812 BGB. zurückgefordert werden. Denn es handelt sich um eine condictio indebiti oder causa data causa non secuta, vorzugsweise nach Satz 2 des § 812 BGB.: „Diese Verpflichtung (zur Herausgabe) besteht auch dann, wenn der rechtliche Grund später wegfällt oder der mit einer Leistung nach dem Inhalt des Rechtsgeschäfts bezweckte Erfolg nicht eintritt." Der Bühnenunternehmer hatte mit der Verpflichtung der Zahlung gerechnet, sie ist aber nicht eingetreten, der Rechtsgrund zur Zahlung ist weggefallen, insbesondere auch mit Rücksicht auf die Bestimmung, daß Mindestgarantie der Tantieme nicht erlaubt ist, der Vorschuß also nicht als Mindestgarantie und als à fonds perdu gegeben angesehen werden kann.

Freilich braucht der Empfänger der Tantieme — eben nach den Grundsätzen der „ungerechtfertigten Bereicherung" — nur das zurückzugeben, womit er noch bereichert ist, d. h. was er davon noch besitzt oder an Stelle des Erlangten besitzt. Er ist also (nach richtiger Auslegung des § 818 BGB.) noch *bereichert*, wenn er das Erlangte zwar verbraucht, aber nötige Ausgaben damit bestritten hat, jedoch *nicht* bereichert, wenn er im Vertrauen auf die Rechtmäßigkeit der Einnahme schlechthin nur größere (nicht nötige) Ausgaben gemacht hat[31].

Der Tantiemeberechtigte wird nicht etwa infolge des Tantiemeanspruchs zum Gesellschafter des Unternehmers, der Aufführungsvertrag also nicht etwa deshalb zum Gesellschaftsvertrag[32]. Am „Gewinn" oder

---

[30] AllgBest. § 2, Ziff. 9.

[31] Vgl. darüber des Näheren die Kommentare zu § 818 BGB. sowie Elster: Art. Ungerechtfertigte Bereicherung in HdR. 6, 213 u. oben S. 33.

[32] Vgl. auch Bondi: HdR. 2, 948; desgl. Nipperdey: HdR. 3, 969.

gar am Verlust ist er nicht beteiligt, denn sein Anspruch ist lediglich mit der Roheinnahme, ohne Rücksicht auf Bilanz, Saldo oder Geschäftslage, verbunden.

5. Haftung. Aufführungsverbot. Vertragsstrafe. I. Nach § 11 Aufführungsvertrag „haftet jede der Parteien für den von ihr durch nicht ordnungsmäßige Erfüllung des Vertrages verursachten Verzugsschaden, insbesondere der Bühnenunternehmer für den Verzugsschaden, der sich daraus ergibt, daß er nicht rechtzeitig aufführt, und der Verleger, wenn er nicht rechtzeitig liefert".

Hier ist nur von *Verzugsschaden* die Rede. Es fragt sich also, ob — wenn nichts Besonderes darüber vereinbart ist — auch der Schade, der aus *sonstiger* nicht ordnungsmäßiger Erfüllung des Vertrages, z. B. aus Lieferung eines unsittlichen oder irgendwie teilweise unaufführbaren Werkes einerseits, aus schlechter Besetzung oder Inszenierung andrerseits, entsteht, den betreffenden Vertragspartner haftbar macht. Aus dem Normalvertrag ist dies *nicht* zu entnehmen, da man bei sorgsam stipulierten Verträgen anzunehmen hat, daß alles, was geregelt werden sollte, geregelt worden ist, und das, was nicht geregelt ist, auch nicht als vertraglich vereinbart zu gelten hat. Und es ist ja dort *nur* und ausdrücklich von Verzugsschaden die Rede.

Es bliebe danach also nur eine — außerhalb des Vertrages stehende — *Haftung aus unerlaubter Handlung.* Denn der Vertrag sieht ja sonst nur Erfüllung, aber nicht Schadenhaftung vor. Man kann aber unmöglich eine Fehlbesetzung oder die Lieferung eines teilweise unaufführbaren Stückes als unerlaubte Handlung ansehen. In solchen Fällen ist *vielleicht* der Vertrag nicht erfüllt und es *können* Rücktritt, Kündigung u. dgl.[33] in Betracht kommen, aber keine Schadenhaftung.

Anders bei Einlieferung eines Stückes, das — ohne daß der Vertragspartner dies hätte erwarten können — wegen Unsittlichkeit verboten wird[34]. Für diesen Fall bestimmt § 8 der AllgBest.: „Sollte die Behörde die Aufführung des Werkes verbieten, so ist der Bühnenunternehmer verpflichtet, das *Verbot* unverzüglich dem Verlag mitzuteilen. Wird das Werk nicht rechtzeitig vor dem vereinbarten Aufführungstermin freigegeben, so entscheidet bei Meinungsverschiedenheiten über den Aufführungstermin das Schiedsgericht. Wird die Freigabe des Werkes von wesentlichen Abänderungen abhängig gemacht und übernimmt der Urheber mit Zustimmung des Bühnenunternehmers diese Abänderungen, so ist der Bühnenunternehmer auch zur Aufführung

[33] S. unten zu § 10.

[34] Wenn es nur etwa den Sittenanschauungen des Bühnenunternehmers widerstreitet, ohne verboten zu werden, so kann auch dies nur zu eventueller Vertragsauflösung, aber nicht wegen „unerlaubter Handlung" zu Schadenersatz führen.

des geänderten Werkes verpflichtet. Stimmt er bei wesentlichen Abänderungen nicht zu, so entfällt die Aufführungspflicht."

Also auch hier nichts von einer Schadenshaftung.

Wie aber, wenn der Autor die als Bedingung für die Freigabe geforderten Abänderungen vorzunehmen *verweigert*, während sie der Bühnenunternehmer, auf sein Vertragsrecht pochend, verlangt?

Der Normalvertrag sagt nichts darüber, und wenn der speziell abgeschlossene Vertrag den Fall ebenfalls nicht regelt, so fragt es sich, nach welchen Gesichtspunkten — gesetzlicher oder allgemein vertraglicher Natur — ein solcher Fall zu entscheiden wäre.

Man muß jedenfalls ausgehen von dem unumstößlichen Rechtssatz, daß der Urheber über die Form und Fassung seines Werkes allein zu bestimmen hat und daß er an sich zu Änderungen nicht gezwungen werden kann. Aber dieser Satz kann selbstverständlich Abweichungen infolge der Vertragspflicht erleiden. Haben die Parteien, die den Aufführungsvertrag geschlossen haben, mit einem Verbot des Stückes dieses Autors rechnen können, wie es z. B. früher bei WEDEKIND der Fall war, so wird man ohne weiteres anzunehmen haben, daß dieses Risiko beim Vertragsschluß — stillschweigend unter Berücksichtigung der Auslegung nach Treu und Glauben — mit einkalkuliert sein mußte, so daß also der Bühnenunternehmer nicht die Änderung des Stückes, um dem Verbot wieder zu entschlüpfen, verlangen kann. In solchen Fällen ergibt es sich in der Regel auch aus der Natur der Sache, daß das Stück nicht durch kleine (unwesentliche) Änderungen hoftheaterreif gemacht werden kann, sondern daß es etwa ganz verboten oder ganz erlaubt wird. Anders liegt die Beurteilung, wenn es sich wirklich nur um einzelne Stellen handelt, die vielleicht das Ganze nicht wesentlich berühren, und mithin um die Nichtvorhersehbarkeit des Verbotes seitens des Bühnenunternehmers. In solchem Fall wird man die, im Verlagsrecht schon akut gewordene Frage[35] aufwerfen dürfen, ob nicht in der Tat der Autor durch den Vertrag verpflichtet ist, ein *aufführungsfähiges* Werk zu liefern, damit sowohl er wie der Vertragspartner den gegenseitigen Vertrag erfüllen könne. Diese Frage muß ich bejahen. Um so mehr gilt das, weil ja Stellen, die ein obrigkeitliches Verbot rechtfertigen, nicht in gleichem Maße als unantastbares Recht des Autors gelten können, wie dies sonst für die Integrität seines Werkes der Fall ist. Denn schließlich ist es doch der Staat, der das Recht gibt, und wenn er aus Interessen der Wahrung der Rechte Anderer oder der Allgemeinheit das Individualrecht eines Einzelnen einschränken zu müssen glaubt, so ist das ein gültiger Vorgang höherer Rechtswahrung

---

[35] Vgl. ELSTER: Muß der Verfasser ein ausgabefähiges Werk liefern? Arch.f. Urh.R. 2, 47ff.; HILLIG: Gutachten über urheberrechtliche usw. Fragen, Leipzig 1928, Nr. 213.

(mag man im Einzelfall das Verbot gerechtfertigt finden oder nicht). Es wäre eine Überspannung des individualistischen Rechts, wenn man, wie es z. B. abwegigerweise das Reichsgericht einmal in einem Rechtsstreit zwischen Autor und Verleger getan hat[36], des Autors Eigenwillen höherzustellen als die Interessen der Allgemeinheit und des Vertragsgegners zusammengenommen aus dem hier absolut ohne jede Schranke und mithin falsch verstandenen Recht des Autors, die Fassung seines Werkes zu bestimmen. Obwohl ich also pflichtmäßigerweise darauf hinweisen muß, daß in Analogie dieser Entscheidung des RG. (RGZ. 125, 174) der Bühnenunternehmer vielleicht *nicht* mit seiner Forderung durchdringt, der Autor müsse durch Vornahme der von der „Zensur" gewünschten kleinen Änderungen — um wesentliche Umgestaltung seines Werkes soll es sich ja nicht handeln, das wäre anders zu entscheiden — das Stück aufführungsfähig machen, so halte ich diese Ansicht des Reichsgerichts für abwegig aus allgemeinen Gründen ausgleichenden Rechts, wie namentlich aus dem Gesichtspunkt der Aufrechterhaltung bedungener Verträge. Vgl. auch unten § 11.

II. Im Normalvertrag ist auch die Festlegung einer *Vertragsstrafe* (Konventionalstrafe) vorgesehen. § 10 des Aufführungsvertrags sagt: „Falls eine der beiden Vertragsteile eine Bestimmung dieses Vertrages gröblich verletzt, insbesondere wenn der Bühnenunternehmer die Erstaufführung nicht innerhalb der in § 2 vereinbarten Frist bewirkt oder die in den §§ 4, 5 und 7 festgelegten Verpflichtungen (betr. Tantieme- und Materialbezahlung und Abrechnung) oder der Verlag die im § 6 vorgesehene Lieferungspflicht (des Materials) nicht erfüllt, hat der vertragsuntreue Teil dem andern eine Vertragsstrafe von ... RM. zu zahlen, ohne daß die Pflicht zur Vertragserfüllung erlischt." Es gelten die §§ 339—343 BGB., auf die hier nicht näher eingegangen zu werden braucht. Eine unverhältnismäßig hohe Vertragsstrafe kann vom Gericht (auch vom Schiedsgericht) herabgesetzt werden.

Auf Beschluß des Tarifausschusses der beteiligten Verbände[37] ist festgesetzt worden, daß in leichteren Fällen, die aber nur die Nichtabrechnung und Nichtzahlung betreffen dürfen, eine Herabsetzung der Konventionalstrafe eintreten kann, wenn ein auffälliges Mißverhältnis zwischen dem Wert des Streitgegenstandes und der Höhe der Konventionalstrafe besteht. Freilich kommt, wenn der Bühnenleiter Kaufmann im Sinne des Gesetzes ist, Herabsetzung der Konventionalstrafe nicht in Frage. Jedenfalls ist für die Beteiligten bei Abschluß des

---

[36] Weigerung des Autors, in einem Schulbuch eine kleine, vom zuständigen Ministerium zur Voraussetzung der Einführung des Buches gemachte Abänderung vorzunehmen; vgl. ELSTER: Buchh.-BörsBl. 1929, Nr. 242 zu RGZ. 125, 174. Vgl. auch die oben Anm. 10 zitierte Arbeit.

[37] Vgl. H. BUKA: Die Deutsche Bühne 1927, H. 10.

Vertrags sorgfältige Beachtung der diesbezüglichen Vereinbarung in allen Fällen zu empfehlen.

6. Aufführungskommission. Überwiegend hat sich — aus praktischen Gründen — die Übung gebildet, daß der Aufführungsvertrag nicht unmittelbar zwischen dem Autor und der Bühne abgeschlossen wird, sondern daß sich ein sachkundiger „*Bühnenvertrieb*" (Verleger oder Kommissionär, Agent od. dgl.) einschiebt. Dadurch ändert sich an den urheberrechtlichen Grundlagen des Vertrages nichts, wohl aber sehr viel an den Ausführungsformen des Vertrages, der ein Kommissions- und Agenturvertrag wird. Das Recht solcher Vertriebsverträge wird im Zusammenhang unten § 39 behandelt.

§ 10. Endigung des Aufführungsvertrages.

1. In *normaler Weise* endigt der Aufführungsvertrag

a) *durch vollständige Erfüllung*, d. h. wenn er etwa auf eine bestimmte Anzahl von Aufführungen abgeschlossen ist — was freilich wohl nur auf eine Mindestzahl von Aufführungen bei nicht überwältigendem Erfolg sich beziehen dürfte —

oder wenn das Stück abgespielt ist und — meist nach einer langen Reihe von Serienaufführungen — der Vertrag dadurch erfüllt ist, da weitere Aufführungen nach Lage der Dinge und nach dem Sinn des Vertrages im beiderseitigen Interesse keinen rechten Zweck mehr haben. Denn diese Tatsachen und Umstände sind so stark, daß das Recht, d. h. die Auslegung des Vertrages, an ihnen nicht vorübergehen kann: es kann keine theoretische Forderung gestellt werden etwa des Inhalts, daß das Stück so lange gespielt werden müsse, wie nur noch etliche Menschen ins Theater gehen und eine gewisse, wenn auch kleine Bruttoeinnahme noch vorhanden ist, aus der die Tantieme gezahlt werden könnte. Selbst wenn die Aufführungstantieme keine Gewinn-, sondern nur eine Umsatzabgabe ist, kann unmöglich von dem Gesichtspunkt abgegangen werden, daß dem Unternehmer eine länger dauernde gänzlich unwirtschaftliche „Erfüllung" (lediglich im Autoreninteresse) nicht zuzumuten ist;

b) *durch Zeitablauf*. § 8 Aufführungsvertrag sieht vor, daß der Vertrag „für die Zeit vom Vertragsabschluß bis . . ." abgeschlossen wird. Dann endigt er mit dem Endtermin, gleichgültig ob das Stück noch volle Häuser macht oder nicht, und man müßte den Vertrag dann gegebenenfalls erneuern.

2. Wichtiger sind die *unnormalen* Endigungsarten: *Kündigung* und *Rücktritt*.

a) Kündigung. Durch § 5 Ziff. 2 AllgBest. ist für den Aufführungsvertrag das System der „Kündigung wegen wichtigen Grundes" eingeführt worden. „Aufführungsverträge können von jeder Vertragspartei aus wichtigen Gründen mit sofortiger Wirkung gekündigt werden." Es entspricht dies dem vom Reichsgericht in RGZ. 78, 389 und 94, 235 aufgestellten Grundsatz, ,daß bei Rechtsverhältnissen von längerer Dauer, die ein persönliches Zusammenarbeiten der Beteiligten und daher ein gutes Einvernehmen erfordern, beim Vorliegen eines *wichtigen Grundes* jederzeit die Aufkündigung erfolgen kann' — ein Grundsatz, ,der zwar nur für bestimmte Rechtsverhältnisse im Gesetze ausdrücklich ausgesprochen ist[1], dem aber eine allgemeine Bedeutung zugesprochen werden muß'. Hier ist auch auf ,Zerstörung des Vertrauens und guten Einvernehmens' hingewiesen, die als wichtiger Grund der Kündigung in Betracht kommt (RGZ. 78, 389), und in RGZ. 94, 235, wo es sich um einen Pachtvertrag handelte[2], ist gesagt, daß solches Vertragsverhältnis „von einem feindseligen persönlichen Verhältnis zwischen den Parteien dann nicht unberührt bleiben kann, wenn besondere vertragliche Beziehungen ein engeres verständiges, friedliches Zusammenwirken bedingen."

Das kann beim Aufführungsvertrag namentlich *so lange* ganz erheblich in Betracht kommen, wie das Stück noch nicht „steht", an seiner Herausbringung noch gearbeitet wird, wozu ganz besonders die Teilnahme des Aufführenden, aber auch das verständnisvolle Mitwirken des Autors wichtig ist. *Zwistigkeiten*, die dabei entstehen, sind ein wichtiger Grund der Kündigung; daß solchen Zwistigkeiten gerade bei *geistiger* Zusammenarbeit besondere Bedeutung zukommt, zeigt RGZ. 101, 395 (Schiedsrichteramt) und RGZ. 115, 358ff. (Herausgeber einer Zeitschrift). In dieser letzteren Entscheidung heißt es u. a.: „Bei wissenschaftlichen Arbeiten wie der vorliegenden müsse es als wichtiger und somit hinreichender Grund zur Auflösung der Herausgebergesellschaft angesehen werden, wenn dem einen Gesellschafter durch ungünstige Entwicklung der Beziehungen zu dem anderen die Weiterarbeit dergestalt verleidet werde, daß man sie ihm vernünftigerweise nicht fürder *zumuten* könne." Hierin ist, ohne daß es sich immer um einen Gesellschaftsvertrag handeln müsse, als Grundsatz bei Verträgen mit geistiger Zusammenarbeit die Kündigungsbefugnis *wegen mangelnder „Zumutbarkeit"* ausgesprochen, und dieser Grundsatz trifft auf den Aufführungsvertrag zu, wenn nicht etwa die Aufführung so feststeht in allen Einzelheiten, daß die persönlichen Beziehungen nebensächlich geworden sind und bereits eine Art Mechanismus der eingespielten Leistung gegeben erscheint.

---

[1] Z. B. §§ 626, 723 BGB., §§ 70, 77^{III}, 92^{II}, 133, 161^{II} HGB., §§ 124a, 133b GewO. — Rechtsvergleichend und für das frühere Recht OPET: Theaterrecht, S. 376ff.

[2] Auf dessen teilweise Ähnlichkeit mit dem Aufführungsvertrage wurde oben § 19 hingewiesen.

Wichtig ist der Grund also immer dann, wenn er hinreicht, dem Vertragspartner die Fortsetzung des Vertrages als nicht mehr ihm zumutbar erscheinen zu lassen. Diese Zumutbarkeit ist etwas Relatives. An einen gewöhnlichen Lieferungsvertrag auf Waren mit einem Manne, der wegen Ehebruch verurteilt ist, sich zu halten, kann z. B. zumutbar sein, während es unzumutbar erscheinen kann, mit diesem Manne einen Lehrvertrag aufrechtzuerhalten. Die Zwistigkeit oder Differenz muß also sachlich etwas mit den funktionellen Vertragsaufgaben zu tun haben, um als Kündigungsgrund in Betracht zu kommen. Gewiß gibt es allgemeine, *objektiv* „wichtige Gründe“, die *immer* gelten; aber wichtiger ist die *subjektive*, die *spezielle* Wichtigkeit des Grundes für den besonderen Fall. Wie RG. III 579/18 v. 24. Juni 1919 sagte: „Wenn Umstände eingetreten sind, die nach verständigem Ermessen dem einen oder anderen Teile die Fortsetzung des Verhältnisses nicht mehr zumuten lassen, da durch sie das Interesse eines Teiles in unbilliger Weise geschädigt werden würde. Solche Umstände können auch ohne ein Verschulden der Parteien eintreten und sind auch in diesem Falle geeignet, einen wichtigen Grund abzugeben.“

Es ist also ein *subjektiver* und ein *relativer Maßstab* anzulegen, aber unabhängig von der Frage des Verschuldens. Das Vertragsverhältnis in *seiner* Eigenart ist in die Mitte zu stellen zwischen die subjektiven Zumutbarkeitsfragen der beiden Parteien. Für den Aufführungsvertrag wird also beispielsweise die Antastung der künstlerischen und schaffenden Persönlichkeit wichtiger unter den Kündigungsgründen dastehen als etwa persönliche Eigenschaften und Vorkommnisse, die mit diesem Schaffen sich nicht eng berühren. Und weiter gehören dahin gerade die Gründe, die dem Wesen und Zweck des Vertrages entgegenstehen, wie z. B. Zurücksetzung des Stückes im Spielplan.

Deshalb sagt ja auch § 5 Ziff. 1 der AllgBest. ausdrücklich: „Wenn ein Bühnenwerk während der Vertragsdauer innerhalb eines Jahres nach der letzten Aufführung trotz vorangegangener Erinnerung des Verlages nicht mehr aufgeführt worden ist, so ist der Verlag berechtigt, mit einer Frist von 4 Monaten entweder den Vertrag zu kündigen oder die etwa vereinbarte Ausschließlichkeit des Aufführungsrechtes einseitig aufzuheben.“ Und in § 10 Abs. 2 Aufführungsvertrag heißt es: „Wird der in § 2 vorgesehene Erstaufführungstermin oder der in § 6 vorgesehene Lieferungstermin des Materials nicht eingehalten, so hat der Verlag bzw. der Bühnenunternehmer das Recht, unbeschadet seiner sonstigen Ansprüche aus diesem Vertrag, den Vertrag mit sofortiger Wirkung zu kündigen.“

Es verdient aber besonderer Hervorhebung, daß ein Verhalten, welches eine Nichtzumutbarkeit weiterer Vertragsgeltung herbeiführt, nicht identisch ist mit *Vertragsverletzung*. Und zwar in zweierlei Hinsicht nicht. Einerseits braucht, wie wir sehen, solches Verhalten nicht schuldhaft und auch nicht einmal eine ausdrückliche Vertragsverletzung zu sein, und andrerseits darf nicht die Möglichkeit geschaffen werden, daß durch Vertragsverletzung lediglich die Kündigung herbeigeführt werden kann, um etwa die Erfüllung des Vertrages unmöglich zu machen. Denn dann könnte ja jeder Vertragspartner durch schlechtes Verhalten jeden Vertrag zu Fall bringen. Nicht die einfache Lösung des Vertrages ist dann die Folge, sondern der Vertrag bleibt gültig, aus ihm wird auf Erfüllung und Schadenersatz geklagt. Zu der Kündigungsmöglichkeit kommt dann also der Schadenersatz wegen Nichterfüllung.

Auch mit diesem Grundsatz stimmt § 5 AllgBest. überein, der in Ziff. 2 ausdrücklich festsetzt: „Wird die Kündigung durch vertragswidriges Verhalten des anderen Teils veranlaßt, so ist dieser zum Ersatz des durch die Aufhebung des Vertrages entstehenden Schadens verpflichtet."

Außer dem Schadenersatz sieht derselbe § 5 noch vor, daß bei besonders schweren Vertragsverletzungen nicht nur der Vertrag, der verletzt worden ist, gekündigt werden kann, sondern zugleich auch alle anderen zwischen den Parteien geschlossenen Verträge. Auch das ist eine berechtigte Folgerung aus dem Schutz des Geisteswerks, der mehr als andere Vertragsverhältnisse auf persönlichem Grunde aufgebaut ist.

b) Rücktritt. Für eine Reihe von Vertragsverpflichtungen, insbesondere die Pflicht der Abrechnung und Tantiemezahlung, ist § 326 BGB. heranzuziehen[3], nach welchem in dem Falle, daß der eine Vertragspartner mit einer Vertragsleistung im Verzuge ist, der andere Vertragsteil eine angemessene Frist für die Bewirkung der Leistung bestimmen kann mit der Erklärung, daß er nach Ablauf dieser Frist die Annahme der Leistung ablehne, und daß er dann Schadenersatz wegen Nichterfüllung verlangen oder von dem Vertrage zurücktreten kann.

Rücktritt darf nicht mit Kündigung verwechselt werden. Bei der Kündigung hört der Vertrag vom Augenblick der Wirkung der Kündigung auf und ist für die vorhergegangene Zeit zu erfüllen, beim Rücktritt wird der Vertrag von Anfang an aufgehoben mit seinen Wirkungen. Im Sprachgebrauch wirft man oft beides durcheinander. Rücktritt „zerstört das Vertragsverhältnis als die Wurzel, aus der die schuldrechtlichen Ansprüche entspringen, und damit rückwirkend auch den Rechtsgrund etwa schon bewirkter Leistungen"[4]. Leistungen, die nicht mehr zurückgegeben werden können, müssen unter dem Gesichtspunkt

[3] Vgl. Goldbaum: Theaterrecht, S. 182.
[4] Siber: Art. Rücktritt. HdR. 5, 174; vgl. RGZ. 66, 432.

der *ungerechtfertigten Bereicherung* (cond. causa data causa non secuta oder cond. indebiti) mit dem Wert ausgeglichen werden, aber immer nur so weit, wie der andere Teil eben noch bereichert erscheint[5]. Sind also etwa Aufführungen schon erfolgt, so ist an Stelle des Tantiemebetrags der Gewinn — Überschuß der Einnahme über die Aufwendungen — durch den Aufführenden herauszugeben, aber ein Verlust wäre nicht zu ersetzen, da der Autor nicht bereichert ist. Anderer Ausgleich kann etwa durch Anfechtung wegen Irrtums geschehen, wobei der, der den Irrtum zu vertreten hat, den Andern schadlos zu halten hat. Aber sonst hat Rücktritt mit *Schadensersatz* nichts zu tun; Rücktritt vom Vertrage steht immer nur zur Wahl neben Schadenersatz bei Geltenlassen des Vertrags (§ 326 BGB., RGZ. 50, 266). GOLDBAUM[6] zieht den Schluß, daß für die nicht mehr erfüllbaren Rückgewähransprüche, also die „Aufführungsbefugnis für die vergangene Zeit" gemäß § 346 Satz 2 BGB. („für geleistete Dienste sowie für Überlassung der Benutzung einer Sache") der Wert zu vergüten oder die bedungene geldliche Gegenleistung zu entrichten ist. Freilich wird es schwierig, wenn nur Proben und noch keine Aufführungen stattgefunden haben und man nun fragen muß, ob darin schon eine „Benutzung" der Sache, die GOLDBAUM mit der Benutzung der Aufführungsbefugnis oder geleisteter Dienste gleichstellt, liegt. Es ist aber festzustellen, daß diese Benutzung, zumal ihr „Wert" zurückzugewähren ist, nur durch herausgekommene Aufführungen getätigt werden kann und nicht schon durch Vorbereitungshandlungen. Dies ist auch um deswillen anzunehmen, weil ja Vorbereitungshandlungen auch noch nicht als Urheberrechtsverletzung anzusehen wären, da erst die herauskommende öffentliche Aufführung den Tatbestand verwirklicht. Benutzung der Aufführungsbefugnis muß also als *Benutzung durch öffentliche Aufführung* definiert werden, und dann ist eben der Wert der Aufführungsbefugnis, d. h. die Tantieme trotz Rücktritts zu zahlen. Auch für *Materialbenutzung* ist das Entgelt an den Verlag zu zahlen, wenn der Vertrag durch Rücktritt aufgehoben wird. Denn die Leihe des Materials war eine Dienstleistung, die auch ohne öffentliche Aufführung schon geschehen ist, da ja der Verlag das Material so lange entbehrt hat. Und während die Aufführungsbefugnis erst durch die öffentliche Aufführung benutzt wird, muß das Material bereits bei den Proben als benutzt gelten.

Ein Entgelt für *Teilnahme an den Proben* würde der Autor nicht zu beanspruchen haben, wenn ein solcher nicht im Vertrage (was ganz unüblich ist) besonders ausbedungen war. § 346 würde dafür nicht heran-

[5] Auf Einzelheiten in diesen weitschichtigen und schwierigen Fragen kann hier nicht eingegangen werden; dafür s. die Kommentare zum BGB. bei §§ 812ff. sowie ELSTER: Art. Ungerechtfertigte Bereicherung. HdR. 6, 210.

[6] Theaterrecht, S. 183.

zuziehen sein. Es wäre Schadenersatz, und der kommt bei Rücktritt nicht in Betracht. Das Gleiche gilt für enttäuschte Hoffnungen oder versäumte Wartezeit des Autors, das Gleiche auch für die Aufwendungen des Theaterunternehmers. Denn das fiele alles unter den Begriff des Schadenersatzes und nicht der Rückgewähr erhaltener Vertragsleistungen

Für Einzelheiten des Rücktrittsrechts müssen die §§ 346—361 BGB. herangezogen werden.

Hervorzuheben ist noch, daß der *Rücktritt nur statthaft* ist, wenn er *ausbedungen* wurde, oder in einigen *vom Gesetz gegebenen Fällen*, so in dem allgemein wichtigen Fall des § 321 BGB.: „Wer aus einem gegenseitigen Vertrage vorzuleisten verpflichtet ist, kann, wenn nach dem Abschlusse des Vertrags in den Vermögensverhältnissen des anderen Teils eine wesentliche Verschlechterung eintritt, durch die der Anspruch auf die Gegenleistung gefährdet wird, die ihm obliegende Leistung verweigern, bis die Gegenleistung bewirkt oder Sicherheit für sie geleistet wird." Das gibt kein allgemeines Rücktrittsrecht bei Veränderung der Verhältnisse, vielmehr ist die Hilfe für den Vorleistungspflichtigen (also z. B. den Verlag, der das Aufführungsmaterial zu liefern hat) nur für den Fall der durch die Änderung der Verhältnisse eintretenden Gefährdung der Gegenleistung (sei es der würdigen Herausbringung der Aufführung selbst, sei es der Tantiemezahlung) gegeben. In solchem Falle müßte also der Theaterunternehmer Sicherheit leisten für die ordnungsmäßige Erfüllung des Vertrags; der Vertrag als solcher bleibt mit allen Rechten und Pflichten bestehen.

c) Unmöglichkeit der Erfüllung (etwa: das Manuskript geht gänzlich verloren, das für die Aufführung bestimmte Theater brennt ab) befreit von der Leistung (§ 323 BGB.). Aber nur wirkliche Unmöglichkeit, nicht etwa „wirtschaftliche", so wie man im Sprachgebrauch sagt, es sei einem ganz „unmöglich", unter solchen Bedingungen oder angesichts solcher Verhältnisse die durch den Vertrag gegebenen Aufgaben durchzuführen. Wegen verschuldeter Unmöglichkeit, Schadenersatz usw. sind die Bestimmungen des BGB. §§ 324 und 325 maßgebend.

§ 11. Änderungsrecht des Aufführenden an dem Werk des Autors[1].

1. Zu Lebzeiten des Autors und während der Dauer der Schutzfrist.

Der Grundsatz des Urheberrechts, daß nur der Autor über Form und

[1] GOLDBAUM: Theaterrecht (1914) S. 149ff.; MARCUS: Autor und Theaterunternehmer in ihren rechtlichen Beziehungen (1921) S. 27ff.; OPET: Theaterrecht, S. 394ff. (u. a. sehr Beachtenswertes über „Idee" und „Form"); LITTEN, H. W.: Die Änderung des Bühnenwerks durch die Aufführung, Königsberg 1928; BOCK, G.: Das Aufführungsrecht an dramatischen und musikalischen Werken, Leipzig 1906.

Inhalt, Titel und Bezeichnung seines Werkes zu bestimmen hat[2], ist herzuleiten sowohl aus der Bestimmung, daß der Erwerber des Urheberrechts an dem Werke selbst, an dessen Titel und an der Bezeichnung des Urhebers Zusätze, Kürzungen oder sonstige Änderungen nicht vornehmen darf (§ 9 LitUG.), wie auch aus einer ähnlich lautenden Bestimmung im Verlagsgesetz (§ 13) für den Verleger. Aber es fragt sich doch, wie weit dieser Grundsatz für die *Theateraufführung* Geltung hat. Daß er *nicht unbedingt* gilt, ergibt sich aus folgenden Erwägungen:

1. In § 9 LitUG. ist gesagt: „*soweit nicht ein anderes vereinbart ist*"; es ist also *nachgiebiges*, abdingbares Recht;

2. die Anwendbarkeit des § 9 LitUG. wie des § 13 VerlG. auf den Aufführungsvertrag ist *nur per analogiam* und aus der ratio legis herzuleiten; denn der Aufführungsvertrag ist kein Verlagsvertrag und keine Übertragung des Urheberrechts, höchstens eine Teilübertragung und auch da keine so ausschließliche, daß sich der Erteilende seines Rechts begibt. Man kann also die Ansicht vertreten, *nur* Analogie lasse diese Bestimmungen auf den Aufführungsvertrag anwendbar erscheinen, was immerhin nicht unbedingte Beweiskraft hat; aber man kann andererseits — und freilich mit *mehr* Recht — betonen, daß, was für das ganze Urheberrecht bei der Übertragung zum Schutze des Urhebers bestimmt sei, dies auch — a maiori ad minus — für den Teil gelten müsse, da ein hinreichender Grund zu verschiedener Behandlung nicht ersichtlich ist und es sich bei der Bestimmung des § 9 LitUG. um einen *Rechtsgrundsatz* von besonderer Wichtigkeit handelt, der hier auch der Zweckbestimmung des Vertrages und der Pflichterfüllung des Vertragspartners entspricht (Näheres s. unten) und mithin nur durch gut begründete Ausnahmen durchbrochen werden darf (s. die folgende Ziff. 3);

3. *beiden* Paragraphen (§ 9 LitUG. und § 13 VerlG.) ist als Abs. 2 beigefügt: „Zulässig sind Änderungen, für die der Berechtigte seine Einwilligung *nach Treu und Glauben* nicht versagen kann." Daß sich diese Einschränkung des Grundsatzes nur auf ganz unwesentliche oder rein äußerliche Änderungen bezieht, ist eine weitverbreitete Ansicht, die jedoch nicht richtig ist (s. unten zu 5);

4. der *Normalaufführungsvertrag* und die *Verkehrssitte* haben hier einen modifizierenden Einfluß. So sagt der Regisseur Dr. jur. CL.-DIETR. KOCH in seinem Buch über das Urheberrecht des Regisseurs (S. 20): „Der Regisseur beschneidet dieses Buch, d. h. — ohne Theaterjargon — er streicht es so zusammen oder setzt es teils in ganzen Szenen, teils in Einzelsätzen so um, daß es bühnenwirksam wird. Nur in Ausnahmefällen wird in der Praxis der Text des Buches wortgetreu für die Auf-

[2] Vgl. oben §§ 1, 2 und 4.

führung beibehalten." Wenn dies ein Praktiker sagt, so bedeutet das eine tatsächlich starke Einschränkung des im Gesetz gegebenen Grundsatzes. Der § 7 des Normalaufführungsvertrags aber, der die Frage der Änderungsbefugnis des Aufführenden behandelt, ist im wesentlichen eine Umschreibung der gesetzlichen Bestimmungen und besagt mithin — abgesehen von der Beantwortungspflicht des Autors auf Abänderungswünsche des Theaterleiters — nichts Abweichendes[3]. „Der Bühnenunternehmer ist verpflichtet: a) das Bühnenwerk in würdiger Weise vorzubereiten, aufzuführen und angemessen im Spielplan auszunützen; b) soweit nicht etwas anderes vereinbart ist, an dem Werk selbst, an seinem Titel und an der Bezeichnung des Urhebers Zusätze, Kürzungen oder sonstige Änderungen zu unterlassen. Zulässig sind Änderungen, für die der Berechtigte seine Zustimmung nach Treu und Glauben nicht versagen kann . . . Der Urheber ist verpflichtet: a) das Bühnenwerk aufführungsbereit einzureichen; b) auf Abänderungsvorschläge des Bühnenunternehmers, die im eingeschriebenen Brief erfolgen müssen, unverzüglich zu antworten. Geschieht es nicht, so ist der Bühnenunternehmer zur selbständigen Vornahme der von ihm vorgeschlagenen Abänderungen berechtigt."

Wenn Cl.-D. Koch (S. 45ff.) hieraus eine besondere Kategorie der „notwendig erscheinenden" Änderungen herleitet, so dient das freilich nicht zur Klarheit der Tatbestände. Es ist vielmehr so: nach Treu und Glauben berechtigte Änderungen darf der Aufführende vornehmen, ohne den Autor zu fragen, andere ihm künstlerisch erforderlich erscheinende Änderungen darf er nicht ohne weiteres vornehmen, kann aber dem Autor mit den Vorschlägen eine Art Ultimatum setzen, so daß er bei Nichtbeantwortung das Abänderungsrecht erhält. Zu anderen Änderungen ist er grundsätzlich nicht befugt. Dies bedarf indessen noch näherer Betrachtung.

5. Es trifft auch keineswegs das Richtige, wenn H. W. Litten[4] den § 9 Abs. 2, der von der Auslegung nach *Treu und Glauben* spricht, als eine reine „Ausnahmebestimmung" behandelt, bei der jede etwas ausdehnende Interpretation gegen den Sinn des Gesetzes verstoße. Was auf Treu und Glauben beruht, kann so nicht als Ausnahmebestimmung angesehen werden, weil ein höherer *Rechtsgrundsatz* darin zum Ausdruck kommt[5]. Und Litten kommt ja auch selbst im Laufe seiner Darlegungen, nachdem er anfangs so formalistisch schien, zu einer sehr vernünftigen Auslegung dieses „Treu-und-Glauben"-

[3] Dies betont auch die Entsch. d. OSchG. Berlin v. 9. Jan. 1930. Arch.f.Urh.R. 3, 334.

[4] a. a. O. S. 17ff.

[5] Vgl. Elster: Der Schutz des Geisteswerks als Ausgleich zwischen Urheber und Allgemeinheit. Arch.f.Urh.R. 4, 215ff.

Grundsatzes, indem er die Erhaltung der künstlerischen Intention des Werkes („künstlerische Gemäßheit") wichtiger sein läßt als die formale Identität. Er rechtfertigt das mit einer Unterscheidung zwischen Änderung des Werkes im gewöhnlichen (philologischen) Sinne und Änderung im Legalsinne. Aber diese gekünstelte Auffassung nimmt seiner Argumentation die Kraft. Man darf nicht von den mehreren Möglichkeiten, die § 9 Abs. 2 gibt — Vertragsauslegung *und* Gesetzesauslegung — sich auf nur *eine* beschränken wollen; man muß synthetisch daran denken, daß der § 9, der die *Formgebung des Werkes dem Autor vorbehält*, ein Rechtssatz des *Urheberpersönlichkeitsrechts* ist und daß somit auch der Aufführungsvertrag in dem Sinne auszulegen ist, daß er stillschweigend solche Änderungen zuläßt, die nicht geeignet sind, das Urheberpersönlichkeitsrecht zu verletzen, weil die „künstlerische Gemäßheit" des Werkes erhalten blieb oder gar verstärkt wurde. Gerade in solchen Fällen hat nach Treu und Glauben, im Hinblick auf die urheberpersönlichkeitsrechtliche Bestimmung des § 9 II, die „Änderung" als erlaubt zu gelten. Aus allen diesen Erwägungen setzt sich die juristische Auslegung zusammen und es führt nicht zu überzeugendem Ziel, wollte man mit LITTEN einige *Bestandteile* dieser Gesamtauffassung (Auslegung als Ausnahmevorschrift, als stillschweigendes Einverständnis, nach Treu und Glauben) als juristisch verfehlte Konstruktion ablehnen, um mit einem *einzigen* Teil, der überdies sehr wenig greifbar ist (Erhaltung der künstlerischen Gemäßheit) und der manchen Ausdeutungsmöglichkeiten unterliegt, sich begnügen.

Der Grundsatz, daß der Autor allein und in erster Linie Form und Wortlaut seines Werkes, auch bis zu einem gewissen Grade das Ausdrucksmittel zu bestimmen hat, bleibt also bestehen[6]. „Der Anspruch auf unveränderte Wiedergabe eines Bühnenwerkes ist ein vom Gesetz (§§ 1, 9 LitUG.) anerkanntes Persönlichkeitsrecht des Urhebers, das er weder durch einen Vertriebsvertrag, den er selbst mit einem Bühnenverleger schließt, noch durch einen zwischen dem Verleger und einer Bühnenleitung geschlossenen Aufführungsvertrag verlieren kann", sagt das Bühnen-Oberschiedsgericht in einem Fall REHFISCH, „Der Fall Dreyfus"[7]. Dieses Recht steht so sehr dem einzelnen Verfasser zu, daß beim Vorhandensein mehrerer Verfasser es auch von einem einzigen und nicht nur von der Gesamtheit der Verfasser ausgeübt werden kann[8].

---

[6] GOLDBAUM: Theaterrecht, S. 149ff.; auch Extempores dürfe der Schauspieler nicht machen; ein geändertes Stück sei nicht identisch mit dem angekündigten (S. 249). Aber auch GOLDBAUM spricht noch von der Unerlaubtheit „wesentlicher" Änderungen, s. darüber unten Näheres. GOLDBAUM: Urheberrecht und Urhebervertragsrecht (1927) S. 17, 114ff., 202.

[7] Arch.f.Urh.R. 3, 330ff. [8] Ebenda S. 331.

Aber der Grundsatz erleidet eben *Modifikationen.* Einmal durch den Vertrag, denn er ist abdingbar. JOHN MARCUS[9] weist darauf hin, daß die meisten Verträge eine Bestimmung des Inhalts enthalten, daß „der Bühnenleiter nicht berechtigt sei, Striche oder Zusätze an dem Werke vorzunehmen resp. vornehmen zu lassen". Der Bühnenleiter hat nicht nur die Integrität des Textes und namentlich des Sinnes des Werkes zu wahren, sondern sich auch an die szenischen Bemerkungen des Verfassers zu halten.

Aber schon da setzt *die Realität und die Verkehrssitte* abändernd ein. Die Macht des Theaterleiters, der das Stück eines lebenden Autors angenommen hat (sofern es sich nicht um einen ganz prominenten Verfasser handelt), ist größer. Er kann dabei nicht nur auf seine größere Erfahrung, sondern auch, was juristisch am wichtigsten ist, auf seine aus dem Aufführungsvertrag hervorgehende Verpflichtung, das Werk gut und würdig herauszubringen, hinweisen. Diese Pflicht ist — ähnlich wie es bei einem Verlagsvertrag der Fall ist — die wichtigste des Aufführungsvertrages, und um sie zu erfüllen, bedarf es eben der Kunst und Erfahrung des Bühnenleiters und seiner Helfer — des Regisseurs und der darstellenden Künstler. In diesem Sinne muß man *die „Einwilligung, die nach Treu und Glauben nicht versagt werden kann", auslegen.* Es geht nicht an, daß der eigensinnige Autor die Güte der Aufführung gefährdet; wäre dies nur *seine* Sache, so könnte man ihn rechtlich nicht zu seinem „Glücke" zwingen; aber es ist zugleich auch Sache des Vertragspartners, des Theaterleiters, der mit Recht geltend machen kann, daß er die würdige Aufführung, die größtmögliche Erzielung des Erfolges und die geschuldeten Tantiemen nur leisten könne, wenn er an einigen Stellen des Stückes u. U. auch *gegen* den Willen des Autors verfahre[10]. Nur darf das eben nicht Änderungen des Sinnes betreffen, sondern muß nach „Treu und Glauben" zu Gunsten des Bühnenleiters sprechen. Mit vollem Recht entschied das LG. I Berlin (29. März 1927)[11] das Vorkommnis, daß der Theaterleiter das Stück „Die spanische Fliege" am Sylvester und an anderen Tagen unter dem Titel „Die lesbische Fliege" in griechischen Kostümen gegeben hat, zu Gunsten der klagenden und Schadenersatz fordernden Autoren und sagte u. a.: „Die Urheber haben einen Anspruch darauf,

---

[9] MARCUS, JOHN: Autor und Theaterunternehmer in ihren rechtlichen Beziehungen, Berlin 1921. S. 27.

[10] MARCUS, JOHN: a. a. O.: „Zeigen sich bei den Proben einzelne bühnenfeindliche Stellen, so steht der Änderungsbefugnis des Aufführenden auch ohne Einwilligung des Verfassers nichts im Wege (§ 9 II UrhR.)." Das Änderungsrecht auf stillschweigendes Einverständnis des Autors zu gründen, der die Umstände des Falles kenne, wie ALLFELD (Komm. S. 128) und OPET (S. 346) sagen, geht natürlich als Konstruktion auch, erschöpft aber den Rechtszustand nicht.

[11] Abgedr. bei LITTEN: a. a. O. S. 37ff.

daß der zeitliche und örtliche Rahmen, den sie damit ihrem Werke gegeben haben, nicht ungebührlich verändert wird . . . Ob die komische Wirkung des Werkes hierdurch erhöht ist, ist unerheblich; die Abänderung lag jedenfalls nicht in der Absicht der Verfasser. Durch das Recht der Verfasser aus § 9 LitUG. wird natürlich die Freiheit des Regisseurs eines Schauspiels, das Schauspiel seinen künstlerischen Ansichten entsprechend bühnenmäßig auszugestalten, nicht beschränkt. Der Beklagte hat aber dieses Recht durch die Art seiner Aufführung in unzulässiger Weise überschritten."

Er trifft nicht das Richtige, wenn z. B. das OLG. Dresden[12] unter Berufung auf das Reichsgericht in einem analogen Fall des Streites zwischen einem Autor und einem Verleger sagt, unter § 13 Abs. 2 VG. „fallen aber nur solche geringfügige Abweichungen von der Fassung, die der Verfasser dem Werke gegeben hat, die vom Verkehr als unwesentlich angesehen werden" (RGZ. 102, 142). Es kann unmöglich im richtig verstandenen Sinn des Begriffes „Treu und Glauben" liegen, daß der Verleger (oder der Erwerber des Urheberrechts) nur in solchen Dingen etwas ändern dürfe, die „vom Verkehr als unwesentlich angesehen werden"; denn wenn er beispielsweise einen sinnentstellenden Druckfehler entdeckt, so ist er zweifellos *gerade nach Treu und Glauben* nicht nur berechtigt, sondern *verpflichtet*, die Änderung vorzunehmen, und das kann *keineswegs zu den Dingen gerechnet werden, die „vom Verkehr als unwesentlich angesehen werden"*. Es fragt sich dabei gewiß, von welchem Standpunkt aus man die „Wesentlichkeit der Änderung" ermitteln will, und es ist wohl auch verständlich, was das OLG. meint, insofern man die Richtigstellung eines Druckfehlers als zwar im Sinne des Werkes, aber nicht gegenüber dem Willen des Autors als wesentliche Änderung ansieht. Wie aber, wenn der Ändernde im Irrtum war und der „Druckfehler" gar keiner war? Diese Formel ist also falsch. Dafür sich auf RGZ. 102, 142 zu berufen, erscheint überdies nicht berechtigt; denn dort wurden Änderungen als *zulässig* anerkannt, weil sie *nur* Dinge betreffen, die „im Verkehr als unwesentlich angesehen werden"; aus dieser *positiven* Fassung nun für andere Fälle ohne weiteres den umgekehrten Schluß zu ziehen, diese Formel müsse auch im negativen Fall gelten, also auch für die Frage, wann Änderungen schlechthin als *unzulässig* anzusehen sind, ist ein logischer Trugschluß, den man vermeiden sollte. Man müßte also die „Wesentlichkeit" näher definieren, oder besser von dieser so unzureichenden Übersetzung des nach Treu und Glauben Zuzulassenden verzichten. Der Hinweis auf die nach Treu und Glauben zu erwartende Einwilligung soll doch sicherlich etwas Vernünftiges, nämlich auf die Umstände des Falles im *ganzen* Bezügliches bedeuten. Die gleiche Ansicht,

[12] 7. Nov. 1929, Arch.f.Urh.R. 3, 201.

wie ich sie hier vertrete, äußert der Kommentar von MARWITZ-MÖHRING[13]: „Unrichtig ist, wenn RGZ. 102, 142 für die Frage der Änderung grundsätzlich die Verkehrsanschauung dergestalt als maßgebend angibt, daß ‚eine geringfügige Abweichung vom Originale, die vom Verkehr als unwesentlich angesehen wird, nicht unter den Begriff einer unzulässigen Änderung fallen soll'. Dagegen können auch wesentliche Änderungen zulässig sein, wenn ohne sie der von beiden Teilen gewollte Zweck der Übertragung des Urheberrechts nicht erreicht werden kann. Unter Umständen kann die Änderung sogar zur Rechtspflicht werden." Einen ganzen Schlußakt eines Lustspiels wegzulassen, ist aber aus *keinem* Gesichtspunkt als zulässig zu betrachten, wie mit Recht das Bühnenschiedsgericht am 19. Jan. 1927 entschieden hat[14].

Die gleichen Grundsätze müssen auch für den *Film* gelten. Unbeschadet der Frage, *wer* beim Film als Urheber anzusehen ist (vgl. unten § 15), bleibt auch für den Film der Rechtssatz bestehen, daß es dem Nichturheber mangels besonderer Abmachungen mit dem Berechtigten *nicht* erlaubt sein kann, Änderungen, namentlich auch Schnitte, an dem Film vorzunehmen. Das eigenmächtige Schneiden durch Kinotheaterbesitzer ist also, selbst wenn der Mißbrauch sich eingebürgert hat, eine Rechtsverletzung.

Ebenso wie das Werk ist aber auch der *Titel des Werkes* unverändert zu lassen[15] (was im Theaterbetrieb nicht so gefährdet ist wie z. B. beim Film) und namentlich auch die *Bezeichnung des Autors*[16]. Hierin wird insofern viel gesündigt, als der Name des Autors bei Ankündigungen des Werkes oft nicht nur gekürzt (ohne Vornamen usw.), sondern sogar *gar nicht* angegeben wird zu Gunsten um so eindringlicherer Nennung der Darsteller. Nun ist das juristisch vielleicht noch keine „Änderung" der Bezeichnung (obschon die Nichtnennung die stärkste Kürzung und Änderung ist!)[17], und es kann umstritten sein, wie weit der Autor bei Ankündigungen der Aufführung die Nennung seines Namens verlangen kann. GOLDBAUM[18] verlangt für jede Ankündigung volle Angabe des Werktitels und des Namens des Urhebers. Für *jede* Zeitungsanzeige freilich wird man die Nennung des vollen Namens vielleicht nicht verlangen können, namentlich bei Serienaufführungen; aber die jetzige Gepflogenheit, bei der das große Publikum kaum mehr die Namen der Autoren erfährt, da sie höchstens noch auf dem Theaterzettel stehen, ist ein Mißbrauch, der mit dem Gesetz nicht in Einklang zu bringen ist.

[13] S. 91 (zu § 9).

[14] Abgedr. bei LITTEN: a. a. O. S. 31ff.; ebenso OSchG. am 16. Juni 1927; ebenda S. 35ff.

[15] Urt. des LG. I Berlin v. 29. März 1927, abgedr. bei LITTEN: a. a. O. S. 37ff.

[16] GOLDBAUM: Komm., S. 119; also weder Kürzungen des Namens des Urhebers noch Zusätze dazu (Beruf od. dgl.). ALLFELD: Komm., S. 127.

[17] So GOLDBAUM: Ebenda S. 118. [18] Ebenda S. 118.

2. Bei Übertragung des Urheberrechts. Ist das *Urheberrecht* dem Aufführenden (Theaterdirektor) *übertragen*, so kann dieser freier mit dem Werk schalten. Aber auch dies hat trotzdem eine Grenze am Urheberpersönlichkeitsrecht (s. oben § 5), das im Zweifel *nicht* mit übertragen ist, ja nach gewiß beachtenswerter Ansicht überhaupt niemals übertragen werden kann. Der Erwerber des Urheberrechts erlangt nur den vermögensrechtlichen Teil; denn nach § 14 LitUG. bleiben die Befugnisse der Übersetzung in eine andere Sprache oder Mundart[19], der Dramatisierung einer Erzählung, der Bearbeitung eines Werkes der Tonkunst, der Verfilmung dem Urheber trotzdem. Aber ein gewisses Recht der Bearbeitung und Einrichtung des Werkes würde dem Theaterleiter, der das Urheberrecht an dem Werke erwirbt, zukommen.

3. Nach Ablauf der Schutzfrist (namentlich die Frage der Klassikeraufführungen). Ist das Urheberrecht durch Ablauf der Schutzfrist *erloschen*, so ist nach geltendem deutschen Recht und nach der herrschenden Meinung auch das Persönlichkeitsrecht, das ja nur dem Lebenden in vollem Umfang, dem Toten aber nur in sehr begrenztem und umstrittenem Maße zukommen kann, erloschen. Es hat sich aber gezeigt, daß hier eine *Lücke des Rechts* besteht, die im Laufe der Zeit ausgefüllt zu werden verdient und von einigen ausländischen Gesetzen bereits ausgefüllt worden ist. So hat das italienische UrhG. von 1925 in Art. 16 die durch Art. 33 auch für die Zeit nach Ablauf der Schutzfrist geltende Bestimmung, daß ein Werk nicht so umgearbeitet, geändert oder verunstaltet werden darf, daß die „moralischen Interessen" des Autors in schwerer und ungerechter Weise beeinträchtigt werden; das tschechoslowakische Gesetz von 1926 sagt noch deutlicher (§ 16): Werke, die eine allgemeine Bedeutung für die Kunst, die Bildung oder die Erbauung der Bevölkerung haben, dürfen nach dem Tode des Urhebers nicht derart geändert oder bearbeitet werden, daß dies offenbar ihr Ansehen oder ihren Wert beeinträchtigen würde. Ähnliches finden wir im polnischen Gesetz von 1926 und im portugiesischen von 1927. Ob diese noch wenig erprobten und wohl mehr gut gemeinten als in ihren Folgen völlig durchdachten Bestimmungen sich bewähren werden, steht dahin. Eine Schranke gegen zu starke Auswüchse in solcher Hinsicht zu errichten, ist gewiß wünschenswert, und Verunstaltungen geheiligten Kulturbesitzes soll man nicht dulden, aber es ist schwierig, die richtige gesetzliche Regelung dafür zu finden.

Aber schon *nach geltendem deutschen Recht* kann folgende Ansicht vertreten werden. GOLDBAUM hat[20] mit Recht gesagt: „Das Persönlichkeitsrecht auf unveränderte Wiedergabe *kann* über die Schutzfrist hinausgreifen, da es auch durch die Erben ausgeübt werden kann." Er

---

[19] Wie man z. B. WEDEKINDS „Frühlings Erwachen" bei einer Aufführung ins Berlinische übersetzt hat.

[20] GRUR. 1927, 431 ff.

denkt also daran, daß Erben vorhanden sind, die nach Ablauf der Schutzfrist sich um das Werk kümmern und berechtigt erscheinen, das Persönlichkeitsrecht des Autors zu wahren. Eine richtige Auffassung des Urheberpersönlichkeitsrechts[21] wird diese Ansicht nicht für abwegig halten, weil es ja nach § 14 LitUG. *zwei* Urheberrechte gibt, eines, das im Gesetz eingehend geregelt ist und ordnungsmäßig abläuft, und eines, das daneben als Urheberschaftsrecht einer genaueren gesetzlichen Regelung entbehrt. Es fragt sich da also nur, ob die betreffenden Erben zur Wahrung dieses Urheberschaftsrechts legitimiert erscheinen, und das wird dort um so eher der Fall sein, wo es wirkliche Kulturgüter gegen Verschandelung zu wahren gilt. Man darf auch auf die RG.-Entsch. RGZ. 102, 141 hinweisen, in der es u. a. heißt: „mindestens (!) solange das Urheberrecht besteht, kann der Urheber gegen Verstümmelungen seines Werkes vorgehen".

Freilich ist die Frage noch wenig geklärt und stark umstritten. Nicht jede Bearbeitung ist Verschandelung, und nicht jede Bearbeitung ist bei Abtretung des Urheberrechts dem Urheber vorbehalten; also nicht jede gehört in die Sphäre, wo sie das Urheberschafts-(Urheberpersönlichkeits-) Recht verletzt. Betrachten wir z. B. den im Jahre 1927 vielfach als Verballhornung von Wagners „Meistersingern" getadelten Ludwig Berger-Film „Der Meister von Nürnberg", so kann man an ihm den Unterschied zwischen Bearbeitung und Verschandelung gut dokumentieren; er ist meiner Ansicht nach eine Bearbeitung gewesen, die während der Dauer des Urheberrechts eine Urheberrechtsverletzung gewesen wäre, aber als Verschandelung — und mithin nach Ablauf der Schutzfrist angreifbar — erweist er sich *nicht*, weil er nicht das fremde Werk in seinem innersten Ideengehalt verunziert, sondern eben nur unter dessen Benutzung etwas *Anderes* macht, ohne etwa mit ihm irgendwie verwechselt oder in eine Linie gestellt werden zu wollen.

Auch für die Rechtsfragen handelt es sich darum, aus Momenten des *guten Geschmacks* das Schutzbedürfnis der zivilen Ordnung herzuleiten, also sich dagegen zu wenden, daß man den Pilgerchor und den Abendstern als Jazzmusik anhören muß. Solche Verballhorner verlangen ja ihrerseits, daß ihr Machwerk als ein sogar urheberrechtlich geschütztes Werk behandelt werden soll, und gerade diese Tatsache, daß der Bearbeiter in weitem Maße ein Urheberrecht an seiner Bearbeitung erhält und mit dem Abendstern-Foxtrott Geld verdient und „Schutz" genießt, die ist es, die solche Dinge juristisch nicht gleichgültig erscheinen läßt.

Bei anderen Bearbeitungen klassischer Werke ist das Urteil schwieriger. Jessners „Hamlet"- oder „Wilhelm Tell"-Inzenierung, der englische Einfall, Hamlet im Frack und modernen Uniformen und Macbeth in

---

[21] Vgl. oben § 2.

Feldgrau spielen zu lassen, haben viel Kritik hervorgerufen, noch mehr PISCATORS eigenmächtige Umarbeitung der „Räuber“. Wie man in maßgebenden Kreisen darüber denkt, mag in dem Fachblatt „Die Scene“[22] nachgelesen werden. Nur einige der Äußerungen seien hier genannt, weil sie m. E. auch den *juristischen* Kernpunkt für eine gesetzliche Kodifikation treffen. So sagt GUSTAV LINDEMANN (Generalintendant des Düsseldorfer Schauspielhauses): „Jede Bearbeitung der klassischen Dichtung für die Bühne ist begrüßenswert, die in vollkommener Einfühlung in das Wesentliche des Werkes bei höchstem Verantwortungsgefühl des Bearbeiters die Dichtung im Formwandel der Zeit den Menschen näherbringt“ — und ähnlich MONTY JACOBS (Kritiker der Vossischen Zeitung): „Wesentlich bleibt das Problem: den Geist unserer Zeit zum Klingen zu bringen, ohne dem Geist des Klassikers Gewalt anzutun.“ Andere sind liberaler, wieder andere konservativer, wie das ja natürlich ist. Kürzungen werden von allen für erlaubt gehalten, bei Änderungen, die den Grundsinn verkehren, verlangt BERNHARD DIEBOLD mit Recht Wahrheit auf dem Theaterzettel: Frei nach SCHILLER. Mancher hält sogar Kürzungen bei WAGNER für ein ästhetisches Unrecht; so sagt der Intendant Prof. Dr. LUDWIG NEUBECK[23]: „Wesentliche Striche sind unmöglich ... Wesentliches aus WAGNERS Werken herausstreichen, hieße diese Kunstwerke verstümmeln und ihnen Größe und Wirkungskraft nehmen. Das dramatische und musikalische Pathos WAGNERS braucht die Breite, die wir ohne Grund als Längen empfinden, Musik und Handlung entwickeln sich organisch in an- und abschwellenden Perioden, auf höchste Gespanntheit folgt die notwendige Entspannung, die gleichwohl niemals bei WAGNER ‚tot‘ ist.“ Und Dr. OTTO ERHARDT, Oberspielleiter der Dresdener Staatsoper[24], faßt seine Meinung in dieser Hinsicht wie folgt zusammen: „Auf jeden Fall müssen Werk und Wiedergabe einander kongruent sein. Der Werkgedanke muß zur Bühnentat werden. Wir dürfen nicht klüger sein wollen als der Autor, der, in diesem Fall Dichter und Komponist in einer Person, dazu ein theatralisches Genie erster Klasse war. Die Aufgabe besteht also darin, alle Forderungen WAGNERS im ganzen und im einzelnen nach Möglichkeit zu erfüllen, ohne etwas andres machen zu wollen, als was in dem Werk enthalten ist. Nichts hinzutun, nichts weglassen — soweit dies auf dem Theater erreichbar ist[25].“

---

[22] Okt./Nov. 1929, 278ff.

[23] Striche bei RICHARD WAGNER? Die Deutsche Bühne 1929, 30.

[24] Gedanken zur Erneuerung des Bühnenfestspiels „Der Ring der Nibelungen“. Die Scene 1930, 185ff. (187).

[25] Vgl. auch BERTHOLD VIERTEL: Umgang mit Dramen (Scene 1929, 249), der die Achtung vor dem Werk, die Liebe zu dem Werk betont: „Die Werke des Genius versetzen den Interpreten in den Zustand des Urfeuers, aus dem sie geschaffen sind — oder er lasse von ihnen!“

Ganz andrer Ansicht wiederum ist RENATO MORDO[26]: Das starre Festhalten des „Stils" sei gegen den Geist des Meisters, „Forderung der szenischen Neugestaltung WAGNERS zur Erhaltung seines Werkes. Dies wäre im Sinne WAGNERS. Ließe ein Gott ihn heute einen Blick in sein Bayreuther Theater tun, ich glaube, er würde nach dem ersten Akt empört und fliehend das Haus verlassen".

Ich habe diese Stimmen von Theaterfachleuten hier angeführt, weil *die rechtliche Ordnung nur aus der rechten Erkenntnis des Lebens* gewonnen werden kann, und weil, wer eine so schwierige Frage wie die Behandlung ungeschützter Werke der Weltliteratur durch gesetzliche Bestimmung lösen will, es nicht so leichthin tun kann, wie dies offenbar von einigen der oben erwähnten ausländischen Gesetze geschehen ist. Denn was soll das *Recht* sagen, wenn schon über die *Kultur* und *Ästhetik* der Tatsachen die Fachleute so verschiedener Meinung sind? Indessen: Sie haben *beide* recht, wenn man *den richtigen Maßstab* gibt: den *Geist des Werkes* unangetastet lassen, dann dürfen die Ausdrucksmittel, um dem Geist zu dienen, bis zu einem gewissen Grad verändert werden. Das ist auch der vom *Recht* gutzuheißende Satz.

Die Grenze, wo sich erlaubte Bearbeitung oder Fortführung des Geschaffenen von der verschandelnden Abänderung abhebt — und nur diese letztere kann von einem Gesetz überhaupt verboten werden —, läuft nicht identisch mit der Grenze, wo des positiven Urheberrechtes Schutzdauer aufhört. Die Grenze könnte also, wie ich schon an andrer Stelle näher — aus den verschiedenen Äußerungen des urheberrechtlichen Gedankenkreises heraus — dargelegt habe[27], nur gezogen werden unter Berücksichtigung a) des Wertes des Originalwerkes (minder Bedeutendes kann man durch spätere Bearbeitung nur retten), b) der Bekanntheit und Geltung dieses Werkes und seiner Urheberschaft (was dem Geistes- und Kulturleben unbekannt ist, hat kaum Anspruch auf besonderen Kulturschutz), c) der zeitlichen Entfernung von der Zeit der Schöpfung (einen sophokleischen „Oedipus" kann man trotz der klassischen Größe heute eher, z. B. wie es LIEPMANN tat, bearbeiten als einen erst eben freigewordenen Dichter), d) der allgemeinen Berechtigung zur Abwandlung (d. h. im Verhältnis der Tüchtigkeit des Bearbeitenden zur Bedeutung des Werkes und zu dessen Zeitgebundenheit oder Zeitlosigkeit) und endlich e) des Maßes solcher Abwandlung bezüglich Erhaltung oder Fälschung des innersten Ideengehalts, womit wir auf den schon oben betonten Hauptpunkt zurückgelangen.

---

[26] Die Scene 1930, 91.
[27] GRUR. 1928, 34ff.

§ 12. Das Recht an der Inszenierung und am Bühnenbild[1].

1. Die Art der Regisseurtätigkeit und das Urheberrecht. Die Frage, ob ein Bühnenleiter, Regisseur oder Bühnenbildner, der eine bestimmte Inszenierung eines Werkes zu schaffen hat, gegen einen anderen, der die Inszenierung nachmacht, mit Erfolg (auf Unterlassung und Schadenersatz) klagen kann, ist für das Theaterrecht wichtig. Man denke etwa an die Möglichkeit, daß REINHARDTS berühmte „Sommernachtstraum"-Inszenierung oder PISCATORS eigenartige Inszenierungen oder eine CHARELLsche Revue genau kopiert würden.

Es ist gewiß ein Unterschied, ob dies etwa gleichzeitig oder erst viele Jahre später und ob es am gleichen Orte oder an anderen geschieht — das ändert zwar das Wettbewerbsmoment, aber es ist trotzdem nicht allein ausschlaggebend. Vielmehr muß die Frage grundsätzlich beantwortet werden, ob ein Urheberrecht an solcher Inszenierung besteht.

Dabei darf diese Frage nicht so gestellt werden: ob „der" Regisseur oder „der" Bühnenbildner ein Urheberrecht habe. Denn nicht auf die berufliche „Kategorie" dessen, der etwas schafft, kommt es an — also ob er Regisseur oder Direktor oder Autor oder Ausstattungskünstler ist, sondern auf die Tatsache, ob er Schöpfer des Werkes und ob das Geschaffene ein „Werk" im urheberrechtlichen Sinne ist. Das ist auch schon deshalb wichtig, weil sich der Begriff der Regietätigkeit im Laufe der Zeit gewandelt hat und noch heute je nach Werk, Bühne und sonstigen Umständen (z. B. für den Film) sehr verschieden ist.

Das Urheberrecht an der Inszenierung hat CLAUS-DIETRICH KOCH, Dr. jur., Regisseur und Dramaturg, in seiner trefflichen Schrift über „Das Urheberrecht des Bühnenregisseurs"[2] bis zu einem gewissen Grade bejaht. Er hat es nach geltendem Recht als möglich hingestellt: „wir haben gesehen, daß nach geltendem Recht ein Regisseururheberrecht entstehen kann. ... Die modernen Direktoren und Regisseure geben zwar die Schutz*notwendigkeit* zu und fordern teilweise einen derartigen Schutz, aber dann bezweifeln sie die Schutz*möglichkeit* und neigen dann leicht dazu, die Hoffnung auf eine Klärung dieser Urheberrechtsverhältnisse ganz aufzugeben, weil sie innerlich selbst einsehen, daß ihre zu weit

---

[1] CLAUS-DIETRICH KOCH: Das Urheberrecht des Bühnenregisseurs. Berlin 1927; SMOSCHEWER: GRUR. 1927, 53; FREIESLEBEN: GRUR. 1916, 112ff. — Wenn E. LYON (Das Recht des Bühnenregisseurs, Diss. Breslau 1930 — vgl. die Besprechung von MARWITZ: Arch.f.Urh.R. 3, 651 —) den Schutz daraus herleiten will, daß eine Unterscheidung zwischen Schaffen und „Nachschaffen" nicht möglich sei, und daß die Tätigkeit zu schützen sei, so hat er m. E. recht und unrecht zugleich, wie aus meinen Darlegungen hier im § 12 und im § 13 (Leistungsschutzrecht) hervorgeht; man kann und muß einen Schutz verschiedener Art zusprechen und braucht dennoch auf die bewährte und traditionelle Unterscheidung zwischen Werkschaffen und Leistung nicht zu verzichten.

[2] S. Fußnote 1.

gehenden Wünsche mit Anwendung des bestehenden Rechts unerfüllbar sind"[3].

Diese Zweifel können nicht verwundern, da den Interessenten, so sehr sie auch die Art ihrer Leistung kennen und schätzen, doch der tiefere Einblick in das Urheberrecht fehlt, d. h. in den überaus reichen Fundus, der ihnen eine wirkliche umfassende und eindringende Kenntnis des geltenden Urheberrechts für ihre Zwecke bieten würde. Wenn irgendwo, so erkennt man auf diesen umstrittenen Gebieten und in diesen schwierigeren Zweifelsfragen, wie notwendig die richtige Lösung der urheberrechtlichen Grundfragen ist. Wenn man nicht die Begriffe „Werk" und „Leistung"[4] oder das Wesen von Formgebung und Ausdrucksmittel[5] scharf und klar voneinander zu scheiden weiß, dann kommt man zu keinem für die Wissenschaft wie für die Praxis brauchbaren Ergebnis in dem Problem des Regisseururheberrechts (*für Theater und Film*).

Dieser Gefahr ist auch Cl.-D. Koch, obwohl sein Werk sehr viel Gutes und Richtiges gibt, nicht entgangen. Sein Buch ist zweifellos ein Fortschritt, aber an einigen entscheidenden Punkten versagt es, worauf sogleich noch zurückzukommen ist. Sehr wertvoll für die Beurteilung des Problems ist die von ihm mitgeteilte Umfrage[6] bei Regisseuren und Bühnenbildnern, denn es ergibt sich da neben optimistisch-himmelstürmenden Neuerern und bescheidener reproduktiv Denkenden doch eine Mittelgruppe, die aus der Praxis heraus das Richtige trifft, ohne doch natürlich die juristische Begründung geben zu können.

Der „Wortregisseur" früherer Zeit ist heute vielfach, ja an großen Bühnen überwiegend, durch den Schöpfer einer einheitlichen originalen Gesamtinszenierung ersetzt worden. Unter anderen sagte darüber Dr. Erwin Kalser (allerdings als Regisseur der auf eigenartige Inszenierung, Mitverwendung des Films u. dgl. Wert legenden Piscator-Bühne)[7]: „Der Regisseur ist heute ja längst in eine andere, vordem unbekannte souveräne Bedeutung getreten, und er ist in unserem Fall noch weiter über den bisherigen Begriff des Spielordners hinausgegangen. Er ist vor jedem Stück und literarischen Anlaß zunächst einmal von sich aus Repräsentant eines bestimmten Verhältnisses zur Welt, das ihm das Gesetz seines Wirkens vorschreibt. Seine Bühne ist nicht mehr neutrales Aufnahmegefäß der Weltliteratur, sie ist schon Kernstelle eines eigenen Sinnes und Willens. Die Eigenart ihres Verhältnisses zu den Dingen der Welt bedingt die Eigenart ihrer Mittel. Sie ist *vor* dem Dichter da. Aber sie weiß, daß sie den Dichter braucht und sich nur durch ihn vollendet."

---

[3] Koch: S. 106. [4] S. a. unten § 13.

[5] Vgl. meinen Aufsatz „Prolegomena des Aufführungs- und Vorführungs-Urheberrechts", Arch.f.Urh.R. 4, 433ff.

[6] S. 119ff. [7] Die Scene 1928, 203.

Wenn freilich andere Fachleute mehr die *reproduktive* Leistung des Regisseurs, seinen Dienst am Werk des Dichters, auch heute noch betonen und die Meinung aussprechen, durch die Wortregie, d. h. die Reproduktion des Bühnenwerkes im wesentlichen aus dem Wort (bei Opern aus der Musik), werde die Mode eines technisch überspitzten Theaterspiels wieder verdrängt werden, so bestätigt das für unsere juristische Beurteilung doch nur die schon betonte Ansicht, daß zwar *nicht für die Regieleistung schlechthin* Urheberschutz statuiert werden kann, wohl aber daß jede Regieleistung und Inszenierung ganz genau daraufhin angesehen werden muß, ob *in ihr ein urheberrechtsfähiges Werk* (nach den vom Gesetz, Wissenschaft und Rechtsprechung ausgebildeten Kriterien) vorliegt, und daß jedenfalls die *Möglichkeit* eines Urheberrechtsschutzes nicht grundsätzlich abgelehnt werden darf. Denn es ist doch in solcher Hinsicht sehr beachtlich, was beispielsweise EMIL PIRCHAN, der bekannte Bühnenbildner der Berliner Staatsoper, über die Ausstattung einer Oper aus dem Geiste der Musik sagt[8]: „Diese merkwürdige Stilisierung der Sprache auf den Ton fordert auch eine besondere irgendwie wesensverwandte Gestalt der Ausstattung. Ein getreues Naturnachahmen in den Dekorationen würde hier krassen Widerspruch in das Werk der Bühne tragen, klaffende Dissonanz wäre die Folge . . . Aus der Seele der Musik heraus soll die Szenerie ins Bildliche gestaltet werden. Aber das Kunstwerk der Oper gebiert sich auch mit aus der Dichtung des Textes, des Librettos . . . Und das Opernwerk wird von modernen Menschen dargestellt . . . Soll die Ausstattung nach dem Melos der Musik oder nach der Historie des Textbuches oder nach dem Geist der Zeit der Darstellung gebildet werden?“ „Aus all diesen Forderungen zusammen wird der Bühnenbildner, wie wir den szenischen Gestalter nennen wollen, aus all dem wird er einen gedrängten Stil zu kristallisieren haben, einen einmaligen Stil für jedes Opernwerk, geballt aus Historie, Musik und Jetztzeit . . . Tempo.“ „. . . Es wird soviel Stile geben, wie es ‚Darstellungskünstler‘ gibt“[9].

Und WOLFG. HOFFMANN-HARNISCH schreibt in einem Aufsatz über „Dichter und Regisseur“[10] u. a.: „Die großen Regisseure des 19. Jahrhunderts hatten sich ganz als Exekutive der herrschenden Anschauung vom Primat des Dichterischen auf der Bühne gefühlt. Sie waren die Vertreter des Dichters ‚gegen‘über dem Schauspieler!“ „Am Anfang der Inszenierungsarbeit steht die Erforschung des wahren Willens des Dichters . . . Aus den zeitgenössischen Lebens- und Da-

[8] Die Deutsche Bühne 1929, 14.

[9] Ähnliches führt er auch über „Bühnenkostüme und Zeitgeschichte“ aus; es gebe kein Schema, immer müsse neu und einmalig inszeniert und kostümiert werden. Ebenda 1928, 104.

[10] Die Scene 1928, 251/52.

seinsformen ergibt sich die kritische Einstellung zum vorliegenden Text."

Da scheiden sich dann eben die Wege der nur ausdeutenden Wortregie (evtl. mit Streichungen), die der schauspielerischen Leistung ähnelt, einerseits, von dem *bildnerischen Inszenieren*, das ein *das Werk ergänzender, formender Schaffensakt* ist, andererseits.

2. Begründung des Urheberrechts für die eigenschöpferische Inszenierung. Bei der hier so notwendigen Unterscheidung zwischen *Werk und Leistung*[11] — wobei eben dem Werk ein Urheberrecht, der Leistung kein Urheberrecht im gesetzlichen Sinne zukommt — darf die letzten Endes ausschlaggebende Tatsache nicht außer acht gelassen werden, daß sich das Werk, obwohl vom Urheber aus Persönlichstem „geleistet" und „geschaffen", sich *objektiviert*, während das z. B. bei der schauspielerischen Leistung *nicht* der Fall ist. In dem objektivierten Etwas[12] aber liegt erst die selbständige Erscheinung, von der man sagen kann: opus auctorem demonstrat. Daß sich die streitigen Objekte — Werk und Leistung — einander *nähern*, kann gewiß nicht bestritten werden, — insbesondere dann verwischt sich der Unterschied etwas, wenn die künstlerische Vortragsleistung auf Schallplatte oder sonstwie fixiert ist. Aber diese nachträgliche Fixierung ist juristisch nicht stark genug, um die Leistung zum Werk zu machen und so etwa den Werkbegriff (ein rocher de bronce des Urheberrechts) zu vernichten.

Cl.-D. Koch in seinem oben erwähnten Werk bleibt zunächst — daraus entspringen im wesentlichen die Mängel seines Buches für die ersehnte Lösung der Frage des Regisseururheberrechts — in der Kategorienmethodik stecken, indem auch er die Frage stellt, ob „*dem Regisseur*" ein Urheberrecht zukomme[13]. Dies, *obwohl* er die Fäden in der Hand hat, an denen er den Wortregisseur und den schöpferischen Inszenator getrennt sich bewegen lassen könnte. Dieser Unterscheidung widmet er treffliche Darlegungen[14]. Er brauchte also diese Unterscheidung nur juristisch noch stärker durchzuführen und an dem Unterschied zwischen schöpferischer Zutat einerseits und bloßer Verwirklichung des Werkes des Autors andrerseits festzuhalten und er hätte das von ihm gewünschte und stellenweise recht gut skizzierte Ergebnis zielsicherer und gefestigter erreicht.

---

[11] S. oben Fußnote 4 und 5.

[12] Nicht identisch mit der Fixierungsmöglichkeit, die ja durch Schallplatten u. dgl. auch für die schauspielerische und musikalische Leistung besteht.

[13] Dieser Gefahr einer klaren Ergründung ist auch Smoschewer (GRUR. 1927, 53) nicht entgangen, wie denn überhaupt die sowohl rechts- und kulturpolitisch wie rechtswissenschaftlich befriedigende Lösung der Frage des Regisseururheberrechts eben nur durch Unterscheidung der verschiedenen Tatbestände möglich ist.

[14] z. B. S. 34ff., 53, 96ff.

Man kann es nicht so ausdrücken, daß sogenannte „Textregie“ niemals für ein Urheberrecht in Betracht komme[15]; auch Textregie *kann* schöpferische Zutat enthalten, wenn dies auch seltener der Fall sein wird als bei bildnerischer Rahmenregie oder Schaffung einer Inszenierung als eines einheitlichen Gesamtwerkes. Auch hier muß das Festhalten an Kategorien für die juristische Erfassung vermieden werden und der *Kern* der Dinge gesucht werden (dem man natürlich trotz Meidung einer Kategorienmethodik Benennungen geben muß). Den Regisseur nur als „Gehilfen“ des Buchdichters anzusehen[16], obwohl er es oftmals ist, und somit ein Urheberrecht für ihn grundsätzlich zu verneinen, geht nicht an. Man hat vielmehr zu sagen: *wenn* er nur der Gehilfe ist — und mag er dies in noch so vorzüglicher Art sein, wie es eben auch der Schauspieler ist —, *dann* entsteht für ihn *kein* Urheberrecht an dieser Leistung (!); ist er aber durch seine Schöpfung *mehr* als das, so erwächst ihm, mag er sich nun Regisseur, Bühnenbildner, Inszenierer, Dramaturg, Direktor oder wie sonst nennen, Urheberrecht an *seinem* Werk (!). Allerdings — und darin hat GOLDBAUM recht[17] — ist er mangels eines entsprechenden (wettbewerblichen) Willens nicht Mitverfasser des Bühnenwerkes an sich (z. B. des gedruckten Textbuches, des Buchdramas) geworden; sein „Werk“ ist das *inszenierte* Stück eben in dieser Inszenierung; — also an der Bearbeitung, die von ihm stammt, nicht etwa an dem Werk des Verfassers an sich.

Die RG.-Entscheidung RGZ. 107, 64 *gegen* eine grundsätzliche Anerkennung eines Urheberrechts an der Inszenierung anzuführen[18], ist nicht richtig. Zwar stammt aus dieser Entscheidung das Wort, der Regisseur eines Bühnendramas sei nur Gehilfe des Dichters, aber man darf diese Äußerung doch nicht aus dem Zusammenhang reißen. In jener Entscheidung handelte es sich um die Frage des Verfilmungszwanges, und das Reichsgericht hat, um seine Stellungnahme *gegen* den Zwang zur Verfilmung eines vertragsmäßig angenommenen Filmwerkes[19] zu bekräftigen, den Filmregisseur bzw. Filmunternehmer als selbstschöpferischen Menschen dem Wortregisseur alter Schule gegenübergestellt; eine „Umsetzung in ein anderes Kunstgebiet kommt hier nicht in Betracht“. Man muß sich davor hüten, aus einer solchen unter ganz bestimmten Fragestellungen hervorgegangenen Äußerung des Reichsgerichts grundsätzliche Schlüsse auf andere Gegebenheiten zu ziehen,

[15] KOCH: S. 22.

[16] GOLDBAUM (UrhR., S. 69; Theaterrecht, S. 117) rechnet sie zu den Helfern, insbesondere weil ihnen der Wille zur Mitverfasserschaft fehlt. Deutlich hat sich schon OPET für die Möglichkeit eines Regisseururheberrechts ausgesprochen: Theaterrecht, S. 32; JW. 1924, 1719.

[17] S. Anm. 16. [18] Vgl. KOCH: S. 26.

[19] Ein Ergebnis, das übrigens meiner Ansicht nach auch verfehlt ist, während das Kammergericht besser entschieden hatte (vgl. unten § 17).

die mit jener nichts zu tun haben; das würde nach meiner Überzeugung auch das Reichsgericht selbst gegebenenfalls nicht tun und die Unterschiede des Falles sehr wohl zu würdigen wissen.

Ein weiterer Fehler, den CL.-D. KOCH begeht und durch den er sich den guten Weg zu seinem anfänglich klaren Ziel verbaut, ist der, daß er das *Regiebuch* als „notwendige" Unterlage des Urheberrechts bezeichnet[20] und einem „nicht fixierten" Werk das Urheberrecht grundsätzlich abspricht[21]. Das ist ein urheberrechtlicher Irrtum. KOCH selbst sagt ja zuvor, daß Plagiate an einer Inszenierung auf dem Wege des häufigen Anschauens einer Vorstellung, also nicht bloß aus der Kenntnis eines Regiebuches ermöglicht werden; also muß doch, wenn man dies (mit Recht!) „Plagiat" nennt, das Urheberrecht an dem Geschaffenen möglich sein, auch wenn es der Gestalter nicht im Regiebuch oder sonstwie schriftlich fixiert hat! Wenn also gerade die schöpferischsten Regisseure gern von der Regiebuch-Fixierung absehen, *um* Plagiate zu verhindern, so liegt darin bei richtiger Kenntnis des Urheberrechts ein großer Irrtum. Sie erschweren die Nachahmung freilich *tatsächlich* dadurch. Das Regiebuch ist ein recht gutes Beweismittel, aber keineswegs Voraussetzung des Schutzes. Denn der § 1 LitUG. ist anders auszulegen, als KOCH es (S. 103, 113) tut. Er verlangt nicht grundsätzlich die schriftliche Fixierung eines Schriftwerkes; er gibt vielmehr den Schutz Schriftwerken und Reden schlechthin, auch wenn sie nicht fixiert sind, sondern nur ihre Form geschaffen ist; pantomimische oder choreographische Werke aber (mit denen man *Teile* von Inszenierungen gleichstellen könnte) schützt er „*wie* Schriftwerke" (!), auch wenn sie auf anderem als schriftlichem Wege festgehalten werden; das kann also sehr wohl durch eine Einstudierung geschehen, die die genaue Wiederholbarkeit sichert, ebenso wie man ein Schriftwerk nach Vortrag auswendig lernen kann ohne schriftliche Unterlage. Denn ein „Schriftwerk" kann auch schon vorliegen, wenn es nur fixiert werden *kann*. Daneben aber kommt der Inszenierung noch ein sehr erheblicher Teil des Schutzes als Schriftwerk und namentlich als bildnerisches Kunstwerk zu. Was die juristischen Ansichten CL.-D. KOCHS irregeführt hat, ist der Umstand, daß er von „unfixierter Idee" spricht, die selbstverständlich keinen Schutz genießen kann; — aber dies eben nicht, weil sie unfixiert, sondern weil sie bloße „Idee" ist. Über diesen wichtigen Unterschied von Idee und Formgebung ist man sich jetzt allmählich klarer geworden[22].

[20] S. 28ff. Ganz abwegig ist die Ansicht von TREITEL (Scene I, 11, 12), daß das Regiebuch nur gegen Nachdruck, nicht gegen Nachinszenierung geschützt sei, eine ungeistige Auslegung, die manche Juristen (FAGG und LION) auch für das Drehbuch des Films versucht haben.

[21] s. S. 113.

[22] s. ausführlicher in meinem Aufsatz: Formgebung und Ausdrucksmittel. Arch.f.Urh.R. 2, 595; 3, 371; Urheber-, Erfinder- usw. R., S. 8ff.; GRUR. 1930, 927.

Koch verwechselt Zutat und „Bearbeitung“[23]. Der Begriff der Bearbeitung ist hier überhaupt schief und irreführend. Der Regisseur bearbeitet das Werk in der Regel nicht (Ausnahmen kommen vor), sondern er schafft eben eine Inszenierung. Für beides besteht ein gewisses Einspruchs- oder Verbietungsrecht des Buchautors; er braucht eine Bearbeitung ebensowenig wie eine bestimmte Inszenierung zu erlauben; letztere z. B. dann nicht, wenn sie dem Sinn seines Werkes nicht entspricht. Aber ist er einmal mit der Inszenierung von fremder Hand (generell oder speziell) einverstanden, so ist *alsdann* die Frage, ob an ihr ein Urheberrecht entsteht, von seinem Willen oder seinem Einverständnis unabhängig, sondern eine Frage für sich geworden, die sich aus der Werk-Eigenschaft der Inszenierung unmittelbar für den Regisseur beantwortet[24].

Ob man das, was der Regisseur an schöpferischer Inszenierung leistet, als die Tätigkeit eines Herausgebers, eines Bearbeiters, eines „freien Benutzers“ bezeichnen will[25], muß durchaus in zweiter Linie stehen; denn diese Begriffe decken sämtlich jenen Vorgang nicht vollständig; sie sind für andere Tatbestände gedacht, wie es ja auch nur zu schiefen Auffassungen geführt hat, daß in § 2 LitUG. die Rede davon ist, der Vortragende gelte als Bearbeiter. Es kommt vor, daß ein Regisseur das Werk des Buchautors bearbeitet, den Text ändert, es kürzt, ergänzt (z. B. einen neuen dritten Akt macht) — und dafür braucht er natürlich die Genehmigung des noch geschützten Autors und erlangt dann ein Urheberrecht an seiner Bearbeitung von Gesetzes wegen; — aber die Aufführung an sich ist keine Bearbeitung des Werkes, ist keine Herausgabe, ist keine fremde Benutzung, sondern eben nichts weiter als: die Aufführung des Werkes, eventuell mit der Zutat einer eigenschöpferischen Inszenierung. Alles also, was der Regisseur zur Verwirklichung dieses Ausdrucksmittels (das sich Aufführung nennt) tut, ändert zunächst die Form des Werkes nicht, soweit es sich im Rahmen des *natürlichen* Ausdrucksmittels bewegt; erst wenn *Gewillkürtes* außerhalb des natürlichen Ausdrucksmittel geschieht, liegt entweder Bearbeitung des Werkes oder jedenfalls Wahl eines gewillkürten Ausdrucksmittels vor. Für die *bloße Verwirklichung*

---

[23] Er legt auf vertragliche Übertragung durch den Autor großes Gewicht.

[24] Daß sich Autor oder Verleger diese Rechte übertragen lassen (Koch S. 49), kann als Mißbrauch bezeichnet werden oder kann auch in wirtschaftlichen Notwendigkeiten liegen. „Überflüssig“, wie Koch meint, ist es keinesfalls, wenn man zu diesem Effekt gelangen will. Daß es vorkommt (z. B. die Dresdener Rosenkavalier-Inszenierung an Fürstner) beweist am besten die Existenz eines Urheberrechts an der Inszenierung.

[25] Cl.-D. Koch (S. 56ff.) beschäftigt sich mit diesen Möglichkeiten, aber bezüglich Bearbeitung und Miturheberrecht doch mit teilweise unzutreffenden Ausführungen. Das Moment der Untrennbarkeit beim Miturheberrecht hat er übersehen; vgl. auch oben § 4 sub c.

des *natürlichen* Ausdrucksmittels des Werkes, und mag es eine noch so glänzende Leistung in sich schließen, kann ein Urheberrecht für den Regisseur in der Regel *nicht* in Frage kommen.

3. Literarisches oder künstlerisches Urheberrecht? Wenn *Regisseur- und Bühnenbildnertätigkeit* nicht in einer Hand liegen, so ergeben sich naturgemäß *Unterschiede für die beiden* — der Eine wird dann sichtbarer arbeiten als der Andere und die Zweifelsfragen werden für den Bühnenbildner geringer sein als für den Regisseur.

Jedenfalls aber ist dies festzustellen: Liegt ein selbständiges *Werk* des Bühnenbildners oder des Regisseurs vor, das außer dem reproduzierenden Dienst am Dichterwerk *eigene zusätzliche Formgestaltung* aufweist, dann ist dem, der es schuf, ein Urheberrecht schon nach geltendem Recht, nicht erst als Forderung für eine künftige gesetzliche Regelung zuzusprechen. Dieses Recht kann z. T. ein Urheberrecht für *bildende Kunst* sein (Kunsturheberrecht), es kann aber auch ein *literarisches* Urheberrecht sein, soweit es einen in Worten und Anweisungen faßbaren geistigen Charakter der Aufführung darstellt. Daß man diese beiden Arten der urheberrechtlich-schutzfähigen Schöpfungen nicht mehr so scharf wie früher voneinander scheiden kann, ist z. T. eine Folge des Films. Gerade die Regie- und Inszenierungsarbeit am *Film*, bei der der Anspruch auf urheberrechtlichen Schutz wohl noch wichtiger und aktueller ist als bei der Sprech- und Opernbühne[26], hat gezeigt, daß sich Geistesgedanken (literarischer Art) und Bildgedanken (künstlerischer Art) oftmals gar nicht voneinander trennen lassen, sondern zu einer *Einheit* werden. Der § 15a KunstUG., der den Schutz des Werkes der Kinematographie festlegt einschließlich des „Vorganges", der im Film dargestellt ist, gehört also ebensogut ins literarische wie ins Kunsturhebergesetz[27]. Auch bei den Vorarbeiten für eine eventuelle Neugestaltung der deutschen Urheberrechtsgesetzgebung hat sich die Tendenz der Zusammenlegung der beiden Gesetze in ein einziges sehr stark geltend gemacht[28]. Bei einer diese Arbeiten einleitenden Umfrage an Fachleute des Urheberrechts in Deutschland und Österreich ist unter anderem auch die Frage gestellt worden, ob es sich empfehle, den Urheberrechtsschutz gesetzlich festzulegen für Revuebilder und Theaterdekorationen (was ja freilich nur ein Teil der Inszenierung ist)[29, 30]. Je die

---

[26] s. unten § 15.

[27] Vgl. GOLDBAUM: Komm. (1927) S. 22; ELSTER: Urheber- u. Erfinderrecht (1928) S. 155.

[28] Die Entwürfe von ELSTER, GOLDBAUM, HOFFMANN, MARWITZ: Arch.f.Urh.R. 2, 652ff.

[29] ELSTER, HOFFMANN u. MARWITZ: Zur deutschen und österreichischen Urheberrechtsreform. Arch.f.Urh.R. 2, 135ff.

[30] Über das rein malerische bzw. bildnerische Urheberrecht vgl. auch unten § 14.

Hälfte der Antworten haben die Frage bejaht und verneint; aber die Verneinenden taten dies zumeist nicht etwa, weil sie durchweg diesen Schöpfungen einen Urheberschutz versagen wollten, sondern weil sie, wie Mehrere hervorhoben, die ausdrückliche Festlegung für unnötig, einen solchen Schutz vielmehr schon aus allgemeinen Gesichtspunkten, die im Gesetz stehen, als gegeben ansehen und in der Aufzählung einzelner neuer Kategorien geschützter Werke nur Gefahren für die einheitliche Rechtserkenntnis erblicken. Freilich äußerten Manche auch Bedenken dagegen, der Inszenierung einen Urheberrechtsschutz zuzugestehen, aber wollen dem Gesamteindruck des Bühnenbildes Kunsturheberschutz zubilligen. Nun — diese Bedenken können kaum ausschlaggebend sein, wenn man sich klar gemacht hat, daß ja nicht das Gesetz einen Urheberrechtsschutz für die Kategorie „Inszenierung" schlechthin aussprechen soll, sondern daß man vielmehr schon jetzt nach der *ratio* des geltenden Gesetzes einer Inszenierung, die sich als selbständige Schöpfung literarisch-bildnerischer Art und somit als *Zutat* zu dem Bühnenwerk darstellt, im Einzelfall den Urheberrechtsschutz nicht versagen darf (z. B. Reinhardts „Sommernachtstraum" oder „Fledermaus" usw.).

Es darf nicht vergessen werden, daß es sich hier *nicht um bloße Ideen*, nicht um Darstellungs*stile*, nicht um Anregungen einzelner Leistungen der Schauspieler, Sänger, Beleuchter usw. handelt, sondern um den Schutz eines *zusammengefaßten Inszenierungswerkes*, eines *Gesamtwerkes*, das sich überdies im Regiebuch kundgibt. Man wird nicht leugnen können, daß der Urheberrechtsschutz solcher Inszenierung *vorwiegend* aus dem *bildnerischen* Gestalten herzuleiten ist. Aber dies ist es nicht allein. Auch die malerische oder sichtbare Ausstattung entspringt — wie Pirchan und Kalser kundgeben (s. oben zu 1) — einem literarischen Gedanken, und dieses sichtbar und hörbar gemachte Werk der künstlerischen Inszenierung als einer greifbaren Gesamtleistung ist ja dann auch von jedesmaligem Neureproduzieren, wie dies bei der schauspielerischen oder musikalischen Leistung der Fall wäre, unabhängig, was wiederum die Objektivierung in der Art eines Werkes dartut. Handelt es sich *nur* um das *Bühnenbild* im Sinne eines reinen Werkes der bildenden Kunst oder des Kunstgewerbes — also nicht um eine literarisch-künstlerische Gesamtarbeit —, dann liegen die Dinge insofern einfacher, als dieses dem Maler und rein szenischen Gestalter zustehende Recht ein künstlerisches Urheberrecht ist, bei dem der Streit, wie weit etwa der Dichter selbst daran Anteil hat, wegfällt. Denn da ist es klar, was „Zutat" ist: nämlich daß alles Malerische in diesem Sinne Zutat zu dem Werk, also Eigenschöpfung des Bühnenbildners ist. Das Kunsturheberrecht, das in seinen Hauptsätzen dem literarischen Urheberrecht kongruent ist, macht keinen Unterschied zwischen Kunst und Kunstgewerbe. Es steht also dem Schutz *nicht* entgegen, wenn etwa einzelne

Bildschöpfungen der Szene nur als kunstgewerbliche Arbeit anzusehen wären. Stets aber wird Originalität, also Eigenschöpfung in der Formgebung als Voraussetzung des Schutzes verlangt, und der Schutz kommt auch Entwürfen zu. Bei einer Inszenierung nach fremden Entwürfen steht also der Rechtsschutz dem Schöpfer des Entwurfes zu. Näher auf die allgemeinen Sätze des Kunsturheberrechts braucht hier nicht eingegangen zu werden[31].

Die Ansicht, daß dem dekorativen Bühnenbild kein Urheberrecht zukomme, weil keine Umbildung eines oder mehrerer Stoffe in eine neue Sache oder „Sachgesamtheit" dabei erfolge (MARWITZ)[32], kann — trotz der Berufung auf die Entscheidung in LZ. 1907, 503 und auf ALLFELD — nicht richtig sein, sondern entspricht wohl Anschauungen, die nur an den Bau aus vorhandenen Kulissen, Soffitten und Versatzstücken dachten, ist also unmöglich für die moderne Bühnenbildkunst maßgebend oder gar für die dramaturgische Regie; anderer Ansicht ist denn auch mit Recht FULD[33], der zwischen bloßen szenischen Anordnungen (OLG. Hamburg in GRUR. 1904, 187) und wirklichen Theaterdekorationen unterscheidet (Appellhof Paris in GRUR. 1900, 203 ff.). Auch hier ist es nicht die Kategorie, sondern das spezielle Werk, auf das es ankommt. Als überholt und mit den heutigen Auffassungen unvereinbar muß ich daher auch KOHLERS Meinung bezeichnen, der[34] der Theaterausstattung als „Gesamtheit" grundsätzlich jeden Kunstwerkschutz versagt, obwohl ein einzelner Teil der Ausstattung, z. B. eine Kulisse, Kunstwerkschutz genießen könne. Das mag für kleine Provinzbühnen zutreffen, das heutige Bühnenbild, von dem wir hier reden, ist *gerade in seiner Gesamtheit* ein schutzfähiges künstlerisches oder kunstgewerbliches Werk.

4. Träger des Urheberrechts. *Welcher Person* im Theaterbetriebe das Urheberrecht zusteht, ob dem Direktor oder dem Regisseur oder dem Dramaturgen oder dem speziellen Bühnenbildner, ist *Tatfrage*. Wer das Werk geschaffen hat, dem gebührt nach urheberrechtlichen Grundsätzen das ausschließliche Recht. Sind, wie es sehr häufig der Fall ist, Mehrere beteiligt, so besteht ein Mit-Urheberrecht unter ihnen, falls sich die Teile nicht trennen lassen[35], oder ein geteiltes Urheberrecht, soweit sich

[31] Vgl. ELSTER: Urheber- und Erfinder-, Warenzeichen- und Wettbewerbsrecht (1928) S. 177ff.

[32] OSTERRIETH-MARWITZ: Kunstschutzgesetz (1929) S. 26.

[33] FULD: Urheberrecht an Werken der bildenden Kunst (1925,) S. 5.

[34] KOHLER: Kunstwerkrecht (1908) 31.

[35] CL.-D. KOCH hat dieses Moment nicht genügend beachtet; im allgemeinen entsteht zwischen Autor und Regisseur kein Miturheberrecht, es sei denn, daß beide an der Fassung des Werkes selbst ununterscheidbar gearbeitet haben; „gemeinsames" Arbeiten aber kann auch dann vorliegen, wenn es zeitlich auseinanderfällt; maßgebend ist, daß die Zusammenarbeit auf der ganz gleichen Ebene, z. B. der Fassung des Textes, beruht, nicht aber auf verschiedenen Ebenen, z. B. der Aufführung gegenüber der Textfassung.

die Teile trennen lassen (§§ 5 und 6 LitUG.). Aber es kann, wie es in allen solchen Fällen vorkommt, das *Arbeits- und Dienstvertragsrecht*[36] dazwischen treten und die urheberrechtlichen Verhältnisse modifizieren, so daß etwa der Angestellte laut Vertrag, laut Verkehrssitte o. dgl das durch seine Leistung entstandene Recht von vornherein auf den Unternehmer übertragen hat. Auch das ist nach den Umständen des Falles zu beurteilen. Auszugehen ist grundsätzlich von dem berühmten RG.-Urteil RGZ. 110, 394, in welchem es u. a. heißt: „Im Bereiche des Kunstschutzgesetzes erwirbt allgemein der Urheber des Kunstwerkes das Urheberrecht, auch wenn er das Werk als Angestellter hergestellt hat. Diese Regel erfährt eine tiefgreifende Einschränkung dann, wenn und soweit der Anstellungsvertrag auf die Herstellung von solchen Kunstwerken und namentlich kunstgewerblichen Erzeugnissen zielt, deren geschäftliche Verwertung ohne den Besitz des Urheberrechts nicht möglich ist, auf deren Vervielfältigung also der Geschäftsbetrieb des Dienstherrn beruht." Und wenn der Künstler ausdrücklich für einen solchen Entwurf angestellt ist, so ist der Übergang des Urheberrechts ohne weiteres anzunehmen, gleichgültig ob eine Vervielfältigung in Betracht kommt oder nicht. Es handelte sich um die Rechte eines Innenarchitekten an den Raumkunstwerken, die er als Angestellter einer Firma geschaffen hatte. Jedenfalls beruht dies auf dem Sinn des Vertrages, und Cl.-D. Koch hat durchaus recht, wenn er aus diesem RG.-Urteil schließt[37], „daß das Regisseururheberrecht zunächst immer in der Person des Regisseurs entsteht und daß nur ein derivativer Erwerb einzelner Ausübungsbefugnisse dieses Urheberrechts durch die Theaterleitung stillschweigend aus dem Anstellungsvertrag anzunehmen ist" und daß der Übergang der Rechte dem Zweck zu entsprechen hat — positiv und negativ —, also er auch so begrenzt ist, wie der Zweck es erfordert. So wird dem ausgeschiedenen Regisseur nicht untersagt werden können, sein Regiewerk an dem neuen Theater, an das er engagiert wird, zu wiederholen; ob daneben sein früherer Direktor die Inszenierung beibehalten kann, wird aber ebenfalls bejahend beantwortet werden müssen, denn die Arbeit war ja ohne Zeitbegrenzung für ihn erbracht worden. In solchem Fall darf der Regisseur dem früheren Direktor die Weiterbenutzung nicht untersagen aus richtiger Auslegung des früheren Anstellungsvertrages heraus, der frühere Direktor aber darf dem Regisseur oder dessen neuem Direktor die Benutzung nicht versagen, weil das Urheberrecht bei dem Regisseur entstanden ist auch bei der Wiederholung seiner Arbeit (auch gemäß der sehr freien reichsgerichtlichen Auffassung über das Selbstplagiat des Künstlers, GRUR. 1928, 221 und 366; JRundsch. 1928, 795) und weil der Regisseur ja auch dem neuen

[36] Vgl. hierüber unten §§ 54ff. [37] a. a. O. S. 82.

Direktor gegenüber zur Hingabe seines besten künstlerischen Könnens verpflichtet ist, eine Tatsache, die für das Arbeitsvertragsverhältnis der Künstler selbstverständlich ist und daher dem Direktor, der einen befähigten Mitarbeiter entläßt, bewußt sein muß. Weiter aber taucht die wichtige Frage dabei auf, ob der, der das Einzelne geschaffen hat, nicht als Urheber *genannt* werden müsse, selbst wenn er auf eigene Verwertung des Werkes aus Dienstvertragsgründen verzichtet. Die Frage ist zu *bejahen*. Auch RGZ. 110, 397 bejaht sie grundsätzlich, soweit nicht im Einzelfall unlauterer Wettbewerb vorliegt. Der Regisseur ist also auch bei den Ankündigungen zu nennen[38]. Diese Rechtsfrage ist anläßlich eines akuten Falles[39] auch von einer Reihe von Fachleuten (ARAVANTINOS, CESAR KLEIN, PIRCHAN, SIEVERT, STRNAD, SATORI-NEUMANN), und zwar durchweg im positiven Sinne für den Bühnenbildner, beantwortet worden. Es zeigte sich aber auch da, daß es auf den tatsächlichen Unterschied ankommt, ob der Bühnenbildner nur Maler und Ausführer der Ideen und Anregungen des Regisseurs ist, oder ob Regie- und Bühnenbildnertätigkeit mehr oder weniger in einer Hand liegen und ein Gesamtwerk darstellen.

Da sprechen die im Urheberrecht überhaupt so wichtigen *wettbewerblichen Gesichtspunkte* mit; denn es fragt sich, wer durch die Nachahmung einer Inszenierung geschädigt ist, der Regisseur oder der Bühnenbildner oder der Theaterleiter und -unternehmer. Wird beispielsweise eine erfolgreiche Revue-Inszenierung in derselben Saison von einem anderen Theater am gleichen Ort nachgemacht, so ist der Unternehmer der geschädigte Rechtsträger, mag auch die Leistung zum Teil von seinen Dramaturgen und Regisseuren, Malern und Bühnenbildnern getan worden sein. Rechtssätze des Gesetzes gegen den unlauteren Wettbewerb aber reichen *allein* hier nicht aus[40]; die Frage ist nicht etwa nur darauf abzustellen, ob die Nachahmung den Tatbestand eines unlauteren, d. h. sittenwidrigen Wettbewerbs verwirklicht — dies könnte z. B. wegfallen, wenn das Stück in der erfolgreichen Aufmachung abgespielt ist und jener erste Unternehmer es so nicht wieder herausbringen will; es muß vielmehr zugleich auf *urheberrechtliche* Rechtssätze abgestellt werden[41].

---

[38] CL.-D. KOCH: a. a. O. S. 99.

[39] s. Die Scene 1929, 86ff. u. 121ff.

[40] Sie sind jedoch nicht unwichtig und können u. U. sogar die Entscheidung in einem derartigen Fall erheblich beeinflussen, ja sogar tragen. Es handelt sich dann darum, ob eine besondere Sittenwidrigkeit der Wettbewerbshandlung vorliegt — etwa Mißbrauch eines Vertrauensverhältnisses, Wegengagieren von Darstellern u. dgl. Vgl. die Kommentare zu § 1 UnlWG. und oben § 7. Vgl. auch KOCH: a. a. O. S. 102ff.

[41] Nach allen den hier gezeichneten Gesichtspunkten entscheidet sich dann auch, wer das Recht zur Rundfunkwiedergabe zu vergeben hat.

In der nach Obigem dem Recht an der Inszenierung gesetzten Begrenzung aber bestehen keine Bedenken, auch einem solchen Recht die gesetzliche Schutzdauer bis zu 30 Jahren nach dem Tode des Berechtigten zuzusprechen. Wer also den „Sommernachtstraum" in der REINHARDTschen, seinerzeit original und eindringlich neu geschaffenen Inszenierung aufführen oder eine große Haller-Revue nachmachen will, bedarf dazu der Einholung der Genehmigung REINHARDTS oder HALLERS, und es wäre keineswegs ungerecht, wenn diese Genehmigung entweder nicht erteilt oder von der Zahlung einer angemessenen Lizenz abhängig gemacht wird.

Es bezieht sich dies ja, wie schon hervorgehoben, nicht etwa auf die bloße Benutzung oder Weiterbildung von Anregungen, auf Grund deren gemäß § 13 LitUG. ein Anderer berechtigterweise *Neues* unter Anlehnung an geschehene Fortschritte schafft — *soweit* ist das Weiterbilden auf den Schultern Anderer ja urheberrechtlich überhaupt erlaubt —, sondern es handelt sich um die *mühelose Aneignung fremder Geistesarbeit.*

Für das Urheberrecht des *Filmregisseurs* gilt das hier in § 12 Gesagte entsprechend; vgl. darüber auch unten im § 15.

§ 13. Leistungsschutzrecht des reproduzierenden Künstlers[1].

Das im vorigen § 12 häufig erwähnte sachverständige Buch von CLAUS-DIETRICH KOCH spricht über die „von der Tätigkeit eines darstellenden Mitglieds völlig abweichende Tätigkeit des Regisseurs" (S. 112) und trifft damit juristisch jedenfalls ebenso wie kunsttechnisch durchaus das Richtige[2].

Daß der ausübende Künstler irgendwie, und zwar schon nach geltendem Recht, gegen eine kommerzielle Ausnutzung seiner Leistung, die gegen seinen Willen geschieht, geschützt sein muß, ergibt sich aus mancherlei Gesichtspunkten persönlichkeitsrechtlicher und wettbewerbrechtlicher Art, und daß dies mit dem Urheberrecht verwandt ist, kann nicht geleugnet werden. Wenn man die Arbeitsweise großer Schauspieler kennt, z. B. Rollenbücher von ALBERT BASSERMANN, von dem JULIUS BAB einmal[3] sagt: „BASSERMANN spielt diesen Akt SUDERMANN, als

[1] Von Aufsätzen über diese Frage sind namentlich folgende zu nennen: ELSTER: GRUR. 1927, 42ff.; Arch.f.Urh.R. 3, 574ff.; SMOSCHEWER: GRUR. 1927, 50ff.; Gutachten für den Urheberrechts-Ausschuß von MARWITZ u. CAHN-SPEYER: GRUR. 1926, 573ff. u. Sonderheft 1927, 3 u. 7; MARWITZ: Künstlerschutz. Arch.f. Urh.R. 3, 299ff. (sehr klar und fördersam); HOFFMANN: GRUR. 1927, 69ff.; CAHN-SPEYER: Arch.f.Urh.R. 4, 368ff. u. Allg. Musik-Ztg. 1926, Nr. 5. Referate von SCHLESINGER und MARCILLY (letzterer besonders gut und klar) auf dem Schauspielerkongreß, Wien 1930. Vgl. auch V. KRUSE: Eigentumsrecht (Übersetzung aus dem Dänischen), S. 550f. Berlin 1931.

[2] Vgl. oben § 12. [3] Die Scene 1928, 349.

ob er von SHAKESPEARE wäre“, oder wenn es in der Selbstbiographie von LILLI LEHMANN über ALBERT NIEMANN einmal heißt: „NIEMANN hatte mit dem Siegmund den Siegmund geschaffen, erschütternd, großartig, wie ihn WAGNER gedichtet hat“, — so liegt darin die Andeutung eines quasi-urheberrechtlichen Tatbestandes der Bearbeitung. Aber man wird dem Problem doch am besten gerecht, wenn man es scharf erfaßt und somit der Beantwortung eine feste Grundlage sichert.

Es handelt sich dabei um vier Momente:

1. die Abhängigkeit der reproduzierenden Leistung von dem Werk des Schaffenden;

2. die Frage, ob eine Bearbeitung im Rechtssinne vorliegt oder nicht;

3. ob dadurch die Formgebung des Werkes berührt wird oder nur das Ausdrucksmittel;

4. ob es sich um ein natürliches oder ein gewillkürtes Ausdrucksmittel für das Werk des Schaffenden handelt.

Zu 1: *Die Abhängigkeit der reproduzierenden Leistung von dem Werk des Schaffenden.*

Auch für den Regisseur und den Bühnenbildner liegt eine solche Abhängigkeit vor, — und soweit sie dort *herrschend* bleibt (s. den vorigen Paragraphen), soweit kommt auch ein Urheberrecht für den Regisseur nicht in Betracht. Eine freie Schöpfung ist die Voraussetzung für jedes Urheberrecht. Es trifft auch hier zu, was das RG. (RGZ. 107, 64, s. oben § 12 sub 2) von dem Wortregisseur im Gegensatz zum Filmgestalter sagt: daß er das Werk nicht in eine neue Kunstgattung überführt, sondern nur Gehilfe des Dichters bleibt. Man mag die Schauspielkunst oder die des Sängers oder Musikers so hoch wie möglich einschätzen — und das tut man ja heute in höchstem Maße —, sie sind nur Gehilfen des Werkschöpfers und sollen in erster Linie das verwirklichen, was der Bühnendichter oder Opernkomponist geschrieben und vor seinem geistigen Auge und Ohr schon vorgeführt gesehen hat. Es tritt nicht, wie bei der schöpferischen Regie, als Zutat eine *Gesamt*leistung bildnerischer oder literarischer Art für das Werk hinzu, sondern eine Ausdeutung der Einzelpartie, die der Künstler wiederzugeben hat und bei der er sich einem *Ganzen*, der leitenden Gesamtidee des Werkes, unterzuordnen hat. Seine Leistung bleibt — das ist die überwiegende Regel — *innerhalb* des Ausdrucksmittels, das der *Werkschöpfer* gewiesen hat; und die Betonung dieses Kriteriums der Abhängigkeit sind wir dem Urheberrecht als einem Geistesgut-Recht schuldig; denn wir verpönen ja als Plagiat auch Wiedergaben, die die Worte ändern, aber den Sinn und Aufbau des Werkes genau beibehalten. Es bleibt abhängige Leistung — im Gegensatz zu einer neuen Werkschöpfung —, wenn der Rezitator das Gedicht richtig und gut vorträgt oder der Schauspieler unter Berücksichtigung der szenischen Bemerkungen des Dichters und im Sinne der

der Einzelperson im Stücke zugewiesenen Gestaltidee diese verkörpert und lebendig macht, oder wenn der Sänger und Musiker die vorgeschriebenen Töne, Tempi und dynamischen Schattierungen zu bringen hat, wie sie dastehen. Wenn der Dichter eine komische Figur schuf, die durch ihren Charakter und weniger durch Witze komisch wirken soll, dann hat der Komiker eben diesen Charakter nachzugestalten, und wir lachen nicht nur über *seinen* Witz, sondern über den Humor des Dichters; er würde ja dem Werk des Dichters eben *nicht* gerecht, wenn er uns durch die Verkörperung der lustigen Gestalt traurig machte oder wenn er etwa durch eigene Witze, die *nicht* zu der Gestalt passen, zu wirken versuchte. Wenn freilich PALLENBERG eine unbedeutende Textunterlage wie etwa die „Familie Schimeck" hernimmt und daraus selbstschöpfend, textschaffend, Menschen verkörpernd, lebendigstes Theater macht, dann tritt die Abhängigkeit zurück und es handelt sich um ein teilweise von diesem in seiner Art einzigen Darsteller geschaffenes Werk[4]. Aber das sind Ausnahmen — und zwar Ausnahmen, die, urheberrechtlich betrachtet, eigentlich nicht sein sollen, sofern es sich um ein als Werk feststehendes Gebilde eines als Autor geschätzten Schaffenden handelt. Wie überall im Leben und im Recht gibt es Übergänge und nicht etwa nur starre Regeln — und selbst PALLENBERG ist als Schluck oder als Eingebildeter Kranker abhängig von HAUPTMANNS oder MOLIÈRES Werk. Die Grade der Abhängigkeit sind also verschieden nicht nur infolge der Eigenheiten und der Schaffenskraft der reproduzierenden Künstler, sondern auch infolge der Eigenart und Kraft der schaffenden Dichter und Tondichter. Und MARWITZ hat ganz recht, wenn er betont[5]: „Je vollendeter der ausübende Künstler ein Werk wiedergibt, um so mehr wird er Interpret des Vorhandenen, um so weniger wird er Schöpfer des Neuen sein."

Bei aller Hochschätzung der gewaltigen Kunst der wiedergebenden Leistung[6] müssen wir für die juristische Betrachtung scharf zwischen dem originalen Schaffen eines Werkes und dem ausdeutenden, nachfühlenden, reproduzierenden Darbieten eines fremden Werkes scheiden;

---

[4] „Im individuellen Schaffen formt selbst der improvisierende Schauspieler seine Sprache, die, mag sie ästhetisch wertvoll sein oder nicht, des rechtlichen Schutzes bedarf, weil sie ‚eigenschöpferisch' oder — um hier mit KOHLER zu reden — ‚künstlerisch' ist." (REINERS: Das Bühnenwerk und sein urheberrechtlicher Schutz, S. 15 — der freilich, wie MARWITZ, erst de lege ferenda fordert, was meiner Ansicht nach schon für das geltende Recht nach dem Sinn des Gesetzes besteht.)

[5] GRUR. 1927, Sonderheft S. 4.

[6] Wie MARWITZ in dem Aufsatz „Künstlerschutz" (s. Fußnote 1) muß auch ich betonen, daß die Feststellung der Abhängigkeit der wiedergebenden Leistung und die Versagung eines „Urheber"-Rechts keine Verkleinerung der Leistung bedeutet; es handelt sich vielmehr nur darum, ihr das *richtige* und *brauchbare* Schutzrecht zu geben.

und selbst wenn der Hamlet von KAINZ oder MOISSI ein ganz anderer ist als der des Herrn X., und wenn BEETHOVENS Neunte unter FURTWÄNGLER oder BLECH anders klingt als unter dem Leiter der Stadtkapelle in Y — so ist es doch nur in ganz übertragenem Sinne „Furtwänglers Neunte", der diesem Genius zwar ein Leistungsschutzrecht gegen widerrechtliche Ausnutzung, aber kein Urheberrecht geben kann, eben weil die Abhängigkeit des Schaffens ein zu starkes Moment dabei bildet.

Zu 2: *Die Frage, ob eine „Bearbeitung" im Rechtssinne vorliegt oder nicht.*

Es ist bereits oben im § 4 das Wesen der Bearbeitung gekennzeichnet worden, und zwar in der Hauptsache nach zwei Kriterien: daß es sich immer um eine *abändernde* Gestaltung des Werkes dabei handelt und daß eine dem Original *parallele* Schöpfung vorliegen muß, so daß Bearbeitung immer dann *nicht* vorliegt, wenn nur das Ausdrucksmittel und nicht die Formgebung des Werkes berührt wird. Leider wird der Begriff der Bearbeitung — auch von juristischen Sachkennern — nicht immer so deutlich herausgeschält, und einen Teil der Schuld daran trägt gerade der § 2 Abs. 2 LitUG., der — durch eine Novelle von 1910 — etwas ganz Unsystematisches und Anfechtbares in das Gesetz gebracht hat: „Wird ein Werk der Literatur oder der Tonkunst durch einen persönlichen Vortrag auf Vorrichtungen für Instrumente übertragen, die der mechanischen Wiedergabe für das Gehör dienen, so steht die auf diese Weise hergestellte Vorrichtung einer Bearbeitung des Werkes gleich. Das Gleiche gilt, wenn die Übertragung durch Lochen, Stanzen, Anordnung von Stiften oder eine ähnliche Tätigkeit geschieht und die Tätigkeit als eine künstlerische Leistung anzusehen ist. Im Falle des Satz 1 gilt der Vortragende, im Falle des Satz 2 derjenige, welcher die Übertragung bewirkt, als Bearbeiter."

Diese Bestimmung, die als ein abwegiger Irrtum des Gesetzes anzusehen ist[7], hat *Leistungsschutz mit Urheberschutz verwechselt.* Die Worte „wenn die Tätigkeit als eine künstlerische Leistung anzusehen ist" beweisen dies. Man hat damals — 1910 — etwas leichthin das Gesetz gemacht und hat durch diese Bestimmung, daß der Vortragende und der Stanzer als Bearbeiter gelten, der klaren Systematik des Urheberrechts, die man nicht erkannt hat, eine schwere Wunde geschlagen, weil man der Industrie einen Schutz geben wollte, ohne die Gefahren für die Urheberrechtssystematik voll zu erkennen. Wer sich auf den Boden dieses § 2 Abs. 2 stellt und den geraden Sinn des Urheberrechts

[7] Vgl. MARWITZ-MÖHRING: Komm., S. 46/47; GOLDBAUM: Komm., S. 50; MARWITZ: Gutachten für den Urheberrechts-Ausschuß. GRUR. 1926, 573ff.; RIEZLER: Urheber- und Erfinderrecht, S. 277/78; ELSTER: Urheber- und Erfinderrecht, S. 112.

nach den *sonstigen* Bestimmungen des Gesetzes nicht sehen will, kann natürlich mit einem gewissen Recht sich auf „das Gesetz" berufen und ohne weiteres dem reproduzierenden Künstler als dem Vortragenden ein Bearbeitungs-Urheberrecht zusprechen. Er würde allerdings den Grundsatz, der für jede Gesetzesauslegung besteht, daß man nämlich Ausnahme- und Spezialvorschriften nicht per analogiam ausdehnend interpretieren darf, ebenso wie die doppelte Fiktion (Bearbeiter „gilt" als Urheber, und Vortragender „gilt" als Bearbeiter) übersehen; aber immerhin a minori ad maius scheint er dabei argumentieren zu können.

Indessen wird dadurch die Ansicht noch keineswegs richtig, denn das wahre Wesen der „Bearbeitung", die ein Urheberrecht an einer bearbeitenden *Werk*schöpfung bringt, wäre verkannt.

Eine Bearbeitung muß, wenn wir den juristischen Begriff scharf erfassen wollen, das Eigenschöpferische *auf derselben Ebene* wie das Originalwerk verwirklichen, also beim Schriftwerk durch Schriftwerkschaffen (was auch bei der Verfilmung der Fall ist, abgesehen von der bildhaften Arbeit), beim Musikstück durch musikalisch-komponierendes Schaffen usw. Eine bloße künstlerische Betätigung daran, und mag sie noch so bedeutend und eigenartig sein, ist keine Bearbeitung, sofern sie eben nur der vollendeten Wiedergabe des Werkes dient.

Zu 3: *Wird die Formgebung berührt oder nur das Ausdrucksmittel?*

Bearbeitung ändert die Form des Werkes. Das soll der reproduzierende Künstler gar nicht. Er schafft künstlerisch am Ausdrucksmittel. Vielleicht schafft er hie und da überhaupt erst das wirkliche und echte Ausdrucksmittel, das dem Werkschöpfer nur vorschwebte. Dies hat manchen Beurteiler zu der schiefen Anschauung veranlaßt, das Werk, das vorher ein „Torso" gewesen sei, werde durch den reproduzierenden Künstler erst das wahre Werk[8]. Der reproduzierende Künstler, der keine unerlaubten Eigenmächtigkeiten begeht, sondern sich im Rahmen seiner hohen Aufgabe hält, gibt jedoch nur, was in dem Werk schon vorhanden ist; und selbst wenn es erst durch Intuition, Fleiß und Einfühlen erkannt wird und den Dichter oder Komponisten selbst überrascht[9], es *war* dennoch in dem Werke enthalten, sonst könnte es ja nicht herausgeholt werden. Es mag hie und da an die Grenze einer „Zutat" gelangen; aber es als Zutat juristisch behandeln, hieße dem reproduzierenden Künstler Werkuntreue und unerlaubte Bearbeitung zuschreiben, die er in der Regel sich gar nicht zuschulden kommen lassen *will.*

Er *will* nur am Ausdrucksmittel und nicht an der Formgebung des Werkes arbeiten; das ist sein Stolz und seine Größe; das ist seine Auf-

[8] So CAHN-SPEYER: a. a. O.

[9] Das Maß der unterbewußten Intuition beim Schaffenden ist oft erstaunlich groß.

gabe und seine Wirkungsmacht. Mag also BASSERMANN einmal (s. oben) SUDERMANN spielen, als ob es SHAKESPEARE sei — er spielte doch den Biegler in „Stein unter Steinen", die Figur, die HERMANN SUDERMANN geschaffen hat. Wer will da etwa behaupten und beweisen, daß das nicht in SUDERMANNS Werk enthalten sei, daß es nicht in dem unbewußten ingeniösen Schöpfungsakt mitgeschwungen habe und nur naturgemäß im geschriebenen Werk nicht den vollen Ausdruck finden konnte, den erst der geniale Schauspieler in der sprechenden Verkörperung fand! Das Ausdrucksmittel legte somit die Form dar. Diese Leistung schuf kein Werk, sondern deutete ein solches eines Anderen.

Zu 4: *Handelt es sich um ein natürliches oder um ein gewillkürtes Ausdrucksmittel für das Werk des Schaffenden?*

Die letzten Darlegungen zu 3 haben dies schon angedeutet: auf dem natürlichen Wege bringt der gute Darsteller zum Ausdruck, was an Möglichkeiten in dem Werke steckt. Hie und da greift er aber zu gewillkürten Ausdrucksmitteln, d. h. zu solchen, die der Dichter oder Musiker nicht gewollt hat. Er *ändert* am Ausdruck, und hier taucht dann die Frage auf, ob diese Änderung am Ausdruck auch zugleich Änderung an der Form des Werkes ist. Ist es letzteres, dann liegt Bearbeitung vor und ein Bearbeitungs-Urheberrecht ist gegeben, mag die Bearbeitung erlaubt erscheinen oder nicht. Nur für das gewillkürte, also das nicht dem Werk ganz adäquate natürliche Ausdrucksmittel gilt das. Aber das sind Ausnahmen, und dort verläuft die Grenze. Mit der Erkennung dieser Grenze wird um so deutlicher, daß *vor* ihr eben *keine* Bearbeitung, *keine* Änderung der Form und *kein* Urheberrecht gegeben ist.

Zugleich aber ist nun mit alledem festgestellt, daß für solche erhebliche künstlerische Leistung *ein Schutzrecht* gegeben sein muß, das eben kein Urheberrecht im Sinne des Gesetzes, aber etwas Ähnliches, etwas Quasi-Urheberrechtliches ist[10]. Wie das Photographierecht und das Muster- und Modellschutzrecht, die beide ebenfalls nicht den vollen Anforderungen und Voraussetzungen des Urheberrechts genügen und doch in den Urheberrechtsgesetzen ihre sedes materiae haben, muß ein aus analoger Anwendung der Urheberschutzgesetze (oder auch durch besondere zu schaffende Gesetzesbestimmung) herzuleitendes *Leistungsschutzrecht* statuiert werden. Die Romkonferenz hat es gefordert[11] und

---

[10] Die Interessenten fordern auch einsichtigerweise kein Urheberrecht, sondern nur ein der Sachlage entsprechendes Schutzrecht. So sagt MARCILLY in seinem Referat (a. a. O.): „Lasset uns vor allem untersuchen, ob der ausübende Künstler und Darsteller ein Autor ist. Sicher nicht, denn es handelt sich bei ihm nur darum, einem schon bestehenden Gedanken des Autors Leben und Wirklichkeit zu geben. Deshalb wollen wir für den ausübenden Künstler keine Autorenrechte verlangen und uns darüber einigen, daß das Recht des ausübenden Künstlers niemals mit dem Rechte des Autors verwechselt werden darf."

[11] Voeu V, s. GOLDBAUM: Berner Übereinkunft, S. 108.

auch nach geltendem Recht sind sichere Stützpunkte dafür in dem Persönlichkeits- und dem Wettbewerbsrecht gegeben, die beide auch wesentliche Bestandteile des Urheberrechts sind.

Wegen dieser Analyse des gesetzlichen Urheberrechts aus dem persönlichkeitsrechtlichen Kern des gewerblichen Rechtsschutzes, der wettbewerblichen Aufgabe und der vermögensrechtlichen Gestalt dieser Rechtsgebilde muß ich auf meine eingehenden Darlegungen an anderer Stelle[12] verweisen und darf auch auf SMOSCHEWERS große Abhandlung über das Urheberpersönlichkeitsrecht[13] hinweisen. Es ergibt sich dort, *wie wesentlich* der persönlichkeitsrechtliche und der wettbewerbrechtliche Anteil an dem Aufbau der verschiedenen Arten der Immaterialgüterrechte ist, von denen ja das gewöhnliche Urheberrecht nur *eine* Anwendungsform in gesetzlicher Kodifizierung ist. Mit der Feststellung, daß das Recht des reproduzierenden Künstlers gegen Eingriffe, Entlehnungen, Benutzung und Nachahmung kein „Urheberrecht" im Sinne des Spezialgesetzes ist (was aus methodischer Reinlichkeit festgestellt werden mußte), ist keineswegs gesagt, daß nicht ein Leistungsschutzrecht diesen Künstlern zukommen könne. Im Gegenteil; ebenfalls aus persönlichkeitsrechtlichen und wettbewerbrechtlichen Bestandteilen setzt sich dieses Recht zusammen, nur daß es eben ein etwas anderes Wesen wird. Auch der, der Spezifisches leistet, was Andere nicht leisten können, hat nach Analogie des Urheberrechts einen Schutzanspruch gegen Eingriffe, die persönlichkeitsrechtlich ihm zu nahe treten und wettbewerbrechtlich gegen die guten Sitten verstoßen. Es ist nur die Frage, wie weit ein solches Recht einwandfrei festgestellt werden kann und auf gesetzlichen Bestimmungen — unmittelbar oder mittelbar — beruht[14].

Das ist für die *wettbewerbliche* Komponente verhältnismäßig leicht. Da kommt § 1 UWG. (sittenwidrige Wettbewerbshandlung) in erster Linie, dann aber unter Umständen auch § 3 (unrichtige Ankündigung) und § 16 (Namenmißbrauch) in Betracht[15]. Es darf also niemand, der etwa MOISSIS oder PALLENBERGS Art zu kopieren gelernt hat, ankündigen, er spiele wie MOISSI oder PALLENBERG oder gar, er sei MOISSI oder PALLENBERG. Und ein Dirigent darf sich nicht TOSCANINI II nennen. Es darf auch niemand nach einem Rollenbuch oder einer Partitur, die er sich auf unredliche Weise angeeignet hat, das Stück spielen, weil darin eine sittenwidrige Wettbewerbshandlung liegt.

Aber das sind immerhin, wie man sieht, nur magere Hilfen, da besondere Umstände wettbewerblicher Unlauterkeit vorliegen müssen.

---

[12] ELSTER: Urheber- und Erfinderrecht, S. 20—59.

[13] Arch.f.Urh.R. 3, 119ff., 229ff., 349ff.

[14] Daß es nicht alles hier Erforderliche leisten kann, führt zutreffend auch MARWITZ (Arch.f.Urh.R., 3, 301 u. 305) aus.

[15] Vgl. die allgemeinen Darlegungen wettbewerbrechtlichen Inhalts oben § 7.

Ein klares und generelles Untersagungs- und Monopolrecht wie durch Urheberrecht ist dem reproduzierenden Künstler auf *diesem* Wege nicht gegeben, ganz abgesehen davon, daß man ihm ein unbedingtes Monopol auch gar nicht geben will"[16].

Auch das *Persönlichkeitsrecht* leistet dies nicht. Einmal deshalb nicht, weil nach der Judikatur des Reichsgerichts ein allgemeines Persönlichkeitsrecht überhaupt nicht anerkannt wird, sondern auch hier spezielle Tatbestände vorliegen müssen, und zweitens deshalb, weil diese speziellen Tatbestände nicht schon dann gegeben sind, wenn die Leistung eines berühmten Künstlers nachzumachen versucht wird. Man sagt ja, das könne überhaupt nicht gelingen und darin liege schon ein großer Schutz. Aber selbst wenn Einer nachmacht, wie der Größere „sich räuspert oder spuckt", oder wenn er ehrlich von ihm gelernt hat und ihm nacheifert, so liegt das an sich in der Ebene des Erlaubten; denn die Kultur lebt davon, daß der Eine dem Andern nacheifert, und das Recht hat keinen Anlaß, solchem Streben unbedingt einen Riegel vorzuschieben. Wohl aber steht das Persönlichkeitsrecht im Wege, wenn ein solcher Nacheiferer in der *Maske* des Vorbildes spielt, wenn er der persönlichen Sphäre in täuschender oder karikierender Absicht *zu nahe* kommt, wenn er Stimme und Erscheinung so nachmacht, daß Verwechslungen vorkommen können.

Aber auch dies alles trifft noch nicht das eigentlich *Vermögensrechtliche*, was durch ein gesetzliches Urheberrecht geschützt wäre: das Recht, die schauspielerische oder musikalische Leistung gegen *Wiedergabe* — z. B. durch Rundfunk, Bildfunk, Filmung, Schallplatte — geschützt zu sehen. Diese durch die neuere Entwicklung der Technik gerade aktuell gewordenen Wiedergabearten haben die Frage ja erst aktuell werden lassen und die Bewegung in der Richtung auf ein „Urheberrecht" des ausübenden Künstlers lebendig gemacht. Der hierfür erforderliche Schutz beruht auf dem *§ 2 Abs. 2 LitUG*. Ganz gleichgültig, ob dieser § 2 II an methodisch richtiger Stelle steht und in der Wortfassung ganz richtig ist oder nicht — ist er als *sedes materiae des Leistungsschutzrechtes anzusprechen*. Er gibt das Leistungsschutzrecht (mit urheberrechtsgleichen Folgen) dem „Vortragenden" der Schallplatte und anderer mechanischer Musikinstrumente gegen jede mechanische oder mechanikähnliche Wiedergabe. Ganz richtig hat mithin ein Urteil des LG. I Berlin[17] betont, daß nach § 2 II, das dem Vortragenden für eine Schallplattenaufnahme ein „Urheberrecht" als Bearbeiter einräumt, „nicht die schöpferische Tätigkeit geschützt wird, sondern die Bearbeitung, das Werk selbst, also das körperlich greifbare mechanische Produkt

[16] MARWITZ: a. a. O. S. 307.

[17] Vom 27. März 1928, mitgeteilt von Landgerichtsdirektor WEIGERT in Arch. f.Urh.R. 1, 461ff.

einer Tätigkeit"[18]. Das ist der *positive Gehalt des § 2 II;* aber hinter diesem so starken Ausdruck eines methodischen Abweges steckt etwas *noch viel Größeres:* der Gedanke, daß dem ausübenden Künstler ein Schutz gebühre gegen Ausnutzung seiner Kunst zu kommerzieller oder sonstiger wettbewerblicher Bereicherung eines Anderen.

Damit steht natürlich nicht im Widerspruch, daß es sich bei solchem Leistungsschutzrecht, das ja urheberrechts*ähnlich* ist, ebenfalls um persönlichkeitsrechtliche und vermögensrechtliche *Bestandteile* handelt, selbst also der Vortragende sowohl gegen die kommerzielle Ausnutzung seiner Leistung (die über den ursprünglichen Rahmen hinausgeht) wie gegen Entstellung od. dgl. geschützt wird; denn gerade durch die Stellung des § 2 II im UrhG. sind jene *Folgen* gesetzlich gewährleistet. Solches muß also auch für die *Rundfunkwiedergabe* und die *Filmung* gelten; nicht etwa in dem Sinne, daß der „Vortrag" im Rundfunk als Bearbeitung gilt und deshalb ein Urheberrecht habe — diese Konstruktion ist ja gerade der Fehler des § 2 II —, sondern daß dem Vortragenden ein Leistungsschutzrecht gegen *Wiedergabe auf mechanisch-gewerblichem Wege* gegeben werde[19, 20].

Daß *arbeits- und dienstvertragsrechtliche Momente* das Ergebnis im Einzelfall *modifizieren,* ist auch hier — wie so oft — als selbstverständlich zu betonen[21]. Liegt es also in den Abmachungen zwischen Direktor und Künstler, daß der Direktor über Rundfunkwiedergabe der gesamten Aufführung zu verfügen hat, oder im Anstellungsvertrage des Orchestermusikers, daß der Kapellmeister über die Genehmigung zur Schallplattenaufnahme zu bestimmen hat, so hat der Einzelne sich diesem Sinn seines Anstellungsvertrags zu fügen. Auch kann unmöglich bei Orchestern, Chören und Revuen der einzelne Mitwirkende, der nicht

---

[18] Unter Berufung auf GOLDBAUM: Urheberrecht u. Urhebervertragsrecht, S. 50ff. (1927), der gerade hieraus mit Recht herleitet, wie sehr dieses sogenannte Urheberrecht an einer sogenannten Bearbeitung sich von allen anderen Grundsätzen des Urheberschutzgesetzes unterscheidet.

[19] Wenn ich — in einem Aufsatz in JRundsch. 1928, S. 276 — diese Rechte in den größeren Kreis der Modellschutzrechte gewiesen habe (wohin auch z. B. die Photographie, soweit sie Reproduktion ist, gehört), so ist das kein Widerspruch zu der oben gegebenen Argumentation; denn das Modellschutzrecht in erweitertem Sinne *könnte* dieses Leistungsschutzrecht des reproduzierenden Künstlers ganz gut aufnehmen; aber da es ungewohnt ist, es so anzuschauen und zu benennen, würde mit solcher Methodik auch nicht viel mehr erreicht als mit der selbständigen Aufstellung eines Leistungsschutzrechts. Es ist auch etwas anderes, ob man nach der unter größeren Gesichtspunkten nützlichen methodischen Einordnung fragt oder nach einer der geltenden Nomenklatur entsprechenden Bezeichnung.

[20] Hinzu kommt dabei der besondere Schutz des Bildnisses, d. h. des Aussehens des Künstlers — in Maske oder ohne Maske —; hierüber wird im folgenden Paragraphen besonders gesprochen.

[21] S. unten §§ 54ff.

an ganz prominenter Stelle steht, gefragt werden, denn bei ihm wird kein Persönlichkeits- und kein Wettbewerbsrecht verletzt und „er" ist nicht der „Vortragende", sondern ein Teil des Gesamtkörpers, der in solchen Fällen seinerseits (als Gesamtheit) „der Vortragende"[22] ist. Freilich empfiehlt sich auch in solchem immerhin zweifelhaften Fall, durch geldliche Abdeckung die vermögensrechtliche Seite des Leistungsschutzrechts zu berücksichtigen.

§ 14. Das Recht der Maske.

Es ist von vornherein anzunehmen, daß der Schauspieler einen gewissen Schutz der Maske hat, der eine Art Persönlichkeitsschutz aus dem Gedanken des Rechts am eigenen Bilde ist — aber ebenso kann er auch durch seine Maske das Bildnisrecht einer anderen Person gefährden. Auf diese *beiden Seiten* des Maskenrechts muß näher eingegangen werden.

1. Schutz des persönlichen Aussehens und Gehabens des Schauspielers und Sängers (positives Recht der Maske). Wenn ein Bühnenkünstler die Leistung eines anderen kopieren, die Rolle ihm nachspielen will, so wird er in erster Linie versucht sein, auch Gestalt, Diktion, Allüren und Maske des anderen nachzuahmen. Daß das an sich schon unlauterer Wettbewerb sei, ist — s. oben § 13 bei Fußnote 15 — abgelehnt worden; denn Jemanden zu kopieren ist nur sittenwidrig, wenn Zweck und Mittel dieser Handlung sittenwidrig erscheinen. Das *kann* also der Fall sein, wenn eine Täuschung (etwa mit Namensähnlichkeit od. dgl.) damit verbunden oder bezweckt ist, aber es liegt *nicht* vor, wenn nur eine Anlehnung oder wenn eine Parodie oder Karikatur beabsichtigt ist; es liegt auch dann nicht vor, wenn sich beide Leistungen wettbewerblich überhaupt nicht ins Gehege kommen; es tut Werner Kraus nichts, wenn Müller in Schneidemühl ihn zu kopieren sucht. Denn der Versuch wird auch zumeist nicht glücken und eine Verwechslungsgefahr besteht nicht. Jedenfalls aber gibt es keine Bestimmung (im Gesetz gegen den unlauteren Wettbewerb oder anderwärts), die die Nachahmung der Leistung eines Andern *schlechthin* verbietet. Denn Fortschritt und Kulturleben beruhen darauf, daß der Eine vom Anderen lernt, und eine Bestimmung, die jedes Nachmachen ohne weiteres verböte, würde Inhalt und Tempo des sozialen und kulturellen Zusammenlebens unmöglich machen. Aber wo der Wettbewerbsschutz versagt, da tritt u. U. ein Persönlichkeitsrechtsschutz am eigenen Bilde ergänzend ein.

[22] Der Oberste Gerichtshof in Kopenhagen hat durch Urt. v. 12. April 1927 (Die Deutsche Bühne 1927, 241, wo das Urt. abgedruckt ist), die Klage eines Orchestermitgliedes des Kgl. Theaters in Kopenhagen, daß funkmäßige Wiedergabe eines Orchesterwerkes nur mit Zustimmung der mitwirkenden Orchestermitglieder und gegen Zahlung eines Sonderhonorars zulässig sei, „mangels gesetzlicher Bestimmungen hierüber" abgewiesen.

Es handelt sich also zunächst um das *mimisch-darstellerische Element.* Dieses ist, soweit es die *Maske* betrifft, eng verknüpft mit dem natürlichen Bild des Darstellers, und es ist also die wichtige Frage zu beantworten, ob das sogenannte „Recht am eigenen Bilde“, der Bildnisschutz der §§ 22ff. KunstUG.[1] auch auf die Maske des Schauspielers anwendbar ist. Denn es ist dabei zu beachten, daß ja die Bühnengestalt, die Maske, eben *nicht* das „*eigene*“ Bild des Künstlers ist; daß also z. B. SCHÜTZENDORF als Szupan nicht LEO SCHÜTZENDORF selber oder WASSMANN als Junker Bleichenwang nicht HANS WASSMANN selber ist, sondern eben Szupan oder Bleichenwang. Es wird also nicht ohne weiteres die Persönlichkeit des Künstlers, die im Bildnisrecht geschützt ist, dadurch verletzt, daß ihre Rollenmaske nachgemacht wird. Im § 22 KunstUG. heißt es nur: „Bildnisse dürfen nicht ohne Einwilligung des Abgebildeten verbreitet oder öffentlich zur Schau gestellt werden.“ Eine „Verbreitung“ liegt für unser Problem nur dann vor, wenn der Künstler in der Rolle ohne seine Einwilligung photographiert wird und diese Photographie verbreitet wird. Das ist ein anderer Fall als der des bloßen Nachahmens der Maske. Für *beide* Fälle aber fragt es sich grundsätzlich, ob das Bild in Maske ein „Bildnis“ der abgebildeten Person im Sinne des § 22 KunstUG. ist. Das Gesetz hat diesen Fall nicht besonders geregelt, wohl auch kaum daran gedacht. Das Bild des Künstlers vermischt sich hier so mit dem Bild der Rollenfigur, daß man kaum die Frage *absolut* wird beantworten können, ob „WASSMANN als Bleichenwang“ nun WASSMANN oder Bleichenwang ist; es ist ein quiproquo, ein Doppelwesen — einmal Bildnis eines lebenden Menschen, der einen Anderen darstellt, einmal aber künstlerisch hergestelltes Bild einer Phantasiegestalt, hinter der das Bildnis des Künstlers zurücktritt — oftmals sogar so sehr, daß man ihn nicht erkennen würde, wenn man's nicht weiß, z. B. LON CHANEY (den man den „Meister der Maske“ nannte) oder CHAPLIN![2].

Es wird sich also zwar nicht leicht *grundsätzlich* entscheiden lassen, ob bei der Bühnenfigur das Bildnis des Schauspielers oder nur das Bildnis seiner Rolle (Posa, Falstaff usw.) zur Schau gestellt wird, selbst wenn die Maske mehr an die Maske eines Prominenten als an die historische Maske angelehnt ist. Aber im *Einzelfall* wird eine solche Unterscheidung doch vielfach möglich sein, und damit haben wir doch schon *ein* Kriterium in der Hand, um zwischen gegebenen Notwendigkeiten der mimischen Charakteristik und Nachahmungen des Bildnisses des Prominenten unterscheiden zu können.

Wenn ich aber in *beiden* hier genannten Spielarten dem Schauspieler

---

[1] Vgl. oben § 5.

[2] Bei CHAPLIN liegt es noch etwas anders (s. unten), da er seinen Maskentyp beibehält und somit die persönliche Verbindung noch enger gemacht hat, als dies beim Schauspieler mit *wechselnden* Rollen der Fall zu sein pflegt.

einen Schutz des eigenen Bildes zuspreche, so steht, wie ich hervorheben muß, diese hier vertretene Ansicht im Widerspruch zu der Ansicht der amtlichen Begründung des Gesetzes und der des RG. in dem Urt. v. 21. Dez. 1921 (RGZ. 103, 319), die ich auch in meinem „Urheber- und Erfinderrecht" (1928, 190) als richtig übernommen habe. Ich teile heute, nach genauerer Prüfung dieser Frage, diese Ansicht in so apodiktischer Form nicht mehr; sie ist viel komplizierter und ich halte das RG.-Urteil, das den Fall der photographischen Abbildung eines Schauspielers (KARL MEINHARDT) in einer Filmrolle mit ASTA NIELSEN betraf, jedenfalls in der grundsätzlichen Begründung, die das Urteil gibt, nicht für richtig, wenn es sagt: „Über den Begriff ‚Bildnis' spricht sich die amtliche Begründung dahin aus, daß er im eigentlichen Sinne des Wortes zu verstehen sei, ‚d. h. die Darstellung der Person in ihrer wirklichen, dem Leben entsprechenden Erscheinung' bedeute. Von einem Bildnis im Sinne des Gesetzes kann daher nur dann die Rede sein, wenn die Darstellung den Zweck verfolgt, eine Person in ihrer dem Leben nachgebildeten äußeren Erscheinung dem Beschauer vor Augen zu führen und das Aussehen, wie es gerade dieser bestimmten Person eigen ist, insbesondere ihre Gesichtszüge, im Bilde wiederzugeben."

In *diesem* Fall, wo der Film das „Bildnis" in der Rolle bereits wiedergegeben hatte, lag die Sache gewiß anders, als wenn keine photographische (filmische) Aufnahme *voraufgegangen* wäre, die doch den eigentlichen Inhalt der von dem Künstler zu erbringenden Leistung ausmachte. Dieser überaus wichtige Gesichtspunkt wird denn auch vom Berufungsgericht (wie vom RG.) vollkommen gewürdigt. Es heißt dort: „Das Berufungsurteil führt aus, daß aus der Entlohnung, die der Kläger für sein Auftreten im Film erhalten habe, auch sein Einverständnis mit den üblichen Reklamemaßnahmen gefolgert werden müsse, zumal in dem vom Kläger über die Herstellung des Films abgeschlossenen Vertrage eine großzügige Reklame vorgesehen sei, zu der auch der Postkartenvertrieb gerechnet werden müsse. Weder könne sich der Kläger dadurch verletzt fühlen, daß die gleichen — selbst intimen — Bilder, die mittels des Films dem zuschauenden Publikum vorgeführt würden, auch auf Postkarten verbreitet würden, noch liege eine Schädigung des Klägers, besonders eine Kränkung seiner Künstlerehre darin, daß auf den Postkarten, wie üblich, nur der Name der weiblichen Hauptdarstellerin genannt, dagegen sein Name nicht erwähnt sei." Ob *letzteres* (die glatte Gutheißung der Nichterwähnung) richtig ist, kann sehr zweifelhaft sein[3].

[3] *Dagegen* mit guten Gründen des Persönlichkeitsrechts DIENSTAG: Der Arbeitsvertrag des Filmschauspielers und Filmregisseurs (Berlin 1929) S. 126ff. Dort weitere Literatur über diesen Fall; u. a.: GOLDBAUM-JACOBY, Rechte und Plichten der Bühnen- und Filmschauspieler, Berlin 1922; PINZGER in MuW. 1922, 121; ALLFELD in JW. 1922, 309; ELSTER, MuW. 1922, 106.

Das RG. stimmt dem Berufungsgericht auch nur bezüglich des ersten Teils zu: „Zum Wesen der kinematographischen Aufnahme schauspielerischer Darbietungen gehört es unbedingt, daß die mitwirkenden Schauspieler nicht nur als Darsteller auftreten, sondern auch sich zur photographischen Aufnahme ihrer Darbietungen bereitstellen.“ „Es erscheint rechtlich bedenkenfrei, wenn das Berufungsgericht die dem Kläger geleistete Vergütung auf die Duldung der gesamten photographischen Aufnahmen mit erstreckt und sie zugleich im Sinne des § 22 Satz 2 KunstUG. als Entlohnung dafür auffaßt, daß er sich abbilden ließ. Der Kläger bestreitet auch den Veranstaltern der Filmaufnahme nicht das Recht, die Lichtbilder einzelner Filmszenen vor den Kinotheatern zwecks Reklame zur Schau zu stellen. Nur gegen die Form der Reklame im Wege des Postkartenvertriebs wendet er sich, und auch hier legt er das entscheidende Gewicht nur darauf, daß allein der Name seiner Partnerin, nicht auch der seinige genannt worden ist. Hatte aber der Filminhaber überhaupt das Recht, zur Reklame die Abzüge der photographischen Abbildungen zu verwenden, so war er auch befugt, den Umfang und die Art der Reklame zu bestimmen, sofern er sich dabei innerhalb der Grenzen des Verkehrsüblichen hielt und nicht gegen ausdrücklich oder stillschweigend übernommene Vertragspflichten verstieß. Dafür aber, daß die Beklagte etwa vertragsmäßig verpflichtet gewesen sei, auch den Namen des Klägers in der Postkartenunterschrift zu erwähnen, fehlt es an jedem Anhalt ...“ Wollte man nun annehmen, daß etwa nur die öffentliche Zurschaustellung der *photographischen* Wiedergaben durch § 22 KunstUG. untersagt sei, so wäre *auch das* unrichtig; es heißt in § 22: verbreitet *oder* (nicht: und!) öffentlich zur Schau gestellt.

Eine sehr gut begründete Entscheidung des KG. (Kaiser Wilhelm contra Piscator in JW. 1928, 363ff.) hat den Bildnisschutz *auch für die lebende Wiedergabe auf der Bühne* anerkannt. Dies ist kein Recht des *Schauspielers*, sondern der *abgebildeten Person* der Zeitgeschichte, aber es geht daraus doch hervor, daß selbst ein *unvollkommen* getroffenes Konterfei, wenn es eben die Person nur darstellen *soll*, schon unter dem Schutz des Bildnisrechts des Abgebildeten steht. Das läßt also die Frage wichtig erscheinen, ob nicht *unter der Maske des Schauspielers auch dieser selbst oftmals sehr eigenpersönlich in Erscheinung tritt*. Denn dort, wo keine historische Gestalt dargestellt wird, fließt sehr leicht das Bild der Rolle X in eins zusammen mit dem Bilde des A. *in* der Rolle X. Es ist ganz unmöglich, beispielsweise bei einer modernen Rolle ohne besonderes Kostüm, bei der der Schauspieler fast vollständig sein eigenes Konterfei der Rolle leiht, zwischen Herrn A. als X. und Herrn A. persönlich zu unterscheiden. Je weniger Kostüm, Perücke und Entstellung, um so mehr entweicht das Bildnis des Dargestellten und es tritt das Eigenbild des Darstellers in Erscheinung; und umgekehrt: je mehr groteske Zutat, um so mehr verschwindet der Darsteller und es erscheint der Dargestellte — wobei es sich oft um typisch und allgemein gewordene Masken, etwa wie Wotan oder Othello, handelt. Mithin muß ihm das Bildnisrecht *jedenfalls gegenüber photographischer Wiedergabe und Verbreitung zustehen.* Und da man in der Praxis oft schwer wird ergründen können, wo die *Grenze* ist, an welcher das eigene Konterfei gegenüber der vorstellenden Maske zurücktritt, so wird man generell *auch dem Künstler in der Maske* dieses Schutzrecht gegen Verbreitung seiner Photographie „als X." geben müssen. Das geht auch aus der weiteren Erwägung hervor, daß ihm vielleicht eine Maske nicht gut gelungen schien und er aus diesem Grunde sie nicht verbreitet sehen möchte; sein Persönlichkeitsrecht steht ihm hier zur Seite und *außerdem,* worauf ich im Folgenden noch näher eingehen muß, sein künstlerisches Urheberrecht an der Schöpfung der Maske als an einem *Bildwerk.*

Gehen wir aber nun von der photographischen Verbreitung ab und betrachten den Fall, daß ein Künstler eines anderen Maske in der gleichen Rolle *nachmacht,* so liegt „Verbreitung" nicht vor, wohl aber eine öffentliche Zurschaustellung, wenn er in dieser Maske auftritt[4]. Aber es wird dann streitig, ob dieses persönliche Darstellen noch ein „Bildnis" im Sinne des Gesetzes betrifft. Ich *bejahe* diese Frage insofern, als man sie auch bei der Wiedergabe lebender Personen auf der Bühne (Kaiser Wilhelm, Bismarck usw., s. unten zu 2) bejahen muß.

Ist aber das Bildnisrecht gegen photographische Wiedergabe und Verbreitung auch für den Schauspieler in Maske zu bejahen, so ist von da zu dem *Schutz gegen Wiedergabe im lebenden Bild* (also in der Nachahmung) nur ein Schritt, den man in der juristischen Beurteilung zweifellos wird gehen müssen. Natürlich nur für den Fall, daß der *B. den A. als X. nachahmt,* nicht schon dann, wenn er nur Züge von ihm entlehnt, Maskemachen von ihm gelernt und Anregungen von ihm empfangen hat. Die Unterscheidung ist vielleicht schwer, aber sie wird im Einzelfall möglich sein. Kriterium bleibt dabei, ob *der A.* in der Maske als *X. erkennbar* wiederkehrt bei B. in der Maske als X. und nicht etwa nur die typischen maskenhaften Zutaten für X. entlehnt sind.

Dazu kommt aber noch ein Weiteres; denn die Maske hat ja nicht nur, wie wir schon sahen, ein mimisch-darstellerisches Element, sie hat auch *ein künstlerisch-bildnerisches;* und dieses ist für den Rechtsschutz fast noch wichtiger.

[4] Öffentlichkeit wird auch für die Verbreitung der Photographie gefordert, vgl. RGSt. 45, 241.

Die Theatergeschichte lehrt ja, mit welcher Inbrunst man zu allen Zeiten und in vielen Ländern Schauspiel- und Tanzmasken hergestellt hat, die vorgebunden wurden[5]. Es steht außer jedem Zweifel, daß diese gemalten oder geschnitzten oder sonstwie plastisch hergestellten Kunstmasken Objekte des künstlerischen Urheberschutzes nach §§ 1ff. KunstUG. sind, sofern sie eigenartig und neu sind, also als Produkt eigener künstlerischer Schöpfung erscheinen. Die Technik, in der sie gefertigt sind, ist dabei gleichgültig. Auch Entwürfe genießen diesen Schutz. Es sind *Bildwerke* im Sinne des Gesetzes. Und das Gesetz sagt *nicht*, daß diese Bildwerke beweglich oder dauerhaft, also *Gegenstände* sein müssen. Auch das auf die Felswand gemalte oder in den Berg gehauene Werk genießt diesen Kunstschutz für die Dauer der Schutzfrist. Man kann also gewiß nicht einwenden, daß die auf das Gesicht gemalte oder unter Verwendung der natürlichen Züge des Antlitzes hergestellte Maske um deswillen aus dem Kunstwerkschutz auszuscheiden habe, weil diese Maske kein „Gegenstand", nicht dauerfixiert, nicht abnehmbar, keine „Sache" ist; denn all dies ist für den Immaterialgüterschutz, zu dem der urheberrechtliche Bildschutz gehört, nicht wesentlich. Es genügt, daß ein „Werk" vorliege.

Die ganze Frage ist ja noch aktueller und wichtiger geworden durch den *Film*, der die Maske zugleich photographiert und verbreitet und so in ganz ungeahntem Maße bekannt macht. Nachahmungen sind daher naheliegender und auch leichter festzustellen. Und auch in Zirkus und Varieté ist die gute und originelle Clown-Maske nicht nur ein Werk der bildenden Kunst, sondern auch ein wettbewerblich sehr wichtiger Faktor, der oftmals, wie z. B. bei Chaplin oder Pat und Patachon, fast zum persönlichen Bildnis der betreffenden Künstler wird.

Ist aber aus dem *Bildnisrecht allein* und als solchem dieses Problem nicht restlos zu lösen, so ergänzt sich diese Lösung doch aus zwei anderen Gesichtspunkten, dem des *Wettbewerbes* und dem der *künstlerischen Schaffung der Maske*. Es ist auch bei so schwierigen Fragen wie diesen gar nicht erforderlich, sie aus einem einzigen Gesichtspunkt zu beantworten, wenn aus dem Gesetz nichts Eindeutiges hervorgeht. Das heißt aber auch nicht, daß die Gesichtspunkte des Bildnisrechts ganz beiseite gelassen werden dürfen, vielmehr wird der Einzelfall aus den Gesichtspunkten des Bildnisrechts, des Wettbewerbsrechts und des künstlerischen Urheberrechts heraus zu entscheiden sein.

Ebenso nun wie ein Kostümentwurf ein Schutzrecht (Musterschutz oder künstlerischen Urheberschutz) haben kann, muß dieser Schutz auch der ganzen Bühnengestalt mit Kopf zugesprochen werden können, und

[5] Man denke namentlich an die japanische Theaterkunst; aber auch an Hellas darf erinnert werden und an andere künstlerisch hochstehende wie auch primitive Völker. Persona ist ja ursprünglich die Maske, durch die man hindurchtönt.

es liegt kein Grund vor, ihn dem original maskenhaft gestalteten Kopf allein grundsätzlich zu versagen. Auch die vorgebundene Maske würde einen solchen Schutz, sofern sie im Einzelfall den Grundsätzen künstlerischer Schöpfung entspricht, durchaus zugänglich sein, und es wäre nicht einzusehen, warum etwa die unmittelbar aufs Gesicht gemalte Maske anders beurteilt werden sollte. Daß dies — wie stets in solchen Rechtsfragen — seine Grenzen hat, spricht *eher für* als gegen den grundsätzlichen Schutz: Originalität und künstlerische Gestaltung der Maske bleiben natürlich Voraussetzung, so daß Allerweltstypen und gangbare Überlieferungen natürlich von jedermann nachgemacht werden dürfen. Die natürlichen Teile der Gesichtsbildung als solche aber sind nicht schutzfähig, sondern nur im Rahmen der Gesamtkomposition der Maske, wo sie die Schutzfähigkeit natürlich nicht beeinträchtigen.

Es ist also ein Ergebnis gefunden, das folgendermaßen lautet: die original gestaltete Maske eines darstellenden Künstlers ist gegen Nachahmung durch andere darstellende Künstler geschützt: als Bildwerk aus urheberrechtlichen, als Leistungsbestandteil aus wettbewerblich-quasiurheberrechtlichen und u. U. als Bildnisteil aus persönlichkeitsrechtlichen Gründen. Ob im Einzelfall und in welcher Dosierung diese Gründe gegeben sind, ist Tatfrage, deren verständige Auslegung, wie stets, nur möglich ist, wenn man die methodischen Grundlagen kennt. Mit Recht wendet sich also z. B. CHARLIE CHAPLIN gegen die Nachahmung seiner Gesamtmaske in Schauspiel, Film oder Varieté. Denn die sichtbare Gestalt, die er sich als ausübender Künstler gegeben hat, ist ein Kunstwerk, ist original, hat sich als Verkehrsgut erwiesen und somit als wettbewerblich relevant. Ja er hat aus seinem natürlichen hübschen Menschenbildnis eine karikierte Persönlichkeit gemacht, die so eng mit seinem Namen und seinen Leistungen verbunden ist, daß sie geradezu als eigenes Bildnis CHARLIE CHAPLINS erscheint; — und ähnlich wie das Pseudonym als Künstlername geschützt ist, muß auch solche dauernde Pseudogestalt als Künstlergestalt geschützt sein — wohl in noch höherem Maße als die einmalige Maske einer Rolle. Das Gleiche gilt von PAT und PATACHON und ähnlichen Typen.

2. Schutz des persönlichen Aussehens und Gehabens gegen Wiedergabe auf der Bühne (negatives Recht der Maske). Der *Schauspieler* muß das Persönlichkeits- und das Bildnisrecht lebender Menschen gegen sich gelten lassen. So darf er beispielsweise nicht — was etwa in einer kleineren Stadt ihn reizen könnte — der von ihm verkörperten Figur die Züge eines bestimmten Mitbürgers geben, den er etwa damit als Vertreter des im Stück vorkommenden Charakters kennzeichnen will. Denn das Bildnisrecht als Persönlichkeitsrecht steht dem entgegen und mit Recht wird die Anwendung des § 22 KunstUG. auf die Darstellung des *lebenden*

„Bildnisses“ auf der Bühne bejaht[6]. Das gilt sogar auch dann[7], wenn nur markante *Teile* der Person wiedergegeben werden, die die Erkennung gestatten.

Schwierigkeiten bereiten hingegen die für „*Personen der Zeitgeschichte*“ im Gesetz (§ 23) gegebenen Ausnahmen, und dies ist für die Bühne um so aktueller, als vielfach (und in neuerer Zeit in steigendem Maße) bekannte noch lebende oder vor nicht langer Zeit verstorbene Personen der Zeitgeschichte auf die Bühne gebracht werden.

Zur Zeitgeschichte gehört aber eine Person nicht erst dann, wenn sie berühmt ist oder wenn sie selbst aktiv in die Zeitgeschichte eingegriffen hat. Die Auffassung, die ein tätiges und bewußtes Eingreifen in die Zeitgeschichte für diesen Begriff fordert, ist zwar vom Kammergericht[8] angenommen worden, aber dennoch als abwegig zu bezeichnen. Die Ansicht, man müsse „mit Bewußtsein“ in die Geschichte eingetreten sein oder gar Geschichte „gemacht“ haben, um „zur Zeitgeschichte zu gehören“, läßt sich nicht begründen, und daß ein öffentliches, zeitgeschichtliches Interesse in vielen Fällen nur „zeitweise“ anhält, ist gewiß noch nicht Grund genug, diese Zeit ohne weiteres als unerheblich anzusehen. Das Kammergericht übersieht dabei auch eine frühere Kammergerichtsentscheidung[9], in der es heißt, daß zur Zeitgeschichte nicht nur der Mann gehöre, der Geschichte macht, sondern daß alles dahin gehöre, was journalistisch von Interesse ist, also z. B. erfolgreiche Männer der Industrie, die nicht das Recht haben, zu bestimmen, in welcher Zeitschrift oder in welchem Zusammenhange sie abgebildet sein wollen. Der Geschichtsbegriff ist heute zweifellos anders als früher, wo man Geschichte mit politischer und Kriegs- und Dynastiegeschichte gleichstellte; Zeitgeschichte ist heute ein umfassenderer Begriff; ein Begriff des lebendigen Lebens, das alle Gebiete des Geschehens durchflutet[10]. Wer in diesem Leben von sich reden macht und aus der Stille

---

[6] Marwitz-Osterrieth: Komm., S. 167; KG. in JW. 1928, 363, s. unten bei Fußnote 12.

[7] Ebenda S. 164.

[8] 4. Febr. 1928, 4. V. 18, 27/30; abgedr. Buchh.-Börsenbl. 1928, Nr. 56, S. 254; vgl. auch JW. 1925, 378.

[9] In JW. 1925, 378.

[10] So hat mit Recht das AG. München am 4. Nov. 1927 (JW. 1928, 376) Therese Neumann von Konnersreuth als zur Zeitgeschichte gehörig bezeichnet, da „die Persönlichkeit im Leben des Volkes eine bemerkenswerte Stellung eingenommen hat“. Freilich wird dann auch hier die Allfeldsche Anschauung, daß dieses Eintreten in das öffentliche Leben *bewußt* geschehen sei, wiederholt, aber mit Recht von Goldbaum in der Anmerkung zu dieser Entsch. in der JW. als verfehlt abgewiesen. Goldbaum sagt treffend: „Die Grenzen des Bereichs der Zeitgeschichte sind in einer Epoche ungeheurer Publizität viel weiter zu ziehen als zur Zeit des Inkrafttretens des Gesetzes.“ Das Eintreten in die Zeitgeschichte und das Verschwinden aus ihr bestimmt nicht der Abgebildete, sondern die Mitwelt

seines Privatlebens herausgetreten ist, der gehört zur Zeitgeschichte, und die Öffentlichkeit bemächtigt sich seiner.

Bildnisse von Personen der Zeitgeschichte aber dürfen ohne Einwilligung des Abgebildeten öffentlich zur Schau gestellt, d. h. also, wie wir bereits oben sahen, auf der Bühne mimisch verkörpert werden, sofern nicht — und das ist die einzige, freilich wichtige Einschränkung — durch diese Verkörperung oder Schaustellung ein berechtigtes Interesse des Abgebildeten oder, falls dieser verstorben ist, seiner Angehörigen verletzt wird (§ 23, Abs. 2 KunstUG.)[11].

Von größter Wichtigkeit ist hier die *Entscheidung des KG.* vom 18. Jan. 1928[12], die die Klage KAISER WILHELMS gegen die PISCATOR-Bühne wegen der *Drei-Kaiser-Szene* im „*Rasputin*" zum Gegenstande hatte und ausdrücklich auch das „*lebende und sprechende*" *Bild*, wie es auf der Bühne wiedergegeben wird, *in den Bildnisschutz* der §§ 22 ff. KunstUG. *einbezieht.* Schon die Vorinstanz hatte den Klageanspruch aus §§ 22, 23 KunstSchG. für begründet erachtet und ausgeführt, die Darstellung, welche der Schauspieler durch seine Maske, Bewegung und Sprechweise von einer Person der Zeitgeschichte schaffe, mit dem Zwecke, diese Person in allen Einzelheiten naturgetreu wiederzugeben, sei als ein Bildnis im Sinne der genannten Bestimmungen anzusehen. Gegen eine solche Auslegung des § 22 l. c. hatte sich seinerzeit das KG. i. S. des Kl. w. EMIL LUDWIG (25 Q 172/22, LG. III) mit der Begründung ausgesprochen: „Die Verkörperung von Personen auf der Bühne sei nicht neu, auch habe sich noch wenige Jahre vor dem Erlaß des KunstSchG. GAREIS (DJZ. 1904, 21 f.) dafür eingesetzt, daß die Darstellung lebender Personen auf der Bühne erlaubt sein müsse. Die Beschränkung auf den Schutz des Rechts am eigenen Bilde sei im § 22 l. c. daher *absichtlich* geschehen." Das KG. geht in dem neuen Urteil ausdrücklich von dieser Einschränkung ab und betont, daß das Schweigen der Motive zu dem Gesetz nur dahin gedeutet werden könne, daß der Gesetzgeber das Problem *nicht* gesehen und *nicht* gelöst habe, und es weist mit vollem Recht darauf hin, daß Motive zu einem Gesetz überhaupt nicht entscheidend herangezogen werden können, zumal auch schon damals Stimmen für eine andere Auffassung laut geworden sind[13]. Mit Recht betonte das KG.-Urteil auch, daß das Recht am eigenen Bilde kein Urheberrecht, sondern ein Persönlichkeitsrecht sei[14] und mithin unabhängig von der Frage sei, ob an der Maske ein Urheberrecht bestehe[15]. Die Ausführungen des KG.-Urteils, die den Kernpunkt der wichtigen Entscheidung darstellen, seien hier auszugsweise wiedergegeben:

---

[11] Über Karikatur s. unten S. 105. [12] JW. 1928, 363 ff.
[13] RIETSCHEL: ArchZivPrax. 1903, 160, 167, 170. [14] S. oben § 5 sub 2.
[15] Dies verneint das KG., aber zu Unrecht, wie hier aus unseren Darlegungen oben zu 1) hervorgehen dürfte.

„*Wie Wortlaut und Systematik des KunstSchG., so geben Zweck und Sinn seines § 22 keine Veranlassung, dessen Anwendbarkeit auf ein sogenanntes „lebendes Bild“ zu verneinen.* Denn geht man auf den Entstehungsgrund dieser Bestimmung zurück, so war es die öffentliche Empörung über die heimliche photographische Aufnahme des auf dem Totenbette liegenden Fürsten BISMARCK, wegen deren ein Schutz der menschlichen Erscheinung gefordert wurde. Das Andenken einer toten Persönlichkeit vor Entweihung, die lebende vor Bloßstellung und Kränkung durch unbefugte öffentliche Zurschaustellung ihres Bildes zu bewahren, das war der Zweck, dem § 22 l. c. dienen sollte. Eine kinematographische Aufnahme, die unter solchen Umständen erfolgte, wie sie eben erörtert wurden, würde unzweifelhaft ebenfalls unter § 22 l. c. fallen.

Es hieße aber Sinn und Zweck des Gesetzes verkennen, wollte man dessen Bestimmungen dann nicht für anwendbar erklären, wenn in dem betreffenden Film die bildliche Darstellung einer bestimmten Person durch einen Schauspieler erfolgt, welcher sie der Öffentlichkeit so zeigt, wie sie das Publikum in Mienen, Bewegung, Kleidung, kurz in der ganzen äußeren Erscheinung zu sehen gewöhnt ist. Unter einem Bildnis ist vielmehr jede Darstellung zu verstehen, „welche dazu dienen soll, eine Person in ihrer wirklichen, dem Leben nachgeahmten Erscheinung dem Beschauer vor Augen zu führen und das Aussehen, wie es gerade dieser bestimmten Person eigen ist, insbes. ihre Gesichtszüge, im Bilde wiederzugeben (RGZ. 113, 320) . . .“

Den hier eingenommenen Standpunkt hat auch das LG. I in seinem Urteil vom. 14. Febr. 1920 vertreten, welches die von dem Schauspieler BONN dargestellte Figur des Kl. in dem Film „Kaiser Wilhelms Glück und Ende“ betraf (38 J 750 VI). Mit Recht weist ferner Prof. HEYMANN in seiner zu den Akten überreichten Abhandlung darauf hin, daß auch in der französischen und amerikanischen Gerichtspraxis der Schutz des Eigenbildes gegen die Filmdarstellung durch einen Schauspieler anerkannt ist (vgl. MEIGNEN, I. I. Dumoret, Code du Cinemea, Paris und Nordeastern Reporter 103, 1108). Hier handelt es sich z. B. um die Darstellung eines Radiotelegraphisten, der beim Untergange eines Schiffes sich ausgezeichnet hatte; dieser Vorgang war unter Beifügung seines Namens im Film durch einen Schauspieler dargestellt worden.

Bei der Tendenz des § 22 KUG. ist es aber weiterhin ohne Bedeutung, ob der Schauspieler eine solche Darstellung im Film oder ob er sie auf der Bühne vornimmt. Soll mit § 22 der nahen Möglichkeit einer ungünstigen Rückwirkung der Schaustellung auf das Urteil begegnet werden, welches die Gesellschaft über die abgebildete Person fällt, dann kann für diesen Zweck nur das Milieu und die Art und Weise der Darstellung als wesentlich angesehen werden, dagegen muß das *Mittel*, mit dem diese Darstellung erfolgt, durchaus gleichgültig sein, d. h. es ist für diesen vom

Gesetz bezweckten Schutz dieses besonderen Persönlichkeitsrechtes ohne jede Bedeutung, ob dieses Bildnis ein Gemälde, eine Wachsfigur, eine mechanisch bewegte Figur oder eine vom lebenden Schauspieler dargestellte Bühnenfigur ist, sofern nur eine dem wirklichen Leben nachgeahmte, wenn auch nicht photographieähnliche Erscheinung dem Beschauer vor Augen geführt, sofern nur die Identität einer bestimmten Persönlichkeit durch diese Darstellung zum Ausdruck gebracht wird.[16]"

Hiermit ist also der Grundsatz festgestellt, daß auch die Darstellung einer Person auf der Bühne dem Bildnisschutz unterliegt. Aber es ist noch die sehr wichtige *Einschränkung* zu betrachten, daß es sich ja zumeist um *Personen aus der Zeitgeschichte* handelt und mithin nach § 23 KunstUG. deren Bildnis zur Schau gestellt werden darf, wenn keine *Verletzung eines berechtigten Interesses* des Abgebildeten vorliegt. Entgegen also dem für den unberühmten Privatmann geltenden Recht, der (vgl. oben Fußnoten 5 und 10) die Benutzung seines Konterfeis durch den Schauspieler auch verbieten darf, wenn ihm damit geschmeichelt werden sollte und kein berechtigtes Interesse verletzt wird, würde hingegen KAISER WILHELM die Verkörperung nicht haben verbieten können und würde im Prozeß nicht gesiegt haben, wenn die Gestalt ihn ehrenvoll oder zum mindesten ganz wahrheitsgemäß wiedergegeben hätte. Deshalb ist wichtig, auch noch von den Ausführungen des KG., die in dieser Hinsicht wichtig sind, zu sprechen.

Das KG. nannte als Beispiele der Verletzung berechtigter Interessen u. a., daß die Figur in eine Revue hineingesetzt ist, die neben zeitgeschichtlichen Darstellungen obszöne Bilder darbietet, oder daß auffallende Geschmacklosigkeiten in der äußeren Erscheinung achtungverletzend wirken. Dann führt das Urteil grundsätzlich aber unter besonderer Bezugnahme auf diesen Fall KAISER WILHELM contra PISCATOR aus: „Auch dann, wenn eine solche Persönlichkeit in Handlungen ihres öffentlichen Lebens gezeigt wird, welche sie in ungünstigem Lichte erscheinen lassen, besteht für sie kein Widerspruchsrecht, solange der Autor — wenn er auch nicht mit der Treue des Historikers die Figur zu zeichnen braucht, sondern mit dichterischer Freiheit gestalten darf — es dem Zuschauer ermöglicht, *aus dem Eindrucke der Handlungen dieser Figur, welche in den charakteristischen Hauptmomenten wahr sein müssen, sich selbst das Urteil zu bilden.* Diese Voraussetzung muß unbedingt vorhanden sein, um diese schwere Einschränkung des besonderen Persönlichkeitsrechtes eines Mannes der Zeitgeschichte rechtfertigen zu können, welche in der Pflicht liegt, seine Bühnenverkörperung im allgemeinen

[16] Das KG. geht auch noch auf die Frage ein, ob § 22 KunstUG. auch *das „geistige Bildnis"* betrifft, das durch das gesprochene Wort wiedergegeben werde; wenn es auch diese Ausdehnung des § 22 ablehnt, so erblickt es doch in der Zutat der Wort- und Diktionscharakteristik eine *Verstärkung* der bildlichen Wiedergabe.

Interesse im Gegensatze zu den nicht im öffentlichen Leben an besonderer Stelle stehenden Personen zu dulden.“

Unter Anführung der Beweise für die tendenziöse Darstellung und sich stützend auf das die historischen Fälschungen nachweisende Gutachten des Historikers Dr. Timme, sagt das Urteil abschließend: „Solche Art der dramatischen Charakterisierung durch *willkürliche Einfügung* in einen als verabscheuungswürdig gekennzeichneten Bilderkreis verstößt gegen das berechtigte Interesse, welches, wie oben dargelegt, es erfordert, daß bei einer Darstellung nur die Szene selbst zum Tribunal wird, d. h. daß nur durch eigene Handlungen der Figur mittels des vom Zuschauer empfangenen Eindrucks ein bestimmtes Charakterbild und damit ein Urteil entsteht. Es liegt hier der Fall nicht anders, als wenn z. B. jemand in einen Bilderbogen hineingesetzt wird, in welchem im übrigen durchweg minderwertige Typen abgebildet sind.“

Man vermag hieraus also auch für andere Fälle zu ersehen, nach welchen Gesichtspunkten bei Personen der Zeitgeschichte zu beurteilen ist, ob eine Verletzung des berechtigten Interesses vorliegt.

Insbesondere ist hier zum Schluß noch des Falles der *Karikatur* zu gedenken. Karikierte Bildniswiedergabe kann grundsätzlich zunächst nur dem gleichen Recht wie nichtkarikierte unterliegen, insofern als auch ein solches Bildnis von dem gewöhnlichen Sterblichen untersagt werden darf, von der Person der Zeitgeschichte aber nur, falls berechtigte Interessen verletzt werden. Nun ist mit Recht gesagt worden, daß, wer an der Straße baut, auch ein gewisses Kritisieren sich gefallen lassen müsse, und somit können Personen der Zeitgeschichte nicht in besonderer Empfindlichkeit jede Karikatur verbieten; aber eine Grenze, wo die freie Kritik aufhört und die beleidigende Verzerrung anfängt, wird sich nach allgemeinen Grundsätzen auch hier finden lassen, und die Überschreitung dieser Grenze verstößt gegen das Gesetz, das dem Abgebildeten Schutz gegen Verletzung seiner berechtigten Interessen gibt. Mag die Karikatur künstlerisch sein und insofern Urheberrecht für sich beanspruchen dürfen, an die Grenze des § 23 KunstUG. ist auch sie gebunden, denn wer gegen ein nicht karikierendes Abbild vorzugehen berechtigt ist, muß es auch gegen ein karikierendes sein[17].

---

[17] Hirsch, E.: Karikaturrecht. Arch.f.Urh.R. 2, 522ff,; Elster: Urheber- und Erfinderrecht, S. 186, 192; Schünemann: GRUR. 1928, 559ff.; Osterrieth-Marwitz, Komm. z. Kunstschutzgesetz S. 165/66, wo treffend *gegen* Kohler, Allfeld und Fuld u. a. ausgeführt wird: „Die gegnerische Ansicht führt zu unannehmbaren Folgen. Nach ihr besteht ein Schutz gegen die Veröffentlichung einer ernsten Darstellung, nicht aber einer Karikatur, obwohl letzteres dem Dargestellten erheblich unangenehmer sein wird als das erstere. Und das ernste Bildnis bleibt geschützt, wenn es in eine karikierende Umgebung gebracht wird . . . Wir sehen in der Karikatur ein Bildnis. Eine unzuträgliche Einschränkung der künstlerischen Betätigung folgt hieraus nicht.“

III. Film-Urheberrecht.

§ 15. Das Urheberrecht am Film.

Wem das Urheberrecht am Film zusteht, ist im Einzelfall häufig schwer festzustellen; um so schwerer, wenn man sich über die Grundsätze nicht klar ist. Die Schwierigkeiten haben mehrere Ursachen. Eine dieser Ursachen ist die Eigenart des Films, der sich aus einer ganzen Anzahl verschiedener Schaffensakte und Schaffensarten zusammensetzt; eine andere, mit der ersten eng zusammenhänge Ursache ist die kapitalistische und organisatorische Übermacht der Filmindustrie. Die einschneidendste Ursache für die Umstrittenheit des Filmurheberrechts liegt aber wohl darin, daß man bei jeder neuen technischen Kategorie des Geisteswerkschaffens die neue Technik für das auch juristisch Ausschlaggebende hält, während in Wahrheit auch hier nur die anerkannten Grundsätze des Urheberrechts angewendet zu werden brauchen, um zur richtigen Beantwortung auch der Filmurheberrechtsfrage zu führen. So kam der Budapester Kongreß der Association littéraire et artistique internationale und der Internationalen Vereinigung für gewerblichen Rechtsschutz bei der Erörterung der urheberrechtlichen Probleme des Tonfilms ganz zwangsläufig und unversehens in die urheberrechtlichen Probleme des Films überhaupt und empfahl schließlich als Ergebnis einen Abs. 3 für den Art. 14 der BernÜb. mit dem Wortlaut: „Das Urheberrecht am Werke der Kinematographie steht den geistigen Schöpfern zu." Das ist nun urheberrechtlich nichts Neues, sondern ein Gemeinplatz, aber sachlich richtig. Es fragt sich nur, wie man den geistigen Schöpfer zu ermitteln habe.

Das Werk genießt, je nach seiner Eigenart, Schutz als *originales Schriftwerk*, als *Bildwerk*, als *Photographie*, als *Bearbeitung* eines Schriftwerkes — zugleich genießt der Urheber eines Werkes auch Schutz *gegen* kinematographische Wiedergabe.

Dies beruht im einzelnen auf folgenden Bestimmungen und Lehren.

1. Fälle der „Filmung"[1]. a) Das Filmwerk ist als *originales Schriftwerk* gemäß § 1 Abs. 1 LitUG. und § 15a KSchG. geschützt. Es ist heute kaum noch bestritten, daß das Filmwerk, sofern es literarisch-

[1] Filmung heißt — im Gegensatz zu Verfilmung, s. unten — die Ausführung der Filmschöpfung, während Verfilmung die Übersetzung einer andersartigen Schöpfung in eine Filmschöpfung bedeutet.

lramatischen oder belehrend-literarischen Inhalts ist, also sofern es ›inen als Handlung gedachten Vorgang zeigt, als *Schriftwerk* zu gelten ıat, da die *Art* der „schriftlichen" Niederlegung für den Schutz gleichgültig ist. § 15a KunstSchG. betrifft deutlich den *literarischen* Urheberschutz, da er von „Anordnung des Bühnenvorganges" und „Verbindung ler dargestellten Begebenheiten" spricht. Wenn man[2] ihm nur (nach § 1 Abs. 2 LitUrhG.) einen Schutz als pantomimisches Werk zusprechen will, so ist das zwar gegenüber der anderen Auffassung, daß es Schriftwerkschutz genieße, nicht von erheblicher *praktischer* Verschiedenheit, ıber doch *grundsätzlich* falsch. Denn choreographische und pantomimische Werke haben zumeist andere als rein dramatische Aufgaben, und lediglich pantomimisch ist sogar der stumme Spielfilm zumeist nicht (im Gegensatz zum Trickfilm wie Micky-Maus), vom Sprechfilm ganz abgesehen!

„Soweit bei der Niederlegung die Sprach- und Schriftform verlassen wird und andere Ausdrucksmittel gebraucht werden, um die gewollten Darstellungsvorgänge festzulegen, ist durch § 1 Abs. 2 LitUG. der Begriff les Schriftwerkes auf diese anderen Ausdrucksmittel ausdrücklich erweitert", sagt das Kammergericht in einer Entscheidung[3]. Ausdrücklich heißt es in Art. 14 Abs. 2 der Rev. BernÜb.[4]: „Den gleichen Schutz wie Werke der Literatur oder Kunst genießen selbständige kinematographische Erzeugnisse, sofern der Urheber dem Werke die Eigenschaft eines Originalwerkes gegeben hat." Dies ist in § 15a KSchG. (s. oben) sinngemäß übernommen. Mithin ist nicht das Bild, sondern der *Vorgang* der Inhalt der literarischen Filme, die aus diesem Grunde (Handlung, nicht nur photographische Aufnahme) Schriftwerkschutz in vollem Umfange genießen (30jährige Schutzdauer, Schutz gegen Plagiat, Vervielfältigung und Aufführung, nicht etwa nur gegen Nachdruck des Drehbuches).

Als Schöpfer des Films in *dieser* Hinsicht erscheinen namentlich der Manuskriptverfasser (Drehbuchautor) und der Regisseur.

b) Das Filmwerk als *Bildwerk* genießt gemäß §§ 1 und 15 KunstSchG. Schutz. Auch ohne photographiert zu sein, hat das *gestellte* Filmwerk Kunstschutz zu beanspruchen. Hier ist Gegenstand des Schutzes nicht nur das Bühnenbild und die Bauwerke, sondern auch die aus Natur und gestellten Teilen zusammengesetzte Inszenierung, das Bildhafte des Vorganges, die Eigenart der szenischen Anordnung, der kostümlichen und sonstwie komponierten Bildwirkung, und namentlich auch der gezeichnete (Trick-)Film. Auch Einzelheiten, wie etwa eine Golem-Gestalt oder der bekannte Lindwurm des Nibelungenfilms, können Kunstschutz genießen.

---

[2] Wie neuerdings auch wieder E. Hirsch: Film-Verwertungsverträge, S. 11. Diss. Leipzig 1930.

[3] JW. 1922, 1457.

[4] In der Fassung der 1928er Revision der Berner Übereinkunft.

Als Schöpfer des Films in dieser Hinsicht erscheinen insbesondere: der Regisseur, der Gestalter der Bauten, der Bühnenbildner, der Graphiker und zeichnende Künstler.

c) Das Filmwerk als *Photographie* genießt gemäß §§ 1 und 15 KunstSchG. Schutz. Hierdurch ist die bewegte Wiedergabe rein natürlicher Vorgänge (Lehrfilm, Naturfilm) und die Filmreportage (Wochenschau), sowie insbesondere auch die Photographie des gestellten Films (als photographische Wiedergabe gegen weitere photographische Wiedergabe) geschützt.

Dieser Schutz gebührt also in erster Linie dem Operateur (Kameramann).

Hier tritt aber bereits *die Unterscheidung zwischen Drehbuch, Aufführung und Filmung* hervor, die man sich klar machen muß. Während es sich bei den reinen Natur- und Begebenheits-(Reportage-) Filmen um eine unmittelbare Filmung handelt, ohne vorherige Aufführung, geschweige denn ein literarisches Drehbuch (Manuskript), ist der Vorgang bei den dramatischen Filmen *eine Filmung der Aufführung, die auf Grund des Drehbuches und der Anordnungen des Regisseurs geschieht.*

Klar ist jedenfalls, daß sich das Urheberrecht am Film — entsprechend der zusammengesetzten Gestalt des Films überhaupt — *aus verschiedenen Teilen und Arten zusammensetzt* und grundsätzlich — soweit nicht arbeits- oder vertragsrechtliche Modifikationen dazwischentreten — jeder der Beteiligten das Urheberrecht an demjenigen Teil des Gesamtwerkes hat, der auf *seinem* Schaffen beruht. Daß dies in der Praxis zu Unzuträglichkeiten führen kann und mithin in weitgehendem Maße eine — ausdrückliche oder stillschweigende — vertragliche Übertragung dieser Urheberrechtsanteile auf eine einzige Person (meist den Unternehmer) zur Folge haben kann, ist verständlich und in ziemlich weitem Maße anzunehmen. Um aber die normalen urheberrechtlichen Ansprüche der an der Filmherstellung Beteiligten zu ergründen, darf gerade hier nicht formalistisch und kleinlich vorgegangen werden. Abwegig ist die von FAGG[5] und LION[5] ausgesprochene Ansicht, daß der Film gar keine Urheberrechtsverletzung eines Schriftwerks sein *könne,* weil er kein Schriftwerk sei, und daß es z. B. für ein Drehbuch nur Schutz gegen Nachdruck gebe. Eines Drehbuchs wesentlicher Wert und Sinn ist nicht das Wort, sondern die durch das Ausdrucksmittel des Wortlauts vor dem geistigen Auge bereits *als Film* aufgebaute Handlung mit größerer oder geringerer Ausführung der begleitenden

[5] FAGG, I. A.: Urheberschaft und Urheberrecht am Film. Berlin 1928; vgl. meine Besprechung in JRundsch. 1928, 162. — LION, E.: Der Schutz gegen sogenannte Verfilmung von Schriftwerken. GRUR. 1927, 218; dazu ELSTER: Verfilmung ohne Urheberrechtsverletzung? GRUR. 1927, 285.

sichtbaren (oder hörbaren) Einzelheiten[6]. Auch das wirtschaftliche Interesse, die „soziologische Funktion“[7] des Drehbuchs (und seines Verfassers) liegt nicht in dem Schutz gegen Nachdruck, sondern in dem Schutz gegen unberechtigte Filmung und in dem (idealen und realen) Lohn für die ausgeführte Filmung.

Daß als der „Drehbuchautor“ nicht nur der Manuskriptverfasser, sondern namentlich auch der *Regisseur* und unter Umständen der *Unternehmer* (Fabrikant) erscheinen können und mithin als Anwärter auf das Urheberrecht am Film wesentlich in Betracht kommen, hat folgende Gründe:

a) Theoretisch berechtigte Gründe: Der *Regisseur* hat zumeist eigenschöpferisch mitzuwirken — ganz im Sinne der Ausführungen oben im § 12 über das Recht an der *Inszenierung*. Was dort für das Theater ausgeführt ist, gilt hier *für den Film in erhöhtem Maße*. Die schöpferische Inszenierung hat Anspruch auf Urheberrecht; sie ist beim Film noch wesentlicher, notwendiger, häufiger als beim Bühnenwerk. Und soweit der *Unternehmer* in dieser Hinsicht selbst mitwirkt (im Einzelschaffen wie auch im Zusammenfassen zu einem Ganzen wie auch im mittätigen Anregen), kann dieses Urheberrecht von vornherein auch in *seiner* Person entstehen; doch ist dies oft ein Rechtsmißbrauch gegenüber dem originären Urheberrecht des Verfassers und des Regisseurs.

b) Praktische Gründe: Das *Unternehmer*-Urheberrecht am Film, sagt man, gehe auf das große Risiko der Filmherstellung zurück, sowie auf die Umständlichkeit der vielen Urheberrechtsanwartschaften (vom Drehbuchautor und Regisseur bis zu all denen, die im „Vorspann“ des Films genannt werden). Diese Vielheit sei unmöglich, es müsse ein Einzelner berechtigt sein. *Bequem* freilich — aber *nur* das — ist solche Annahme eines Urheberrechts für den Unternehmer[8]; es ist kapitalistisch und arbeitsrechtlich, aber nicht urheberrechtlich gedacht. Das Urheberrecht des Unternehmers entsteht in Wahrheit — von Ausnahmen abgesehen — nicht originär bei dem Unternehmer, sondern durch eine aus dem Arbeitsvertrag sich ergebende Zession (Übertragung), die als übliche stillschweigend sein kann oder, wo sie nach Lage der Dinge sonst nicht anzunehmen wäre, ausdrücklich vorgenommen sein müßte. Aber *nur*, wenn diese Übertragung nachgewiesen werden kann, ist ein Urheberrecht des Filmunternehmers an dem dem Drehbuch entsprechen-

[6] Gleicher Ansicht ist auch GOLDBAUM: Filmverlagsrecht an drehreifen Büchern. Berlin 1919, und BRENNERT: Urheber und Film. Berlin 1920. Neuerdings in überzeugender Darlegung ANDRITZKI: Das Urheberrecht des Drehbuch-Autors. Berlin 1931. Vgl. auch unten § 17.

[7] Vgl. CARO: Arch.f.Urh.R. 3, 111.

[8] Namentlich von GOLDBAUM vertreten, von ERLANGER: GRUR. 1930, 391ff. verteidigt, vorwiegend gegen MARWITZ-MÖHRING, die in ihrem Kommentar klarer und richtiger differenzieren.

den Film anzunehmen, da es andernfalls mit den sonst geltenden Lehren über das Urheberrecht *nicht* in Einklang zu bringen ist[9].

Dieser Umstand, daß das Ergebnis — so gefaßt — tatsächlich nicht mit den geltenden Lehren über den Erwerb des Urheberrechts übereinstimmt, erklärt auch die Verwirrung, die angerichtet wird, wenn die „praktischen" Gründe in den Vordergrund geschoben werden und ein Urheberrecht des Unternehmers am Film als starke Regel aufgestellt wird. Immer mehr zeigt sich, daß damit, sobald die Filmschaffenden nicht gewillt sind, sich der kapitalistischen Macht der Unternehmer zu beugen, ein Zustand völliger Unklarheit und Rechtsunsicherheit herbeigeführt worden ist. Das kommt von solcher Kategorienmethodik, die das Urheberrecht an eine soziale Gruppe (z. B. den Unternehmer) geben will, anstatt bei dem Grundsatz zu bleiben, daß es dem Schaffenden gehört, mag er sonst sein, wer er will[10]. Daß der *Regisseur* hier eine bedeutende Anwartschaft auf das Urheberrecht am Film hat, leuchtet ein; und wenn man auch die endgültig zusammenfassende Formgebung des Films seinem Schaffen zurechnet und ihm daher häufig das Urheberrecht an dem Film als Ganzem zusprechen darf, so geht es doch nicht an, ihn ohne weiteres auch zum Träger des originären Urheberrechts des Drehbuchverfassers zu machen, *wenn dieser* das Maßgebende für Form, Gedankenbau und Ausgestaltung des Films als *Geisteswerk* vorgezeichnet hat. Es muß auch hier immer der Satz gelten: auctor est, quem opus demonstrat; und wer das im Einzelfalle ist, ist Tatfrage und muß jeweils tatsächlich ergründet werden.

Dem Unternehmer darf natürlich nicht genommen werden, was kraft Schaffens ihm gebührt: hat er selbst an dem Werk (der Idee, der Form, der Inszenierung usw.) mitgeschaffen oder sie mittätig angeregt, so hat er auch teil am Urheberrecht. Haben Autor und Regisseur das Werk so als Ergebnis des Zusammenarbeitens im Unternehmen geschaffen, daß sich Einzelanteile am Schaffen kaum mehr unterscheiden lassen, so ist ebenfalls Urheberrecht (oder Miturheberrecht) für den Unternehmer anzunehmen. Arbeitet der Regisseur als Vertreter des Unternehmers oder der Unternehmer selbst oder die von ihm engagierten Kräfte (Schauspieler, Techniker) geistig-schöpferisch an dem Film mit, so entsteht, ähnlich wie bei einer Etablissementserfindung[11], das Urheberrecht entweder ganz für den Unternehmer oder als Miturheberrecht mit Autor und

---

[9] Es ist ähnlich wie bei der sogenannten Angestelltenerfindung, bei der man Diensterfindung, Betriebserfindung und freie Erfindung unterscheidet (auch Erlanger: GRUR. 1930, 392, erkennt dies, ohne jedoch die richtigen Folgerungen durch Differenzierung zu ziehen). Haben der Autor und Regisseur das Werk als Ausfluß ihres Dienstes für den Unternehmer geschaffen, so muß der Einfluß des Dienstvertrages auf die eventuelle Urheberrechtsübertragung genau geprüft werden.

[10] Vgl. darüber oben § 12. [11] Vgl. Wertheimer: JW. 1922, 1183.

Regisseur (dies legt auch RG. nahe mit dem Hinweis auf die „Gemeinschaftsarbeit"). Treffend sagt HANS KYSER, der als Filmautor einen Namen hat, einmal (BZ. a. M. v. 1. Nov. 1926): „Ein Film ist ein Gesamtwerk, dessen dramaturgische Vorlage der Autor (mit welchen bitteren Zugeständnissen!) schafft, das aber erst seine Erfüllung und künstlerische Schönheit in der mehr oder weniger großartigen Gestaltung durch den Regisseur mit seinen künstlerischen Mitarbeitern erhält." Und ein andermal (Berl. Börs.-Cour. v. 2. Aug. 1929) nennt KYSER den Filmautor „einen Dichter des Auges, den Schöpfer einer Bildpartitur. Wenn sich etwa in der dramatischen Kunst unsere Phantasie des Mediums der Sprache bedient, um eine Handlung und Begegnung der Seele auszudrücken, so ist dieses Medium im Film das bewegliche Bild. Es muß erschaut und niedergeschrieben werden, und wäre diese Niederschrift auch nur die flüchtigste Skizze des geistigen Eindrucks. . . . Wellenschwingungen ergreifen uns und werden Sprache, Musik oder Bild. Das Filmbild, das nicht spricht, ist deswegen nicht stumm. Es ergreift uns oft stärker als jede Rede."

An der bisherigen Unsicherheit über die Zuerkennung des Film-Urheberrechts ist auch das RG. durch die Entsch. RGZ. 107, 62 nicht ohne Verantwortung. Es trifft nicht das Richtige und verkennt manche Tatsachen, wenn das RG. sagt: „Das drehreife Filmbuch ist nicht gleich oder ähnlich dem Bühnendrama. Der Filmunternehmer ist aber auch kein Theaterunternehmer. Letzterer führt an seiner Bühne ein oder mehrere Male zusagegemäß ein Stück auf. Ersterer ist Fabrikant einer Mengenware, die in alle Welt hinausgehen soll. Hierdurch und durch das so geschaffene geschäftliche Risiko fällt auf ihn ein größeres wirtschaftliches Schwergewicht; es sind dafür auch die finanziellen Aufwendungen anders zu bewerten." Dies und das dort weiter Ausgeführte sind zwar äußerliche Wahrheiten, die vielleicht (und auch das ist nicht einwandfrei) gegen den Verfilmungszwang schlechthin sprechen mögen, aber sie sind nicht dazu angetan, den Drehbuch-Autor und den Regisseur ganz um ihr Urheberrecht zu bringen; dazu fehlt es dem *rein* wirtschaftlich-finanziellen Gesichtspunkt an schlüssiger Kraft.

Die gleiche Unsicherheit betrifft aber auch die Stellung des Autors zum *Regisseur*, und dies fällt in das Gebiet der Bearbeitung bzw. der Verfilmung, auf das unten zu 2 näher einzugehen ist. Hierbei aber zeigt sich, daß man gerade bei der Regietätigkeit am Film nicht deutlich unterscheidet zwischen Filmung und Verfilmung (Bearbeitung) und daher den Regisseur zum Bearbeiter machen will auch da, wo er nur der Ausführer und Verwirklicher des Drehbuches, also des Autorschaffens ist. Hier zeigen sich alle die, z. T. schwierigen, Fragen, die u. a. schon bei dem Recht an der Theater-Inszenierung (oben § 12) besprochen worden sind. Darauf darf ich verweisen.

Über das Recht des mitwirkenden *Schauspielers* (Leistungsschutzrecht) aber gilt genau Gleiches, wie es oben § 13 für das Theaterrecht dargelegt worden ist (vgl. auch § 14 über das Recht an der Maske).

Gerade die beim Film so notwendig gewordene Klarstellung hat bei der Unterscheidung von Formgebung und Ausdrucksmittel und bei der Abgrenzung der Bearbeitung Pate gestanden. Bearbeitung ist Umgestaltung der Form eines Werkes oder — unter Umständen — auch Änderung des Ausdrucksmittels; *keine* Bearbeitung liegt vor, wo es sich nur um *Verwirklichung* des vom Urheber vorgeschriebenen Ausdrucksmittels handelt. Es wird behauptet, daß beim Film *stets* (und in ganz anderem Maße als beim Theaterregisseur) der Regisseur Neuschöpfer gegenüber dem Drehbuchautor in allen Teilen des Werkes ist, während der Bühnenregisseur „Gehilfe des Dichters" ist[12]. Das mag in der überwiegenden Mehrzahl der Fälle zutreffen. Aber es kann *hier* anders sein[13] und *dort* kann es anders sein. Nicht ein genereller Kategorienunterschied zwischen Film und Theater kann behauptet werden, wohl aber kommt es hier wie dort auf die *Tatsachen* und die *Wahrheit* des *Einzelfalles* an. Umsetzung der Beschreibung in die Gebärdensprache, wie RGZ. 107, 65 sagt („An Stelle des Wortes als Ausdrucksmittels muß die Gebärdensprache treten; gleichzeitig findet aber die Umsetzung in eine andere Kunstgattung statt"), ist schief gesehen und verkennt die Bedeutung des Ausdrucksmittels[14].

Hat der Autor wirklich ein „*drehreifes*" Manuskript geliefert — *darauf* kommt es an —, so ist *sein* Geistesgut, was vor dem Kurbelkasten aufgeführt wird, falls der Regisseur nicht grundlegende oder einschneidende Änderungen vornimmt. Dies wird anscheinend jetzt auch in Filmfachkreisen anerkannt (trotz des unten im § 17 besprochenen „Normal-Manuskriptvertrags"), denn Fr. Raff hat (laut Film-Kurier Nr. 294 v. 13. Dez. 1930) in einem Rundfunkvortrag über den Filmautor u. a. ausgeführt: Der Filmschriftsteller sei die geistige Hauptperson, der Vor-Regisseur des Films. Die Zurücksetzung seiner Person und seines Namens sei unbegründet und falsch, die Ausarbeitung des Drehbuchs von grundlegender Bedeutung für den Film. R. wandte sich ferner gegen das Hetztempo, das dem Filmautor in der Industrie, „die die wenigste Zeit hat", in der Regel zugemutet wird, und gegen die „Kollektiv"-Arbeit von vier, fünf und sechs Autoren an einem Drehbuch. Besondere Verwicklungen ergäben sich aus der dem fertigen Film gegenüber mangelnden Unterscheidungsmöglichkeit zwischen der Arbeit

---

[12] Letzteres in RGZ. 107, 64 in viel zu prononzierter Weise.

[13] S. oben § 12.

[14] Vgl. Elster: Formgebung und Ausdrucksmittel usw. Arch.f.Urh.R. 2, 595 u. 3, 371.

des Autors und dem Verdienst der Regie, solange nicht dem Kritiker auch das Drehbuch zur Beurteilung vorgelegt würde. Auch POMMER äußerte sich ähnlich in einem Vortrag (vgl. Film-Kurier, Nr. 233 v. 5. Okt. 1931).

Daß es überhaupt keine in solchem Sinne drehreifen Filmmanuskripte gebe, wird behauptet, ist aber Tatfrage, die jeweils bewiesen werden müßte. Auch mag dies in den Anfängen des Films der Fall gewesen sein; jetzt aber haben es die Autoren gelernt, die für den Film schreiben. Der Filmautor, der ein drehreifes Buch liefert (als Eigenschöpfung), hat Urheberrecht an diesem Werk auch in der Verkörperung des Films kraft eigenen *geistesschöpferischen* Rechts, auf dem ja alles Urheberrecht letzten Endes beruht[15]; denn er hat dieses Filmbuch nicht als Buch zur Lektüre, sondern *wettbewerbrechtlich* für die *Filmung* geschrieben — und steht mithin urheberrechtlich etwa wie der Symphoniker da, der seine Symphonie nicht zum Lesen, sondern zum Gespieltwerden geschrieben hat. Ist jedoch das Filmmanuskript nur eine Art Beitrag zu einem Film, Niederlegung einer Idee, die, wenn auch für sich allein schon verwertbar, den Film noch nicht geistig ganz geformt hat, so ist es deutlich, daß sie noch der Mitschöpfung Anderer bedarf und ihre urheberrechtliche Auswirkung beschränkt sein muß. Sehr beachtlich ist in dieser Hinsicht ein Beschl. des KG. v. 28. April 1923[16], wo zwar die Unternehmung als juristische Person als urheberrechtsfähig anerkannt wird, aber auch hier das Kriterium mit Recht auf die wirkliche geistig-schöpferische Tätigkeit abgestellt und der Gedanke eines Miturheberrechts nach dem ganzen Sinn des Urteils nicht abgelehnt wird. Näheres hierüber unten im § 17. Es wird sich immer fragen müssen, *wer* das *Maßgebende* an der *Formung des Werkes* geleistet hat.

2. Fälle der Verfilmung. Entsteht das Filmwerk durch *Bearbeitung* anderer Werke, so handelt es sich um den Vorgang der „Verfilmung".

1. Der Schutz der Verfilmung beruht auf:

a) § 13 LitUG., wenn die „Bearbeitung" — infolge *freier Benutzung* — zu einer „eigentümlichen Schöpfung" geworden ist; es ist dann ein selbständiger Schutz für den freischöpfenden Benutzer gegeben;

b) § 12 LitUG. und § 15 Abs. 2 KschG., wenn eine *abhängige Bearbeitung* vorliegt; dann erstreckt sich zwar der Schutz für den Schöpfer des Originalwerkes auch auf die Bearbeitung; daneben aber besteht ein — in seiner Ausübung von der Genehmigung des Originalschöpfers abhängiger — Schutz für den Bearbeiter gegen weitere Wiedergabe. Vgl. hierfür Art. 14 Abs. 3 der Rev. Berner Übereinkunft: „Unbeschadet

[15] Diese Meinung vertritt auch, meinen Darlegungen in früheren Aufsätzen im wesentlichen folgend, ANDRITZKY: Die Rechtsstellung des Drehbuchautors. Berlin 1931, freilich mit abwegiger Auffassung über das Recht der „Bearbeitung".

[16] MuW. 1923, 14/15.

der Rechte des Urhebers am Originale wird die Wiedergabe oder Bearbeitung eines Werkes mittels der Kinematographie wie ein Originalwerk geschützt."

Liegen ein Originalwerk und eine berechtigte Bearbeitung vor, so bedarf die Verfilmung der Bearbeitung (als neue Bearbeitung) der Einwilligung sowohl des ursprünglichen Verfassers wie des Bearbeiters[17]. Der Bearbeiter darf nicht selbständig eine weitere Bearbeitung (Verfilmung) vergeben, denn in § 12 Nr. 6 LitUG. ist ausdrücklich das Filmwerk unter die dem Originalurheber vorbehaltenen Bearbeitungen (durch Nov. v. 22. Mai 1910) aufgenommen. Man darf bei den Fragen der Verfilmung weder die Bedeutung des Literaturwerkes noch des Filmwerkes unterschätzen. Diese Bedeutung liegt weniger in der Verschiedenheit des Ausdrucksmittels als in dem Sujet, das „ziehen" soll. So kann auch nach einem guten Originalfilm ein Roman geschrieben werden. Warum aber hat der Film Anleihen bei der Literatur gemacht? Warum gibt es überhaupt „Verfilmung" statt (oder neben) der originären Filmung? Weil der Film *Ideen* brauchte zur *Handlung*; weil er *Handlung* brauchte, die *Interesse* weckt. Es gibt freilich auch echt filmische (gänzlich unliterarische) Handlung der — namentlich amerikanischen — „Lustspiele" (BUSTER KEATON und ähnliche) oder der Micky-Maus-, Kater Felix-, Flickie-Flockie-Trickfilme, die keiner Anleihe beim Dichter und Schriftsteller bedürfen; aber daß derlei Stücke nicht ausreichen, um dem Filmbedürfnis zu entsprechen, bedarf ja gar keines Beweises.

Wie weit eine Verfilmung eines Schriftwerkes sich als eigentümliche Schöpfung darstellt, ist eine eigene Frage, unabhängig von der Tatsache der bloßen Änderung des Ausdrucksmittels (Wort oder Bild) für die gleiche Handlung. Das folgt den aus §§ 12 und 13 LitUG. zu entnehmenden Lehren und bedarf für den Film keiner abweichenden Erörterung. Denn auch bei der Abhängigkeit eines Schriftwerks von einem anderen würde die bloße Veränderung aller Worte bei gleichbleibendem Gang der Handlung, gleichbleibender Charakterzeichnung ein Plagiat sein[18].

2. Es sind wiederholt Streitfälle darüber vorgekommen, ob und wieweit *bei einer Urheberrechtsübertragung auch das Recht zur Verfilmung* auf den Erwerber des Urheberrechts übertragen worden ist. Es handelt sich dabei im wesentlichen um die Auslegung des obengenannten § 12 Ziff. 6 LitUG. und die entsprechende Auslegung der Urheberrechtsübertragungsverträge.

So hatte z. B. eine Filmgesellschaft von dem Verleger der Operette „*Das Musikantenmädel*" die Urheberrechte an der Operette erworben.

[17] KG. v. 16. April 1922, GRUR. 1923, 140.

[18] Darüber Näheres unten im § 18; vgl. auch oben § 3.

Die Verfasser des Text- und Regiebuches erhoben Einspruch mit der Betonung, daß das Verfilmungsrecht *nicht* mit übertragen sei. Der Rechtsstreit ging um die Auslegung des Übertragungsvertrags[19]. An sich bleiben Rechte wie das Verfilmungsrecht beim Verfasser, wenn sie nicht ausdrücklich mit übertragen sind. Aber der Wortlaut des Vertrages lautete sehr umfassend. Nach ihm „verkauften Librettisten an den Musikverleger das Text- und Regiebuch zu der Operette ‚Das Musikantenmädel' . . . für alle Zeiten und mit allen gegenwärtig und künftig fließenden Rechten, auch den sämtlichen Übersetzungs- und Aufführungsrechten, sowie dem Rechte des Bühnenvertriebs und der Aufführung für alle Länder". „Dies könnte", sagte das Reichsgericht, „nach dem sehr weit gefaßten Wortlaut so verstanden werden, daß der Wille dahin gegangen sei, alle damaligen und künftigen Urheberrechte, gleichviel welcher Art, sollten übertragen werden."

Solche Auffassung lehnte aber das Reichsgericht wie das Kammergericht (als Vorinstanz) ab. Es hieß dort u. a.: „Die Befugnis, Werke durch kinematographische Darstellung wiederzugeben und öffentlich aufzuführen, sei zur Zeit des Vertragsabschlusses immerhin schon bekannt gewesen und hätte den Gegenstand vertraglicher Abmachungen bilden können. Durch die nachträglich in das Gesetz betr. das Urheberrecht an Werken der Literatur und Tonkunst eingefügten Vorschriften (§ 12 Abs. 2 Nr. 6, § 14 Nr. 5 — vgl. auch VerlG. § 2 Abs. 2 Nr. 5 —) sei sie nicht als etwas völlig Neues, als ein dem Verkehr bis dahin unbekanntes oder wenigstens ungeläufiges Gebilde aufgetaucht. Aber nach Zweck und Umständen des Vertrags über Text- und Regiebuch habe es dem Parteiwillen nicht entsprochen, die Verfilmungsbefugnis hier in die übertragenen Urheberrechte einzubeziehen. Denn F. habe als Musikverleger — so nennt ihn der Vertrag im Eingang und dann ausdrücklich nochmals im § 2 — das Verlagsrecht an der Operette erwerben wollen. Zu diesem Zweck nur habe er das Urheberrecht am Text- und Regiebuch erstrebt. Selbständige Verwertung dieses Schriftwerks sei nach dem Vertragszweck gar nicht in Frage gekommen."

Die Zwecktheorie hat einen richtigen Kern, ist aber als Auslegungsregel nur mit großer Vorsicht zu gebrauchen, da ja der „Zweck" sehr verschiedener Ausdeutung fähig ist[20] und von dem einen Vertragspartner anders angesehen werden kann als von dem anderen. Soweit aber die Linie nach Treu und Glauben mit Rücksicht auf die Verkehrssitte festgelegt werden *kann*, ist die Frage nach dem Zweck des Geschäftes für die Auslegung keineswegs gleichgültig: denn es muß gewiß als

[19] RGZ. 118, 282 = JW. 1928, 358 mit Anm.

[20] Vgl. Goldbaum: Urheberrecht, S. 237; dazu Friedemann: Arch.f.Urh.R. 1, 540.

übertragen gelten, was nach dem Sinn und Zweck des Vertrages dazu gehört, Abseitiges aber nicht. Dennoch ist dieses Urteil bedenklich. Denn es kommt nach juristischen Auslegungsregeln nicht so sehr darauf an, ob die Parteien an eine gewisse Rechtsfolge *gedacht* haben, sondern darauf, wie sie sie nach der ganzen Bedeutung ihres Vertrages ausdrücklich geregelt haben würden, *wenn* sie daran gedacht *hätten*. Dann wird maßgebend, ob nach Treu und Glauben mit Rücksicht auf die Verkehrssitte die Parteien ihre Abmachung über „alle gegenwärtig und künftig fließenden Urheberrechte" so umfassend ansehen *wollten*, daß sich der Übertragende auch der ihm damals noch unbekannten Rechte (Film, Funk) begab. Mir scheint, daß hierin das Reichsgerichtsurteil unbefriedigend ist, nicht vielleicht in seinem Ergebnis für den betreffenden Fall, wohl aber in seiner bedingungslosen allgemeinen Auffassung.

Unbeschadet der Besonderheiten dieses Falles ist jedenfalls grundsätzlich dem Autor eines Schriftwerkes das Recht der Verfilmung vorbehalten, auch wenn er das Urheberrecht übertragen hat, schon aus dem Grunde, weil die Verfilmung die Form des Werkes berührt und damit der urheberrechtliche Persönlichkeitsschutz hier zu wahren bleibt.

3. Filmungszwang und Wiederfilmung. Streitig ist schon wiederholt geworden, ob der Autor, der einmal das Filmungs- oder Verfilmungsrecht vergeben hat, dem Erwerber dieses Rechtes es so in die Hand gegeben hat, daß dieser

1. *die Filmung oder Verfilmung nach Belieben vornehmen oder unterlassen kann (Filmungszwang),*

2. *anderweitige und erneute Filmung oder Verfilmung (Wieder[ver]filmung)* verbieten darf, auch wenn er sie seinerseits unterläßt oder, nachdem sie geschehen und ausgenutzt ist, nicht mehr verwendet.

Der Fall 1 ist überwiegend vertragsrechtlicher Natur und wird unten im § 17 besprochen, der Fall 2 aber hat neben dem absolut urheberrechtlichen Charakter ebenfalls einen sehr starken vertragsrechtlichen Einschlag. Wenn man dies nicht auseinanderhält, können zutreffende Ergebnisse nicht gefunden werden.

Man muß aus diesem Grunde *Wiederverfilmung* von *Wiederfilmung* scharf unterscheiden.

Das *Problem der Wiederfilmung wie der Wiederverfilmung* kann im Laufe der Zeit immer wichtiger werden. Denn da die Technik des Films dauernd fortschreitet, der Geschmack sich ändert und insbesondere der Tonfilm den stummen Film fast völlig verdrängt hat, wird sowohl die originale Filmneuschöpfung, die ein früheres Filmwerk, anstatt das Negativ wieder zu benutzen, neu gestaltet, wie auch die Neuverfilmung von Schriftwerken von steigender Bedeutung werden.

Hat man doch schon am Quovadis-Stoff, Königin Luise, Student von Prag usw. Doppelverfilmung erlebt und wird immer wieder vor den Wunsch gestellt sein, einen früher vielleicht mit unzulänglichen Mitteln verfilmten Roman erneut und modernisiert herauszubringen oder einen Originalfilm (ohne Schriftwerkanlehnung) neu zu gestalten.

Es fragt sich nun, a) ob in solchem Falle die Filmgesellschaft, die den ersten Film rechtmäßig hergestellt, gespielt und ausgenutzt hat, die urheberrechtlichen Befugnisse daran in solchem Maße besitzt, daß sie ein Monopol auf Wiederfilmung mit Verbietungsrecht gegen Andere hat, bzw. b) ob das ihr zu einmaliger Filmung oder Verfilmung übertragene Recht erschöpft ist und an den Autor oder seinen Erben zu erneuter Weitergabe zurückgefallen und ihm zu weiterer Benutzung anheim gegeben ist. Beide Fragen (a und b) können erst dann schlüssig behandelt werden, wenn die verschiedenen Filmungs- und Verfilmungsverträge besprochen sind, was unten im § 17 geschieht. Denn es ist nicht möglich, ganz absolut, d. h. losgelöst von den internen Urheberrechtsverhältnissen an dem einzelnen Film, diese schwierigen Fragen zu beantworten. Der Satz etwa, daß, wer das Urheberrecht an dem Film hat, ihn auch beliebig verändern, neugestalten, wieder aufnehmen dürfe, ist selbstverständlich richtig, er bringt uns jedoch in der Praxis nicht viel weiter, weil es sich ja da um das Maß originaler Urheberrechtsbestandteile und übertragener Urheberrechtsbefugnisse handelt, die nur durch Auslegung, sei es von Vorgängen, sei es von Verträgen (Filmungsverträgen usw.) ermittelt werden können. Ist die Lage einwandfrei so, daß die Filmgesellschaft (der Filmunternehmer) das alleinige Urheberrecht an dem ganzen Film hat und alle etwa vorhanden gewesenen Einzelurheberrechte rechtmäßig abgefunden oder erworben worden sind, dann besteht kein Zweifel, daß die Filmgesellschaft eine eigenmächtige Wiederfilmung vornehmen darf. Aber *ob* diese erwähnten Voraussetzungen vorhanden sind, das beruht auf einer größeren Anzahl von Erwägungen urheberrechtlich-absoluter wie urheberrechtsvertraglicher Natur, so daß zuvor diese verschiedenen Arten der Filmungsverträge klargestellt werden müssen (s. § 17).

§ 16. Tonfilm-Urheberrecht[1].

1. *Wenn* der Tonfilm zum *Begriff und Umkreis des Films* gehört, so sollte man von vornherein annehmen, daß das Gleiche, was in § 15

---

[1] GOLDBAUM, W.: Tonfilmrecht. Berlin 1929 (Bespr. von CARO in Arch.f. Urh.R. 3, 111). Derselbe: Berner Übereinkunft 1928 (zu § 14). HOFFMANN, W.: Über den Tonfilm. GRUR. 1929, 1003ff. Derselbe: Bildfunk, Tonfilm und Tonbild. JW. 1929, 1179. ELSTER, A.: Tonbild und Bildfunk. Arch.f.Urh.R. 2, 255ff. ELSTER: Formgebung und Ausdrucksmittel II. Arch.f.Urh.R. 3, 380ff. MOSER, R. v.: Die Auswirkungen des Tonfilms für das Urheberrecht (Bericht für den

über das Urheberrecht am Film gesagt worden ist, auch für den Tonfilm gilt. Aber das ist aus einigen Gründen von manchen Stimmen im Schrifttum bestritten worden, und es sind insbesondere durch die Mitwirkung der Musik einige Sonderfragen aufgetaucht, die eine ergänzende Behandlung verlangen. Dabei ist von vornherein darauf hinzuweisen, daß diejenigen Fragen, die in Interessentenkreisen im Vordergrund stehen und oft kurzerhand als *das* „Tonfilmrecht" angesprochen werden — die *Zwangslizenz* und das *Tonfilm-Tantiemerecht für Musik* — Sonderfragen sind, die nur zum Teil aus der Erkenntnis des urheberrechtlichen Charakters des Tonfilms beantwortet werden können, zum Teil aber vorwiegend musikrechtlicher Natur sind. Über diese letztere Seite wird daher das Erforderliche unten im § 22 besprochen.

Es ist natürlich und begreiflich, daß, da das Filmurheberrecht noch vielfach umstritten ist und eine allgemeine Anerkennung der oben im § 15 gegebenen Lehren bisher nicht erreicht ist, durch Hinzutreten neuer, mit dem musikalischen Urheberrecht zusammenhängender Fragen die Sache nicht klarer wird. Trotzdem muß aus einer folgerichtigen Erfassung der Grundlagen und Grundlehren ein brauchbares Ergebnis zu erzielen sein. Wenn auch der Budapester Kongreß der Association littéraire et artistique internationale 1930 die Schwierigkeiten und Unklarheiten im Tonfilmrecht betont hat, so hat er doch das Richtige mit seinem Beschluß getroffen, der für den „filme muet, sonore et parlant" das Urheberrecht den créateurs intellectuels zuspricht und den Tonfilm (filme sonore) ausdrücklich dem Art. 14 des Berner Übereinkommens (Filmrecht) unterwirft und die in Art. 13 Abs. 2 für mechanisch-musikalische Instrumente zugelassenen Einschränkungen des Urheberrechts auch für die Musik dieser Filme nicht gestattet, auf welche Art auch die Musik in den Film eingegliedert sei („soit que cette musique fasse, par un moyen technique quelconque, partie intégrante de l'œuvre, soit que son enregistrement soit effectué en vue d'exécutions synchroniques"). Das Problem, ob neben den Werkverfassern, den créateurs intellectuels (deren Kreis natürlich be-

Kongreß der Assoc. litt. et artist. internat. in Budapest 1930). GRUR. 1930, 653. Cahn-Speyer, R.: Über die urheberrechtliche Natur des Tonfilms. GRUR. 1929, 543ff.; gegen ihn Elster: Arch.f.Urh.R. 3, 380. Rudloff: Urheberrechtsfragen des Tonfilms. Arch.f.Urh.R. 3, 459. Caro: Die Welt des Urheberrechts und das Tonfilmproblem, Arch.f.Urh.R. 4, 105ff.; dazu Marwitz ebd. 4, 301ff.; Roeber: Zur Methode der rechtlichen Behandlung des Tonfilms, Arch.f.Urh.R. 4, 270ff.; diese Abhandlung von Roeber, die erst bei der Korrektur dieses Abschnittes mir bekannt wird, bietet eine vorzügliche Klarlegung der drei Tonfilmrechts-Theorien: *Verfahrenstheorie* (Goldbaum), *Wirkungstheorie* ((Cahn-Speyer), *Einheitstheorie* (Elster), wobei diese letztere, so objektiv der Verfasser auch die Gegenüberstellung zu halten bestrebt ist, die geringsten Einwendungen erfährt.

liebig groß sein kann und nur vom Werk selbst und seinen Teilen legitimiert wird), auch die „réalisateurs" Urheberrecht erlangen, ist das gleiche wie beim stummen Film und kann in seinen *praktischen* Zweifelsfällen nur durch Heranziehung vertragsrechtlicher, insbesondere arbeitsrechtlicher Bestimmungen restlos gelöst werden. Es gibt aber jedenfalls keinen Fall bei der Tonbildwiedergabe eines geschützten Geisteswerkes, in welchem etwa der Schutz des Urhebers des Geisteswerks infolge der literarischen Vortragsfreiheit erschienener Werke wegfiele.

Wie die Filmung (s. oben § 15) ist auch die Tonfilmung ein *neuer* Akt der Vervielfältigung gegenüber dem Werk, so daß nicht der Musikalienverleger die Tonfilmung des ihm zum Verlag überlassenen Werkes gestatten kann, sondern daß diese Gestattung dem Komponisten vorbehalten ist[2]. Gleiches gilt z. B. für die Überlassung des Tonfilms an eine Sendegesellschaft, so daß dieses Recht zu erteilen nicht dem Erwerber des Filmungsrechts, sondern dem Urheber bleibt.

Wenn man unter „Tonfilm" *nur* die Fixierung von *Tönen* durch den Lichtbildstreifen versteht, die synchronistische filmische Wiedergabe von akustischen und optischen Vorgängen aber als „Tonbild" oder „Tonbildfilm" bezeichnet, so paßt natürlich vieles von dem, was man schlechthin über den in generellem Sinne gemeinten Tonfilm juristisch ausführt, nicht ganz. Der Ausdruck „Tonbild" oder (umständlicher) „Tonbildfilm" ist also der bessere Ausdruck; aber es wird schwer sein, ihn gegen den schnell vulgär gewordenen Sprachgebrauch „Tonfilm" für das *Ganze* des Tonbildfilms durchzusetzen. An dieser Unklarheit kranken viele der bisherigen Äußerungen über das Tonfilmurheberrecht.

2. Der „Tonfilm" in dem *engeren Sinne* der kinematographischen Tonwiedergabe allein kann als musikalisch-mechanische Instrumentenwiedergabe angesehen werden und dem Rechte der Sprechmaschinen und mechanisch-musikalischen Apparate und Instrumente folgen (*Zwangslizenz*). Aber hier liegt auch die Grenze dafür; *darüber hinaus* kann von Zwangslizenz bei Tonfilmen gar keine Rede sein, da das zusammengesetzte oder verbundene Tonbildfilmwerk weit über jenes enge, mit einer Ausnahmebestimmung zu Gunsten der Schallplattenindustrie versehene Gebiet weit hinausgeht und seinem ganzen Charakter nach zum Film gehört[3]. Er gehört juristisch und wirtschaftlich nicht zum Sprechtheater oder zum Konzertbetrieb oder gar zur Schallplattenindustrie. Gerade deswegen erscheint es ganz abwegig, die Ausnahmebestimmung der *Zwangslizenz* (§§ 22ff. LitUG.), die lediglich für die Schallplattenindustrie gemacht ist, auf den Tonbildfilm über-

[2] So auch GOLDBAUM: Tonfilmrecht, S. 22.

[3] Näher dargelegt in meinem Aufsatz „Tonbild und Bildfunk" in Arch.f.Urh.R. 2, 255ff.

tragen zu wollen, lediglich weil ein schallplattenähnlicher Vorgang in der *Vortechnik* mitwirkt (bei manchen Systemen, bei anderen nicht) und man versucht ist (aber ganz sinn- und sprachwidrig!), von dem Tonbildfilm als von einem musikalisch-mechanischen Instrument oder Apparat zu sprechen. Ganz unjuristisch aber wäre es, die Tonbildfilme, die mit schallplattenähnlicher Vortechnik arbeiten, anders zu behandeln als die anderen. Das Tonbild ist ein untrennbares Ganzes, dessen Urheberrechtsverhältnisse nicht nach verschiedener Vortechnik verschieden beurteilt werden können[4]. Damit aber entfällt die Zwangslizenz für das Tonbild, da es eine Zwangslizenz für den Film nicht gibt.

Die im RJMin. entworfene Novelle zum LitUG. (1930) sieht demgemäß auch eine ausdrückliche Bestimmung darüber vor, daß die Sätze über die Zwangslizenz auf den Tonfilm keinerlei Anwendung finden sollen. Mit Recht, denn das Wesentliche des neuen Vorgangs, der beim *Tonbild* in Erscheinung tritt, ist die *Synchronisierung* von Bild und Ton, sei es, daß diese durch Uno actu-Aufnahme und Uno actu-Wiedergabe, sei es daß sie durch nachträgliche Synchronisierung erreicht wird; das macht juristisch keinen Unterschied; das Wesentliche bleibt, trotz verschiedenartiger Technik, die Erzielung des Unus actus, d. h. der Synchronisierung. Mag die Technik beim Entstehen des Tonfilms auch hie und da — insbesondere nach manchen Systemen — recht nahe an die Schallplattentechnik herankommen, auf diese Technik — ich nannte es bereits „Vortechnik" — kann es für die juristische Behandlung des Tonfilms nicht ankommen; denn auch bei jener gesetzlichen Sonderbehandlung der Schallplatten ist nicht das technische, sondern das wirtschaftliche Moment der Grund für die Einführung der Zwangslizenz gewesen. Der endgültige *letzte* Akt aber des Tonfilms — mag die Vortechnik eine photographische oder eine schallplattenähnliche sein — ist ein *filmischer* Vorgang, kombiniert aus mehreren Ausdrucksmitteln. Es ist eine Kinematographie (Bewegungsaufzeichnung) behufs Wiedergabe natürlicher Bewegung des Tones wie sichtbarer Bewegung des Bildes, also eine *hörbare Kinematographie*. Auch die sprachliche Bezeichnung reiht ja den Tonfilm in die Filme ein, und insbesondere die wirtschaftlichen Gesichtspunkte tun das Gleiche.

3. Es haben sich die verschiedensten Einordnungen des Tonbildes in die Urheberrechtsgruppen als möglich (wenn auch nicht alle als richtig) erwiesen: Man hat die akustische von der optischen Wiedergabe begrifflich trennen wollen und, während man die optische den bisherigen Lehren über das Filmurheberrecht weiter zugeordnet ließ, die akustische den Regeln des musikalischen Urheberrechts unterzu-

---

[4] HOFFMANN, W.: Über den Tonfilm. GRUR. 1929, 1003 ff.; Bildfunk, Tonfilm und Tonbild. JW. 1929, 1179.; dsgl. in Buchh.-Börsenbl. 1929, Nr. 46, S. 201.

ordnen versucht, also eine Aufführung des Tonwerks, mindestens die „Vervielfältigung" oder „Wiedergabe" darin erblicken wollen. Dabei ergab sich bereits die Schwierigkeit, ob man die mechanische Wiedergabe, die eine „*Vor*führung" einer früher geschehenen *Auf*führung ist, wirklich als Aufführung des Tonwerks bezeichnen darf. Dies ist *nicht* angängig, weil Aufführung stets ein einmalig-persönliches Tätigwerden voraussetzt, während die Wiedergabe fixierter „Aufführungen" eben als Vorführung zu bezeichnen und auch rechtlich anders als die Aufführung zu behandeln ist[5].

Es handelt sich also beim Tonfilm in dem letzten maßgebenden Stadium um die vorführende Wiedergabe von Aufführungen, die vor dem Kurbelkasten und den Tonaufnahmeapparaten szenisch und musikalisch vor sich gegangen sind, sofern nicht überhaupt nur eine kinematographische Wiedergabe von natürlichen Vorgängen (ohne gestellte Aufführung) geschieht. Jedenfalls zeigt sich auch hier der für den Film typische, von GOLDBAUM als „immaterielle Kombinationsidee" bezeichnete Vorgang.

Es werden daher folgendermaßen die verschiedenen Fragen zu beantworten sein:

a) Es wird ein *Naturfilm* als Geräuschfilm oder ein tönender Trickfilm aufgenommen, also jetzt infolge der neuen technischen Errungenschaften nicht nur optisch, sondern einschließlich von Tönen (Meeresbranden, Gewitter, Tierstimmen usw.), die evtl. Musik werden. Der „Photograph", wenn man ihn so nennen darf, benutzt damit zwar eine technisch unerhört großartige Neuerung, aber urheberrechtlich ist nichts Neues zu verzeichnen: er hat ein kinematographisches Urheberrecht nach § 15 KunstSchG[6]. Die Geräusche ändern nichts daran; nur wenn Musik daraus wird, entsteht für den, der diese Musik geschaffen hat, ein musikalisches Urheberrecht, das gegen Filmung und Entnahme aus dem Film schützt. Ist es ein gezeichneter Trickfilm, so hat natürlich der Graphiker daneben ein künstlerisches Urheberrecht[7].

b) Beim *Sprechfilm* (filme parlant) fügt sich jetzt zum stummen Spiel die Sprache der Schauspieler einschließlich des Türenzuschlagens, der hörbaren Schritte u. dgl. Das nähert sich dem Theater; des Schauspielers Leistung ändert sich aber rechtlich nicht und die der Filmautoren auch nicht. Noch deutlicher als sonst wird hier der Charakter der Aufführung im Atelier. Es ist kein Grund einzusehen, das Urheberrecht derer, die den sprechenden Film geschrieben, gedichtet, geschaffen haben,

---

[5] Vgl. meinen Aufsatz „Prolegomena eines Aufführungs- und Vorführungs-Urheberrechts". Arch.f.Urh.R. 4, 433ff. und unten § 22 sub d.

[6] Vgl. oben § 15.

[7] Über Trennbarkeit der Teile und verbundene Werke s. unten § 21.

zu irgend Jemandes (auch nicht des Filmunternehmers) Gunsten zu enteignen. Diesem Filmunternehmer gehört ja das Vorführungsrecht als ausschließliches Vertriebsrecht, das er durch seinen Vertrag mit den Urhebern erwarb; das Urheberrecht als solches braucht er nicht zu haben; es gelten also gerade hier die oben im § 15 entwickelten Grundsätze.

c) Beim sogenannten „*100%-Tonfilm*" (filme sonore) kommt Musik und Gesang hinzu, und es würde sich gegenüber b nichts ändern, wenn nicht das musikalische Urheberrecht einige Besonderheiten aufwiese: jeder Vortrag gilt dort als „Aufführung", der Komponist hat bei der Erlaubniserteilung ein Vorrecht vor dem Textverfasser, und über die Frage der Zwangslizenz bei der Übertragung auf mechanisch-musikalische Instrumente sprachen wir schon. Aber auch das ändert nicht das Tonfilmurheberrecht als solches, sondern zeigt nur neue Gesichtspunkte der Zusammensetzung. Hier wird dann akut, was bei den anderen Film- und Tonfilmarten ebenfalls vorkommen *kann* (aber keineswegs immer vorzuliegen braucht): nämlich das Problem des *verbundenen* Werkes[8], bei dem es sich dann fragt, ob die *Teile* dieses verbundenen oder zusammengesetzten Werkes *trennbar* sind oder nicht und demgemäß entweder § 5 LitUG. (*geteiltes Urheberrecht*) oder § 6 LitUG. (*Miturheberrecht*) gegeben erscheint. Trennbarkeit ist dabei nicht gleichbedeutend mit Unterscheidbarkeit. Selbst wenn sich noch unterscheiden läßt, was auf den Unternehmer, was auf den Regisseur, was auf den Drehbuchautor und was auf den Komponisten zurückgeht, kann es doch untrennbar geworden sein, wenn durch das Zusammenwirken eine Einheit entstanden ist, deren Teile sich nicht wieder voneinander lösen lassen, ohne daß das Ganze aufgelöst würde. Andrerseits bedeutet Untrennbarkeit nicht etwa, daß das Werk das Gleiche und Vollständige bleiben müsse nach der Trennung. Daher ist, wenn der Film als stummer Film gespielt werden könnte, Text und Musik trennbar, und da die Musik immer auch allein gespielt werden kann (wie bei der Oper auch), so spricht die Zusammengehörigkeit von Text und Musik noch nicht für unbedingte Untrennbarkeit.

d) Es werden selbständige *Musikstücke* in den Tonbildfilm übernommen — Rechtslage ähnlich wie bei c, nur die Verbindung der Teile erscheint nicht so eng und nicht so notwendig; die Trennbarkeit ist zweifelloser gegeben, ein Miturheberrecht leichter auszuschließen, das Ganze also durch diese musikalische Zutat urheberrechtlich wenig berührt.

e) Reiner Musikfilm *(„Tonfilm" im engeren Sinne)*; hier werden die zu a und c erwähnten Fragen noch besonders akut in dem Sinne,

---

[8] S. Fußnote 7.

daß hier der Begriff der musikalischen „Aufführung" oder musikalisch-technischen Wiedergabe das filmische Moment fast ganz übertönt und beinahe ausschaltet.

Man erkennt, daß hier eine ununterbrochene Stufenleiter vom musikrechtlich ganz gleichgültigen Fall a bis zu dem musikrechtlich wichtigen Fall e gegeben ist. Wenn wir auf das sachlich und wirtschaftlich *Wesentliche* blicken — was mit der Tonfilm*technik* an sich noch gar nichts zu tun zu haben braucht —, so werden wir für den Fall e, den reinen Tonfilm im engeren Sinne, die Unterordnung unter das Musikrecht und unter die Rechtssätze von der Zwangslizenz (§§ 22ff. LitUG.) anerkennen müssen, und das Gleiche *kann* für selbständige Stücke im Falle d gelten, wenn sie nicht ganz organisch zum Tonbildfilm gehören, als Einheit mit ihm anzusehen sind. Mit dieser Anerkennung ist aber nur die *wirtschaftliche* Zugehörigkeit des reinen Tonfilms im engeren Sinne zu den mechanisch-musikalischen Wiedergaben zugegeben, *keineswegs* die generelle Zugehörigkeit der Tonbildtechnik als solcher zu den „mechanisch-musikalischen Instrumenten", von denen in §§ 2 Abs. 2, 12 Abs. 2 Ziff. 5, 14 Ziff. 4, 22—24 LitUG. die Rede ist, was ja gerade aus der *klaren Unterscheidung* der Fälle a bis e zur Genüge hervorgeht. Diese Unterscheidung ist keine solche nach *äußeren* Kategorien („Tonfilm" als Technik), sondern nach *inneren Tatbeständen*, wie sie für die urheberrechtliche Behandlung allein wesentlich sind.

4. Über die Frage der *Aufführungstantiemen für Musik in Tonfilmen* s. unten § 22 zu 3d. Denn soweit, wie es sich nicht um ein einheitliches Tonfilmwerk mit organisch dazu geschaffener Musik und einheitlichem Wiedergaberecht handelt — also soweit es sich vielmehr um die Hereinnahme von selbständig geschaffener Musik in den Tonfilm handelt —, liegt eine Frage mehr des Musikrechts als des spezifischen Tonfilmrechts vor.

5. Über urheberrechtliche Fragen der *Erneuerung einer Verfilmung durch Vertonfilmung* s. unten § 17 zu IV.

§ 17. Filmungsvertrag, „Verfilmungszwang" und Änderungsrecht.

Es kann keine Klarheit in das Filmurheberrecht und in die Lehre vom Filmverwertungsvertrage kommen, wenn man das „Urheberrecht am Film" erst nach dem vollendet hergestellten Film anfangen läßt und alles Vorhergegangene als mehr oder weniger rechtlich unwesentliches Vorspiel ansieht. Das wäre dasselbe, wie wenn man das Urheberrecht an einem Drama oder an einer Symphonie erst mit der Aufführung beginnen lassen wollte.

Beim Film haben diejenigen, die nur das Urheberrecht des Unternehmers am Ganzen gelten lassen wollen, mit jenem Endpunkt angefangen, also das Pferd am Schwanze aufgezäumt, während es richtig ist, daß man diesem Kombinationsbesitzer zwar ein Monopolrecht, das aus übertragenen (und vielleicht auch teilweise eigenen) Urheberrechtsteilen besteht, zuspricht, aber zugleich erkennt, daß dieses dem Verlagsrecht viel näher steht als dem originären Urheberrecht.

Damit sage ich nicht, daß es ein Verlagsrecht sei; nur am nächsten vergleichbar ist es ihm, da es auch wie dieses Urheberrechtsbefugnisse auszuüben zum Inhalt hat und daran sein Genügen finden kann.

Die Filmverwertungsverträge, die dieser — nennen wir ihn so — Urheberrechtsbesitzer am Ganzen abschließt, müssen streng geschieden werden von dem Filmungsvertrag, der auf echtem Urheberrecht beruht.

1. Der Filmungsvertrag[1]. Daß der Filmunternehmer als Mitautor, wenn er wirklich ein solcher ist, nicht unterschätzt werden darf, geht schon aus meinen Darlegungen über das Urheberrecht des mittätigen Anregers[2] hervor. Ist also etwa in der Tat der Drehbuchautor nur Ausführer der Ideen, die ihm von einem schöpferisch mittätigen Regisseur oder Filmunternehmer zur Ausarbeitung übergeben werden, dann ist dieser Autor sicherlich nicht der einzige Urheber des Films, aber selbst dann ist er nicht etwa deshalb schon *ganz* aus seinen Urheberrechten, soweit *er* eben schöpferisch tätig war, verdrängt. Es gibt immer wieder nur *eine* Regel, die gerecht ist und die Schwierigkeiten zu meistern vermag: es kommt nicht darauf an, *als was* man schafft (Berufs- oder Tätigkeitskategorie), sondern nur darauf, daß man in Wirklichkeit und Wahrheit *selbst etwas schafft.*

Für den Unternehmer spricht der Umstand, daß es bei *solcher* Lagerung des Falles das Einfachste ist, aus dem ihm originär zukommenden *Teil* zuzüglich der durch vertragliche Übertragung ihm zugekommenen Teile des Urheberrechts am Ganzen ein zusammengefaßtes alleiniges Urheberrecht *für ihn* zu machen. Aber eben *nur dann*[3]. In solchem Falle hat ein Filmungsvertrag zwischen Autor und

---

[1] Wesentliche Teile dieses Kapitels sind in GRUR. 1931, Jan.-H. erschienen. Sie mußten hierher teilweise unverändert übernommen werden, weil diese Ausführungen hier zum Ganzen unerläßlich gehören.

[2] GRUR. 1912, 99ff. und 1930, 697ff. Vgl. darüber insbesondere das oben in § 8 Ausgeführte.

[3] Stillschweigende Übertragung der Einzelurheberrechte beim Gesamtschaffen am Film nimmt auch FRIEDEMANN (a. a. O. S. 558) an; auch er ist (S. 559ff.) *gegen* die Auffassung, der Filmhersteller sei der alleinige, originäre Urheber des Filmwerks; dies habe „zwar den Vorzug der Einfachheit und praktischen Brauchbarkeit“, lasse sich aber mit dem Gesetz nicht in Einklang bringen — mit guten Gründen, namentlich gegen GOLDBAUM, u. a. auch wegen der Schwierigkeit, die juristische Person als urheberrechtlichen Eigenschöpfer anzuerkennen (FRIEDEMANN, S. 562). ERLANGER (GRUR. 1930, 391) macht den Fehler der Verallge-

Unternehmer eine ganz andere Bedeutung, falls er überhaupt dort einen Platz hat. Dann ist es ein Mitarbeitervertrag irgendwelcher Art oder ein Übertragungsvertrag aus den vorliegenden Ursachen, aber nicht der spezifische Filmungsvertrag, bei welchem der Berechtigte eines Urheberrechts *Ausübungsrechte* an seinem Werk einem Andern einräumt. Der „Berechtigte" ist dabei namentlich der Autor oder der Regisseur.

Das wird vollends berechtigt, wenn man ein Urheberrecht (des Regisseurs) an der eigenschöpferischen Inszenierung anerkennt[4] und wenn man das „drehreife" Buch wirklich als solches wertet.

Wir sprechen also hier nur vom Filmungsvertrag (und Verfilmungsvertrag), nicht von den späteren Verwertungsverträgen bezüglich des fertigen Films, die in einem anderen Abschnitt dieses Buches behandelt werden. Aber es bedarf der Klarstellung, wodurch sich die verschiedenen hier in Betracht kommenden Verträge unterscheiden:

a) Der *Lizenzvertrag* bezüglich des *fertigen Films*, der Vertrag, mit welchem der Unternehmer — mag er das Urheberrecht am Film haben oder nicht — den Film verwertet, ist kein spezifisch urheberrechtlicher Vertrag, sondern gehört der Gruppe der Vertriebsverträge an.

b) Der „*Manuskriptvertrag*" ist nach FRIEDEMANN[5] von folgender Gestalt: „Der Auftrag zur Anfertigung des Drehbuches wird in dem Manuskriptvertrage erteilt, in welchem der Verfasser nicht nur die Verpflichtung übernimmt, das Manuskript bis zur ‚Dreh- (oder Kurbel-) reife' auszuarbeiten, sondern dem Filmhersteller auch das — in aller Regel — ausschließliche Urheber- oder mindestens doch Verfilmungsrecht[6] an seiner Arbeit überträgt. Bei bereits vorhandenen Manuskripten bildet die Rechtsübertragung allein den Gegenstand der Vereinbarung." Die Einheitlichkeit des Zweckes, der Bedeutung und der Struktur dieses so gekennzeichneten „Manuskriptvertrags" scheint mir außerordentlich zweifelhaft. Es sind hier vielmehr mehrere ganz verschiedene Verträge zusammengeworfen.

---

meinerung. Zu gleichem Ergebnis wie hier kommt (außer ALLFELD und von ERFFA auch neuerdings wieder) ERWIN HIRSCH: Film-Verwertungsverträge, S. 14ff. Berlin 1930; JUL. WEIGERT lehnt in seinem, übrigens trefflichen Aufsatz „Titelschutz im Filmrecht" (Arch.f.Urh.R. 1, 410) das Urheberrecht des Filmunternehmers ganz ab und meint, ein originäres komme nie in Betracht; das geht jedoch, wie aus meinen obigen Darlegungen hervorgehen dürfte, etwas zu weit, es kommt immer auf die Wahrheiten des Falles an.

[4] S. oben § 12. [5] Arch.f.Urh.R. 1, 535ff.

[6] In der besseren Diktion: „Filmrecht." FRIEDEMANN erblickt in diesem Recht (a. a. O. S. 535) einen *Teil, nicht* eine *Belastung* des Gesamturheberrechts; „der Erwerber tritt hinsichtlich der ihm eingeräumten Befugnisse *an die Stelle* des Urhebers, er ist nicht auf eine bloße *Nutzung* beschränkt". Daß dies nicht in allen Fällen richtig sein kann, ergeben unsere Darlegungen im Text.

Gerade beim „Film-Manuskriptvortrag" ist das *erforderliche* Maß der Rechtsübertragung ganz verschieden. Es gibt Autorenarbeiten dabei, an denen das Urheberrecht auf den Filmunternehmer nach den Umständen des Falles in der Regel übertragen werden muß, da andernfalls mit dem bearbeitungsbedürftigen Torso von Vorlage gar nichts anzufangen ist, und es gibt andrerseits fertige, wirklich drehreife Manuskripte, bei denen es für die Filmung vollkommen ausreicht, daß das Filmungsrecht mit Vertrieb und filmischer Ausschließlichkeit dem Unternehmer eingeräumt wird, aber ein wirkliches Urheberrecht mit seiner den Drehbuchautor oder Regisseur ausschließenden Wirksamkeit eben *nicht* übertragen wird.

Nach alledem müssen also wohl besser *andere* als die bisher genannten Arten der Filmungsverträge unterschieden werden.

Für *die Klassifizierung der Filmungsverträge* (im weiteren Sinne) ist — m. E. mit Recht — der Satz aufgestellt worden, daß die Einräumung urheberrechtlicher Befugnisse an den Nichturheber des Werkes, wenn ein *Ausführungszwang nicht* statuiert werden soll, den Charakter des *Lizenzvertrages* hat, dagegen den Charakter des *Verlagsvertrages*, wenn ein Ausführungszwang statuiert werden soll[7]. Bei der Anwendung dieses an sich richtigen, aber *zunächst* theoretischen Satzes auf den Filmungsvertrag müssen wir uns vor einer petitio principii hüten, die zum circulus vitiosus führen müßte, nämlich: da es beim Film umstritten ist, ob Ausführungszwang (Filmungs- und Verfilmungszwang) bestehen soll, so kann man nicht sagen: *weil* der Ausführungszwang nicht sicher besteht, liegt keine Analogie mit dem Verlagsvertrag vor, oder umgekehrt: es liegt Analogie mit dem Verlagsvertrag vor, deshalb ist Ausführungszwang gegeben, — *sondern* es muß die Frage, ob Verlagsvertragsähnlichkeit oder Lizenzvertragsähnlichkeit vorliegt, aus *anderen* Gründen, aus den Umständen des Falles, aus den berechtigten Interessen der Parteien, aus dem Zweck und Sinn des Vertrages entnommen und *dann* müssen die Folgerungen aus dem Vertragscharakter gezogen werden.

Dazu hilft nur die richtig trennende Gruppierung in Vertragsvorkommen. Denn nur durch dieses Divide ist ein Impera zu erzielen, weil sonst, wie sich auch an den oben zitierten Äußerungen FRIEDEMANNS erweist, von dem Filmungsvertrag *als Ganzem* Dinge behauptet werden, die nur ganz unterschiedlich für *einzelne* seiner Arten passen und für die anderen eben *nicht* passen.

Dabei scheidet der oben zu a genannte „Lizenzvertrag" überhaupt aus, weil er gar nicht das Verhältnis zwischen Autor und Filmher-

---

[7] Vgl. ELSTER: Lizenzen an urheberrechtlich geschützten Werken. Arch.f. Urh.R. 1, 195ff. und JAMES GOLDSCHMIDT: Das Schicksal der Filmlizenz bei Zahlungsunfähigkeit des Filmverleihers. Ebenda 2, 1ff.

steller betrifft; der zu b genannte „Manuskriptvertrag“ ist ein unzulässiger Sammelbegriff. Es bleiben vielmehr *drei wirklich relevante Formen* α) Mitarbeitervertrag, β) Verfilmungsvertrag und γ) Filmungsvertrag im engeren Sinne übrig.

α) *Der Mitarbeitervertrag.* Es kommt beim Film weit mehr als im Buchverlag und im Theaterrecht vor, daß der Autor nur dienendes Glied bei der Schöpfung des Films als Geisteswerk ist, daß also der Regisseur und der Unternehmer tätig-schöpferisch dabei mitwirken. Auf diese — vermutlich zahlreichen — Fälle trifft zu, was FRIEDEMANN[8] sagt: „Der Verfertiger des Drehbuches ist als dienendes Glied eingeordnet in den vom Filmhersteller in Bewegung gesetzten und geleiteten Produktionsprozeß. Er liefert *einen* und noch nicht einmal den bedeutsamsten Baustein zu einem Werk, das, aus der Zusammenarbeit verschiedener künstlerischer Kräfte hervorgehend, keinesfalls *seine* Schöpfung, sondern fremdes Industrieerzeugnis ist“[9]. Hier ist recht gut umschrieben, woraus sich das Vorliegen eines solchen „Mitarbeitervertrags“ ergibt. *Wenn* die Tatsachen so sind, wie FRIEDEMANN sie kennzeichnet, dann hat freilich ein solcher Fall keine Ähnlichkeit mit einer Verlagsrechtbestellung, ist vielmehr eine Art Werkvertrag oder gar eine Art Dienstvertrag bei der gemeinsamen Herstellung eines Arbeitserzeugnisses (wie FRIEDEMANN es ausdrückt: „Produktionsprozeß“, „Verfertiger“ des Drehbuchs!). *Nur* für *diese* Art der Schaffung des Films, nicht für die unten zu besprechenden, trifft es zu, wenn FRIEDEMANN (a. a. O. S. 541) sagt, der Film sei nicht die Wiedergabe des Schriftwerkes, sondern eine neue Schöpfung, in die das Schriftwerk nicht einmal mit der ihm eigenen Ausdrucksform, sondern bloß mit seinem Inhalte eingehe. Da zeigt sich wieder die unklare und viel zu enge Abgrenzung der Form gegenüber dem Inhalt und dem Ausdrucksmittel. Jedenfalls handelt es sich bei solchem Mitarbeitervertrag um eine *abhängige* Leistung des Autors, und aus der Eigenschaft als Beitrag zum Gesamtfilm in dienender Mitarbeit ergibt sich auch das Abänderungsrecht des Filmunternehmers.

β) *Der Verfilmungsvertrag.* Hier handelt es sich um ein vorliegendes, fertiges, nicht für den Film geschriebenes Werk, das für den Film verwendet werden soll. Das ändert die Rechtslage insbesondere deshalb, weil dieser Verfasser nicht unmittelbar für den Film gearbeitet hat.

---

[8] a. a. O. S. 537.

[9] Wenn FRIEDEMANN dann fortfährt, es sei „hiernach“ irrig, wenn ich (GRUR. 1925, 148) meinte, die Gegner der Verlagsvertragslehre lehnten die Anwendung verlagsrechtlicher Grundsätze auf die Verfilmung deshalb ab, weil Einzelheiten des Verlagsgesetzes nicht auf den Film passen, vielmehr lägen grundlegende Wesensverschiedenheiten vor, so hat er verkannt, daß ich *nicht diesen,* sondern den unten zu 3 zu erörternden Fall im Auge hatte.

Es liegt da nicht schon in dem Zweck des ersten Schaffens, daß es etwa auch im Film seine Wirkung tun und auch in diesem neuen, gewillkürten Ausdrucksmittel an die Öffentlichkeit kommen soll. Es wird also das Persönlichkeitsrecht des Autors, das mit dem Werke an die ihm natürliche Wirksamkeit in der Öffentlichkeit hindrängt, hier nicht verletzt, wenn eine Verfilmung unterbleibt; denn diese ist nur ein Superfluens, ein Mehr, eine Zutat. Diese Gesichtspunkte fordern Beachtung für die Frage, ob ein Verfilmungszwang schon aus der Vereinbarung der Verfilmung zu folgern sei. Darüber unten zu 2. Und für die Änderungsbefugnis ergeben sich hier ebenfalls Unterschiede gegenüber der Filmung eines Drehbuchs, da ja eine Verfilmung eines Romans oder Theaterstückes naturgemäß eine Bearbeitung erfordert; desgleichen ist dabei zu erörtern, wie weit eine Mitwirkung des Verfassers bei dieser Bearbeitung erforderlich erscheint, oder wie weit er etwa dem Erwerber des Verfilmungsrechts freie Hand gegeben hat. Darüber s. unten zu 3.

γ) Der eigentliche *Filmungsvertrag* (im engeren Sinne). Diese dritte Gruppe, die immer wichtiger werden dürfte, betrifft die abgerundete filmfertige („drehreife") Leistung eines Filmschaffenden (Autors oder Regisseurs), der das Werk mit seinem Namen als schaffender Autor verbunden zu sehen wünscht, sei es aus Verantwortungsgefühl für sein Werk, sei es aus dem Wettbewerbsinteresse, das ihn zum geschätzten Filmautor und gesuchten Filmregisseur machen soll. Hier steht die filmschaffende Person, eben als Urheber, dem Unternehmer gegenüber und hat — im Gegensatz zu 1 — sich *nicht* in Abhängigkeit des Unternehmers begeben, wo sie etwa als dienendes Glied im Gesamtbetriebsschaffen des Films untertaucht, und auch *nicht* — im Gegensatz zu 2 — ein für andere Zwecke geschriebenes, sondern ein *als Film* erdachtes Werk geliefert, dessen Nichtfilmung es als vergebens geschaffen vernichten und dem Urheber den hauptsächlichsten Lohn, die verwirklichte Wirkung des Werkes, vorenthalten würde. Daß diese Rechtstatbestände bei der Beurteilung der Frage des Filmungszwanges und auch der Abänderungsbefugnis nicht unberücksichtigt bleiben dürfen, ja daß sie auf diese Beurteilung von erheblichem Einfluß sein müssen, liegt auf der Hand. *Dieser* Vertrag nähert sich in seiner Bedeutung und in seinem Zweck dem Aufführungs- und dem Verlagsvertrag, und es darf nicht außer acht gelassen werden, daß *diese* beiden Vertragsarten, der Aufführungs- und der Verlagsvertrag, weil da dem Erwerber dieser Urheberrechtsbefugnisse (oder „Belastungen" des Urheberrechts) *ausschließliche* Rechte — ganz oder in gewissen Grenzen — eingeräumt werden, sowohl eine Ausführungsverpflichtung wie das Verbot der Änderungen durch den Erwerber kennen.

Daß bei der Filmindustrie diese Erkenntnis der Unterschiede noch keineswegs vorhanden ist, zeigt der „im Einverständnis mit der Spitzenorganisation der deutschen Filmindustrie“ bearbeitete, vom Verband der Filmindustriellen herausgegebene „*Normal-Manuskriptvertrag*“, der — ohne irgendeine Begrenzung auf unkomplette Mitarbeit (oben zu 1) — den echten Filmungsvertrag als einen Werkvertrag mit dem Autor gestaltet und mit dessen Rechten in einer Weise umgeht, die, wenn man das bisher Dargelegte als auf den Grundlagen des normalen Urheberrechts beruhend erkannt hat, diesen Normalvertrag jedenfalls als im urheberrechtlichen Sinne recht unnormal ansprechen muß. Es wird dort nämlich u. a. vorgesehen:

„§ 1. Auf Grund wiederholter Besprechungen verpflichte ich mich zur Ausarbeitung eines kurbelfertigen Manuskriptes nach dem Roman, der Novelle, der Erzählung . . . dem Bühnenstück . . . eigenem Entwurfe . . . von . . . Die Ablieferung des Manuskriptes hat spätestens am . . . zu erfolgen. Abnahme und Billigung des Manuskripts erfolgt durch ausdrückliche schriftliche Erklärung. Ich bin auch nach Fertigstellung des Films, auf Ihren Wunsch verpflichtet, das Manuskript entsprechend Ihren Anforderungen ohne besondere Vergütung abzuändern und nachzubessern.

§ 3. Alle an dem von mir auf Grund dieses Vertrages hergestellten Werke überhaupt bestehenden Rechte, welcher Art sie auch immer sind, gehen mit der Entstehung auf Sie über. Das gilt insbesondere für das Urheberrecht an diesem Werke einschließlich des Verfilmungs- und Übersetzungsrechtes und der Tonfilmbefugnis. Sie sind berechtigt, über die Ihnen hiermit übertragenen Rechte, insbesondere durch Weiterübertragung an Dritte, frei zu verfügen und beliebig oft durch Herstellung von Filmen oder Tonfilmen oder einer Mischung von beiden zu verwerten.

§ 5. Sie sind berechtigt, die kinematographische und tonfilmmäßige Bearbeitung nach eigenem Ermessen vorzunehmen und geschäftlich zu verwerten. Sie haben völlig freie Hand bezüglich der kurbelfertigen Ausarbeitung, ohne daß mir oder meinen Erben irgendein Einspruch gegen Form und Inhalt des durch Sie zur Herstellung gelangenden Filmes, des Propagandamaterials und dergleichen mehr zusteht. Sie sind nicht verpflichtet, den Film innerhalb einer bestimmten Zeit oder überhaupt herzustellen. Sie sind berechtigt, den Titel allein ohne das Werk zu benutzen. Irgendeine Verpflichtung darüber, ob bzw. wie Sie den Film benennen und ob bzw. wie oder wo Sie den Namen des Verfassers oder etwaiger Mitarbeiter erwähnen, übernehmen Sie nicht.

§ 6. Eine Veröffentlichung des kurbelfertigen Manuskripts (Drehbuch) darf ohne Ihre vorherige ausdrückliche Einwilligung erst dann vorgenommen werden, wenn vom Tage der Berliner Uraufführung bis zum Zeitpunkt der Veröffentlichung mindestens . . . verstrichen sind. Das Gleiche gilt für die Veröffentlichung jeder anderweitigen Bearbeitung des Drehbuches oder des dem Drehbuch zugrundeliegenden Stoffes, insbesondere dann, wenn es sich um einen Roman oder ein Bühnenstück handelt, der bzw. das nach diesem Manuskript oder unter Verwendung desselben verfaßt worden ist."

Mag § 6 z. T. für die berechtigten Wettbewerbsinteressen des Filmunternehmers von Wichtigkeit sein (abgesehen von der viel zu weit gehenden Verpflichtung, auch den dem Drehbuch zugrundeliegenden *Stoff* [!] nicht veröffentlichen zu dürfen), so enthalten die §§ 1, 3 und 5, die doch ein kurbelfertiges (!) Werk betreffen, bei dem nicht etwa die Anregung oder Mitwirkung des Filmunternehmers irgendwie vorausgesetzt wird, ein in anderen Zweigen urheberrechtlicher Verträge unbekanntes Maß von Entrechtung des Autors, das namentlich im § 5 auch Urheberpersönlichkeitsrechte wegdekretiert. Es muß dies hier registriert werden als etwas, was mit urheberrechtlichen Grundsätzen, wie sie z. B. auch das Theater (s. oben § 19) anerkennt, schlechterdings nicht vereinbar ist. Denn selbst, wenn aus praktischen Gründen die vermögensrechtliche Ausübung des Urheberrechts am Film dem Unternehmer vertraglich übertragen werden sollte, so muß zum mindesten doch das Urheberpersönlichkeitsrecht (s. oben § 2) dem Filmschaffenden vorbehalten bleiben.

2. Der Filmungs- (oder Verfilmungs-) Zwang. Es ist schon oben an mehreren Stellen (§ 15 sub A und B 3) von der RG.-Entscheidung RGZ. 107, 62 die Rede gewesen, die einen Filmungszwang trotz abgeschlossenen Filmungsvertrages ablehnte aus Gründen mehr wirtschaftlicher als juristischer (vertragsrechtlicher) Natur. Wenn dort der Unterschied zwischen dem Bühnendrama einerseits und dem ,,drehreifen Filmbuch" andrerseits gegenüber der Stellung des Theater- bzw. des Filmunternehmers in Rede stand und dieser Unterschied als ein Argument dafür herangezogen wurde, daß zwar dem Theaterunternehmer füglich der Ausführungszwang vertraglich in aller Regel aufgebürdet sei (wie dem Verleger), nicht aber dem Filmunternehmer, so erscheint dies keineswegs ganz schlüssig; denn obwohl das Drehbuch (vielleicht!) dem Filmunternehmer noch größere Arbeit und Kosten übrig läßt als das Drama dem Theaterunternehmer (was aber im Einzelfall zweifelhaft und verschieden sein kann), so kann doch trotzdem — was auch das RG. verkennt — der *schöpferische Charakter* des Geisteswerks und damit der urheberrechtliche Anspruch des Filmschaffenden beim drehreifen Buch *genau der gleiche* sein wie beim Bühnen- oder Buchdrama.

Wenn aber im Verlagsrecht — übrigens der einzigen gesetzlich geregelten Gruppe der Einräumung urheberrechtlicher Befugnisse — die Ausführungspflicht gesetzlicher Grundsatz ist und wenn im Theaterrecht[10] die Ausführungspflicht die durch Normalverträge gefestigte

[10] S. oben § 9.

Regel ist, so ist doch die Frage berechtigt, *warum* denn *einzig beim Filmungsvertrag* von dieser Ausführungspflicht abgesehen werden und eine Art Lizenzvertrag am Geisteswerk (der sonst *sehr* selten vorkommt!) die Regel sein soll. Die Argumente des RG. sind da nicht stark genug gegenüber denen des KG., das[11] eine analoge Anwendung von *Grundsätzen* des Verlagsrechts befürwortete. Soll denn wirklich der Filmschaffende in aller Regel rechtloser sein als andere Autoren?

Das RG. hat offenbar die Bedeutung der wirklich „drehreifen“ *Eigenschöpfung* beim Film verkannt. Für den *Mitarbeitervertrag* (oben zu 1, γ) kann der Filmungszwang gewiß nicht gelten; das geht aus der ganzen Art und Aufgabe dieser Art von Filmungsverträgen hervor. Hier ist der Filmunternehmer — um einen im Verlagsrechtsverhältnis einmal vom RG. gebrauchten, sehr glücklichen Ausdruck anzuwenden — der „Herr des Unternehmens“ und wird auf diese Weise zum Urheber des Ganzen und in seiner Hand gehen die anderen originären Urheberanteile füglich auf. Beim *Verfilmungsvertrag* (oben zu 1, β) ist die Rechtslage bereits eine etwas andere, soweit der Autor des Romans dem Filmunternehmer ein *ausschließliches* Recht zur Verfilmung überträgt: dem Erwerb eines Ausschließungsrechtes muß in der Regel ein Äquivalent in Gestalt einer Ausführungsverpflichtung entsprechen. Vgl. im Patentrecht den § 11 PatG.

Es liegt jedenfalls in der ratio des Geisteswerkschaffens, daß es ans Licht will in aller ihm adäquaten Form. Lehnt man hier — für den „Verfilmungs“vertrag — den Ausführungszwang ab, dann muß man die Erteilung eines *ausschließlichen* Rechtes fast als sittenwidrig bezeichnen, weil dadurch die Freiheit des Wirkens für geistiges Schaffen willkürlich durch Entschließung des Geschäftsgegners eingeschränkt und beseitigt werden würde.

Ganz besonders aber gilt das für den *Filmungsvertrag* im engeren Sinne (oben zu 1, γ). Hier handelt es sich ganz ernstlich um die Prüfung einer vernünftigen Analogie mit dem Verlagsrecht. In der Entsch. RGZ. 107, 62 sind die *Gründe* für diese vorsichtige Stellungnahme des RG. genau umschrieben: 1. Die Ähnlichkeiten seien nicht so wesentlich, daß die Grundsätze des Verlagsrechts schlechthin auf das Filmrecht zu übertragen seien; 2. das gelte auch für § 1 VerlG.; 3. der Verfilmungsvertrag enthalte einzelne Elemente aus dem Verlags- und Aufführungsvertrag, sei aber ein Vertrag eigener Art, denn der Filmregisseur habe mitzuarbeiten, es sei nicht bloße Aufführung der Vorlage des Autors; 4. der wirtschaftliche Aufwand des Unternehmers und das Risiko seien größer. „Schon im Verlagsrecht finden sich Anklänge daran, daß im Falle einer Mitarbeiterschaft ein Vervielfältigungs-

[11] JW. 1922, 1457.

zwang nicht besteht (§ 47 VerlG.), ebenso wie § 6 LitUG. Bestimmungen besonderer Art für Gemeinschaftsarbeit vorsieht.“

Man ersieht schon aus diesen Gründen, daß sie *nicht stichhaltig* sein können für *alle* Filmungsverträge, sobald eben die oben gekennzeichneten Gruppen unterschieden werden. Aber auch das RG. läßt erkennen, daß auch nach seiner Ansicht zwar eine *generelle* Anwendung des VerlG. auf den Filmungsvertrag und insbesondere des die Vervielfältigungs- und Verbreitungspflicht festsetzenden § 1 abgelehnt wird, daß aber andererseits ausdrücklich *Elemente des Verlagsvertrags* im Verfilmungsvertrag anerkannt werden und daß das wesentliche Hemmnis der Analogie in der Mitarbeit durch einen Anderen erblickt wird. Daher der oben zitierte Satz, daß im Falle einer Mitarbeiterschaft (§ 47 VerlG.) der Ausführungszwang entfalle. Das RG. sagt (S. 67) wörtlich: „Ob den Interessen der Filmschriftsteller in der künftigen Entwicklung ihres Rechtsverhältnisses zu den Filmfabrikanten nicht auf andere Weise als durch den abzulehnenden Verfilmungszwang gedient werden kann, beispielsweise durch einen Anspruch auf Rückgabe der Urschrift, wenn das Werk binnen gemessener Zeit nicht verfilmt wird — sei es ohne, sei es mit Entschädigungsanspruch je nach Lage des Falles —, ist hier nicht zu untersuchen und zu entscheiden.“ Das ist natürlich eine ganz andere Frage. Auch der § 17 VerlG. zwingt nicht den nichtwilligen Verleger zu einer neuen Auflage, sondern legt ihm dann nur die Freistellung des Autors auf. Jener Hinweis des RG. ist also sehr wesentlich. Er zeigt, welche Hilfe das RG. für möglich hält — und das RG. muß doch wohl ungefähr gefühlt haben (als es dies aussprach), *wo* es diese Rechtssätze dann hernehmen würde. Das kann aus dem Verlagsrecht oder aus Grundsätzen des Urheberrechts hergeleitet werden. Der Hinweis der RG. beweist aber außerdem, daß der verlagsrechtliche Hauptgedanke der Ausführungsverpflichtung doch auch für den Film diskutabel und keineswegs ganz abzulehnen ist.

Beim *Verfilmungsvertrag* wird ein Ausführungszwang in der Regel abzulehnen sein, denn es kann sich während der Arbeit leicht herausstellen, daß der Gedanke, den Roman X zu verfilmen, kein so glücklicher Einfall war, wie es anfangs schien, also daß die Schwierigkeiten der Umarbeitung in einem Film größer oder die Wirkungsmöglichkeiten kleiner sind.

Aber wiederum ganz anders liegt dies bei dem echten *Filmungsvertrag* (γ), also dem Vertrag über ein filmisch gearbeitetes, für den Film geschaffenes Drehbuch, das ein vollständiges und eigenschöpferisches Werk des Filmschaffenden ist und dem abgeschlossenen Vertrage entspricht. In solchen Fällen vermag der Filmunternehmer — was ja sein Fachkönnen und seine Aufgabe ist — Ausführungsmöglichkeit, Wirksamkeit und Kosten der Filmung sehr wohl zu übersehen. Daher ist es nicht einzusehen, warum ihm da ein Privilegium nachsichtigster Vertragsauslegung gewährt werden soll, dessen z. B. weder der Theaterunternehmer für die Aufführungsbefugnis noch der Verleger für die Verlagsbefugnis sich erfreut. Gerade das RG. hat bereits (oft sogar in einer m. E. über das Ziel hinausgehenden Weise[12]) das Risiko des Verlegers bei seinen Autorenverträgen betont und einen Ausführungszwang statuiert, selbst wenn starke Gründe im Einzelfall gegen einen solchen sprachen. Es wäre eine durch nichts, auch nicht durch die herangezogene größere Kostspieligkeit des Films zu rechtfertigende Ungerechtigkeit, den Filmungsvertrag wesentlich laxer auszulegen und in ihm das Gegenseitigkeitsmoment gänzlich zu unterdrücken. Denn er ist auch insofern ein gegenseitiger Vertrag, als der Filmschaffende dem Unternehmer die Ausschließlichkeit der Befugnis einräumt, sich selbst also die Möglichkeit anderweiter Verwirklichung seines Werkes verschließt und im negativen Falle kein Mittel haben würde, sein Werk erscheinen, aufgeführt und vorgeführt zu sehen. Hat er etwa sein gesamtes Honorar schon erhalten, so bliebe nur die Frage, wieviel er davon wieder zurückgeben müßte — ein Teil muß ihm sicherlich wegen der Verzögerung und eventuellen Vernichtung augenblicklicher Chancen verbleiben; hat er aber Tantiemen od. dgl. zu erhalten, so brächte ihn die Nichtausführung des Films ja auch um diese. Die analoge Anwendung des Verlagsrechtsgedankens der Ausführungspflicht ist also für den echten Filmungsvertrag zu bejahen. Dies alles gilt auch für den filmschaffenden *Regisseur*.

3. Befugnis zur Abänderung des Werkes durch den Unternehmer. Die oftmals schwierige Frage, ob und wie weit der Drehbuchautor Änderungen seines Werkes durch den Regisseur oder den Filmunternehmer und der Regisseur durch den Unternehmer oder den Verleiher oder den Theaterbesitzer (Schneiden des Films!) verbieten darf, kann auch nur nach dem Maßstabe beurteilt werden, aus dem sich der Grad der Eigenschöpfung ergibt. Es gilt auch hier die für den literarischen und Bühnenautor nach § 9 LitUG. geltende Regel[13], daß Änderungen von fremder Hand ohne Einwilligung des Autors verboten sind. Daran muß als an einem Grundsatz unbedingt festgehalten werden. Modifikationen für diesen Grundsatz bei seiner Anwendung auf den Film sind nicht grundsätzlicher, sondern nur kasuistischer Natur; d. h.: ist das Drehbuch nur ein Beitrag zu dem Film — der oben genannte Mitarbeitervertrag, bei dem es sich ja eben nicht um „das Werk" des Autors, sondern um ein gemeinsames Werk der Betriebsbeteiligten handelt —, dann ist die Mitarbeit dieser Anderen eben keine „Änderung" „des Werkes" des Drehbuchautors, sondern eine gleichlaufende, kon-

---

[12] RGZ. 125, 174; ferner OLG. Dresden in Arch.f.Urh.R. 3, 201 und in MuW. 1929, 555.

[13] S. oben § 11.

gruente Mitarbeit an der Schaffung des Films. Aber das letztere ist sie nur, wenn sie an Inhalt und Form des Werkes mitarbeitet, nicht jedoch schon dann, wenn sie nur das im Drehbuch Vorgeschriebene mehr oder weniger gut und treu in das Sichtbare der Aufführung überträgt. Dies *kann* zur Bearbeitung werden und dann selbständig urheberrechtsfähig sein, aber ist nicht ohne weiteres Bearbeitung, und keineswegs immer eine berechtigte Bearbeitung, sondern unter Umständen eine ohne Einwilligung des Autors unerlaubte Abänderung. Handelt es sich aber um eine „Verfilmung", die vom Autor eines Nicht-Filmwerkes genehmigt wird, dann ist in dieser Genehmigung im Zweifel ein erhebliches Stück Bearbeitungs-, d. h. Abänderungsbefugnis enthalten, die dann ihre Grenze nur dort findet, wo sie das Werk unkenntlich macht, im Innern umbiegt od. dgl. Da macht sich das Persönlichkeitsrecht des Urhebers geltend, soweit sein Name mit dem Werk verbunden bleibt oder das Originalwerk mit dem Filmwerk als noch zusammenhängend angesehen wird. Hierfür ist der Streitfall des „Drei-Groschen-Oper"-Tonfilms (Brecht und Weill gegen Nero-Film-Gesellschaft) lehrreich (Urt. des LG. I Berlin v. 4. Nov. 1930, durch Vergleich endgültig beendigt). Aufs Typische gestellt, handelte es sich im wesentlichen um die Frage, wie weit die vom Urheber erteilte Erlaubnis zur Verfilmung auch die Genehmigung zur Umarbeitung, Bearbeitung, Änderung einschließt. Der § 9 LitUG., der auch bei Übertragung des Urheberrechts Änderungen verbietet (soweit sie nicht nach Treu und Glauben zugelassen werden müssen)[14], ist ja durch Vertrag modifizierbar, so daß das LG. in dem Urteil vom 4. Nov. 1930 (38. O. 680/30, abgedruckt im „Film-Kurier" Nr. 282 v. 29. Nov. 1930) zutreffend sagt, daß die Rechte und Pflichten nicht lediglich nach den gesetzlichen Rechten des LitUG. zu beurteilen sind, die allein anzuwenden wären, wenn nicht das „unbeschränkte Recht der Verfilmung des Bühnenwerkes" übertragen worden wäre. Darin liege, daß die erforderlichen Abänderungen genehmigt seien; denn „ein Bühnenwerk kann auch mit den Mitteln des Tonfilms nicht ohne weiteres für die Herstellung eines Films verwandt werden, sondern es bedarf dazu der Herstellung eines Drehbuchs, das die filmtechnischen Notwendigkeiten berücksichtigt". Wenn nun ein Autor mit der Verfilmung einverstanden war und seine Mitarbeit bei der Herstellung des Drehbuchs vertraglich zugesagt hat, so muß er eine baldige Ausführung ermöglichen; weigert er sich ohne zureichenden Grund, arbeitet er nicht mit, wie es der Vertrag voraussah, so muß die Firma „angesichts der Weigerung des Autors, sein Mitbestimmungsrecht in sachlicher Weise auszuüben, das Recht haben, den Film ohne ihn herzustellen", wenn sie nämlich das Recht zur Verfilmung ohne Einschränkung

[14] Näher behandelt oben im § 11.

erhalten hat. Da wirkt sich die vertragliche Begrenzung des dinglichen Urheberrechtes aus (vgl. auch § 162 BGB. und § 9 LitUG. Abs. 2). „Der gesetzgeberische Grund des § 9, daß Änderungen unzulässig sind, die das Wesen des Werkes berühren und es in seiner Wirkung beeinträchtigen, entfällt deshalb bei der Verfilmung eines Bühnenwerkes insofern, als davon ausgegangen werden kann, daß der Verfasser des Bühnenwerkes regelmäßig nicht für die Mängel des Films als verantwortlich angesehen wird, sondern nur der Verfasser des Drehbuchs. Auch aus diesem Grunde muß der Verfasser des Bühnenwerkes, wenn er das Recht der Verfilmung übertragen hat, nach Treu und Glauben weitgehende Änderungen seines Werkes gestatten." — Dem Komponisten wurde Recht gegeben[15] insoweit, daß Bearbeitung seiner Musik und Hinzufügungen fremder Musik nicht in der Tonfilm-Genehmigung enthalten seien, weil der Komponist (Weill — im Gegensatz zu dem Autor Brecht) sich zur Mitarbeit im wesentlichen zur Verfügung gehalten bzw. an der Tonfilmung mitgearbeitet hatte, also kein Raum für eine von seinen Absichten abweichende Selbständigkeit gegeben schien.

Grundsätzlich handelt es sich auch hier um Dinge, die schon bei der Aufführung von Bühnenwerken besprochen worden sind bzw. verhältnismäßig leicht klargestellt werden können[16]. Es ist ein Irrtum, anzunehmen, daß dieses auf § 9 LitUG. beruhende Recht überhaupt keine Geltung für den Film habe. Es wird nur durch die z. T. schon erwähnten *Tatsachen* modifiziert, nämlich durch die etwa vorliegende Tatsache, daß vertraglich oder nach verständiger Auslegung der Verkehrssitte dem Regisseur oder dem Filmunternehmer ein größeres als das gesetzlich zugelassene Abänderungsrecht gegenüber dem Filmautor zustehe. Ebensowenig ist es erlaubt, daß jeder Filmerwerber daran herumschneidet. Wenn sich derlei eingebürgert hat, so bleibt es doch ein Mißbrauch, dem der Filmschaffende nach Sinn und Wortlaut des Gesetzes und nach den Regeln des Urheberrechts und des Urheberpersönlichkeitsrechts mit Aussicht auf Erfolg entgegentreten kann.

Der *Charakter des Unternehmerurheberrechts am Film* ergibt sich also aus dem Dargelegten zwangsläufig durch Umkehrung; es ist gewissermaßen das Negativ dessen, was als Recht für andere Mitwirkende zu ersehen war.

Das hat keineswegs etwas Bedenkliches. Ich erinnere an die im Verlag üblichen Vorgänge. Dort gehen Urheberrechtsübertragung und Verlagsrechtbestellung häufig Hand in Hand. Es kommt sehr oft vor, daß dem Verleger nicht nur das Verlagsrecht an einem Werke bestellt

[15] Urt. des LG. I Berlin v. 4. Nov. 1930, 38 O. 682/30 — 14.

[16] S. oben § 11.

wird, sondern das Urheberrecht übertragen wird. Das ist ein Plus gegenüber der bloßen Verlagsrechtsbestellung. Aber gewöhnlich handelt es sich dabei nicht um reine Übertragung des Urheberrechts — etwa in dem Sinne, daß der Verleger völlig frei schalten und etwa nach Belieben von der Vervielfältigung und Verbreitung absehen könnte —, sondern um eine Auferlegung der verlagsrechtlichen Ausführungspflicht *neben* und *trotz* Übertragung des Urheberrechts.

Ähnliche Verhältnisse können sehr wohl auch für das Filmurheberrecht gegeben sein. An dem Film, der aus Mitarbeit aller Art und von den verschiedensten Beteiligten einschließlich des Autors als Ergebnis ununterscheidbarer Anteile entstanden ist, kann der Filmunternehmer schalten wie er will, also auch von der Ausführung und dem Vertrieb absehen; bei dem verfilmten Roman kann er dies auch, aber ihm fehlt dann das Recht, die anderweite Vergebung zur Verfilmung dem Autor zu verbieten; und beim reinen Filmungsvertrag hängen seine weiteren Aktionen immer von dem Urheberrecht des Filmschaffenden ab, soweit ihm diese Rechte nicht übertragen worden sind oder als nach dem Arbeitsvertrage oder sonstigen Rechtsregeln übertragen zu gelten haben. Das wirkt also auch auf die Natur der Monopol- und Verleihverträge, die der Filmhersteller abschließt; und wenn es auch richtig ist, daß er durch den Monopol- oder Verleihvertrag urheberrechtliche Befugnisse, so z. B. namentlich das Vorführungsrecht, überträgt[17], so folgt daraus keineswegs, daß er das *ganze* Urheberrecht zuvor hätte haben müssen; denn beispielsweise gibt ja auch der Originalverleger eines Buches verlagsrechtliche Lizenzen oder die Abdruckserlaubnis von Kapiteln zum Zweck der Reklame weiter, ja auch die Ermächtigung zur Vervielfältigungsarbeit an Druckereien und graphische Anstalten gehört hierher. Die verlagsrechtliche Analogie ist auch hier wieder aufschlußreich, und der Filmunternehmer bedarf nicht der gewaltsamen Zuerkennung des alleinigen und originären Urheberrechts am Film als Ganzem, er kommt vielmehr mit dem, was ihm in den verschiedenen Fällen nach sonstigen urheberrechtlichen Grundsätzen zukommt, vollkommen aus, selbst für seine Vertriebsverträge, die einzelne Urheberrechtsbefugnisse weitergeben.

4. Mehrfachfilmung (Wieder[ver]filmung), insbesondere Tonfilmung stummer Filme. Diese z. T. recht schwierige, im § 15 schon gestellte Frage bedarf jetzt eingehenderer Behandlung.

H. FRIEDEMANN[18] schreibt das Mehrfachverfilmungsrecht unbedingt dem Unternehmer zu, der das Filmmanuskript einmal erworben hat. Das kann nicht richtig sein, weil ein so apodiktischer Satz absieht von

[17] Vgl. ERWIN HIRSCH: Filmverwertungsverträge, S. 19ff. Vgl. im übrigen unten § 39.

[18] a. a. O. S. 545ff.

den verschiedenen Arten der Filmungsverträge, bei denen die Rechtslage, wie wir sahen, zwangsläufig verschieden sein muß. Man kann auch nicht etwa für das aktuellste Problem dieses Komplexes, nämlich die *Vertonfilmung stummer Filme*, die Frage so stellen: Ist der Tonfilm desselben Sujets und Inhalts ein anderer als der stumme Film? Oder: Ist die Tonfilmung ein „neuer Akt der Wiedergabe“ des stummen Films? Er ist es und er ist es nicht —, je nach dem Standpunkt, von welchem aus die Rechtsfrage zu beurteilen ist. Mit absoluten oder ästhetisch-künstlerischen Gesichtspunkten ist hier — wie stets in solchen Fragen — kein sicheres Ergebnis zu erzielen. Vielmehr ist auch dies nach den Gruppen der Filmungsverträge zu unterscheiden, da es sich ja mehr um Vertragsauslegung als um dinglich-absolute Urheberrechtsfragen dabei handelt.

1. Beim *Mitarbeitervertrag* (oben 1, α) tritt die Stellung des „Autors“ rechtlich so zurück, daß der Unternehmer durchaus berechtigt erscheint, nach Belieben die Vorlage und Arbeit des Autors auch für eine Wiederfilmung, auch als Tonfilm, zu benutzen. Wir haben gesehen, daß, wenn die Dinge so liegen wie bei dem sogenannten Mitarbeitervertrag, das Urheberrecht an dem Ganzen dem Unternehmer gehört. Ist dies also *sein* Werk (gleichgültig wie weit für ihn das Urheberrecht originär oder durch unbeschränkte [arbeitsrechtliche] Übertragung entstanden ist), so kann er das Werk nach Belieben neugestalten, neu filmen, tonfilmen.

2. Beim eigentlichen *Filmungsvertrag* (oben 1, γ) ist es umgekehrt. Hier ist die Stellung des Filmschaffenden urheberrechtlich so stark, daß die Rechtseinräumung nur für den Film *in der betreffenden Form* und nicht für andere Formgebung anzunehmen ist, falls nicht besondere abweichende Abmachungen getroffen sind. In der Regel also muß gegenüber dem Filmschaffenden im echten Filmungsvertrag eine Wiederfilmung, z. B. als Tonfilm, als ein *neuer Akt der Wiedergabe* mit allen seinen Folgen, d. h. also ohne neue Genehmigung des Autors nicht erlaubt, angesehen werden. Denn selbst wenn auch nur das stumme Spiel mit entsprechenden Worten ergänzt würde, so wäre dies doch eine Bearbeitung, und eine solche ist dem, der wirklich Autor eines Werkes ist, vorbehalten. Sonst würde es sich um teilweises Plagiat oder vermögensrechtliche Schädigung durch unerlaubte Wiedergabe handeln. Der gleiche Sachverhalt kann gegenüber anderen Mitwirkenden vorliegen.

3. Schwieriger und unterschiedlicher ist die Rechtslage beim *Verfilmungsvertrag* (oben 1, β). Und diese Fälle werden besonders leicht eintreten. So hat z. B. in Prag ein Prozeß über den Film „Der gute Soldat Schwejk“ zwischen den Erben des Romanautors Hašek und der Gloria-Film-Gesellschaft geschwebt, der durch Vergleich beendigt worden ist[19]. Das Gericht konnte also nicht die Frage entscheiden, ob

[19] Film-Kurier 1931, Nr 38 u. 75.

in dem Verfilmungsvertrag die Wiederverfilmung als Tonfilm eingeschlossen war oder nicht. Da nun grundsätzlich zwischen abgeänderter stummer Wiederverfilmung einerseits und Tonfilmung eines stummen Films andrerseits kein urheberrechtlicher Unterschied gemacht werden kann, weil in beiden Fällen eine Neubearbeitung[20] des Films erforderlich ist, so liegen hier die gleichen Gesichtspunkte für die rechtliche Beurteilung vor, wie z. B. in den vom RG. entschiedenen Fällen ‚Musikantenmädel' und ‚Busch-Senderechte'[21]. Die richtige Entscheidung ist also nicht darauf abzustellen, ob eine neue Technik angewendet wird, die beim Vertragsschluß noch nicht bekannt war, sondern ob der *rechtliche* Inhalt des Vertrages die Beschränkung auf eine einmalige bestimmte Wiedergabe betraf, gegenüber welcher jede erneute geänderte Wiedergabe als „neuer Akt der Wiedergabe" erscheinen muß — was ich als die Regel ansehe — oder ob die Fassung des Vertrags eine so weitgehende Befugnisübertragung enthielt (etwa wie in dem Fall ‚Busch-Senderechte': alle jetzigen und künftigen Urheberrechte), daß auch die Reprise als Tonfilm als mit eingeschlossen zu gelten hat. Das ist keine nur urheberrechtliche, sondern auch vertragliche Auslegungsfrage. Als richtunggebender urheberrechtlicher Gesichtspunkt bleibt auch hier der oben zu 2 betonte übrig, daß jede verändernde Bearbeitung — und das ist der Tonfilm gegenüber dem stummen Film im Zweifel — dem Urheber zu neuer Genehmigung vorbehalten bleibt. Das ist auch dann der Fall, wenn durch die Ton- und Sprachhinzugabe zwar nicht die Formgebung des Films, sondern nur das Ausdrucksmittel geändert wird, weil es sich ja um ein gewillkürtes und kein notwendiges Ausdrucksmittel gegenüber dem stummen Film dabei handelt.

Auch bei Lindaus „Der Andere" ist das in typischer Weise akut geworden. Paul Lindau hat im Jahre 1912 an eine Filmgesellschaft „das unbeschränkte und ausschließliche filmmäßige Bearbeitungsrecht" seines Dramas „Der Andere" für die Dauer des Urheberrechtsschutzes seines Dramas übertragen. Der Film wurde hergestellt und vertrieben. Nachdem der Film längere Zeit geruht hat, jedenfalls also nicht mehr vertrieben und vorgeführt wurde, forderte der Erbe Paul Lindaus Neuverfilmung und im Weigerungsfalle Rückgabe des Filmmanuskriptes sowie Freigabe der Befugnis, über das Verfilmungsrecht anderweitig zu verfügen. Die Filmgesellschaft lehnte die Neuverfilmung im gegenwärtigen Zeitpunkt ab. Der Fall ist ein aufschlußreiches Beispiel und gibt mit dem die Klage abweisenden Urteil des LG. I Berlin zu grundsätzlicher Klärung Anlaß.

---

[20] Bloße unveränderte Erneuerung des stummen Films scheidet als uninteressant und unwesentlich hier aus.

[21] S. oben § 15 und unten § 24.

Wir müssen dabei zunächst beachten, daß in *diesem* Fall der Filmgesellschaft sehr weitgehende Rechte — nicht nur lizenzrechtlicher oder vertraglicher, sondern eben urheberrechtlicher Art — eingeräumt worden sind: „Das unbeschränkte und ausschließliche filmmäßige Bearbeitungsrecht des Werkes für die ganze Dauer des Urheberrechtsschutzes.“ Trotzdem ist auch hier — wie jedenfalls noch mehr in allen den Fällen, in denen nicht eine ausdrücklich so weitgehende Übertragung des Urheberrechts stattgefunden hat — die größere und wichtigere Frage aufzuwerfen, ob der Erwerber solcher Rechte sie sich auf die Dauer wahren kann, wenn er sie *nicht benutzt.* Der Vertrag der Urheberrechtsübertragung ist in der Regel ein Zweckvertrag, der im Sinne der Gegenseitigkeit und in Erhaltung des Geisteswerks das Recht an diesem in der Absicht überträgt, daß das Monopol für die Dauer seines Bestehens, soweit dies wirtschaftlich eben möglich erscheint, auch ausgenutzt wird. Andernfalls würde das Urheberpersönlichkeitsrecht beeinträchtigt, das u. a. den Inhalt hat, das Werk lebendig zu erhalten. Deshalb scheint mir auch im Falle „Der Student von Prag“, wo es sich um eine Wiederfilmung nach dem gleichen Manuskript von H. H. Ewers handelte, das Urteil des LG. I v. 29. Okt. 1926 (38 Q. 215. 26/4) nicht schlüssig. Es lagen da zwar vertragliche Unterlagen vor, die *vielleicht* eine Urheberrechtsübertragung von Ewers auf die Filmgesellschaft in sich schlossen, aber es bleibt, mag dies nun so oder anders auszulegen sein, die Frage bestehen, ob die Wiederfilmung nach 13 Jahren durch eine andere Firma (nicht vom Autor des Films, der damit einverstanden war, sondern von dem Rechtsnachfolger der nicht mehr bestehenden alten Filmgesellschaft) verboten werden darf unter Berufung darauf, daß dieser Filmunternehmer das Urheberrecht habe, obwohl er es seit Jahren nicht ausübe. Das Urteil hätte m. E. auf die Frage der Ausübung oder Nichtausübung des Rechts abgestellt werden müssen, im Sinne des § 17 VerlG., über den gleich noch zu sprechen ist. Nur auf die beim Film üblich gewordene Entrechtung des Schaffenden zu Gunsten des Filmunternehmers (s. insbesondere oben zu 1) ist es m. E. zurückzuführen, wenn das LG. den Grundsatz ausspricht: „Der Besitz des Negativs schließt die Möglichkeit und die Berechtigung der Weiterverfilmung durch Herstellung von Filmpositiven und deren Vertrieb in sich. Der Besitz eines Filmnegativs ist die Verkörperung des Verfilmungsrechts an dem auf dem Negativ dargestellten Film.“ Hier ist dem greifbaren Objekt ein zu großes Gewicht gegenüber dem Immaterialgut beigelegt. Zweifellos schließt zunächst der Besitz des berechtigtermaßen (!) hergestellten Films das Vertriebsrecht der Positive in sich, aber selbst die anzunehmende Urheberrechtsübertragung kann es nie als Recht erscheinen lassen, daß Willkür des Erwerbers trotz Nachfrage und neuer Vertriebsmöglichkeit den Urheber mit seinem Werk mundtot macht. Man denke gerade an den Tonfilm, der eine Wiederfilmung früherer stummer Filme außerordentlich nahelegt. Der ursprüngliche Erwerber hat zweifellos ein Vorrecht; aber eine analoge Anwendung des § 17 VerlG., der einen Gedanken des Urheberpersönlichkeitsrechts verkörpert, ist eine Notwendigkeit, wenn Ungerechtigkeit verhindert werden soll.

Dieser Gedanke ist im *§ 17 des Verlagsgesetzes* zum Ausdruck gekommen (Rücktritt des Verfassers, wenn der Verleger keine neue Auflage machen will); und wenn auch Filmungsüberlassung kein Verlagsverhältnis ist und wenn auch häufig Urheberrecht zu diesem Zwecke übertragen wird, so ist doch dieser Gedanke auch hier nicht zu übergehen. Eine *unmittelbare* Analogie des § 17 VerlG. auf den Verfilmungsvertrag braucht dabei nicht behauptet zu werden. Nach der RG.-Entscheidung in RGZ. 107, 62 ist eine grundsätzliche und unmittelbare Übertragung der Sätze des Verlagsrechts auf den Verfilmungsvertrag — entgegen der Entscheidung des KG., das eine analoge Anwendung guthieß — nicht gegeben. Darüber s. oben sub 1, β und 2. Mag man den Erwägungen des RG. aber für den Filmungsvertrag und den Filmungszwang zustimmen oder nicht, *sicher* bleibt doch (*auch nach* dieser Entscheidung) jedenfalls soviel, daß, wenn auch die generelle Anwendung des VerlG. auf jeden Filmungsvertrag (im weiteren Sinne) abzulehnen ist, doch einzelne seiner Bestimmungen (vgl. RGZ. 107, 67) doch eine analoge Anwendung vertragen müssen, *zumal* wenn sie mehr *urheberrechtlicher* als verlagsrechtlicher Natur sind. Das ist aber bei der Vorschrift des § 17 VerlG. der Fall. Denn § 17 VerlG. enthält einen weit über das Verlagsrecht hinausgehenden Grundsatz: nämlich den Grundsatz, daß *der Ausübung des Verlagsrechts auch eine Verlagspflicht entspricht. Es liegt hier etwas von der tieferen Bedeutung des gegenseitigen, synallagmatischen Vertrags* und zugleich eine *dynamische Auswirkung des Urheberrechts*[22].

[22] In einem Aufsatz (Die Tragweite des Verlagsrechts. MuW. 20, 205) habe ich zu zeigen versucht, daß dem Verlags*recht* nach Ausdehnung und Intensität auch die Verleger*pflicht* entsprechen muß, da sonst eine Schädigung des Urheberrechts, die durch nichts gerechtfertigt wäre, vorläge. Vgl. auch ELSTER: Urheber- und Erfinder-, Warenzeichen- und Wettbewerbsrecht (1928), S. 204. R. ISAY hat völlig recht, wenn er in GRUR. 1923, 10ff., 14 ausführt: „Gerade wenn man es in das Ermessen des Herstellers stellt, ob er das Manuskript schließlich verarbeiten will oder nicht, muß man ihm andererseits nach Treu und Glauben die Pflicht auferlegen, das Manuskript zurückzugeben, falls er es nicht benutzen will. Er kann nicht durch das einmalige Honorar das Recht erkaufen, das Manuskript in seinem Schreibtisch vergilben zu lassen.“ Gilt dies zwar in erster Linie für die erstmalige Filmung (Verfilmung), so kann bei anhaltender Bedeutsamkeit und Brauchbarkeit des Sujets und Überholtheit der ersten filmischen Wiedergabe das Gleiche auch für später gelten.

Es ergibt sich das auch daraus, daß *der Filmungsvorgang* in seiner auch urheberrechtlichen Bedeutung *in der Mitte steht zwischen Aufführung und Verlagsvertrieb*. Es ist Aufführung, die vervielfältigt und als Vervielfältigung vertrieben wird. Ist es nun klar, daß bei der Aufführung (vgl. oben § 9 über den Aufführungsvertrag) eines Bühnenstückes eine ausschließliche Überlassung nur für bestimmte (kürzere) Zeit und bestimmte Städte üblich ist, beim Verlag aber die Pflicht des § 17 VG. Gesetz ist, so ist nicht einzusehen, aus welchem Rechtsgrunde der Erwerber eines Filmungsrechtes dem Urheber für die Wiederfilmung sollte im Wege stehen dürfen, wenn er sie selbst nicht (oder nicht mehr) ausüben kann und seine *wettbewerblichen Interessen* gewahrt bleiben. Letzteres ist natürlich wichtig, zumal es auch hieraus wieder deutlich wird, wie stark das wettbewerbliche Moment in allen Rechtsfragen des Geisteswerkschutzes lebendig ist.

Sind *Verträge* so geschlossen, daß solches Ergebnis mit dem Wortlaut des Vertrages nicht übereinstimmt, so ist aber noch Folgendes für die Auslegung nach Treu und Glauben zu bedenken:

Alte Verträge sind aus dem *Verständnis ihrer Zeit* auszulegen. Über die Lebensdauer von Filmen wie über die technische und künstlerische Entwicklung des Films war man sich vor 20 Jahren, als eben erst angefangen wurde, das Filmrecht methodisch zu klären, noch keineswegs klar. Der Urheber — wie vermutlich auch die Filmgesellschaft — gingen damals zweifellos davon aus, daß die Lebensdauer des Films sich nach ähnlichen Gesetzen wie die Lebensdauer eines Bühnendramas richte, also daß es, solange überhaupt Geschmack an dem Werke vorhanden sei, gespielt werde — beim Film also vom Negativ wieder abgezogen bzw. nach einiger Zeit der Pause wieder hervorgeholt werden könne —, eben so lange, bis das Publikum keinen Geschmack mehr an dem Sujet, an dem Geisteswerk selber findet und Thema wie Formgebung *aus inneren Gründen* überholt seien. Daß beim Film noch ganz andere — und *zwar mehr äußere*! — Gründe im Laufe der Zeit hinzukamen, die ein altes Negativ untauglich zur Reproduktion machten, weil dem Film, sei es wegen der Kleidung der agierenden Personen, sei es wegen der Bauten, der Beleuchung usw., sei es überhaupt wegen der so rasch fortgeschrittenen Filmtechnik, jetzt insbesondere des Tonfilms, das Alter gefährlich wurde, diese Umstände waren damals sowohl einem vertragschließenden Autor wie auch der Filmgesellschaft unbekannt.

§ 18. Plagiat und Bearbeitung beim Film.

1. Eigentliche *Plagiate* — d. h. die Benutzung fremder Geisteswerke (oder Teile von ihnen), als seien sie eigene — kommen auf den älteren Gebieten der Geistesschöpfungen — Literatur und Theater —

verhältnismäßig selten vor[1]. Nennt man neuerdings einige Fälle, so ist zumeist deren juristische Behandlung klar. Und wenn man bei musikalischen Kompositionen von „Gestohlenem" redet, so handelt es sich da meistens um Einzelstellen, aber kaum um ganze Werke. Dies kann vielleicht beim Film anders werden, wenn etwa die Jagd nach dem Sujet leicht in schon bebaute Gefilde gerät, weil das freie Land durchgejagt erscheint. Aber wenn es z. B. zweimal „Student von Prag" oder „Königin Luise", „Bismarck" oder Dolomiten-Kriegsfilme gibt, so stand dabei z. T. meist nicht der Tatbestand eines Plagiats im Vordergrunde, sondern entweder der Streit um den Titelschutz (darüber unten § 19) oder um die Wiederfilmung (s. oben § 15 und 17) oder um die Benutzung des gleichen Sujets.

Die vorgekommenen Tatsachen sind dabei sogar fast weniger wichtig als die Gefahr weiterer Plagiate und vor allem die Klärung darüber, wann ein Plagiat vorliegt oder nicht; lediglich die filmische Behandlung des gleichen Stoffes ist ja noch kein Plagiat[2]. Es gibt, wie auf der Bühne und in der Literatur, so auch im Film Neubehandlung eines Sujets, ohne daß von Plagiat oder unfreier Benutzung die Rede sein kann. Darüber ist schon oben in §§ 3 und 4 das Erforderliche gesagt worden. Hier gilt es nur, für den Film klarzustellen, daß für ihn die urheberrechtliche Frage nach unfreier Benutzung und Bearbeitung und freier Eigenschöpfung bezüglich des gleichen Sujets nicht anders liegt als auf anderen urheberrechtlichen Gebieten. So hat auch mit Recht das Urteil des LG. I Berlin v. 23. Sept. 1930 (38 Q. 127. 30), das ein angebliches Filmplagiat betraf, gesagt, daß nicht die Behandlung des gleichen Vorganges, also die Wiederholung der Idee schon den Tatbestand der Urheberrechtsverletzung ausmachen könne, wohl aber der Umstand, daß „die streitigen Filmmanuskripte in der eigenartigen Ausgestaltung einer ganzen Reihe von Einzelheiten wesentlich übereinstimmen". Hiergegen könne nicht eingewendet werden, daß „jedes Manuskript einen völlig verschiedenen *historischen* Vorgang zum Gegenstande habe", „für das Urheberrecht am Filmmanuskript ist das Wesentliche die eigentümliche, auf Filmwirksamkeit abgestellte Ausgestaltung der Einzelhandlungen und die Beschreibung der Bild- und Klangeffekte, die in dem Film erzielt werden sollen. Hierfür ist es unerheblich, ob die Gesamtheit der Handlung dieses oder jenes historische Ereignis darstellen soll. Ebenso muß es gleichgültig sein, wenn das eine Manuskript *außer* der Verfilmung des Krieges in den Dolomiten und der Bergsprengung noch eine umfangreiche Liebes- und Spionagegeschichte bringt, die in dem anderen Manuskripte fehlt. Unerheblich ist ferner, von wem der

[1] Vgl. oben § 3.

[2] Vgl. insbesondere DIENSTAG: Kinematographisches Urheberrecht und unlauterer Wettbewerb. MuW. 1928, 325ff. und unten § 19.

Gedanke eines Dolomitenkriegsfilms herrührt, da der Gedanke als solcher keinen Urheberrechtsschutz genießt."

Und ähnlich sprach sich in der Berufungsinstanz das Urteil des KG. v. 8. Dez. 1930 (GRUR. 1931, 287) aus: Erstens, daß an der bloßen Filmidee, am Sujet ein urheberrechtlicher Schutz nicht besteht, und zweitens daß es auch keinen wettbewerbsmäßigen Schutz der Verwendung gemeinfreier Stoffe gibt. „Gewiß ist denkbar", sagt das KG., „daß unter Umständen, z. B. durch Ausnutzung eines Vertrauensverhältnisses erlangte Kenntnisse nicht für eigene Zwecke verwendet werden dürfen, falls dies gegen Treu und Glauben und gegen den Verkehrsanstand verstieße. Insofern kann selbst die Übernahme einer — originalen — Filmidee als solcher unzulässig sein." Das aber lag hier nicht vor und müßte besonders geprüft und nachgewiesen werden. Insbesondere aber spricht das KG. den wichtigen Grunsdatz aus: „Schutzfähig wird der historische Vorgang erst, wenn er als eine von einer individuellen Gesamthandlung getragene, auf Filmwirksamkeit abgestellte Bildfolge zu einer eigentümlichen Schöpfung ausgestaltet ist."

Mit diesen Darlegungen ist *so Wesentliches* gesagt, daß auf weitere Ausführungen und Beispiele verzichtet werden kann[3]. Dabei ist es für die Plagiatfrage beim Film überdies ganz besonders wichtig, zu erkennen, worauf das Wesentliche beruht. Dinge, die bei zwei Werken übereinstimmen und etwa Teile der Musik oder Teile des Inhalts oder Teile der Ausstattung betreffen, brauchen noch keineswegs den Film als solchen und als Ganzes zum Plagiat zu machen — obwohl auch teilweise Plagiierung unerlaubt ist —; es muß auf das ankommen, was für den Film, d. h. für seine Wirkung wesentlich ist, und dann ist zu fragen, ob das Wesentliche oder das Unwesentliche dem Urheberrechtsschutz überhaupt zugänglich ist. Abweichungen im einzelnen sind daher belanglos, wenn diese Abweichungen nicht den Kern des Filmischen, das Wesentliche des Filmwerkes betreffen, also wenn der Zuschauer und Zuhörer den neuen Film *nicht* besuchen wird, *weil* er den alten kennt, der ihm das, was er im Kino sucht, bereits geboten hat. Auf dieses wettbewerbliche Kriterium kommt es auch hier an.

Namentlich für den Tonfilm, der etwa auf stummen Filmen aufgebaut wird, ist das wichtig. Die Hinzunahme des Tons, der Musik, des lauten Wortes statt des leisen, macht das Werk urheberrechtlich nicht zu einem neuen, sondern zu einer unfreien Benutzung des alten (z. B. „Kohlhiesels Töchter" in stummer und in Tonfilmbearbeitung).

Das Gegenstück zu der Ansicht von Fagg und Lion, die da meinen, ein Film könne *niemals* Plagiat eines Schriftwerkes sein, ja nicht einmal

[3] Daß das Urteil trotzdem eine „Warnung" vor der Herstellung und dem Vertrieb *dieses* Films für zu weitgehend hält, wird damit begründet, daß der Film selbst ja noch ganz anders ausfallen könne als das Manuskript.

als Vervielfältigung des Drehbuches angesehen werden, bildet die (als die „herrschend“ bezeichnete) Ansicht von ALLFELD, RIEZLER, DAUDE, GOLDBAUM, daß eine „freie Benutzung“ (§ 13 LitUG.) niemals bei den Bearbeitungsarten des § 12 LitUG., also auch niemals bei der Verfilmung eines Schriftwerkes gegeben sein könne. Das ist nur dann richtig, wenn diese Beispiele des § 12, also z. B. die Verfilmung, wirklich „Bearbeitungen“ bleiben[4], aber das ist durchaus *nicht* immer der Fall. Die Wahrheit ergibt sich vielmehr, wie so oft, auch hier wieder daraus, daß man nicht mit kategorischen Worten und vorgefaßten termini an die Dinge herangeht, sondern der Eigenart des einzelnen Falles auf den Grund gehen muß. Gesetzt, der Drehbuchautor (oder Regisseur oder Filmunternehmer) wolle ein literarisches Werk „verfilmen“ und es wird bei der Bearbeitung etwas so Neues, Eigenschöpferisches daraus, daß im Ergebnis wirklich nur eine Benutzung und keine (im juristischen Sinne) Bearbeitung mehr vorliegt, dann ist eben, wie auch FRIEDEMANN zutreffend betonte[5], die GOLDBAUM-ALLFELDsche Ansicht verfehlt, denn gerade derartige freie Neuschöpfung kommt bei Verfilmungen sehr häufig vor. Die Unklarheit liegt freilich nur daran, daß der Begriff Verfilmung sich in solchem Fall gewandelt hat, nämlich nur ein technisch, aber nicht juristisch richtiger Begriff mehr ist[6]!

2. Damit sind wir bereits aus den Fällen des Plagiats nicht nur in die Fälle der erlaubten Benutzung, sondern auch in die der — erlaubten oder unerlaubten — Bearbeitung gelangt.

Selbst wenn der Drehbuchautor frei wäre, durch eine andere Filmfirma einen neuen Film nach seinem Drehbuch herstellen zu lassen, so dürfte dieser neue Film nicht diejenigen Elemente sich aneignen, die etwa der erste Regisseur als Bearbeiter des Manuskripts eigenschöpferisch dazu getan oder durch Veränderung der Vorlage gewonnen hat.

Somit konnten z. B. REHFISCH und GOLDBERG gegen die Filmgesellschaft klagen, weil ihre Bearbeitung von DIETZENSCHMIDTS „Weißer Sklavin“ ohne ihr Wissen ins Gegenteil verändert worden sei und ein dritter Autorname in der Ankündigung hinzugekommen

[4] Über den Gegensatz von Benutzung und Bearbeitung ist namentlich auch MARWITZ-MÖHRING: Komm. zu § 13 LitUG. zu vergleichen.

[5] Arch.f.Urh.R. 1, 531, 532; vgl. auch DE BOOR: Urheber- und Verlagsrecht, S. 160. FRIEDEMANN weist mit Recht auf die Entscheidungen (RGZ. 63, 158; 82, 16; KG. in MuW. 1922, 87) hin, die Dramatisierungen und Verfilmungen als freie Eigenschöpfungen anerkannt haben.

[6] Im gleichen Sinne, wie man etwa eine „Bearbeitung“ als Tätigkeit vornimmt und im Ergebnis doch eben keine Bearbeitung mehr, sondern etwas völlig Neues durch immer größere Abweichung vom Original geschaffen hat. Denn wenn nur das Sujet dasselbe bleibt, die Formgebung aber gar nicht mehr, so liegt eben ein in der Form neues, nicht bloß im Ausdrucksmittel anderes Werk vor. Vgl. auch den Aufsatz „Prolegomena eines Aufführungs- und Vorführungs-Urheberrechts“, Arch.f.Urh.R. 4, 433ff.

sei. Denn durch die „Bearbeitung“, die überdies berechtigtermaßen geschah, gewannen die Bearbeiter ein Urheberrecht an ihrer Bearbeitung, so daß auch ihnen das oben im § 11 näher besprochene Recht des Abänderungsverbotes zur Seite stand. Auch die Beurteilung solcher Fragen hängt natürlich aufs engste mit der richtigen Auslegung des zugrundeliegenden Filmungsvertrages zusammen, so daß auch hierfür auf die Ausführungen im vorigen § 17 verwiesen werden muß. Nur mit der klaren Erkenntnis des Wesens der „Bearbeitung“ wie des Wesens der verschiedenen Arten von Filmungsverträgen ist eine Lösung dieser bisher so oft mißdeuteten Streitfragen möglich.

§ 19. Titelschutz und Behandlung gleicher Stoffe (namentlich beim Film)[1].

1. Es handelt sich hier nicht um die sogenannten Titel *im* Film, d. h. die Texte im stummen Film. Diese genießen, sofern sie eigenschöpferisch sind, selbstverständlich Urheberschutz, und zwar als *Teile* des Werkes, in dem sie enthalten sind. Ihre Entlehnung könnte nur in der Art des Zitats, aber nicht etwa zu konkurrierender Benutzung erlaubt sein, etwa wenn einer die guten Zwischentitel eines anderen Films (z. B. die humoristischen eines Roellinghoff) in einem anderen Film wiederverwendet.

2. Es handelt sich auch nicht um die Frage, wie der sogenannte „Vorspann“, die ganze Titelei des Films beschaffen sein und wer darin genannt werden müsse. Es gehört zu den oben im § 2 allgemein erörterten urheberrechtlichen Sätzen, daß der Schaffende ein Recht hat, genannt zu werden. Das ist beim Film üblicherweise auf sehr viele Mitwirkende ausgedehnt worden (was übrigens auch eine Bestätigung der oben im § 17 dargelegten Anschauungen gegen ein alleiniges originäres Urheberrecht des Unternehmers ist). Wenn nun neuerdings gegen diesen „Vorspann“ wegen seiner Länge, Kostspieligkeit und ermüdenden Wirkung Front gemacht wird, so wünscht man eben nur die Nennung an anderer, sogar dauerhafterer Stelle. Denn, wie im Film-Kurier (29. Aug. 1930) zu lesen war, forderte die „Dachorganisation der Filmschaffenden Deutschlands“ namens der ihr angeschlossenen acht Ver-

[1] Caro: Der urheberrechtliche Schutz des Schriftwerktitels. Diss. Heidelberg 1930. Ebel: Der Rechtsschutz des Buchtitels nach geltendem deutschen Recht. Diss. Jena 1929. Gsell: Der Schutz der Titel von Geisteswerken. Diss. Zürich 1930. Elster: Zur Lösung der Frage des Titelschutzes. GRUR. 1925, 146ff.; dgl. in GRUR. 1914, 277ff., JW. 1929, 1232. Hoffmann: Der Titelschutz. ZBlHdlR. 1926, 385ff. Degen: Urheberrechtlicher Titelschutz. GRUR. 1929, 451ff. Weigert, J.: Titelschutz im Filmrecht. Arch.f.Urh.R. 1, 405ff. Dienstag: Kinematographisches Urheberrecht und unlauterer Wettbewerb. MuW. 1928, 325, dazu Pinzger im Arch.f.Urh.R. 3, 281ff. — Vgl. auch oben § 18 bei Fußnote 2.

bände der Autoren, Musikautoren, Regisseure, Architekten, Kameraleute, Tonmeister, Darsteller und Aufnahmeleiter des Films die grundsätzliche und vollständige Abschaffung des Vorspanns im Film. „Es wird allerdings", sagte sie weiter, „einem jeden selbstverständlich erscheinen, daß dieser Verzicht der Filmschaffenden ein ihre Interessen so empfindlich berührender ist, daß er nicht unausgeglichen bleiben darf. Wir weisen nur auf elementare Rechte hin, wenn wir gleichzeitig die obligatorische Einführung des Programmaushanges in den Vorräumen aller Lichtspieltheater etwa nach dem Muster der Sprechbühnen verlangen. Sämtliche Filmschaffenden, vom Autor und Komponisten angefangen, über Regisseur, Architekten, Kameramann, Tonmeister, Aufnahmeleiter, bis zu den Darstellern der großen oder auch der kleinen Rollen sind der Besonderheit ihres Berufes gemäß zwingend darauf angewiesen, daß ihre mit ihren Werken engstens verbundenen Namen öffentlich und in einer Form genannt werden, die dazu geeignet sein kann, die Aufmerksamkeit des Publikums, der Kritik und der Fachwelt auf sich zu lenken."

3. Es handelt sich hier vielmehr um den *Schutz des Filmtitels.* Das ist zwar kein spezifischer, etwa nur für den Film vorhandener Rechtsschutz (er ist ebenso gut für Buchtitel, Zeitschrifttitel, Dramentitel usw. gegeben), er soll aber an dieser Stelle beim Film näher behandelt werden, weil er hier, nach den Erfahrungen der Zeit, praktisch wichtiger erscheint als etwa bei Bühnenwerken und Theateraufführungen. Es sind ja gerade bezüglich des Titelschutzes beim Film Streitigkeiten und Prozesse entstanden, so in den Fällen „Königin Luise", „Wien, du Stadt meiner Träume", „Ein Schritt vom Wege", „Der Maharadscha von Domelaninen" usw. Wichtiger aber noch ist die Tatsache, daß gerade in der Filmindustrie gute Titel gehamstert werden, um sie gegebenenfalls zu verwenden und einstweilen andere von deren Gebrauch auszuschließen.

A. Der Titelschutz setzt sich aus *zwei Rechtsgründen* zusammen, dem *urheberrechtlichen* und dem *wettbewerbrechtlichen.* Den ersteren, der sehr umstritten ist, ganz abzulehnen, geht nicht an[2]. Sofern es sich um eine eigenartige geistige Schöpfung, also um einen besonderen, nicht landläufigen und etwa den Gegenstand nur trocken bezeichnenden Titel handelt, kann er als wichtiger Teil des Werkes zusammen mit anderen Teilen des Werkes *Urheberrechtsschutz* genießen, also wenn z. B. ein Film „Der müde Tod" genannt wird und aus FRITZ LANGS Werk in abgeänderter Gestalt Einiges übernommen wird; dann ist nicht wegen der Übernahme von Ideen oder stofflichem Sujet eine Urheberrechtsverletzung gegeben, die gerade deshalb *nicht* schlüssig

---

[2] Vgl. ELSTER: Zur Lösung der Frage des Titelschutzes. GRUR. 1925, 146ff.

ist, weil nur die Idee übernommen ist, aber die Übernahme des Titels ist dann der hauptsächlichste Tatbestand einer Urheberrechtsverletzung, selbst wenn nach wettbewerbrechtlichen Gesichtspunkten (§ 16 UWG., s. unten) ein Verstoß nicht vorliegt. Für das Urheberrecht kommt der Titel also als Teil eines Geisteswerkes, für das Wettbewerbsgesetz aber als Kennzeichnung in Betracht. Wenn oben gesagt wurde, daß als Teil eines Schriftwerkes mit eigenem Charakter der Schutzfähigkeit nur ein Titel von eigenartiger Prägung und zusammen mit sonstigen Entlehnungen aus dem Werk[3] in Betracht kommen könne, so heißt das, daß der entlehnte Titel „als Teil" jenes fremden Werks nachgebraucht sei. Das wird vielleicht nicht häufig vorkommen, ist aber trotzdem für die richtige Beurteilung, namentlich in schwierigen Fragen, zu beachten. So führte in dem Titelstreit „Der Kaiser von Amerika" das LG. I Berlin in seinem rechtskräftig gewordenen Urteil[4] sehr zutreffend u. a. Folgendes aus: „Die Klägerin und der Beklagte sind zur Bezeichnung der in ihrem Verlage erschienenen Werke mit dem Titel ‚Der Kaiser von Amerika' berechtigt, weil die Titel unabhängig voneinander entstanden sind und ihre Benutzung durch eine der Parteien weder gegen die Vorschriften des Wettbewerbsrechts noch gegen die Vorschriften des Urheberrechts verstößt. Zwar ist das Bühnenwerk von SHAW erst Ende des Jahres 1928 für die Festspiele in Malvern geschrieben worden, während der Roman von ROHMER in der amerikanischen Ausgabe das Copyright des Jahres 1927 trägt. Auch ist der deutsche Titel des Werkes von SHAW keine Übersetzung des englischen Titels; er ist vielmehr von der Klägerin selbst im Einverständnis mit dem Dichter in Anlehnung an die Vorgänge im III. Akt des Stückes gewählt worden, in welchem dem König Magnus die Würde eines Kaisers von Amerika angeboten wird. Die Worte ‚Der Kaiser von Amerika' kommen zwar in dieser Zusammensetzung nicht vor, ergeben sich aber sinngemäß aus der Darstellung (vgl. S. 85, 90). Jedenfalls hat sich die Klägerin bei Wahl des Titels nicht an den Roman von ROHMER angelehnt, dessen Werk in Deutschland wohl erst durch die bei der Beklagten erschienene Übersetzung bekanntgeworden ist. Deshalb liegt in der Benutzung des Titels kein Verstoß gegen § 1 UnlWG., wie ihn das KG. in seiner Entscheidung v. 17. Juli 1929 (10. U. 6625. 29) angenommen hat, als eine Filmgesellschaft einen Film unter dem Titel ‚Der singende Tor' herausbringen wollte, obwohl

[3] Auf diese Beschränkung der Voraussetzungen ist Wert zu legen; denn in dieser Hinsicht hat SCHLECHTRIEM (Arch.f.Urh.R. 2, 44) recht, wenn er sagt: „So ist es zu erklären, daß man in der Filmindustrie, gestützt auf die zweifellos überspannte Lehre vom selbständigen Urheberrecht am Titel, ernsthafte Sonderansprüche nicht nur auf ein Sujet, sondern selbst auf ein Milieu erhob und bestätigt erhielt."

[4] Arch.f.Urh.R. 3, 445ff.

ein amerikanischer Film mit dem Titel 'The singing fool' in Deutschland unter dem Titel ‚Der singende Narr' bekanntgeworden war. Ebensowenig hat die Klägerin das Urheberrecht der Beklagten an dem Titel verletzt, soweit die selbständige Schutzfähigkeit des Titels eines Schriftwerkes anerkannt wird, nämlich bei einem Titel mit deutlicher Unterscheidungskraft und eigenartiger Prägung (KG. v. 19. Mai 1928; Arch.f. Urh.R. 1928, 319 und die dort erwähnten Vorentscheidungen). Wenn auch der Titel ‚Der Kaiser von Amerika' zu diesen Titeln zu rechnen ist, weil er auf reiner Phantasieschöpfung beruht, so hat doch die Klägerin diesen Titel nicht nachgeahmt. Der Kriminalroman von ROHMER steht in keinem Zusammenhang mit dem Inhalt des Werkes von SHAW, da der Roman einen Verbrecher schildert, der die Absicht hat, durch die von ihm eingerichtete Organisation Beherrscher von Amerika zu werden. Deshalb versagt der urheberrechtliche Anspruch." (Auch aus wettbewerblichen Gründen konnte die Nebeneinanderbenutzung nicht untersagt werden, da unlauterer Wettbewerb und Tatbestand des § 16 UnlWG. nicht vorlag.)

Wenn ich hier betone, daß außer dem schöpferischen Charakter des Titels auch noch die Entlehnung weiterer Momente aus dem Werk erst den urheberrechtlichen Titelschutz anwendbar macht, so hält das *KG.* einen Urheberrechtschutz des Titels in weiterem Maße, als ich es hier vertrete, nämlich ohne diese beschränkenden Voraussetzungen, für gegeben. In dem Urteil „Wien, du Stadt meiner Träume"[5] sagt es von dem zur Verfilmung gekauften (!) Liedtitel: „Daß dem Urheber auch an dem Titel seines Werkes die ausschließlichen Befugnisse der §§ 11 und 12 LitUG. als ein selbständiges Recht zustehen, ist von dem Senat in seinen Entscheidungen v. 31. Aug. 1922 (GRUR. 1923, 21) und v. 23. Juni 1926 (GRUR. 1926, 443) anerkannt worden. An dieser Auffassung, die auch von dem Sächs.OLG. in einer Entsch. v. 17. Sept. 1925 (GRUR. 1925, 346, GOLDBAUM, UrhR., 2. Aufl., S. 28 u. 137), sowie ROSENTHAL (WettbewerbsGes., 6. Aufl., S. 365) vertreten wird, hält der Senat auch gegenüber der Ansicht des Reichsgerichts (RGZ. 112, 118), das sich darauf beschränkt, die Frage als überaus zweifelhaft zu bezeichnen, fest. Voraussetzung für einen urheberrechtlichen Titelschutz ist allerdings, daß der Titel nicht ohne jede individuelle Färbung ist". Es ist demgegenüber doch zu fragen, ob damit nicht das Urheberrecht als Schutz eines Geisteswerkes zu sehr von dem Werk abgezogen wird; denn der Titel allein ist, wenn eben nicht wenigstens noch etwas Weiteres aus dem Werk mit übernommen wird (Aufbau oder spezielle [Ideen-]Gestaltung), doch zu sehr nur Kennzeichnung, so daß m. E. wettbewerbrechtliche Gesichtspunkte

---

[5] Arch.f.Urh.R. 1, 319ff.

in diesem Fall heranzuziehen waren, was vom KG. aber ausdrücklich beiseite gesetzt wird.

Wird der Titel mit dem Originalwerk, dem er ursprünglich zugehört, benutzt, etwa weil das Werk urheberrechtlich schutzfrei geworden ist, dann handelt es sich nicht mehr um Titelschutzfragen; denn das Wahrheitsmoment verlangt, daß dem Werke sein richtiger Titel verbleibt[6].

B. Wichtiger als der urheberrechtliche Anspruch ist bei Titelschutzfragen der *Wettbewerbsschutz.* Hier kommt es für den Titelschutz auf dreierlei an: a) ob er eine besondere Bezeichnung ist, b) ob man sich des Titels befugterweise bedient, c) ob die angefochtene Titelbenutzung Verwechslungsgefahr mit sich bringt. Der maßgebende § 16 Abs. 1 UnlWG. lautet: „Wer im geschäftlichen Verkehr einen Namen, eine Firma oder die besondere Bezeichnung eines Erwerbsgeschäfts, eines gewerblichen Unternehmens oder einer Druckschrift in einer Weise benutzt, welche geeignet ist, Verwechselungen mit dem Namen, der Firma oder der besonderen Bezeichnung hervorzurufen, deren sich ein Anderer befugterweise bedient, kann von diesem auf Unterlassung der Benutzung in Anspruch genommen werden."

a) *Originalität* („besondere Bezeichnung") braucht *nicht absolut* vorhanden zu sein; *relative* Besonderheit oder Neuheit genügt auch. Das bedeutet, daß eine bekannte Bezeichnung (Alraune, Die Räuber, Trotzkopf, Die Ehre, Ein Schritt vom Wege", Untergang des Abendlandes od. dgl.) doch noch als *Buch-* oder *Stück-* oder *Film*bezeichnung neu und eigenartig sein kann, obwohl es sonst ein landläufiger Ausdruck ist; mithin ist erst dann, wenn diese Bezeichnung den Titel eines bestimmten Werkes darstellt, Anderen die Benutzung für ein anderes Werk verschlossen. Daher ist in dem Urt. des LG. I Berlin v. 19. Okt. 1926 (38. Q. 172. 26) mit Recht gesagt: „Der Titel des Wichertschen Werkes ‚Ein Schritt vom Wege', den A. auf Grund des von ihm erworbenen Verfilmungsrechtes befugterweise für sich in Anspruch nimmt, ist zweifellos eine charakteristische, eigentümliche, individuelle Bezeichnung im Sinne des § 16 UnlWG. Die Verwendung des gleichen Titels für den Film des B. ist geeignet, Verwechslungen hervorzurufen, auch wenn der Inhalt der beiden Werke ganz verschieden ist."

Die Ergänzung des Urheberrechtsschutzes des Titels durch den Wettbewerbsschutz ergibt sich auch zutreffend aus dem KG.-Urteil über die Verfilmung des Zola-Romans „Au bonheur des Dames" („Zum Paradies der Damen")[7]: wenn das übersetzte Werk urheberrechtlich frei war, das Verfilmungsrecht noch nicht, dieses aber nur mit dem richtigen Titel übertragbar war, so war der Titel *mit* dem Werk zusammen für den Film *nicht* frei, sonst aber war er urheberrechtlich frei; und erst wenn Jemand

[6] Fall „Brehms Tierleben". GRUR. 1926, 118, dazu GRUR. 1926, 196.

[7] MuW. 22, 99.

eine Berechtigung zur Benutzung dieses Titels sich für den Film erwarb, sich seiner also „befugterweise bediente", entstand ein wettbewerbrechtlicher Schutz aus § 16 UnlWG.

Im Wettbewerbsmoment liegt ferner begründet, daß die Benutzung nur soweit untersagt ist, wie es sich um Gleichartigkeit der Objekte handelt: Buch und Film, Roman und Bühnenwerk u dgl., *nicht* Geisteswerk und Käsesorte. Daher ist auch das Urteil des LG. I Berlin v. 1. April 1930[8] richtig, welches die Klage des Verlegers des bekannten Film-Schlagers „Sonny Boy" gegen die Schokoladenfirma, die Schokoladentafeln mit der Kennmarke Sonny Boy versah, abgewiesen hat, und zwar aus urheberrechtlichen wie aus wettbewerbrechtlichen Gründen: „Die Klägerin könnte sich dagegen wenden, daß der Titel des von ihr verlegten Schlagerliedes, an dem ihr gemäß § 9 VerlG. der urheberrechtliche Schutz des Verlagsrechtes gebührt, nicht zur Bezeichnung anderer Werke der Literatur, Musik usw., also nicht zur Bezeichnung von Romanen, Dramen, Musikstücken, Filmen od. dgl. verwendet werde. Keinesfalls gäbe ihr der Urheberrechtsschutz ein Recht dagegen, daß die streitige Wortverbindung für sich allein lediglich als Warenbezeichnung benutzt werde. Die Anwendung des § 16 UnlWG. scheidet ebenfalls aus, weil im Verhältnis eines Musikschlagers zu einer Schokoladentafel schlechterdings keine Verwechslungsgefahr in Frage kommt."

b) Die *Priorität* der Benutzung eines Titels bedeutet Priorität der *öffentlichen* Benutzung. Der Titel muß im Verkehr benutzt worden sein; bloße Entwürfe in der Schublade, bloße Erwähnung im Gespräch oder dgl. genügt nicht. Die Benutzung muß noch andauern. Es ist oft schwierig festzustellen und hat schon zu Prozessen geführt, ob eine frühere, aber seit einiger Zeit unterbrochene Benutzung (z. B. bei Zeitschriftentiteln oder bei alten, erledigten Filmen) die Voraussetzungen des Schutzes des § 16 erfüllt; Umstände des Falles, Wille der Wiederbenutzung durch den Berechtigten, Besitz des Negativs (?) und laufender Verkauf alter Jahrgänge oder Kopien sind zu berücksichtigen[9]. Zweifellos aber genügt *nicht* zur Priorität, daß man erst beabsichtigte, wenn auch auf Grund besonderer anderweitiger Rechte, den Filmtitel zu benutzen. Zutreffend daher die Entscheidung des LG. I Berlin v. 9. April 1929[10] betr. den Titel „Der Maharadscha von Domelanien", gegen den HARRY DOMELA klagte, weil er selbst die Absicht gehabt habe, einen Film „Prinz Harry von Domelanien" zu schreiben. Dies konnte insbesondere auch deshalb ihm trotz seines Namens DOMELA nicht als Monopol ohne tatsächliche Benutzung vorbehalten bleiben, weil Domelanien ein Phantasiewort geworden war und eine bestimmte Art von Vorgängen (vgl. die Be-

[8] Arch.f.Urh.R. 3, 442ff.

[9] Vgl. RG. in JW. 1921, 625; OLG. Dresden in MuW. 1927, 217.

[10] Arch.f.Urh.R. 2, 566ff.

zeichnung „ein weiblicher Domela") schon fast gattungsmäßig bezeichnete. Auch durch die Ankündigung von Stücketiteln allein kann zwar schon eine Benutzung festgelegt, aber jedenfalls dann keine Monopolstellung, die Andere ausschließt, errungen werden, wenn sie nicht eine eigentümliche Bezeichnung, sondern nur eine gebräuchliche Benennung bedeuten (z. B. Die Sexualberatungsstelle). Unbedingt aber gilt der Rechtssatz, daß *Priorität wirklicher Benutzung* als Aktivlegitimation der Wettbewerbsklage vorliegen muß; — ein erfolgreicher Riegel gegenüber *Titelhamsterern*, die durch Ankauf und Aufbewahrung von Filmtiteln glauben, jede Benutzung dieses Titels als Film von anderer Seite verhindern oder verbieten zu können. Titel zu hamstern, ist nach richtiger rechtlicher Auffassung ein ziemlich aussichtsloses Beginnen. Denn ohne Zusammenhang mit einem Werk oder der schon geformten Idee eines Werkes (siehe oben) kann solchen Titeln kein Urheberrechtsschutz zugesprochen werden, und ohne wirkliche Benutzung kann auch § 16 UnlWG. diesen Schutz nicht gewährleisten. Wirkliche Benutzung des Titels kann aber erst dann anerkannt werden, wenn ernstlicher Arbeitsbeginn mit der Schöpfung des Films nachzuweisen ist[11].

Titelkauf-Verträge hindern nur den, der solchen Titel erdacht und der Firma verkauft hat, durch den Kaufvertrag an der Benutzung, aber ohne jede absolute, dingliche Wirkung. In dem Fall „Wien, du Stadt meiner Träume", wo das Verfilmungsrecht an einem Lied*titel* (und nur an diesem) dem Autor des Liedes abgekauft, aber von der Filmfirma noch nicht benutzt war, hat das LG. I Berlin[12] den Antrag auf einstweilige Verfügung abgewiesen mit der Begründung, daß die Antragstellerin sich des Titels noch gar nicht „bediene", da sie nur den Titel besitze, aber ihn noch nicht für ein Werk in der Öffentlichkeit benutzt habe. Das KG. hat freilich dann anders entschieden, da es den Fall nicht nach § 16 UnlWG., sondern nach urheberrechtlichen Sätzen beurteilt hat (siehe oben 3 A). Darüber aber, daß § 16 UnlWG. wirkliche Benutzung des Titels für eine Unterlassungsklage voraussetzt, besteht kein Zweifel.

c) Die *Verwechslungsgefahr* ist keine absolute Größe; sie richtet sich nach dem Urteil der maßgebenden, d. h. der beteiligten Verkehrskreise (vgl. RGZ. 108, 276). Unaufmerksamkeit, die zu Verwechslungen neigt, besagt an sich noch nicht, daß wirklich das Vorgekommene eine „Eignung zu Verwechslungen" hat. Es ist aber ein Unterschied, ob die Titel zweier wissenschaftlicher Bücher oder zweier Filme einander ähnlich sind; denn von den gelehrten Interessenten kann man schärfere Unterscheidungskraft erwarten als von dem allgemeinen Filmpublikum. Ist der Titel nicht eigenartig (z. B. „Bismarck", „Königin Luise"), so ist von der

---

[11] Vgl. darüber zutreffend WEIGERT: a. a. O. 414, 421 u. 424.

[12] 23. Dez. 1927, 38. Q. 191/27.

„Eignung" zu Verwechslungen keine Rede, denn im Leben muß man eben acht geben, daß man nicht statt des gewünschten neuen Werkes ein solches älterer Provenienz erhält. Und wo keine Vorbenutzung (Priorität) des Titels vorliegt, kann es zwar etwas zu verwechseln geben, aber dann hätte Niemand ein Recht, dem Anderen das Verwechslungsfähige zu untersagen.

Natürliche Namensgleichheit bedingt an sich noch keine Verwechslungsgefahr, und es ist selbstverständlich erlaubt, etwa einen neuen Film unter dem Titel „Der Ring des Nibelungen" genau nach dem (gemeinfrei gewordenen) Werk Richard Wagners herzustellen, obschon es einen Nibelungen-Film schon gibt — unbeschadet natürlich des Urheberrechtsschutzes an dem früheren Werke selbst —, ebenso wie es erlaubt ist, ein „Lehrbuch der inneren Medizin" herauszugeben, obwohl es schon genug Werke mit dem gleichen Titel gibt.

Für den Streitfall des Filmtitels „Das Liebesleben in der Natur", gegen dessen Benutzung Wilhelm Bölsche als Verfasser seines bekannten Buches „Das Liebesleben in der Natur" geklagt hat, genügte die Heranziehung des § 16 UnlWG., ohne daß es der Lösung der Frage des urheberrechtlichen Titelschutzes bedurfte. Das hat mit dem KG. das RG. betont[13] und dabei gesagt, es sei dem Gesetz nicht zu entnehmen, daß Wettbewerb und Verwechslungsgefahr nur zwischen der besonderen Bezeichnung einer Druckschrift und der besonderen Bezeichnung einer anderen Druckschrift vorliegen könne; daß zwischen Filmtitel und Druckschrifttitel Verwechslungsgefahr möglich sei, hatte das KG. schon vorher (Entscheidung v. 19. März 1924) ausgeführt. „Entscheidend ist", sagt das RG., „daß Personen, denen der betreffende Film nicht bekannt ist, wenn sie die Ankündigung seiner Aufführung lesen, leicht in die irrige Meinung versetzt werden können, daß es sich bei dem Film um eine Berabeitung des Buches von B. handele".

Etwas Anderes aber ist es, wenn — auch wo es sich *nicht* um eigenartige, besondere Titel handelt — in unlauterer Weise aus der Verwechslungseignung Nutzen auf Kosten eines Anderen zu ziehen versucht wird. Das war in Betracht zu ziehen (aber wohl kaum so weit, wie es das RG. tat) in dem Fall der Filme „Königin Luise". Obschon dieser Titel keine besondere Bezeichnung ist, weil es nur den historischen Namen einer bekannten Gestalt benutzt, so ist es doch zu einer Klage bis hinauf in die oberste Instanz gekommen[14], da der Hersteller eines älteren Films über diesen Gegenstand ihn als Reprise wieder vertrieb, zu einer Zeit, in der eine andere Firma für einen *neuen* „Königin Luise"-Film großzügige Reklame gemacht hatte. Das RG. hat hier in dem Vorgehen des Herstellers des alten Films eine Handlung unlauteren Wett-

---

[13] JW. 1926, 1158. [14] RG. in JW. 1929, 1798.

bewerbs erblickt[15], als er zur Zeit der stärksten Reklame des neuen ihn wieder vertrieb, von der Propaganda des anderen Nutzen ziehend. Zwar konnte dieses Urteil nicht auf § 16 UnlWG. gestützt werden, da der Titel „Königin Luise" wie gesagt keine „besondere Bezeichnung" im Sinne des § 16 darstellt, indessen zog das RG. § 1 UnlWG heran, da „der Beklagte nach den großzügigen Ankündigungen der Filme der Klägerin seinen alten Film hervorgeholt hat, um sich unter Ausnutzung der Erwartungen des Publikums Vorteile zuzuführen, die nach der Denkart der gerecht und billig Empfindenden nicht ihm, sondern den Klägerinnen gebühren". Aber es scheint auch mir (wie Dienstag, Riezler und Weigert, s. Fußnote 15), daß hier der Gedanke eines sogenannten unlauteren Wettbewerbs überspannt worden ist.

Es macht übrigens, worauf hier zum Schluß noch aufmerksam zu machen ist, *keinen Unterschied*, ob eine Verwechslungsfähigkeit nur auf einem *Untertitel* beruht, falls ein anderer Obertitel davor steht. Das kommt z. B. bei Büchern und bei Zeitschriftentiteln vor[16], aber auch bei Filmen. So hat zutreffenderweise LG. I Berlin v. 26. Febr. 1929[17] die Verwechslungsfähigkeit zwischen einem Titel „Großfeuer. Menschenleben in Gefahr" und dem Titel „Menschenleben in Gefahr", *obwohl* das eine ein Lehrfilm, das andere ein Spielfilm war, bejaht.

IV. Musik-Urheberrecht.

§ 20. Besonderheiten des musikalischen Urheberrechts.
§ 21. Verbindung von Text und Musik.
§ 22. Unerlaubte Musikwiedergabe.
§ 23. Mechanische Musik.

§ 20. Besonderheiten des musikalischen Urheberrechts.

1. Die *Bedeutung des musikalischen Urheberrechts* ist gegen früher ganz erheblich gewachsen. Hatte die Musik ihren Wirkungskreis früher

[15] In einem in vieler Hinsicht ähnlichen Fall eines „Draga Maschin"-Films hat der Österr. Oberste Gerichtshof in Wien ganz anders geurteilt (s. Arch.f.Urh.R. 2, 570ff.). Auch Riezler urteilt in der Anm. zu obiger Entscheidung in der JW. anders als das RG. und sagt u. a.: Die Auffassung von der sittenwidrigen Ausbeutung fremden Arbeitserzeugnisses „gilt doch wohl nur, wenn wirklich das fremde Arbeitserzeugnis Gegenstand der eigenen gewerblichen Verwertung ist, nicht schon dann, wenn durch fremde Arbeit nur eine bessere Gelegenheit geschaffen wird, das durchaus *eigene* Arbeitsergebnis zu verwerten. Die Zumutung, in solchen Fällen auf Verwertung des eigenen Arbeitsergebnisses überhaupt zu verzichten und damit das wohlbegründete eigene Recht praktisch wertlos zu machen, ist m. E. eine Überspannung der nur mit großer Vorsicht durchzuführenden Idee, daß die Rechtsordnung sich mit der Ethik im Einklang halten müsse". Ähnliche Kritik an dem RG.-Urt. übt auch Weigert (Arch.f.Urh.R. 1, 425) und insbesondere Dienstag (MuW. 1928, 325ff.), der mit Recht auf das nicht ohne weiteres durch Wettbewerbsrücksichten zu beseitigende Urheberrecht an dem Film (mit Ausnutzungsrecht) hinweist: qui suo iure utitur, neminem laedit.

[16] RG. in GRUR. 1927, 220. [17] Arch.f.Urh.R. 2, 470.

im wesentlichen im Konzert, in der Oper und in der Haus- und Schulmusik, wobei Verlag und Vertrieb der Noten das hauptsächlichste Mittel zur Erzielung von Einnahmen war — selbst die Aufführungstantiemen traten zum Teil dahinter zurück —, so ist heute das öffentliche Vergnügungsleben mit Musik — und gegen früher in viel höherem Grade mit geschützter Musik — überflutet. Neben der Oper die Operette und die Revue, die Schauspielmusik, neben der in Konzerten, in Haus und Schule gepflegten Musik das Grammophon, der Schlager, die Caféhaus- und Tanzlokal-Musik, die Filmmusik zum stummen Film und im Tonfilm, die Sendung von Funk-Konzerten und von Schallplattenmusik in größtem Ausmaß — das alles hat dem Komponisten eine dem Schriftsteller gegenüber lebendigere und vielseitigere Umsatzpraxis verschafft, die von den alten Formen des Notenverkaufs mehr oder weniger abgekommen ist.

Aber auch rechtlich ist *die Stellung des Tondichters stärker als die des Schriftstellers*; nicht nur deshalb, weil alle Wiedergaben des Werkes, sofern sie sich nicht auf bloßen Abdruck beschränken, als „Aufführungen"[1] und nicht als Vortrag gelten und somit der Vortragsfreiheit für literarische Werke nicht zugänglich sind, sondern auch wegen der bevorzugten Behandlung des Komponisten gegenüber dem Textdichter bei verbundenen Werken.

Der Textdichter wird für die Erlaubnis zur „Aufführung" vom Komponisten gesetzlich vertreten, und zum Textabdruck des komponierten Liedes (im Konzertprogramm) ist seine Zustimmung nicht erforderlich, ebensowenig wie er gefragt wird, wenn ein Komponist Gedichte oder kleinere Teile seiner Dichtung in Musik setzt. Dies dürfte selbst für melodramatische Behandlung gelten, da man[2] gerade angesichts der modernen Musik kaum die rechte Grenze zwischen melodramatischer und musikdramatischer oder liedhafter Arbeit wird ziehen können; man denke an Schöpfungen wie SCHILLINGS-WILDENBRUCHS Hexenlied, Elektra und Salome von HOFMANNSTHAL-RICH. STRAUSS und OSCAR WILDE-RICH. STRAUSS. Des Dichters Leistung rangiert also hier rechtlich hinter derjenigen des Tondichters.

2. Was aber die schon berührte Frage der *Aufführung gegenüber der Vortragsfreiheit* betrifft, so gibt es den Begriff des Vortrages und dessen gesteigerte Freiheit, wie gegenüber Schriftwerken, bei Tonwerken *nicht.* Das Gesetz von 1910 (22. Mai 1910, RGBl. 793) hat hier als „Novelle" des älteren Urhebergesetzes von 1901 auch Manches zu

[1] Über den Unterschied zwischen „Aufführung" und „Vorführung" und die Nutzanwendung auf die musikalische Aufführung s. den Aufsatz „Prolegomena usw." im Arch.f.Urh.R. 4, 433ff. Über die Gleichstellung des Tondichters mit dem Schriftsteller vgl. auch die sehr treffenden Ausführungen bei OPET: Theaterrecht, S. 326ff.

[2] Wie FREIESLEBEN: Recht und Tonkunst, S. 81 (1914) mit Recht betont.

Gunsten des Tondichters verschoben. „Aufführungen“ sind ohne Einwilligung des Berechtigten grundsätzlich verboten, außer wenn: a) die Aufführung unentgeltlich stattfindet und keinem gewerblichen Zweck dient; b) bei Volksfesten, mit Ausnahme der Musikfeste; c) bei Wohltätigkeitsaufführungen und Konzerten, wobei die Mitwirkenden keine Vergütung erhalten dürfen; d) im Kreise geschlossener Vereine; — wobei jedoch a—d auf bühnenmäßige Aufführung einer Oper oder eines Text-Musikwerkes nicht anwendbar sind (§ 27 UnlWG.). Dieser § 27, der als Ausnahmevorschrift eng auszulegen ist (z. B. Kurkonzerte gelten als gewerbliche, RGSt. 43, 189), soll etwas der Vortragsfreiheit bei Schriftwerken Ähnliches bieten. Aber es gibt diese Freiheit nicht generell — das ist der große Unterschied —, sondern nur in den genannten vier Fällen. Diese aber sind nun andererseits keineswegs in allen Punkten gerecht und glücklich behandelt. So geht die Bestimmung z. B. — trotz des sonst grundsätzlichen höheren Schutzes der Tonwerke — in dem sub d) genannten Punkt (Vereinsaufführungen) weit über das Ziel hinaus zu Ungunsten der Komponisten. Diese Ausnahme steht nicht mit der zu a) genannten Ausnahme (Unentgeltlichkeit der Aufführung ohne gewerblichen Zweck) im Einklang, denn die Vereine können ja Eintrittsgelder nehmen und somit in gewissem gewerblichen Sinne an dem Konzert verdienen. Der vermutliche Grund, Gesangs- und Orchestervereine zu privilegieren, ist durch den Wortlaut des Gesetzes unnötigerweise verwischt worden[3]. Es ist ein geringer Trost für den Urheberrechtsträger des Tonwerkes, daß nur Mitglieder und deren Hausstandangehörige zu den Aufführungen zugelassen werden dürfen, da der Erwerb der Mitgliedschaft nicht beschränkt wird. Es hätte die Gestattung freier Musikwiedergabe im *eigenen Haushalt*, zum *eigenen Bedarf genügt*, die schon durch a) (unentgeltliche Aufführung ohne gewerblichen Zweck) gegeben ist und dem § 15 Abs. 2 LitUG. entspricht.

Für ein Fehlurteil aber muß ich die strafrechtliche RG.-Entscheidung in RGSt. 48, 128 halten, die eine Notenabschrift für *Proben* in einem Gesangverein betraf. Die spätere öffentliche Aufführung geschah nicht nach den abgeschriebenen, sondern nach den gekauften Noten und die abgeschriebenen wurden vernichtet. Es handelte sich also um die Frage, ob die Abschrift zur Benutzung bei den Proben zum eigenen Bedarf, zum persönlichen, nichtöffentlichen Gebrauch geschah. Das verneint das RG., aber m. E. zu Unrecht. Es sagt u. a. über den Begriff „zum persönlichen Gebrauch“ (ohne Einnahmeerzielung): „Maßgebend ist im Sinne von § 15 Abs. 2 nicht unmittelbar Zweck und Art des Gebrauchs der körperlichen Vermittler des Geisteswerkes für sich genommen, hier der *Noten* für die verschiedenen Singstimmen des Chorwerkes,

[3] Vgl. auch die Kritik darüber bei RIEZLER: Urheber- und Erfinderrecht, S. 287; GOLDBAUM: Komm., S. 198.

sondern ihr Gebrauch im Hinblick auf Zweck und Art des Gebrauchs des Tonwerks selbst. Darauf kommt es an, ob mit der Vervielfältigung der Noten nur ein persönlicher Gebrauch des Tonwerkes ermöglicht werden sollte, oder ob sie dazu diente, einen über den persönlichen Gebrauch hinausgehenden Gebrauch des Tonwerkes durch beliebige Dritte herbeizuführen. Ein Gebrauch des *Werkes* aber erfolgt dadurch, daß Andere von ihm Kenntnis nehmen und es auf sich wirken lassen" (gemeint ist das Publikum).

An sich ist es natürlich sehr richtig, den Gebrauch der *Noten* von dem Gebrauch des *Werkes* in dieser Weise zu unterscheiden, und es ist klar, daß, wenn die *Noten* nur persönlich (hier also im geschlossenen Kreise der Vereinsmitglieder) gebraucht werden, das *Werk* aber durch Vermittlung der Mitglieder des Gesangvereins der Öffentlichkeit zugänglich gemacht wird, von persönlichem Gebrauch keine Rede mehr sein kann. Um diese Selbstverständlichkeit aber handelt es sich nach dem in dem Urteil mitgeteilten Tatbestand gar nicht, sondern darum, ob das Material für die *Proben*, die im geschlossenen Kreise des Vereins stattfinden, abgeschrieben werden darf, wenn nur diese Abschrift zu der öffentlichen Aufführung nicht benutzt wird. Man kann da unmöglich die spätere Öffentlichkeit schon auf die Proben zurückdatieren; denn es ist doch leicht denkbar, daß die Proben erst einmal erweisen sollten, ob sich das Werk überhaupt zur öffentlichen Wiedergabe durch die Vereinssänger eignet. Wenn also bei der öffentlichen Aufführung die Benutzung der rechtmäßig erworbenen — und durch ihren Erwerb die Aufführung zu einer rechtmäßigen machenden — Noten stattfand, so war die vorherige „unerlaubte" Vervielfältigung nur vorbereitend und insoweit zu eigenem Bedarf im geschlossenen, nichtöffentlichen Kreise. Das widerspricht auch nicht dem Grundsatz, diese Ausnahmevorschrift des Gesetzes eng auszulegen.

Das Erfordernis der zu gebenden Einwilligung des Berechtigten bedeutet, daß die öffentliche Aufführung ohne solche Einwilligung eine Urheberrechtsverletzung ist; es steht im Belieben des Berechtigten, ob er sie verbieten oder sie nur von der Zahlung einer Abgabe (Tantieme) abhängig machen will. Der Berechtigte ist der Tonkünstler oder der Verleger, wenn diesem ein Verlagsrecht übertragen ist, oder die mit der Genehmigung oder Verwaltung betraute Gesellschaft (Gema usw.); ob Verleger oder Gesellschaft allein die Einwilligung zu geben vermögen, hängt von dem Vertrage zwischen ihnen und dem Komponisten ab. Derjenige, der öffentlich Musikstücke aufführen will, hat die Pflicht, sich darum zu kümmern, daß ihm zuvor die Genehmigung erteilt werde bzw. wem er die Aufführung zu melden und die Tantiemen zu zahlen habe[4].

[4] LG. Karlsruhe in Arch.f.Urh.R. 1, 688: „Wer ein geschütztes Tonwerk wiedergibt, muß zuvor die Erlaubnis dazu erwerben. Es ist seine Sache, die Stelle zu ermitteln, die dazu zuständig ist."

3. Eine *weitere Bevorzugung des musikalischen Schöpfers* besteht darin, daß Melodien, soweit sie erkennbar wiederkehren, nie zu neuen eigentümlichen Schöpfungen werden können, während beim Wortdichter die Wiederbenutzung eines Hauptgedankens seines Werkes nicht der Möglichkeit einer neuen eigentümlichen Schöpfung im Wege steht. Das erklärt sich so, daß man Melodie auf gleiche Stufe mit Wortformgebung, nicht mit Gedankenäußerung stellte — eine Anschauung, die sowohl ästhetisch wie juristisch bedenklich erscheint. Daß die Melodie (das zeitlich Bewegte), nicht aber die Harmonie (das zeitlich Feststehende) urheberrechtlich geschützt ist, ist eine Erscheinung, die vielleicht praktisch berechtigt, logisch und theoretisch aber ohne zureichenden Grund ist. Denn obschon Harmonien zwar bis zu einem gewissen Grade immer wiederkehren müssen, namentlich je einfacher sie sind, so sind sie doch in ihren eigenartigsten Gestaltungen Formen der polyphonen Melodie, ja sie dürfen als zusammengedrängte Fassung melodischer Gedanken angesehen werden und sind dann oftmals durchaus viel mehr als eine bloße akkordmäßige Begleitung. Namentlich für die moderne Musik gilt dies. Daß also nicht einmal gründlichste Veränderung der Harmonie und Instrumentation das Sonderrecht der Melodie zu übertönen vermag, erweist sich als eine Unterschätzung des *Zusammenklanges* gegenüber der *Tonfolge*. Es darf hiernach also niemand eine „Paraphrase“ oder Variationen über eine noch geschützte Melodie schreiben und sie auch nicht durch andersartige Bearbeitung korrigieren.

Auch ein „*Referieren*“ ist bei der Musik nicht so wie beim Schriftwerk — wo man den Inhalt auszugsweise nacherzählen und in seinen Wesentlichkeiten wiedergeben darf — erlaubt; nur der Verleger ist zu „Auszügen“ und Übertragungen in eine andere Tonart (§ 2 VerlG.) berechtigt. Auch dies also ist eine Bevorzugung des musikalischen vor dem schriftstellerischen Schöpfer, freilich aus der berechtigten Analogie heraus, daß man ein *dichterisches* Kunstwerk auch nicht auszugsweise wiedergeben darf, ohne Nachdruck zu begehen. Immerhin darf man den Inhalt einer Wortdichtung mit anderen Worten erzählen, während man beim musikalischen Werk nur einige Themata referierend wiedergeben darf; Transskriptionen, Phantasien und insofern Auszüge des Wesentlichen von geschützten Tonkunstwerken darf man ohne Einwilligung des Berechtigten nicht vervielfältigen und verbreiten.

So wird denn auch, da bei musikalischen Entnahmen in anderen Werken der Tonkunst die Quellenangabe nicht möglich ist, leichter der Vorwurf des *Plagiats* erhoben werden können, sofern sich nicht aus dem Werke und den Umständen des Falles das Zitat zweifellos ergibt (Walhall-Motiv in Rich. Strauss' „Feuersnot“, „Tristan“-Stelle in den „Meistersingern“). K. ENGLÄNDER[5] hat das (namentlich musikalische) Plagiat zutreffend definiert als „diejenige besondere Form einer durch unzulässige Werknutzung begangenen Urheberrechtsverletzung, die gekennzeichnet ist durch den bewußt verübten Eingriff des Täters in das Urheberpersönlichkeitsrecht des Anderen, und zwar verübt durch Anmaßung der Urheberschaft am fremdem Werke oder an einem wesentlichen Bestandteile davon“.

4. Beim Gebrauch von Tonkunstwerken für die *Schule* und für *Gesangsvorträge* bestehen Sondergestattungen.

Auch hier wird der Komponist vom Gesetz besser behandelt als der Dichter und Schriftsteller. So scheidet die Erlaubnis zur Wiedergabe für den *Kirchengebrauch* aus; daher dürfen in Kirchengesangbüchern wohl ohne Genehmigung die Texte noch geschützter Gedichte aufgenommen werden, nicht aber die Musiknoten (§ 19 Ziff. 4 LitUG.). Ähnlich steht es mit Sammlungen zur Benutzung bei *Gesangsvorträgen*; da bestimmt § 19 Ziff. 3 LitUG., daß „einzelne Gedichte nach dem Erscheinen in eine Sammlung aufgenommen werden dürfen, die Werke einer größeren Zahl von Schriftstellern vereinigt und ihrer Beschaffenheit nach zur Benutzung bei Gesangsvorträgen bestimmt ist“. Also auch hier ist nichts von der Musik gesagt. Gedacht ist in erster Linie an Kommersbücher, auch an Turn- und Wanderliederbücher. Man hat sich dann diese gesetzliche Ausnahmebestimmung auch für moderne *Schlagerliederbücher* und für *Rundfunk-Textbücher* zunutze machen wollen, aber mit dieser Anwendung der Ausnahmebestimmung nicht die Zustimmung der Gerichte gefunden. Es handelte sich einmal (RGZ. 122, 66) um ein „Schlagerliederbuch zum Mitsingen, Allerneuestes Schlagerpotpourri“, das die geschützten Texte bekannter moderner Schlager vereinigte, und ein andermal (RGZ. 128, 102) um eine ähnliche Sammlung, die auch als Rundfunktexte „zum Mitsingen“ benutzt werden sollte. In beiden Fällen wurde die Einordnung unter die in § 19 Ziff. 3 LitUG. gegebene Ausnahmevorschrift verneint, und zwar, weil weder der Begriff der unter einheitlichem Gesichtspunkt geordneten Sammlung gegeben sei noch die Zweckbestimmung zu Gesangsvorträgen in dem ursprünglichen Sinne des § 19 Ziff. 3 vorliege; eine aufgedruckte Zweckwidmung „zum Mitsingen“ könne dies nicht wirksam ersetzen. Der Ansicht des KG., daß der Schlager an die Stelle des Volksliedes getreten sei und mithin der Vergünstigung des § 19 LitUG. teilhaftig werden müsse, tritt das RG. nicht bei, „weil sie auf eine Verkürzung des Urhebers zu Gunsten der Allgemeinheit hinausliefe, die dem Grundgedanken des Urheberrechtsgesetzes nicht entspricht ... Ausnahmen von der damit gegebenen Regel in Gestalt von Beschrän-

[5] Arch.f.Urh.R. 3, 20ff;. s. Näheres oben § 3. Vgl. auch R. ENGLÄNDER: Das musikalische Plagiat als ästhetisches Problem. Arch.f.Urh.R. 3, 33ff.

kungen der Urheberbefugnisse dürfen in Zweifelsfällen nicht erweiternd gedeutet werden (RGZ. 118, 285; 122, 68)". Rein geschäftlich-wettbewerbliche Gründe solcher „Liederbuch"-Herausgabe werden also — mit Recht — nicht der kulturell-volkskundlichen Aufgabe gleichgesetzt.

Nur die für den *Schulgebrauch* gestatteten Ausnahmen gelten in gewissem Ausmaß auch für den Notenabdruck; § 21 Ziff. 3 LitUG.: „Zulässig ist die Vervielfältigung, wenn kleinere Kompositionen nach dem Erscheinen in eine Sammlung aufgenommen werden, die Werke einer größeren Zahl von Komponisten vereinigt und ihrer Beschaffenheit nach für den Unterricht in Schulen mit Ausschluß der Musikschulen bestimmt ist." Wie hier die Grenze dieses Schulgebrauchs „mit Ausschluß der Musikschulen" zu ziehen ist, ergibt sich gut aus einem Schiedsspruch eines Berliner Schiedsgerichts v. 27. Sept. 1927 (Arch.f. Urh.R. 1, 469ff.) in einem Fall, in welchem es sich um eine Klavierausgabe einer Liedersammlung handelte, die als Schulmusikbuch bezeichnet war und geschützte Lieder von Brahms, Reger, Hugo Wolf, Richard Strauss und Anderen enthielt. Das Schiedsgerichtsurteil sagte u. a.: „Unter dem Vorwand einer Sammlung für die Schule darf kein Unternehmen erscheinen, das eigentlich für den Gebrauch außerhalb der Schule, etwa in Gesangvereinen oder beim Privatstudium, bestimmt ist. Es kommt lediglich auf die objektive Bestimmung der Sammlung an; sie muß nach ihrer ganzen Anlage, Beschaffenheit und Durchführung dem Zweck des Schulunterrichts dienen." Auch angesichts der Änderungen des Schulgesangunterrichts in einen Schulmusikunterricht müssen nach der richtigen Ansicht des Schiedsgerichts die Grenzen des § 21 Ziff. 3 so gewahrt werden, daß nicht alles möglicherweise brauchbare Lehr- und Lernmaterial, das die Lehrer- oder Schulbücherei zu diesem Zwecke enthalten kann, auch zum Abdruck im Schulgesang- oder -musikbuch freigegeben wäre. Insbesondere aber wies das Schiedsgericht darauf hin, daß, wenn der § 21 Ziff. 3 anwendbar sein soll, der Schulgebrauch des betreffenden Buches die *einzige* Bestimmung der Sammlung sein müsse; ist dies nicht der Fall, sondern das Buch *zugleich* für andere Kreise und zum „Mitnehmen ins Leben" bestimmt und wendet es sich „seinem ganzen Charakter nach *zugleich* an die breite Öffentlichkeit, dann entfällt die gesetzliche Beschränkung der urheberrechtlichen Befugnisse und der Verfasser hat nicht mehr das Recht zur Aufnahme geschützter Stücke ohne Genehmigung der Komponisten oder ihrer Vertreter". Ein Schiedsspruch des Verbands-Schiedsgerichts des Deutschen Schrifttums (20./30. Dez. 1928, Arch.f. Urh.R. 2, 241ff.) betont ganz ähnlich den objektiven Maßstab der Eignung für den Schulgebrauch, „ob Liederbücher erkennbar für den Schulunterricht bestimmt sind und objektiv die daraus sich ergebende

Beschaffenheit zeigen". Dahin kann auch die Mitbenutzbarkeit für Wanderungen und Schulausflüge gehören; unerheblich sei aber, ob der Zweck qualitativ erreicht und das Buch von der Schulbehörde eingeführt worden ist.

So bleibt zum Schluß nur noch die Frage zu erörtern, ob auch *Schulaufführungen* solcher Werke, deren Abdruck nach § 21 Ziff. 3 erlaubt ist, ohne Genehmigung stattfinden dürfen. Das ist zu bejahen, und zwar sowohl für die nichtöffentliche wie für die öffentliche Aufführung. Für die nichtöffentliche Aufführung bedarf es da keines Privilegs der Schule; denn nur die *öffentliche* Aufführung ist nach § 11 LitUG. dem Urheber vorbehalten und die in § 27 LitUG (s. oben) gestatteten Ausnahmen für die Aufführung geschützter Musik (bei Volksfesten, in Vereinen usw., wo die Schule übrigens nicht genannt ist!) beziehen sich auch ausdrücklich auf die *öffentliche* Aufführung. Aber nach § 26 LitUG. ist auch für die *öffentliche* Aufführung alles freigegeben, was nach §§ 16—21, 23, 24 ohne Einwilligung des Berechtigten vervielfältigt werden darf. Die Schule darf danach also öffentlich aufführen, was z. B. im Schulgesangbuch nach § 21 Ziff. 3 abgedruckt werden darf; Anderes aber nur in nichtöffentlicher Aufführung, da § 11 LitUG. dem Urheber eines Tonwerks nur die öffentliche Aufführung vorbehält. Die Erlaubnis des § 15 LitUG. (Vervielfältigung zu „persönlichem Gebrauch") ist zwar hier nicht anwendbar, da die Schule keinen „persönlichen" Gebrauch haben kann[6], wohl aber die des § 11, soweit die Aufführung der Schule wirklich nicht öffentlich ist. Dies ist nach allgemeinen Rechtsgrundsätzen zu ermitteln[7].

§ 21. Verbindung von Text und Musik.

Die große praktische Bedeutung der Verbindung von Musik und Text zu einem einheitlichen Kunstwerk ist Anlaß zu besonderer Rechtsgestaltung gewesen, wobei die Frage der „Einheitlichkeit" des Werkes Schwierigkeiten bereitet.

1. Das Urheberrecht an jedem der beiden miteinander verbundenen Schöpfungen bleibt *gesondert* dem Schaffenden (§ 5 LitUG.); es ist nicht ohne weiteres ein Miturheberrecht, da die Anteile sich deutlich scheiden lassen. (Über die „Trennbarkeit" s. unten zu 2 noch Näheres.) Während bekannte oder schon veröffentlichte Musik nicht mit geschütztem Text nachträglich verbunden werden darf, darf *neu* geschaffene oder zu schaffende Musik sich frei einen geschützten Text aneignen, sofern es sich um kleinere Teile einer Dichtung oder Gedichte von geringem Umfange handelt und die Texte nicht von vornherein ihrer Gattung nach zur Komposition bestimmt waren (§ 20 LitUG.). Die

---

[6] Vgl. MARWITZ-MÖHRING: Komm., S. 159.

[7] Vgl. Art. Öffentlich u. Öffentlichkeit. HdR. 4, 257.

Abgrenzung freilich, was kleinere Teile einer Dichtung oder Gedichte „von geringem Umfange“ sind, wird im Einzelfall schwierig werden können; indessen muß da mehr die Gattung als der positive Umfang maßgebend sein. Es sollte mit dieser Bestimmung — ähnlich wie es auch bei der Gestattung der Aufnahme in Schulgesangbücher der Fall ist — dem *Lied* der Weg geebnet werden, während alles Dramatische oder Melodramatische, alles Symphonische und Epische von dem Privileg ausgeschlossen bleiben muß; es erscheint deshalb nicht zutreffend, wenn FREIESLEBEN[1] z. B. einen Unterschied zwischen GOETHES „Erlkönig“, den er noch zu den an Umfang geringeren Gedichten rechnet, und SCHILLERS „Taucher“, der als Ballade schon zu den größeren zähle, machen will. Freilich bleibt seine Betonung, daß es Gefühlssache sei, richtig und es wird sich kaum eine feste Umgrenzung des Begriffs „Gedichte von geringem Umfang“ finden lassen.

Die Vorschrift des § 28 Abs. 2 LitUG., nach welcher „bei einer Oper oder einem sonstigen Werke der Tonkunst, zu welchem der Text gehört“, der Veranstalter der Aufführung nur der Einwilligung des am musikalischen Teil Berechtigten bedarf, kann[2] sehr wohl als „eine krasse Entrechtung der Schriftsteller“ bezeichnet werden und wiederum als eine überaus deutliche Bevorzugung des Komponisten, von der im vorigen § 20 näher die Rede war, die jedoch, wie GOLDBAUM hervorhebt, durch die Praxis mit ihrer Einführung des für Musik und Text gemeinsamen „Aufführungskommissionärs“ wettgemacht worden sei. Aber es geht zu weit, wenn GOLDBAUM aus den Worten des § 28 Abs. 2 „mit Einwilligung desjenigen, welchem das Urheberrecht an dem musikalischen Teil zusteht“ ein Mitgenehmigungsrecht des Textdichters bei musikalisch-dramatischen Werken konstruiert, da beiden — zur gesamten Hand — das Urheberrecht am Ganzen zustehe; das ist eine Umkehrung des deutlichen Sinnes des Abs. 2 des § 28, zumal ja dieses Urheberrecht zur gesamten Hand, das Miturheberrecht *nicht* als Grundsatz in solchen Fällen anzuerkennen ist.

Scharf hervorzuheben ist jedoch die enge Auslegung der Worte „Werke der Tonkunst, *zu denen ein Text gehört*“ — das sind also Opern, Oratorien u. dgl., nicht aber Schauspiele mit Musik, Melodramen usw. Der Text muß zum Diener der Musik gemacht sein, anderenfalls geht das Urheberrecht des Textverfassers *nicht* unter demjenigen des Komponisten unter. Freilich kommt hier die Erwägung hinzu, daß beim Melodrama der Textvortrag als „Vortrag“ (der ja erlaubt wäre) betrachtet werden *kann*; es dürfte aber wohl hier der Einheitlichkeit halber das *Ganze* als *Aufführung* (auch des melodramatischen Textes) anzusehen sein, so daß doch der Dichter ein Mitbestimmungs- und Einspruchsrecht hat.

---

[1] Recht und Tonkunst, S. 82. [2] Mit GOLDBAUM: Komm., S. 205.

2. Die Frage der *„Trennbarkeit“* — und damit diejenige des Miturheberrechts an verbundenen Werken — gibt besondere Schwierigkeiten[3]. Sind die Teile trennbar, so besteht das Urheberrecht jedes der Schöpfer des verbundenen Werkes für sich und er kann über seinen Teil verfügen; sind sie nicht trennbar, so ist die Entscheidung jedes Einzelnen an die Mitwirkung und Genehmigung des Anderen gebunden und er hat dann auch *teil* an dem Urheberrecht des Anderen an *dessen* Mitarbeit. Man ersieht schon daraus, daß die Annahme eines Miturheberrechts (also der Untrennbarkeit, die namentlich GOLDBAUM in weitem Maße befürwortet) zu einer praktisch schwerfälligen Verfügung über die Teile führen, also z. B. die Aufführung von Opernmusik ohne Text im Konzertsaal von der Genehmigung des Textdichters (und eventueller Honorarzahlung an ihn) abhängig machen müßte und daß umgekehrt auch die gesonderte Wiedergabe des Textes von der Genehmigung des Opernkomponisten abhängig wäre (nicht bloß, wie es jetzt ist — s. oben — die Vertretung des Textdichters durch den Komponisten bei Erlaubnis der Textwiedergabe *mit* oder *gelegentlich* der Musik). Insbesondere aber ist die Beantwortung dieser Fragen von größter Bedeutung für die *Rechtsverhältnisse bei verschiedenem Ablauf der Schutzfrist* der beteiligten Schöpfer und für die Frage, ob dann eine *neue Verbindung* des nicht mehr geschützten Teiles mit einem anderen Werk erlaubt sei.

Jedenfalls liegt, um das vorweg zu nehmen, kein Anlaß vor, den Komponisten noch stärker zu bevorzugen gegenüber dem Textdichter, als es schon jetzt (s. oben § 20) der Fall ist, andrerseits aber auch nicht ihm durch übertriebene Annahme eines Miturheberrechts jede selbständige Wirkung der Opernmusik im Konzertsaal unmöglich zu machen. Trotz der Bevorzugungen des Komponisten gegenüber dem Textdichter in einzelnen Punkten ist doch im *Grundsatz* die urheberrechtliche Stellung Beider die gleiche, so daß a priori anzunehmen ist, nach Ablauf der Schutzfrist des Komponisten trete jedenfalls das von da ab nicht mehr durch den Komponisten *mit* vertretbare Recht des Textverfassers in voller Stärke wieder auf[4]. Überdies ist anzunehmen, daß jene gesetzliche Vertretung des Textdichters durch den Komponisten doch wohl auf innerer Verständigung der Beiden beruhen und nicht etwa einen Akt der Vergewaltigung des Textdichters durch den Komponisten begründen sollte.

ALLFELD vertritt[5] die — wohl als die herrschende anzusprechende — Meinung[6], daß die Verbindung der Bestandteile zu einem einheitlichen

[3] Ausführlich behandelt in meinem Aufsatz in GRUR. 1930, 410ff.

[4] Denn es handelt sich im wesentlichen um eine Zweckmäßigkeitsvorschrift und nicht etwa um den Versuch, Grundsätze des Urheberrechts umzugestalten.

[5] Komm., S. 82ff. (1928).

[6] So auch z. B. die das Thema der literarisch-musikalischen Werke monographisch behandelnde Arbeit von PETZL. München 1911.

Werk „an der Rechtslage, welche vorher bestand, nichts ändert"; er lehnt Miturheberrecht in weitem Maße ab, betont die Selbständigkeit der einzelnen Werke und das Recht des Beteiligten, „sein Werk ohne alle Rücksicht auf den Verfasser des anderen Werkes zu vervielfältigen, gewerbsmäßig zu verbreiten, beliebig zu ändern, vorzutragen oder aufzuführen, das Recht daran auf Andere zu übertragen usw.". Die Schutzfrist läuft verschieden ab und wächst nicht etwa mit Ablauf bei dem Einen dem Andern zu. Über das Gesamtwerk kann natürlich nur gemeinsam verfügt werden (vgl. jedoch §§ 20 und 28 LitUG.). Durch Vereinbarung unter den Beteiligten kann das Rechtsverhältnis geändert werden; Zuwiderhandlung, auch gegen stillschweigende, nach Treu und Glauben zu entnehmende Verpflichtung, wäre Vertrags-, nicht Urheberrechtsverletzung.

Ähnlich, aber doch in manchen nicht unwesentlichen Punkten anders, urteilt MARWITZ[7]. Er schränkt zunächst die Auffassung ALLFELDS ein, daß die französische Auffassung grundsätzlich anders sei[8] und GOLDBAUM (s. unten) recht gebe, und er betont *mit Recht*, daß „*nicht die Verbindung als solche* die Miturheberschaft begründet, sondern nur die Art der bei der Verbindung geleisteten gemeinschaftlichen Arbeit"; er lehnt dies auch z. B. für RICHARD STRAUSS-HOFMANNSTHAL (Rosenkavalier, Elektra, Ariadne usw.) ab, was ich in „Urheber-, Erfinderusw. -recht" (S. 127) noch befürwortet hatte.

Gegenüber der zu weitgehenden Ansicht von GOLDBAUM, der fast bei jedem verbundenen Werk (z. B. einer Oper) ein Miturheberrecht von Komponist und Textverfasser statuieren will, weil er das Werk für „untrennbar" hält[9], ist auch auf die zutreffenden Ausführungen von REINERS[10] hinzuweisen, der u. a. sagt: „*Gemeinschaftliche* Arbeit beider Autoren *kann* vorliegen — sie ist aber nicht erforderlich für das Entstehen eines musikalischen Bühnenwerkes, ja nicht einmal die

[7] MARWITZ-MÖHRING: Komm., S. 55ff.

[8] Nach *französischem Recht* sieht die Beurteilung etwas anders aus, denn, wie SMOSCHEWER (GRUR. 1926, 279ff.) berichtete, äußern sich Urteile des Kassationshofs in Paris v. 7. April 1925 in Sachen DONIZETTI gegen Société des auteurs et compositeurs dramatiques (Droit d'auteur 1926, 20) dahin: „Für die Beendigung des Urheberrechts auch an dem musikalischen Teile der Opern sei der Zeitpunkt des Todes der später verstorbenen Textdichter, also der 11. April bzw. 23. Dez. 1875, maßgebend. Der Text und die Musik einer Oper stellen ein einziges und unteilbares Werk dar, an dessen Gesamtheit das Recht des Textdichters und das des Komponisten besteht." Daß es aber für das deutsche Recht anders liege, betont auch SMOSCHEWER.

[9] In „Theaterrecht" S. 116 will GOLDBAUM schon den *Willen* zur Schaffung eines verbundenen Werkes als Begründung des Miturheberrechts ansehen; das widerspricht dem Wesen des einheitlichen untrennbaren Geisteswerkes. Vgl. auch GOLDBAUM: Komm. zum UrhR., S. 56/57.

[10] Das Bühnenwerk und sein urheberrechtlicher Schutz, S. 72.

Regel ... Selbst dann, wenn das Werk eines noch lebenden Dichters von dem Komponisten vertont wird, ist es keineswegs gesagt, daß der Autor sich an der Umgestaltung des Textbuches beteiligt ... Richtig ist auch nicht, daß ohne diese Willensübereinstimmung (durch gemeinschaftliche Arbeit) die Verbindung zweier geschützter Werke verschiedener Autoren undenkbar ist." Und REINERS meint mit Recht: „Der Operntext allein ist zwar keine Oper mehr, aber doch ein ‚Werk' für sich. Erst kürzlich wurden HANNS HEINZ EVERS' ‚Tote Augen', die uns eigentlich nur als Musikdrama bekannt sind, *ohne* die Musik EUGEN D'ALBERTS in Chicago, San Francisco und in anderen amerikanischen Städten aufgeführt"[11]. GOLDBAUM aber will durch die Betonung des „einheitlichen" Charakters jedes verbundenen Werkes mehrere Urheber grundsätzlich und der Regel nach so eng aneinanderkoppeln, daß keiner ohne den anderen Verfügungen zu treffen vermag, aber auch kein Teil des Werkes ohne das Dazugehörige vervielfältigt oder aufgeführt werden soll. So ideal seine Lehre klingt, so ist sie doch eine Verkennung der Tatsachen, auf die noch näher eingegangen werden muß. Wie wenig aber GOLDBAUMS Lehre *generell* brauchbar ist, zeigt sich von vornherein an dem Satz, den er S. 57 schreibt: „Es ist eine unmögliche Annahme, der Komponist könne sich nicht dagegen wehren, daß die Oper z. B. mit einem verballhornten Text zur Aufführung komme." Denn „verballhornt" ist natürlich ein *Spezial*fall, der *ganz andere Bedeutung* hat als die generelle Lehre. Man ersieht aus alledem, daß eine Klärung durch tieferes Eindringen in das Problem wichtig ist.

Schon der *Begriff des „einheitlichen" Werkes* aber ist sehr ungenau und mehrdeutig, und es ist gerade auf umstrittenem Felde bekanntlich von nöten, sich die Begriffe, über die man streitet, klar zu machen. Man muß also erstens einmal das einheitliche Werk in a) *gemeinschaftlich erschaffenes* und b) *zusammengesetztes* (verbundenes) Werk scheiden. Denn „einheitlich" deutet auf ein *Ergebnis*, „gemeinschaftlich" und „zusammengesetzt" aber auf die urheberrechtlich wichtigere *Schaffensart* Gemeinschaftlich machen heutzutage Theaterdirektoren mit ihren verschiedenen Mitarbeitern die Revue oder Filmunternehmer den Tonfilm, zusammengesetzt aber ist GOETHES Egmont mit BEETHOVENS Musik oder SCHUBERTS Erlkönig e tutti quanti. Wird bei *wirklich gemeinschaftlich geschaffenen* Werken Miturheberrecht meist zu bejahen sein (über die Frage der Trennbarkeit sprechen wir noch näher), so ist *a priori* für zusammengesetzte Werke ein ausreichender Grund, Miturheberrecht anzunehmen, *schon deshalb* nicht gegeben, weil eben die „Einheitlichkeit" eine *sehr begrenzte* ist; denn SCHUBERTS Erlkönig ist ein einheitliches Werk für Text und Musik, GOETHES Erlkönig ist dies jedoch nicht.

---

[11] a. a. O. S. 74.

SCHUBERTS Erlkönig-Musik ist ohne den Text ein Torso, GOETHES Gedicht aber nicht. Bei MENDELSSOHNS Sommernachtstraum-Musik liegt es schon wieder anders: SHAKESPEARES Werk kann ohne die Musik bestehen, „Einheitlichkeit" ist hier *nur* ein *ästhetisches* Ergebnis, weil nämlich die Musik hier die Handlung trägt und erhöht, aber diese Musik hat für sich selbständigere Bedeutung als SCHUBERTS Erlkönig-Musik. Der Begriff der Einheitlichkeit ist generell nicht brauchbar, weil er oftmals nur von *einer* Seite her richtig ist, von der anderen nicht. Und es wäre ein juristisch ganz unmöglicher Schluß, dem einen der Partner Miturheberrecht des anderen aufzunötigen, nur weil dieser andere sich mit anderer Kunstart an dessen Werk zu schaffen gemacht hat (selbst wenn dies kongenial geschah)!

Man darf auch fragen: Leidet das *Persönlichkeitsrecht* des Komponisten, wenn der Text ohne die Musik bei irgendeiner Gelegenheit gesprochen wird? Leidet das Persönlichkeitsrecht des Textdichters, wenn die Musik ohne seinen Text vom Orchester gespielt wird? Dies ist die *Kernfrage*, die jedoch wohl nur beantwortet werden kann, wenn man weiß, was eigentlich Persönlichkeitsrecht ist — in diesem Falle, was *Urheberpersönlichkeitsrecht* ist. Mangels einer allgemeingültigen Definition des Urheberpersönlichkeitsrechts wird man doch soviel ohne Zweifel sagen können, daß es *mindestens* die *in* dem veröffentlichten Werke und seiner Benutzung liegende Urheberehre und den Schutz gegen Veränderung, insbesondere gegen Verschandelung betrifft[12].

Es ist für den Begriff der „Trennbarkeit" als *allgemein gültigen* Begriff nach § 5, 6 LitUG. und 7, 8 KunstUG. gar kein anderer Maßstab möglich als der *rein tatsächliche*, der unsentimentale: der Tatbestand der praktischen *Auseinandernehmbarkeit*. Ob das *ganze* Werk (Oper) beeinflußt wird (das wird es selbstverständlich), kann *nicht* der Sinn der Trennbarkeit sein, denn dann gäbe es ja überhaupt keine Trennbarkeit, die doch das Gesetz als sehr wohl möglich, ja als die Regel annimmt; vielmehr kann dann nur ausschlaggebend sein, ob der weggenommene (verstoßene) Teil dadurch in *seiner* Gestalt, seiner begrenzten eigenen Gestalt, zerstört oder wesentlich beeinflußt würde. Wertmomente ästhetischer Art müssen aus dem generellen Begriff (der Trennbarkeit) ausscheiden, während sie für die Frage des nach dem speziellen Fall zu beurteilenden Urheberpersönlichkeitsrechts wichtig sind.

Solange die Schutzfrist beider Teile läuft, wird die Frage, ob man

---

[12] Vgl. oben § 2 und die dort zitierten Arbeiten. — Bei unveröffentlichten Werken umfaßt es außerdem noch den Schutz der Geheimsphäre, des Eigenfriedens — und *überhaupt* betrifft es (vgl. ELSTER: Reichsgerichtspraxis im deutschen Rechtsleben, IV, S. 256); „den Schutz des Namens in Verbindung mit dem Werk (Urheberschaft), die Integrität (innere Wahrheit) des Werkes, den Schutz gegen Beeinträchtigung der Dynamik des Werkes".

den einen Teil mit einem fremden neuen verbinden dürfe, wohl kaum aktuell werden, vielmehr erschöpft sich da das Problem darin, ob, was nach dem Gesagten in der Regel zu *bejahen* ist, jeder Teil getrennt aufgeführt werden dürfe und die Genehmigung des anderen Partners dabei nicht nötig sei. Im Folgenden ist nun aber noch kurz die praktische Frage einer Neuverbindung nach Ablauf des Schutzes des einen Teils zu besprechen.

3. Bei der Frage einer *Neuverbindung nach Ablauf der Schutzfrist des einen Teils* ist noch zu unterscheiden: ob es einer der Partner *selber* tut, der dadurch möglicherweise Vertragspflichten, etwa auch nur moralischer Art oder nach Treu und Glauben, verletzt, oder ob es ein durch keinerlei derartige Bindungen beschwerter Dritter vornimmt. Nur auf den letzteren Fall sei näher eingegangen, da jener erstere im einzelnen allzu verschieden gelagert sein dürfte[13] und mithin nach allgemeinen Auslegungsregeln zu beurteilen ist.

Gesetzt den Fall, JOHANN STRAUSS' Musik sei frei geworden[14] und man *verbinde sie* mit einer *mit neuem Text* geschaffenen Operette[15] oder mit einem Film (etwa als Tonfilm), verzichte also auf den noch geschützten bisherigen Text, so sehe ich keinen *rechtlichen* Grund, der dem im Wege stünde[16]. Der für solche Fragen meist herangezogene „Carmen"-Fall (RGZ. 71, 92) lag anders, so daß er für den hier gedachten Fall als Präjudiz nicht gelten kann; denn dort handelte es sich nur um die Frage, ob durch Erlöschen des Urheberrechts des deutschen Text*übersetzers* HOPP der Text gemeinfrei werde oder ob, was das RG. bejaht, die noch laufende Schutzfrist für den französischen Originaltext (MEILHAC und HALÉVY) dem Freiwerden der deutschen Übersetzung im Wege stehe.

---

[13] Der Fall wird in einigen Jahrzehnten für die Werke von RICHARD STRAUSS und HOFMANNSTHAL aktuell werden, wie er für OFFENBACH und einige seiner Textdichter bereits aktuell geworden ist.

[14] Über die Frage des Ablaufs der Schutzfrist für die „Fledermaus" sind Meinungsverschiedenheiten aufgetaucht (vgl. Die Deutsche Bühne 1929, S. 249 u. 299), da der Verlag WEINBERGER die Meinung vertritt, der Text, der auf die französischen Originalautoren MEILHAC und HALÉVY zurückgehe, obwohl das Libretto von GENÉE und HAFFNER geschrieben ist, sei noch geschützt, solange die Schutzfrist für MEILHAC und HALÉVY nicht abgelaufen sei. In einem Rechtsstreit vor dem Bühnenschiedsgericht kam es zu einem Vergleich bezüglich der Tantiemen. Österreich hat mit Rücksicht auf STRAUSS und MILLÖCKER ja die Schutzfrist, die am Ende 1929 oder 1930 abgelaufen wäre, vorläufig bis 31. Dez. 1931 verlängert, was auch für die anderen, der Berner Übereinkunft angeschlossenen Staaten, also auch für Deutschland, von Wichtigkeit ist.

[15] Die Frage des auseinanderfallenden Ablaufs der Schutzfrist sieht MARWITZ (S. 56), wohl kaum zutreffend, als von keiner großen Bedeutung an; er sagt: „Bilden die verbundenen Werke wegen ihrer innerlichen Zusammengehörigkeit eine Einheit, so werden sie auch nach Ablauf einer Schutzfrist so leicht nicht auseinandergerissen werden können."

[16] *Kulturelle* und *künstlerische* Gründe können *dafür und dagegen* sprechen.

Mit dem Rechtsverhältnis zwischen Text und Musik hat diese Entscheidung also an sich nichts zu tun. Auch der „Afrikanerin"-Fall (RGZ. 67, 84) trifft nicht unsere Spezialfrage, da es sich dort nur um die Vertretungsbefugnis des Komponisten für den Textdichter nach § 28 Abs. 2 LitUG. handelt, wobei jedoch ausdrücklich das selbständige Nebeneinanderbestehen der beiden Urheberrechte vom Reichsgericht betont wird. Auch das RG.-Urteil in JW. 1908, 390 betont nach einer Erörterung der Fragen der §§ 20 und 28 LitUG. den Grundsatz des § 5, *nach welchem nach Erlöschen des Urheberrechts jeder Teil seiner eigenen Rechtslage folge.* Was übrigens diesen „Grundsatz" des § 5 anlangt, so sagt das Kammergericht[17], daß er „die Vermutung eines gemeinschaftlichen Rechtes von Komponist und Dichter an einem mit Musik verbundenen Schriftwerke ausschließt"[18].

4. Andrerseits aber bleibt zweifellos richtig, daß *Miturheberrecht* zwischen den Partnern des verbundenen Werkes besteht, wenn *wirklich* eine *Gemeinschaftsarbeit* so getan wurde[19], daß *der eine Partner tätigen Schaffensanteil an dem Werk des andern hat.* Die bloße gegenseitige Beeinflussung und Anregung kann dafür nicht genügen. Man kann es nicht als eine generelle Regel aufstellen, daß bei jedem verbundenen Werk mehrerer Autoren, namentlich wenn sie nicht wie BLUMENTHAL-KADELBURG im gleichen engeren Fach arbeiten, Miturheberrecht anzunehmen sei und somit beim Ausscheiden des einen (Erlöschen der Schutzfrist für den einen) dessen Recht ohne weiteres und in jedem Fall dem anderen zuwachsen solle. Es erscheint ungerechtfertigt, jede Beeinflussung schon mit einem Miturheberrecht zu belohnen.

Man kann nicht behaupten, daß nach aller Regel Schaffensbestandteile des Opernkomponisten sich in dem Text des fremden Librettisten befinden oder daß Schaffensbestandteile des Dichters sich in der Musik des Liedkomponisten manifestieren in einem Maße, daß *daraufhin* die Forderung eines Urheberrechts am Ganzen, das heißt also ein urheberrechtlicher Anteil an der Leistung des Partners, stets anzuerkennen wäre. Zumal dann muß eine solche Forderung als abwegig bezeichnet werden, wenn etwa der Teil des Partners, vorzugsweise der Text, in wesentlichen Stücken auf schon Vorhandenes, auf ältere Werke, auf bekannte Motive zurückgeht.

Bestätigt wird die hier vertretene Ansicht durch eine Entscheidung des Bühnenschiedsgerichtes Berlin (Aufführungsabteilung) v. 4. April 1928[20],

---

[17] JW. 1928, 1233 mit Anmerkung von HILLIG.

[18] Hier dürfen auch Gesichtspunkte mit herangezogen werden, wie sie in meinem Aufsatz „Der Schutz des Geisteswerkes als Ausgleich zwischen Urheber und Allgemeinheit" (Arch.f.Urh.R. 4, 215) dargelegt worden sind.

[19] Dies betont auch REINERS: a. a. O., S. 75/76, und hält das auch bei mehreren Werken von RICHARD STRAUSS-HUGO VON HOFMANNSTHAL für gegeben.

[20] Arch.f.Urh.R. 1, 694ff.

die in einem „Fledermaus"-Streit zu dem Ergebnis kommt, daß „der veraltete, nicht mehr der Schutzfrist unterliegende Operntext verändert werden kann, sobald die Möglichkeit besteht, eine wirksame Aufführung eines alten Bühnenwerkes unter Beibehaltung einer der Schutzfrist unterliegenden Musik darzubieten". Handelt es sich hier auch nicht um eine Neuverbindung mit ganz anderem Text, so doch um die auch bei der radikaleren Frage in gleicher Weise anzustellenden Erwägungen und zu ziehenden Schlüssen. Das Urteil weist u. a. darauf hin, daß die GOLDBAUMsche Ansicht der unbedingten Erhaltung der einmal geschaffenen Verbindung nicht haltbar sei, zumal wenn es sich um ein Werk handelt, das viel mehr um der Musik als um des Textes willen geschätzt wird, und daß man im 2. und 3. Akt der „Fledermaus" stets willkürliche Einlagen und Änderungen vorgenommen habe. WEIGERT unterstreicht mit Recht diese Entscheidung als richtig[21], indem er auch auf die Ansichten von ALLFELD, HILLIG, *KG.* in JW. 1928, 1233[22] und BAUM (Bl. f. FunkR. 1, 93) hinweist, wobei letzterer betont, daß es nicht darauf ankomme, ob es *angemessen* sei, Text und Musik voneinander zu trennen, sondern darauf, ob man sie trennen *könne*, ob die Aufführung der Musik ohne den Text *möglich* sei.

§ 22. Unerlaubte Musikwiedergabe.

In einer Zeit, in der die Musik aus dem Konzertsaal und dem Heim in fast inflationistischem Fortschreiten in die Volksunterhaltung aller Art hinausgedrungen ist, insbesondere auf dem Wege der Schallplatte und des Rundfunks mit Lautsprecher-Anlagen, ist der Anreiz zu unerlaubter Musikwiedergabe in gesteigertem Maße gegeben. Das geschieht nicht mehr so sehr durch Bearbeitung und durch Abdruck als durch Veranstaltung der Aufführung. Es kann auch, obwohl selten, durch unmittelbare Wiedergabe des Gehörten geschehen, wie z. B. RGZ. 48, 129 zutreffend sagt: „Das Werk der Tonkunst kann auch, ohne in Notenschrift vorher aufgezeichnet worden zu sein, ebensogut durch den Vortrag entstehen und dadurch zum Gegenstand des Schutzes werden."

1. Unerlaubte Wiedergabe durch Bearbeitung. Dem Komponisten (Urheber) ist nach § 12 LitUG. als ausschließliche Befugnis insbesondere auch vorbehalten: „Die Herstellung von Auszügen aus Werken der Tonkunst sowie von Einrichtungen dieser Werke für einzelne oder mehrere Instrumente oder Stimmen." Arrangements, Potpourris, Klavierauszüge also dürfen nicht ohne Einwilligung des Urhebers hergestellt werden. Auch mit dessen Einwilligung ist viel irreführender Mißbrauch insofern getrieben worden, als bei solchen Auszügen, Potpourris und Arrange-

---

[21] Arch.f.Urh.R. 1, 698. [22] S. auch oben bei Fußnote 17.

ments der Name des Bearbeiters groß gedruckt in den Vordergrund gerückt wird, obwohl er im wesentlichen handwerksmäßig arbeitet. Die Auswahl der schönen Stellen ist meist leicht und bekannt, und die Zusammenziehung der Stimmen und Vereinfachung ist ein, wenn auch manchmal schwieriges, so doch recht wenig eigenschöpferisches Tun. Gewiß gebührt nach allgemeinen urheberrechtlichen Grundsätzen, da es ja auf den Wert der Schöpfung dabei nicht ankommt, ein Bearbeitungsurheberrecht diesem Arrangeur, aber es empfiehlt sich doch eine Besinnung auf die unoriginale, wenn auch keineswegs mechanisch-gedankenlose Eigenschaft solcher Arbeit, damit nicht auf solchem, freilich nicht mehr ungewöhnlichen, Wege Sinn und Wertung des schöpferischen Wirkens als Grundlage des Urheberrechts verkannt und verschoben werde.

Wenn Allfeld, Marwitz u. a. sagen, unter „Auszügen" seien „nicht Exzerpte" zu verstehen, da diese schon nach § 11 geschützt seien, so ist Aussage und Begründung m. E. unrichtig: § 12 nennt nur „insbesondere" einige markante Anwendungsformen des § 11, namentlich (aber nicht ausschließlich) solche, bei denen das Urheberpersönlichkeitsrecht mitspielt und die Gefahr einer Veränderung des Werkes gegeben erscheint; unter „Auszügen" aber sind auch Exzerpte, wie z. B. Potpourris, zu verstehen; wäre nur die Kondensierung der Stimmen zum „Klavierauszug" od. dgl. gemeint, dann könnte der Satz nicht fortfahren: „sowie Einrichtungen für einzelne oder mehrere Instrumente oder Stimmen"; denn dieses letztere paßt auf den Klavierauszug und andere derartige vereinfachende Auszüge. Einrichtung ist jede Uminstrumentierung, vereinfachende oder erweiternde, auch die Kürzung gehört dahin, die im Gegensatz zum Auszug das Werk noch im wesentlichen als Ganzes erhalten will, wobei also die Kürzungen verhältnismäßig unwesentlich sind, während der Auszug auch ein Potpourri oder Extrakt von kürzester Gestalt sein kann.

Hat nun der Urheber das Urheberrecht (nicht bloß das Verlags- oder Aufführungsrecht) übertragen, so verbleiben dem Urheber solche Bearbeitungen, die *die Form seines Werkes wirklich ändern* und daher das Urheberpersönlichkeitsrecht in jedem Falle berühren: nämlich jede Bearbeitung, soweit sie nicht „bloß ein Auszug" oder eine Transponierung ist. Man sieht also, daß unter Auszug grundsätzlich das Exzerpt gemeint ist, und zwar sowohl das nur räumlich wie das auch harmonisch kondensierende. Der Erwerber des Urheberrechts darf Potpourris und Klavierauszüge veranstalten, aber er darf *nicht* beliebig so uminstrumentieren oder kürzen, daß das Werk selbst, *sobald es als Originalwerk dastehen soll*, in seiner *Form geändert* erschiene, wobei es in der durch Übertragung des Urheberrechts eingeräumten „Bearbeitungs"befugnis liegt, daß die mit der Herstellung des Klavierauszugs *notwendig* verbundene Formänderung, aber keine darüber hinausgehende, in Kauf genommen werden muß. Hier ist also „Einrichtung" nur soweit erlaubt, wie sie dem Begriff des Auszuges einzuordnen ist, während § 12 eben etwas davon Verschiedenes betrifft.

2. Unerlaubte Wiedergabe durch Notendruck. Ungenehmigte Vervielfältigung noch geschützter Musik ist Nachdruck; das bedarf keiner besonderen Erörterungen. Wenn etwa dem Verleger nur eine bestimmte Anzahl von Exemplaren herzustellen erlaubt ist, so liegt auch unerlaubter Nachdruck, also Urheberrechtsverletzung vor, wenn er eine größere Anzahl Exemplare druckt, als ihm vertraglich erlaubt worden sind. Auszüge und Einrichtungen (s. oben zu 1) darf der Verleger ohne Genehmigung des Originalautors nur veranstalten, wenn ihm das Urheberrecht übertragen worden ist, nicht etwa auf Grund eines Verlagsrechts, sofern darüber nichts anderes in dem Verlagsvertrage bestimmt ist. Denn ein Verlagsvertrag, der sich ohne besondere Nebenabmachungen nur auf ein bestimmtes Werk, z. B. eine Symphonie, bezieht, würde die Drucklegung von Partitur und Stimmen, nicht aber ohne weiteres auch die Herstellung anderer Arrangements einschließen.

In alledem sind die Bestimmungen des Verlagsgesetzes v. 17. Juni 1901, das sich nach seinem § 1 ausdrücklich auf Werke der Literatur *und der Tonkunst* bezieht, sachgemäß anzuwenden, worauf hier näher einzugehen nicht erforderlich erscheint. Was aber der *Verleger*, dem das Verlagsrecht bestellt ist, *nicht* darf, das darf natürlich *auch ein Dritter nicht* (Nachdruck der Noten usw.). Ein Abschreiben *zu eigenem, d. h. persönlichem, Bedarf* ist erlaubt.

Besonders erwähnt wird Musik im Verlagsgesetz nur noch in § 2, wonach dem „Verfasser" (Komponisten) trotz eines vereinbarten Verlagsverhältnisses die Befugnis für „die Bearbeitung eines Werkes der Tonkunst, soweit sie nicht bloß ein Auszug oder eine Übertragung in eine andere Tonart oder Stimmlage ist", verbleibt, und in § 25, in welchem für Musikalien abweichend von der Normierung der Zahl der Freiexemplare von Schriftwerken auf die „übliche Zahl" verwiesen wird. Die Verlagsrechtsfragen werden berührt durch die von der Gesellschaft deutscher Tonsetzer gegründete Afma (Anstalt für musikalische Aufführungsrechte), wie es sich aus der RG.-Entscheidung RGZ. 87, 215 deutlich ergeben hat. Denn der von der Afma mit den Berechtigten geschlossene Vertrag hatte gesellschaftsrechtliche, dienstvertragsrechtliche und geschäftsbesorgungsrechtliche Elemente und ähnelte in dieser Kombination stark dem ebenfalls solche Elemente enthaltenden Verlagsvertrag. Die gleiche rechtliche Bedeutung kommt auch dem Vertrag zu, den die „Genossenschaft zur Verwertung musikalischer Aufführungsrechte" (Gema) mit ihren Genossen abschließt. In der Gema ist die Mehrzahl der Musikverleger zusammengeschlossen. Im Jahre 1926 wurden alte Streitfragen zwischen Afma und Gema beigelegt; eine der Hauptbestimmungen der Einigung ist, daß das *Urheberrecht* als solches unveräußerlich sein soll und nicht mehr durch den Verleger dem Tondichter ganz oder teilweise abgekauft werden soll. Satzungsgemäß geht (durch jeweilige Erklärung des Mitgliedes) das Recht, an dem Werke oder dem Titel sachgemäße Zusätze, Kürzungen und Änderungen vorzunehmen sowie die üblichen Bearbeitungen, Auszüge und Einrichtungen, Übertragungen, Übersetzungen und Umarbeitungen herauszugeben, auf den Verlag über. Diese Übertragung erstreckt sich grundsätzlich auf alle Aufführungsrechte mit Ausnahme der Bühnen- und Kabarett-Aufführungsrechte, oftmals aber auch einschließlich dieser. Die Ausschüttung des Reingewinns der Gema geschieht in Teilen von ¾ an den Komponisten und Textdichter, zu ¼ an den Verleger, bei Bearbeitungen erhält der Bearbeiter ¼, das von dem Komponistenanteil abgeht. Am 1. Okt. 1930 ist ein Zusammenschluß „Musikschutzverband der Gema—GDT—AKM" erfolgt, der bereits mehr als 60000 Pauschalverträge mit Einzelveranstaltern von Musikaufführungen abgeschlossen hat. Näheres über das musikalische *Tantiemerecht*[1] siehe ferner unten im § 40.

3. Unerlaubte Wiedergabe durch Aufführung. a) Die Eigenart der Terminologie bei der Musikwiedergabe, daß hier nämlich nicht von Vortrag, sondern von *Aufführung* (im Rechtssinne) gesprochen wird, führt zu dem Ergebnis, daß jede Ausdrucks-Wiedergabe von Werken der Tonkunst in der Regel als Aufführung angesehen wird. Dadurch entfällt erstens die bei Schriftwerken gegebene Freistellung des Vortrags (im Gegensatz zur Aufführung), und zweitens entfällt auch bis zu einem gewissen Grade der Unterschied zwischen Aufführung und Vorführung[2]. Denn selbst wenn die Musik im Tonfilm „vorgeführt" oder von der Schallplatte durch Lautsprecher oder durch Rundfunk wiedergegeben wird, so steckt in dieser Vorführung zugleich der Tatbestand der Aufführung, und zwar materiell derjenige vor der Filmung, vor der Schallplatte im Aufnahmeraum und vor dem Rundfunk im Senderaum, und formal auch der gesetzlich als Aufführung bezeichnete Akt der neuen Wiedergabe. Jedoch darf, wie unten zu d noch näher auszuführen sein wird, diese Terminologie nicht dazu benutzt werden, Rechtstatbestände entgegen den urheberrechtlichen Grundsätzen auszulegen. Immerhin wird zunächst durch den Rechtssatz, daß jede Ausdrucks-Wiedergabe von Tonwerken Aufführung ist, der Sachverhalt vereinfacht. Sie ist — abgesehen von den nichtöffentlichen, im häuslichen Kreise und den durch § 27 LitUG.[3] besonders zugelassenen

---

[1] PLUGGE u. ROEBER: Das musikalische Tantiemerecht in Deutschland. Berlin 1930.

[2] Vgl. den Aufsatz: Prolegomena eines Aufführungs- und Vorführungs-Urheberrechts. Archf.Urh.R. 4, 433ff.

[3] S. oben § 20.

Ausnahmen von der Genehmigung des Komponisten bzw. seiner Vertreter (Verleger, Ammre, Gema, GDT. usw.)[4] abhängig.

Der Notenkauf allein enthält noch keineswegs das Recht zur öffentlichen Aufführung, obwohl es hie und da miteinander verbunden wird.

b) Es ist die Pflicht dessen, der Musikstücke spielen oder spielen lassen will, sich darum zu kümmern[5], ob die Aufführung berechtigt, d. h. ob das Stück frei oder die Genehmigung (meist gegen Tantiemezahlung) dazu eingeholt worden ist. Bei der außerordentlichen Verbreitung des Musikverbrauchs in öffentlichen Lokalen usw. ist die Organisation der Urheberrechtsgesellschaften und Autoren- und Verlegervereinigungen sehr gut durchgearbeitet und mit kontrollierenden Organen ausgerüstet.

Viele Prozesse[6] sind entstanden, weil durch solche Kontrollen die Aufführung geschützter Musikstücke in Lokalen festgestellt wurde, deren Wirte die Musiker hatten gewähren lassen, weil sie selbst kein Urteil über den Rechtsschutz der Tonwerke hatten und sich keiner Verantwortung bewußt waren.

Aber schon die RG.-Entscheidung in RGZ. 78, 84 (von 1911) hat betont, daß sich der Wirt als *Veranstalter* des Konzertes „nicht auf eine angebliche Verkehrsübung berufen könne, wonach sich Wirte um die Musikstücke nicht bekümmerten, welche die von ihnen angenommenen Kapellen in ihren Etablissements zum öffentlichen Vortrage brächten. Bestände wirklich eine solche Übung, so wäre sie als ein Mißbrauch zu kennzeichnen". Diese Verantwortlichkeit des Wirtes, daß „in seinem Etablissement nicht die Rechte Dritter verletzt werden" und daß dies zu dem Inhalt des mit der Kapelle abgeschlossenen Vertrages gehört, beruht darauf, daß er, wenn er als Veranlasser der Musikdarbietungen sich *nicht* um Recht und Unrecht kümmert, er als Veranstalter der bestimmten Aufführung und somit als Mittäter oder Teilnehmer zu gelten hat. So ist es auch die Auffasssung des RG. in RGSt. 41, 289, daß Aufführender derjenige ist, der die Aufführung bestimmt und anordnet, dessen Tätigkeitswille auf Veranstaltung der unbefugten Aufführung ins Werk gesetzt worden ist. „Voraussetzung für die Eigenschaft des Täters ist, wenn er nicht selbst die geschützten Werke zu Gehör bringt, insbesondere, daß er zu den Ausführenden in einem bestimmten Verhältnis steht, das ihn zu Anweisungen oder Eingriffen berechtigt und ihm mindestens ermöglicht, seinen Willen bei der Gestaltung der Auf-

[4] Über das Vertriebsrecht dieser Gesellschaften wird unten in § 40 gehandelt.

[5] OLG. Karlsruhe in Arch.f.Urh.R. 1, 688. Vgl. auch die zahlreichen Urteile des KG. und LG. I Berlin, angezogen u. a. von LOEWE: Problem des Urheberrechtsschutzes bei Konzertaufführungen, Arch.f.Urh.R. 4, 162ff.

[6] Vgl. die mit zahlreichen Beispielen an der Hand von Urteilen belegten Darlegungen bei PLUGGE-ROEBER: Musikal. Tantiemerecht, S. 53ff.

führung zur Geltung zu bringen"[7]. Veranstalter ist also nicht der Wirt, der die Bewirtschaftung bei einer Musikdarbietung, die von einem Anderen verantwortlich in Szene gesetzt worden ist, übernommen hat, wohl aber der Wirt, „durch dessen Verhalten, mag dies in einem positiven Tun oder bei gegebener Rechtspflicht zum Handeln in einem Unterlassen bestehen, der rechtswidrige Erfolg herbeigeführt wird" (RGSt. 41, 289). Das ist sicher der Fall, wenn er Richtung und Art der Konzerte bestimmt, also z. B. einen WAGNER-Abend, einen Modernen Tanz-Abend anordnet[8]; das aber ist wohl *nicht* der Fall, wenn der Wirt trotz generellen Verbots des Spielens geschützter Stücke zur Prüfung im einzelnen zu unmusikalisch ist. Doch soll man nicht zu leicht dies als Ausrede gelten lassen. Und wiederum ist es der Fall, wenn der Wirt durch die Aufforderung des Berechtigten, tantiemepflichtige Musikstücke ordnungsmäßig zu erwerben, einen ablehnenden Bescheid gegeben hat[9] und wenn er „die Musikstücke durch Musiker aufführen läßt, die er bei dieser und jener Gelegenheit einzeln anwirbt und selbst zusammenstellt. Unter diesen Umständen ist er auf alle Fälle der Veranstalter der Konzerte"[10]. Zu weit geht nach der Seite der Haftung des Wirtes die Ansicht von GOLDBAUM[11] in seinem Kommentar, der den Wirt in jedem Fall den „Veranstalter" nennt und unbedingt für die Verantwortlichkeit des Wirtes eintritt. Dies und seine Betonung, „das generelle Verbot, geschützte Werke zu spielen, entlastet die Verantwortlichen nicht", trifft nicht das Richtige. Es muß auf die strafrechtlichen Grundsätze über Täterschaft ankommen, wie es vorbildlich in RGSt. 41, 287 ausgeführt ist und auch in RGZ. 38, 22 (wenn auch für das ältere Recht) zum Ausdruck kommt. Das RG. hält an der Unterscheidung zwischen Veranlasser und Veranstalter fest und gründet die Strafbarkeit mit Recht auf Täterschaft oder Mittäterschaft (z. B. wenn der Veranlasser die Richtung der zu spielenden Stücke angibt und so zum Veranstalter wird) und auf den dolus bezüglich der Aufführung geschützter Werke. Die „Berufspflicht" der Kenntnis geschützter Werke[12] kann nicht so unbedingt angenommen werden, daß die Unkenntnis in *jedem* Fall als Fahrlässigkeit auszulegen ist. Der größere Konzerthausbesitzer freilich muß sie haben, ebenso wie der Unternehmer eines Konzertcafés grundsätzlich als Veranstalter gelten muß, und der Gewarnte hat die Pflicht, entweder selbst oder durch Musikkundige die Auswahl der Stücke zu überwachen. Es kommt auf die Lagerung

---

[7] LG. Stuttgart, 21. Okt. 1927 in Arch.f.Urh.R. 1, 239.

[8] Der Fall RGSt. 41, 287.

[9] Vgl. JW. 1928, 375, LG. I Berlin v. 4. Dez. 1925, mit Anm., desgl. LG. Göttingen in JW. 1930, 1762, mit Anm. von W. HOFFMANN.

[10] OLG. Celle in GRUR. 1929.

[11] Komm., 2. Aufl., S. 218; die von GOLDBAUM angeführte Entsch. steht aber RGZ. 38, 22, *nicht*, wie es dort infolge Druckfehlers heißt, RGSt. 38, 22.

[12] GOLDBAUM: a. a. O. S. 211.

des Falles an, und ERLANGER[13] sagt völlig zutreffend: „Diese Berufspflicht trifft nicht denjenigen, der nur ausnahmsweise in die Lage kommt, Musikaufführungen zu veranstalten: sie trifft nicht den ländlichen Wirt, der einmal im Jahre „Kirchweih" hält, nicht den Vorstand eines Sportvereins, der gelegentlich ein Tanzkränzchen veranstaltet, nicht den Besitzer einer Reitschule, wenn er einmal ein öffentliches Musikreiten abhält. In allen diesen Fällen muß von den Autorenverbänden verlangt werden, daß sie auf das Urheberrecht aufmerksam machen und nicht sofort mit Schadenersatzansprüchen hervortreten." Es ist also mit ERLANGER[14] die Ansicht der Autorenverbände abzulehnen, nach welcher Aufführender „der Veranstalter ist, in dessen gewerblichem, mittelbarem oder unmittelbarem Interesse die Aufführung erfolgt". Das mittelbare Interesse muß jedenfalls ausscheiden[15], und es ist auch nicht das (wirtschaftliche oder sachliche) Interesse maßgebend, sondern der strafrechtliche Begriff der Täterschaft oder Teilnahme. Täter ist also in der Regel und in erster Linie der (nicht vom Unternehmer beeinflußte) Kapellmeister, bei Solistenvereinigungen sind es alle beteiligten Musiker. *Neben* ihnen ist natürlich der Unternehmer verantwortlich (schadenersatzpflichtig) gemäß den oben schon besprochenen Unterscheidungen.

Über die *Klage auf Unterlassung* und *auf Schadensersatz* siehe oben im § 18.

Zu betonen aber ist hier noch, daß nicht von den Urheberrechtsberechtigten (Autoren, Vertretungsverbänden usw.) verlangt werden kann, sie müßten bei einer Klage einem Unternehmer (z. B. einem Kinounternehmer) gegenüber jedes einzelne der zu ihren Rechten gehörenden Stücke namhaft machen, vielmehr kann die Klage genereller gefaßt und auch so wirksam werden. OLG. Celle sagt dazu mit Recht[16] in einem Falle, der die Wiederholungsgefahr deutlich in sich trug: „Würde dem Beklagten — die Behauptungen der Kläger als richtig unterstellt — nur die Aufführung bestimmter Musikstücke verboten, so wäre bei seinem bedenklichen Verhalten in der Tat zu besorgen, daß er die vom Urteilsgebot nicht erfaßten, von den Klägern betreuten Musikstücke mit einer an Gewißheit grenzenden Wahrscheinlichkeit im bisherigen Umfange ohne Rücksicht auf irgendwelche Urheberrechte unbefugt aufführen lassen würde. Demnach würden naturgemäß die jeweils neuesten ‚Schlager' vogelfrei sein. Wollte man unter diesen Umständen von den Klägern

---

[13] Arch.f.Urh.R. 3, 512. Diese sehr treffliche Arbeit behandelt die ganze Frage mit großem Verständnis. Etwas anders urteilt LOEWE: a. a. O. (s. oben Fußnote 5).

[14] a. a. O. S. 509.

[15] Anders bei der Ausnahme des § 27 LitUG. wegen der Erlaubtheit nicht gewerbsmäßiger Aufführungen. Kurkonzerte sind gewerbsmäßig (RGSt. 43, 189).

[16] GRUR. 1929, 1430.

einen bestimmten, insbesondere auf schon erworbene Musikstücke beschränkten Klageantrag verlangen, so würde das bei der Kurzlebigkeit vieler ‚Schlager' einer tatsächlichen Versagung des Rechtsschutzes nahekommen."

Dies kann freilich nicht für alle Fälle gelten. Im allgemeinen ist mit dem RG.[17] daran festzuhalten, daß „der Anspruch nach Art und Umfang so genau bezeichnet werden muß, daß jede Ungewißheit vermieden wird". Aber das RG. sagt dort selbst: „Die Anforderungen an solche Bestimmtheit müssen freilich je nach der Art des Falls verschieden sein." In dem von ihm entschiedenen Fall handelte es sich um die Klage von Autoren-Vertriebsgesellschaften gegen ein Kino auf „Unterlassung konzertmäßiger Aufführungen der vom Verbande zum Schutze musikalischer Aufführungsrechte für Deutschland kontrollierten Musikstücke". Vermißt wurde von dem KG. und dem RG. — entgegen der Ansicht des LG. — hier die nötige Bestimmtheit, also die erforderliche *Beweisführung* der Klägerin, an welchen Stücken sie die Urheberrechtsvertretung habe und dem Verbraucher sie untersagen wolle[18]. Würde dies im Urteil nicht näher bezeichnet, so bliebe für gegenwärtige und künftige Stücke, die die Gesellschaft zu vertreten berechtigt sei, der Vollstreckungsbehörde die Prüfung überlassen, ob der Anspruch zu recht bestehe — ein Ergebnis, das nicht gutzuheißen sei[19].

c) Über die *Weiterübertragung* musikalischer Aufführungen durch *Rundfunk* und *Lautsprecher* s. unten §§ 23, 24 und 26 und im Zusammenhang behandelt in JW. 1931, 1866.

d) Ob die *Aufführung von Musik in Tonfilmen* eine ungenehmigte bzw. tantiemepflichtige Wiedergabe ist, hat schon viele Erörterungen und auch Rechtsstreitigkeiten veranlaßt. Die Entscheidung hängt aufs engste mit der Frage zusammen, was der „Tonfilm" ist. Darüber ist oben in § 16 das Erforderliche ausgeführt worden. Es mußte dort geschieden werden zwischen den einheitlich geschaffenen *Bild-Ton-Filmen* verschiedenster Art einerseits und dem *reinen Ton-„Film"*, d. h. der filmmechanisch wiedergegebenen Musik, wenn diese nachträglich zu filmischen Vorgängen gefügt wird, andererseits. Denn *nur bei letzterer* kann von einer *selbständigen* Musikwiedergabe die Rede sein, bei welcher das, was an sich und technisch „Vorführung" ist, auf Grund der gesetzlichen Sonderbehandlung der Musik als „Aufführung" von juristischer Bedeutung wird[20]. In jenen anderen Fällen, in denen Bild, Sprache, Ge-

[17] Arch.f.Urh.R. 2, 327.

[18] Vgl. auch die eingehenden Ausführungen und Beispiele bei PLUGGE-ROEBER: a. a. O. S. 60ff.

[19] Nähere Begründung Arch.f.Urh.R. 2, 326ff. Vgl. auch OLG. Celle, GRUR. 1929, 1430.

[20] Treffend legt ROEBER (Aufführung und Vorführung in ihrer rechtlichen Beziehung zum Tonfilmwerk. Arch.f.Urh.R. 4, 55ff.) den Kern der Unstimmig-

sang und Musik von vornherein ein einheitliches Tonbildfilmwerk bilden, ist die Musik rechtlich so in den Klang- oder Sprechfilm eingebaut, daß ein zwar zusammengesetztes Werk, aber doch ein solches entstanden ist, wie es der Oper oder Operette ähnelt, bei welcher, *nachdem einmal die Urheber mit der Aufführung des verbundenen Werkes einverstanden waren*, nun auch alle Folgen, die sich *notwendig* aus ihrer Zustimmung ergeben, mit in der Aufführungsgenehmigung enthalten waren. Das heißt also: wenn, wie es beim Film wesensnotwendig ist, der Aufführung vor dem Kurbelkasten und den Tonaufnahmeapparaten die *Vorführung* folgen *muß* (ohne die das Werk ja der Öffentlichkeit, für die es bestimmt ist, vorenthalten würde), so *hört auch für den musikalischen Teil die Vorführung auf, eine selbständige „Aufführung" zu sein*[21]. Also: wenn beispielsweise der Kinobesitzer zu einem stummen Film (z. B. Wochenschau, Reklamefilm, Trickfilm od. dgl.) einen Schlager wie „Zwei Herzen im ¾-Takt" mechanisch oder „tonfilmisch" spielen läßt, so hat er für diesen selbständigen Akt der Wiedergabe Tantieme an den Komponisten des Schlagers zu zahlen, indessen für die Wiedergabe innerhalb des ganzen Tonfilms „Zwei Herzen im ¾-Takt" *nicht*, denn da ist der Schlager Bestandteil des Ganzen. Im letzteren Fall eine erneute Tantiemenforderung an den Kinobesitzer zu stellen, verstieße nicht nur gegen die natürliche Auslegung des Vertrages, sondern ebensogut gegen urheberrechtliche Grundsätze, da die Vorführung hier *kein neuer* Akt

---

keiten der einander entgegengesetzten Auffassungen dar. Nur scheint er mir die an sich wichtige Unterscheidung von Aufführung und Vorführung zu unterschätzen, weil sie in irrtümlicher Auslegung zu einem Auseinanderreißen des Tonfilmrechts führt.

[21] Völlig richtig äußert sich mithin auch ROEBER a. a. O. wie folgt: „Der Filmhersteller (NB. ‚Filmdarsteller' dürfte dort Druckfehler sein) erwirbt vom Komponisten das Recht zur tonbildmäßigen, nicht zur tonfilmmäßigen Wiedergabe (Vervielfältigung) des Werkes. Dieses Recht ist von vornherein auf die synchronistische Einheit der akustischen und der optischen Vorgänge bezogen. Nur in dieser Einheit ist überhaupt eine filmische Verwertung möglich. Das Tonkunstwerk wird also bereits im Akte seiner (tonbildmäßigen) Vervielfältigung zu einem Bestandteil des filmischen Gesamtwerkes und unterliegt damit dem rechtlichen Schicksal des Gesamtwerkes . . ." Der Urheber (des Films) „hat gemäß § 5a KunstUG. das Recht zur Vorführung des Gesamtwerkes, d. h. an der Projektion des Tonbildes, an dem sich das Tonkunstwerk klanglich auswirkt". — Das Urteil des LG. I Berlin v. 10. März 1931 38. Q. 824. 30 krankt daran, daß es die verschiedenen Arten des „Tonfilms" nicht unterscheidet und daher zu irrigen Ansichten über Vorführung und Aufführung und zu einer unzulässigen Nivellierung gelangt. Nur so ist es zu verstehen, daß in jenem Urteil gesagt wird, die Kinematographie verändere die Form des Werkes, der Tonfilm aber gebe die Musik in ihrer ursprünglichen Form wieder. Die literarische Filmarbeit (das Drehbuch) wird im Gegenteil keineswegs grundsätzlich durch die Kinematographie verändert, sondern nur verwirklicht (s. oben §§ 15 u. 17). So ist auch die Ablehnung der Ansicht von dem „einheitlichen Urheberrecht" am Tonfilm in jenem Urteil auf Mißverständnis der Ausführungen von HOFFMANN und mir zurückzuführen.

der Wiedergabe des Tonbildfilms ist. Die Terminologie des Gesetzes, die bei Musik stets von Aufführung spricht, auch wenn bloße Vorführung vorliegt, hat hier ihren Sinn und mithin ihre juristische Bedeutung verloren. Es handelt sich darum, wer der „*Musikverwerter*“ ist, und das ist im einen Fall der Filmhersteller, im anderen der Kinobesitzer. Mit dieser Feststellung ist aber keineswegs gesagt, daß nun nicht mit dem größeren Umsatz auch ein höheres Honorar (Tantieme) für den Komponisten berechtigt sei; gerade dies entspräche dem Grundsatz des Umsatznutzens und mithin der Gerechtigkeit; nur muß dies durch den Filmhersteller oder etwa durch Verträge mit den Filmverleihern sichergestellt und nicht auf den Tatbestand der „Aufführung“ durch den Kinobesitzer abgestellt werden.

Es bleibt das *Ergebnis:* einem Musik-Tantiemerecht von jeder Aufführung und „Vorführung“ unmittelbar zugänglich ist nur der reine Musik-Tonfilm, der nicht als zu einem Bildfilm als Gesamtwerk gehörig durch den Filmhersteller vom Komponisten erworben ist (als Ausnutzung urheberrechtlicher Befugnis). Wird die rechtmäßig erworbene Musik zugleich mit dem Bildfilm („Tonfilm“ in gewönlichem Sprachgebrauch) geliefert, dann fehlt es bei der Vorführung in den Lichtspieltheatern an dem „neuen Akt der Wiedergabe“[22]. Denn hier handelt es sich um Vorführung einer Aufführung bzw. einer Filmung, für die der Hersteller der Aufführung und Filmung in der Regel auch alle diejenigen Rechte erhalten und bezahlt haben soll, die er für die von ihm zu vergebenden Vorführungen braucht. So lehrt es die „soziologische Funktion“ dieses Vorganges, der man nicht irgendwelche, naturgemäß einseitige, wirtschaftliche Gesichtspunkte entgegensetzen kann. Ohne diese Möglichkeit der Verwertung wären ja die erhaltenen Rechte so gut wie gegenstandslos. Es muß abwegig erscheinen, wie das LG. I Berlin es sagt, die Vergütung des Filmherstellers an den Komponisten nur für die Aufnahme der Musik in den Tonfilm und nicht für die Aufführung gelten zu lassen. Das wäre überdies eine so große Ungerechtigkeit gegenüber dem Filmautor, daß schon deshalb dieses Ergebnis unmöglich ist. Erscheint das *dafür* gegebene Honorar zu gering, so muß von dort auf vertragsmäßigem Wege bzw. durch Betonung der immanenten Gerechtigkeit eines entsprechenden Umsatznutzens (s. oben) geholfen werden. (Vgl. die ähnlich liegenden Verhältnisse bei Zeitungskorrespondenzen.)

§ 23. Mechanische Musik.

1. In einem phantastischen Roman[1] wird JOHANN SEBASTIAN BACH bei einer Begegnung mit dem Grammophon das Wort in den Mund ge-

[22] Vgl. für Lautsprecher und Rundfunk unten §§ 23, 24, 26 und JW. 1931, 1866.

[1] HILDENBRANDT, FRED: Der Sand läuft falsch im Stundenglas.

legt: „Die Musik ist eine heilige Sache, von Schachteln und Geräuschen kann sie nicht zerstöret werden.“ Wie der Geist der Musik über der Mechanik steht, so steht auch der Geist des Rechts über der Mechanik — so häufig auch beides verkannt wird. Die Begegnung zwischen Urheberrecht und mechanisch-musikalischen Instrumenten und Apparaten ist bisher einigermaßen beschämend für das Urheberrecht ausgefallen. Denn einmal ist bei dieser Begegnung der § 2 II LitUG. als „Schulbeispiel dafür, zu wie unliebsamen Folgen die Systemlosigkeit im Recht führt“[2] herausgekommen und zweitens die rein wirtschaftliche Einrichtung der Zwangslizenz der §§ 22 ff. LitUG. geschaffen worden, deren Gefahren in ihrer möglicherweise ausdehnenden Interpretierung liegen.

Jener § 2 II LitUG., der „tragende Gedanken des deutschen Gesetzes“ umwirft[3], hat nicht nur Ochs und Pegasus zu einem urhebenden Schaffenspaar zusammengekoppelt, sondern beide auch noch dazu verkehrt an den Wagen gespannt. Er hat den mechanischen Arbeiter, den Locher und Stanzer der Spieldosen und Drehorgeln ebenso als Bearbeiter angesprochen wie den Vortragenden, der z. B. eine Schallplatte besingt, nicht achtend, daß Bearbeitung nach dem sonstigen Willen des Gesetzes Urheberrecht verschafft, und hat dabei nicht erkannt, daß diese „Bearbeitung“ eine begrifflich und tatsächlich ganz andere ist als die in § 12 LitUG. genannte[4]. Man hat also dadurch der Methodik des Urheberrechts schwere Sorgen und Gefahren gebracht und hat die Erkenntnis verdunkelt, daß mit dieser Bestimmung, die fehl am Ort, doch immerhin etwas Wesentliches geschaffen wurde, nämlich ein gewerblicher Rechtsschutz[5] und ein Leistungsschutzrecht (nicht Urheberrecht) des reproduzierenden Künstlers[6].

Dieser ad hoc-Bestimmung tritt die der §§ 22 ff. an die Seite, die eine — günstig und ungünstig beurteilte — Zwangslizenz für mechanisch-musikalische Rechte einführt, die auch zunächst ganz klar und harmlos als eine gewerbliche Hilfe für die Schallplatten- (und Drehorgel-) Industrie gemeint war, aber ihre Krallen beim Tonfilm zeigt[7] und außerdem — in einem gewissen Widerspruch zu Art. 13 BÜ. — zugleich mit dem zwangslizenzbehafteten mechanischen Wiedergabe- (Vervielfältigungs-) Recht dem Urheber auch das Recht der (öffentlichen!) Aufführung heimlich entwindet.

Hat man jene Entgleisung des § 2 II LitUG. dadurch auffangen und unschädlich machen können, daß Wissenschaft und Rechtsprechung ihr Wesen erkannten und die Methodik des Urheberrechts sich nicht be-

---

[2] MARWITZ-MÖHRING: Komm., S. 46. [3] GOLDBAUM: Komm., S. 50.
[4] So zutreffend MARWITZ-MÖHRING: Komm., S. 47 u. 134.
[5] Ebenda S. 47. [6] S. oben § 13.
[7] Vgl. auch MARWITZ: GRUR. 1929, 668.

irren ließ[8], während das praktisch-wirtschaftliche Ergebnis eines gewerblichen Schutzes des Schallplattensängers und des Verfertigers der musikalisch-mechanischen Instrumente ruhig bestehen soll — so ist die zunächst nur klein erscheinende Entgleisung des § 22a LitUG. insofern schlimmer, als sie den Urheber benachteiligt. Gegen die Ausführungen von OSTERTAG[9], daß diese Bestimmung mit dem Art. 13 BÜ. nicht vereinbar sei, kann man *nicht* mit BAUM[10] einwenden, daß ja bei der Erwerbung der Lizenz (Zwangslizenz) auch das Aufführungsrecht mit bezahlt werde. Mag sein, daß unter diesem Gesichtspunkt die Lizenzgebühr etwas höher bemessen wird, aber sie ersetzt doch weder theoretisch noch praktisch die Tatsache, daß der Urheber das „Aufführungs"-recht, über das er sonst in aller Regel besonders verfügen darf, hier zugleich mit abgeben *muß* und eine Bemessung des Entgelts nach dem wirklichen Verbrauch (Tantieme, nach dem Gesichtspunkt des Umsatznutzens[11]) vom Gesetz beseitigt erscheint und daher vertraglich kaum durchgesetzt werden kann (anders als beim Tonfilm). Und zugleich ist noch zweierlei Übel damit verknüpft: daß der Urheber seine etwaigen persönlichkeitsrechtlichen Bedenken gegen Lautsprecher-Verbreitung seines Schallplattenstückes begraben muß und daß in jeder Straße, auf allen Ausflugsorten, in Paddelbooten und Ausstellungen Schallplattenmusik ins Gelände geschleudert wird, die vom Urheber für eine Verbreitung in geschlossenen Räumen gedacht war. Die Schallplattenindustrie hat dadurch ein Plus auf Kosten der Allgemeinheit und der Urheber erhalten, das mit ihrem Schutzbedürfnis nicht hinreichend begründet erscheint.

2. Dieses nun einmal so gestaltete Recht der *Zwangslizenz* nach §§ 22 ff. LitUG. besagt: *Wenn* einmal einem Anderen die Übertragung des musikalischen Werkes (mit und ohne Text) auf mechanische Apparate gestattet worden ist, so muß auch jedem *Dritten*, der im Inlande eine gewerbliche Hauptniederlassung oder seinen Wohnsitz hat, die Übertragung gegen angemessene Vergütung gestattet werden. Die Erlaubnis, in welcher eine „Aufführungserlaubnis" der *mechanischen* Wiedergabe enthalten ist, ist vom Urheber zu erteilen, der seinerseits dem Inhaber des Verlagsrechts an dem Werk einen angemessenen Teil der Vergütung abzugeben hat. Diese urheberrechtliche Zwangslizenz der §§ 22 ff. LitUG. unterscheidet sich von der patentrechtlichen Zwangslizenz des § 11 PatG. in zwei wichtigen Punkten: Voraussetzung für eine Zwangslizenz ist nach § 22 LitUG. die bereits erfolgte Lizenzerteilung an einen Anderen,

---

[8] Abgesehen von der aus § 2 II entnommenen Forderung eines „Urheberrechts" des „nachschaffenden" Künstlers (CAHN-SPEYER u. Andere, s. oben § 13).

[9] Bericht, abgedr. GRUR. 1930, 281ff.

[10] BAUM: Aufführungen mittels mechanischer Vorrichtungen. GRUR. 1930, 576ff.

[11] Näheres über den Grundsatz des Umsatznutzens in meinem „Urheber und Erfinderrecht . . ." S. 52ff.

nach § 11 PatG. jedoch lediglich das öffentliche Interesse an der Ausführung überhaupt; die patentrechtliche Zwangslizenz ist eine unmittelbar gesetzlich zugesprochene, während die urheberrechtliche eine, wenn auch auf Grund gesetzlichen Zwanges, vertraglich von dem Berechtigten eingeräumte ist. Die Ansichten über den Wert der urheberrechtlichen Schallplatten-Zwangslizenz sind sehr geteilt und von wirtschaftlich-egoistischen Erwägungen beeinflußt. Die Befürworter sprechen von einer günstigen Wirkung gegenüber der Gefahr der Monopolbildung auf dem Gebiete der Sprechmaschinen- und Schallplattenindustrie, während die Gegner ihr Gefahren für den Urheber, der mit unsicheren und ihm nicht genehmen Geschäftspartnern zu paktieren gezwungen werde, sowie gerade die Unfähigkeit zu einer Beseitigung der Monopolgefahr nachsagen[12]. Man wird sich jedenfalls nur schwer davon überzeugen können, daß die der Zwangslizenz nachgesagten wirtschaftlichen Vorzüge und Vorteile groß genug seien, um die dem Urheber und dem sonst ziemlich einheitlichen Urheberrecht so schädliche Ausnahmebestimmung zu rechtfertigen. Zumal da die Ammre[13] einen großzügigen Zusammenschluß der Berechtigten bedeutet, ist die Praxis über jene vermeintlichen Gefahren einer „Monopolbildung" hinweggegangen.

Um was für ein musikalisches Werk es sich handelt (Instrumental-; Vokalmusik, Oper usw.), ist gleichgültig, ebenso auch *wie* und *an wen* die Erlaubnis zur Schallplattenwiedergabe erteilt war. Das Werk muß erschienen, von der ersten Lizenz braucht aber noch kein Gebrauch gemacht worden zu sein. Erwähnt sei noch die Übergangsbestimmung für früher entstandene Rechte im § 63a LitUG., dazu für den Unterschied zwischen wohlerworbenen Rechten Dritter einerseits und Urheberbefugnissen, die sich nach dem geltenden Rechte richten, andererseits, RGZ. 82, 356.

3. Ist aber über diese Zwanglizenz mehr aus *rechtspolitischen* Gesichtspunkten und aus solchen der gerechten Interessenabwägung zu urteilen

---

[12] Vgl. die beiden Referate von Alfred Baum und Gustav Bock für den Urheberrechtsausschuß zur Vorbereitung der Rom-Konferenz (GRUR. 1927, Sonderheft Sept., S. 40ff.). Marwitz-Möhring: Komm., S. 193ff.

[13] Anstalt für mechanisch-musikalische Rechte G. m. b. H., Berlin W 8, gegründet November 1909; deren Betrieb sollte dann auch auf die Wahrnehmung und finanzielle Ausbeutung von Aufführungsrechten ausgedehnt werden, aber die Gema übernahm diese Aufgabe. Die „Ammre", die von den Bruttoeinnahmen 60—75% an den Bezugsberechtigten (Komponisten, Textdichter oder Verleger) abführt und 40—25% für sich als Unkostendeckung und Geschäftsgewinn behält, verteilte im Jahre 1910 71169 M., 1913 350675 M. Sie läßt sich die Urheberrechte, soweit sie die mechanischen und kinematographischen Wiedergaben betreffen, für die geschaffenen und künftigen Werke des Mitgliedes übertragen. Die Kontrolle übt sie bei Fabriken und Händlern von Schallplatten u. dgl. aus und hat das System der auf die Erzeugnisse zu klebenden namenlosen Lizenzmarken eingeführt. Geschäftsbetrieb und Verrechnung haben einen sehr großen Umfang. Näheres s. in dem Abschnitt über das Vertriebsrecht (unten § 40).

und wird die Gefahr für ihre Anwendung auf den Tonfilm anscheinend durch Wissenschaft und Gesetzgebung[14] gebannt werden, so entstehen bezüglich des „*Bearbeitungs-*" *und Vortragsrechts des § 2 II LitUG.* immer juristische Schwierigkeiten. In einem Streit zweier Gesellschaften um die Schallplattenaufnahmen eines Sängers[15] handelte es sich um den Anspruch der einen Firma, daß ihr das Monopol an Aufnahmen dieses Sängers zustehe, da der Sänger sich verpflichtet habe, Gesangsaufnahmen ausschließlich für sie zu singen und er ihr „sämtliche Urheberrechte", und zwar auch für die von ihm und von dritter Seite vertragswidrig hergestellten Platten, übertragen habe. Die Streitfrage dieser Übertragung eines (wie wir oben sahen, gar nicht in dieser Rechtsart vorhandenen) „Urheberrechts" (das eben nur ein Leistungsschutzrecht[16] sein kann), hat das LG. I geschickt dadurch beantwortet, daß es u. a. sagte: „Es wird (durch § 2 LitUG.) nicht die schöpferische Tätigkeit geschützt, sondern die Bearbeitung, das Werk selbst, also das körperlich greifbare mechanische Produkt einer Tätigkeit" (ich würde es die Wiedergabe einer Leistung nennen), und weiter: „Der Urheber kann überhaupt Rechte nur insoweit übertragen, als sie ihm selbst zustehen. Hat er eine Aufnahme gesungen, die er nach seinen anderweitigen vertraglichen Bindungen nicht zu singen berechtigt war, so kann er selbst gegen die Schallplattenfirma, für die er die Aufnahme gesungen hat, nicht vorgehen. Denn sein Urheberrecht ist nicht verletzt. Deshalb kann er einem Anderen höchstens das Recht übertragen, gegen Verletzungen vorzugehen, die von anderer Seite als der Firma, für die er die Schallplatte hergestellt hat, gegen das Urheberrecht begangen werden." Gegen die Konkurrenzfirma kann die andere also nichts ausrichten, wenn etwa der Sänger den Vertrag verletzt hat; aber nicht etwa weil es sich um eine Doppelübertragung des Urheberrechts handelte — läge dies wirklich vor, dann könnte die Firma gegen die andere vorgehen —, sondern weil eben gar kein Urheberrecht im gewöhnlichen Sinne vorliegt und übertragen werden konnte, vielmehr das Leistungsschutzrecht dieser dinglichen weiterwirkenden Kraft entbehrt. Das hat das LG. richtig gefühlt, als es die Klage abwies und eine dingliche Wirkung solcher „Übertragung sämtlicher Urheberrechte" an allen Gesangsplatten eines Künstlers nicht als relevant und verfolgbar ansah.

Ältere Fragen, wie sie zu den RG.-Entscheidungen RGZ. 71, 127 und 77, 8 geführt haben und die Schallplatte anders als die „einwirkungsfähigen" Spielapparate (Pianola, Phonola usw.) behandelten, sind heute nicht mehr aktuell; es sei nur der Vollständigkeit halber darauf ver-

---

[14] Ein amtlicher Entwurf einer Novelle zum LitUG. (1930) lehnte ausdrücklich die Anwendung der §§ 22ff. LitUG. auf den Tonfilm ab.

[15] LG. I Berlin, 27. März 1928, Arch.f.Urh.R. 1, 461ff.

[16] Vgl. oben § 13.

wiesen. Wichtiger aber ist, daß das RG. schon in den Entscheidungen in RGZ. 22, 174 und 27, 60, also aus den Jahren 1888 und 1891[17] nicht nur die Konkurrenz der mechanischen Musikapparate mit dem Notendruck anerkannt, also „Vervielfältigung" statt einer Form des Selbstspielwerks angenommen hatte, sondern auch schon den urheberpersönlichkeitsrechtlichen Gesichtspunkt betont, der gegen die schlechte Wiedergabe durch mechanische Musikapparate Rechtsansprüche geltend macht. Das RG. spricht in der einen Entscheidung von der raschen Abnutzung des Publikumsinteresses für das Werk durch schlechte Wiedergabe. Dieser Gesichtspunkt ist auch heute — trotz der Verbesserung der Technik und trotz des — aus ökonomischen Rücksichten verständlichen — Drängens der Komponisten zur Schallplatte — noch erheblich. Verschlechterungen der Wiedergaben braucht der Autor sich grundsätzlich *nicht* gefallen zu lassen; sie können weder durch den Vertrag, der das Recht der musikalisch-mechanischen Wiedergabe einräumt, noch durch das Gesetz gerechtfertigt werden, dessen Sinn durch die §§ 12 und 14 LitUG. in der Richtung eines Schutzes gegen verändernde Bearbeitungen festgelegt ist. Einen Rechtsanspruch dagegen kann er geltend machen[18], wenn er sich nicht durch vertragliche Bindung, auch stillschweigend nach Lage der Dinge, dieses Rechtes begeben hat. Damit rundet sich der Kreis wieder zu der Kritik an der Zwangslizenz, die zugleich mit der Vervielfältigungserlaubnis auch ungefragt jedwede öffentliche Aufführungserlaubnis mit enthält, sowie an dem „Bearbeitungsrecht" des Vortragenden und mechanischen Herstellers von Musikkonfektion, sofern man dieses Recht als „Urheberrecht" auslegt und ihm somit trotz der Abhängigkeit eine gewisse Kraft gegen den wahren Urheber und sein Recht verleiht. Es darf nicht auf dem Wege des Bearbeitungsrechts des § 2 II und der Zwangslizenz der §§ 22 ff. eine Drehorgel-, Schallplatten-, Rundfunk- und Lautsprecher-Musik privilegiert werden, die Klang und Formgebung des Tonkunstwerkes verschandelt. Es ist da — offenbar durch die ökonomischen Umstände — eine Praxis der Werkwiedergabe eingerissen, bei der man sich wundert, daß die schaffenden Tondichter und Künstler nicht dagegen opponieren. § 12 Nr. 5 LitUG. in Verbindung mit § 14 Nr. 4 LitUG. geben dazu in urheberpersönlichkeitsrechtlicher Hinsicht eine Handhabe[19], die einer irrtümlich zu weitgehenden Auslegung des § 2 II schon Riegel vorschiebt und auch mit § 22a nicht vereinbar erscheint.

4. Hier ist noch der *Lautsprecher* Frage — nicht für die Wiedergabe

[17] Vgl. Elster: Das Urheberpersönlichkeitsrecht in der Rechtsprechung des Reichsgerichts, in: Die Reichsgerichtspraxis im deutschen Rechtsleben 4, 273.

[18] Nach Urheberpersönlichkeitsrecht, vgl. oben § 2.

[19] Vgl. die nähere Begründung in meinem „Urheber- und Erfinderrecht . . ." S. 106 (1928).

von Rundfunksendungen, darüber s. unten in § 26 — bei der gewöhnlichen musikalischen Aufführung zu gedenken, also für den Fall, daß diese Aufführung vermittels Mikrophon und Lautsprecher einem größeren Kreis von Zuhörern zugänglich gemacht wird, als dies ohne die Einschaltung solcher Apparate möglich wäre. Es fragt sich, ob dadurch die Rechtslage solcher Aufführung sich ändert, insbesondere also ob hier ein *„neuer Akt" der Wiedergabe* und Verbreitung zu dem erstmaligen (erlaubten) hinzutritt, — eine zur Zeit noch umstrittene Frage.

Es ist dabei zweierlei zu trennen: a) wenn dies bei unmittelbar (persönlich) ausgeübter Musik geschieht und b) wenn es bei Schallplattenmusik geschieht. Denn bei b) tritt, da die Zwangslizenz des § 22a die öffentliche Aufführungserlaubnis schlechthin in sich schließt, kein Unterschied hervor, weil „Öffentlichkeit" der Aufführung erlaubt ist und deshalb kein Raum ist für eine Unterscheidung zwischen normaler und lautverstärkter Wiedergabe ohne Änderung der Wiedergabe*art*, zumal wenn es sich in Wirklichkeit um „Vorführung" statt des gesetzlichen terminus „Aufführung" handelt. Bei a) persönlich ausgeführter Musik kann aber sehr wohl die *Auslegung*[20] der vertraglich erteilten Aufführungserlaubnis den Grund zu einer Unterscheidung geben, da z. B. eine für ein bestimmtes Saalkonzert gegebene Aufführungserlaubnis nicht ohne weiteres identisch ist mit einer über den normalen Hörerkreis etwa weit hinausgehenden Verbreitung[21] und durch den Lautsprecher-Apparat eben ein neuer Akt der Wiedergabe getätigt wird.

Praktisch werden diese Fragen besonders beim Rundfunk (s. § 26).

V. Rundfunk-Urheberrecht.

§ 24. Rundfunksendung als Aufführung und Vorführung.

Rundfunksendung ist als ein Verbreitungsmittel zunächst nicht rangesgleich mit Theater, Film, Konzert; denn es ist nur eine Form verbreitender Wiedergabe, kaum immer eine Änderung des Ausdrucksmittels (obwohl es dies sein kann). Aber wirtschaftlich und in der Verkehrsauffassung hat sich der Rundfunk zu einem Ersatz für Theater, Konzert und Vortrag herausgebildet, so daß einige seiner Rechtsfragen hier behandelt zu werden verdienen.

---

[20] Auch persönlichkeitsrechtliche Momente bezüglich der Wirkung des Werkes können hierbei mitsprechen. [21] Näheres in meinem Aufsatz in JW. 1931, 1866.

Dabei will ich hier nicht grundsätzlich auf die — schon eingehend genug an andrer Stelle[1] erörterte — Frage eingehen, ob die Rundfunksendung eine Vervielfältigung oder eine Verbreitung oder ein Vortrag sei. Ganz umgangen werden kann die Frage aber nicht, weil ihre Beantwortung wichtig ist für die Beurteilung, ob und wieweit wir es bei der Rundfunksendung mit einer Aufführung oder einer Vorführung zu tun haben. Nennen wir (mit HOFFMANN[2]) die Rundfunkwiedergabe (von Text!) Vortrag, so gibt es nach geltendem Recht keinen Schutz gegen Rundfunkwiedergabe literarischer Werke, wohl aber gegen Rundfunkwiedergabe musikalischer Werke, weil es sich da um Aufführung handelt. Nennen wir es aber (mit dem Reichsgericht[3]) nur Verbreitung, so kommen wir zu Schwierigkeiten in all den Fällen, in denen es erlaubte Verbreitung gibt; wir müßten also Zitate und Referate für teilweise Verbreitung halten und sie im Rundfunk verbieten, da diese zwar keine Vervielfältigung des Werkes, wohl aber Verbreitung seines (teilweisen) Inhaltes sind[4]. Meint aber das RG. nur Verbreitung der Vervielfältigung, wie es in § 11 LitUG. steht, dann kann und muß man eben die Rundfunkwiedergabe als eine Vervielfältigung oder Vervielfachung des Werkes (ohne greifbares Exemplar) ansehen und kommt zu einem klaren juristischen Tatbestand[5].

Es bleibt Folgendes festzuhalten: Vor dem Sender geschieht also — bei Musikdarbietungen, bei Hörspielen und bei Sendespielen — eine Aufführung. Diese wird durch den Rundfunk vervielfacht wiedergegeben und mittels des Empfangsapparats dem Hörer vorgeführt. Handelt es sich um Vorträge und Vorlesungen, so geschieht vor dem Sender keine Aufführung des Werkes, es wird nur der Vortrag, die Rede, die Vorlesung durch den Rundfunk unmittelbar vervielfacht und durch den Empfangsapparat dem Hörer vorgeführt. In diesen Fällen liegt eine einfache Rundfunk-Wiedergabe vor, in den Fällen der Aufführung vor dem Sender liegt eine Rundfunk-Wiedergabe von der Wiedergabe (Aufführung) des Werkes vor.

---

[1] ArchFunkR. 1, 213ff. [2] Ebenda 1, 229ff.

[3] RGZ. 113, 413 und JW. 1926, 1665; auch GRUR. 1926, 343 u. 345.

[4] In dem Urt. des LG. I Berlin v. 30. Jan. 1931 über die Lautsprecherfrage findet sich eine zwar dem LG. unbewußt gebliebene, aber dennoch sehr klare Kritik an der Verbreitungstheorie des RG. bezüglich des Rundfunks, wenn es in dem LG.-Urt. heißt: „Verbreitung bedeutet auch als Rechtsbegriff jetzt wieder schlechthin die ‚Übermittelung einer Kenntnis an Andere'." Wenn das wahr ist, dann wäre Referat u. dgl. mit eingeschlossen, was unmöglich dem Urheber vorbehalten ist. Man sieht also, daß dann die Verbreitungstheorie eine Lücke hat, die m. E. nur durch die Vervielfältigungstheorie einwandfrei ausgefüllt werden kann. Eine Bestätigung der Vervielfältigungstheorie darf in den Äußerungen eines höchst richterlichenamerikanischen Urteils (Supreme Court of the United States v. 13. April 1931, abgedr. in GRUR. 1931, 1166; vgl. auch ArchFunkR. 4, 471ff.) erblickt werden. [5] Vgl. auch RGSt. 48, 129.

Bei solcher Auffassung kann nach deutschem Recht[6] kein Zweifel darüber bestehen, daß der Inhaber des Urheberrechts über die Genehmigung oder Nichtgenehmigung der Rundfunkwiedergabe geschützter Werke zu bestimmen hat. Dies wird aber jedenfalls auch unterstützt durch die zu Rom 1928 erfolgte Revision der Berner Übereinkunft[7], die dem Urheber das Recht, über die Rundfunksendung seines Werkes zu verfügen, ausdrücklich zugesprochen hat (Art 11a BÜ.: „Den Urhebern von Werken der Literatur und Kunst steht das ausschließliche Recht zu, die öffentliche Übermittlung durch den Rundfunk zu gestatten"). Die Ausgestaltung dieses Grundsatzes ist den nationalen Gesetzgebungen überlassen worden, die diesem Vorschlag z. T. schon entsprochen haben. Im Abs. 2 des Art. 11a BÜ. ist in diesem Zusammenhang aber ganz besonders auf das „droit moral", das Urheberpersönlichkeitsrecht[8] hingewiesen worden, das bei der Regelung des Funk-Urheberrechts nicht außer Betracht bleiben dürfe. Es handelt sich auch hier um die Erreichung eines möglichst gerechten Ausgleichs zwischen Einzelinteresse und Allgemeininteresse[9]: Es soll die Möglichkeit gegeben sein, mit Hilfe der neuen Verbreitungstechnik die Werke dem Publikum zugänglich zu machen und nicht eigensinniger Willkür des Berechtigten ausgesetzt zu sein, aber doch dem Urheber zu geben, was ihm zukommt, sein finanzielles, wettbewerbliches und sein persönliches Bestimmungsrecht — und dabei eine allzu große monopolistische Macht der Vertriebsgesellschaften zu vermeiden. Diese Gesichtspunkte spielen auch bei der umstrittenen Frage der gesetzlichen Lizenz (Zwangslizenz[10]) für den Rundfunk eine Rolle; die Befürworter verlangen, daß der Autor erschienenen Werken die Wiedergabe im Rundfunk gegen angemessene Vergütung erlauben müsse, und zwar im Interesse der Allgemeinheit. Die Frage ist eine wirtschaftliche, von Interessen abhängige, eine juristisch-wissenschaftliche Stellungnahme ist — abgesehen von dem notwendigen Schutz des Urheberpersönlichkeitsrechts — dazu kaum möglich[11].

Weiter ist noch die Frage zu berühren, ob bei der Rundfunksendung von *Tonwerken mit Text* auch die Genehmigung des Textverfassers, nicht nur diejenige des Komponisten einzuholen ist. Diese nicht ganz einfach liegende Frage habe ich an anderer Stelle näher besprochen[12]

[6] Die österreichische höchstrichterliche Entscheidung, die entgegengesetzt geurteilt hat, scheint mir trotz des Unterschiedes im Gesetzestext (Vertreiben statt Verbreiten) verfehlt.

[7] Vgl. oben § 1. [8] Vgl. oben § 2.

[9] Über diesen Ausgleich sei auf eingehendere Darlegungen in meinem Aufsatz im Arch.f.Urh.R. 4, 215 ff. verwiesen.

[10] Vgl. oben § 23.

[11] Weitere Ausführungen zu diesem Thema s. in dem Aufsatz „Prolegomena des Aufführungs- und Vorführungs-Urheberrechts", Arch.f.Urh.R. 4, 433ff.

[12] Arch.f.Urh.R. 2, 14ff.

und möchte hier nur kurz das dort gewonnene Ergebnis wiedergeben: Das geltende deutsche Gesetz bevorzugt den Komponisten vor dem Textverfasser[13] gemäß §§ 20 und 28 LitUG., nach denen bei einer Aufführung der Musik der Text ohne weiteres in Programmen gedruckt werden darf und bei Tonwerken mit Text die Genehmigung zur Aufführung nur vom Komponisten erteilt zu werden braucht. Es liegt nahe, anzunehmen, daß dies auch bei der Rundfunkwiedergabe gelten müsse, doch hält diese Annahme einer näheren Prüfung nicht stand. Denn 1. die Bestimmungen der §§ 20 und 28 LitUG. sind Ausnahmen von den sonstigen Grundsätzen des Urheberrechts, mithin eng nach ihrem Wortlaut auszulegen und einer ausdehnenden Interpretation nicht zugänglich; 2. es wird im Gesetz ganz scharf zwischen Vervielfältigung und Aufführung unterschieden; unter Vervielfältigung ist dabei offensichtlich nur an eine solche durch drucktechnische Verfahren gedacht, bei der Aufführung ist die gesonderte Vervielfältigung sogar ausdrücklich auf „Abdruck" beschränkt; 3. für mechanische Wiedergabe wird die Ausnahme des § 20 I durch § 20 III aufgehoben, also bei dem ersten Fall möglicher Ausdehnung des mithin ganz eng zu fassenden Abs. 1 wird diese Ausdehnung gesetzlich untersagt; 4. nach der gesetzlichen Terminologie werden musikalische Werke nicht vorgetragen, sondern aufgeführt; Aufführung scheidet sich hier also nochmals deutlich von der Vervielfältigung, denn für große Tonwerke mit Text ist nur für die Aufführung auf die Mitgenehmigung des Textverfassers verzichtet (während für kleine Tonwerke derselbe gesetzliche Verzicht auch für die Vervielfältigung gilt); 5. die Rundfunkwiedergabe aber ist eine Vervielfältigung oder Verbreitung der Aufführung, also ein ganz neuer Akt, den das Gesetz nicht nennt und der mithin nach den großen generellen Regeln des Gesetzes und nicht nach den eng auszulegenden Ausnahmesätzen zu beurteilen ist. Diese Rundfunkwiedergabe gehört nicht — und braucht nicht zu gehören — in jene reguläre und notwendige Aufführung des Tonwerkes, die durch Einspruch des Textverfassers überhaupt lahmgelegt werden würde, wenn ein solcher Einspruch nicht gesetzlich unmöglich gemacht wäre; die Rundfunkwiedergabe aber ist rechtlich und wirtschaftlich ein Superfluens, in erster Linie vermögensrechtlicher Natur, bei welchem es nicht erforderlich erscheint, die Entrechtung des Textverfassers beizubehalten, die hier ihren Sinn ganz verlieren würde. Auch die Oper muß, um ihr Leben zu haben, geschützt sein vor dem Einspruch des Textdichters; ihre Rundfunkwiedergabe als vermögensrechtliche Neu-Ausbeute bedarf dieses Komponisten-Privilegs nicht.

Schwierigkeiten bereitet — insbesondere auch seit der 1928er Revision der Berner Übereinkunft — die Frage, ob *Schallplattenwiedergabe*

---

[13] Vgl. Näheres oben §§ 20 u. 21.

im Rundfunk ohne Genehmigung des Autors oder Künstlers erlaubt sei. Man denkt zunächst an § 22 a LitUG., der ja bei Vorliegen einer Zwangslizenz auch die Erlaubnis öffentlicher Aufführung in sich schließt, und zweifellos ist auch die Rundfunkwiedergabe öffentliche Aufführung[14]. Aber man darf auch hier nicht übersehen, daß diese Ausnahmebestimmung des § 22 a eng auszulegen ist, da sie nur die notwendige Aufführung der Schallplatte einzuschließen bestimmt war, zu der man (s. oben S. 183) noch die Lautverstärkung durch Lautsprecher rechnen kann; eine Rundfunkwiedergabe ist jedoch *nicht* für diese Wirksamkeit notwendig, sondern ein *neuer Akt* der Vervielfachung oder Wiedergabe (s. oben). Deshalb ist auf ihn — im Sinne des § 11a des Rev. Berner ÜE. — der urheberrechtliche Grundsatz der Verfügung durch den Urheber anzuwenden. So sagt NEUGEBAUER, der diese Frage eingehend und treffend bespricht[15], ganz richtig: „Nachdem jetzt Art. 11a die funkmäßige Verbreitung nicht unter eine der verschiedenen Verwertungsbegriffe — z. B. représentation, exécution — bringt, sondern als *besonderen* Fall, als „communication au public" regelt, läßt sich nur noch die Auffassung vertreten, daß der Konventionsbegriff der „exécution publique" des Art. 13 *nicht* ohne weiteres die rundfunkmäßige Verbreitung umfaßt. Die funkmäßige Verbreitung einer Schallplattenwiedergabe regelt sich sonach *nur* nach Art. 11a, unterliegt daher grundsätzlich der Genehmigung des Autors, doch können die einzelnen Staaten Rundfunklizenzen vorsehen, jedoch — abweichend von einer Lizenz aus Art. 13 Abs. 2 — nicht ohne gleichzeitige angemessene Entschädigung des Autors. Soweit wird vom Inkrafttreten der Konvention ab die Möglichkeit, aus den im Art. 13 BÜ. wurzelnden Bestimmungen des § 22a LitUG. die Zulässigkeit lizenzfreier Schallplattenkonzerte im Rahmen des Rundfunkprogramms abzuleiten, nicht mehr gegeben sein." Dies entspricht der oben vorgetragenen Lehre von dem neuen Akt der Wiedergabe im Rundfunk, der sich nicht mit der Aufführung vor dem Sender deckt. Auch hier ist die (schon oben in Fußnote 4 erwähnte) amerikanische höchstrichterliche Entscheidung anzuziehen, die in dieser Übertragung in hörbare Töne nicht das reine Hören des Originalprogrammes, sondern eine Reproduktion erblickt.

§ 25. Sendespiel, Hörspiel, Bildfunk.

1. Beim *Sendespiel*, sei es literarischer oder musikalischer Art, handelt es sich um eine Aufführung, die vor dem Sender vor sich geht und „übertragen" wird; also um ein Objekt, das sich mühelos unter die Gegen-

[14] So auch NEUGEBAUER: Fernmelderecht und Rundfunkrecht, 3. Aufl., S. 878 (1929).

[15] a. a. O. S. 879.

stände urheberrechtlichen Schutzes einreihen läßt. Dabei ist es juristisch ziemlich gleichgültig, ob man eine weitere Unterscheidung zwischen „Sendespiel“ (im engeren Sinne) und „*Übertragung*“ macht, also zwischen einer ad hoc im Senderaum veranstalteten Aufführung und einer regulären Theater- oder Konzertaufführung, die übertragen wird. Für die Tatsache, *ob* das Werk geschützt ist, macht das keinen Unterschied; eher für die Tatsache, *wer* geschützt wird, da in dem einen Fall andere Beteiligte neben dem Autor in Betracht kommen können als in dem anderen Fall, insbesondere bezüglich der Frage der „Bearbeitung“ für den Rundfunk. Jedenfalls fallen diese Darbietungen urheberrechtlich nicht aus dem üblichen Umkreis, wie man ihn sonst kennt, heraus.

2. Etwas schwieriger liegt dies bezüglich des *Hörspiels*. Hier kann die Frage sehr wohl berechtigt sein, ob denn das Hörspiel zu den nach LitUG. geschützten Werken gehöre. Es *kann* ein Schriftwerk sein, wenn die Vorgänge schriftlich fixiert worden sind; es kann aber auch als teilweise Gehörs-Improvisation — ähnlich wie man bildlich im Film Naturvorgänge aufnimmt und wie beim Tonfilm Naturgeräusche „photographiert“ werden — unmittelbar als Werk in die Welt treten, so daß die Frage auftaucht, ob sich ein solches Werk nicht *zwischen* den Kategorien Schriftwerk und Werk der Tonkunst bewegt. Denn unter einem „Werk der Tonkunst“ verstand man bisher nur musikalische Werke. Indessen scheint mir die Folgerung unausweichlich gegeben, auch das etwa auf Geräuschen, Klängen und Tönen, mit oder ohne Worte, aufgebaute Hörspiel zu den Werken der Tonkunst zu rechnen. Denn erstens kann es nicht auf „Kategorien-Methodik“ ausschlaggebend ankommen, wenn es gilt, den *Sinn* des Gesetzes und des Urheberrechts zu wahren; und wie die Photographie zum Kunstgewerbe gehören kann, so muß auch das Hörspiel zum Tonkunstwerk bzw. zum Schriftwerk gehören können. Auf die schöpferische Art künstlerisch-unterhaltsamer Arbeit kommt es an. Zweitens aber kann es gar keine zuverlässige Abgrenzung des „Tonkunstwerkes“ etwa dahin geben, daß es „Musik“ sein müsse; denn angesichts der atonalen Musik und der mit Lärm und Klangeffekten arbeitenden Jazz-Rhythmik ist die Grenze der Musik bereits verwischt. Wir müssen also zu dem Ergebnis gelangen, daß ein etwa nicht schriftlich fixiertes oder ein mehr mit Geräuschen als mit aufzeichnungsfähigen Tönen arbeitendes Hörspiel zu den urheberrechtlich geschützten Werken gehören kann. Es sind hier eben durch die Entwicklung der Technik neue Werkgattungen entstanden, die in die bisherigen eingeordnet und den früher bekannten, soweit es die schöpferische Leistung erfordert, gleichgeordnet werden müssen. Dabei darf daran erinnert werden, daß über das Hörspiel der Rundfunkintendant Dr. H. FLESCH im „Rundfunk-Jahrbuch 1931“ (S. 31) sagt: „Ich habe noch kein sogenanntes Hörspiel gefunden, das sich nicht als ein verkapptes Schauspiel entpuppt

hatte, das seinen optischen Sinn verdrängt hat." Er macht einen Unterschied zwischen „Herauskomponieren aus dem Mikrophon" und „Übertragung von Vorgängen, die hinter dem Mikrophon geschaffen wurden", und es dürfte klar sein, daß dieser Unterschied zwar ein ästhetischer oder technischer, aber kein juristischer ist.

3. Ähnliche Fragen gibt auch der *Bildfunk* auf, der vermutlich auch aufführungsgemäß von wachsender Bedeutung werden wird, sobald auf drahtlosem Wege die bildhafte Wiedergabe zugleich mit der hörbaren technisch und wirtschaftlich möglich sein wird. Angenommen, wir kommen bei der technischen Fortentwicklung des Bildfunks dahin, „Bildspiele" zu senden (mit oder ohne Hörspiel), dann wird vermutlich die bildliche Gestaltung der Spiele oder Vorgänge sich den Anforderungen des Bildfunks (etwa nach Zeitdauer, Größe des Bildes usw.) richten müssen, ebenso wie sich eine Theateraufführung nach den Mitteln und Maßen der Bühne und des Zuschauerraumes richten muß. Der Bildfunk *kann* also *neben* seiner Funktion der *Verbreitung* (oder „Vervielfältigung") des Spiels die Funktion eines *Ausdrucksmittels* des Spiels oder des Vorganges annehmen.

Das fixierte Funkbild wird man unbedenklich als ein Vervielfältigungsergebnis ansprechen dürfen. Es fragt sich aber, ob Augenblicksfixierung (die also dann wieder verschwindet) von Dauerfixierung (die als „Exemplar" aufhebbar bleibt) rechtlich zu unterscheiden ist. Man wird berechtigt sein, auch die Augenblicksfixierung als Fixierung und mithin als Vervielfältigungsergebnis anzusehen[1].

Es macht aber rechtlich einen Unterschied, *was* für ein Bild gefunkt wird, ein dem Urheber oder dem Abgebildeten geschütztes oder eines, das frei wiedergegeben werden darf. Geschieht durch den Rundfunk die Wiedergabe eines Naturvorganges, eines Geschehnisses, eines öffentlichen Aufzuges od. dgl. — das werden wohl zunächst die wichtigsten bildlichen Radioübermittlungen sein —, so handelt es sich um Dinge, an denen ein urheber- oder persönlichkeitsrechtlicher Schutz nicht besteht, und es ist nur die Frage, ob die Rundfunkwiedergabe solcher Objekte nun ihrerseits gegen weitere Verwendung (z. B. etwa durch öffentliche Schaustellung — ähnlich dem Lautsprecher beim gehörten Rundfunk — oder durch Nachdruck) geschützt erscheint, zu beantworten. Dies ist nach Analogie des Photographieschutzes („ein der Photographie ähnliches Verfahren!") *zu bejahen*. Da wir vom *Bildhaften* zu sprechen haben, so liegt hier — ähnlich wie beim Film — eine schutzfähige Eigenschöpfung des Regisseurs bzw. des Bühnenbildgestalters näher als bei den Fragen der Geist- und Wortregie. Denn hier kommt eine zu dem Schriftwerk noch in höherem Grade zusätzliche bildhafte,

[1] Vgl. darüber des Näheren in meinem Aufsatz: Zum Recht des Bildfunks. ArchFunkR. 2, 503ff.

sei es malerische, bauende, bildnerische oder choreographsiche Leistung in Betracht, also eine Schöpfung, die bei der Frage nach dem Übertragungsrecht durch Rundfunk als Geistesgut zu achten und zu berücksichtigen ist. Besteht aber ein Urheberrecht an dieser Schöpfung, die — im Gegensatz zu der Leistung des Schauspielers, Sängers oder Musikers — eine geformte Gegenständlichkeit hat, also ein *Werk* mit allen Ansprüchen auf urheberrechtliche Behandlung ist, so fragt sich dann nur noch, ob das Recht nicht dem Unternehmer zusteht, in dessen Dienst und Auftrag der Regisseur oder Bühnenbildner das Bildhafte der Aufführung gestaltet hat. Dies beruht auf arbeitsrechtlichen Erwägungen, für die Ähnliches gilt, wie es oben in §§ 15 und 17 über das Film-Urheberrecht ausgeführt worden ist.

Ein anderes Moment aber tritt — außerhalb des eigentlichen Urheberrechts — bei der Bildfunksendung einer Aufführung für den Schauspieler, Sänger oder Musiker auf: nämlich ob der darstellende Künstler nicht *auf Grund des Rechts am eigenen Bilde* einen Einspruch gegen den von ihm nicht genehmigten Bildfunk seines Konterfeis geltend machen kann. Hierüber ist das in § 14 grundsätzlich Dargelegte zu vergleichen.

Endlich modifizieren sich beim Bildfunk auch Fragen der Übernahme (Wiedergabe) der durch Bildfunk gezeigten Bilder in Bücher, Zeitschriften und Zeitungen. Dabei ist zu beachten, daß die im Rundfunk gezeigten Bilder nicht „*erschienen*" sind, so daß dieser Umstand ihrer Wiedergabe im Wege steht; das wird sogar auch dann noch gelten, wenn dem Rundfunkteilnehmer ein dauerfixiertes Exemplar in der Hand bleiben sollte.

§ 26. Das Recht an der Sendung.

„Die Sendung ist die Arbeitsleistung der Sendegesellschaft, sie ist ihr gewerbliches Produkt"[1]. Sie besorgt die Darbietungen und ihre funkmäßige Wiedergabe. Das erstere ist eine programmatische Tätigkeit, ein Ideenhaben, Auswählen, Sichten, Bestimmen auf Grund ausgiebiger Kenntnis des vorhandenen Geistesgutes, des etwa zu schaffenden Kunstwerkes und der dafür geeigneten Persönlichkeiten; die Wiedergabe aber ist eine auf technischem Monopol beruhende Vervielfältigungs- und Verbreitungsmöglichkeit.

Der Schutz der Sendung gegen ungenehmigte Weiterbenutzung ist ein nicht nur wirtschafts- und wettbewerbsrechtliches, sondern *mittelbar* auch ein urheberrechtliches Problem. Denn die Rundfunkgesellschaft hat das Recht an der Sendung erworben, sei es durch eigene Bestellung eines Vortragenden, Honorierung einer für die Sendung hergestellten Schöpfung, sei es durch Erwerb des Wiedergaberechts von dem Urheber

---

[1] Willy Hoffmann: ArchFunkR. 3, 537.

des Werkes, was organisatorisch für gewöhnlich durch die Gesellschaft für Senderechte oder die Gema oder die GDT. geschieht. Besondere Gesamt- und Tarifverträge (so zwischen der Reichsrundfunkgesellschaft einerseits und der Gema und GDT., der Vereinigung der Bühnenverleger, der Gesellschaft für Senderechte andererseits — 1926 und 1928 usw.) haben die finanzielle Abgeltung der urheberrechtlichen Befugnisse für den einzelnen Fall geregelt, haben Bestimmungen zum Schutze gegen Zitatmißbrauch u. dgl. getroffen. Einreichung der Rundfunkprogramme ist bedungen, damit die die Urheberrechte ihrer Mitglieder vertretenden Gesellschaften einen genauen Überblick haben und die anfallenden Gebühren berechnen und mit ihren Mitgliedern verrechnen können. Damit ist einerseits das *Recht an der Sendung* als eine übertragene Berechtigung urheberrechtlicher Ausübung (Aufführung, Vortrag, Wiedergabe, Verbreitung, Vervielfältigung, eventuell auch Bearbeitung, Änderung des Ausdrucksmittels) für die Rundfunkgesellschaft (Sendegesellschaft) statuiert, und diese hat nun ein rechtliches Interesse daran, ihre Sendung gegen Mißbrauch, Ausnutzung, gebührenlose Weitergabe u. dgl. gesichert zu sehen. Denn das auf übertragenem Urheberrecht beruhende Recht hat, wie sonst fast immer, auch hier eine ausschließende Wirkung. Wie ein Verlagsrecht ausschließende Wirkung hat, ein Aufführungrecht sie mindestens in gewissem Umkreis zu haben pflegt, ein Filmungs- und Verfilmungsrecht ebenso, so hat auch ein vom Berechtigten erworbenes Senderecht eine solche monopolistisch-dingliche Kraft. Der entsprechende Rechtsschutz ist in den „Verleihungsbedingungen" für die Rundfunkteilnahme (neue Fassung vom 11. April 1930, RPoABl. Nr. 32 vom 15. April 1930, ArchFunkR. 3, 270 ff.) vorgesehen, deren § 8 im wesentlichen lautet: „Die Verleihung berechtigt nur zur Aufnahme a) der Darbietungen des Rundfunks, b) der ‚Nachrichten an alle', c) der Wellen der Versuchssender. Sollte unbeabsichtigt sonstiger Verkehr empfangen werden, so darf er weder niedergeschrieben noch Anderen mitgeteilt noch irgendwie gewerbsmäßig verwertet werden . . . Die gewerbsmäßige Verbreitung der Darbietungen der Rundfunkgesellschaften ist nur mit Zustimmung der Reichs-Rundfunk-Gesellschaft m. b. H. zulässig. Urheberrechtliche Bestimmungen werden hierdurch nicht berührt."

Dieses in den „Verleihungsbedingungen" etwas skizzenhaft festgelegte Recht hat, wie wir sahen, seinen *Ursprung* in urheberrechtlichen Verbietungsbefugnissen, sein *Zweck* aber ist rein wettbewerblicher Natur. Hier zeigt sich also wiederum die auch sonst im Geisteswerkschutzrecht zu findende Komponente des Wettbewerbsmoments im Sinne der Geistesgut-Wettbewerbstheorie[2]. Wie der Erwerber eines Verlags-,

[2] Vgl. mein „Urheber- und Erfinder- usw. Recht" 1928, 21ff.; sowie: Das mißverständliche Spiel mit dem Wort Wettbewerb. JW. 1930, 1653.

eines Aufführungs-, eines Filmungsrechts Wert darauf legt und legen muß, daß er Andere — zum mindesten in einem gewissen örtlichen und zeitlichen Umkreis seiner Betätigung — von dem Mitgebrauch seines erworbenen und oftmals teuer erkauften Rechtes ausschließen kann, so muß Gleiches auch für die Senderechte der Sendegesellschaften gelten. „Es liegt nicht nur außerhalb des Tätigkeitsbereichs der Sendegesellschaften, sondern läuft ihrem Ziele, dem Wesen ihrer Tätigkeit diametral zuwider, wenn irgendein Rundfunkteilnehmer das Produkt ihrer Tätigkeit, die Sendung, gewerblich verwertet, also ihre Darbietungen nicht zur inneren geistigen Bereicherung verwendet, sondern diese Darbietungen selbst ausbeutet, als wäre es seine eigene Leistung", sagt WILLY HOFFMANN mit Recht[3].

Als Möglichkeiten solcher *direkten Ausbeutung* der Sendung nennt HOFFMANN daselbst: durch Lautsprecher, durch eine Rundfunkvermittlungszentrale (Antennengemeinschaft mit Drahtleitung in einzelne Wohnungen oder telephonische Weitergabe), Fixierung der Sendung und Vervielfältigung und Verbreitung des Festlegungsexemplars, sogenannte Ballsendung (Auffangen einer auswärtigen Sendung und Weitergabe an die eigenen Hörer). Daß man das Gesendete zum *eigenen* Gebrauch fixieren *darf*, sagt NEUGEBAUER[4] ebenso zutreffend, wie daß man es anderweitig *nicht* verwenden darf. Man kann mit NEUGEBAUER die Übertragung auf das Telegraphon unter § 12 Abs. 2 Ziff. 5 LitUG. (Übertragung auf mechanisch-musikalische Instrumente) subsumieren, aber man gewinnt dadurch keine generelle Antwort, die auch auf die Fixierung gesendeter Bilder zutrifft. Auch da hilft also nur der tiefere Grund, daß es sich hier um eine Vervielfältigung handelt und daß § 15 LitUG. heranzuziehen ist. Die Fixierung des Gehörten wie des Gesehenen (gleichgültig, ob dieses für Fixierung bestimmt war) ist ein *neuer Akt der Vervielfältigung*[5] (gleichgültig, ob die Sendung ihrerseits schon als Vervielfältigung anzusehen ist) und ist mithin nur zum persönlichen Gebrauch gestattet; außerhalb eines solchen bleibt es verbotene Vervielfältigung, auch wenn diese, wie ja § 15 ausdrücklich sagt, nur in *einem* Exemplar erfolgt.

Als *indirekte* Ausbeutung aber kommt die gewerbliche Verwertung des *Inhalts* der Sendung in Betracht. Mit einem solchen Vorgang der indirekten Ausbeutung hatte sich das Reichsgericht bereits zu beschäftigen und hat das wichtige Urteil v. 29. April 1930 gefällt (RGZ. 128, 330). Eine Zeitung hatte eine Rundfunknachricht in der Form eines Extrablattes wiedergegeben, und es fragte sich, ob dies als erlaubt anzusehen sei. Das RG. hat dies — m. E. ohne wirklich schlüssigen Beweis — bejaht und ein unbedingtes Recht der Sendung, wie es manche

---

[3] ArchFunkR. 3, 538. [4] Fernmelde- und Rundfunkrecht, S. 850.
[5] Vgl. oben § 10.

andere Staaten schon anerkennen und wie es die Partner des Weltfunkvertrages von Washington (25. Nov. 1927) in ihre Gesetzgebungen einzuführen verpflichtet sind, nicht anerkannt. Das RG. stützt seinen Spruch auf § 18 Abs. 3 LitUG. und prüft, ob § 1 oder § 3 UnlWG. auf den Fall anzuwenden seien. Es findet *keine* Sittenwidrigkeit in dem Verhalten des Zeitungsunternehmens (§ 1 UnlWG.), auch keine unlautere Wettbewerbshandlung nach § 3 UnlWG. und wendet § 18 Abs. 3 LitUG. (Tagesnachrichten dürfen aus Zeitungen und Zeitschriften stets abgedruckt werden) analog auf den Abdruck von gesendeten Nachrichten an. Das Urteil weckt — sowohl unter Zugrundelegung der früheren wie auch der neuen Verleihungsbedingungen — Kritik; es wird dem § 18 LitUG. nicht voll gerecht, da dessen Ausnahmecharakter insbesondere auch durch die wirtschaftliche Sachlage und die erwähnten internationalen Bestrebungen unterstrichen und die Analogiefähigkeit somit ganz besonders verengert erscheint. Daher ist der Versuch der analogen Anwendung des § 18 III LitUG. auf Funkmeldungen-Nachdruck abzulehnen, während für Tatbestände des UnlWG. der Maßstab besonderer Sittenwidrigkeit anzulegen ist, d. h. ein sittenwidriger Charakter der speziellen Ausbeutungshandlung hinzukommen muß[6].

Aber nicht nur um Meldungen, also um das mit dem Zeitungsdienst in Wettbewerb stehende Gebiet, handelt es sich bei den möglichen Ausbeutungen des Rundfunks, sondern auch, wie u. a. die oben genannten Arten der direkten Benutzung zeigen, um die gewerbliche Verwertung der Rundfunkdarbietungen in Lokalen (durch *Lautsprecher*) oder seitens geschäftiger Leute, die das Gehörte *drucken lassen* und verbreiten. Letzteres ist urheberrechtlich ohne weiteres untersagt, soweit es sich nicht um gemeinfreie Werke oder Tagesnachrichten oder Gesetze, Erlasse und öffentliche Reden handelt; aber ebenso ist zu betonen, daß zu dem urheberrechtlichen Schutz gegen einen „neuen Akt der Wiedergabe" ein wettbewerblicher Leistungsschutz für die Sendegesellschaft kommt, unter dem Gesichtspunkt der sittenwidrigen Ausbeutung fremder Arbeit. Einige internationale Vereinbarungen sowohl wie die internationalen Funkrechtskongresse, sowie einige Länder in ihren Gesetzen, haben sich für den so gekennzeichneten Schutz der Sendung ausgesprochen[7], der also nicht nur unter dem Gesichtspunkt des Urheberschutzes, sondern auch unter dem wettbewerblichen Gesichtspunkt des reinen Sendungsschutzes (auch gemeinfreier Werke) zu bejahen ist,

[6] Näher dargelegt in meinem Aufsatz: Die RG.-Entscheidung v. 29. April 1930 über den Abdruck von Rundfunk-Meldungen („Schutz der Sendung"). ArchFunkR. 3, 335ff.; vgl. ebenda S. 347ff. den Aufsatz von List über das gleiche Thema. Dort weitere Literaturangaben.

[7] Näheres darüber bei W. Hoffmann: ArchFunkR. 3, 542ff.

soweit eben die Benutzung nicht eine solche des gemeinfreien Werkes an sich, sondern der Rundfunkwiedergabe als solcher ist.

Wenn also im Sinne der internationalen Besprechungen und der Notwendigkeit der wirtschaftlichen Belange die „Verleihungsbedingungen" den Schutz der Sendung statuieren, so darf man dies auch durch die Erwägung rechtfertigen, daß die Beschränkung der Weiterverbreitung der Sendung nicht nur im eigenen Interesse der Rundfunkgesellschaft, sondern auch in dem ihrer Machtgeber (Gesellschaften für Senderechte, Urheberrechtsvertretungen und Urheber) liegt, denn diese müssen über den Umfang und die Grenzen der erteilten Ausübungsrechte ein einigermaßen klares Bild haben. Es geht nicht an, daß die Rundfunkerlaubnis, so ungeheuer auch ihre naturgemäße Verbreitung ist, die Grenzen der Verwertung vollkommen flüssig macht.

Über die vertragsrechtlichen Befugnisse hinaus kann also das dingliche Urheberrecht zu wahren sein, wie auch aus dem letzten Satz des § 8 „Urheberrechtliche Bestimmungen werden hierdurch nicht berührt" hervorgeht. Das bedeutet einerseits die Zitiergenehmigungen des Gesetzes, die gesetzlich vom Monopolschutz freigestellten Werke und Äußerungen, dann aber andererseits auch die Einschränkungen, die trotz vertraglicher Rechtseinräumung dem Urheber oder seinem Rechtsvertreter vorbehalten bleiben, so die Belange des Urheberpersönlichkeitsrechts und die aus dem Grundsatz des Umsatznutzens hervorgehende Beschränkung auf die technisch-juristischen Grenzen des Genehmigungsaktes in der eben besprochenen Weise mit einem Schutz gegen Weiternutzung auf Grund neuer Rechts- oder Unrechtsakte. Daß dies der Sinn auch der internationalen Bestrebungen auf diesem Gebiete ist und zum Ziele in dem hier gedachten Sinne führen dürfte, ergibt sich auch aus den Mitteilungen und Darlegungen Hoffmanns a. a. O. Das liegt im Sinne der Bekämpfung des unlauteren Wettbewerbs nicht nur nach deutschem, sondern auch nach französischem und englischem Recht.

VI. Artisten-Urheberrecht.

§ 27. Urheber- und Leistungsschutzrecht des Artisten.

Die Arbeit des Artisten ist eine Mischung von Geistigem und Körperlichem. Selbst da, wo das Körperliche völlig überwiegt — beim Akrobaten, Zirkusreiter, Tierdresseur — ist die Leistung nicht ohne eine starke geistige Eigenart möglich; freilich ist dies nicht diejenige geistige Eigenart, die ein eigenschöpferisches Geisteswerk entstehen läßt; es entsteht nur ein geistig trainiertes *körperliches* „Werk". Aber selbst diese Leistungen nähern sich oft dem Geisteswerk: z. B. dadurch, daß der Akrobat eine Szene spielt, der Clown einen Dialog vorträgt, der Dresseur künstlerische Gruppen stellt. Da treten bereits Elemente eines literarisch oder künstlerisch beachtlichen Werkes auf. Denn überall da, wo der Künstler oder Artist nicht nur sich selbst produziert, sondern ein ästhetisch wertbares Werk gestaltet, hört die bloße Leistung — mit einer möglichen Anwartschaft auf Leistungsschutz im Sinne der oben im § 13 für den Schauspieler gegebenen Darlegungen — auf und kombiniert sich mit einem Werkschaffen. Clownszenen von GROCK, CAROW, den FRATELLINIS oder RIVELS ähneln den mimisch-choreographischen, teilweise auch den Sprachwerken. Wie überall im Geisteswerk-Schutzrecht muß aber ein Schutz der bloßen Idee[1] abgelehnt werden. Mit Recht hat also das LG I Berlin[2] die Klage zweier Manager, die die Leistungen eines Unempfindlichkeits-Artisten verbieten wollten, weil *sie* die „Idee" dieser Vorführung gehabt hätten, abgelehnt; der Artist sollte als Pendel an einer großen Uhr hängend mit Bolzen geschossen werden und dadurch seine Unempfindlichkeit gegen Schmerz und die Vermeidung äußerlicher Verwundung zeigen. Er tat das dann in selbständigem Auftreten, was den beiden Finanzierern als Verletzung ihrer Idee erschien; das LG.-Urteil betonte aber, daß sie sich auf das LitUG. nicht stützen könnten, da kein Geisteswerk vorliege, und daß eine Verletzung wettbewerblicher Rechte nicht dargetan sei.

Daß die Fragen nach dem Urheberrecht der Artisten bisher noch nicht näher behandelt worden sind und wohl auch, soweit ich sehe, nur selten zu Rechtsstreitigkeiten geführt haben, liegt wohl an der Uneinheitlichkeit des Begriffes „Artisten" und an der damit eng zusammenhängenden Unklarheit über den Rechtsbegriff ihrer Leistung bzw. ihres Werkes.

Der Begriff Artist wird als ein Sammelbegriff genommen[3] für die in Varietés, Tingeltangeln, Zirkussen, Meß- und Jahrmarktbuden u. dgl. auftretenden Künstler, die Kunststücke zeigen. Maßgebend ist also der Begriff des Kunststückes. Bloße, wenn auch noch so kunstgerechte Musikausübung oder z. B. die Herren-Schulreiterei wird nicht zu den Kunststücken zu rechnen sein, die den Ausführenden zum Artisten machen. Artist ist eine Berufsbezeichnung. Diese freilich kann nicht ausschlaggebend sein für die Begrenzung des Urheberrechts. Wenn z. B. eine Schulreiterin eine ästhetisch und schaustellend zu bewertende choreographische Komposition mit ihrem Pferde darbietet und etwa ein kunstgewerblich oder auch rein künstlerisch erfaßbares Ganzes in

---

[1] Vgl. ELSTER: Urheber- und Erfinderrecht, S. 91ff. (1928).

[2] 17. Jan. 1928. 38 Q. 4/28.

[3] TREITEL u. BEROL-KONORAH: Artistenrecht, S. 20. Berlin 1905; CRISOLLI: Art. Artistenrecht in HdR. Erg.-Bd., S. 72ff.

der Art einer Szene aufführt, so müßte ihr hieran eine Art artistischen Urheberrechts zugesprochen werden, gleichgültig ob sie von Beruf Artistin ist oder nicht.

Wenden wir die in früheren Kapiteln dieses Buches dargelegten Grundsätze[4] auf das Artisten-„Urheber"- bzw. Leistungsschutzrecht an, so ergibt sich, daß die Dinge in der Praxis zwar ganz verschieden liegen, ihrem Sinne nach aber nach völlig einheitlichen Grundsätzen zu beurteilen sind. Das heißt also: Liegt ein „*Werk*" vor, etwa ein selbstgemachtes Gedicht, ein eigener Dialog, eine eigenartige Szene, ein ästhetisch-künstlerisches Gebilde, eine werkartige Tanzschöpfung, so besteht ein *Urheberrecht* für den Artisten, welches Andere von der Benutzung, Nachahmung und Wiedergabe auszuschließen vermag. Die Grenze dieses Rechtes liegt da, wo die körperliche Leistung, das *Sich-Selbst-Produzieren* beginnt und den Inhalt der Arbeit ausmacht. Dieses körperliche, sportliche Können, die eigentliche Artistik hat keinen Anspruch auf ein Urheberrecht irgendwelcher Art, weil es sich nicht um die Schaffung eines Werkes handelt. Das Schutzrecht ist wettbewerblicher Natur und ist an eine mechanische Vervielfältigung gebunden. Eine bloße Nachahmung einer fremden artistischen Leistung kann, soweit es sich eben nicht um ein „Werk", sondern nur um ein sich selbst produzierendes geistiges oder körperliches *Können* handelt, keine Monopol- und Ausschließungsrechte beanspruchen. Dafür fehlt die gesetzliche und auch die rechtspolitische Grundlage, denn das Können, die Leistung, soll frei nachgeschaffen werden dürfen, damit sich die Kräfte regen, Einer vom Anderen lernt und der Wettbewerb lebendig bleibt. Man sagt ja auch, daß solche künstlerische Leistungen niemals ganz genau von einem Anderen nachgemacht werden können, da sie eben von stark individueller Prägung sind, und wo es sich um nachahmbare typische Leistungen handelt, da fallen sie eben in den Bereich des Sportes und sind einer monopolistischen Ausnahmestellung mit etwaigen Ausschließungsverboten nicht zugänglich.

Taschenspieler- und Zaubertricks als solche sind daher auch weder einem Urheberrecht noch einem Leistungsschutzrecht unterwerfbar, selbst wenn, wie das immer der Fall sein wird, Einer original, das erste Mal, einen neuen Trick gezeigt hat[5].

Braucht ein Artist technische Bauten, Apparate und Instrumente für seine Nummer, dann steht ihm die Möglichkeit offen, für diese einen Patent- oder Gebrauchsmusterschutz nachzusuchen[6]. Und hat er ein ästhetisch zu wertendes Muster geschaffen, so ist Geschmacksmusterschutz dafür möglich[7].

---

[4] Vgl. insbesondere die §§ 2ff. u. 13.

[5] Vgl. das oben bei Fußnote 2 erwähnte Urteil des LG. I Berlin.

[6] Darüber s. oben § 6. [7] Ebenda (§ 6).

Es handelt sich also jeweils um die Prüfung der juristischen Elemente im einzelnen Fall.

Daß der Artist aber eine mechanische Vervielfältigung und Weitergabe seiner Leistung verbieten kann — etwa wenn man sie durch Rundfunk, durch Bildtelegraphie, durch Film, Tonfilm, auch bloße Photographie wiedergeben will —, ergibt sich in erster Linie aus seinem Recht am eigenen Bilde, das ihm in solchen Fällen zusteht[8]. Aber auch mit dem Gesetz gegen den unlauteren Wettbewerb kann gegen sittenwidrige Ausnutzung seiner Darbietungen vorgegangen werden[9].

Mangels eines einheitlichen Verbietungsrechtes helfen sich Artisten Dank ihres logenmäßigen Zusammenschlusses häufig mit Boykotterklärung gegen Kollegen, die in sittenwidriger Weise von fremder Leistung zu profitieren suchen. Aber es wird gewiß den Anstand wie das Recht fördern, wenn man wenigstens diejenigen Mittel, die das Recht gegen Usurpation auch auf dem Gebiete der Artistenarbeit gibt, kennt und im Sinne der hier gegebenen Darlegungen anwendet. Es ist, wie wir sahen, *keineswegs alles* frei zur beliebigen Nachahmung, Benutzung und Wiedergabe; es muß nur jedesmal genau geprüft werden, ob ein Werk, ein Kunsterzeugnis, ein Bild, ein Name verletzt ist. Über den Namensschutz ist nun im folgenden Kapitel noch zu sprechen.

§ 28. Namen- und Bildnisschutzrecht des Artisten.

Das Recht des *Künstlernamens* (Pseudonym) ist namentlich für die Artistenkreise wichtig; denn wenn irgendwo, so taucht dort der wahre Name hinter einem fremden Gewande unter; und wo dies einmal für den Einzelartisten oder den Führer einer Truppe nicht zutrifft, da werden um so mehr die anderen Mitglieder der Truppe namenlos.

Der Schutz des nom de guerre gilt in vollem Maße für den Artisten. Auf die Grundsätze, die bereits oben im § 7 darüber mitgeteilt und besprochen worden sind, sei deshalb verwiesen. Es geht nicht an, daß durch ähnlich klingende Namen Verwechslungsgefahr gesetzt wird, und es verstößt ebenso gegen die Grundsätze des lauteren Wettbewerbs, wenn etwa in Ankündigungen der Name fremder Artisten genannt würde, deren Leistung hier nachgeahmt oder übertrumpft werde. Der Name, unter dem ein Artist sich Weltruf gewinnt, ist eines seiner wertvollsten Güter und genießt daher von Rechts wegen den Schutz nicht nur persönlichkeitsrechtlich wie ein staatlicher Name, sondern gerade auch wettbewerbrechtlich gegen Beeinträchtigung durch etwaigen Mitgebrauch, Ähnlichkeiten u. dgl.

Das Gleiche gilt von dem Bildnisschutz, der sich[1] ebenfalls über das rein natürliche Konterfei des Artisten (das oftmals für seine Arbeit und

---

[8] Vgl. oben § 5 und § 14. [9] Vgl. oben § 7.

[1] Vgl. oben § 5 sowie die Ausführungen über das Recht der Maske oben § 14.

seinen Wettbewerb die allergeringste Rolle spielt) hinausgeht und sich auf sein eigenartig gestaltetes Äußere erstrecken muß. Ich brauche nur die Namen GROCK und CHARLIE CHAPLIN zu nennen, um die Berechtigung dieser Erstreckung des Bildnisschutzes auf das Pseudobild erklärlich erscheinen zu lassen.

Schwierig ist aber insbesondere die Frage zu entscheiden, wem der Künstlername einer *Truppe* verbleibt, wenn die Mitglieder der Truppe sich trennen. Das hängt von vielen Einzelheiten ab: nämlich wem der Name ursprünglich gehörte, wieviele auf der einen Seite und wieviele auf der anderen Seite der Trennung stehen, wo der Hauptführer als der Ausschlaggebende steht u. dgl. Das RG. hatte den Rechtsstreit „4 Uessems" zu entscheiden, in welchem der Manager, der den Namen gegeben hatte, gegen die sämtlichen anderen 4 Mitglieder seiner Truppe, die sich von ihm getrennt hatten, klagte[2]. Der Klage wurde in sämtlichen drei Instanzen stattgegeben. Die Gerichte waren der Ansicht, daß der Name, obwohl er pseudonym war, Schutz an sich und als Bezeichnung des Unternehmens verdiente, und zwar des Unternehmens in seiner ursprünglichen Gestalt, d. h. also der Truppe in ihrer ersten Zusammensetzung. Nach der Trennung der Vier von dem Manager wurde deren Truppe „ein anderes Unternehmen, als das es unter der Leitung und Führung des Klägers gewesen war, und dies auch dann, wenn die vorgeführten Produktionen gleicher Art und auch in ihrer Güte dieselben blieben". „Ist es den Beklagten auch unbenommen, auf ihre frühere Zugehörigkeit zu dem vom Kläger geleiteten Unternehmen und auf die von ihm genossene Ausbildung hinzuweisen und sich als ‚Schüler' des Klägers zu bezeichnen . . . , so dürfen sie doch nicht eine solche Bezeichnung für ihr Unternehmen wählen, die den Irrtum beim Publikum erregt, als handle es sich noch um dasselbe, vom Kläger geleitete und geführte, unter der Verantwortung des Klägers gehende Unternehmen." Die nach § 16 UnlWG. zu meidende Verwechslungsgefahr erblickte das RG. also in dem Vorgehen der 4 U., verkannte freilich nicht, daß der § 16 UnlWG. nur anwendbar sei, wenn der Kläger sich des Namens U. als Artist oder Truppenleiter noch bedient. Jedenfalls hat das Urteil, was auch EM. ADLER in der Anm. in JW. 1921, 621 hervorhebt, in begrüßenswerter Weise dem Pseudonym das Namensrecht des § 12 BGB. zugesprochen und das Artistenunternehmen dem Schutz des §16 UnlWG. unterstellt; aber er macht doch mit Recht dagegen geltend, daß die *gewesene* Benutzung und die *Möglichkeit* der Wiederbenutzung des Namens nicht die vom § 16 verlangte *gegenwärtig* andauernde Benutzung ersetzen können und daß — was vom RG. nicht hinreichend beachtet worden sei — ja auch die anderen 4 U. diesen Namen als

---

[2] RGZ. 101, 226 und JW. 1921, 621.

Truppenmitglieder mit der Zeit für sich selbst rechtmäßig gewonnen, d. h. durch ihre Leistungen erarbeitet haben. Die Abhängigkeit von dem Kläger gehe dann zu weit, „wenn die Beklagten nunmehr trotz vieljähriger erfolgreicher Tätigkeit in ihrem Berufe ohne Namen dastünden". Restlos diese Fragen klärend ist also das Urteil nicht, und man wird die Auffassung vom „Herrn des Unternehmens" (RGZ. 68, 49) teilweise zur Klärung mit heranziehen müssen.

Auch in einem anderen vom Gericht entschiedenen Fall (LG. I Berlin[3]) lag eine Verwechslungsgefahr zwischen zwei *an sich berechtigtermaßen* geführten Bezeichnungen vor. Es handelte sich darum, daß die ALFRED JACKSON-Girls in Berlin in der Scala, die HERBERT JACKSON-Girls in Berlin im Zirkus BUSCH auftraten. A. J. verlangte, daß durch einstweilige Verfügung dem H. J. das Auftreten seiner Truppe unter dem Namen JACKSON-Girls verboten werde. Die einstweilige Verfügung wurde zwar in diesem Sinne erlassen, aber das dann erfolgte endgültige Urteil hob die einstweilige Verfügung auf. Die Entscheidungsgründe sind gutzuheißen, da es sich auch bei der H. J.-Truppe um einen rechtmäßig erworbenen Besitzstand des Namens und überdies keineswegs um eine Urheberrechtsverletzung handelte. Denn es stellte sich, entgegen den erhobenen Vorwürfen, heraus, daß H. J. keine Tänzerinnen aus der Truppe von A. J. wegengagiert und etwa von diesen etwas zum Nachahmen der anderen Truppe gelernt hatte (choreographische Werke sind ja an sich urheberrechtlich geschützt). Eine Handlung unlauteren Wettbewerbs war also nicht geschehen[4]. Dem H. J. und seiner Ehefrau H. J., die die zweite Truppe leiten, kann nicht verwehrt werden, ihren Familiennamen zu gebrauchen, zumal sie *beide*, A. J. und H. J., bei ihrem Vater die gleiche Ausbildung genossen haben und H. J. schon *vor* A. J. eine Tanztruppe mit eigenen Schöpfungen geleitet hat. Überdies war die Verwechslungsgefahr, die ja bei berechtigtermaßen geführtem gleichen Familiennamen nicht ganz vermeidbar ist, dadurch bereits gemindert, daß der Vorname H. zur Unterscheidung gegenüber den ALFRED J.-Girls von H. J. stets hinzugesetzt worden ist. Mithin lag weder unlauterer Wettbewerb noch Urheberrechtsverletzung vor.

Andere vorgekommene Fälle (Abel-Quartett) usw. sind nach gleichen Gesichtspunkten wie in den hier mitgeteilten Fällen zu beurteilen.

---

[3] LG. I Berlin, 23. Sept. 1930. 38 Q. 122, 30. [4] Vgl. oben § 7.

Zweites Buch.

Filmfabrikationsrecht und Urhebervertriebsrechte.

Von

PAUL DIENSTAG.

Vorbemerkung.

Der Theaterunternehmer erwirbt ein Stück zur „Aufführung", der Filmproduzent einen Stoff zur „Herstellung". Wirtschaftliche Zweckbestimmung des Erwerbs ist demgemäß für den Theaterunternehmer, künstlerische Leistungen zwecks unmittelbarer sichtbarer Verkörperung betrieblich zusammenzufassen. Für den Filmproduzenten bildet die Inanspruchnahme der gleichen Kräfte nur ein Mittel zum Zweck, nämlich im Wege eines besonderen technischen Verfahrens ein körperlich greifbares Produkt, das „Filmnegativ" herzustellen, das in Verbindung mit den vom Negativ abzuziehenden Positivkopien warenähnlichen, wenn nicht Warencharakter trägt. Daher betreibt der Filmproduzent im Gegensatz zum Theaterunternehmer regelmäßig ein Fabrikationsunternehmen.

I. Filmfabrikationsrecht.

§ 29. Der Ateliervertrag.

1. Die maßgebenden Aufnahmeateliers sind in dem 1922 gegründeten „Verband deutscher Filmateliers E. V. Berlin" zusammen-

gefaßt[1], der einen „Normalateliervertrag“ als Grundlage der jeweilig abzuschließenden Mietverträge entworfen hat. Ergänzend sind neben diesem Vertrag die Bestimmungen des BGB., insbesondere die Vorschriften über Miete und gegenseitige Verträge, heranzuziehen.

2. Der Abschluß des Ateliervertrages erfolgt mit Rücksicht auf seinen umfangreichen Vertragsinhalt in der Regel schriftlich und auf eine kalendermäßig bestimmte Zeit; der Mieter ist, mit Rücksicht auf die besonderen technischen Verhältnisse der Fabrikation, berechtigt, die Mietsdauer eine gewisse Zeit zu prolongieren, muß aber dieses Prolongationsverlangen bis zu einem bestimmten Zeitpunkte stellen. Der Vermieter ist verpflichtet, dem Mieter das Atelier zu der im Vertrag vereinbarten Zeit zu überlassen; etwaige Verstöße verpflichten zum Schadensersatz. Hat der Vermieter nicht rechtzeitig geräumt, so ist er regreßpflichtig.

Hauptverpflichtungen des Vermieters sind:

a) *Überlassung des Ateliers* in einem zu dem vertragsgemäßen Gebrauche geeigneten Zustande und *Erhaltung* dieses Zustandes während der Vertragsdauer. Als vertragsmäßiger Zustand ist, wofern man von der selbstverständlichen Voraussetzung absieht, daß es sich überhaupt um zu Filmaufnahmen geeignete Räume handeln muß, insbesondere die Geeignetheit für die jeweiligen Bedürfnisse des Mieters anzusehen. Unter Vermeidung von Einzelheiten ist grundsätzlich folgendes festzuhalten: Der Mietvertrag schließt die Benutzung des „Normal-Lampenfundus“ und „Normal-Dekorationsfundus“, also des festen Atelierbestandes, ein. Darüber hinausgehende Anforderungen sind auf Grund bestimmter Preistarife besonders zu vergüten.

b) *Beschaffung* der vertraglich vereinbarten Arbeitskräfte. Jeder Ateliervertrag umfaßt deshalb außer seinen mietvertraglichen Bestimmungen gleichzeitig einen Dienstverschaffungsvertrag mit dem Inhalte der Überlassung bestimmter Arbeitskräfte an den Mieter während der Mietsdauer. Kommt der Mieter mit den vertraglich vereinbarten Arbeitskräften nicht aus, so muß er weitere Arbeitskräfte besonders bezahlen. Die Einzelheiten sind in den Ateliervertragen stets besonders geregelt. Als typisch für Dienstverschaffungsvertrag sprechend ist hervorzuheben, daß in der Regel die Arbeitskräfte vom Vermieter gestellt werden, dem Mieter auch ausdrücklich verboten ist, selbständige Vereinbarungen mit den Arbeitern zu treffen. Etwaige Überstunden sind stets zuvor mit dem Vermieter zu vereinbaren[2].

[1] Vgl. Jahrbuch der Filmindustrie 1930, 403ff. Jahrbuch der Filmindustrie 1928, 196ff. enthält einen sehr instruktiven Überblick über die Entwicklung des Atelierwesens in Deutschland; Aufnahmeateliers befinden sich ausschließlich in Berlin und München.

[2] Einen rechtlich analogen Fall bildet im Hamburger Wirtschaftsleben die Vermietung einer bemannten Schute; vgl. Jaerisch: Vermietung einer bemannten Schute, Hamburg 1927.

c) *Lieferung* elektrischen Stromes in ausreichendem Maße. Mieter darf nur die festgelegte Strommenge entnehmen. Verkehrsüblich und vereinbarungsgemäß sind die Kosten für elektrischen Strom besonders zu bezahlen.

3. Die Hauptverpflichtung des Mieters besteht in der *Entrichtung des in der Regel täglich zu zahlenden Mietzinses.* Bei Bemessung der Höhe wird verkehrsüblich zwischen „Drehtagen" und „Bau- resp. Abbautagen" unterschieden. Drehtage, also Aufnahmetage, werden höher berechnet als Bautage. Unpünktliche Zahlung der Miete berechtigt den Vermieter ohne weitere Fristsetzung entweder zum sofortigen Rücktritt vom Vertrage oder Einstellung der Atelierleistungen.

4. Als Nebenverpflichtungen kommen auf seiten des Vermieters in Betracht Heizung, Wasser, Stellung von allgemeinem Personal, wie Sanitäter, Feuerwehrmann, auf seiten des Mieters Einhaltung der Hausordnung mit Arbeitszeit[3], Aufräumungspflicht nach Beendigung des Ateliervertrages, pflegliche Behandlung der Mietgegenstände, insbesondere der elektrischen Lampen und sonstigen elektrischen Apparate.

Die Frage einer eventuellen Haftung des Vermieters bei Betriebsstörungen oder Streik besitzt für die Praxis keine sonderliche Bedeutung, nachdem sie durch die Bestimmungen des Normalvertrages dahin geregelt ist, daß der Benutzer, also der Mieter, kein Recht auf Schadensersatz oder Rücktritt vom Vertrage, auf Überlassung der Betriebseinrichtungen und Arbeitskräfte über den Zeitpunkt der Dauer des Vertrages hinaus oder auf Zurückbehaltung seiner vertraglichen Leistungen besitzt, wenn infolge Betriebsstörungen oder sonstiger Unterbrechungen, gleichviel wodurch sie verursacht sind und unterschiedslos, ob sie von dem Vermieter zu vertreten sind oder nicht, die Leistung des Vermieters unmöglich wird.

5. Ohne Einwilligung des Vermieters ist eine Übertragung der Rechte aus dem Mietvertrage auf eine dritte Person unzulässig; hierunter ist auch Einbringung in eine G. m. b. H. zu verstehen.

Das Vermieterpfandrecht (§§ 559ff. BGB.) findet auch auf den Ateliermietvertrag Anwendung.

§ 30. Der Möbelrequisitenvertrag.

Im Gegensatz zum Theaterbetrieb, dessen Möbel und Requisiten entweder in eigenen Werkstätten (so bei großen Theatern) hergestellt oder zum mindesten bei Ausstattungsfirmen dergestalt käuflich erworben werden, daß alle diese Gegenstände einschließlich etwaiger Kostüme in das Eigentum des Unternehmers übergehen (Theaterfun-

[3] Vgl. S. 428.

dus!), pflegen Filmproduktionsbetriebe meist Möbel und auch Kostüme zu mieten, da diese Gegenstände im Gegensatz zum Theater stets nur kurze Zeit gebraucht werden. Die in Betracht kommenden zu einer Interessengemeinschaft vereinigten Filmausstattungsfirmen schließen den Mietvertrag auf Grund allgemeiner Lieferungsbedingungen ab.

Als Mietsdauer gilt grundsätzlich der Zeitraum von sechs aufeinanderfolgenden Tagen. Die kürzeste Mietsdauer beträgt drei Tage. Die Zahlung des Mietspreises und eventueller Transportkosten hat vor Abholung der Möbel in bar zu erfolgen. Hinterlegung einer Kaution ist die Regel. Bei Verlängerung des Mietvertrages ist die jeweilige Miete bei Vereinbarung der Verlängerung zu zahlen. Der Mieter hat auf seine Kosten die Möbel im Geschäftslokal des Vermieters abzuholen und dorthin zurückzubringen. Der mit der Abholung beauftragte Angestellte des Filmproduzenten gilt als zur Annahme bevollmächtigt. Der Mieter trägt die Gefahr für Beschädigung und Verlust der Mietsachen, auch bei Zufall und höherer Gewalt. Die früher oft zu Differenzen Anlaß gebende Frage einer Haftung des Mieters für Diebstahl und Feuer — die Industrie- und Handelskammer Berlin hat eine dahingehende Versicherungspflicht verneint[1] — hat hierdurch ihre Erledigung gefunden.

Der Mieter darf die Mietsachen nur für seinen eigenen Bedarf gebrauchen, so daß entgeltliche oder unentgeltliche Überlassung zum Gebrauch an andere den Vermieter zur sofortigen Kündigung unbeschadet sonstiger Ansprüche berechtigt.

§ 31. Der Negativentwicklungs- und Kopiervertrag.

1. Die Entwicklung der aufgenommenen Negativteile und die Herstellung von Kopien (Positivabzügen) des fertigen Negativs erfolgt in besonderen Fabrikationsbetrieben, die in der Verkehrssprache als „Filmkopieranstalten“ bezeichnet werden. Als Negativentwicklungsvertrag resp. Kopiervertrag ist deshalb die zwischen Filmkopieranstalt und Negativeigentümer oder sonst Verfügungsberechtigten über die Entwicklung von Negativteilen resp. die Herstellung und Lieferung von Kopien gegen ein bestimmtes Entgelt getroffene Abmachung zu bezeichnen. Das Zusammensetzen der einzelnen Negativteile zum fertigen Film ist nicht Aufgabe der Kopieranstalt, sondern des Regisseurs und seines Hilfspersonals, unter denen bei Tonfilmen der „Tonschneider“, „Cutter“ genannt, eine besonders bevorzugte Stellung einnimmt.

Der Negativentwicklungsvertrag weist keine besonderen rechtlichen Eigentümlichkeiten auf. Er ist Werkvertrag im Sinne der §§ 631ff. BGB.

[1] Vgl. Mitteilungen der Industrie- und Handelskammer 1921, 23. Kommen die allgemeinen Lieferungsbedingungen nicht zur Anwendung, so haftet Mieter nur bei vorsätzlicher oder fahrlässiger Verletzung der Verwahrungpflicht.

Auch der Kopiervertrag ist in der Regel Werkvertrag. Er wird zum Werklieferungsvertrag (§ 651 BGB.), falls die Kopieranstalt auch den Rohfilm liefert. Infolge der in diesem Falle eintretenden steuerlichen Beschwerungen[1] werden indessen in der Regel zwischen den Rohfilmfabriken und dem Rohfilmverbraucher unmittelbare Abmachungen getroffen, inhalts deren der den Gegenstand des Kaufabschlusses bildende Rohfilm für Rechnung des Bestellers an die von ihm zur Übernahme ermächtigte, der Rohfilmfabrik namentlich aufgegebene Kopieranstalt geliefert wird. Rechtsgrundsätzlich gilt gleiches bei Lieferung des Rohfilms von dem bei einer Kopieranstalt unterhaltenen Konsignationslager der Rohfilmfabrik an den Besteller.

Da es sich bei Lieferung von Rohfilm stets um fungible Sachen handelt, auch mangels ausdrücklicher Vereinbarungen dem Besteller in der Regel nichts daran gelegen sein dürfte, den von ihm gekauften und eingelagerten Rohfilm speziell für seine Aufträge verarbeitet zu wissen, ihm vielmehr nur daran gelegen ist, einen wirtschaftlich gleichwertigen Gegenanspruch gegen die Kopieranstalt zu erlangen[2], ist der Wille der Übereignung zu bejahen. Es finden also auf das Rechtsverhältnis zwischen Kopieranstalt und Besteller die Vorschriften des § 700 BGB. Anwendung; strafrechtlich liegt demgemäß bei Verwendung des Filmmaterials durch die Kopieranstalt für eigene Zwecke keine Unterschlagung vor. Ob bei Zahlungsunfähigkeit Betrug in Frage kommt, hängt davon ab, inwieweit die Kopieranstalt im Einzelfalle durch Täuschung über Ersatzmöglichkeiten einen irrigen Glauben in dem Empfänger hervorgerufen hat. Will also der Besteller des Rohfilms das mit der gewöhnlichen Einlagerung verbundene Risiko vermeiden, so sind konkrete Vereinbarungen notwendig.

2. Die Hauptverpflichtung der Kopieranstalt besteht in Herstellung und Lieferung einer mangelfreien Kopie; sie setzt guten Zustand des Negativs voraus. Fehler des Negativs gehen zu Lasten des Bestellers. Verkehrsüblich ist aber die Kopieranstalt verpflichtet, vor Herstellung bestellter Kopien den Zustand des Negativs auf seine Abzugsfähigkeit zu prüfen.

Bei einer von der Kopieranstalt zu vertretenden Mangelhaftigkeit der gelieferten Kopien stehen dem Besteller mangels anderweiter Vereinbarungen die in §§ 634, 635 BGB. bezeichneten Rechte (also Fristsetzung zur Beseitigung der Mängel, nach vergeblicher Fristsetzung Wandlung, Minderung, Schadensersatz wegen Nichterfüllung) zu.

---

[1] Doppelte Umsatzsteuerpflicht.

[2] Vgl. auch FRANK: StGB. 18. Aufl. 1931, S. 537, II, 2b zu § 246 sowie Gutachten der Industrie- und Handelskammer C. 16706/25: „Es besteht kein Handelsbrauch, nach welchem mangels diesbezüglicher Vereinbarungen das Filmpositivmaterial, welches ein Besteller von Kopien der Kopieranstalt übergibt, von dieser als Eigentum des Bestellers getrennt aufzubewahren ist und nicht mit anderen Beständen vermischt und durcheinander verbraucht werden darf.“

Beschädigungen der Kopie vor der Übergabe sind nach werkvertraglichen Grundsätzen von der Kopieranstalt zu vertreten, es sei denn, daß die Beschädigungen auf Verschulden des Bestellers zurückzuführen sind.

Die gesetzlichen Vorschriften der §§ 634ff. BGB. sind durch vertragliche Vereinbarungen stark beschränkt; so enthalten die allgemeinen Lieferungsbedingungen des Schutzverbandes deutscher Kopieranstalten in ihrer Fassung vom 1. Februar 1930[3], die maßgeblich für die weitaus überwiegende Mehrzahl der Kopierverträge sind, die ausdrückliche Bestimmung, daß Mängelrügen wie sonstige Beanstandungen unverzüglich unter gleichzeitiger Übersendung der bemängelten bzw. beanstandeten Gegenstände erfolgen müssen und bei rechtzeitiger und berechtigter Mängelrüge der Besteller auf das gesetzliche Recht der Mängelbeseitigung beschränkt ist. Eine Mängelrüge oder Beanstandung gilt nicht als rechtzeitig, wenn sie erst bei Weitergabe der beanstandeten Ware oder deren Teilen erhoben wird. Falls die Kopie aus vom Unternehmer gelieferten Rohfilm hergestellt ist, trifft den Besteller jedenfalls sofortige Prüfungspflicht. (§§ 651 BGB., 381 HGB.)

Die Kopieranstalt ist zur Fertigstellung der bestellten Kopien innerhalb angemessener Zeit verpflichtet. Lieferfristen sind einzuhalten, aber nur insoweit verbindlich, als nicht unvorhergesehene Hindernisse, ungenügende Materiallieferung, unabwendbare Betriebsstörungen deren Einhaltung verhindern.

Eine Versicherungspflicht der Kopieranstalt bezüglich der bei ihr eingelagerten Negative besteht weder nach Gesetz noch Handelsbrauch[4].

3. Die Hauptverpflichtung des Kunden besteht in der Entrichtung des Kopierlohnes, der in der Regel nach der Meterzahl der Kopie auf Grund fester Listenpreise berechnet wird; bei Differenzen sind die Meßapparate der Kopieranstalt maßgebend. Für Verschnitt wird handelsüblich ein Aufschlag von drei Prozent berechnet, Muster- und Arbeitskopien unterliegen ebenfalls einem besonderen Aufschlage. Besonderer Unkostenzuschlag von 100% und mehr oder die Bezahlung von Überstunden muß besonders vereinbart werden[5]. Das Pfandrecht des § 647 BGB. erstreckt sich an sich nicht auf das Negativ, da es nicht von der Kopieranstalt hergestellt oder ausgebessert, vielmehr anläßlich der Be-

---

[3] Sie stellen nach einer Behauptung im Jahrbuch der Filmindustrie 1930, 398 eine Zusammenstellung der Handelsbräuche, die in der deutschen Filmindustrie hinsichtlich der Filmbearbeitung und Filmlagerung schon seit Jahren üblich sind, dar.

[4] Vgl. das bei Eckstein, Film und Kinorecht, Mannheim 1924, S. 132 angezogene Gutachten der Industrie- und Handelskammer; nach Nr. 12 der Allg. Lieferungsbedingungen wird vertraglich die Versicherungspflicht ausgeschlossen.

[5] Vgl. Gutachten der Industrie- und Handelskammer Berlin C. 32905/26.

stellung ihr übergeben worden ist; es besteht nur ein Zurückbehaltungsrecht. Dagegen unterliegen die hergestellten Kopien dem Pfandrecht, das allerdings ohne Verfügung über die Urheberrechte wirtschaftlich wertlos ist[6].

Etwaige Rechte Dritter und Verfügungsbeschränkungen, insbesondere Zensurverbote, sind der Kopieranstalt bei der Bestellung bzw. bei der Übergabe der Gegenstände bekanntzugeben.

4. Titelvorlagen, Titelnegative und Photoplatten bleiben, soweit es sich nicht um bezahlte Reproduktionen handelt, Eigentum der Kopieranstalt, werden aber verkehrsüblich zwei Jahre für Nachbestellungen aufbewahrt.

§ 32. Filmaußenaufnahmen.

In der Regel setzen sich die Aufnahmen eines jeden Films aus Atelier- und Außenaufnahmen zusammen. Unter Außenaufnahmen sind üblicherweise nicht nur die im Freien stattfindenden Aufnahmen, sondern überhaupt alle Aufnahmen, die außerhalb des Ateliers hergestellt werden, zu verstehen (Benutzung einer Zirkusmanege).

1. Privater Grund und Boden, aber auch fiskalisches, nicht allgemein zugängliches Gelände kann nur bei Genehmigung des berechtigten Eigentümers bzw. des Fiskus für Außenaufnahmen verwandt werden. So gestattet die Eisenbahndirektion Berlin Filmaufnahmen auf ihrem Gelände unter Zugrundelegung eines bestimmten Tarifes, der auch die Gestellung von Personal und Eisenbahnzügen umfaßt.

2. Bei der an sich unbeschränkten Benutzung öffentlicher Wege und Plätze ist die selbstverständliche Einschränkung zu machen, daß durch die Filmaufnahmen nicht eine Störung oder Gefährdung des öffentlichen Verkehrs herbeigeführt werden darf. Die Dauer der Aufnahmen an verkehrsreichen Plätzen ist daher so knapp wie möglich zu halten. Sie dürfen im übrigen weder den Tatbestand des groben Unfugs erfüllen, also den äußeren Bestand der öffentlichen Ordnung stören und dadurch das Publikum unmittelbar erheblich belästigen[1], noch das Publikum gefährden. Für den durch fahrlässige Anordnungen oder ungeschickte Maßnahmen seiner Angestellten entstehenden Schaden ist der Unternehmer haftbar[2].

---

[6] Vgl. auch Nr. 16 Allg. Lieferungsbedingungen, wonach alle Urheber-, Verwertungs-, Vervielfältigungs- und Vertriebsrechte bezüglich der der Kopieranstalt im unentwickelten oder entwickelten Zustande übergebenen Gegenstände gleichzeitig mit der Übergabe bzw. Bestellung wegen aller der Kopieranstalt gegen den Besteller zustehenden Forderungen verpfändet werden.

[1] Vgl. RGStr. 31, 185; 32, 100; 34, 425.

[2] Vgl. Mitteilungen der Industrie- u. Handelskammer Berlin 1920, 358. (Keine Haftpflicht bei nichtverschuldetem Schaden.)

3. Werkvertrag liegt in der Regel vor, falls die Außenaufnahmen mit Leistungen dritter Personen verbunden sind[3]. Es sollen Flugzeugaufstiege aufgenommen werden. Der Filmproduzent trifft mit dem Flugzeuginhaber ein entsprechendes Abkommen. Der Flugzeuginhaber ist in diesem Falle selbständiger Unternehmer; für den von ihm angerichteten Schaden haftet er persönlich. Rechtlich unerheblich ist, ob der Abschluß eines derartigen Abkommens auf Veranlassung des Filmproduzenten oder des hierzu sich erbietenden Dritten zurückzuführen ist. Mietvertraglichen Grundsätzen unterliegt dagegen das zwischen dem Filmfabrikanten und dem Inhaber eines Varietés oder eines Zirkus über die Benutzung dieser Räumlichkeiten für Filmaufnahmen geschlossene Abkommen. Für Verletzungen des Personals des Vermieters haftet der Filmunternehmer[4].

II. Urhebervertriebsrechte.

A. Filmverwertungsrecht.

§ 33. Rechtstatsächliches.

Die Rechtsfragen des Filmverwertungsrechtes gehören nach ihrer Systematik teils dem bürgerlichen, teils dem Handelsrechte an, setzen aber zum vollen Verständnisse ein ungefähres Bild der dem Filmhandel zugrundeliegenden Rechtstatsachen voraus.

---

[3] ECKSTEIN: a. a. O. S. 86, spricht m. E. unzutreffend bei einem Vertrage, durch den ein dritter es übernimmt, einen Vorgang zwecks filmmäßiger Aufnahme abspielen zu lassen, von Filmvorgangsvertrag, der mietrechtlichen Grundsätzen folgen soll. Vgl. auch OLG. Königsberg 27. Mai 1930, JW. 1931, S. 234 (Filmmäßige Aufnahmen eines einem Gutsbesitzer gehörigen Elches).

[4] Vgl. auch Bekanntmachung des Polizeipräsidenten Berlin vom 28. Mai 1929 betr. Filmaufnahmen in Theatern, öffentlichen Versammlungsräumen, Zirkusanlagen und Lichtspieltheatern. Danach sind derartige Aufnahmen je nach Prüfung der örtlichen Verhältnisse zuzulassen und rechtzeitig von den Veranstaltern anzumelden. Es muß ersichtlich sein, in welchem Umfange die Aufnahmen geplant sind. Falls die Aufnahmen während der Anwesenheit des Publikums stattfinden sollen, muß dies besonders betont werden. (DB. 21, 181.)

Die Technik der Filmverwertung folgt eigenen Gesetzen und eigener Organisation, charakterisiert dadurch, daß oberflächlicher Betrachtung sich zwar das Bild warenmäßigen Austausches bietet, in Wirklichkeit aber Gegenstand des Verkehrs „Rechte" sind, im Vergleich zu denen die in Betracht kommenden körperlichen Gegenstände wie Filmnegativ und Kopien nur eine untergeordnete Rolle spielen.

Für die gegenwärtige und wohl auch zukünftige Betriebsverfassung des Filmhandels ist charakteristisch das seit 1910 herrschende Monopolfilmsystem[1]. Bis zu dieser Zeit wurden die Filmkopien ausschließlich als Ware gehandelt, da sie beliebig oft ausgenutzt und weiter verkauft werden konnten. Der Filmproduzent kontrahierte über den Kauf dieser Kopien unmittelbar mit dem Theaterbesitzer. Die Einführung des Handelsmonopols setzte diesen unmittelbaren Rechtsbeziehungen zwischen Produzenten und Theaterbesitzern ihr Ende; an Stelle des Kopienhandels trat der Handel mit Monopolrechten, dessen besondere Eigentümlichkeit in dem hierdurch begründeten Ausschließlichkeitsrechte für territorial begrenzte Bezirke besteht[2]. Diese Veränderung der wirtschaftlichen Struktur machte ein Zwischenglied notwendig, das sich speziell dem Handel mit solchen Monopolen widmete. Es entstand der „Filmverleiher" und der „Filmvertrieb". Der Filmverleiher ist der Vermittler des inländischen Absatzes. Er kennt die zu beliefernden Theater, ist orientiert über die wirtschaftliche Potenz ihrer Besitzer und sucht durch seine Organisation möglichst viele Kunden zu erhalten. Der Filmvertrieb bearbeitet den Auslandsmarkt; er soll dem Filmhersteller die geeigneten Verbindungen für die Unterbringung der Filme im Auslande erschließen. Während für den Rechtsverkehr zwischen Verleiher und Theaterbesitzer typenmäßige Geschäftsbedingungen gelten, ist dies beim Filmvertrieb nicht der Fall; dieser Unterschied gründet sich darin, daß der Verkehr zwischen Filmverleiher und Theaterbesitzer wirtschaftlich weit unkomplizierter ist als der Verkauf eines Filmmonopols; beim Verleih tritt die Massenmäßigkeit stark in den Vordergrund, während der Filmmonopolvertrag immer den jeweiligen individuellen Bedürfnissen der Vertragsparteien angepaßt ist; dieser unterschiedliche Charakter tritt rein äußerlich schon dadurch in die Erscheinung, daß der Filmleihvertrag formularmäßig abgeschlossen

[1] Im Jahre 1909 erschien der erste deutsche Monopolfilm „Abgründe" mit Asta Nielsen.

[2] In der Regel bildet jedes Land einen eigenen Monopolbezirk. Der deutsche Monopolbezirk zerfällt in mehrere Einzelbezirke. Wichtig ist dies zunächst für das Verleihrecht (S. 228), aber auch für das Vertriebsrecht insofern, als das deutsche Monopolrecht vielfach nicht geschlossen an einen Verleiher, sondern an eine Reihe von Bezirksverleihern abgegeben wird. Rechtsgrundsätzlich bedeutet dies keinen Unterschied; es handelt sich dann um mehrere Monopolverträge mit mehreren Verleihern.

wird, während für den Filmmonopolvertrag kaum ein einheitliches Vertragsschema aufgestellt werden kann.

§ 34. Der Filmmonopolvertrag.

1. Begriff und rechtlicher Charakter. Die in der Regel entgeltliche Übertragung des Monopolrechts soll nach dem übereinstimmenden Willen der Vertragskontrahenten und nach der Verkehrsauffassung den Monopolinhaber in den Stand setzen, einen Film monopolmäßig „auszuwerten", d. h.: Dem Monopolerwerber soll das alleinige und ausschließliche Recht der öffentlichen Vorführung und des Vertriebs des Films in seinem Monopolbezirke mit der Maßgabe zustehen, daß er berechtigt ist, Vorführungsrechte an Dritte abzugeben und bei Verletzung seines Monopolrechtes selbständig gegen die Störer vorzugehen. Filmmonopol- oder Filmlizenzvertrag ist demgemäß derjenige Vertrag, auf Grund dessen der Filmmonopolinhaber — das ist in der Regel, aber nicht immer, der Filmproduzent — dem Monopolerwerber (Verleiher) gegen ein bestimmtes Entgelt mit dinglicher Wirkung das ausschließliche Recht der kommerziellen Auswertung eines Films in einem bestimmten Monopolgebiete überträgt.

Die rechtliche Natur des Filmmonopolvertrages findet geteilte Beurteilung. Das Reichsgericht vertritt den Standpunkt[1], daß Verträge dieser Art wesentliche Übereinstimmung mit den Lizenzverträgen über patentrechtlich geschützte Gegenstände aufweisen und daher den Grundsätzen des Lizenzvertrages, also eines spezifisch patentrechtlichen Gebildes, unterliegen; in diesem Falle ist der Monopolvertrag gleich dem patentrechtlichen Lizenzvertrage[2] als ein Vertrag eigener Art anzusehen. Diese Auffassung besitzt insofern eine starke innere Berechtigung, als die Einreihung des Monopolvertrages unter die normalen Vertragsarten in der Tat Schwierigkeiten bereitet.

Unter Berücksichtigung der schuldrechtlichen causa des Monopolvertrages ist zwar die Auffassung vertreten worden, daß es sich bei seinem obligatorischen Inhalt um Rechtspacht[3], wenn nicht um Rechtskauf handelt. Die Unterstellung des Monopolvertrages unter den Begriff der Rechtspacht scheitert bereits daran, daß nach dem Willen der Parteien die Übertragung des ausschließlichen und dinglichen Vorführungs- und Vertriebsrechts, nicht nur die Gewährung einer bloß tatsächlichen Nutzungsbefugnis, wesentlichste Vertragsleistung bildet.

---

[1] Vgl. insbesondere RGZ. 106, 365; 118, 288; MuW. 1920/21, 35 (RG. 30. Juni 1920); MuW. 1928, 146ff. (RG. 25. Juni 1927).

[2] Vgl. Kisch: Patentrecht S. 216; Isay: Kommentar zum Patentgesetz, 5. Aufl., S. 336 § 6 Anm. 10 und die dort zitierte Judikatur und Literatur.

[3] So Böhm: Filmverträge, S. 36ff.

Rechtskauf[4] liegt deshalb nicht vor, weil in Wirklichkeit nicht der Verkauf eines Rechtes erfolgt, sondern im Wege konstitutiver Übertragung ein zwar im Urgrund sich auf das Recht des Monopolinhabers gründendes, aber formell und materiell neues Recht geschaffen werden soll[5]. GOLDBAUM beurteilt den Monopolvertrag verschieden, je nachdem der Verleiher das Recht erwirbt Kopien herzustellen oder nicht[6]; im ersteren Falle soll Verlagsvertrag, im letzteren Falle Vertrag eigener Art vorliegen. Seine Auffassung erscheint aus mehrfachen Gründen bedenklich. Einmal legt er einer aus rein praktischen Erwägungen getroffenen Vertragsbestimmung eine Bedeutung bei, die sie in Wahrheit nach der Verkehrsauffassung und dem Willen der Parteien überhaupt nicht besitzt, da das Recht des Kopienabzuges in der Regel sich auf die individuellen Bedürfnisse der Vertragsparteien gründet. Vertrauenswürdigkeit, Auswahl der Kopieranstalt, geschäftliche Dispositionen sprechen entscheidend mit. Überdies aber würden zwei Arten von Monopolverträgen, charakterisiert durch die Art der Vertragsbestimmungen über die Herstellung der Kopien, bestehen, obwohl es sich um materiell gleichartige Verträge handelt; schließlich darf als entscheidend nicht übersehen werden, daß beim Verlagsvertrag der Schriftsteller dem Verleger gegenüber als Urheber eines Geistesgutes, beim Filmmonopolvertrage der Filmproduzent als Eigentümer einer Ware auftritt[7]. Alle diese Momente müssen zu einer Ablehnung der Auffassung von GOLDBAUM führen.

Es muß vielmehr dem Standpunkte des Reichsgerichts darin gefolgt werden, daß es sich bei dem Filmmonopolvertrag um einen Vertrag eigener Art handelt, eine Auffassung, zu der das Reichsgericht auch offenbar nicht deswegen gelangt, um eine eindeutige Stellungnahme zu vermeiden[8], sondern weil eben der Monopolvertrag den bestehenden Vertragstypen nicht ohne weiteres eingefügt werden kann. Erhebliche praktische Schwierigkeiten entstehen übrigens hierdurch nicht; denn in den Fällen, in denen aus lizenzrechtlichen Grundsätzen allein eine Entscheidung unmöglich ist, sind die Grundsätze desjenigen Vertragstypus heranzuziehen, dem der Lizenzvertrag systematisch am nächsten steht, also des Pachtvertrages, soweit sich nicht aus der Sachlage etwas anderes ergibt, wie etwa in dem recht häufigen Falle prozentualer Aufteilung der Einnahmen aus dem Monopolrechte zwischen Erwerber und Veräußerer unter bestimmten Bedingungen: Der Filmfabrikant beabsichtigt die Verfilmung eines bestimmten Drehbuches. Er überträgt vor In-

---

[4] So HIRSCH: Filmverwertungsverträge, S. 24ff.

[5] Vgl. KISCH: Patentrecht, S. 216, Anm. 10; RIEZLER: Urheber- und Erfinderrecht, S. 87; BÜCHLER: Die Übertragung des Urheberrechts Bern, 1925, 25ff.

[6] Vgl. GOLDBAUM: Urheberrecht und Urhebervertragsrecht, S. 98.

[7] Vgl. S. 106ff. und GOLDSCHMIDT: Arch.f.Urh.R. 2, 15.

[8] Dies gegen HIRSCH: a. a. O. S. 29.

angriffnahme des Films die Monopolrechte in der Weise, daß der Film im Einverständnis mit dem Verleiher in bestimmter Weise hergestellt wird[9]. Die Verleihfirma garantiert in der Regel in einem solchen Falle dem Filmproduzenten die prozentual verteilten Erträgnisse des Films mit einem bestimmten Betrag[10]. Sie zahlt diese Garantie entweder während der Herstellungsdauer oder bei Ablieferung des Filmes. Häufig werden über den Lizenzbetrag auch Akzepte gegeben, deren Laufzeit gewöhnlich so gestellt ist, daß das erste Akzept ungefähr einen Monat nach der Uraufführung des Films[11] fällig ist, während die folgenden Akzepte in Abständen bis zu einer Gesamtdauer von sechs bis acht Monaten laufen. Auch die Herstellung auf gemeinschaftliche Kosten von Verleiher und Filmproduzenten kommt vor. Es finden sich auch Verträge, in denen sich der Verleiher mit Sachleistungen, z. B. durch Stellung des Ateliers, an den Herstellungskosten beteiligt. Schließlich hat die Tonfilmproduktion besondere Vertragstypen nach der Richtung hin gezeitigt, daß sich deutsche und ausländische Firmen zur gemeinschaftlichen Herstellung von Tonfilmen verbinden und die Monopolgebiete unter sich aufteilen. Alle diese Verträge unterliegen rechtsgrundsätzlich gleicher Behandlung. Es handelt sich um Monopolverträge mit gesellschaftsähnlichem Charakter[12], so daß ergänzend die Bestimmungen über das Gesellschaftsverhältnis heranzuziehen sind[13].

Unerheblich ist die Bezeichnung, die die Parteien dem schriftlichen Vertrage geben; sehr oft wird unjuristisch von „Kaufvertrag" und „Kaufpreis" gesprochen, obwohl es sich tatsächlich um einen Monopolvertrag handelt[14].

---

[9] Vgl. S. 223.

[10] Meist werden die Einnahmen im Verhältnis von 60 zu 40 geteilt, d. h. 60% der Einnahmen erhält der Verleiher, 40% der Fabrikant; von der Bruttoeinnahme gehen zunächst die Kopierkosten ab, vgl. S. 221.

[11] Vgl. S. 232.

[12] Vgl. Goldbaum: a. a. O. S. 103; Dienstag: ZBH. 1928, 141; Hirsch: a. a. O. S. 28, sowie RG. 16. Januar 1919, 863, das allerdings meint, daß Beteiligung des Vertragsgegners nicht mit Notwendigkeit auf ein Gesellschaftsverhältnis schließen lasse; indessen ist zu berücksichtigen, daß der Vorteil der Parteien, abgesehen von sonstigen persönlichen Bindungen, bei prozentualer Verteilung ein *gemeinsamer* ist; daher liegt beim partiarischen Lizenzvertrag zum mindesten ein gesellschaftsähnliches Verhältnis vor.

[13] Vielfach findet sich in Monopolverträgen die Bemerkung, daß trotz fraglos gesellschaftsvertraglicher Bestimmungen ein Gesellschafts- oder Teilhaberverhältnis zwischen den Parteien nicht begründet werden soll. Diese Bestimmung ist insofern irrelevant, als es Pflicht des Richters ist, aus den einzelnen Vertragsbestimmungen die rechtliche Natur zu beurteilen, ohne hierbei an irgendwelche Erklärungen der Parteien gebunden zu sein.

[14] Vgl. RG. 118, 290; wegen der Umsatzsteuerpflicht dieser Verträge vgl. RFH. 20. Dezember 1929 VA 875/29 (Jahrbuch der Filmindustrie 1930, 515); RStBl. 1924, 166; EntschRFH. 13, 290; 20, 300).

2. Die Vertragsparteien. Filmfabrikanten auf der einen Seite, Filmverleiher und Filmvertriebs-Kaufleute auf der anderen Seite, sind Gewerbetreibende im Sinne des § 2 HGB., da Kaufmannseigenschaft aus § 1 HGB. sowohl beim Filmfabrikanten wie beim Filmverleiher mangels Fehlens der gesetzlichen Voraussetzungen nicht in Betracht kommt. Soweit Fabrikation, Verleih, Vertrieb, in Form einer Aktiengesellschaft oder einer Gesellschaft mit beschränkter Haftung betrieben werden, rechtfertigt sich die Kaufmannseigenschaft schon aus der Gesellschaftsform. Es finden daher die Vorschriften des HGB. über Kaufleute (§§ 17 bis 83 HGB.) und die allgemeinen Vorschriften über Handelsgeschäfte (§§ 343ff.) ergänzend Anwendung. Für Streitigkeiten zwischen Filmfabrikanten und Verleihern resp. etwaigen Unterabnehmern sind daher regelmäßig die Kammern für Handelssachen zuständig (§ 95 GVG.)[15]. Weil Filmfabrikanten, Filmverleiher und Filmvertriebs-Kaufleute ein gewerbliches Unternehmen betreiben, finden auf sie auch die allgemeinen Vorschriften der Gewerbeordnung hinsichtlich Stand, Alter, Nationalität Anwendung[16].

3. Abschluß und Form des Vertrages. Der Abschluß des Filmmonopolvertrages erfolgt durch Angebot und Annahme; die Willenseinigung der Parteien muß sich auf die für den Vertrag wesentlichen Punkte beziehen (Monopolrecht, Monopolbezirk, Monopoldauer).

Der Abschluß ist an keine Form gebunden; Schriftform, schon aus Beweiszwecken, ist die Regel, ohne daß Platz für die Anwendung des § 154² BGB. ist.

4. Die Pflichten des Monopolveräußerers. Hauptverpflichtung des Monopolveräußerers ist auf jeden Fall die Einräumung des ausschließlichen Monopolrechtes mit dinglicher Wirkung. Sie erfolgt in Verbindung mit dem obligatorischen Lizenzvertrag durch dinglichen Verfügungsakt entsprechend den §§ 398, 413 BGB. in einem äußerlich einheitlichen Akte. Handelt es sich um die Übertragung des Rechtes eines erst herzustellenden Filmes, so geht, analog den Grundsätzen über die Übertragung künftiger Forderungen (§ 413 BGB.)[17], das Monopolrecht ohne weiteres mit seiner Fertigstellung auf den Erwerber ohne besonderen Übertragungsakt über[18]; denn einerseits ist in dem Vertrage

[15] Üblich ist vielfach, die Zuständigkeit eines Vertrags-Schiedsgerichts zu vereinbaren; soweit nicht besondere Bestimmungen über Zusammensetzung und Art des Schiedsgerichtes getroffen werden, kommen die allgemeinen Vorschriften der §§ 1032ff. ZPO. zur Anwendung.

[16] Vgl. hierüber S. 278.

[17] Vgl. hinsichtlich der Zulässigkeit OERTMANN: Komm. zum Recht der Schuldverhältnisse ², S. 443 zu § 399.

[18] Vgl. RIEZLER: Deutsches Urheber- und Erfinderrecht, 1, 89. Die herrschende Meinung in Literatur und Rechtsprechung bejaht übrigens durchweg die Möglichkeit der dinglichen Übertragung von Urheberrechten an künftigen Werken; vgl. RGZ. 110, 395 und MARWITZ: Die Übertragung urheberrechtlicher Befugnisse an künftigen Werken, GRUR. 1931, 604ff.

die Willenseinigung der Parteien vollzogen, andererseits bedarf es nach urheberrechtlichen Grundsätzen nicht der Übertragung des körperlichen Substrates[19]. Der Standpunkt, daß das Monopolrecht unter der aufschiebenden Bedingung wirklicher Herstellung des Films übertragen ist, ist mit Rücksicht auf die seither eingetretene Rechtsentwicklung abzulehnen; denn die Existenz der urheberrechtlichen Einziehungsgesellschaften beruht gerade darauf, daß ihnen von ihren Mitgliedern (Urheber, Komponisten) die Rechte an ihren künftigen Werken übertragen werden, ohne daß es der Abgabe der Handschrift bedarf[20].

Soweit nicht im Vertrage ein bestimmter Liefertermin vereinbart ist, hat die Herstellung des Filmnegativs und damit die Verschaffung des Rechts innerhalb angemessener Zeit zu erfolgen. Wegen der Angemessenheit ist der Einzelfall maßgebend. Auf jeden Fall muß der Bildstreifen so rechtzeitig fertiggestellt werden, daß er innerhalb der Verleihsaison noch herausgebracht werden kann, dies schon aus dem Grunde, weil der Theaterbesitzer berechtigt ist, die Abnahme während der Verleihsaison nicht erschienener Filme späterhin zu verweigern[21]. Sieht der Monopolvertrag ein Mitbestimmungsrecht des Monopolerwerbers in der Weise vor, daß die endgültige Fassung des Drehbuches vom Verleiher genehmigt sein muß, die Besetzung der Hauptrollen im gegenseitigen Einverständnisse zu erfolgen hat, die Auswahl des Regisseurs der Zustimmung des Verleihers unterliegt, so sind derartige Bestimmungen nach Treu uud Glauben unter Berücksichtigung der Verkehrssitte auszulegen. Ihre Nichteinhaltung berechtigt den Verleiher nach Fristsetzung zum Rücktritt vom Vertrage. Das Bestimmungsrecht des Verleihers findet seine Grenzen bei schikanewidriger Ausübung und dort, wo es deutlich zum Zwecke der Aufhebung eingegangener Verpflichtungen ausgeübt wird. Müssen die Herstellungskosten vertragsgemäß einen bestimmten Betrag erreichen, so ist der Veräußerer erforderlichenfalls zur Rechnungslegung verpflichtet. Herstellungskosten im Sinne dieser Bestimmungen sind handelsüblich nur die wirklich für die Herstellung des Films aufgewandten Kosten, also nicht Provisionen; die Einstellung eines angemessenen Betrages für Generalunkosten ist zulässig.

---

[19] Vgl. Riezler: a. a. O., LG. I Berlin 28. Oktober 1930. Arch.f.Urh.R. 4, 330ff.; a. A. Kohler: Schriftwerkrecht, Stuttgart 1907, S. 244ff. (Übertragung der Urheberrechte mit Abgabe der Handschrift).

[20] Übrigens sind derartige Verträge nicht deswegen nichtig, weil die Filme noch nicht zugelassen sind, wie Goldbaum: a. a. O. S. 108 annimmt; denn es besteht weder ein gesetzliches Verbot, noch handelt es sich um auf eine unmögliche Leistung gerichtete Verträge, weil die Unmöglichkeit der Leistung bei Vertragsabschluß überhaupt nicht feststeht, sondern es sich, wenn überhaupt, um nachträglich eintretendes Unvermögen handelt. Die praktische Bedeutung der Frage ist recht gering; vgl. übrigens auch Oertmann: a. a. O. zu § 306 und S. 349.

[21] Vgl. S. 242.

5. Mangelhafte Leistung. Das Monopolrecht darf nicht mit Mängeln behaftet sein, die seine Tauglichkeit zu dem vertragsgemäßen Gebrauche aufheben oder mindern.

a) Das Monopolrecht muß dem Monopolveräußerer als Verfügungsberechtigtem zustehen. Da ein gutgläubiger Erwerb an Rechten nicht stattfindet (§§ 932ff. BGB.), geht auch das Monopolrecht selbst bei Gutgläubigkeit des Erwerbers nicht über, wenn der Veräußerer nicht verfügungsberechtigt ist. Als Mangel des Monopolrechts gilt auch Erschwerung oder Unmöglichkeit seiner tatsächlichen Ausübung. So sind Einsprüche Dritter (Plagiierung eines Films) und behördliche Verbote (mangelnde Zulassung des Films im Prüfverfahren und Widerruf) denkbar.

b) Der Veräußerer hat für Zensierfähigkeit des Films einzustehen, da nach der analog heranzuziehenden Rechtsprechung des Reichsgerichts für gewerbliche Lizenzen[22] der Lizenzgeber für die der Lizenz zugrundeliegende technische Ausführbarkeit haftet. Technische Ausführbarkeit eines Patentes ist aber ihrem Wesen nach der Zensierfähigkeit vergleichbar. In beiden Fällen ist die Lizenz wertlos, da ein Verbot des Films durch die Filmzensur Unmöglichkeit der Erfüllung nach sich zieht. Schadensersatzansprüche des Erwerbers sind nur bei Verschulden des Veräußerers gegeben (§ 325 BGB.) und im Regelfalle mangels Voraussehbarkeit der Zensurentscheidung zu verneinen. Etwaige Anzahlungen sind zurückzuerstatten (§ 323 BGB.). Nur Ausnahmefälle, in denen Verstöße gegen anerkannte Zensurgrundsätze vorliegen, rechtfertigen eine andere Beurteilung, es sei denn, daß der Erwerber von etwaigen Zensurbedenken Kenntnis gehabt, trotzdem aber der Herstellung des Films zugestimmt hat. Auch bei Verbot eines Bildstreifens auf Amtsbeschwerde hin greifen diese Grundsätze Platz[23]. Das Risiko des Widerrufs trägt stets der Filmproduzent, da dadurch die ihm obliegende Leistung unverschuldeterweise unmöglich wird. Soweit die Lizenz noch nicht bezahlt ist, kann die Lizenzsumme nicht verlangt werden (§ 323 Abs. 1 BGB. in Verbindung mit § 581 BGB.); entgegengesetztenfalls besteht ein Rückforderungsrecht des Erwerbers allerdings mit der Einschränkung, daß nur derjenige Betrag, den der Filmproduzent noch tatsächlich besitzt[24], unter Berücksichtigung aller der Beträge, die bis zum Ausspruche des Widerrufs aus der Nutzung des Monopolrechts gezogen sind, zurückgefordert werden können, da es sich um einen reinen Bereicherungsanspruch handelt. Verschuldeter Fortfall der Bereicherung ist ohne befreiende Wirkung[25]. Zum gleichen Ergebnisse gelangt man

[22] Vgl. RGZ. 33, 103; 75, 400; 82, 155; KISCH: Patentrecht S. 218; ISAY: S. 335 § 6 Anm. 8; KOHLER: Patentrecht S. 589.

[23] Vgl. S. 355. [24] RGZ. 63, 423.

[25] Vgl. OERTMANN: S. 572, Anm. 7 zu § 537 und die dort zitierten Entscheidungen. Zu verweisen ist auch in diesem Zusammenhange auf die Entscheidung

übrigens auch bei Zugrundelegung der von OERTMANN vertretenen, vom Reichsgericht allerdings ständig abgelehnten, indessen hier durchaus am Platz befindlichen Theorie der mangelnden Geschäftsgrundlage, da auch in diesem Falle unter Zubilligung eines Rücktrittsrechtes die Vorschriften über ungerechtfertigte Bereicherung Anwendung finden. Bei Monopolverträgen mit gesellschaftsähnlichem Einschlag kommt nicht § 323 BGB., sondern § 726 BGB. zur Anwendung[26]. Schadensersatzansprüche setzen Verschulden des Widerrufs voraus, was in der Regel nicht der Fall ist.

Der im Schrifttum vertretenen gegenteiligen Auffassung kann nicht zugestimmt werden, zumal Nichtigkeit des Lizenzvertrages nicht in Frage kommt, auch der Fall der Nichtigkeit eines Patentes, auf den sich GOLDBAUM beruft, niemals dem Widerrufe eines Films vergleichbar ist; denn bei Nichtigkeit des Patents wird das Recht vernichtet[27], während das kinematographische Urheberrecht trotz Widerrufs bestehen bleibt; unterbunden ist nur die aus diesem Rechte fließende Nutzungsbefugnis, ohne daß sie eine dauernde ist, da die Wiedervorlage des Bildstreifens jederzeit möglich ist.

c) Es muß ein kontingentsfähiges Monopolrecht übertragen werden, der Film muß also als kontingentsberechtigt hergestellt werden[28].

d) Für die Rentabilität des Monopolrechtes hat dagegen der Veräußerer nicht einzustehen. Dieser für die patentrechtliche Lizenz vollkommen unbestrittene Grundsatz[29] muß auch für die Übertragung des Filmmonopolrechtes gelten, da im entgegengesetzten Falle dem Veräußerer die Haftung für etwas absolut Unbekanntes, nämlich die Publikumswirkung des Films, aufgebürdet würde. Wenn in der Praxis die Erfüllung von Monopolverträgen namentlich über Filme, die ohne zuvorige Besichtigung gekauft sind, mit der immer wiederkehrenden Begründung verweigert wird, daß der Film „ungünstige Aufnahme" gefunden habe[30], so darf demgegenüber nur auf Folgendes hingewiesen werden: Es ist vom Willen und Können des Veräußerers gänzlich unabhängig, ob der Film gefällt oder nicht; denn einmal entscheidet hierüber letzten Endes weder Verleiher noch Theaterbesitzer, sondern der Theaterbesucher. Außerdem ist die für den Film

---

LG. I Berlin 13. Januar 1931, Arch.f.Urh.R. 4, 337, die bei einer wesentlichen Verschiebung der beiderseitigen Geschäftsgrundlage (es handelte sich dort um das Verhältnis zwischen Theaterbesitzer und Verleiher) Rücktritt vorsieht.

[26] RGZ. 78, 303; 81, 303; PLANCK: Recht der Schuldverhältnisse[2]: a. a. O. S. 1307. Es ist zu beachten, daß § 323 III BGB. einen Kondiktionsanspruch gewährt, im Falle der Kündigung aber keine Rückgewährpflicht besteht.

[27] Vgl. KOHLER: a. a. O. S. 591.

[28] Über die Voraussetzungen der Kontingentsberechtigung vgl. S. 376 und Gutachten C. 7842/29 der Industrie u. Handelskammer Berlin.

[29] Vgl. KOHLER: a. a. O. S. 590; ISAY: Komm. S. 334; KISCH: a. a. O. S. 218.

[30] Kontrahentenschiedsspruch vom 13. Juni 1930, Jahrbuch der Filmindustrie 1930, 530ff.

gemachte Reklame oft von ausschlaggebender Bedeutung für seinen Erfolg, da sie die Art der Vorführung beeindruckt. Sehr oft versteckt sich allerdings hinter dem Einwande mangelnder Rentabilität der Einwand mangelnder Qualität. Seine rechtliche Zulässigkeit ist grundsätzlich zu bejahen, obwohl es sich in Wahrheit nicht um einen Einwand gegenüber dem Rechte, sondern gegenüber der das Recht verkörpernden Sache handelt; indessen sind bedenkenfrei die §§ 537ff. BGB. auch auf Mängel der Sache, also des Filmnegativs, anzuwenden, da für den gleichliegenden Fall des Kaufrechtes eine entsprechende Anwendung der Vorschriften der §§ 459ff. BGB. stets in allen denjenigen Fällen bejaht wird, in denen das verkaufte Recht ein sachliches Substrat besitzt[31]. Daß weiterhin Qualitätsmängel vorbehaltlich einer Begriffsbestimmung im einzelnen grundsätzlich als „Fehler" angesehen werden können, die die Tauglichkeit des Films zu dem vertragsgemäßen Gebrauch aufheben oder mindern, dürfte nicht zu leugnen sein.

Zu der materiellen Berechtigung des Einwandes ist folgendes zu bemerken:

aa) Auszuscheiden haben diejenigen Fälle, in denen vor Erwerb des Monopolrechtes eine Besichtigung des Bildstreifens stattgefunden hat (§ 539 BGB.); denn in diesem Falle hat der Erwerber durch den der Besichtigung folgenden Vertragsabschluß in einer jeden Zweifel ausschließenden Weise zu erkennen gegeben, daß die Lizenz in handelsüblicher Weise verwertbar ist[32].

bb) Sind bei Vertragsabschluß hinsichtlich der Qualität des Films besondere Zusicherungen in der Weise erfolgt, daß nach Wille und Absicht der Parteien das Einstehen hierfür einen Teil der vertragsmäßigen Leistung bilden sollte, so geben sie die Grundlage für die seitens des Filmproduzenten zu beachtende Qualität des Films ab. Allgemeine Zusicherungen genügen wie auch sonst im Rechtsleben[33] niemals. Erklärungen des Verkäufers, es werde ein Spitzenfilm geliefert, der Film habe eine ungeheure Zugkraft, es handele sich um einen Film, dessen künstlerische Qualitäten außerordentlich hochwertig seien, es werde ein Meisterfilm hergestellt, sind zwar im Verkehr übliche, aber nicht ernst zu nehmende Anpreisungen[34]. Konkrete Zusicherungen bestimmten Inhalts — der Tonfilm sei nach einem bestimmten Verfahren hergestellt, es werde ein Film hergestellt, welcher Schlager bestimmter Komponisten und Textdichter enthalte, die Hauptrollen des Films seien mit bestimmten Schauspielern besetzt, ein 100 proz. Tonfilm werde geliefert, der Film koste in der Herstellung einen ganz bestimmten Betrag — sind

---

[31] Vgl. Oertmann: a. a. O. S. 590, Anm. 1 zu § 459; Planck: a. a. O. S. 694.
[32] Vgl. auch Isay: a. a. O. S. 333.
[33] Vgl. Planck: a. a. O. S. 697; RG. JW. 1920, 831.
[34] So auch KG. v. 27. März 1930, Arch.f.Urh.R. 3, 640ff.

jedenfalls vom Veräußerer unbedingt einzuhalten[35]. Es handelt sich bei ihnen um Garantieübernahme[36]. Ihre Nichteinhaltung gefährdet in der Regel den Vertragszweck und berechtigt ohne weiteres zum Rücktritt vom Vertrage, es sei denn, daß sich die etwaigen Abweichungen als so unerheblich herausstellen, daß nach Treu und Glauben und der Verkehrssitte von einer Nichterfüllung im Ernst nicht gesprochen werden kann; ist beispielsweise an Stelle eines ursprünglich zugesicherten, aber verhinderten Schauspielers gleichwertiger Ersatz getreten oder haben die zugesicherten Herstellungskosten von 200000 Mark infolge Einsparungen nur 195000 Mark betragen, ohne daß die Qualität des Films hierunter gelitten hat, so ist eine darauf gestützte Abnahmeweigerung unberechtigt.

cc) Sind keine besonderen Zusicherungen bei Vertragsabschluß erfolgt, so ist ein Film normaler Beschaffenheit zu liefern[37]. Eine allen Interessen gerecht werdende Entscheidung dieser Frage stößt in der Praxis auf fast unlösliche Schwierigkeiten. Während der gesamte sonstige Handelsverkehr hinsichtlich der Beschaffenheit der zu liefernden Ware ein festes Kriterium in den §§ 243 BGB., 360 HGB. besitzt (Lieferung von Handelsgut mittlerer Art und Güte), versagt dieser Maßstab für die Bedürfnisse des Filmhandels vollkommen; denn selbst über einen Film mittlerer Art und Güte werden in den Kreisen der Sachverständigen vollkommen getrennte Auffassungen bestehen. Eine Erörterung der Frage unter diesem Gesichtspunkte würde deshalb auch zu keinem irgendwie befriedigenden Ergebnisse führen; trotzdem erscheint die Aufstellung bestimmter Richtlinien möglich. § 459 BGB. sieht gewisse, stillschweigend allgemein vorausgesetzte Eigenschaften, als gesetzlich präsumierte Kaufbedingungen insofern an[38], als vorausgesetzt wird, daß die Sache nicht mit Fehlern behaftet ist, welche eine Beeinträchtigung ihres Gebrauchswertes darstellen; an sich ist hierbei ein objektiver Maßstab zugrunde zu legen. Subjektive Momente sind aber dann zu berücksichtigen, wenn sie im Vertrage selbst enthalten sind oder aus ihm hervorgehen, ohne daß ihrer ausdrücklich Erwähnung getan ist[39]. Normale Beschaffenheit des Films liegt demgemäß stets dann vor, falls im Rahmen einer in sich verständlichen Spielhandlung Darstellung, Regie und Ausstattung derartig sind, daß einer Abnahme des Films durch die Kunden des Filmverleihers, die Theaterbesitzer, keine begründeten Einwendungen entgegengesetzt werden können. Ist also der Film spielfähig, so entfallen damit grundsätzlich alle Beanstandungen des Filmverleihers. Ein anderer Standpunkt führt mit Notwendigkeit zu

---

[35] Sofern der Monopolvertrag die Klausel enthält, daß mündliche Abreden keine Gültigkeit haben, müssen die Zusicherungen schriftlich in den Vertrag aufgenommen werden.

[36] Vgl. RGZ. 54, 223; RG. bei Gruchot 48, 593ff.

[37] RGZ. 97, 351.

[38] Vgl. Staudinger: Komm. 9, II, 2, a. a. O. S. 129, 4 zu § 459.

[39] Vgl. auch RGZ. 70, 82.

einer Verschwommenheit, bei der jeder feste Boden verloren geht; das gilt insbesondere von dem sehr beliebten Einwande, daß der Film keine erstklassige Qualität aufweist; ein solcher Einwand ist schlechterdings unmöglich, da ein Anhaltspunkt dafür, was unter „erster Qualität“ zu verstehen ist, fehlt und auch durch Befragung von Sachverständigen kein sicheres Ergebnis gewonnen werden kann. Der Einwand mangelnder Spielfähigkeit des Films kann nicht durch allgemeine Redensarten begründet werden, sondern ist im einzelnen ausreichend zu substantiieren; es muß z. B. dargelegt werden, daß die Fabel des Films in sich widerspruchsvoll, unlogisch und unverständlich ist, die Dekorationen so mangelhaft gebaut sind, daß sie in schwerster Weise das Filmbild beeinträchtigen, die Regieführung derartig dilettantenhaft ist, daß fast jedes Bild schwere Regiefehler aufweist, die photographischen oder Tonaufnahmen des Negativs so schlecht sind, daß weder brauchbare, also vorführungsfähige Kopien, abgezogen werden können, noch die Tonwiedergabe verständlich ist. Ob diese Tatsachen im Einzelfalle ausreichen, ist Sache des mit der Entscheidung befaßten Richters, der zur Bildung seines Urteils außer eigener Augenscheinseinnahme zweckmäßigerweise Sachverständige heranziehen wird, denen in diesem Falle keineswegs die Abgabe eines allgemeinen Urteils, sondern die Beantwortung ganz konkreter Fragen zugemutet wird. Unterstützend neben die eben genannten Momente mangelnder Spielfähigkeit können selbstverständlich auch Fälle begründeter Abnahmeverweigerung des Films durch die Theaterbesitzer treten, da gerade in diesem Falle das Moment mangelnder Spielfähigkeit besonders deutlich in die Erscheinung tritt. So muß nach den im Verkehr zwischen Verleiher und Theaterbesitzer herrschenden Gepflogenheiten die vom Verleiher zu liefernde Kopie eine bestimmte Länge aufweisen, darf also weder zu kurz noch zu lang sein[40].

Da die Länge der Kopie sich nach der Länge des Negativs bestimmt, so muß zum mindesten ein Negativ geliefert werden, das den Abzug von Kopien vorführungsfähiger Länge gestattet.

[40] Vgl. Gutachten der Industrie- und Handelskammer Berlin — C. 31020/27 —, in dem es heißt: „Ein Filmprogramm läßt sich nur ungefähr auf eine bestimmte Meterzahl zusammenstellen. Ein Überschreiten der angegebenen Meterzahl bis zu etwa 10% ist nicht zu beanstanden. Der Filmentleiher kann aus einer Überschreitung der vereinbarten Meterzahl keine Einwendungen herleiten, wenn sich diese Überschreitung innerhalb der bezeichneten Grenzen hält. Eine Verlängerung des Programmes von 3000 Metern auf 3500 Meter — also um etwas mehr als 10% — ist noch als zulässige Abweichung zu bezeichnen. Ein Überschreiten der Programmlänge um 30% ist eine wesentliche Überschreitung der vereinbarten Länge und gibt dem Filmentleiher das Recht, die Erfüllung des Vertrages zu verweigern. Denn die 30proz. Überschreitung der ursprünglich festgesetzten Programmlänge bringt ihm nicht nur mehr Kosten (Stromverbrauch), sondern unter Umständen wegen der Unmöglichkeit, die üblichen Vorführungsstunden unter Berücksichtigung angemessener Pausen innezuhalten, auch einen Ausfall (insbesondere an Sonn- und Feiertagen) von Vorstellungen.“

Häufig werden auch bereits anderweitige objektive Faktoren einen bestimmten Anhaltspunkt für die vertragsmäßige Beschaffenheit des Films abgeben; ein derartiger Faktor ersten Ranges ist die Bemessung des Monopolpreises; liegt er weit über dem Durchschnittsmonopolpreis, so geht schon hieraus hervor, daß zwischen den Parteien stillschweigende Vertragsvoraussetzung die Einhaltung eines gewissen Niveaus war. Der Filmproduzent kann dann nicht den Film mit unbekannten Schauspielern, einem unbekannten Regisseur und unter Verwendung billiger Dekorationen herstellen, sondern muß einen dem Monopolpreis entsprechenden Film liefern, in dem also bekannte Schauspieler unter einem bekannten Regisseur in angemessener Inszenierung spielen. Eine besondere Verstärkung erfährt dieses Moment noch dadurch, wenn im Vertrage gleichzeitig die Herstellungskosten angegeben sind, ohne daß im Gegensatz zu den vorhergehenden Ausführungen eine besondere vertragliche Zusicherung erfolgt ist, es sich vielmehr nur um Angaben rein tatsächlicher Art handelt. Es darf indessen nicht verkannt werden, daß die Schwierigkeiten, namentlich in Grenzfällen, oft außerordentlich erheblich sind und mit positiver Gewißheit niemals der Ausgang eines etwaigen Prozesses vorausgesagt werden kann. Dieses Damoklesschwert schwebt überhaupt über allen Streitigkeiten, die die Mängelrüge des Monopolerwerbers betreffen, verständlich dadurch, daß die geltenden gesetzlichen Vorschriften auf die eigenartigen Verhältnisse des Filmrechtes überhaupt nicht zugeschnitten sind, und deshalb in der Mehrzahl der Fälle mit Analogien aus fremden Rechtsgebieten gearbeitet werden muß.

e) Zwecks Prüfung der Fehlerfreiheit ist eine vorherige Besichtigung der Kopie wesentlich. Weitere Hauptverpflichtung des Monopolveräußerers ist daher Gestattung der Besichtigung der Kopie durch den Erwerber, aber nur dann, falls Zahlung bei Übernahme der Kopie vereinbart ist[41]. Abgesehen davon, daß technische Mängel auf diese Weise ohne weiteres festgestellt werden können, besteht ein durchaus berechtigtes Interesse des Erwerbers, daß ihm vor Zahlung zunächst das körperliche Substrat, das ja für die Beurteilung der Mängelfreiheit von wesentlichster Bedeutung ist, vorgeführt wird.

6. Nebenpflichten des Veräußerers. a) Der Filmproduzent ist in der Regel verpflichtet, die Zulassung des Bildstreifens bei der Filmprüfstelle zwecks öffentlicher Vorführung zu beantragen. Die Vorlage eines ausländischen Bildstreifens erfolgt in der Regel durch den deutschen Monopolerwerber, ohne daß hierfür eine bestimmte Frist besteht[42]. Der Veräußerer hat dem Erwerber die notwendigen Duplikate der Zulassungskarte auszuhändigen.

---

[41] Vgl. RGZ. 118, 288 und Gutachten der Industrie- und Handelskammer Berlin — C. 13702/26.

[42] Vgl. Gutachten C. 1152/28 der Industrie- und Handelskammer Berlin. Um-

b) Der Veräußerer ist zur Zahlung der „Tobisgebühr“ für die Benutzung der Apparaturen bei der Filmherstellung sowie zur Kopienlieferung verpflichtet. Die Monopolverträge enthalten in der Regel grade hinsichtlich des letzteren Punktes eingehende Vereinbarungen. Entweder erfolgt unmittelbare Lieferung der Kopien durch den Veräußerer oder der Veräußerer ermächtigt den Erwerber, sich selbst Kopien anfertigen zu lassen; in diesem Falle erfolgt Einlagerung des Filmnegativs bei einer zwischen den Parteien zu vereinbarenden Kopieranstalt und zwar dergestalt, daß die Kopieranstalt berechtigt ist, Kopien für den Erwerber herzustellen und auszuhändigen. Von der Aushändigung jeder Kopie ist der Veräußerer zu verständigen, damit eine dauernde Kontrolle möglich ist. Die Zahl der Kopien für jedes Monopolgebiet ist meist im Vertrage selbst festgelegt. Vom Monopolveräußerer gelieferte und bezahlte Kopien sind nach Ablauf der Monopoldauer an ihn zurückzuliefern. Die auf Kosten des Monopolerwerbers hergestellten Kopien werden sein Eigentum. Eine Verpflichtung zur Herausgabe der Kopien an den Veräußerer nach Ablauf der Monopoldauer besteht nicht[43]. Der Erwerber ist nicht berechtigt, Kopien zu „doubeln“, d. h. nach diesen Kopien ein neues Negativ herzustellen, selbst wenn er rechtmäßiger Inhaber der Lizenz ist oder der Veräußerer mit seiner Verpflichtung auf Lieferung von Kopien in Verzug gerät, da nach urheberrechtlichen Grundsätzen nur dem Veräußerer die Vervielfältigungsbefugnis zusteht. Einige Länder, vor allen Dingen Amerika, verlangen Herstellung der Kopien in ihren eigenen Kopieranstalten. In diesem Falle tritt keine Schadensersatzpflicht des Veräußerers ein, wenn er infolge Versendung des Negativs zur Lieferung der Kopien nicht in der Lage ist.

c) Zur Lieferung von Reklamematerial ist der Veräußerer nur bei ausdrücklicher Vereinbarung verpflichtet. Lieferung des Materials hat in diesem Falle zum Tagespreise zu erfolgen.

d) Der Veräußerer ist mit Rücksicht darauf, daß das Negativ die Grundlage für den Abzug von Kopien bildet, verpflichtet, es während der Monopoldauer angemessen zu versichern[44].

---

gekehrt hat der deutsche Monopolverkäufer oft ein Interesse daran, daß der ausländische Erwerber möglichst bald die Zensur in seinem Heimatlande durchführen läßt. Es gelten dann die obigen Grundsätze analog. Meist wird diese Frage durch spezielle vertragliche Abmachungen geregelt.

[43] Vgl. Mitteilungen der Handelskammer, Gutachten C. 167/26, in Mitteilungen der Handelskammer 1926, 208.

[44] Auf die für die Negativversicherung mit Rücksicht auf die Eigenarten der Filmindustrie bedeutsamen Gesichtspunkte kann hier nicht des Näheren eingegangen werden. Ich verweise insbesondere auf das Urteil des Reichsgerichts vom 3. Januar 1930 VII. 447/29 (Jahrbuch der Filmindustrie 1930, 516ff.) über den Versicherungswert des Negativs (als „Versicherungswert“ kommen in erster Linie die Herstellungskosten in Betracht); vgl. ferner den eindringlichen Aufsatz von Kalischer: „Die Versicherung von Filmnegativen“, Arch.f.Urh.R. 1, 37ff.

7. Die Pflichten des Monopolerwerbers. a) Hauptverpflichtung ist Zahlung des vereinbarten Entgelts, das entweder in einer fixen Summe oder einer prozentualen Beteiligung an den Erträgnissen des Films bestehen kann; im letzteren Falle wird handelsüblich eine bestimmte Garantiesumme vereinbart.

Die Zahlungen haben, soweit nichts anderes vereinbart ist, Zug um Zug gegen Bewirkung der Gegenleistung zu erfolgen (§ 320 BGB.). Die Gegenleistung ist mit der Mitteilung des Veräußerers an den Erwerber, daß der Film fertiggestellt ist resp. das Negativ im Inlande eingetroffen und die Kopieranstalt berechtigt ist, Kopien in Höhe des jeweiligen oder vertraglich vereinbarten Bedarfs an den Lizenzerwerber zu liefern, bewirkt. Im Falle prozentualer Beteiligung, die regelmäßig bei der Vergebung des deutschen Monopols, seltener bei der Abgabe von Filmlizenzen an das Ausland oder beim Erwerb ausländischer Filmlizenzen vereinbart wird, fallen handelsüblich 60% der Einnahmen dem Lizenzerwerber, 40% dem Lizenzveräußerer zu, und zwar dargestalt, daß vor Teilung von den eingehenden Bruttobeträgen handelsüblich zunächst die durch die Vorführung des Films entstehenden Unkosten, also Reklame und Uraufführung abzuziehen sind. Demjenigen Vertragsteile, der die Kosten für die Kopien verauslagt hat, sind diese Kosten aus den ersten Verleiheingängen zu erstatten. Abrechnung ist handelsüblich jeden Monat zu erteilen. Die Ansprüche auf Zahlung der Lizenzgebühr verjähren innerhalb von vier Jahren (§ 196 Ziff. 1 und 2 BGB.), da für den Verkauf von Filmlizenzen sinngemäß die Vorschriften über die Verjährung von Warenlieferungen für den Gewerbebetrieb des Schuldners gelten[45].

b) Der Erwerber hat die Monopolgrenzen einzuhalten und seinen Unterabnehmern als Erfüllungsgehilfen die gleiche Verpflichtung aufzuerlegen[46]. Das Monopolrecht darf nur durch öffentliche Vorführung und Vertrieb von Filmen ausgeübt werden; unzulässig ist daher die unmittelbare Übertragung der Aufführung von Tonfilmen durch Rundfunk[47]. Der Erwerber ist auch nicht berechtigt, die Filme durch Positivabzüge von geringerer als der gewöhnlichen Breite (35 mm, Schmalfilm) in irgendeiner Form vorzuführen oder auszunutzen.

c) Die Vorführungs- und Vertriebspflicht ist keine Hauptverpflichtung; die entgegengesetzte Auffassung von Goldbaum[48] scheitert schon daran, daß auch der patentrechtliche Lizenzvertrag grundsätzlich keine Ausführungspflicht des Lizenznehmers kennt[49], es sei denn, daß sie ausdrücklich vereinbart oder nach Treu und Glauben, wie z. B. beim partiarischen

---

[45] Vgl. Eckstein: a. a. O. S. 332; Isay: a. a. O. S. 316; RGZ. 88, 43.
[46] Vgl. Hirsch: a. a. O. S. 52.
[47] Vgl. auch oben S. 183; Goldbaum: Tonfilmrecht S. 26.
[48] Vgl. Goldbaum: Urheberrecht, a. a. O. S. 97.
[49] Vgl. Kisch: a. a. O. S. 219; Isay: a. a. O. S. 347.

Monopolvertrag, anzunehmen ist. Für den filmrechtlichen Monopolvertrag gelten aber die gleichen Grundsätze, zumal es sich um keinen Verlagsvertrag handelt. Wenn das Reichsgericht[50] gelegentlich eine Vorführungspflicht mit Rücksicht darauf bejaht hat, „daß allgemein bei Monopolverträgen die Pflicht zum Vertriebe und zur Vorführung des Films üblich sei", so ist diese Begründung in Wirklichkeit keine Begründung; denn die Üblichkeit schließt nicht aus, daß der Erwerber das ihm übertragene Recht in jeder ihm geeignet erscheinenden Weise ausnutzen kann. Deswegen kann von einer Vorführungs- und Vertriebspflicht als Hauptleistung nur beim partiarischen Filmmonopolvertrage die Rede sein. Das Kammergericht hat zwar[51] in einer auch sonst nicht unbedenklichen Entscheidung, die zunächst den zwischen einem Theaterbesitzer und einem Filmverleiher abgeschlossenen Filmleihvertrag betraf, aber durch ausdrückliche Bezugnahme auf den Filmmonopolvertrag grundsätzliche Bedeutung besitzt, die Auffassung vertreten, daß selbst bei gesellschaftsähnlichen Monopolverträgen eine Vorführungspflicht nicht besteht. Diese Ansicht ist deswegen irrig, weil die Vereinbarung eines Gewinnschlüssels unter Berücksichtigung des sonstigen Vertragsinhalts zweifellos als wenn auch nicht ausdrücklich ausgesprochene, so doch stillschweigend zugesicherte Abrede einer Vorführungspflicht anzusehen ist[52].

Übrigens sehen im Sinne der hier vertretenen Auffassung die Monopolverträge vielfach vertragliche Bestimmungen vor, in denen die Vorführungspflicht des Erwerbers ausdrücklich festgelegt ist, andernfalls dem Veräußerer ein Rücktrittsrecht zusteht.

d) Eine Verpflichtung des Veräußerers, den Monopolerwerber gegen Störungen Dritter in der Ausübung des Monopolrechtes zu schützen, besteht nicht, da der Erwerber auf Grund seiner dinglichen Rechtsstellung mit den aus §§ 31 KunstUG., 36, 37 LitUG sich ergebenden Rechtsfolgen selbst klagen kann[53]. Nur im Falle des Plagiats ist der ursprüngliche Monopolinhaber ausschließlich berechtigt und verpflichtet, gegen den Plagiator vorzugehen, da die Befugnis aus § 15a KunstUG. den Film in abgeänderter Gestalt wiederzugeben, mit Übertragung des Monopolrechts nicht übergegangen, sondern bei ihm verblieben ist, er also daher durch jedes im Bereiche der Berner Übereinkunft begangene Plagiat verletzt wird. Ein zwischen Monopolerwerber und Plagiator selbständig abgeschlossener Vergleich bindet den Veräußerer nicht.

8. **Nebenpflichten des Erwerbers.** a) Beim partiarischen Lizenzvertrag ist der Erwerber verpflichtet, dem Veräußerer oder seinem Bevoll-

[50] RGZ. 106, 367. [51] Vgl. GRRU. 1927, 313.

[52] Eine unbedingte Vorführungspflicht, gestützt auf GOLDBAUM und das Reichsgericht, bejahen GOLDSCHMIDT: Arch.f.Uhr.R. 2, 1ff. und BENZIGER: ZBlfH. 1927, 420; wie hier HIRSCH: Filmverwertungsverträge S. 43.

[53] Vgl. ISAY: a. a. O. S. 340 und die dort zitierten Entscheidungen des Reichsgerichts.

mächtigten, der nicht der Konkurrenz angehören darf, Einsicht in die den Vertrieb des Films betreffenden Bücher, sowie alle sonstigen in Betracht kommenden Urkunden und Belege zu gewähren.

b) Mitwirkungsrecht bei der Herstellung des Films[54] verpflichtet den Erwerber zu einem Treu und Glauben und der Verkehrsauffassung entsprechenden Verhalten; er darf also z. B. den Filmproduzenten nicht wochenlang mit Besetzungsfragen hinhalten.

c) In jedem Falle trifft den Monopolerwerber die Verpflichtung, für den Film ausreichende Reklame zu machen. Während der Bühnenunternehmer nur verpflichtet ist[55], die Aufführung würdig und angemessen vorzubereiten, muß der Monopolerwerber für das öffentliche Erscheinen des Films einen geeigneten Resonanzboden schaffen, der größtmöglichste Gewinnerträgnisse erhoffen läßt. Von diesem Gesichtspunkte aus hat der Verleiher die Pflicht wenn irgend möglich für eine angemessene Uraufführung zu sorgen; verkehrsüblich findet die Uraufführung in Berlin in einem Uraufführungstheater statt[56]. Ist die Uraufführung aus verleihtechnischen Gründen in Berlin nicht möglich[57], so muß der Film wenigstens angemessen herauskommen. In manchen Monopolverträgen ist ein Zuschuß des Fabrikanten zu den Kosten der Uraufführung und der Reklame vorgesehen. In diesem Falle ist der Zuschuß ausschließlich für den vereinbarten Zweck zu verbrauchen. In den Fachzeitungen der Kinematographie wie in der Tagespresse ist auf das Erscheinen und die Uraufführung durch geeignete Inserate hinzuweisen. Im Bildstreifen selbst muß die Herstellerfirma mit ihrer Handelsmarke genannt sein. Grundsätzlich ist davon auszugehen, daß der Erwerber die Propaganda- und Reklameverpflichtung nicht ernst genug nehmen kann, da sie ein wichtiges Moment für den Erfolg des Filmes bedeutet.

d) Der Verleiher ist verpflichtet, den Film sachgemäß auszubeuten; er ist daher nicht berechtigt, den Film als „Schwanzfilm" anzuhängen, da dadurch die Gewinnerträgnisse geschmälert werden; auch die Stornierung von Verleihabschlüssen wie die Gewährung von Nachlässen ist jedenfalls beim partiarischen Monopolvertrag ohne ausdrückliches Einverständnis des Monopolerwerbers unzulässig, es sei denn, daß es sich um unerhebliche Änderungen handelt. Die richtige Grenze im Einzelfall zu finden, bleibt Aufgabe des Richters. Zur Vermeidung etwaiger Differenzen in dieser Beziehung empfiehlt sich die Aufnahme einer dementsprechenden Bestimmung in den Monopolvertrag.

---

[54] Vgl. S. 211. [55] Vgl. S. 47. [56] Vgl. S. 232.

[57] Vgl. Gutachten der Industrie- und Handelskammer Berlin — C. 31297/26 —: „Es werden jährlich zahlreiche Filme hergestellt, die für das Publikum der Uraufführungstheater nicht geeignet sind, also niemals eine Uraufführung erleben können. Aber selbst um den hiernach verbleibenden Rest der Filme zur Uraufführung zu bringen, würden die vorhandenen Uraufführungstheater nicht ausreichen."

e) Schließlich ist der Erwerber verpflichtet, die Lizenzgebühren an die musikalischen Verwertungsgesellschaften (Gema, Amre) zu zahlen.

9. Vertragsverletzungen. Verletzungen des Monopolvertrages seitens eines der Vertragsteile sind nach den §§ 320ff. BGB. zu beurteilen. Bei Verzug mit einer Hauptverpflichtung sind die Rechte aus § 326 BGB. gegeben, nach Fristsetzung also Rücktritt oder Schadensersatz wegen Nichterfüllung. Welcher Weg zweckmäßig ist, entscheidet der Einzelfall[58]. Bei zu vertretender Unmöglichkeit der Leistung greifen die §§ 324, 325 BGB. Platz, bei zufälliger Unmöglichkeit § 323 BGB. Ist Übertragung des Lizenzrechts gegen Wechselhingabe vereinbart und gehen bereits vorher Wechsel des Erwerbers zu Protest, so kann vor Lieferung der Kopien Sicherstellung verlangt werden (§ 321 BGB.). Handelt es sich um ein gesellschaftsähnliches Verhältnis, so sind die §§ 705ff. BGB. zu berücksichtigen, also statt Rücktritt Kündigung aus einem wichtigen Grunde[59]. Übrigens wird für den Fall der Vertragsverletzung häufig eine Konventionalstrafe vereinbart. Sie ist nur bei Verschulden verfallen (§§ 336ff. BGB., § 348 HGB.).

10. Einzelfragen. a) *Änderungsbefugnis:* Die Änderungsbefugnis des Monopolerwerbers ist mit Rücksicht auf § 9 LitUG. eng begrenzt[60]. Durch die Änderungen darf der Aufbau des Films und der Gang der Spielhandlung nicht beeinträchtigt werden. Innerhalb dieser Grenzen sind verkehrsüblich Änderungen und Kürzungen, die für die kommerzielle Verwertbarkeit des Films unumgänglich notwendig sind, in vernünftigem Ausmaße erlaubt.

b) *Übertragung mehrerer Monopolrechte in einem Monopolvertrage.* Sie kommt in der Praxis meist in der Form vor, daß die Filme durch ein bestimmtes Kennzeichen äußerlicher Art verbunden sind, z. B. in sämtlichen Filmen ein bestimmter Schauspieler (Richard Tauber, Harry Piel, Harry Liedtke) die Hauptrolle spielt; es wird in diesem Falle verkehrsüblich die gesamte Produktion des Betriebsjahres abgeschlossen, also die „Tauber-Produktion", die „Piel-Filmproduktion" usw.[61] Gleichliegend ist der Fall, daß ein Filmstoff in mehrere in sich selbständige Teile zerlegt wird („Fridericus Rex" I. und II. Teil, „Tragödie der Liebe" I. und II. Teil); in allen diesen Fällen handelt es sich um getrennte Monopolrechte, meist über Filme, die erst hergestellt werden sollen oder in der Herstellung begriffen sind. Derartige Mengenmonopolverträge unterliegen den gleichen Grundsätzen wie der Einzelmonopolvertrag[62].

[58] Vgl. auch S. 247. [59] Über den grundlegenden Unterschied zwischen Rücktritt und Schadensersatz wegen Nichterfüllung vgl. auch S. 60.

[60] Theaterrechtliche Verhältnisse können hier keineswegs zum Vergleiche herangezogen werden (vgl. dieserhalb S. 62ff.).

[61] Vgl. auch den Fall RGZ. 118, 288 ff., in dem die „Schünzel-Produktion" abgeschlossen war.

[62] Vgl. auch Hirsch: a. a. O. S. 45; Böhm: S. 46ff. Die Ausführungen von Böhm treffen in diesem Umfange nicht mehr zu, da sie durch die wirtschaftliche

Sehr oft handelt es sich bei Verträgen dieser Art um Sukzessiv-Lieferungsverträge. In diesem Falle ist der Erwerber zum Rücktritt vom Vertrage berechtigt, falls bereits der erste Film von so anormaler Beschaffenheit ist, daß dem Erwerber ein Stehenbleiben beim Vertrage nicht zuzumuten ist[63]. Bei einem in gesellschaftsähnlichen Formen abgeschlossenen Monopolvertrag ist ohne weiteres Kündigung gemäß § 723 BGB. zulässig. Der Veräußerer ist zum Rücktritt vom Vertrage ohne Fristsetzung berechtigt, falls der Erwerber fortlaufend die Lizenzzahlungen schuldhafterweise unpünktlich leistet[64]. Eine unmittelbar nach Abschluß des Vertrages erst hervortretende wesentliche Verschlechterung in den Vermögensverhältnissen des Erwerbers, die den Anspruch auf die Gegenleistung gefährdet, begründet möglicherweise Anfechtung wegen Irrtums und arglistiger Täuschung gemäß §§ 119, 123 BGB., da § 321 BGB. nur ein Zurückbehaltungsrecht des an sich vorleistungspflichtigen Veräußerers gewährt[65].

Bei Verkauf der jeweiligen Jahresproduktion, ohne daß titelmäßig bestimmte Filme näher bezeichnet sind, ist der Veräußerer zur Lieferung seiner gesamten Jahresproduktion verpflichtet. Er kann also nicht willkürlich nach Abschluß des Vertrages die Produktion in zwei Staffeln einteilen, um nur eine Staffel zu liefern und die Lieferung der zweiten Staffel von der Zahlung eines neuerlichen Preises abhängig zu machen[66].

Einräumung einer Option an den Erwerber auf Übertragung künftiger Monopolrechte bedeutet kein Vorkaufsrecht, sondern ein für bestimmte Zeit unwiderrufliches Verkaufangebot[67].)

c) *Vererblichkeit und Übertragbarkeit.* Grundsätzlich ist wie bei dem patentrechtlichen Lizenzvertrage[68] die Übertragbarkeit und Vererblichkeit der gegenseitigen Ansprüche und Pflichten aus einem Film-Monopolvertrag vorbehaltlich der Haftung des früheren Erwerbers (§ 415 BGB.) zu bejahen, es sei denn, daß die Übertragbarkeit ausdrücklich ausgeschlossen worden ist. Beim gesellschaftsähnlichen Mo-

---

Entwicklung überholt sind. Die Unterscheidung von HIRSCH zwischen „echter" und „unechter" Serie erscheint wenig förderlich, da der Fall der echten Serie rechtlich genau so liegt wie der unechten Serie, sobald es sich um selbständige Monopolrechte handelt; das ist aber in allen mir bekannten Fällen stets der Fall gewesen.

[63] Vgl. RGZ. 57, 105.

[64] Vgl. auch RG. v. 24. April 1925 bei WARNEYER: Rechtspr. Nr. 165, sowie WARNEYER Kommentar zu BGB.²: 1, 654; a. A. HIRSCH: S. 54.

[65] Vgl. S. 224.

[66] Über den heute nicht mehr praktischen Fall, wenn bei einer Serie von billigen Filmen auch ein Großfilm abgeschlossen ist, vgl. BÖHM: a. a. O. S. 40ff.; GOLDBAUM: a. a. O. S. 103.

[67] Vgl. ISAY: a. a. O. S. 332; STAUDINGER: a. a. O. S. 264; a. A. HIRSCH: a. a. O. S. 48; vgl. auch RG. 6. Juli 1920; MuW. 20, 34ff.

[68] KISCH: a. a. O. S. 222; ISAY: S. 348; HIRSCH: S. 51ff.

nopolvertrag kompliziert sich die Sachlage. Es kann ohne Einverständnis des Veräußerers von einem Rechtsübergang mit dinglicher Wirkung weder im Wege der Einzelnachfolge, noch im Wege der Gesamtnachfolge die Rede sein, so daß eine trotzdem erfolgte Übertragung wirkungslos ist; für den Todesfall greift § 727 Abs. 1 BGB. durch; bezüglich der Einzelnachfolge ist die Übertragung mit Rücksicht auf § 717 BGB. unzulässig[69]. Der Anspruch auf Gewinnanteil kann dagegen abgetreten und gepfändet werden (§ 717^2 BGB.). Unrichtig ist jedenfalls das Recht des Filmproduzenten auf Übertragbarkeit auch im Falle des gesellschaftsähnlichen Lizenzvertrages zu bejahen, dagegen für den Erwerber es in diesem Falle mit der Begründung zu verneinen, daß der Produzent das Monopol nicht einem beliebigen Verleiher, sondern nur einem solchen, von dessen geschäftlicher Tüchtigkeit er sich eine besonders vorteilhafte Ausnutzung des Films verspricht, übertragen hat[70]. Gerade dieser Gesichtspunkt ist durchschlagend, um auch eine Übertragbarkeit auf seiten des Produzenten zu verneinen. Einbringung des Monopolvertrages in eine eigene zu diesem Zwecke gegründete G. m. b. H. oder A. G. ist Übertragung.

d) Auf die Vermittlung von Monopolverträgen finden die Vorschriften der §§ 652ff. BGB. in Verbindung mit §§ 93ff. HGB. Anwendung. Allgemeine Grundsätze über die Höhe einer etwaigen Provision bestehen nicht[71].

e) Angesichts der Internationalität des Filmhandels bilden Verträge zwischen deutschen und ausländischen Firmen keine Seltenheit. Sehr oft werden auch diese Verträge im Auslande abgeschlossen, sind aber in Deutschland selbst zu erfüllen. Das zur Anwendung gelangende Recht, insbesondere auch der Erfüllungsort, bestimmt sich in diesem Falle nach den Regeln des internationalen Privatrechts[72].

11. Dauer des Monopolvertrages. a) Grundsätzlich gilt der Monopolvertrag für die im Vertrage vereinbarte Zeit; ist nur das erste Monopol übertragen, so läuft der Monopolvertrag handelsüblich nach drei Jahren ab; die Dauer des zweiten Monopols beträgt handelsüblich zwei Jahre; ist das Monopolrecht ohne besonderen Zusatz übertragen, so handelt es sich um einen Vertrag von unbegrenzter Dauer, da ein Handelsbrauch bezüglich der Frage, für welchen Zeitraum mangels Vereinbarung ein Urheber- und Monopolrecht an einem Film übertragen

---

[69] § 717 BGB. enthält übrigens nur dispositives Recht. Vgl. RG. v. 11. Juli 1919; WARNEYER: Rechtspr. 1920, Nr. 10.

[70] So HIRSCH: a. a. O. S. 51.

[71] Vgl. Gutachten der Industrie- und Handelskammer Berlin — C. 2527/29 —, sowie „Mitteilungen der Industrie- und Handelskammer“ Jg. 26, H. 10, 25. Mai 1928, S. 512.

[72] Es wird dieserhalb verwiesen auf die Darstellung bei FRANKENSTEIN: Internationales Privatrecht 2, 169ff.

ist, nicht besteht[73], und die Übertragung der Monopolrechte ohne besonderen Zusatz nicht ohne weiteres als Übertragung des ersten Monopols resp. ersten und zweiten Monopols angesehen werden kann. Eine unbegrenzte Dauer des Monopolvertrages kann, aber braucht keineswegs sittenwidrig zu sein[74].

b) Als außerordentliche Beendigungsgründe des Monopolvertrages kommen in Betracht Nichtigkeit, Rücktritt, Kündigung.

aa) Der Monopolvertrag kann aus in der Person der Vertragskontrahenten liegenden Gründen angefochten werden (§§ 119ff. BGB.); z. B. berechtigt unbekannt gebliebene Vertrauens- und Kreditunwürdigkeit des Vertragsgegners zur Anfechtung wegen Irrtums aus § 119 BGB.[75]. Die Wirkungen der Nichtigkeit treten mit erfolgreicher Anfechtung gemäß § 142 Abs. 1 BGB. ein. Die Nichtigkeit kann aber auch ipso jure eintreten, z. B. wenn der Vertrag auf eine unmögliche Leistung gerichtet war; dieser Fall liegt dann vor, falls der Film einem der Berner Konvention nicht beigetretenen Lande entstammt, so daß eine gültige urheberrechtliche Befugnis überhaupt nicht übertragen werden konnte[76].

bb) Das Rücktrittsrecht ist gegeben, falls einer der Vertragskontrahenten mit der ihm obliegenden Hauptleistung schuldhafterweise in Verzug gerät (vgl. auch S. 224).

cc) Ein außerordentliches Kündigungsrecht kommt für die in Form eines Gesellschaftsvertrages oder zum mindesten eines gesellschaftsähnlichen Vertrages abgeschlossenen Monopolverträge in Betracht (§ 723 BGB.). Den hauptsächlichsten Fall dieser Kündigung aus wichtigem Grunde bildet Zahlungsunfähigkeit des Filmverleihers. Auf Grund rechtmäßiger fristloser Kündigung gilt die Gesellschaft als aufgelöst. Wegen der Rechtsfolgen vgl. S. 246.

Bei vorzeitiger Beendigung des Vertragsverhältnisses wird sich für den Monopolveräußerer oft die Notwendigkeit ergeben, zwecks Vermeidung etwaiger Nachteile eine sofortige Unterbindung des Vertriebes durch den Verleiher herbeizuführen. Diese Möglichkeit ist ohne weiteres auf Grund der §§ 936, 938, 940 ZPO. im Wege der einstweiligen Verfügung gegeben; die Anträge im einzelnen richten sich nach den Bedürfnissen des Antragstellers.

---

[73] Vgl. das auch sonst bedeutsame Gutachten C. 31594/26 der Industrie- und Handelskammer Berlin.

[74] Vgl. Isay: a. a. O. S. 348; die Ausführungen bei Hirsch: S. 53 leiden an Unklarheit darüber, was gelten soll, sobald eine bestimmte Monopoldauer weder im Vertrage vereinbart ist noch aus der Art des übertragenen Monopols sich entnehmen läßt, welche Vertragsdauer beabsichtigt war.

[75] Vgl. L. Z. 15, 13, Nr. 1.

[76] Vgl. Goldbaum: a. a. O. S. 110; Hirsch: a. a. O. S. 110.

§ 35. Der Filmleihvertrag.

1. Allgemeines. Der Verleiher verwertet sein Monopolrecht in der Weise, daß er seinerseits an die einzelnen Theaterbesitzer zwecks Erwerbs von Vorführungsrechten herantritt; gleichzeitige Überlassung mehrerer Vorführungsrechte ist aus Gründen wirtschaftlicher Rentabilität die Regel. Im Gegensatz zum Monopolvertrag ist auch das persönliche Band zwischen Filmverleiher und Theaterbesitzer insofern ein viel lockeres, als der Abschluß des Filmleihvertrages auf seiten des Filmverleihers fast ausschließlich durch Filmvertreter[1] erfolgt. Schließlich stellen Filmverleiher auf der einen Seite, Theaterbesitzer auf der anderen Seite scharf umrissene Berufsgruppen dar, zwischen denen sich im Laufe der Jahrzehnte typische, verbandsmäßig festgelegte Geschäftsbedingungen entwickelt haben. Die maßgeblichen deutschen Filmverleihfirmen waren bis Anfang des Jahres 1929 in dem 1916 begründeten, seither in Liquidation getretenen Zentralverband der Filmverleiher Deutschlands E. V. zusammengefaßt, dessen Stelle nunmehr die Arbeitsgemeinschaft der Filmverleiher Deutschlands[2] mit ungefähr den gleichen Mitgliedsfirmen eingenommen hat. Die Lichtspieltheaterbesitzer sind in dem 1917 gegründeten „Reichsverbande deutscher Lichtspieltheaterbesitzer" organisiert[3]. Zwischen beiden Verbänden sind „Bezugsbedingungen" vereinbart, die auf der Rückseite des Bestellscheins abgedruckt sind und die Grundlage für die vertraglichen Beziehungen zwischen Lichtspieltheaterbesitzer und Filmverleiher abgeben. Die gegenwärtigen Bezugsbedingungen stammen aus dem Jahre 1929, können aber infolge Nichtberücksichtigung des Tonfilms nicht mehr in vollem Umfange als für den gegenwärtigen Rechtszustand zutreffend angesehen werden[4].

Handelsüblich ist der deutsche Monopolbezirk in fünf Monopolbezirke aufgeteilt, nämlich Berlin-Osten, Norddeutschland, Mitteldeutschland, Rheinland-Westfalen, Süddeutschland. Eine Reihe von Verleihfirmen bearbeiten den gesamten deutschen Monopolbezirk, also sämtliche fünf Bezirke, andere, die sog. „Bezirksverleiher", sind jeweils nur für einen Bezirk tätig.

---

[1] Vgl. S. 230.

[2] Vgl. Jahrbuch der Filmindustrie 1930, 391. Über die wirtschaftlichen Grundlagen und Grundbedingungen des Filmverleihs vgl. die sehr instruktive Schrift von WEINWURM: Der Filmverleih in Deutschland 1931 (Dissertation).

[3] Vgl. Jahrbuch der Filmindustrie 1930, 397.

[4] Nach den auf der Münchener Tagung 1931 des Reichsverbandes der deutschen Lichtspieltheaterbesitzer abgegebenen Erklärungen wird über einen Normalbestellschein für Tonfilme nebst dazugehörigen Bezugsbedingungen zwischen den beteiligten Organisationen verhandelt, ohne daß bisher eine Einigung erzielt ist; der „Reichsverbandsbestellschein" der Theaterbesitzer hat sich bisher nicht allgemein durchsetzen können.

2. Rechtlicher Charakter der Bezugsbedingungen. Der Geschäftsverkehr zwischen Theaterbesitzer und Filmverleiher wickelt sich in der Regel auf Grund von „Bezugsbedingungen“ ab. Sie besitzen nicht die Eigenschaft von „Handelsbräuchen“, da einmal die Voraussetzungen des § 346 HGB. infolge Fehlens der Kaufmannseigenschaft bei der Mehrzahl der Theaterbesitzer nicht gegeben sind[5], zum anderen jeder Handelsbrauch die Bildung einer entsprechenden Verkehrssitte erfordert[6]. Es ist aber nicht die allgemein verkehrsübliche Auffassung, wie sie in der Regel im Einverständnis beider Parteien unter Mitwirkung der Industrie- und Handelskammern festgelegt wird[7], in diesen Bezugsbedingungen kodifiziert, sondern sie stellen sich als das Ergebnis eines langwierigen und zähen Ringens zwischen Verleiher und Theaterbesitzer dar, das verständlicherweise vom nackten Interessentenstandpunkte beherrscht ist. Deswegen hat auch die Industrie- und Handelskammer Berlin gutachtlich sich mit Recht dahin geäußert[8], daß ein Handelsbrauch, nach welchem die Bezugsbedingungen ohne weiteres als vereinbart gelten, nicht besteht. Es muß vielmehr ausdrückliche Bezugnahme erfolgen. In der Praxis geschieht sie in der Weise, daß der Theaterbesitzer den Bestellschein mit der Klausel unterschreibt, daß „auf Grund der umstehend abgedruckten Bezugsbedingungen bestellt wird“ und er anerkennt, durch die Unterzeichnung des Bestellscheines von den auf der Rückseite gedruckten Bezugsbedingungen Kenntnis erhalten zu haben. Ist zwischen den Parteien auf Grund eines Bestätigungsschreibens oder mündlich resp. fernmündlich kontrahiert, so gelten die Bezugsbedingungen nur bei ausdrücklicher Vereinbarung, es sei denn, daß die Parteien bereits jahrelang auf Grund der Bezugsbedingungen in Geschäftsverbindung gestanden haben.

3. Der Abschluß des Vertrages. Der Abschluß des Filmleihvertrages ist formfrei. Schriftform ist aber die Regel. Der Theaterbesitzer macht dem Filmverleiher durch unterschriftliche Vollziehung des Bestellscheines ein Angebot mit der Verpflichtung, sich an dieses Angebot eine bestimmte Zeit zu halten[9]. Diese im Gegensatze zum sonstigen Wirtschaftsleben

[5] Vgl. RGZ. 49, 161; Plank: Komm. 1, 407, 5. Abs. 4; Warneyer: 1, 302, III zu § 157; Staub: HGB. 3, 16ff. Soweit es sich um Betriebe handelt, die in Form der AG. oder GmbH. betrieben werden, folgt die Kaufmannseigenschaft aus dem Gesetze; sonst kommt § 2 HGB. in Betracht, dessen Voraussetzungen nur bei wenigen Betrieben vorliegen.

[6] Vgl. OLG. Hamburg, HGZ. 11, H. 30; Staub: HGB. 3, 21.

[7] Vgl. beispielsweise die von der Handelskammer Berlin für die verschiedensten Handels- und Industriezweige festgestellten Geschäftsbedingungen und Handelsbräuche.

[8] Vgl. „Mitteilungen der Industrie- und Handelskammer“ 1928, 79, Gutachten C. 24782/27.

[9] Der Vertragsabschluß ist nach Preußischem Stempelsteuerrecht (vgl. Pr. Stemp.StG. in der Fassung vom 27. 10. 1924, Tarifst. 10, II, c) mit $^{3}/_{10}$% von

ungewöhnliche Form des Vertragsabschlusses ist darauf zurückzuführen, daß die Angebote auf Grund des Besuches der nicht abschlußberechtigten Filmvertreter erfolgen. Unter diesen Umständen muß erst durch die Zentrale eine Prüfung der einzelnen Bedingungen erfolgen. In den bisherigen Bezugsbedingungen war abweichend von § 151 BGB. ausdrückliche, also schriftliche Annahme des Angebots durch die Zentrale vorgesehen. Die Annahmefrist betrug, falls das Theater am Orte des Hauptsitzes der Verleihfirma gelegen ist, vier Tage, andernfalls zehn Tage, vom Datum der Bestellung an gerechnet. Hingabe der Annahmeerklärung zur Post innerhalb dieser Fristen war ausreichend. Nach der jüngsten allerdings nur vereinzelt gebräuchlichen Fassung des Bestellscheins bedarf der Abschluß des Vertrages überhaupt keiner ausdrücklichen Annahmeerklärung; die Annahme gilt vielmehr als erfolgt, wenn der Verleiher nicht das Angebot durch Rücksendung innerhalb der Offertfrist ablehnt. An Annahmeerklärungen, die nicht fristgemäß abgegeben sind, ist der Theaterbesitzer nicht gebunden (§ 148 BGB.), er muß aber die Verspätung unverzüglich schriftlich rügen, da bei unbeanstandeter Entgegennahme die Annahme als nicht verspätet gilt (§ 149 BGB.). Nicht in die Offerte aufgenommene Nebenabreden, Zusicherungen oder sonstige Vereinbarungen haben keinerlei Gültigkeit. Zusicherungen von Filmvertretern sind bedeutungslos, falls sie nicht ausdrücklich vom Verleiher bestätigt sind. Bestellungen durch sog. Geschäftsführer und Familienangehörige sind grundsätzlich rechtlich bedeutungslos. Der Bestellschein sieht mit Rücksicht hierauf auch bei Angeboten durch dritte Personen ausdrücklich die bestimmte Angabe des Vollmachtsverhältnisses vor. Bei ungenügender Bevollmächtigung greifen die §§ 177ff. BGB. Platz. Sofern nicht Genehmigung vorliegt[10], ist der Theaterbesitzer zur Einhaltung des Vertrages nicht verpflichtet. Der Verleiher kann sich nach § 179 BGB. nur an den Vertreter halten, wofern diesem nicht Einwendungen aus § 179 Abs. 2 und 3 zustehen. Die im Bestellschein enthaltene Klausel, daß der Bevollmächtigte durch Übernahme der selbstschuldnerischen persönlichen Haftung für die eingegangenen Verpflichtungen Garantie für die Richtigkeit seiner Angaben leistet, bedeutet nur die an sich überflüssige Festlegung des bereits im § 179 BGB. hinsichtlich der Haftung des Vertreters ohne Vertretungsmacht ausgesprochenen Rechtsgrundsatzes, ohne daß Bürgschaft oder Garantieübernahme vorliegt.

der Spielmiete zu verstempeln. Die Stempelsteuer wird nach den Bezugsbedingungen Ziff. 2, Abs. 6. von beiden Parteien je zur Hälfte getragen und für alle Filme bei der ersten Lieferung erhoben; außerdem ist noch seitens des Theaterbesitzers an den Verleiher ein Betrag für die Spitzenorganisation der deutschen Filmindustrie zu zahlen, welchen der Verleiher an die Spitzenorganisation abführen muß.

[10] Unter Umständen kann in der stillschweigenden Annahme des Bestätigungsschreibens Genehmigung liegen, vgl. hierzu die Kommentare zum BGB. zu § 177.

4. Der rechtliche Charakter des Filmleihvertrages. Der Filmleihvertrag hat mit dem Filmlizenzvertrage gemeinsam, daß in beiden Fällen ein Recht Gegenstand des Vertrages ist. Dort Übertragung des Monopolrechtes, hier Übertragung der urheberrechtlichen Vorführungsbefugnis aus § 15a KSchG., die im Bestellschein früher juristisch unscharf als ,,Übertragung des Aufführungsrechtes", heute mit betonter Deutlichkeit richtiger als ,,Lizenz für die Benutzung von Film und Tonträger" bezeichnet wird. Auch beim Filmleihvertrage handelt es sich um einen Lizenzvertrag, der allerdings die gleichzeitige Verpflichtung zur Übergabe der Filmkopie in sich schließt, ohne hierdurch eine Veränderung in seinem Wesen als einer Abmachung über die Ausnutzung des Vorführungsrechtes zu erleiden[11]. Während indessen beim Filmmonopolvertrage Wille und Absicht der Parteien auf Einräumung einer dinglichen Rechtsstellung des Erwerbers gerichtet ist, soll beim Filmleihvertrage dem Theaterbesitzer lediglich die Befugnis eingeräumt werden, das körperliche Substrat dieser Befugnis, nämlich die Kopie, in seinem Theater öffentlich vorzuführen; aus dieser wesentlich enger gezogenen Zweckbestimmung des Vertrages ergibt sich, daß das dem Theaterbesitzer zustehende Nutzungsrecht materiell insofern einen anderen Charakter trägt, als seitens des Verleihers nur eine rein schuldrechtliche Verpflichtung eingegangen werden soll. Daraus ergibt sich der grundlegende Unterschied vom Filmmonopolvertrage; dort Übertragung der dinglichen Lizenz, hier Übertragung eines bloßen Benutzungsrechtes, ohne das Recht andere davon auszuschließen[12]. Deshalb handelt es sich bei dem dem Theaterbesitzer eingeräumten Vorführungsrecht um eine einfache schuldrechtliche Lizenz in Form der Betriebslizenz.

Der mit dem Lizenzvertrage parallel gehende schuldrechtliche Vertrag ist als auf Verschaffung der tatsächlichen Nutzung gerichtet Pacht. Der Einwand von GOLDBAUM[13], daß das Vorführungsrecht in diesem Falle schon Früchte in der Hand des Verleihers tragen müßte, widerlegt sich dadurch, daß die Leihmieten, richtiger gesagt, Lizenzgebühren, ohne weiteres als Früchte im Sinne des § 99 Abs. 3 BGB. angesehen werden müssen[14].

Hand in Hand mit dem Lizenzvertrage geht, soweit es sich um die Überlassung der Kopie und etwaigen Reklamematerials handelt, ein

---

[11] So mit Recht GOLDBAUM: Urhebervertragsrecht a. a. O. S. 104, KG. GRU. 1927, 313, HIRSCH: a. a. O. S. 69; vollkommen abwegig ECKSTEIN: a. a. O. S. 205.

[12] Vgl. ISAY: a. a. O. S. 364; a. A. HIRSCH: a. a. O. S. 71.

[13] Vgl. GOLDBAUM: a. a. O. S. 104.

[14] Vgl. GOLDSCHMIDT: Arch.f.Urh.R. 2, 6; gleicher Ansicht HIRSCH: a. a. O. S. 72, der allerdings die Kasseneinnahmen des Kinobesitzers als Früchte des Vorführungsrechtes ansieht. So schon MAY: Das Recht des Kinematographen, S. 141; und BÖHM: Verträge im Filmgewerbe, a. a. O. S. 10, 39, 61.

Mietsvertrag, da es sich hierbei nur um eine zeitweilige Benutzung handelt.

Eine Selbstverständlichkeit wird nur damit betont, daß der Filmleihvertrag in Wirklichkeit kein Leihvertrag im Sinne des § 598 BGB. ist und deshalb seinen Namen zu Unrecht trägt. Indessen hat sich dieser Name im Verkehr so eingebürgert, daß an ihm festgehalten werden muß.

5. Hauptpflichten des Verleihers. Die Hauptverpflichtung geht auf Verschaffung der Vorführungsbefugnis; sie wird durch Annahme des Angebots des Theaterbesitzers auf Abschluß eines Vorführungsvertrages durch den Verleiher in Verbindung mit Lieferung einer Kopie des in Betracht kommenden Films zum vereinbarten Spieltermine verwirklicht.

a) Unbeschadet der Vereinbarung der Spieltermine im einzelnen[15] ist als wesentlichstes die Hauptverpflichtung des Verleihers charakterisierendes Moment bereits jetzt hervorzuheben, daß die zeitliche Ausübung der tatsächlichen Nutzung in den Parteivereinbarungen insofern eine sehr erhebliche Rolle spielt, als hierüber in der Regel bestimmte handelsüblich eine ganz bestimmte Bedeutung besitzende Vermerke im Bestellschein enthalten sind[16]. Entscheidende Bedeutung besitzen in dieser Beziehung die Begriffe „Uraufführung", „Erstaufführung", „Zweitaufführung", sowie „Vorspielrecht". Als „Uraufführung" gilt die öffentliche Vorführung des Films in bestimmten Berliner Theatern, den sog. „Uraufführungstheatern"[17]. Sie bestimmen sich nach der Verkehrssitte (z. B. Ufa-Palast Berlin, Atrium, Capitol). Als „Erstaufführung" wird die öffentliche Vorführung in sog. „Erstaufführungstheatern" bezeichnet. Auch der Begriff der „Erstaufführungstheater" ist handelsüblich festgelegt. Berlin ist beispielsweise verleihtechnisch in eine Mehrzahl von Bezirken eingeteilt. In jedem dieser Bezirke ist ein bestimmtes Theater „Erstaufführungstheater". In größeren Provinzstädten tritt an die Stelle der Bezirkseinteilung der gesamte Stadtbezirk. Dementsprechend wird als „Zweitaufführung" diejenige öffentliche Vorführung des Films bezeichnet, die anschließend an die Erstaufführung in „Zweitaufführungstheatern" erfolgt; sie spielen regelmäßig bereits in der Erstaufführung anderwärts gelaufene Filme. Hinter Uraufführung, Erstaufführung und Zweitaufführung rangiert die große Schar der „Nachspieler", denen handelsüblich ebenfalls eine bestimmte Rangordnung, technisch „Vorspielrecht" genannt, je nach Vereinbarung eingeräumt ist. Diese nach Art der Theater erfolgende Differenzierung der Vorführungsbefugnis wirkt sich verständlicherweise wirtschaftlich dahin aus, daß, je exklusiver (im wirtschaftlichen Sinne!) die Vorführungs-

[15] Vgl. Seite 242.
[16] Vgl. Gutachten der Industrie- u. Handelskammer Berlin — C. 31927/26.
[17] Gutachten der Industrie- u. Handelskammer Berlin — C. 2060/28.

befugnis ist, desto höhere Leihmieten seitens der Theaterbesitzer gezahlt werden.

Die unterschiedliche Behandlung der Lichtspieltheater nach Art der ihnen überlassenen Vorführungsbefugnis besitzt insofern sehr erhebliche praktische Bedeutung, als erfahrungsgemäß Verletzungen des Vorspielrechtes eine besondere Rolle spielen. Spielt beispielsweise ein Zweitaufführungstheater dem Erstaufführungstheater des gleichen Bezirks vor, so ist das vereinbarte Erstaufführungsrecht in seinem Werte auf das erheblichste geschmälert, wenn nicht wertlos geworden. Handelsüblich werden daher bestimmte Vereinbarungen über das Vorspielrecht u. ähnl. getroffen.

Gemeinsam ist allen diesen Vereinbarungen die generelle Bestimmung, daß der Verleiher am Orte des Bestellers keinen der vermieteten Filme an Schulkinos, Kulturfilmbühnen, Zusammenschlüsse solcher Unternehmungen oder sonstige Unternehmungen öffentlicher Hand, die regelmäßig Filmvorführungen veranstalten, früher als zehn Monate nach dem Tage, an dem der Film in dem Theater des Bestellers abgespielt wurde, liefern darf, es sei denn, daß es sich um Lehrfilme oder Kulturfilme oder um Filme von besonderem kulturellen oder wissenschaftlichen Wert handelt (Ziff. 1 Abs. 4 der Bezugsbedingungen).

Durch die Bezugsbedingungen werden die dem Theaterbesitzer an sich bei Verletzung des Vorspielrechts gesetzlich zustehenden Rechte auf Rücktritt und Schadensersatz insofern bedeutend eingeschränkt, als ihre Geltendmachung nur bei böswilliger Verletzung des Vorspielrechts seitens des Verleihers erfolgen kann. Es scheiden daher zunächst alle Fälle von Fahrlässigkeit des Verleihers resp. seines Personals aus. Auch vorsätzliches Verschulden der Erfüllungsgehilfen des Verleihers ist nicht ausreichend (§§ 278^2, 276 BGB.); es muß vielmehr absichtliches, vorsätzliches Verschulden in Frage stehen, da nach der Terminologie des BGB. (§§ 324, 615 Abs. 2, 649 Abs. 2, 2333, Nr. 4) Böswilligkeit der Absichtlichkeit gleichzusetzen ist[18], Absicht aber ein Begriffsmerkmal des Vorsatzes nur in seiner schwersten Form bildet[19]. Entfällt aber die Haftung des Verleihers für eigene Fahrlässigkeit und für Fahrlässigkeit und vorsätzliches Verschulden seiner Erfüllungsgehilfen, so sind Rücktrittsrecht bzw. Schadensersatzansprüche nur in den wenigen Fällen gegeben, in denen Vorsatz des Filmverleihers selbst in Frage steht, da dessen Haftung wegen Vorsatz niemals im voraus erlassen werden kann (§ 276 BGB.), oder absichtliche Vorsätzlichkeit der Erfüllungsgehilfen in Frage kommt. Die Handelskammer Berlin hat zwar

[18] Vgl. auch RG. 57, 241, sowie das nicht veröffentlichte Urteil des KG. 27. U. 10899/30.

[19] Vgl. auch Frank: StGB. S. 192.

in einem Gutachten[20] sich dahin geäußert daß nach der in den beteiligten Kreisen herrschenden Auffassung der Besteller zur Abnahme und Bezahlung des Films nicht verpflichtet ist, wenn die von dem Verleiher gewährleistete Reihenfolge der Aufführungen nicht eingehalten wird. Indessen ist dieses Gutachten angesichts der klaren Fassung der Bezugsbedingungen bedenklich und kann auch nicht unter Anwendung der Grundsätze von Treu und Glauben korrigiert werden[21]. Eine weitere die Rechte des Theaterbesitzers einschränkende Bestimmung enthält Nr. 4 Bez.-Bed. Der Besteller kann kein Recht daraus herleiten, daß der Film bei einem Vorspieler nicht vorgeführt wird, eine besonders für kleinere Kinos in Betracht kommende Bestimmung, die sich das Spielen im Anschluß an ein größeres Kino bedungen haben, um von der Reklame des größeren Kinos zu profitieren. Übrigens besteht kein Handelsbrauch, nach dem ein Filmverleiher, der einen aktuellen Film an ein kleines Lichtspieltheater vermietet, auch ohne besondere Vereinbarung verpflichtet ist, diesen Film nicht zur gleichen Zeit oder vor der vereinbarten Mietszeit an ein in unmittelbarer Nähe gelegenes größeres Lichtspieltheater zu vermieten[22].

Wird vereinbart, daß der Theaterbesitzer im Anschluß an ein bestimmtes Kino zu spielen hat (z. B. im Anschluß an Atlantic Lichtspiele), so ist der Verleiher an sich nicht berechtigt, ein anderes Kino einzuschieben, falls Atlantic Lichtspiele aus irgendwelchen Gründen den Film nicht spielen. Entgegengesetztenfalls liegt Verletzung des Vorspielrechtes vor[23].

---

[20] Vgl. Gutachten der Industrie- und Handelskammer — C. 21161/26 — „Mitteilungen" 1926, 997.

[21] So Hirsch: Filmverwertungsverträge, a. a. O. S. 90; in dem Gutachten C. 132/27 sagt übrigens die Handelskammer zu dieser Frage: „Beim Verleih eines Films sind die Bezirke Steglitz und Friedenau nicht ohne weiteres als *ein* Bezirk anzusehen; bezüglich der Frage, ob bei Verstößen des Verleihers bezüglich des Erstaufführungsrechtes der Verleiher das Recht hat, die Aufführung des Films abzulehnen und den doppelten Betrag der vereinbarten Garantiesumme als Schadensersatz vom Verleiher zu fordern, besteht kein einheitlicher Handelsbrauch. Während von Lichtspieltheaterbesitzern die Frage bejaht wird, stehen die Filmverleiher auf dem gegenteiligen Standpunkt.

[22] Vgl. Gutachten C. 28080/26 der Industrie- u. Handelskammer Berlin.

[23] Die Industrie- u. Handelskammer Berlin hat sich in dem auch heute noch zu beachtenden Gutachten — C. 21161/26 — hierzu grundsätzlich wie folgt ausgesprochen: Der Vermerk auf einem Bestellschein „Im Anschluß an E. u. F. vor L. E. P. und M. Lsp." bedeutet nach der in den beteiligten Kreisen herrschenden Auffassung die Übertragung des Aufführungsrechtes für die im Bestellschein genannten Filme derart, daß der Besteller diese Filme in seinen Lichtspielen in unmittelbarem Anschluß an die Firma E. u. F. zu spielen berechtigt war, diese Filme also seitens der Verleihfirma im Bezirke des Bestellers nicht zwischen der Aufführung bei E. u. F. und dem Besteller einem anderen Theater im Bezirke des Bestellers zur Aufführung überlassen werden durften. Da die

Keine Verletzung des Vorspielrechtes ist darin zu erblicken, daß in verschiedenen Bezirken belegene Erstaufführungstheater zu verschiedenen Zeiten beliefert werden, da der Begriff der Erstaufführung nur für jeden einzelnen Bezirk, nicht für alle Bezirke gleichzeitig, gilt. Der Verleiher kann für den Fall einer sich über mehrere Monate hinziehenden Uraufführung die Erstaufführungstheater schon zwei Wochen nach der Uraufführung beliefern, ohne das Vorspielrecht zu verletzen.

Für den Fall einer böswilligen Verletzung des Vorspielrechtes ist der Theaterbesitzer des Nachweises eines bestimmten Schadens in gewisser Höhe enthoben, da mindestens die Höhe der doppelten Leihmiete als Schadensersatz gefordert werden kann. Diese Bestimmung führt in der Praxis zu Schwierigkeiten, falls die Leihmiete nicht in einer fixen Summe, sondern in einer prozentualen Beteiligung am Bruttoergebnisse besteht. Schätzung durch einen gerichtlichen Sachverständigen unter Berücksichtigung der in Betracht kommenden Umstände des Einzelfalles (Lage des Theaters, Besuch des Theaters, Wirkung des Filmes in anderen Theatern) ist notwendig[24]. Daneben bleibt ihm unbenommen, vom Vertrage über den Film (also nicht vom gesamten Vertrage, falls mehrere Filme abgeschlossen sind) zurückzutreten. Die vorbezeichneten Rechte können entweder wahlweise oder nebeneinander geltend gemacht werden.

b) Analog den bereits beim Monopolvertrag entwickelten Grundsätzen darf die Vorführungsbefugnis keine Mängel aufweisen, die ihren vertragsgemäßen Gebrauch aufheben oder mindern. Angesichts der Tatsache, daß im Verkehr zwischen Verleiher und Theaterbesitzer die Kopie eine besonders erhebliche Rolle spielt, mischen sich hier in eigenartiger Weise Rechts- und Sachhaftung dergestalt, daß zum Teil die gleichen Fragen wie beim Monopolvertrage auftauchen, andere wiederum auf die speziellen Bedürfnisse des Verleihverkehrs zugeschnitten sind.

aa) Bezüglich des inneren Wertes gelten die gleichen Rechtsgrundsätze wie beim Filmmonopolvertrag. Besichtigung des Films vor Abschluß des Mietsvertrages schließt daher jede Mängelrüge aus. Für besondere bei Vertragsabschluß gemachte Zusicherungen hat der Verleiher unter der Voraussetzung einzustehen, daß sie Vertragsbestandteil geworden, also etwa dem Theaterbesitzer Prospekte, Kataloge, Photomaterial vorgelegt worden sind, die ihn zum Abschluß veranlaßt

Reihenfolge der Aufführungen einen der wichtigsten Teile des Vertrages zwischen Filmverleiher und Theaterbesitzer darstellt, und ein bevorzugter Platz in der weiteren Folge der Vorführung innerhalb eines Bezirkes von dem Theaterbesitzer durch einen erhöhten Mietpreis für den Film abgegolten wird, war nach der in den beteiligten Kreisen herrschenden Auffassung der Besteller an sich zur Abnahme und Bezahlung des Films nicht verpflichtet, wenn die von dem Verleiher gewährleistete Reihenfolge der Aufführungen nicht eingehalten wurde".

[24] Vgl. auch KG. in GRU. R. 1927, 313.

haben. Sehr oft werden gerade in Katalogen der einzelnen Verleihfirmen die Qualitäten der einzelnen Filme in besonders eindringlicher Weise durch Bezeichnungen „Extraklasse", „Superfilm", „Schlagerfilm" hervorgehoben und danach die Leihmieten bemessen. In einem solchen Falle kann verständlicherweise für die unter Zugrundelegung eines „Superfilms" errechnete Leihmiete nicht ein gewöhnlicher Spielfilm geliefert werden. Allerdings taucht, sobald nicht objektiv feststehende Merkmale vorhanden sind, die Frage einer scharfen, begrifflichen Abgrenzung zwischen Superfilm und gewöhnlichem Spielfilm auf, eine Frage, die sich schon eng mit der Haftung des Verleihers für angebliche Qualitätsmängel berührt (vgl. S. 216). Eine befriedigende Antwort ist kaum zu geben. Es wird auf die Umstände des Einzelfalles ankommen. Klar ist, daß ein mit Richard Tauber in der Hauptrolle angekündigter, daraufhin vom Theaterbesitzer abgeschlossener Film nicht plötzlich mit irgendeinem unbekannten Sänger in der Hauptrolle geliefert werden kann. Schwieriger ist die Frage des Ensemblefilms. Hier werden die Herstellungskosten des Films einen gewissen Anhaltspunkt abgeben. Schließlich wird auch die Ausstattung des Films, der Name des Regisseurs und der Schauspieler bei Beurteilung des Films mitsprechen. Trotzdem bleibt noch ein ungelöster Rest zurück, der die Entscheidung im Einzelfalle sehr schwer macht. Es ist deshalb Vorsicht bei Verwendung derartiger schmückender Beiworte geboten[25]. Hat der Verleiher den Film im Rahmen der neuesten Produktion angeboten, so braucht der Film handelsüblich nicht tatsächlich neu zu sein, da davon auszugehen ist, daß jeder Theaterbesitzer durch die Fachzeitschriften über das Herstellungsjahr ausreichend unterrichtet wird und verpflichtet ist, die Fachorgane zu lesen[26].

Sind keine besonderen Zusicherungen erfolgt, so hat der Theaterbesitzer nur Anspruch auf Lieferung eines spielfähigen Filmes normaler Beschaffenheit. Qualitätsbemängelungen können also niemals damit begründet werden, daß die Filme dem Publikum nicht zugesagt haben[27]. Eine Selbstverständlichkeit ist, daß ein Spielfilm, nicht etwa ein Reklamefilm, bei dem im Rahmen der Spielhandlung Reklame für eine bestimmte Industrie oder ein bestimmtes Unternehmen gemacht wird, geliefert werden muß.

Für die Rentabilität des Filmes haftet der Verleiher nicht. Es besteht deshalb auch kein Handelsbrauch auf Absetzung eines Films im Spiel-

[25] Zumal sie auch wettbewerbsrechtlich bedenklich sind; vgl. das interessante Urteil des KG. 5. Januar 1931, Arch.f.Urh.R. 4, 330 über das Recht der Bezeichnung eines Films als Tonfilm.

[26] Vgl. Gutachten C. 6726/28 der Industrie- u. Handelskammer Berlin sowie Urteil LG. I Berlin 13. Januar 1931 Arch.f.Urh.R. 4, 335 (Lieferung eines Tonfilms statt eines stummen Films).

[27] Vgl. Urteil LG. I Berlin 4. Oktober 1930, Arch.f.Urh.R. 4, 72ff.

plan, sobald eine Unterbilanz eintritt[28]. Wird der Film trotzdem abgesetzt, so besteht kein Recht auf Lieferung eines Ersatzfilmes.

bb) Die Kopie muß technisch einwandfrei, also so beschaffen sein, daß sie bei Gebrauch normaler Vorführungsapparate keine Mängel in der Photographie und Perforation aufweist, auch ein einwandfreies Spiel auf den üblichen Tonfilmvorführungsapparaten ermöglicht, außerdem eine bestimmte Länge besitzen[29].

cc) Eine Reihe weiter hierher gehöriger Fälle werden durch die Bezugsbedingungen in bestimmter Weise geregelt. Der Verleiher haftet danach nicht, falls Krieg, Landestrauer, Streik, Aussperrung, Beschädigungen oder Abhandenkommen des Negativs oder Positivs, Nichtbelieferung seitens der Herstellerfirma, behördliche Verbote, Widerruf der Zulassung, überhaupt Umstände, die vom Willen des Verleihers unabhängig sind, insbesondere auch Verschulden der Verkehrsanstalt oder des Spielers die Lieferung oder Aufführung verhindern oder verzögern; der Vertrag gilt als aufgehoben bezüglich solcher Filme, welche infolge endgültigen Zensurverbots oder Widerruf der Zulassung nicht geliefert werden können (Ziff. 6 Abs. 3 in Verbindung mit Ziff. 1 Abs. 2 S. 2). Durch diese außerordentlich weit gefaßten Bestimmungen sind eine erhebliche Anzahl Streitpunkte beseitigt. Allerdings bleiben noch manche Fragen ungeklärt. Fällt beispielsweise aus einem der angegebenen Gründe ein Film aus, so ist der Verleiher nicht ohne weiteres zur Lieferung eines Ersatzfilms verpflichtet[30]. In analoger Anwendung des Grundsatzes von Ziff. 6 Abs. 6 Bez.-Bed., wonach bis zum Ende der Spielsaison, also der letzten Augustwoche, nicht erschienene Filme vom Besteller nicht abgenommen zu werden brauchen, der Verleiher aber gehalten ist, die ausfallenden Filme bei späterem Erscheinen vor der Konkurrenz anzubieten, wird sie indessen zu bejahen sein. Ist der Film vor dem Spieltermin im Wege des Widerrufsverfahrens verboten, nachträglich aber mit Abänderungen genehmigt worden, so ist der Theaterbesitzer nicht zur Abnahmeweigerung berechtigt, da er nur Anspruch auf Lieferung des Films in der von der Prüfstelle genehmigten Fassung besitzt.

Kommen die Bezugsbedingungen nicht zur Anwendung, so gelten die allgemeinen Grundsätze der §§ 323ff. BGB. sowie die speziellen Vorschriften des Pachtrechtes.

c) Zur Vermeidung von Streitfragen, die mit der Übersendung der Kopie zusammenhängen, sind in den Bezugsbedingungen eine Reihe eingehender Bestimmungen getroffen, die des besseren Zusammenhanges wegen bereits hier erwähnt werden mögen. Als Erfüllungsort

[28] Vgl. Gutachten der Industrie- u. Handelskammer Berlin. — C. 633/27.
[29] Wegen Abnahmeweigerung des Theaterbesitzers vgl. S. 244.
[30] Vgl. Hirsch: a. a. O. S. 78; unzutreffend Eckstein: a. a. O. S. 233.

gilt nach Nr. 13 der Bezugsbedingungen der Geschäftssitz des Verleihers. Demgemäß trägt der Theaterbesitzer die Gefahr des Hin- und Rücktransportes, sowie des Aufenthaltes der Filme bei ihm (Bez.-Bed. Nr. 7 und § 447 BGB.)[31]. Ist nicht auf Grund der Bezugsbedingungen gehandelt und kommt auch aus anderen Gründen der Wohnsitz des Verleihers als Erfüllungsort nicht in Frage, so gilt als Erfüllungsort der Wohnsitz des Theaterbesitzers. Der Theaterbesitzer ist daher von seiner Verpflichtung zur Zahlung der Leihmiete befreit, falls die Kopie beschädigt eingeht und nicht spielfähig ist. Durch Übernahme des Risikos des Hin- und Rücktransportes wird eine Haftung des Theaterbesitzers für den Wert der Kopie an sich nicht begründet. Verbrennt also die Kopie auf dem Transport, so trägt den Materialschaden der Verleiher. Während der Vorführung eintretende Beschädigungen hat der Theaterbesitzer im Verschuldensfalle zu tragen.

Üblicherweise[32] wird seitens des Verleihers das Risiko des Transportes sowie des Feuers und Einbruchsdiebstahls versichert. Erstattung der Versicherungsprämie kann gleichzeitig mit Zahlung der Leihmiete verlangt werden (Bez.-Bed. Ziff. 7). Bei beschädigtem Eintreffen besteht unverzügliche Mitteilungspflicht des Theaterbesitzers; ihre Unterlassung enthebt den Verleiher der Beweisführung, daß der Schaden beim Theaterbesitzer eingetreten ist, begründet vielmehr eine Vermutung dahin, daß die Beschädigung vom Theaterbesitzer zu vertreten ist.

Die Reklamationsfrist für Mängel der Kopie beträgt drei Tage.

Bei der Versendung der Kopie hat der Filmverleiher die Sorgfalt des ordentlichen Kaufmanns nach § 347 HGB. zu prästieren. Die Versendungsart (Post oder Bahn) bleibt dem Verleiher überlassen. Die Kopie hat jedenfalls möglichst schnell, billig und sicher in die Hände des Theaterbesitzers zu gelangen.

6. Nebenpflichten des Verleihers. Außer der Verschaffung der tatsächlichen Nutzungsmöglichkeit und Lieferung der Kopie — nach Willen und Absicht der Parteien als Hauptverpflichtungen anzusehen — kommen noch Nebenverpflichtungen des Verleihers in Betracht.

a) Es ist Reklamematerial zu liefern, allerdings nur in dem im Vertrage vorgesehenen Umfange. Derartige Vereinbarungen erstrecken sich usancegemäß auf Tondruckplakate, Klischeeplakate, Beschreibungen, Photos zum Aushängen, Diapositive und ähnliches. Das Material muß nach § 5 LG. zum öffentlichen Aushang und Gebrauche zugelassen sein. Bei besonderer örtlicher Reklame ist besondere Zulassung durch die Ortspolizeibehörde erforderlich[33].

---

[31] So auch Gutachten der Industrie- u. Handelskammer Berlin — C. 24782/27.

[32] Vgl. auch Gutachten der Industrie- u. Handelskammer Berlin — C. 24782/27.

[33] Vgl. S. 360 und Gutachten der Industrie- u. Handelskammer Berlin — C. 30291/26 —: „Es besteht kein Handelsbrauch, nach welchem bei Aufträgen zum

Die Überlassung des Reklamematerials erfolgt mietweise zu einem vom Verleiher festzusetzenden Mietpreise (Bez.-Bed. Ziffer 2, Satz 7), der gleichzeitig mit der Leihmiete fällig ist. Das Reklamematerial ist in gutem, reinlichem und brauchbarem Zustande spätestens acht Tage vor dem Spieltermin seitens des Verleihers abzusenden und auszuhändigen (Bez.-Bed. Ziffer 8). Nichtinnehaltung dieser Frist berechtigt den Theaterbesitzer nicht zum Rücktritt vom Vertrage.

Der Theaterbesitzer hat das Reklamematerial sorgfältig und pfleglich zu behandeln. Bei Beschädigung des Reklamematerials oder unvollkommener Rücksendung ist der Wiederbeschaffungspreis zu vergüten (vgl. Bez.-Bed. Ziff. 2, Satz 6). Ist es nicht gebrauchsfähig, so ist der Theaterbesitzer zur Zahlung der Miete nicht verpflichtet. Evtl. kommt Minderung in Betracht.

b) Der Verleiher ist zur Beifügung der Zulassungskarte verpflichtet[34] damit der Theaterbesitzer zur Vorlage bei der Polizeibehörde in der Lage ist. Er ist aber berechtigt, den Film auch ohne Zulassungskarte zu spielen, da die Polizeibehörde verpflichtet ist, sich anderweitig über die Zulassung des Films zu orientieren[35].

c) Häufig wird zwischen Filmverleiher und Theaterbesitzer — allerdings kommen wohl in dieser Beziehung nur Uraufführungstheater in Frage — Zahlung eines bestimmten Zuschusses zu den Reklamespesen des Theaterbesitzers vereinbart. In diesem Falle handelt es sich um einen besonderen neben dem Filmleihvertrag laufenden Vertrag, der rein obligatorische Rechtswirkungen auslöst, so daß seine Verletzung keineswegs ohne weiteres einen Rücktritt des Theaterbesitzers vom Leihvertrage rechtfertigt.

d) Eine namentlich früher häufig getroffene Vereinbarung, die aber gegenwärtig infolge der Einrichtung fast sämtlicher großer Theater als Tomfilmtheater nur noch für kleinere Theater Bedeutung besitzt, ging dahin, daß seitens des Verleihers eine bestimmte Musikaufstellung für das Spielen des Films mitzuliefern ist. Eine Vertragsverletzung in dieser Beziehung rechtfertigt selbstverständlich ebenfalls nicht ohne weiteres den Rücktritt des Theaterbesitzers vom Vertrage.

Druck von Filmplakaten die Zulassung dieser Plakate durch die Filmprüfstelle als stillschweigende Vertragsbedingung und Voraussetzung anzusehen ist.

[34] Vgl. S. 352.

[35] In dieser Beziehung wird darauf verwiesen, daß die Entscheidungen, die das Verbot eines Bildstreifens enthalten, sowie die Entscheidungen im Widerrufsverfahren im Deutschen Reichs- u. Preußischen Staatsanzeiger, sowie im Deutschen Fahndungsblatt, ferner auch im Ministerialblatt für die Preußische innere Verwaltung (dies seit dem 1. August 1924), veröffentlicht werden. Außerdem besteht für die örtlichen Polizeiverwaltungen jederzeit die Möglichkeit der fernmündlichen Rückfrage bei der Filmoberprüfstelle.

7. Hauptpflichten des Theaterbesitzers. Es sind: Zahlung der Leihmiete und Abnahme der Kopie.

a) Die Leihmiete, also das vom Theaterbesitzer an den Filmverleiher für die Überlassung der Vorführungsbefugnis zu entrichtende Entgelt, besteht entweder in einem fixen Betrage oder einer Beteiligung an den Eingängen, in diesem Falle meist mit fester Garantiesumme[36]. Die Höhe richtet sich nach der Dauer der Spielzeit, die nach unten auf eine halbe Woche, nach oben unbegrenzt ist. Unter einer halben Woche Spielzeit sind handelsüblich drei oder vier Tage zu verstehen.

Der Beteiligungskoeffizient des Verleihers errechnet sich aus den Bruttoeinnahmen abzüglich der Vergnügungssteuer[37]. Die Lieferung von Beiprogrammfilmen erfolgt in der Regel kostenlos. Bei Beschaffung des Beiprogramms durch den Theaterbesitzer selbst oder Ergänzung des Programms durch eine Bühnenschau können handelsüblich hierfür aufgewendete Kosten vor Berechnung der Beteiligungsquote von den Eingängen abgesetzt werden[38]. Der Verleiher ist berechtigt, täglich Abrechnung und Zahlung des die Garantiesumme übersteigenden Betrages in bar zu verlangen. Außerdem ist ihm in diesem Falle jegliche Kontrolle der Einnahmen zu gestatten. Es sind also sämtliche zur Prüfung der Eingänge erforderlichen Papiere und Urkunden vorzulegen, insbesondere die Abrechnungen mit der Vergnügungssteuer[39]. Der Abrechnung sind die zur Zeit des Vertragsabschlusses geltenden Preise zugrunde zu legen. Hat der Theaterbesitzer zur Zeit der Vorführung des Films niedrigere Eintrittspreise, so ist das unerheblich (vgl. Bez.-Bed. Ziff. 2, Satz 4). Der Anspruch auf Rechnungslegung kann im Wege der Klage geltend gemacht werden; erforderlichenfalls ist die Rechnungslegung durch Offenbarungseid zu bekräftigen (§ 359 BGB.).

Im Zusammenhange hiermit, aber nicht allein aus Kontrollgründen getroffen, steht die in den Bezugsbedingungen (Ziff. 2, Satz 5) enthaltene Verpflichtung des Theaterbesitzers zur Erhebung angemessener Eintrittspreise und der Vorführung keiner übermäßig langen Programme (Bez.-Bed. Nr. 2, 5). Die Bestimmungen stellen eine kartellartige Verpflichtung dar, deren rechtliche Zulässigkeit im Hinblick auf §§ 1, 8

---

[36] Von einer gesellschaftsähnlichen Art dieser Vereinbarung wird man übrigens hier im Gegensatz zum Monopolvertrag kaum sprechen können, da es sich nur um einen technischen Modus in der Berechnung der Leihmiete handelt, während beim Monopolvertrag gerade das enge persönliche Band zwischen Filmproduzent und Verleiher für die gesellschaftsrechtliche Natur in die Wagschale fällt. Für die gewerbesteuerrechtliche Seite vgl. OVG. 17. Juni 1930 (Jahrbuch der Filmindustrie 1930, 525).

[37] Vgl. wegen dieser Abzüge S. 384.

[38] Vgl. Gutachten der Industrie- u. Handelskammer Berlin — C. 26014/26 — veröffentlicht in den Mitteilungen 1926, 1155.

[39] Vgl. S. 386.

KVO. starkes Bedenken auslöst. Überdies ist ihr praktischer Wert schon deshalb problematisch, weil über den Begriff der Angemessenheit von Eintrittspreisen und der Länge von Programmen eine Einigung der beteiligten Berufsorganisationen bisher nicht erzielt wurde, auch wohl in Zukunft mangels divergierender Interessen nicht erzielt werden dürfte. Deswegen sind die an sich außerordentlich schwerwiegenden Rechtsfolgen, die in den Bezugsbedingungen an die Verletzung gerade dieser Bestimmungen geknüpft werden (Nichtbelieferung, Zahlung der Leihmiete), mehr theoretischer Art und wohl mehr als eine Aufforderung an die Theaterbesitzer, eine vernünftige Preispolitik zu betreiben, zu bewerten, als daß ihre Durchführung in der Praxis ernstlich bezweckt wird.

Die Leihmiete ist gesetzlich mangels entgegenstehender Vereinbarungen am Ende der Spielzeit zu entrichten (§ 551 BGB.). Handelsüblich wird aber die Leihmiete mit Eintreffen der Kopie fällig. Bei Versand der Kopie muß der Rechnungsbetrag drei Tage vor dem Spieltermin im Besitze des Verleihers sein.

Nach Ziff. 3 der Bez.-Bed. geht das Aufführungsrecht erst nach Zahlung auf den Besteller über. Wird daher überhaupt nicht oder mit Zahlungssurrogaten (Scheck, Wechsel), die nicht eingehen, gezahlt, so liegt darin eine Urheberrechtsverletzung im Sinne der §§ 31ff. KunstUG., die nicht nur strafrechtliche Folgen nach sich ziehen kann, sondern unter Anwendung der Grundsätze in RGZ. 121, 258ff. den Verleiher berechtigt, über die vereinbarte Leihmiete hinaus die gesamten Kasseneinnahmen ohne jeden Abzug als ungerechtfertigte Bereicherung zu fordern.

Für den Fall nicht rechtzeitiger Zahlung der Leihmiete besteht keine Verpflichtung des Verleihers zur Absendung der Kopie. Berechnung von Verzugszinsen ist statthaft. Die Bestimmung der Bez.-Bed. Nr. 2, Satz 2, daß der Verleiher nach vorheriger Androhung und vierzehntägiger Wartezeit alle Mieten fällig machen kann, falls der Theaterbesitzer mit der Bezahlung zweier vom Verleiher terminierter Filme im Rückstande kommt oder die Vertragserfüllung verweigert, widerspricht der weiteren Bestimmung, daß jeder Film als besonders abgeschlossen gilt.

Das Risiko der Auswertbarkeit trägt nach den Bez.-Bed. stets der Theaterbesitzer. Ziff. 11 bestimmt: „Abzüge für Tage, an denen der Betrieb ohne Einwirkung höherer Gewalten ruht oder der Film nicht aufgeführt werden kann, sind unzulässig.“ Demgemäß besteht auch keine Verpflichtung des Verleihers auf Entlassung des Theaterbesitzers aus dem Vertrage und umgekehrt kein Recht des Theaterbesitzers zum Rücktritt vom Vertrage, wenn der Theaterbesitzer die Unrentabilität seines Betriebes nachweist[40]. Für Tage mit allgemeinen staatlichen

[40] Vgl. Gutachten der Industrie- u. Handelskammer Berlin — C. 23407/26 — und Mitteilungen der Industrie- u. Handelskammer zu Berlin 1923, 68 und S. 236.

Spielverboten ist der Theaterbesitzer zur Kürzung der Leihmiete berechtigt[41]. Wird das Theater infolge höherer Gewalt nicht länger als zwei Monate geschlossen, so sind die in diese Zeit fallenden Spieltermine zu verlegen; bei Schließung von längerer Spielzeitdauer ist Rücktritt des Verleihers vom Abschluß zulässig.

b) Der Film muß innerhalb der Spielzeit abgenommen werden. Die Spieltermine werden durch gegenseitige Vereinbarung festgesetzt (Ziff. 5 Bez.-Bed.); dem Verleiher steht das Recht zu, die Festsetzung eines Spieltermins unmittelbar nach Annahme des Angebots zu verlangen. Kommt trotz zweimaliger Aufforderung, Spieltermine aufzugeben oder nach zweimaligem schriftlichem Angebot von Spielterminen eine Einigung nicht zustande, so hat der Verleiher das Recht der Zwangsterminierung, also einseitiger Festsetzung der Termine. Zwischen den einzelnen Aufforderungen muß eine Frist von mindestens einer Woche liegen. Nimmt der Theaterbesitzer trotz Zwangsterminierung den Film nicht ab, so ist die Leihmiete infolge Annahmeverzug ohne weiteres fällig[42].

Verlegungsrecht besitzen sowohl der Theaterbesitzer wie der Verleiher; es muß spätestens zwei Wochen vor dem Spieltermin ausgeübt werden. Falls auf Wunsch des Theaterbesitzers verlegt wird, geht er des ihm vertraglich zustehenden Platzes in der Reihenfolge der Aufführungen verlustig.

8. Nebenpflichten des Theaterbesitzers. a) Ein Vorführungszwang des Theaterbesitzers ist generell zu verneinen. Es gelten in dieser Beziehung analog die beim Filmmonopolvertrage entwickelten Grundsätze[43]. Die Rechtslage ist auch beim Verleihvertrag auf prozentualer Basis die gleiche; denn gesellschaftsrechtliche Grundsätze kommen hier nicht zur Anwendung (vgl. S. 240, Anm. 36).

b) Das Vorführungsrecht wird dem Theaterbesitzer handelsüblich stets nur für ein bestimmtes Theater eingeräumt, mag er auch mehrere Theater besitzen (vgl. Ziff. 3 Bez.-Bed.). „Pendeln" ist also verboten[44]. Unbefugtes Pendeln kann strafrechtliche Verfolgung nach den §§ 32ff.

---

[41] Vgl. auch Gutachten der Industrie- u. Handelskammer Berlin — C. 22466/26 — (Kürzung der Garantiesumme).

[42] Vgl. auch Gutachten der Industrie- u. Handelskammer Berlin — C. 14772/26 — wonach ein Handelsbrauch nicht besteht, daß der Filmverleiher bei Vereinbarung der Abnahme des Films innerhalb einer bestimmten Frist ohne Fristsetzung vom Vertrage zurücktreten und die vereinbarte Vergütung ohne Verpflichtung zur Lieferung verlangen kann, wenn der Theaterbesitzer den Film nicht zur vereinbarten Zeit abnimmt.

[43] Vgl. S. 222. Goldbaum: a. a. O. S. 105ff. hat den Aufführungszwang aus verlagsrechtlichen Gesichtspunkten bejaht, dagegen Kammergericht im Beschluß v. 5. März 1927 — 10. W. 1522/27 — ihn verneint. GRU. 1927, 313.

[44] Vgl. S. 436 über Pendeln im Artistenrecht.

KunstUG. nach sich ziehen, außerdem haftet der Theaterbesitzer bei etwaiger Übertretung für sich, seine Angestellten und für sonstige Dritte[45]. Für jede Zuwiderhandlung bei Pendeln ist nach den Bezugsbedingungen eine der richterlichen Ermäßigung nicht unterliegende Konventionalstrafe von 500 Mark fällig.

c) Der Theaterbesitzer ist verpflichtet, jede Veränderung am Filme an Teilen desselben, an der Einteilung und in der Reklame zu unterlassen. Auch in diesem Falle haftet übrigens nach den Bez.-Bed. der Theaterbesitzer für Verschulden seiner Angestellten und sonstiger Dritter. Zahlung einer Konventionalstrafe in Höhe der einfachen Spielmiete, mindestens aber in Höhe von 100 Mark, unter Vorbehalt weitergehender Ansprüche sind angedroht.

Abänderungen des Bildstreifens durch Zerschneiden werden sich erklärlicherweise seltener ereignen[46]. Häufiger sind dagegen die Fälle, in denen der Theaterbesitzer aus Propagandagründen an Stelle des vom Verleiher bestimmten Titels einen anderen Titel wählt. Namentlich in kleineren Provinztheatern sind in dieser Beziehung noch Unsitten festzustellen. Diese vom Theaterbesitzer selbstgewählten Titel, meist marktschreierischer Art, sind selbstverständlich in der Reklame und im Bildstreifen unzulässig, und zwar nicht nur auf Grund ausdrücklicher vertraglicher Vereinbarungen, sondern auch aus urheberrechtlichen Gründen. Wird ein Film unter zwei Titeln, nämlich einem Haupttitel und einem Nebentitel geliefert, z. B. „Königin Luise", „Das Schicksal einer Dulderin", so darf der Theaterbesitzer diese Titel nicht umstellen, also den Nebentitel zum Haupttitel und umgekehrt den Haupttitel zum Nebentitel machen. Der Theaterbesitzer darf neben der vom Verleiher gelieferten Reklame naturgemäß selbst Reklame für den Film machen, z. B. durch entsprechende Anzeigen in den örtlichen Zeitungen, Lichtreklame, Reklame durch Flugzeuge usw. Untersagt ist aber nach den Bez.-Bed. jede Reklame, welche geeignet ist, das Ansehen des Filmgewerbes in der Öffentlichkeit herabzusetzen.

d) Der Theaterbesitzer ist zur pfleglichen Behandlung der ihm überlassenen Kopie verpflichtet. Mit Rücksicht auf ihren erheblichen Vermögenswert sind strenge Anforderungen an die Sorgfaltspflicht des Theaterbesitzers und seiner Angestellten zu stellen. Bei der Vorführung von Tonfilmen darf der Theaterbesitzer nur einwandfreie Tonfilmvorführungsapparate benutzen. Als einwandfrei nach dieser Richtung hin gilt ein Apparat, der mit derselben Vorführungsgeschwindigkeit

[45] Vgl. auch Hirsch: a. a. O. S. 101, der mit Recht die juristische Unklarheit dieser Bestimmung hervorhebt; selbstverständlich kann sich die Haftung nur auf zivilrechtliche Ansprüche beziehen.

[46] Einen derartigen, immerhin ungewöhnlichen Fall behandelt Urteil AG. Berlin-Mitte 2. Mai 1930 Arch.f.Urh.R. 4, 81ff.

und hinsichtlich der Qualität des Tones und Abnutzung des Tonträgers ebensogut arbeitet, wie die in Deutschland am meisten gebräuchlichen Tonfilmvorführungsapparate (vgl. Bez.-Bed. Ziff. 12). Bei Beschädigung von Kopien oder Tonträgern ist sofort dem Verleiher Anzeige zu machen. Die beschädigten Tonträger, also bei Plattenton die beschädigte Schallplatte, bei Lichtton die schadhaften Teile der Positivkopie, sind sofort dem Verleiher einzusenden. Bei Lichttonkopien sind alle unbrauchbaren Teile sofort durch schwarzen Blankfilm zu ersetzen, damit die synchrone Vorführung von Bild und Ton nicht beeinflußt wird.

e) Nach Benutzung von Kopie und Reklamematerial ist beides an den Verleiher zurückzusenden, falls nicht anderweitige vom Theaterbesitzer zu beachtende (Bez.-Bed. Ziff. 6, Satz 2) Versandordres des Verleihers vorliegen. Nach den Bez.-Bed. hat die Kosten des Rücktransportes stets der Theaterbesitzer zu tragen. Ein Zurückbehaltungsrecht an Kopie und Reklamematerial ist gemäß Ziff. 9 der Bez.-Bed. ausgeschlossen Zuwiderhandlungen gegen diese Vorschriften unterliegen unbeschadet weiterer Schadensersatzansprüche einer sehr hohen Konventionalstrafe.

f) Bei der Vorführung von Tonfilmen darf der Theaterbesitzer nur solche Vorrichtungen zur mechanischen Musikwidergabe verwenden, die im Zusammenhang mit dem Film hergestellt, von dem Verleiher geliefert oder schriftlich zur Benutzung freigegeben sind. Die Ansprüche der Musikverwertungsgesellschaften gegen die Theaterbesitzer auf Zahlung der Gebühren wegen der öffentlichen Musikwiedergabe sind seitens des Theaterbesitzers zu berichtigen.

9. Vertragsverletzungen. Vertragsverletzungen eines der Vertragsteile sind in erster Linie nach den speziellen Vorschriften des Pachtrechtes, besser gesagt, des Mietrechtes, da für das Pachtrecht gemäß § 581 Abs. 2 BGB. dessen Vorschriften in Frage kommen, zu entscheiden. In Betracht kommen insbesondere die §§ 537, 538, 542 BGB. Ergänzend sind die Vorschriften der §§ 320ff. BGB. heranzuziehen, alles dies unter der Voraussetzung, daß die Bezugsbedingungen nicht eine anderweite Regelung festsetzen; wegen der Möglichkeit einstweiliger Verfügungen ist auf das S. 227 Gesagte zu verweisen.

Nach der letzten Fassung des Bestellscheins vom 1. Januar 1929 ist bei schuldhafter Nichtlieferung des Films durch den Verleiher der Theaterbesitzer berechtigt, vorbehaltlich weiterer Schadensersatzansprüche Schadensersatz in Höhe eines Betrages der doppelten auf die ausfallenden Spieltage entfallenden Spielmiete zu fordern; außerdem steht beiden Parteien das Recht zu, unverzüglich mittels eingeschriebenen Briefes einen neuen in die nächsten acht Wochen fallenden Spieltermin zu verlangen. In neueren von einzelnen Firmen herausgegebenen Bezugsbedingungen ist der Vorbehalt der weiteren Schadensersatzansprüche gestrichen, so daß in diesem Falle nur doppelte Leihmiete als Schadensersatz verlangt werden kann.

10. Einzelfragen. a) Sind seitens des Theaterbesitzers eine Reihe von Vorführungslizenzen abgeschlossen, so ist jede einzelne Gegenstand des Vertragsabschlusses. Ziff. 1 Abs. 2 Bez.-Bed. bestimmt in dieser Hinsicht ausdrücklich: „Jeder Film gilt als besonders abgeschlossen, so daß bei Nichtlieferung eines der bestellten Filme der Theaterbesitzer kein Recht auf Rücktritt vom ganzen Vertrage gegen den Verleiher herleiten kann"; handelt es sich um Serienfilme dergestalt, daß ein bestimmter Filmstoff auf eine Reihe nacheinander erscheinender Filme verteilt ist, so finden die Grundsätze des Sukzessiv-Lieferungsvertrages Anwendung. Mangelhafte Lieferung eines Filmes kann deshalb unter Umständen ein Rücktrittsrecht vom gesamten Vertrage begründen; denn in diesem Falle sind die einzelnen Serienfilme als *ein Film* auch im Sinne der Bezugsbedingungen anzusehen.

b) *Übertragbarkeit und Vererblichkeit.* Für den Fall der Gesamtnachfolge gelten keine rechtlichen Besonderheiten. Bei der Einzelnachfolge sind Verleiher und Theaterbesitzer auseinanderzuhalten.

Wird seitens des Verleihers das Monopolrecht weiter übertragen, so haftet er zwar auch weiterhin für Erfüllung der von ihm abgeschlossenen Verträge und hat evtl. Unvermögen nach § 325 BGB. zu vertreten; dagegen ist der Rechtsnachfolger zur Einhaltung dieser Verträge nicht verpflichtet, da es sich um eine schuldrechtliche Lizenz handelt. Der Theaterbesitzer ist an die mit dem ursprünglichen Verleiher abgeschlossenen Verträge auch gegenüber dem Rechtsnachfolger gebunden, hat also bei einwandfreiem Nachweis der Rechtsnachfolge die Spieltermine einzuhalten bzw. zu vereinbaren. Bei Veräußerung der Firma ergibt sich die Erfüllungspflicht des Rechtsnachfolgers ohne weiteres aus § 25 HGB., da es sich um noch nicht erfüllte gegenseitige Verträge handelt[47], es sei denn, daß der Ausschluß der Haftung für die Verbindlichkeiten im Handelsregister eingetragen und bekannt gemacht oder von dem Erwerber oder Veräußerer dem Dritten mitgeteilt ist (§ 25 Abs. 2 HGB.). Fortführung des Unternehmens *ohne* Firma begründet nur dann eine Haftung, wenn ein besonderer Verpflichtungsgrund vorliegt (§ 25, 3 HGB.).

Die dem Theaterbesitzer eingeräumte Vorführungsbefugnis ist als Betriebslizenz nur mit dem Betriebe vererblich und übertragbar[48]. Bei Veräußerung und Verpachtung des Theaterbetriebes hat nach Ziff. 10

---

[47] Vgl. auch ROHG. 8, 385. Es gehen auch über Schadensersatzansprüche wegen Nichterfüllung (vgl. auch RG. 96, 171). Wegen der Zwangsvollstreckung gegen den Erwerber aus einem Urteil gegen den früheren Inhaber kommen §§ 729 Abs. 3, 730, 731 ZPO. in Betracht.

[48] Vgl. ISAY: a. a. O. S. 364.

der Bezugsbedingungen der Theaterbesitzer unbeschadet seiner eigenen Haftung die Verpflichtung, mit seinem Nachfolger die Übernahme der bestehenden Filmabschlüsse zu vereinbaren. Die weitere Bestimmung, daß seine Rechte aus dem Veräußerungsvertrage, soweit sie die Erfüllung der vorliegenden Bestellungen betreffen, unbeschadet der Weiterhaftung des Bestellers auf den Verleiher übergehen, begründet nach der Absicht und dem Willen der Parteien für den Verleiher eine Aktivlegitimation für die unmittelbare Klageerhebung[49]. Sofortige Fälligkeit sämtlicher noch ausstehender Mietsbeträge tritt bei Erfüllungsweigerung des Nachfolgers oder Unterlassung der Mitteilung von der Veräußerung oder Verpachtung des Theaters ein.

11. Ende des Vertragsverhältnisses. Die Dauer des Filmleihvertrages ergibt sich aus seiner wirtschaftlichen Zweckbestimmung; er endet ohne weiteres bei vertragsgemäßer Ausführung der Bestellung und vertragsmäßiger Zahlung.

Auch hier gelten die allgemeinen Grundsätze über eine *vorzeitige* Beendigung des Vertrages wegen Irrtums, Täuschung oder Drohung, Sittenwidrigkeit (Verkauf unzüchtiger Filme!).

§ 36. Konkurs- und Vollstreckungsrecht.

A. Konkursrecht.

a) *Konkurs des Filmproduzenten.* Eine bei Eröffnung des Konkurses bereits erfolgte Übertragung des Monopolrechtes bindet den Konkursverwalter dergestalt, daß die Rechte des Monpolerwerbers in keiner Weise beeinträchtigt werden dürfen. Noch ausstehende Lizenzzahlungen sind an den Konkursverwalter zu leisten. Bei noch nicht erfolgter Übertragung des Monopolrechtes gilt § 17 KO.; der Konkursverwalter kann demgemäß zwar die Lizenzgebühren fordern, ist aber seinerseits zur Leistung verpflichtet. Bei Monopolverträgen über erst herzustellende Bildstreifen ist demgemäß Voraussetzung Fertigstellung des Films durch den Konkursverwalter; ist sie unmöglich, so bestehen Schadensersatzansprüche des Erwerbers aus § 325 BGB., die gemäß § 26 KO. einfache Konkursforderung sind. Waren bei Eröffnung des Verfahrens bereits sämtliche Lizenzgebühren bezahlt, so kommt § 17 KO. nicht in Frage. Der Konkursverwalter muß aus bürgerlich-rechtlichen Grundsätzen den Film nach Fertigstellung dem Verleiher liefern[1]. Etwaige Rückforderungsansprüche des Verleihers bilden einfache Konkursforderung.

---

[49] Vgl. auch HIRSCH: a. a. O. S. 108, der m. E. bedenklich diese Bestimmung als Vertrag zugunsten eines Dritten ansieht. In Wirklichkeit liegt wohl Abtretung künftiger Forderungen vor.

[1] Vgl. S. 212.

Zur Fertigstellung seinerseits ist der Verleiher nur bei entsprechenden Vereinbarungen zwischen ihm und dem Konkursverwalter berechtigt.

b) *Konkurs des Filmverleihers*[2].

Der Konkurs des Filmverleihers berührt einmal das Verhältnis zwischen Filmproduzenten und Filmverleiher, zum anderen das zwischen Filmverleiher und Theaterbesitzer.

aa) Die Rechte des Filmproduzenten im Konkurse des Filmverleihers ergeben sich aus der rechtlichen Natur des Filmmonopolvertrages ohne weiteres. Da er ein Vertrag eigener Art ist, so finden weder die Vorschriften der §§ 19ff. KO. noch § 36 VG. Anwendung. Das Monopolrecht bildet vielmehr Bestandteil der Masse und kann weiterhin vom Konkursverwalter für Rechnung der Masse ausgewertet werden. Noch nicht gezahlte Monopolgebühren bilden einfache Konkursforderung und sind quotenmäßig zu befriedigen.

Will der Filmproduzent dieses Ergebnis vermeiden, insbesondere in der Lage sein, einen weiteren Verleih zu unterbinden, so muß er ein Gesellschafts- oder zum mindesten gesellschaftsähnliches Verhältnis vereinbaren, da dann die §§ 723, 728 BGB. Anwendung finden[3]. In diesem Falle wird das Vertragsverhältnis infolge des Konkurses des Filmverleihers ipso jure aufgelöst resp. bei Zahlungsunfähigkeit ohne Konkurs seine Beendigung durch Kündigung aus wichtigem Grunde herbeigeführt. Die Auseinandersetzung hat in jedem Falle nach den §§ 732—735 BGB. zu erfolgen. Für den Konkursfall sieht dies § 16 KO. ausdrücklich vor. GOLDSCHMIDT hat in der Anm. 2 erwähnten Abhandlung eingehend das hierbei einzuschlagende Verfahren dargelegt und die Auffassung vertreten, daß vorweg die gemeinschaftlichen Schulden, als die er die abgeschlossenen Leihverträge ansieht, zu berichtigen sind; im übrigen unterscheidet er zwischen Herstellungsgesellschaft und Vertriebsgesellschaft; bei der Vertriebsgesellschaft sind nach G. Urheberrecht und Negativ Einlagen des Filmherstellers und daher ihr Wert zur Zeit der Einbringung zu ersetzen; bei der Herstellungsgesellschaft tritt Teilung des Erlöses nach Maßgabe der Gewinnanteile des Filmherstellers und des Filmverleihers (§ 734 BGB.) ein. Diese Auffassung würde zu dem wenig wünschenswerten Ergebnis führen, daß gemäß § 730 Abs. 2 BGB. die Geschäftsführung der Gesellschaft, die bisher in den Händen des Verleihers als des geschäftsführenden Gesell-

---

[2] Vgl. hierzu die gründliche, sämtliche Gesichtspunkte erschöpfende Darstellung von GOLDSCHMIDT: „Das Schicksal der Filmlizenz bei Zahlungsunfähigkeit des Verleihers“, Arch.f.Urh.R. 2, 1ff., sowie die allerdings vornehmlich auf GOLDSCHMIDT fußende Bonner Dissertation von HORSTER: Die Verträge des Filmverleihers und ihr Schicksal bei Zahlungsunfähigkeit. Bonn 1931.

[3] Deshalb gelten die nachfolgenden Ausführungen analog auch für den Fall der Zahlungsunfähigkeit, ohne daß Konkurs eröffnet ist.

schafters lag, nunmehr durch den Filmproduzenten im Verein mit dem Konkursverwalter[4] ausgeübt wird, also praktisch die Verleihverträge durch den Konkursverwalter abgewickelt werden, da der Filmproduzent in der Regel niemals über eine eigene Verleihorganisation verfügt. Es würde damit auch beim Vorliegen eines Gesellschaftsverhältnisses zwar der Form, aber nicht der Sache nach etwas geändert sein. M. E. ist folgendes zu berücksichtigen: Bei einem in der Form des Gesellschaftsvertrages oder des gesellschaftsähnlichen Verhältnisses abgeschlossenen Monopolvertrag bilden Monopolrecht und Negativ nicht ohne weiteres die Einlage des Filmherstellers, da es an einer gleichwertigen Einlage des Verleihers fehlt, insbesondere die Leistung einer Garantiesumme als solche nicht angesehen werden kann. Überdies ist auch für den Gesellschaftszweck die Einbringung von Negativ und Urheberrecht nicht notwendig; denn begrifflich bedeutet der Abschluß des Monopolvertrages zunächst nur das Einverständnis des Fabrikanten mit der Ausbeutung des Monopolrechtes in gesellschaftsartigen Formen, korrespondierend mit der Verpflichtung des Verleihers, die *Verwertung* in dieser Weise vorzunehmen. Beiderseits besteht also die Verpflichtung der Gesellschafter in der Vornahme von Handlungen zur Erreichung eines gemeinsamen Zweckes[5]. Einverständniserklärung und Verpflichtung erfolgen, wenn auch nicht unter der ausdrücklich ausgesprochenen, so doch ohne weiteres als stillschweigend zu präsumierenden Voraussetzung, daß die Übertragung des Monopolrechtes auflösend durch die Beendigung der Gesellschaft beendigt ist, ohne daß damit den tatsächlichen Verhältnissen Zwang angetan wird; denn verständlicherweise hat der Filmproduzent kein Interesse an dem Vertrieb durch den Konkursverwalter oder einen zahlungsfähigen Verleiher, mag auch die Sicherheit dafür, daß die eingehenden Leihbeträge nur ihm allein zufließen, dadurch gegeben sein, daß es sich gemäß § 59, 1 KO. um Masseschulden handelt, während für den Fall bloßer Zahlungsunfähigkeit, also ohne offizielles Konkursverfahren, eine Aussonderung der eingehenden Beträge durch einen evtl. im Wege einstweiliger Verfügung zu bestellenden Treuhänder oder Sequester erfolgen muß. Indessen ist damit allein begreiflicherweise dem Filmproduzenten nicht genügend gedient; denn gerade die persönlichen Beziehungen, auf Grund deren er mit dem Verleiher in Geschäftsverbindung getreten ist, können durch den Konkursverwalter, dem die notwendige Sachkenntnis in der Regel abgeht, nicht ersetzt werden, so daß hieraus das unmittelbare Interesse des Filmproduzenten an der sofortigen Lösung des Vertragsverhältnisses fließt, dessen Berechtigung der Verleiher durch den Abschluß eines

[4] Vgl. PLANCK: a. a. O. S. 1310 Anm. 2 zu § 731.

[5] Vgl. wegen der rechtlichen Zulässigkeit PLANCK: a. a. O. S. 1277 Anm. 1 zu § 706.

gesellschaftsartigen Monopolvertrages anerkannt hat; daher fällt mit Auflösung der Gesellschaft das Monopolrecht ohne weiteres an den Monopolinhaber zurück. Die Gesellschaft ist daher nicht mehr zur Ausführung von Leihverträgen berechtigt. Infolgedessen gilt auch die Gesellschaft nicht mehr als fortbestehend, da der Zweck der Auseinandersetzung es nicht mehr erfordert (§ 730 Abs. 2 BGB.).

Die praktische Lösung der Frage ist übrigens meist nicht so schwierig wie sie angesichts der gesetzlichen Bestimmungen scheint, da § 731 BGB. ausdrücklich Vereinbarung einer anderweitigen Auseinandersetzung zuläßt und regelmäßig dem Einzelfalle angepaßte Vereinbarungen getroffen werden.

Für den Fall der Herstellungsgesellschaft, bei der Negativ und Urheberrecht gemeinschaftliches Eigentum von Produzenten und Verleiher sind, — ein Fall, der, streng genommen, nicht unter den Begriff des Monopolvertrages fällt — erscheint die Auffassung von GOLDSCHMIDT richtig; es muß also erforderlichenfalls gemäß §§ 731 Satz 2, 753 BGB. Verkauf nach den Vorschriften über den Pfandverkauf erfolgen. Der Erlös wird nach Maßgabe der Gewinnanteile des Filmherstellers und Filmverleihers (§ 734 BGB.) geteilt[6].

Auch bei nicht in der Form des Gesellschaftsverhältnisses abgeschlossenen Filmmonopolverträgen werden häufig Sicherungsmaßnahmen für den Fall einer Zahlungsunfähigkeit des Filmverleihers getroffen. Die Vereinbarung eines vertraglichen Rücktrittsrechtes (§§ 346ff. BGB.) hat allerdings keinen Wert, da in diesem Falle durch den Rücktritt eine gegenseitige Rückgewährpflicht ausgelöst wird und § 17 KO. entsprechende Anwendung findet[7]. Der Konkursverwalter kann die Erfüllung der vertraglichen Rückgewährpflicht ablehnen und den Monopolveräußerer auf Geltendmachung einer konkursrechtlichen Schadensersatzforderung verweisen. Wesentlicher ist bereits die Vereinbarung eines Eigentumsvorbehalts (§ 455 BGB.). Der Vertrag gilt solange nicht vollständig erfüllt, als infolge des Eigentumsvorbehalts das Monopolrecht nicht in das Vermögen des Filmverleihers übergegangen ist[8]. Der Filmproduzent ist hinsichtlich des öffentlichen Vorführungs- und Vertriebsrechtes und etwa noch ausstehender Ansprüche des Filmverleihers gegen den Lichtspieltheaterbesitzer aussonderungsberechtigt. Die Bestellung dinglicher Lizenzen bleibt gültig[9]. Ist Kommissionsverleih — übrigens ein seltener Vertragstypus in der Filmwirtschaft — vereinbart, so ist der Filmproduzent auf Grund des § 406, Abs. 1 HGB. in

---

[6] Vgl. GOLDSCHMIDT: a. a. O. S. 23.

[7] Vgl. JÄGER: KO. Bd. 1, 6. Aufl., S. 316, Anm. 19 zu § 17 und GOLDSCHMIDT: S. 16.

[8] Vgl. GOLDSCHMIDT: a. a. O. S. 20; HIRSCH: a. a. O. S. 61.

[9] Vgl. GOLDSCHMIDT: a. a. O. S. 21.

Verbindung mit § 392 Abs. 2 HGB. auf jeden Fall aussonderungsberechtigt[10]. Das gleiche ist der Fall, falls die Forderungen des Verleihers gegen den Theaterbesitzer schon mit Abschluß des Vertrages abgetreten werden.

Für das Vergleichsverfahren gilt folgendes[11]: Eigentumsvorbehalt, Kommissionsverhältnis und Gesellschaftsverhältnis schaffen dem Filmproduzenten auch hier eine bevorzugte Stellung; im Falle des Eigentumsvorbehaltes hat er die Rechtsstellung eines nicht beteiligten und vom Vergleich nicht betroffenen Gläubigers, der im Falle der Ablehnung der Erfüllung seitens des Verwalters aussonderungsberechtigt in bezug auf Vertrieb, Vorführung und Kopien ist; bei Kommissionsverleih bleibt der Produzent überhaupt unbeschränkter Eigentümer vom Negativ und Urheberrecht[12]; das Gesellschaftsverhältnis wird zwar durch Eröffnung des Vergleichsverfahrens nicht aufgelöst; § 28 VerglO. gibt indessen mit Ermächtigung des Gerichts jedem Vertragsteile das Recht, die weitere Erfüllung abzulehnen. Es tritt dann Auseinandersetzung ein, wie bei Auflösung der Gesellschaft durch Konkurs; unter Umständen stehen dem Filmproduzenten nach § 30 VerglO. Schadensersatzansprüche zu, mit denen er am Vergleichsverfahren teilnimmt. Unbeschadet hiervon bildet die Tatsache der Einleitung des Vergleichsverfahrens überhaupt im Sinne der vorangegangenen Ausführungen regelmäßig einen Grund zur fristlosen Kündigung.

Sind keine besonderen Vereinbarungen erfolgt, so kommt es darauf an, inwieweit der Vertrag erfüllt ist; ist er noch nicht erfüllt, so ist vorbehaltlich der Rechte aus § 28 VerglO. der Filmproduzent nach § 4 VerglO. an dem Verfahren nicht beteiligt und wird von dem Verfahren nicht betroffen. Handelt es sich nur noch um die Belassung der Lizenz, so ist der Fabrikant nach § 2 VerglO am Verfahren beteiligt.

bb) Das Verhältnis zwischen Filmverleiher und Theaterbesitzer wurde bereits kurz gestreift. Sind bei Konkurseröffnung Verträge in der Erfüllung begriffen, so findet § 21 Abs. 1 KO. Anwendung; der Theaterbesitzer ist also berechtigt, die Kopie während der Vertragsdauer vorzuführen; etwa noch ausstehende Leihmieten sind zur Konkursmasse abzuführen; war bei Eröffnung des Konkurses die Kopie noch nicht abgesandt, so kommt § 17 KO. zur Anwendung; der Konkursverwalter kann also seinerseits erfüllen und Zahlung zur Masse beanspruchen. Er kann aber auch Erfüllung ablehnen; dann bildet die

---

[10] Vgl. GOLDSCHMIDT: a. a. O. S. 21.

[11] Vgl. aus der Spezialliteratur auch NAGEL: Beiderseits unerfüllte gegenseitige Verträge im Vergleichsverfahren. Heidelberg 1929; insbesondere S. 136ff. und MÄDER: Die Einwirkung des Vergleichsverfahrens zur Abwendung des Konkurses auf schwebende Verträge. Berlin 1929.

[12] Vgl. GOLDSCHMIDT: a. a. O. S. 24 auch hinsichtlich Einzelheiten.

Schadensersatzforderung des Theaterbesitzers einfache Konkursforderung. Ist dem Konkursverwalter infolge Entziehung des Monopolrechtes eine Belieferung der Theaterbesitzer unmöglich, so bilden deren Schadensersatzansprüche ebenfalls einfache Konkursforderungen; das gleiche ist bei Vorausbezahlung der Leihmieten der Fall, ein in den letzten Jahren üblich gewordenes und nicht ungefährliches Verfahren, da die Theaterbesitzer in diesem Falle Gefahr laufen, des Gegenwertes verlustig zu gehen. Für das Vergleichsverfahren gilt Analoges. Ist also der Vertrag seitens des Theaterbesitzers durch Zahlung bereits vollkommen erfüllt, so ist er bezüglich des Anspruchs auf Einräumung der Vorführungsbefugnis ein am Verfahren beteiligter und vom Vergleich betroffener Gläubiger; ist der Vertrag noch nicht vollkommen erfüllt, so finden die §§ 28, 30 VerglO. Anwendung[13].

B. Vollstreckungsrecht.

a) Eine Pfändung des Filmnegativs ist unzulässig, sofern nicht das im Negativ verkörperte Recht gleichzeitig gepfändet wird, da §§ 402, 952 BGB. analog anzuwenden sind; die entgegengesetzte Anschauung kann sich nur darauf berufen, daß es an einer ausdrücklichen gesetzlichen Vorschrift fehlt, ohne leugnen zu können, daß überhaupt nur gleichzeitige Pfändung des Negativs mit dem daran hängenden Rechte wirtschaftlich vernünftig ist; denn ohne das Recht hat das Negativ nur Altmaterialwert. Gegenüber bloßer Negativpfändung sind daher die Rechtsbehelfe des § 766 ZPO. gegeben[14].

b) Die Zulässigkeit der Pfändung des dem Unternehmer zustehenden kinematographischen Urheberrechtes wird mit Rücksicht auf die Unanwendbarkeit des § 10 LitUG. in Rechtsprechung und Rechtslehre mit Recht durchweg bejaht[15], auch die Rechtsstellung des geistigen Urhebers im Vergleich zu der des Filmfabrikanten eine so verschiedene ist, daß keinerlei ideelle Gründe für die Unpfändbarkeit sprechen und schließlich entgegengesetztenfalls das eigentliche Wertobjekt dem Zugriffe der Gläubiger entzogen wäre. Auf die Pfändung des Urheberrechtes selbst, sowie abgesplitterter Rechte wie des Monopolrechtes finden die §§ 828ff., 857 ZPO. Anwendung. Gegen die Pfändung steht dem Berechtigten die Widerspruchsklage aus § 771 ZPO. zu. Es muß sich um bereits existierende Urheberrechte handeln, ohne daß allerdings diese Voraussetzungen seitens des Vollstreckungsgerichts mit Rücksicht

[13] Der Konkurs des Theaterbesitzers bietet keine rechtlichen Besonderheiten, so daß seine Darstellung sich erübrigt.

[14] Vgl. auch Goldbaum: Urheberrecht S. 134 und die dort zitierte Literatur.

[15] Vgl. den grundlegenden Beschluß des Kammergerichts v. 2. April 1923 JW. 1924, 413; Goldbaum: S. 131; Goldschmidt: a. a. O. S. 15; Smoschewer: ZeitsBuschZ. 52, 25ff. (sehr eingehend und mit ausführlichen Literaturangaben).

darauf, daß stets „angebliche“ Rechte oder „angebliche“ Forderungen gepfändet werden, zu prüfen sind. Ausgeschlossen ist eine Pfändung der dem Verleiher aus einem gesellschaftsartigen Monopolvertrage zustehenden Rechte (§ 851 ZPO.)[16]. Gegen die trotzdem erfolgte Pfändung ist die Erinnerung nach § 766 ZPO. gegeben.

c) Die Vorführungsbefugnis des Lichtspieltheaterbesitzers ist unpfändbar, weil ihre Übertragbarkeit an die Übertragung des Unternehmens gebunden ist, eine Pfändung des gesamten Unternehmens aber unzulässig ist[17].

§ 37. Sonstige Arten der Filmverwertung.

Neben der Übertragung von Monopolrechten kommen noch vor:

a) der „Negativkauf“. Der Unternehmer veräußert in diesem Falle das gesamte ihm zustehende kinematographische Urheberrecht nebst dem Negativ an eine dritte Person. Die Bezeichnung „Negativkauf“ ist also insofern ungenau, als nicht der Kauf des Negativs, sondern die Veräußerung der in dem Negativ verkörperten Rechte Gegenstand des Kaufvertrages ist. Es handelt sich deshalb, wie GOLDBAUM[1] mit Recht hervorhebt, um reinen Rechtskauf, auf den die Vorschriften der §§ 433ff. insbes. § 437 BGB. Anwendung finden[2]. Die Tatsache, daß dem Fabrikanten das Recht der literarischen Bearbeitung (§ 14, Ziff. 2 LitUG.) — und auch das nur unter gewissen Voraussetzungen — verbleibt, spricht nicht dagegen.

Übertragen werden dem Käufer sämtliche bisher dem Unternehmer zustehenden Rechte, so daß er vollkommen in dessen Rechtsstellung eintritt und demgemäß das Recht ausschließlicher Vervielfältigung, ausschließlicher Verbreitung und ausschließlicher Vorführung des Films besitzt.

Der Negativkaufvertrag ist formfrei. Die gegenseitigen Rechte und Pflichten der Parteien richten sich nach den §§ 320ff. BGB.

Eine Änderungsbefugnis besitzt der Käufer nur im Rahmen des § 9 LitUG. Die Gefahr nachträglichen Zensurverbotes, wofern der Film bei Kaufabschluß zugelassen war, trägt stets der Erwerber.

Der Käufer ist zur Vorführung und zum Vertrieb des Films nur im Falle ausdrücklicher Vereinbarung verpflichtet, zumal gelegentlich das

---

[16] Anderer Ansicht offenbar GOLDBAUM: a. a. O. S. 131, der unbeschränkte Pfändbarkeit annimmt.

[17] Vgl. RGZ. 70, 228; 95, 235ff.; GOLDBAUM: S. 110; HIRSCH: a. a. O. S. 113; a. A. OLG. Dresden. L.Z. 1910, 333.

[1] Vgl. GOLDBAUM: a. a. O. S. 94; unbegründete Bedenken erhebt HIRSCH: a. a. O. S. 19.

[2] Auf den Kauf des Negativs als einer körperlichen Sache finden die §§ 459ff. BGB. Anwendung.

Interesse des Käufers gegen eine solche Verpflichtung spricht. So wird im Falle der Wiederverfilmung (Quo vadis, Ben Hur, Königin Luise) häufig der Weg des Negativkaufs gewählt, um Differenzen aus urheberrechtlichen oder wettbewerbsrechtlichen Gesichtspunkten vorzubeugen.

Der Käufer übernimmt mit dem Kauf des Negativs nicht die Verpflichtung, die auf ihm ruhenden Schulden zu bezahlen, es sei denn, daß es sich um Vermögensübernahme (§ 419 BGB.) oder um eine Haftung aus § 826 BGB. handelt.

b) Die Vergebung von „Auftragsfilmen". Der Film wird in diesem Falle im Auftrage und für Rechnung einer dritten Person hergestellt. Der Vertrag unterliegt rein werkvertraglichen Gesichtspunkten. Das Eigentum am Negativ und sämtlichen Rechten (einschließlich der Rechte aus § 14 LitUG.) steht dem Auftraggeber zu. Es kann im Einzelfalle gelegentlich zweifelhaft sein, ob es sich um einen Auftragsfilm oder einen gesellschaftsartigen Monopolvertrag handelt; entscheidend ist, wem das Eigentum am Negativ zusteht, ob der Unternehmer verpflichtet ist, nach den Weisungen des Bestellers zu arbeiten, und das Risiko der Herstellung bei ihm oder dem Besteller liegt.

c) Der Handel von Filmen „im freien Markt"[3]. Dem jeweiligen Monopolerwerber stehen zwar urheberrechtliche Befugnisse, aber ohne jede Ausschließlichkeit zu; die Kopie wird vollkommen als Ware behandelt. Der Erwerber kann sie verleihen und vorführen, wann und wo es ihm beliebt; Verträge dieser Art kommen in der Regel nur dann vor, wenn sämtliche Monopole bereits abgelaufen sind; Wander- und Dorfkinos sind hauptsächliche Abnehmer.

§ 38. Der Reklamefilmvertrag.

1. Als Reklamefilmvertrag kann sowohl der Vertrag zwischen Interessenten und Unternehmer über die Herstellung eines Reklamefilms, als auch der zwischen Theaterbesitzer und Reklamefilmunternehmer über die öffentliche Vorführung dieses Films getätigte Vertrag angesehen werden.

Der Vertrag zwischen Interessenten und Unternehmer kommt in verschiedenen Variationen vor. Der Interessent stellt das Negativ selbst her und vergibt nur das Vorführungs- und Vertriebsrecht; je nach Art dieser Übertragung wird auch der rechtliche Charakter des Vertrages zu bestimmen sein. Wird dem Unternehmer ein Exklusivrecht eingeräumt, so handelt es sich um einen Film-Monopolvertrag, der den gleichen Grundsätzen, wie der Vertrag über Spielfilme unterliegt. Die Regel ist das allerdings nicht. Der Reklameinteressent behält sich vielmehr das Recht vor, die Kopien verschiedenen Unternehmern zur Verfügung zu

[3] Vgl. Böhm: a. a. O. S. 11ff.; Hirsch: S. 21ff.

stellen; es handelt sich also dann um eine reine schuldrechtliche Lizenz. Häufig stellt auch der Reklameunternehmer den Reklamefilm auf Grund einer Bestellung des Interessenten selbst her; alsdann ist es, sofern keine besonderen Vereinbarungen im Vertrage enthalten sind, Auslegungsfrage, wem das Eigentum am Urheberrecht und am Negativ zusteht; in der Regel wird man dazu gelangen müssen, das Eigentum an diesem Recht und damit auch dem Negativ dem Unternehmer zuzusprechen; die vertraglichen Beziehungen der Parteien im übrigen unterstehen den Bestimmungen des Werkvertrages. Ist vereinbart, daß der Interessent Eigentümer von Urheberrecht und Negativ wird, dem Unternehmer aber das ausschließliche Vorführungs- und Vertriebsrecht verbleibt, so besitzt der Unternehmer die Rechtsstellung des Filmverleihers. Stellt der Reklameunternehmer den ihm in Auftrag gegebenen Reklamefilm nicht selbst her, sondern überträgt die Ausführung einem anderen Filmunternehmer, so entsteht jedenfalls für diesen kein besonderes Urheberrecht; es handelt sich um ein ähnliches Rechtsverhältnis wie beim Auftragsfilm.

Nach der Art der vertraglichen Abmachungen richtet sich auch die Berechtigung des Unternehmers zur anderweiten Verwertung der Reklameidee. Verbleiben Urheberrecht und Negativ dem Interessenten, so ist jede anderweite Verwertung unzulässig (§§ 13 LitUG., 1, 16 UnlWG., 826 BGB.); entgegengesetztenfalles kann die gleiche Reklameidee auch für andere Reklamefilme verwandt werden. Unzulässig ist die Verwertung der Reklameidee durch andere Reklameunternehmer.

2. Im engeren Sinne wird als Reklamefilmvertrag der Vertrag zwischen Reklamefilmunternehmer und Theaterbesitzer über die Vorführung von Reklamefilmen gegen bestimmtes Entgelt bezeichnet. Im Gegensatz zum Filmleihvertrage ist hier das Entgelt nicht *seitens des Theaterbesitzers zu entrichten*, sondern der *Reklameunternehmer zahlt an den Theaterbesitzer* für die Gestattung der Vorführung eine bestimmte Gebühr. Der Vertrag ist rechtlich weder Miete noch Pacht, mag auch in Interessentenkreisen von der Pachtung der Reklame eines bestimmten Theaters gesprochen werden, sondern Werkvertrag; denn der Unternehmer „bestellt" bei dem Theaterbesitzer die öffentliche Vorführung des seiner Verfügungsgewalt unterliegenden Reklamefilms; der Theaterbesitzer schuldet also einen „durch Arbeit hervorzubringenden Erfolg, nämlich das Erscheinen der Reklamebilder auf der Bildwand des Theaters"[1].

Schriftform, allerdings nicht vorgeschrieben, ist beim Reklamefilmvertrag die Regel. Er wird meist auf ein Jahr, wenn nicht auf mehrere Jahre abgeschlossen. Hauptverpflichtungen des Unternehmers sind Lieferung des Reklamefilms und Entrichtung der vereinbarten Vergütung.

---

[1] So HIRSCH: a. a. O. S. 119.

Die Lieferung des Reklamefilms erfolgt handelsüblich jede Woche, es sei denn, daß anderweitige Vereinbarungen getroffen sind. Dem Theaterbesitzer steht kein Auswahlrecht zu; er ist indessen zur Zurückweisung berechtigt, wenn die Filme nicht spielfähig sind oder eine derartige Länge besitzen, daß dadurch die Dispositionen hinsichtlich der sonstigen Vorstellungen gefährdet werden. Handelsüblich gilt eine Länge von 80—120 m für den Reklamefilm als vereinbart.

Hauptpflicht des Theaterbesitzers ist die ordnungsmäßige Vorführung des Filmes. Daneben wird ihm stets die vertragliche Verpflichtung auferlegt, während der Vertragsdauer nur Reklamefilme desjenigen Unternehmers, mit dem er in vertraglichen Beziehungen steht, vorzuführen. Eigene Vorführungsreklame des Lichtspieltheaterbesitzers fällt aber nicht darunter[2].

Der Unternehmer besitzt das Kündigungsrecht aus § 649 BGB. unbeschadet der Ansprüche des Theaterbesitzers auf die vereinbarte Vergütung; im übrigen gelten für die Rechtsbeziehungen neben den werkvertraglichen Vorschriften auch die Vorschriften über gegenseitige Verträge (§§ 320ff. BGB.).

B. Bühnen- und Musikvertriebsrecht.

§ 39. Der Aufführungsvertriebsvertrag.

1. Allgemeines. Grundsätzliche Bedenken dagegen, daß der Bühnenschriftsteller über die Verwertung der Aufführungsrechte seiner Stücke unmittelbar mit dem Theaterunternehmer kontrahiert, bestehen nicht. In der Praxis hat sich indessen der Brauch herausgebildet, daß der Autor sich der Hilfe dritter Personen, deren geschäftliche Tätigkeit in der gewerbsmäßigen Verwertung von Aufführungsrechten besteht, bedient, da bei der sehr erheblichen Anzahl der in Betracht kommenden Bühnen es für den einzelnen Autor unmöglich ist, die Verhandlungen selbst zu führen; es kommt hinzu, daß der einzelne Autor in der Regel naturgemäß nicht diejenigen Verbindungen besitzt, die zur Unterbringung des Stückes erforderlich sind, der Verleger aber diejenige Stelle ist, die über genaue Kenntnis der einzelnen Theater verfügt.

Es existiert für den Aufführungsvertriebsvertrag kein Normalvertrag, der die gegenseitigen Rechte und Pflichten in typenmäßiger Weise im einzelnen feststellt, wenngleich die im Verkehr gebräuchlichen Vertragsformulare vielfach Gemeinsamkeiten aufweisen. Im Kartellvertrage zwischen der „Vereinigung der Bühnenverleger" und dem „Verband deutscher Bühnenschriftsteller und Bühnenkomponisten" ist die ausschließliche Zuständigkeit eines Schiedsgerichts für die Ent-

---

[2] Vgl. HIRSCH: a. a. O. S. 120.

scheidung von Streitigkeiten zwischen Verleger und Schriftsteller vorgesehen. Voraussetzung für seinen Zusammentritt ist Mitgliedseigenschaft der Beteiligten oder ausdrückliche Vereinbarung[1].

2. Vertragsinhalt und Vertragsform. a) Gegenstand des Vertrages ist eine Geschäftsbesorgung, nämlich die Übertragung der ausschließlichen Aufführungsbefugnis eines Bühnenwerkes durch dessen Verfasser an den Bühnenverleger[2] dergestalt, daß dieser berechtigt ist, im eigenen Namen für Rechnung des Verfassers mit Theaterunternehmern Aufführungsverträge abzuschließen und hierfür eine vom Autor zu zahlende Gebühr in Gestalt einer ziffernmäßig bestimmten Provision zu berechnen.

Die rechtliche Natur des Bühnenaufführungvertriebsvertrages wurde namentlich früher verschiedenfach beurteilt[3]. Richtiger Auffassung nach[4] handelt es sich um einen Vertriebsvertrag in Form des Kommissionsvertrages, auf den die Vorschriften des handelsrechtlichen Kommissionsgeschäftes, subsidär die Vorschriften des bürgerlichen Rechtes über Geschäftsbesorgungsverträge anzuwenden sind.

Angesichts der dispositiven Natur des Vertragsrechtes kann der Vertriebsvertrag auch in der Rechtsform des Gesellschaftsvertrages abgeschlossen werden[5]. In diesem Falle vereinigen sich Verfasser und Verleger zur gemeinsamen Verwertung des geistigen Eigentums an dem herzustellenden Werke. Der Verfasser bringt in die Gesellschaft das ihm als Autor ausschließlich zustehende Recht der öffentlichen Aufführung ein; die Gesellschaftseinlage des Verlegers besteht in seiner Vertriebs-

---

[1] Vgl. Jacoby: Grundlehren des Arbeitsrechts S. 179ff.; Hueck-Nipperdey: Lehrbuch II, S. 436 ff.; Cohn: Das rechtsgeschäftliche Handeln für denjenigen, den es angeht, Marburg 1931, S. 198.

[2] Welche Rechte daneben noch übertragen werden, richtet sich nach den vertraglichen Vereinbarungen. In dieser Beziehung kommen noch in Betracht das Recht des öffentlichen Vortrages, der kinematographischen Wiedergabe, das Recht der Übersetzung in fremde Sprachen gemäß §§ 11, 12 LitUG., die Radio-Sprech- und Tonfilmrechte, sowie die Televisionsrechte. Festzuhalten ist indessen, daß die Übertragung aller dieser Rechte mit dem eigentlichen Zweck des Aufführungsvertriebsvertrages nichts zu tun hat, da diesem wesentlich die Übertragung der bühnenmäßigen Aufführungsrechte ist.

[3] Opet a. a. O. S. 454 charakterisiert ihn als nicht handelsrechtlichen Kommissionsvertrag unter der gleichzeitigen Bezeichnung als Aufführungsagenturvertrag; Riezler a. a. O. S. 392 rechnet ihn zu den Geschäftsbesorgungsverträgen im Sinne der §§ 675ff. BGB., verneint aber das Vorliegen eines Kommissionsgeschäftes; Dernburg: Bürgerliches Recht, Berlin 1910, 6, 72 bezeichnet ihn als einen Vertrag eigener Art.

[4] Vgl. RG. 78, 301ff. sowie Goldbaum: Der Aufführungsagenturvertrag, Berlin 1911; Theaterrecht S. 189ff.; Urheberrecht S. 81ff.; Reiche: Der Bühnenvertrieb, Greifswalder Dissertation 1917, 59ff.; Markus: Autor und Theaterunternehmer S. 12.

[5] Vgl. das bei Reiche S. 46 als Formular 3 mitgeteilte Vertragsexemplar, dessen Text auch heute noch unverändert geblieben ist.

tätigkeit. Der Verleger ist geschäftsführender Gesellschafter. Die Einnahmen der Gesellschaft werden zwischen den Gesellschaftern in einer bestimmten Weise, unter Berücksichtigung der an den Verleger zu zahlenden Provision, geteilt[6].

b) Die Bühnenverleger sind, soweit es sich nicht bereits um ein in der Rechtsform der Aktiengesellschaft oder der G. m. b. H. betriebenes Unternehmen handelt, Kaufleute kraft Gesetzes (§ 1 Ziff. 6 und Ziff. 8 HGB.). Infolgedessen sind die von ihnen getätigten Aufführungsvertriebsverträge regelmäßig Handelsgeschäfte im Sinne der §§ 343ff. HGB. Auf die Vertragsbeziehungen finden die Vorschriften der §§ 384ff. HGB. ohne weiteres Anwendung. Im einzelnen handelt es sich hierbei insbesondere um die §§ 384, 385, 386, 387, 392, 394, 395, 396, 397, 398, 399 HGB.[7]. Ergänzend kommen die Vorschriften des BGB. über den Geschäftsbesorgungsvertrag, also insbesondere die §§ 663, 665—670, 672—674, neben den Vorschriften über den Dienstvertrag in Betracht.

Vertragsgegner des Verlegers ist der Autor, resp. bei mehreren Autoren diese. Da der Bühnenverleger nicht als Veranstalter einer Aufführung im Sinne des § 28, Abs. 2 LitUG. anzusehen ist, müssen sämtliche Beteiligten am Vertragsabschluß mitwirken. Vertragsabschluß durch Erben oder sonstige Rechtsnachfolger des Verfassers ist zulässig[8].

c) Der Vertriebsvertrag bedarf an sich keiner Schriftform; sie ist indessen verkehrsüblich.

Der Vertragsinhalt umfaßt einmal die obligatorische Verpflichtung des Verfassers, dem Verleger die ausschließliche Aufführungsbefugnis zu übertragen, daneben den dinglichen Verfügungsakt, also die Übertragung selbst (§ 413 BGB.). Mit Rücksicht hierauf finden auch die Vorschriften der §§ 398ff. BGB. auf die Übertragung selbst Anwendung, also besonders § 402 BGB., wonach der Verfasser verpflichtet ist, dem

[6] Gegen die Zulässigkeit eines solchen Vertrages vgl. MARKUS a. a. O. S. 12 mit allerdings unzutreffender Begründung. Die Stellung von GOLDBAUM Urheberrecht: S. 83/84 in dieser Frage ist nicht ganz klar; auf der einen Seite soll sich der Charakter des Abkommens nicht dadurch ändern, daß es als Gesellschaftsvertrag oder in verschwommener Weise als „gesellschaftsähnlicher Vertrag" bezeichnet wird, weil es an Gesellschaftsvermögen fehlt; das ist zweifellos unrichtig, denn Gesellschaftsvermögen bildet keine Voraussetzung der Gesellschaft; unter Umständen kann die allgemeine Verpflichtung zum Zusammenwirken für den gemeinsamen Zweck genügen, um einen Gesellschaftsvertrag anzunehmen (vgl. BayObLG. 3, 516; RGZ. 70, 33; PLANCK: a. a. O. S. 1275); auf der anderen Seite bejaht aber GOLDBAUM die rechtliche Zulässigkeit eines Gesellschaftsvertrages, verlangt aber wirkliche Vereinbarung, ohne des näheren anzugeben, wie nun eigentlich diese Vereinbarung beschaffen sein soll.

[7] Vgl. GOLDBAUM: Urheberrecht S. 82; Theaterrecht S. 193/194; REICHE: S. 62; MARKUS: S. 13.

[8] Vgl. GOLDBAUM: Theaterrecht S. 194.

Verleger die zur Geltendmachung des Aufführungsrechtes notwendige Auskunft zu erteilen und die ihm zum Beweise seines Rechtes dienenden Urkunden, soweit sie sich in seinem Besitze befinden, auszuliefern, sowie § 403 BGB., wonach der Autor dem Verleger auf dessen Verlangen und auf dessen Kosten eine öffentlich beglaubigte Zessionsurkunde auszustellen hat.

Die Übertragung kann auch künftige Rechte umfassen. In diesem Falle entsteht das Aufführungsrecht mit der Entstehung des Werkes nicht in der Person des Verfassers, sondern unmittelbar in der des Verlegers[9]. Die rechtliche Zulässigkeit der Übertragung sämtlicher künftigen Aufführungsrechte eines Verfassers an einen bestimmten Verleger ist streitig. Vom Reichsgericht ist sie mit der Einschränkung bejaht worden, daß hierdurch weder die freie Schaffenskraft des Autor beeinträchtigt, noch die Konkurrenz anderer Bewerber ausgeschlossen werden darf[10].

Aus der wirtschaftlichen Zweckbestimmung des Vertrages ergibt sich ohne weiteres der materielle Umfang der dem Verleger zustehenden Rechte. Der Verleger wird nach Wille und Absicht der Parteien nicht materieller Eigentümer des Aufführungsrechtes, sondern erhält auf Grund fiduciarischer Übertragung eine Rechtsstellung eingeräumt, die ihn der Außenwelt gegenüber befähigen soll, als ausschließlich Berechtigter aufzutreten. Dieses Moment der Ausschließlichkeit bedingt insofern eine erhebliche Schwächung der Autorenrechte, als der Verfasser nach Vertragsabschluß weder zur anderweitigen Vergebung von Aufführungsrechten in der Lage noch befugt ist, Verletzungen seiner Aufführungsrechte Dritten gegenüber gerichtlich und außergerichtlich geltend zu machen. Verletzungen, die nicht ausschließlich das Aufführungsrecht betreffen (Plagiat), kann er dagegen selbständig verfolgen.

Eigene Rechte gegen den Theaterunternehmer erwirbt der Verfasser nur insoweit, als Leistungen an ihn im Vertrage unmittelbar festgesetzt sind (Recht auf Teilnahme an den Proben).

3. Die Pflichten des Verlegers. Grundsätzlich hat der Verleger gemäß §§ 346, 347, 384 HGB. den Vertrieb mit der Sorgfalt eines ordentlichen Kaufmanns auszuführen, das Interesse des Verfassers in jeder Richtung wahrzunehmen und seine etwaigen Weisungen zu befolgen. Für ein Verschulden der Erfüllungsgehilfen haftet er aus § 278 BGB. in gleichem Maße wie für eigenes. Im einzelnen ergibt sich hieraus:

a) Der Verleger hat der Verwertung des Aufführungsrechtes seine ständige Aufmerksamkeit zuzuwenden. Er hat deshalb den Bühnen in

[9] Vgl. auch S. 212 und die dort zitierten Entscheidungen.

[10] Vgl. RG. 27. März 1912, JW. 1912, 608; dagegen GOLDBAUM: Urheberrecht S. 82; Theaterrecht S. 196, insbes. Anm. 17, ferner GOLDBAUM: Agenturvertrag S. 10—11.

geeigneter Weise Kenntnis vom Erwerb der Aufführungsrechte zu geben, einen Abschluß anzuregen, die Verhandlungen unter Wahrung der Autoreninteressen zu führen, die Bühnenleitungen mit geeignetem Propagandamaterial über etwaige Erfolge des Stückes an anderen Bühnen zu versehen.

b) Von der Annahme des Stückes ist der Verfasser unverzüglich unter abschriftlicher Beifügung des Aufführungsvertrages zu unterrichten (§ 384 Abs. 2 Satz 1 HGB.). Der Verleger ist weiterhin verpflichtet, die Ausführung der Aufführung daraufhin zu überwachen, daß sie zur vereinbarten Zeit stattfindet, die im Aufführungsvertrage vereinbarten Bestimmungen innegehalten werden[11], das Bühnenwerk in der vereinbarten Besetzung erscheint und evtl. nicht früher vom Spielplan abgesetzt wird, als bis die Roheinnahmen einer Anzahl von Aufführungen mit Berücksichtigung eines bestimmten Gesamtetats unter einen gewissen Betrag sinken.

c) Der Verleger hat für den Verfasser die Honorare und Aufführungstantiemen[12] einzuziehen und abzuführen. Seine Tätigkeit in dieser Beziehung umfaßt im einzelnen folgendes:

aa) Der Verleger hat eine Kontrollpflicht; sie erstreckt sich auf Prüfung der ihm von den Bühnen übersandten Abrechnungen auf ihre rechnerische Richtigkeit, Einfordern von Kassenberichten und Lustbarkeitssteuerquittungen bei Differenzen und Einsicht in Bücher und Unterlagen[13].

bb) Der Verleger hat die Verpflichtung, für den rechtzeitigen Eingang der Tantiemen besorgt zu sein. Im Einzelfalle können bei Beobachtung der Sorgfalt eines ordentlichen Kaufmanns Stundungen gewährt werden. Gemäß § 393 BHG. handelt der Verleger dabei aber auf eigene Gefahr. Leichtsinnige Kreditgewährung kann Schadensersatzansprüche des Verfassers nach sich ziehen. Die Frage einer etwaigen Delcrederehaftung richtet sich nach § 394 HGB.; nur für den Fall der ausdrücklichen Vereinbarung fällt das Delcredere dem Verleger zur Last, doch ist die Übernnhme eines solchen beispielsweise bereits darin zu erblicken, daß der Verleger dem Verfasser vor Abschluß des Vertrages erklärt, „er werde nichts riskieren“[14]; auch eine Erklärung des Verlegers, daß er „regulieren werde“, ist als Übernahme der Delcredere-Haftung anzusehen[15]. In der Annahme von Wechseln ist nicht ohne weiteres eine Verletzung der dem Verleger obliegenden Sorgfaltspflicht zu erblicken, es sei denn, daß ihm bekannt ist oder bekannt sein mußte, daß Wechsel des betreffenden Unternehmens bereits zu Protest gegangen sind. Bei Weitersendung der Originalwechsel an den

[11] Vgl. S. 34ff. [12] Vgl. oben S. 86.
[13] Vgl. oben S. 88, insbes. den dort abgedruckten § 3 des Normalvertrages.
[14] Vgl. ROHG. 5, 229; JW. 1893, 237. [15] Vgl. OLGR. 44, 244.

Verfasser ist der Verleger zur ordnungsmäßigen Indossierung der Wechsel verpflichtet (§ 395 HGB.)[16].

cc) Der Verleger seinerseits hat mit dem Verfasser abzurechnen und die in Betracht kommenden Beträge unverzüglich zu zahlen. Vertriebsunkosten, Provisionen und Umsatzsteuer[17] können vorweg in Abzug gebracht werden. Die Abrechnung hat entweder vereinbarungsgemäß — meist jedes Vierteljahr — zu erfolgen; sonst wird als verkehrsüblich die Abrechnung für jeden Kalendermonat in der ersten Hälfte des darauffolgenden Monats anzusehen sein. An den eingehenden Geldbeträgen erwirbt der Verleger Eigentum mit der Verpflichtung, es auf den Verfasser zu übertragen; anders, wenn die Vertragsparteien schon im voraus dahin übereingekommen sind, daß der Verleger die Geldbeträge nur als Bevollmächtigter des Verfassers oder als sein Treuhänder entgegennehmen soll. Dann erwirbt der Verfasser das Eigentum schon mit der Entgegennahme der Geldbeträge durch den Verleger. Es liegt mithin Unterschlagung oder Untreue vor, wenn der Verleger das eingenommene Geld im eigenen Nutzen verwendet[18]. Dem Autor vom Verleger gewährte Vorschüsse sind rechtlich Darlehen; der Verleger ist zur Zurückbehaltung bei ihm eingehender Aufführungstantiemen bis zur Deckung dieser Vorschüsse berechtigt.

Die Abrechnung hat ordnungsmäßig zu erfolgen, d. h. eine geordnete Zusammenstellung aller Einnahmen und Ausgaben zu enthalten (§§ 675, 666, 259, 242, 810 BGB.), evtl. ist sie mit dem Offenbarungseid zu bekräftigen (§§ 259 Abs. 2, 3, 261 BGB.). Solange der Verleger dieser Verpflichtung nicht nachgekommen ist, kann er weder Vergütung noch Auslagen verlangen, da insoweit dem Verfasser ein Zurückbehaltungsrecht zusteht[19]. Der Verfasser braucht nicht die Rechnungslegung abzuwarten; er kann auch ohne solche auf Herausgabe klagen, auch die Klage auf Herausgabe mit derjenigen auf Rechnungslegung verbinden (§ 254 CPO.)[20]. Belege braucht der Verleger nur innerhalb der Grenzen des Verkehrsüblichen mitzuteilen. In diesem Umfange muß er sich auch solche nötigenfalls beschaffen. Die Belege braucht der Verleger dem Verfasser nur zur Einsicht zugänglich zu machen, nicht auch endgültig auszufolgen (§ 810 BGB.). Der Konkursverwalter des Verlegers braucht übrigens nicht förmlich Rechnung zu legen, muß aber Auskunft erteilen[21].

---

[16] Vgl. Goldbaum: Theaterrecht S. 209.

[17] Vgl. RFH. 6, 35ff. wegen der Umsatzsteuerpflicht des Bühnenverlegers.

[18] Vgl. RGStr. 62, 31. [19] Vgl. JW. 1907, 749; ROHG. 22, 4.

[20] Vgl. RGZ. 56, 44; 58, 59; der Anspruch auf Rechnungslegung ist als akzessorischer Anspruch nicht abtretbar, vgl. Treitel: ArchBürgR. 14, 40. KG in L.Z. 1919, 1088.

[21] Vgl. JW. 1901, 458.

Sächliche Vertriebsunkosten, wie Porti, Reisekosten, Personalgehälter, Miete der Geschäftsräume, dürfen dem Verfasser auch nicht anteilmäßig in Rechnung gestellt werden, da sie durch die Provision abgegolten werden. Prozeßkosten hat stets der Verfasser zu tragen, da es sich um zum Zwecke der Ausführung des Auftrages gemachte Aufwendungen handelt, die der Verleger den Umständen nach für erforderlich halten durfte (§ 670 BGB.), es sei denn, daß der Prozeß gegen den ausdrücklichen Willen des Autors geführt wird[22].

d) Der Verleger hat bei Vermeidung von Schadensersatzansprüchen etwaige Weisungen des Verfassers zu beachten; außerdem kann der Verfasser das Geschäft als nicht für seine Rechnung gehend zurückweisen. Beide Rechte können nebeneinander ausgeübt werden mit dem Unterschiede, daß Schadensersatz nur im Falle des Verschuldens, Zurückweisung auch ohne Verschulden geltend gemacht werden kann. Für die Zurückweisung genügt jeder Ausdruck der Mißbilligung[23]. Zurückweisungs- wie Schadensersatzansprüche entfallen, wenn der Verfasser — auch stillschweigend — nachträglich die Abweichung genehmigt. Eine Abweichung von den Weisungen ist dem Verleger nur dann gestattet, wenn er den Umständen nach annehmen durfte, der Verfasser würde bei Kenntnis der Sachlage die Abweichung billigen (§ 665 BGB.). Bei Gefahr im Verzuge kann der Verleger im Hinblick auf die Interessen des Verfassers zu einer Abweichung geradezu verpflichtet sein, unbeschadet seiner Pflicht, dem Verfasser sofort die nötigen Nachrichten zu geben[24]. Hat der Verleger ein ihm etwa gesetztes Limit unterschritten oder überschritten, so ist der Verfasser zur unverzüglichen Zurückweisung verpflichtet (§ 386 BGB.). Unterlassung der Erklärung gilt als Genehmigung.

4. Die Rechte des Verlegers. a) Dem Verleger steht ein Anspruch auf Provision zu. Fällig ist dieser Anspruch gemäß § 396 HGB. dann, wenn das Geschäft zur Ausführung gekommen ist, also Aufführungstantiemen bei dem Verleger eingegangen und an den Verfasser zur Absendung zu bringen sind.

Die Höhe der Provision richtet sich nach der Parteivereinbarung; sie ist vielfach gestaffelt, je nachdem es sich um Aufführungsrechte für deutsche oder ausländische Bühnen handelt; üblich ist ein Satz zwischen 10—25%. Der Anspruch verjährt gemäß § 196 Abs. 1 BGB. in zwei Jahren.

b) Dem Verleger steht das Recht auf Lieferung des für den Bühnenvertrieb notwendigen Materials durch den Verfasser zu. Es besteht in den Vervielfältigungsexemplaren des Bühnenwerkes. Entweder werden sie gedruckt („den Bühnen gegenüber als Manuskript gedruckt") oder es handelt sich um im Wege eines sonstigen mechanischen Verfahrens

[22] Vgl. Goldbaum: Theaterrecht, S. 205.

[23] ROHG. 16, 252. [24] Vgl. RGZ. 114, 375.

hergestellte Werkexemplare; in der Regel wird nur ein Exemplar seitens des Verfassers geliefert; der Verleger läßt alsdann die notwendigen Abdrucke auf Kosten des Autors herstellen.

c) Entsprechend der Bestimmung des § 397 HGB. hat der Verleger ein Pfandrecht an all dem, was als Gegenstand des getätigten Geschäfts anzusehen ist; hierzu gehört nicht nur das Material, sondern auch das übertragene Aufführungsrecht, ferner gehören dazu auch alle diejenigen Gegenstände, die der Verleger auf Grund der Aufführungsverträge erwirbt, so Bareinnahmen, Forderungen gegenüber den Vertragsbühnen oder Dritten[25]. Mit Rücksicht darauf, daß für die Existenz des gesetzlichen Pfandrechtes das Nichtbestehen des Eigentumsrechtes des Verlegers an dem Kommissionsgute, also an Material und Aufführungsrecht Voraussetzung ist, da gemäß § 1256 BGB. ein Pfandrecht an eigener Sache regelmäßig nicht bestehen kann, kommt für die Ansprüche des Verlegers § 398 HGB. in Frage; der Verleger kann sich für seine Ansprüche nach Maßgabe der für das Pfandrecht geltenden Vorschriften aus dem Gute befriedigen. Sofern das Pfandrecht am Material in Betracht kommt, geschieht die Befriedigung durch Verkauf (§ 1233 BGB.) unter Berücksichtigung der Vorschriften der §§ 1234ff. BGB. Der Verkauf darf nicht vor dem Ablaufe eines Monats nach seiner Androhung an den Verfasser erfolgen (§ 1234 Abs. 2 Satz 1 BGB.). Die Befriedigung aus dem Aufführungsrechte erfolgt nach den für die Zwangsvollstreckung geltenden Vorschriften (§ 1277 BGB.). Die Befriedigung geschieht gemäß § 857 CPO. durch Pfändung und Überweisung des Rechtes. § 10 LitUG. kommt nicht in Betracht, da er die Befriedigungsmöglichkeit aus dem Pfandrecht nicht berührt[26].

Soweit das Kommissionsgut aus Forderungen besteht, die aus Aufführungsverträgen entstanden sind, kann sich der Verleger vor dem Autor und dessen Gläubiger befriedigen. Zur Ausübung dieses Rechtes auf vorzugsweise Befriedigung bedarf es nicht der Einhaltung der pfandrechtlichen Vorschriften. Der Verleger bedarf also hier keines vollstreckbaren Titels, sondern rechnet mit seinen Ansprüchen auf.

5. Übertragbarkeit. a) Der Autor kann seine Ansprüche aus dem Bühnenvertriebsvertrage insoweit abtreten, als es sich um reine Geldforderungen (Zahlung von Tantiemen, Honorar) handelt. Eine Abtretung der Ansprüche in toto erscheint dagegen unzulässig, weil die Leistung des Verlegers ihrer besonderen Zweckbestimmung wegen gerade nur gegenüber dem Verfasser erfüllt werden kann (§ 399 BGB.). § 613 Abs. 2 BGB. kommt nicht in Betracht[27], da er nur einen Auslegungsgrundsatz entsprechend dem vermutlichen Parteiwillen enthält[28].

---

[25] Vgl. Reiche: a. a. O. S. 94. [26] Vgl. Reiche: a. a. O. S. 97.
[27] Vgl. Goldbaum: a. a. O. S. 221.
[28] Vgl. Oertmann: Schuldverhältnisse, S. 348 Bem. 1 zu § 399.

b) Der Bühnenverleger kann ebenfalls seine Rechte aus dem Bühnenvertriebsvertrage in toto nicht übertragen (§ 399 BGB). Dagegen ist die Zulässigkeit einer Abtretung der Aufführungstantiemen zu bejahen; evtl. muß der Autor seine Ansprüche im Wege der Widerspruchsklage geltend machen. Eine Abtretung der Ansprüche des Verlegers gegen den Autor auf Rückzahlung etwaiger Vorschüsse ist ohne weiteres zulässig.

Wandelt der Bühnenverleger sein bisher unter einer Einzelfirma betriebenes Unternehmen in eine G. m. b. H. oder A.-G. um, so liegt zwar nicht wirtschaftlich, wohl aber rechtlich eine Übertragung vor; der Verleger bedarf deswegen in diesem Falle der Einwilligung des Autors zum Vertragsübergang, andernfalls seine persönliche Haftung bestehen bleibt.

6. Die Vertragsdauer. a) Grundsätzlich endet das Vertragsverhältnis mit Ablauf der Zeit, für die es eingegangen ist (§ 620 BGB.); ist eine bestimmte Zeitdauer nicht vereinbart, so wird ähnlich wie beim Lizenzvertrage davon auszugehen sein, daß es auf die Dauer des gesetzlichen Schutzrechtes des Bühnenwerkes gilt[29], demgemäß auf die Lebenszeit des Verfassers und 30 Jahre nach seinem Tode.

b) Ist eine bestimmte Zeitdauer ausdrücklich vereinbart oder im Zweifel aus den Umständen zu entnehmen, so kann der Vertrag gemäß § 626 BGB. von jedem der Vertragsteile gekündigt werden, falls ein wichtiger Grund vorliegt. § 627 BGB. kommt nicht in Betracht, da es sich um ein dauerndes Dienstverhältnis in dem Sinne handelt, daß von vornherein die Parteien mit einer längeren Dauer des Dienstverhältnisses gerechnet haben[30].

Die Kündigung hebt das Rechtsverhältnis für die Zukunft auf; demgemäß fällt die ausschließliche Aufführungsbefugnis ohne weiteres an den Autor zurück. Das Manuskript ist herauszugeben. Das gleiche gilt für die Bühnenaufführungsverträge mit den Theaterunternehmern, zu deren Übertragung mit Rücksicht auf § 392 HGB. besonderer Abtretungsvertrag notwendig ist (§ 398 HGB.). Der Verleger ist zur Abtretung verpflichtet (§ 384 HGB.).

c) Im Falle des Todes des Autors erlischt der Vertriebsvertrag auf seiten des Autors nicht (§ 675 BGB.), im Falle des Todes des Verlegers, wenn es sich um eine physische Person handelt, stets mit Rück-

[29] Vgl. Isay: a. a. O. S. 348.

[30] Vgl. Planck: a. a. O. S. 980, 3b zu § 627. Die Vorschrift des § 627 ist übrigens herrschender Meinung nach und nach der Rechtssprechung des Reichsgerichts (vgl. Planck: a. a. O. zu § 627; Oertmann zu § 627) nachgiebiges Recht, so daß sie auch durch Parteivereinbarung ausgeschlossen werden kann. Goldbaum: Urheberrecht, S. 83, erblickt eine solche bereits in der Vereinbarung einer Vertragsdauer; die entgegengesetzte Auffassung wird von ihm noch im Theaterrecht a. a. O. S. 219 vertreten.

sicht auf den höchst persönlichen Charakter des Aufführungskommissionsvertrages.

7. Konkurs und Vollstreckungsrecht. a) Für den Konkurs des Verfassers kommt grundsätzlich § 23 KO. zur Anwendung. Danach erlischt der Vertriebsvertrag stets durch die Eröffnung des Verfahrens, es sei denn, daß der Vertrag sich nicht auf das zur Konkursmasse gehörige Vermögen bezieht, was im Zweifel zu verneinen ist. Forderungen des Gemeinschuldners auf Aufführungstantiemen gehören demnach zur Konkursmasse, gleichgültig, ob sie bei Eröffnung des Konkurses bereits abgeschlossenen Aufführungsverträgen entstammen oder die Verträge erst während des Konkurses abgeschlossen werden; denn der Verfasser erlangt bereits mit Abschluß des Vertriebsvertrages Rechte gegenüber dem Verleger, deren Massezugehörigkeit nicht gut zu bezweifeln ist[31]. Auch nach Erlöschen des Vertrages hat der Verleger die Tätigkeit solange fortzusetzen, bis der Konkursverwalter anderweitig Vorsorge getroffen hat (§§ 672 Satz 2 und 674 BGB.). Der Verleger hat dem Konkursverwalter auf Grund der §§ 666, 675 BGB. Rechnung zu legen[32]. Erweist sich der Abschluß des Aufführungsvertriebsvertrages als für die Masse vorteilhaft, so kann ihn der Konkursverwalter durch neuen Vertragsschluß aufnehmen[33]. Dem Verleger steht übrigens für den Umfang seines gesetzlichen Pfandrechtes im Konkurse des Verfassers gemäß § 48, 49 Ziff. 2, 3 KO. ein Aussonderungsrecht zu.

Die konkursrechtliche Behandlung nach Konkursbeginn erwachsender Ansprüche des Verlegers regeln die §§ 27, 28 KO. Der Verleger ist teils Massegläubiger, nämlich im Falle des § 672, Abs. 2 BGB., teils einfacher Konkursgläubiger im Falle des § 674 BGB.

b) Der Konkurs des Verlegers bildet keinen gesetzlichen Erlöschungsgrund, da § 22 KO. für den Konkurs des Dienstverpflichteten nicht gilt[34]. Für den Verfasser ist aber bereits ein ausreichender Schutz insofern gegeben, als Konkurseröffnung stets als wichtiger Grund im Sinne des § 626 BGB. angesehen werden muß[35], der demgemäß zur Vertragskündigung berechtigt.

Wird der Vertrag seitens des Bühnenschriftstellers nicht gekündigt, so hat der Konkursverwalter des Verlegers die Wahl, das beiderseits unerfüllte Vertragsverhältnis nach § 17 KO. entweder durch Selbsteintritt zu erfüllen oder dessen Erfüllung abzulehnen, allerdings mit der Einschränkung, daß es sich um ersetzbare Leistungen handeln muß.

---

[31] Vgl. Reiche: a. a. O. S. 120, abweichend Goldbaum: Theaterrecht S. 223.
[32] Vgl. RGZ. 56, 118.
[33] Vgl. Jäger: KO. a. a. O. 1, 413, Anm. 2 zu § 23.
[34] Vgl. auch Jäger: KO. S. 426, Anm. 15 zu § 23, S. 398ff., Anm. 8, 10 zu § 22.
[35] Vgl. RGZ. 78, 93ff.; Jäger: KO. Anm. 15 zu § 23; Staub: HGB. zu § 383, Anm. 27ff.

Ob diese im Einzelfalle in Betracht kommen, ist Tatfrage. Das Inkasso von Aufführungstantiemen aus bereits abgeschlossenen Aufführungsverträgen kann unbedenklich auch seitens des Konkursverwalters ausgeübt werden; dagegen ist der Eintritt in den Vertrag als solchen angesichts seiner höchstpersönlichen Natur in der Regel ausgeschlossen. Kommt ein Eintrittsrecht des Konkursverwalters nicht in Frage, so besteht ein Schadensersatzanspruch wegen Nichterfüllung als einfache Konkursforderung; der Autor ist nicht berechtigt, Rückgabe seiner in das Eigentum des Gemeinschuldners übergegangenen Leistung aus der Konkursmasse zu verlangen. Handelt es sich um leihweise übergebene Sachen, z. B. Material, so ist der Autor aussonderungsberechtigt. Auch hinsichtlich der ausschließlichen Aufführungsbefugnis besteht dieses Aussonderungsrecht, da sie stillschweigend unter der auflösenden Bedingung der Rückübertragung bei Eintritt eines den Geschäftszweck vereitelnden Ereignisses erfolgt ist[36]; in gleicher Weise ist der Verfasser auch aussonderungsberechtigt wegen seiner Forderungen aus den vom Verleger bereits abgeschlossenen Aufführungsverträgen, weil nach § 392 Abs. 2 HGB. Forderungen, auch wenn sie nicht abgetreten sind, im Verhältnis zwischen dem Kommitenten und dem Kommissionär oder dessen Gläubigern als Forderungen des Kommissionärs gelten. Es erfolgt indessen kein ipso jure Übergang der Forderungen auf den Autor, sondern ausdrückliche Übertragung gemäß § 398ff. BGB. ist notwendig. Leistungen des Schuldners an den Konkursverwalter sind gemäß § 407 Abs. 1 BGB. dem Autor gegenüber wirksam, falls der Schuldner gutgläubig ist. Die Forderung des Autors auf Herausgabe derartiger etwa vom Konkursverwalter eingezogener Beträge bildet Masseforderung gemäß § 59 Ziff. 1, 3 KO.

c) Die Forderung des Autors gegen den Verleger auf Zahlung der Tantiemen ist ohne weiteres der Pfändung unterworfen. Desgleichen kann der Anspruch des Autors auf Rückübertragung der nur fiduciarisch verliehenen Aufführungsbefugnis gepfändet werden. Der Pfändungsgläubiger erlangt dann die Rechtsstellung des Autors.

Gegenüber einer Pfändung der Aufführungstantiemen beim Verleger hat der Autor die Widerspruchsklage aus § 771 CPO., da diese Aufführungstantiemen nach Abzug der üblichen Provision ihm allein gebühren; sind die Tantiemen bereits vom Pfändungsgläubiger eingezogen, so besteht ein Anspruch des Verfassers auf Herausgabe wegen ungerechtfertigter Bereicherung; eine Pfändung der Aufführungsbefugnis ist an sich gemäß § 857 Abs. 3 CPO. möglich, da die Ausübung einem anderen überlassen werden kann; indessen hat der Autor gegenüber dieser Pfändung ebenfalls die Widerspruchsklage aus § 771 CPO., da

---

[36] Vgl. GOLDBAUM: a. a. O.. S. 224; REICHE: a. a. O. S. 122; JÄGER: KO. S. 766, Anm. 38 zu § 43.

es sich nur um eine fiduciarische Übertragung handelt, außerdem bildet die Pfändung einen wichtigen Grund zur Kündigung des Vertragsverhältnisses. Die Aufführungsbefugnis fällt in diesem Falle ohne weiteres an den Autor zurück; bereits eingezogene Beträge können von dem Autor abzüglich der Provision wegen ungerechtfertigter Bereicherung zurückgefordert werden[37].

§ 40. Der konzertmäßige Musikvertrieb.

a) *Allgemeines.* Das Bühnenaufführungs- und Bühnenvertriebsrecht ist durch das Recht der Einzelpersönlichkeit charakterisiert. Der einzelne Bühnenautor schließt mit dem Bühnenverleger den Aufführungsvertriebsvertrag; der einzelne Verleger kontrahiert alsdann wiederum mit dem Theaterunternehmer. Im Gegensatz hierzu erfolgt die Verwertung musikalischer Aufführungsrechte durch Verwertungsgesellschaften. Dieser Gegensatz ist in der wirtschaftlichen Erkenntnis begründet, daß einmal für den einzelnen Komponisten und Musikverleger es eine vollkommene Unmöglichkeit ist, mit den unzähligen Veranstaltern öffentlicher Musikaufführungen vertragliche Abmachungen zu treffen, zum anderen aber für den einzelnen Musikveranstalter es eine untragbare wirtschaftliche Belastung darstellen würde, für jede Aufführungserlaubnis eine Einzelgebühr zu entrichten: denn das Programm setzt sich in der Regel aus einer großen Reihe einzelner Musiknummern zusammen — man denke beispielsweise an die konzertmäßigen Vorführungen in Caféhäusern, Varietés und sonstigen Vergnügungslokalen —, deren Einzelabgeltung, um für den Komponisten einen irgendwie nennenswerten Betrag zu erzielen, Beträge verschlingen würde, die in keinem Verhältnis zu dem wirtschaftlichen Ergebnis stehen. Es kommt hinzu, daß gerade diese Vielheit der Nummern und der Veranstaltungen es dem Einzelnen vollkommen unmöglich macht, die zur Wahrung seiner Interessen unbedingt erforderliche Kontrolle ausüben.

Bereits die Motive zum Urheberrechtsgesetz 1901 schlugen aus diesen Gründen Verwertung der Musikaufführungsrechte durch eine zentrale Organisation von Komponisten vor. In Ausführung dieses Vorschlages wurde im Jahre 1903 unter wohlwollender Teilnahme des Reichsjustizamtes[1] die „Anstalt für musikalisches Aufführungsrecht" (Afma) geschaffen und der inzwischen gegründeten Genossenschaft deutscher Tonsetzer (GDT.), der Standesorganisation der deutschen Komponisten, angegliedert mit dem Zweck, musikalische Aufführungsrechte für die Berechtigten zu verwerten, unberechtigte Aufführun-

---

[37] Vgl. im einzelnen auch hierzu GOLDBAUM: S. 128.

[1] Vgl. OSTERRIETH: GRUR. 1922, 64.

gen zu verfolgen und den Veranstaltern musikalischer Aufführungen die durch das Urheberrechtsgesetz vorgeschriebene Aufführungsgenehmigung zu vermitteln. Ausgenommen war das Recht auf bühnenmäßige Aufführung musikalisch-dramatischer Werke. Im Frühjahr 1913 erklärten 51 Verleger und Tonsetzer ihren Austritt[2] und bildeten im Jahre 1916 die Genossenschaft zur Verwertung musikalischer Aufführungsrechte (Gema), die sich seit ihrer Gründung mit der Gesellschaft der Autoren, Komponisten und Musikverleger (AKM.) in Wien zwecks Verwertung der beiderseitigen Aufführungsrechte in Deutschland im „Verbande zum Schutze musikalischer Aufführungsrechte“ zu einer Interessengemeinschaft zusammengeschmolzen hat[3]. Nachdem lange Jahre Streitigkeiten zwischen GDT. und Gema bestanden hatten, ist 1930 ein Zusammenschluß von Gema und AKM. mit der GDT. im Wege eines Freundschaftsvertrages erfolgt. Der Vertrag sieht vor, daß die GDT. dem erweiterten Musikschutzverbande beitritt, der ab 1. Oktober 1930 als „Musikschutzverband der Gema, GDT. und AKM.“ firmiert. Der erweiterte Musikschutzverband ist daher heute die zentrale Organisation für die Vergebung musikalischer Aufführungsrechte innerhalb Deutschlands; ihm gehören sämtliche maßgeblichen Komponisten, Musikverleger, Librettisten und sonstigen Textdichter an, so daß praktisch die Möglichkeit für Musikveranstaltungen „nicht geschützter Musik“ nicht mehr gegeben ist.

Es bestehen Gegenseitigkeitsverträge mit der überwiegenden Zahl ausländischer Verwertungsgesellschaften insbesondere der seit 1851 in Frankreich bestehenden Societé des Auteurs, Compositeurs et Editeurs de Musique (Sacem)[4].

Die mechanisch musikalischen Rechte werden[5] durch die im Jahre 1919 gegründete „Anstalt für mechanisch musikalische Rechte G. m. b. H.“ (Amre) verwaltet. Ihr werden von den einzelnen Mitgliedern die nach § 12 Nr. 5 LitUG. bestehenden Urheberrechte ausschließlich übertragen; die Amre verwertet diese Rechte durch Abgabe an die einzelnen Grammophongesellschaften; nach § 22a LitUG. ist

---

[2] Vgl. hierzu RGZ. 87, 216ff. Das Reichsgericht hat in dieser Entscheidung den sog. „Berechtigungsvertrag“, auf Grund dessen die Verleger und Tonsetzer Anteil an den Aufführungsgebühren und Anspruch auf Rechtsverfolgung erlangten, aus § 723 Abs. 2 BGB. für nichtig erklärt mit Rücksicht darauf, daß das Kündigungsrecht ausgeschlossen wird. An diesem Urteil hat Osterrieth: GRU. 1922, 63ff. scharfe Kritik geübt. Auf die Einzelheiten kann an dieser Stelle nicht des näheren eingegangen werden, zumal die Frage angesichts der wirtschaftlichen Entwicklung nur noch historisches Interesse besitzt, vgl. auch oben S. 170.

[3] Vgl. Riess: Musikalienhandel Nr. 12, 23. März 1928 und oben S. 171.

[4] Vgl. auch Heberlein: Das Aufführungsrecht im Schweizerischen Bundesgesetz betr. das Urheberrecht an Werken der Literatur und Kunst v. 7. Dezember 1922, Bern 1928, S. 74ff.

[5] Soweit es sich um Mitglieder der GDT. handelt.

mit Zahlung dieser Lizenzgebühr die Erlaubnis zur öffentlichen Aufführung bereits mit abgegolten, so daß der Veranstalter von Schallplattenkonzerten keine besonderen Abgaben an die Verwertungsgesellschaft mehr zu entrichten hat[6].

b) *Tarifvertragliche Regelung.* Die gerade auf dem Gebiete des musikalischen Verwertungsrechts recht zahlreichen Streitfragen zwischen Musikveranstaltern und den Verwertungsgesellschaften werden, soweit rein vertriebsrechtliche Gesichtspunkte in Frage stehen, aller Voraussicht nach in Zukunft eine wesentliche Abschwächung dadurch erfahren, daß nach jahrelangen, außerordentlich heftigen Kämpfen am 7. August 1930 zwischen Gema, GDT., AKM. einerseits, dem Reichskartell der Musikveranstalter Deutschlands E. V. andererseits ein Tarifabkommen geschlossen worden ist, das die einzelnen Tarifsätze auf eine Reihe von Jahren festlegt und auch sonst geeignet ist, eine Entspannung der gegenseitigen Beziehungen herbeizuführen. Das Reichskartell der Musikveranstalter Deutschlands ist ein im Jahre 1928 begründeter eingetragener Verein, dessen Zweck die Vertretung der Interessen seiner Mitglieder in ihrer Eigenschaft als Musikveranstalter, insbesondere die Regelung der Musiktantiemenfrage ist. Dem Kartell gehören sämtliche maßgeblichen deutschen Musikverbraucher-Organisationen an. Das Tarifabkommen erstreckt sich bisher nicht auf die Lichtspieltheater. Mit Rücksicht hierauf dürfte auch die an sich außerordentliche bedeutsame Rechtsfrage, ob und inwieweit für die musikalischen Verwertungsgesellschaften ein sog. „Kontrahierungszwang" besteht, vorläufig aus der öffentlichen Diskussion ausscheiden[7]; unbeschadet dessen mag aber hervorgehoben werden, daß angesichts des tatsächlichen Monopols der Verwertungsgesellschaften sowohl für ernste wie für Unterhaltungsmusik die Frage eines Kontrahierungszwanges ernsthaft aus dem Gesichtspunkte des § 826 BGB.[8] diskutiert werden kann.

c) *Organisation des Musikvertriebes.* Die Aktivlegitimation zur Abgabe der musikalischen Aufführungsrechte an öffentliche Musikveranstalter entnehmen die Verwertungsgesellschaften aus der auf sie erfolgten ausdrücklichen Übertragung dieser Rechte[9]. Der Verwertungsgesellschaft wird nach Wille und Absicht der Parteien eine dingliche

---

[6] Eine Änderung dieser gesetzlichen Bestimmungen wird von den Verwertungsgesellschaften zur Zeit angestrebt; vgl. auch GOLDBAUM: Urheberrecht, S. 189, die in den Gema-Mitteilungen v. 10. September 1928 Nr. 14, S. 7ff. abgedruckte Eingabe der deutschen Urheberrechtsorganisationen und v. ERFFA: GRUR. 1931, 1107.

[7] Vgl. auch Urteil des LG. I Berlin v. 8. September 1927, JW. 1928, 373ff.

[8] Vgl. NIPPERDEY: Kontrahierungszwang, S. 54ff.

[9] Die Legitimationsfrage ist namentlich in den letzten Jahren vor Abschluß des Tarifvertrages Gegenstand zahlreicher Prozesse gewesen, bei denen die Verteilung der Beweislast im Vordergrund stand; während anfänglich die Rechtsprechung dahin ging, bei Bestreiten der Aktivlegitimation die Beweislast dem Veranstalter auf-

Rechtsstellung eingeräumt, da ihr auf Grund des Übertragungsaktes die ausschließliche Befugnis zusteht, Aufführungsrechte zu vergeben und gegen Rechtsverletzungen selbständig vorzugehen. Die Übertragung selbst erfolgt entsprechend den Vorschriften des § 413 BGB.

Den Gegenstand der Übertragung bilden in der Regel sämtliche musikalischen Aufführungs-, Text- und Senderechte, mit Ausnahme der bühnenmäßigen Rechte; als Bühnen gelten nur die Unternehmungen, die die Betriebserlaubnis aus § 32 GO. besitzen. Als nicht bühnenmäßige Rechte werden angesehen auch die Aufführungs-, Text- und Senderechte an Bühnenschauen und Lichtspieltheatern sowie an Instrumental- und Vokaleinlagen in Revuen und sonstigen Bühnenwerken.

Gegenkontrahenten der Verwertungsgesellschaften sind Musikverleger, Komponisten, Textdichter[10], demgemäß sämtliche Personen, die als Inhaber musikalischer Aufführungsrechte in Frage kommen können.

Die aus der Verwertung der Aufführungsrechte eingehenden Beträge werden unter die einzelnen Mitglieder nach einem bestimmten Schlüssel verteilt. Bei der Gema, der bedeutendsten musikalischen Verwertungsgesellschaft, ist das Punktsystem maßgebend, das gerade in jüngster Zeit mehrfach Gegenstand heftiger Angriffe in der Öffentlichkeit gewesen ist. Sämtliche Genossen sind in sechs Gruppen eingeteilt, nämlich:

0. Gruppe. Genossen, deren Werke keinen oder nur einen ganz unwesentlichen Aufführungswert für die Genossenschaft besitzen.

1. Gruppe. Genossen, welche eine Anzahl gedruckter Werke angemeldet haben, die für eine geschäftliche Verwertung durch die Genossenschaft in Frage kommen.

2. Gruppe. Genossen, welche wenigstens 25 gedruckte Werke angemeldet haben, sofern sie in ihrer Gesamtheit einen gewissen Aufführungswert für die Genossenschaft besitzen.

3. Gruppe. Genossen ohne Rücksicht auf die Zahl der angemeldeten Werke, wenn wenigstens einige Werke häufiger gespielt werden.

4. Gruppe. Genossen, welche zwei Jahre der Genossenschaft als Mitglied angehören, wenn sie eine Reihe häufig gespielter Werke oder wenigstens ein erfolgreiches Werk aufzuweisen haben.

---

zuerlegen, da „kraft erfahrungsmäßiger Wahrscheinlichkeit eine tatsächliche ‚Vermutung' für die Übertragung spreche", sind in neuerer Zeit vereinzelte Entscheidungen ergangen (vgl. RGZ. 123, 307 ff. und KG. 10 U. 2417/28, bei Roeber-Plugge: Musikalisches Tantiemenrecht 1930, S. 67), die die Beweislast für den Übergang der Aufführungsrechte, also den Nachweis der Legitimation, der Verwertungsgesellschaft aufbürden. Inwieweit diese Entscheidungen grundsätzliche Bedeutung besitzen, bleibt abzuwarten.

[10] Bei der GDT. sind die Verleger Bezugsberechtigte; sie erhalten, gleichgültig, ob sie auf Grund von Rechtsübertragungen Inhaber von Aufführungsrechten sind oder nur für Verlagsrechte an Werken von GDT.-Mitgliedern Vertreter sind, einen bestimmten Anteil (¼) der Aufführungsgebühren; vgl. auch Plugge-Roeber: a. a. O. S. 31, Anm. 7 und Marwitz: GRUR. 1930. 457.

5. Gruppe. Genossen, welche zur Zeit besonders viel gespielte Werke aufzuweisen haben.

Prominente, dauernd produzierende Genossen, welche mindestens vier Jahre der Genossenschaft angehören und mindestens fünf Jahre im Beruf tätig sind, gehören zur Gruppe 6a und 6b. Gruppe 6c umfaßt Genossen, welche außer den Voraussetzungen für die Gruppe 6a und 6b noch mindestens mit einem größeren Gesamtwerk oder einer entsprechenden Gruppe von Einzelwerken einen ganz großen Dauer- oder einen Welterfolg aufzuweisen haben. Jede Gruppe wird punktmäßig gewertet, und zwar durch eine Schätzungskommission, die bei der Einschätzung Produktionswert, Prominenz und Berufsalter zugrunde zulegen hat. Gegebenenfalls können Zuschlagspunkte zugebilligt werden, und zwar denjenigen Genossen, die Werke von besonderem Aufführungswerte verfaßt haben. Die Schätzungskommission entscheidet unter Ausschluß des ordentlichen Rechtsweges. Sie besteht aus zwei Komponisten, zwei Textdichtern, zwei Verlegern und einem Bearbeiter. Jedem Genossen steht das Recht der Berufung gegen seine eigene Einschätzung zu. Die Berufungskommission besteht aus zwei Komponisten, zwei Textdichtern, zwei Verlegern und einem Bearbeiter.

Einnahmen aus dem Auslande werden punktmäßig auf Grund der von den ausländischen Gesellschaften beigebrachten Unterlagen in der Weise verteilt, daß der Textdichter ¼, die Bearbeiter ¼ und die Verleger ¼ erhalten; evtl. kommt auch das Drittelsystem zur Anwendung, also Verleger, Textdichter und Komponist je ⅓.

d) *Der Musikvertriebsvertrag* (unter Berücksichtigung der Bestimmungen des Tarifvertrages). Die Verwertung der Aufführungsrechte erfolgt in der Weise, daß der Veranstalter[11] vom Musikschutzverband die Berechtigung zur gewerbsmäßigen Verwertung aller diesem von den einzelnen Urhebern übertragenen gesetzlich geschützten Tonwerke, mit Ausnahme bühnenmäßiger Aufführungen, auf eine kalendermäßig bestimmte Zeit erwirbt. Voraussetzung ist, daß die Aufführungen auf seine eigene Rechnung veranstaltet werden. Die dem Veranstalter übertragene Befugnis ist rein persönlicher Natur; sie kann demgemäß auf dritte Personen nicht übertragen werden. Punkt 3 des Normal- und Tarifvertrages gilt auch nicht für Veranstaltungen dritter Personen oder von Vereinen in dem Unternehmen des Veranstalters. Der Veranstalter hat eine Pauschgebühr zu zahlen, für die bestimmte Richtlinien aufgestellt sind, je nach der Art der Veranstaltung. Es werden unterschieden ernste Musik und Unterhaltungsmusik. Für Unterhaltungsmusik kommen vornehmlich Gastwirtschaften, Cafés, Saalbesitzer, Varietébühnen, Zirkusveranstaltungen, Bäderverwaltungen, Ausstellun-

[11] Über den Begriff des Musikveranstalters siehe oben S. 172 ff.

gen, Festlichkeiten, Vereinsfestlichkeiten, Schiffsmusiken in Frage. Die einzelnen in Betracht kommenden Tarifsätze sind zahlenmäßig genau festgelegt; ihre Höhe ist verschieden, je nachdem es sich um Mitglieder der Tarifvertragsparteien oder Einzelpersonen handelt.

Die wichtigste Verpflichtung des Veranstalters neben Zahlung der Pauschgebühr, deren Höhe sich nach seinem Musiketat richtet, ist die Übersendung genauer „Programme", also von Verzeichnissen über alle gespielten Werke mit genauer Angabe, wie oft jedes derselben im Monat gespielt wurde. Die Übersendung der Programme hat in den ersten zehn Tagen eines jeden Monats von allen Veranstaltungen im Laufe des Vormonats zu erfolgen; es müssen aus den Programmen auch alle als Zugaben aufgeführten Stücke ersichtlich sein. Da der Musikschutzverband nur auf Grund der Einsendung vollständiger und rechtzeitig übermittelter Programme das Aufführungshonorar ordnungsmäßig an die Bezugsberechtigten verteilen kann, wird die Einhaltung dieser Verpflichtung meist durch eine Konventionalstrafe noch besonders gesichert. Endlich ist der Musikveranstalter verpflichtet, dem Musikschutzverband bzw. einem bevollmächtigten Vertreter auf Verlangen zwei Sitze für jede Aufführung kostenlos zur Verfügung zu stellen; diese Verpflichtung des Veranstalters ergibt sich ohne weiteres daraus, daß eine sachgemäße Wahrnehmung der Interessen der Mitglieder resp. Genossen für die Verwertungsgesellschaften nur dann möglich ist, falls durch ständige Kontrollen die Einhaltung der Verpflichtungen gewährleistet wird, insbesondere auch nach der Richtung hin, ob tantiemepflichtige oder tantiemefreie Musik gespielt wird[12].

Der Vertrag endet an sich mit dem Ablaufe der vereinbarten Zeit, resp. durch übereinstimmende Willenskundgebung beider Parteien; er setzt sich jedoch jeweilig um ein weiteres Jahr fort, falls er nicht einen Monat vor seinem Ablauf von einer der Vertragsparteien durch eingeschriebenen Brief gekündigt wird.

Im Falle der Nichteinhaltung einer der Verpflichtungen ist der Musikschutzverband berechtigt, acht Tage nach erfolgloser schriftlicher Mahnung die erteilte Aufführungsbewilligung durch eingeschriebenen Brief zu entziehen. Als Hauptverpflichtung in diesem Sinne ist indessen nur Zahlung der Gebühren und Übersendung der Programme anzusehen; deshalb kann auch nur dieserhalb der Rücktritt erklärt werden.

---

[12] Das Kontrollsystem hat vielfach den heftigen Unwillen der Musikveranstalter hervorgerufen und ist auch Gegenstand gerichtlicher Streitigkeiten gewesen, die indessen kein allgemein-rechtliches Interesse beanspruchen, vgl. auch Plugge-Roeber: S. 43ff., deren Ausführungen als Stimmungssymptom der beteiligten Kreise bezüglich dieses Punktes Beachtung beanspruchen.

e) *Senderechte*. Auch die konzertmäßigen Aufführungsrechte an die einzelnen Sendegesellschaften werden seitens der Verwertungsgesellschaften mit der Einschränkung vergeben, daß nur einzelne Musikstücke in Frage kommen; zur Vergebung der Aufführungsrechte für Opern, Operetten, Teile derselben sowie für Bühnenwerke mit verteilten Rollen sind ausschließlich die Bühnenverleger berechtigt. Es besteht ein Tarifabkommen zwischen der Reichsrundfunkgesellschaft m. b. H. und der Vereinigung der Bühnenverleger[13].

---

[13] Vgl. GOLDBAUM: Urheberrecht, a. a. O. S. 85.

Drittes Buch.

Öffentliches Theater- und Lichtspielpolizeirecht.

Von

PAUL DIENSTAG.

I. Polizeirecht.

Vorbemerkung.

Das Theater- und Lichtspielpolizeirecht bildet einen Ausschnitt des allgemeinen Polizeirechtes; demgemäß umfaßt es alle diejenigen Normen, welche seitens der staatlichen Behörden im öffentlichen Interesse zur Abwehr von Störungen im Staatsinnern für die reibungslose Ausübung des Theater- und Lichtspielgewerbes erlassen sind. Die Durchführung und Überwachung dieser Vorschriften ist Aufgabe der Verwaltungsbehörden, insbesondere der Polizeibehörden. Entsprechend den verschiedenen Tätigkeitsgebieten gelangt man systematisch zu folgender Einteilung der polizeilichen Funktionen:

A. Gewerbepolizeirecht: Es regelt Voraussetzungen und Ausübung des Gewerbes als Schauspiel- und Lichtspielunternehmer[1].

B. Baupolizeirecht: Es umfaßt die Rechtssätze, die die Errichtung von Theatergebäuden und Lichtspielhäusern sowie deren bauliche Überwachung, insbesondere auch unter feuerpolizeilichen Gesichtspunkten, betreffen[2].

C. Sicherheitspolizeirecht: Es begreift die Rechtssätze über die Durchführung der Betriebsvorschriften hinsichtlich Überwachung der einzelnen Vorstellungen unter dem Gesichtspunkte der Sicherheit für Leib und Leben der Besucher[3].

D. Zensurpolizeirecht: Es faßt diejenigen Rechtsnormen zusammen, die eine Einwirkung des Staates auf den Inhalt der Darbietungen im Theater und Kino erstreben[4].

A. Gewerbepolizeirecht.

§ 41. Die Betriebserlaubnis — Allgemeines — Rechtlicher Charakter.

1. Der Betrieb des Gewerbes als Schauspielunternehmer sowie die gewerbsmäßige Veranstaltung von theatralischen Veranstaltungen, ohne daß ein höheres Interesse von Kunst und Wissenschaft gegeben ist, Gesangs-Singspielen, deklamatorischen Vorträgen, bedarf einer besonderen polizeilichen Erlaubnis[1]. Die einschlägigen gesetzlichen Vorschriften sind in den §§ 32, 33a u. b GO. enthalten. Während die §§ 32, 33a GO. eine Reihe bestimmter Voraussetzungen persönlicher und sachlicher Natur aufstellen, die der betreffende Unternehmer er-

[1] Soweit Preußen in Betracht kommt, gehört die Theatergewerbepolizei in letzter Instanz zur Zuständigkeit des Ministeriums des Innern; der seit geraumer Zeit vom Reichsministerium des Innern fertiggestellte Entwurf eines Reichsbühnengesetzes, mit dessen parlamentarischer Erledigung indessen in den nächsten Jahren angesichts der divergierenden Tendenzen nicht zu rechnen sein dürfte, will das Theater aus den Gewerbebetrieben und damit aus der GO. herausheben.

[2] Die Theaterbaupolizei gehört in Preußen zur Zuständigkeit des Ministeriums für Volkswohlfahrt.

[3] Die Theatersicherheitspolizei gehört in Preußen zur Zuständigkeit des Ministeriums des Innern.

[4] Es ist reines Polizeirecht; demgemäß wird es z. B. von JELLINEK: Verwaltungsrecht 3. Aufl. Berlin 1931, S. 455, mit Recht bei der Polizei der Vergnügungen behandelt: vgl. auch FALCK in v. BRAUCHITSCH: Preußische Verwaltungsgesetze II[21] Berlin 1928, 313, und DIENSTAG: Art. Zensurrecht HW-RechtsW. Ergänzungsband Berlin 1931, S. 663.

[1] Der Betrieb von Lichtspieltheatern ist an keine Erlaubnis geknüpft; vgl. DIENSTAG: Arbeitsvertrag, S. 11, Anm. 2 und hier S. 277.

füllen muß, um die polizeiliche Betriebserlaubnis zu erhalten, spricht § 33b schlechthin von vorgängiger Erlaubnis durch die Polizeibehörde, ohne diese an bestimmte Voraussetzungen zu knüpfen.

2. Die polizeiliche Betriebserlaubnis qualifiziert sich verwaltungsrechtlich im Sinne der von OTTO MAYER begründeten[2], jetzt wohl allseitig anerkannten Auffassung[3] als Polizeiverbot mit Erlaubnisvorbehalt; mit anderen Worten: Der Gesetzgeber hat es bei den in Rede stehenden Gewerbebetätigungen im Interesse des Gemeinwohls für angemessen erachtet, eine Beschränkung des Grundsatzes der freien und ungehemmten Ausübung des Gewerbes (§ 1 GO.) in der Weise eintreten zu lassen, daß er ihren Beginn unter polizeiliche Kontrolle (§ 15 GO.) stellt. Die in der Theorie bestehende Streitfrage[4], inwieweit die polizeiliche Betriebserlaubnis lediglich als die auf Grund eines Antrages erfolgende öffentlich-rechtliche Feststellung der Tatsache, daß Versagungsgründe gewerbepolizeilicher Art hinsichtlich des Antragstellers nicht bestehen und demgemäß im öffentlichen Interesse Bedenken gegen die Ausübung des Theatergewerbes nicht zu erheben sind, anzusehen ist, ohne daß sie für den Antragsteller ein besonderes subjektives, öffentliches und privates Recht, das ihm nicht willkürlich entzogen werden kann und in dessen Besitz er geschützt werden muß, begründet, ist für die Praxis insofern bedeutungslos, als in ständiger Rechtsprechung vom Reichsgericht unter Billigung der Rechtslehre zumindest ein Recht am eingerichteten und ausgeübten Gewerbebetriebe[5] anerkannt wird, sofern sich die Handlung unmittelbar gegen den Bestand des Gewerbebetriebes richtet, dieser tatsächlich gehindert oder seine rechtliche Zulässigkeit verneint oder behindert und seine Schließung oder Einschränkung verlangt wird, ohne daß das Recht zur Ausübung des Gewerbe, betriebes an sich als absolutes Recht im Sinne des § 823 BGB. anzusehen ist.

Der vielfach gebrauchte Ausdruck „Theaterkonzession" für die Betriebserlaubnis aus § 32 GO. scheint mir jedenfalls deshalb verfehlt, weil mit dem Ausdruck „Konzession" verwaltungsrechtlich die Vorstellung

[2] Vgl. OTTO MAYER, Verwaltungsrecht: a. a. O. 1, 3. Aufl., § 22.

[3] Vgl. LAGENSTEIN: Die Gewerbepolizeierlaubnis 1912; KORMANN: Rechtsgeschäftliche Staatsakte, Berlin 1912, 99, 126, 136; HATSCHEK: Verwaltungsrecht, 5. Aufl. Berlin 1926, 140ff.; FLEINER: Institutionen des deutschen Verwaltungsrechts 8. 1928, S. 405, Anm. 1; JELLINEK: S. 425ff., 435ff.

[4] Vgl. LANDMANN-ROHMER Kommentar zur GO. 8. München 1928: 1, 70ff.; REHM: Die rechtliche Natur der Gewerbekonzession, München 1889, 80; NEUHAUSER: Die Nichtigkeit rechtsgeschäftlicher Verwaltungsakte, Hamburg 1921, 1ff.; BÜHLER: Zur Theorie der subjektiven öffentlichen Rechte in Festgabe für FLEINER: Tübingen 1927, 26ff., insbesondere 37—54; FLEINER: S. 411, Anm. 21; JELLINEK: S. 239.

[5] Vgl. RGZ. 48, 114; 56, 271; 58, 24; 65, 210; 73, 111; 77, 218; 79, 224; 94, 249; 95, 339; 102, 225; 129, 149.

verbunden wird, daß der Beliehene ein Stück öffentlicher Verwaltung im eigenen Namen ausübt; davon kann aber im vorliegenden Falle keine Rede sein[6].

§ 42. Die einzelnen Arten der Betriebserlaubnis.

A. Die Betriebserlaubnis aus § 32 GO. (Große Theaterkonzession).

1. Der Erlaubnis aus § 32 GO. bedürfen Schauspielunternehmer zum Betriebe eines Theaterunternehmens. Mangels einer gesetzlichen Begriffsbestimmung ist die sachgemäße Abgrenzung des Begriffs des Schauspielunternehmers Aufgabe der Wissenschaft und Rechtsprechung. Als Schauspielunternehmer werden gewerberechtlich Personen oder Personenmehrheiten bezeichnet, die der Öffentlichkeit fortgesetzt und zum Zwecke der Gewinnerzielung als selbstständige Gewerbetreibende die Vorführung von Bühnenwerken aller Art in bühnenmäßiger Form, also unter Verwendung lebender Personen als Schauspieler in Bühnendekorationen und bei unmittelbarer Wahrnehmung der Tätigkeit dieser Personen, gegen bestimmtes Entgelt vermitteln.

a) Persönliche Träger der Erlaubnis sind:

aa) physische Personen[1],

bb) juristische Personen wie Aktiengesellschaften, Gesellschaften mit beschränkter Haftung, juristische Personen des öffentlichen Rechts[2],

cc) Gesellschaften des bürgerlichen Rechts oder offene Handelsgesellschaften.

b) Es muß die Absicht der Gewinnerzielung bestehen, d. h. die Tätigkeit muß auf Erwerb gerichtet und berufsmäßig ausgeübt werden[3], deshalb ist keine Betriebserlaubnis erforderlich für:

aa) staatliche oder städtische Theaterunternehmungen, da sie regelmäßig nicht zum Zwecke der Gewinnerzielung, sondern aus Gründen der allgemeinen Kulturpolitik betrieben werden[4].

---

[6] Vgl. zur Terminologie: Jellinek: a. a. O. S. 257.

[1] Sie sind in diesem Falle in der Regel Einzelkaufleute gemäß § 2 HGB. Es sind dann von ihnen die allgemeinen Vorschriften des HGB. zu beachten. Vgl. LZ. 1907, 504.

[2] Die Zulässigkeit der Konzessionserteilung an juristische Personen war früher bestritten, ist aber heute allgemein anerkannt. Vgl. RGZ. 80, 111, 427; OVG. 48, 309ff.; 56, 378; BayVGH. 15. Oktober 1902, Sammlung 24, 199; Landmann-Rohmer: 1, 86, 362, 435, 610; Schecher: Gewerbepolizeirecht des Deutschen Reiches, Tübingen 1909, 41; Assmann: Theaterkonzession 1929, 24; gegenteiliger Ansicht: Waldecker: JW. 1913, 794; Opet: Theaterrecht, S. 65, Anm. 31.

[3] OVG. 38, 309.

[4] Städtische Theater in eigener Regie können deshalb nie gewerbliche Unternehmungen, etwa im Sinne des § 3 PrKAG., sein, da der Gewinnzweck das Kriterium eines gewerblichen Unternehmens ist (OVG. 11, 56); KG. in KGJ. A 26 A 219. Dies verkennt OLG. Hamm in seiner Entscheidung v. 3. Februar 1931, Arch.f.Urh.R. 4, 194.

bb) wissenschaftliche und religiöse Theatervorstellungen (Passionsspiele), sofern sie in gemeinnütziger Form und Absicht veranstaltet werden; wegen des Begriffs der Gemeinnützigkeit vgl. S. 382.

cc) Gelegentliche Theatervorstellungen im besonderen gesellschaftlichen Rahmen, gleichgültig, ob die Mitwirkenden Dilettanten oder Berufsschauspieler sind.

Erlaubnispflichtig sind dagegen:

dd) Vorstellungen örtlicher Theatervereine, mögen auch Dilettanten mitwirken, sowie nebenberuflicher Mitglieder von Theatergesellschaften, da in der Regel Eintrittspreise erhoben und die Veranstaltungen öffentlich, also gewerbsmäßig durch Anschlag oder in den Lokalblättern angekündigt werden, also Gewinnerzielung beabsichtigt ist[5]. Unerheblich ist, ob der Reinertrag wohltätigen Zwecken zufließt.

c) Es muß sich um die öffentliche Vorführung von Bühnenwerken in bühnenmäßiger Form, also die Aufführung eines Geisteswerkes (Drama, Lustspiel, Posse, Tragödie, Schwank, Pantomime, Ballett, Revuedarbietungen) durch lebende Personen unter Verwendung von Bühne und Bühnendekorationen vor einer Mehrheit unbeschränkter Personen handeln.

Daher sind *nicht* erlaubnispflichtig nach § 32 GO.:

aa) Aufführungen vor geladenen Gästen, bei denen die Eingeladenen durch die Person des Einladenden unter sich näher verbunden sind, da hier der Begriff der Öffentlichkeit fehlt.

bb) Zirkusvorführungen, falls sie sich auf die Vorführung rein artistischer Vorführungen beschränken.

cc) Kinematographische Vorführungen stummer Filme, auch wenn ein den Film begleitender Text gesprochen oder gesungen wird[6].

dd) Tonfilmvorführungen, da die Vorführung der an sich bühnenmäßigen Handlung der Versinnbildlichung durch lebende Personen entbehrt, vielmehr auf einem Zelluloidstreifen, der gleichzeitig auch die Stimme der Mitspielenden wiedergibt, abrollt.

ee) Sende- und Hörspiele des Radio, weil sie dem Publikum nicht unmittelbar vorgeführt, sondern nur mittelbar auf Grund besonderer technischer Einrichtungen übermittelt werden.

ff) Marionettentheater, da in ihnen nicht das Spiel durch lebende Personen verkörpert wird.

Erlaubnispflichtig aus § 32 GO. ist dagegen die Aufführung sogenannter Filmsketsche, also Vortragsnummern, bei denen die Kino-

---

[5] So auch Landmann-Rohmer: 1, 362 und die dort zitierten zahlreichen Entscheidungen sowie Urteil LG. Dresden v. 18. Februar 1930, NW. 1930, 257; Alexander: in Schmoller's Jahrbuch, Jg. 37, H. 2, insbesondere S. 9, 43, 45; Parisius: Die polizeiliche Theateraufsicht, PrVBl. 1926, 560.

[6] Vgl. KG. 28. April 1927, DJZ. 1927, 1278.

vorführung durch das Auftreten sprechender und handelnder Personen unterbrochen wird[7].

d) Der Schauspielunternehmer muß den Theaterbetrieb im eigenen Namen und für eigene Rechnung führen und in bezug auf diesen Betrieb juristisch volle Selbständigkeit genießen[8]; deshalb bedürfen:

aa) im Betriebe des Unternehmers tätige Schauspieler überhaupt keiner Erlaubnis mangels Fehlens der Unternehmereigenschaft[9].

bb) Gastspielunternehmer der Erlaubnis nur bei Übernahme des Risikos[10].

2. Der Betrieb des Theaterunternehmens erfolgt in der Regel als stehender Gewerbebetrieb, kann aber auch als Gewerbebetrieb im Umherziehen (Wandertheater) ausgeübt werden. Stehender Gewerbebetrieb liegt vor, falls das Theatergewerbe innerhalb des Gemeindebezirkes des Wohnortes betrieben wird. Gewerbebetrieb im Umherziehen ist Betrieb des Schauspielgewerbes außerhalb des Gemeindebezirkes des Wohnortes.

3. Gesetzliche Voraussetzungen sachlicher Art für die Erteilung der Erlaubnis sind:

a) Vorhandensein der gewerberechtlich für die Ausübung eines selbständigen Gewerbebetriebes notwendigen allgemeinen Eigenschaften.

b) Nachweis der zum Betriebe des Unternehmens notwendigen Mittel.

c) Nachweis des Bedürfnisses.

d) Persönliche Voraussetzung ist Zuverlässigkeit insbesondere in sittlicher, artistischer und finanzieller Hinsicht.

Unwesentlich für die Erlaubniserteilung aus § 32 GO., daher keine gesetzliche Voraussetzung bildend, ist die Tatsache, ob den beabsichtigten Theatervorstellungen höherer Kunstwert innewohnt[11].

a) Allgemeine Voraussetzungen zur Führung eines selbständigen Gewerbebetriebes kennt die Gewerbeordnung mit Ausnahme des § 13 GO., wonach der Gewerbetreibende nach begonnenem Gewerbebetriebe unter Umständen verpflichtet ist, auf Verlangen der Gemeindebehörde nach Ablauf von 3 Jahren das Bürgerrecht zu erwerben, nicht mehr.

Alter und Geschlecht sind gewerbepolizeilich unerheblich (§ 1 GO.); daher ist die Erteilung der Erlaubnis aus § 32 GO. für eine Frau un-

---

[7] OVG. (11. Juli 1918) 74, 450; KG. (25. November 1924) in GewArch. 22, 516 und 24, 181 (28. April 1927); DJZ. 32, 1278.

[8] Vgl. Schecher: a. a. O. S. 36; Opet: S. 19; Landmann-Rohmer: 1, 302.

[9] RGZ. 28, 278ff., vertritt die jetzt aufgegebene Auffassung, „daß in der Ausübung schauspielerischer Tätigkeit der selbständige Betrieb eines Gewerbegeschäftes" zu sehen sei, vgl. auch S. 404, Anm. 18.

[10] Landmann-Rohmer: 1, 361; Goldbaum: Theaterrecht, S. 17; Opet: S. 19.

[11] A. A. Wolff: Art. Theaterrecht in Fleischmanns Handwörterbuch des Verwaltungsrechts Bd. 2; derselbe: Entwurf eines Reichstheatergesetzes, Berlin 1913, 14.

bedenklich zulässig; als Ehefrau bedarf sie nicht der Einwilligung des Mannes[12].

Auch die Ausländereigenschaft ist, soweit es sich um physische Personen handelt, bedeutungslos; es kann demgemäß jeder Ausländer die Erlaubnis aus § 32 GO. erhalten. Hinsichtlich juristischer Personen bewendet es nach § 12 GO. bei den Vorschriften der Landesgesetze; sie sehen vielfach staatliche Genehmigung[13] vor, so daß eine ausländische Aktiengesellschaft zum Theaterbetrieb neben der Erlaubnis aus § 32 GO. möglicherweise noch staatlicher Genehmigung bedarf. Für die Staatsangehörigkeit einer Aktiengesellschaft ist nach geltender deutscher Rechtsauffassung der satzungsmäßige Sitz der Gesellschaft entscheidend, da die in der Rechtsprechung des deutsch-englischen und deutsch-französischen gemischten Schiedsgerichts aufgestellte Kontrolltheorie, wonach die Tätigkeit einer Gesellschaft nach dem Rechte zu beurteilen ist, wo sie kontrolliert wird, d. h. also nach dem Rechte des Staates, dessen Angehörige das größte Interesse an der Gesellschaft besitzen, sich in der deutschen Rechtsprechung nicht durchgesetzt hat[14]. Es muß also der Aktiengesellschaft mit dem Gesellschaftssitz Berlin die Erlaubnis aus § 32 GO. ohne weiteres erteilt werden, selbst wenn sich nachweisbar das gesamte Aktienkapital in ausländischen Händen befindet.

Nach § 12 GO. Abs. 2 werden Beschränkungen, welche reichs- oder handelsrechtlich in betreff des Gewerbebetriebes für Personen des Soldaten- und Beamtenstandes sowie deren Angehörige bestehen, durch die Gewerbeordnung nicht betroffen[15].

Die Bestimmungen der §§ 104—115 BGB. über die Geschäftsunfähigkeit und die beschränkte Geschäftsfähigkeit werden durch die Gewerbeordnung nicht berührt, so daß praktisch ein Minderjähriger die Erlaubnis aus § 32 GO. nicht erhalten kann[16].

b) Da das Gesetz keinerlei Bestimmungen darüber enthält, nach welchen Richtlinien die für das Unternehmen erforderlichen Mittel festzustellen sind, es auch vollkommen dahingestellt sein läßt, was unter Mittel im Sinne des § 32 GO. zu verstehen und wie der Nachweis dieser

---

[12] Wegen der Einzelfälle, auf die aus Raummangel nicht eingegangen werden kann, vgl. Landmann-Rohmer: a. a. O. 1, 158ff.

[13] Vgl. im einzelnen Landmann-Rohmer: a. a. O. 1, 163.

[14] Vgl. Staub-Pinner: HGB. 2^{13}, Anm. 13 zu § 178 und die dort zitierte Literatur.

[15] Vgl. § 31 des Wehrgesetzes v. 23. März 1921 (RGBl. 329); § 16 des Reichsbeamtengesetzes v. 31. März 1873 in der Bekanntmachung v. 18. Mai 1907 (RGBl. S. 245); die einzelnen landesgesetzlichen Vorschriften sind angeführt bei Landmann-Rohmer 1, 165.

[16] Über minderjährige Kinder als Erben der Betriebserlaubnis (§ 46 GO.) vgl. S. 292.

Mittel zu führen ist, so werden stets die Umstände des Einzelfalles maßgebend sein; schon ein preußischer Ministerialerlaß vom 17. August 1896 besagte in dieser Hinsicht, daß eine größere Summe baren Geldes an sich weder erforderlich noch genügend ist[17]. Das ist mit der Einschränkung richtig, daß Besitz baren Geldes dann ausreichende Voraussetzung ist, wenn es sich zur freien Verfügung des Nachsuchenden befindet und eine Deckung der Betriebsausgaben für eine gewisse Zeit, etwa sechs Monate, ermöglicht. Die Mittel brauchen nicht notwendigerweise in barem Gelde zu bestehen; erststellige Hypothekenforderungen, mündelsichere Effekten, unter Umständen die Bürgschaft einer solventen dritten Person[18], sind ausreichend. Wechsel sind in der Regel nicht geeignet, es sei denn, daß es sich um Sicht-(Depot)-Wechsel mit einwandfreiem Giro handelt. Vorhandener Fundus ist bei der Höhe des erforderlichen Betriebskapitals zu berücksichtigen.

Die Mittel brauchen keineswegs Eigentum des Nachsuchenden zu sein; die Versagung darf daher nicht erfolgen, wenn der Unternehmer persönlich mittellos ist, ihm aber von dritter Seite ausreichende, seiner Verfügungsmacht unterliegende Geldmittel, etwa im Wege der Darlehnshingabe, zur Verfügung gestellt werden[19]. Kurzfristige Darlehne können jedoch keineswegs als Nachweis liquider Mittel angesehen werden, vielmehr nur ein solcher Betriebskredit, der es dem Unternehmer ermöglicht, das Theatergewerbe auf längere Zeit ungestört zu betreiben. Die Forderung nach einer Übersicht über die gesamten Vermögensverhältnisse des Antragstellers ist nur in Ausnahmefällen zulässig[20].

Die notwendigen Mittel müssen dem Nachsuchenden bereits im Augenblick der Antragstellung zur Verfügung stehen, da es sich um eine Voraussetzung der Erlaubnis handelt.

Der Verwaltungsbehörde ist es unbenommen, von Amts wegen die notwendigen Ermittlungen anzustellen, insbesondere urkundliche Unterlagen zu verlangen und Sachverständige zu hören; werden eidesstattliche Versicherungen abgegeben, so findet im Falle ihrer Unrichtigkeit § 156 StGB. nicht Anwendung, da die hier in Betracht kommenden Verwaltungsbehörden weder reichs- noch landesrechtlich zuständige Behörden im Sinne des § 156 StGB. sind.

c) Auf Grund des § 1 der auf Grund des Ermächtigungsgesetzes vom 4. August 1914 (RGBl. S. 327) während des Krieges erlassenen, heute noch in Kraft befindlichen Bekanntmachung vom 3. August 1917 (RGBl. S. 681) ist die Erlaubnis zum Betriebe des Gewerbes als Schauspiel-

---

[17] Zitiert bei LANDMANN-ROHMER: 1, 370. [18] OVG. 44, 344.

[19] Vgl. OPET: S. 57 und die dort in Anm. 7 zitierte Entscheidung des Urteils des Bezirksausschusses Berlin; GOLDBAUM: Theaterrecht, S. 23 und LANDMANN-ROHMER: a. a. O. 1, 370.

[20] Vgl. OVG. 69, 375.

unternehmer außer den in § 32 GO. angegebenen Gründen zu versagen, falls kein Bedürfnis vorliegt[21]. LANDMANN-ROHMER will die Frage, ob dem als berechtigt anzuerkennenden Bildungs- und Unterhaltungsbedürfnis bereits genügt ist, nach den tatsächlichen Verhältnissen des Bezirks beurteilt wissen, wobei Zusammensetzung der Bevölkerung, ihr Wohlstand und Bildungsgrad, die Verkehrsbedingungen innerhalb des Bezirks und den Nachbarbezirken von Bedeutung sind[22]. Die Konkurrenzfrage darf aber für die Polizeibehörde nicht allein entscheidend sein, sondern es muß ein durchaus objektiver Maßstab angelegt, insbesondere geprüft werden, ob die besondere Eigenart des beantragten Unternehmens eine Erlaubniserteilung rechtfertigt. Auch soziale Gesichtspunkte, insbesondere Beschäftigung erwerbsloser Schauspieler, sind zu berücksichtigen. Delegation der den Polizeibehörden nach der Verordnung vom 3. August 1917 zustehenden Befugnisse ist unzulässig.

d) Persönliche Voraussetzung für die Erteilung der Betriebserlaubnis aus § 32 GO. ist Zuverlässigkeit des Antragstellers, insbesondere in sittlicher, artistischer und finanzieller Hinsicht. Allgemeine Darlegungen über die Persönlichkeit des Antragstellers sind unzureichend, vielmehr Angabe bestimmter Tatsachen, deren Nachprüfung behördliche Pflicht ist, erforderlich. Arg. e contr. ergibt sich hieraus, daß bei der Abweisung des Gesuches die Überzeugung der Behörde von der Unzuverlässigkeit des Unternehmers sich nicht auf Erwägungen allgemeiner Art stützen darf. Die angegangene Behörde kann Erhebungen über die Persönlichkeit des nachsuchenden Unternehmers im weitesten Umfange anstellen, ohne daß sich die Ermittlungen gerade auf Tatsachen, die für die sittliche, artistische und finanzielle Zuverlässigkeit des Unternehmers erheblich sind, zu beschränken brauchen. Die gesamte bisherige geschäftliche und private Führung des Unternehmers kann demgemäß nachgeprüft werden, da der Gebrauch des Wortes „insbesondere" ergibt, daß das Gesetz nur Beispiele anführen will, um einen Maßstab für die Zuverlässigkeit zu gewinnen. Die Beobachtung dieses Verfahrens dürfte sich übrigens schon aus dem Grunde empfehlen, weil bei unsachgemäßer oder nicht ausreichender Prüfung möglicherweise Schadensersatzansprüche aus § 839 BGB. gegenüber der Polizeibehörde begründet sein können[23].

Der an sich recht unklare und vielsagende Ausdruck „Zuverlässigkeit in artistischer Hinsicht" setzt nicht voraus, daß der Unternehmer persönlich ein guter Schauspieler noch überhaupt Schauspieler ist, sondern besagt etwa folgendes: Da die Leitung eines jeden Theaters

---

[21] Vgl. OVG. GewArch. 21, 297, 400; Bd. 77, 443; 5. Juni 1930. OVG. 86, 374ff.; auch DB. 22, 270ff. BayVGH. 1. Oktober 1925, BayVerwaltungsblatt 73, 173.

[22] Vgl. 1, 370.

[23] OLG. Hamm — 3. U. 267/28 — (bisher nicht veröffentlicht).

gleichzeitig eine kulturelle Mission und eine große Verantwortung gegenüber der Öffentlichkeit in sich schließt, so sind an den Bildungsgrad des Antragstellers gewisse Mindestforderungen nach der Richtung hin zu stellen, daß der Unternehmer zwar über keine bestimmte oder abgeschlossene Vorbildung zu verfügen braucht, aber genügende Allgemeinbildung, verbunden mit bestimmten Fachkenntnissen, vorhanden sein muß[24].

Sittliche Zuverlässigkeit besagt, daß der Antragsteller über diejenige Charakterfestigkeit verfügen muß, die für den Betrieb eines Theaterunternehmens unbedingt erforderlich ist. Gerichtliche Bestrafungen wegen schwerer Vergehen, z. B. Diebstahl, Unterschlagung, Betruges, Hehlerei, Kuppelei, bilden grundsätzlich einen Versagungsgrund. Geringfügige Vorstrafen, z. B. wegen Beleidigung oder Gewerbevergehen, können außer Betracht bleiben.

Zuverlässigkeit in finanzieller Hinsicht bedeutet, daß der Antragsteller persönlich von den ihm zur Verfügung stehenden Geldmitteln einen redlichen Gebrauch zu machen pflegt. Deswegen sind mit besonderer Vorsicht Anträge solcher Bewerber zu prüfen, die bereits ein Theaterunternehmen besessen haben und hierbei zusammengebrochen sind; insbesondere ist festzustellen, ob der Zusammenbruch durch verschwenderische Lebensführung oder durch unsachgemäße Verwendung des Betriebskapitals herbeigeführt und inwieweit der Unternehmer seinen Tantiemenverpflichtungen gegenüber den Bühnenautoren und Gehaltsverpflichtungen dem Bühnenpersonal gegenüber nachgekommen ist[25].

4. In der Verwaltungspraxis wird neben den zu 3a—d genannten und erörterten Voraussetzungen sachlicher und persönlicher Art auch die Bestellung einer besonderen Kaution gefordert[26].

a) Die Berechtigung dieser Forderung ist nicht unbestritten: So vertritt Goldbaum die Auffassung, daß eine gesetzliche Grundlage

---

[24] Vgl. auch Opet: S. 61; Goldbaum: S. 28 und insbesondere Assmann: S. 15ff., der die Grundsätze der Bühnengenossenschaft in dieser Frage wiedergibt.

[25] Üblicherweise sind deshalb der Vorstand des Deutschen Bühnenvereins und der Genossenschaft Deutscher Bühnenangehöriger vor Erteilung der Erlaubnis aus § 32 GO. um Auskunft darüber zu ersuchen, ob diesen Organisationen Tatsachen bekannt sind, welche gegen die Annahme der Zuverlässigkeit sprechen, vgl. PrAusfAW. v. 1. Mai 1904 Ziff. 44; für Bayern sind nach einem ME. v. 25. März 1926 (MABl. 46) vor Erteilung einer Erlaubnis an rechtsrheinische Unternehmungen die bayr. Bezirksverbände des deutschen Bühnenvereins und der Genossenschaft deutscher Bühnenangehöriger, ferner die bayr. Landesbühne in München, bei pfälzischen die erwähnten Bezirksverbände und das Landestheater für Pfalz u. Saargebiet in Kaiserslautern gutachtlich zu hören. In einer k. sächs. ME. v. 25. Mai 1904 ist die Einvernahme beider Vereine in allen nicht ohne weiteres klargestellten Fällen angeordnet (GewArch. 4, 46; Reger: Erg.-Bd. 3, 199); vgl. auch Landmann-Rohmer: a. a. O. 1, 271.

[26] Vgl. hierzu Dienstag: Die Theaterkaution, PrVBl. 51, 684ff.

für dies Verlangen weder in § 32 GO. noch in anderen gesetzlichen Bestimmungen zu finden sei, auch die Forderung auf Bestellung einer derartigen Kaution dem Geiste des Gesetzes widerspreche[27]. HARTMANN hält es nach der Entstehungsgeschichte des Gesetzes für immerhin zweifelhaft, ob die Praxis der Behörden in dem § 32 GO. eine absolut einwandfreie Stütze findet[28]; unbedingte Anhänger der Theaterkaution sind dagegen ASSMANN, JELLINEK, LANDMANN-ROHMER, OPET, GEIGER, BEHRENDT[29]. Die Judikatur hat in mehreren höchstrichterlichen Entscheidungen die Zulässigkeit der Kautionsbestellung bejaht[30]. Das Reichsgericht insbesondere begründet seine Auffassung mit der Erwägung, daß es sich bei der Forderung auf Kautionsbestellung um die rechtmäßige Ausübung der Polizeihoheit auf Grund der §§ 109ff. LVG. handele. Das Oberverwaltungsgericht meint, daß die Erteilung der Erlaubnis von Bedingungen abhängig gemacht werden könne und es sich bei dem Verlangen auf Stellung der Kaution um eine solche Bedingung handele, deren Zulässigkeit auch nach dem Gesetze nicht zu bezweifeln sei.

Der herrschenden Meinung ist beizutreten; denn die Behörde ist grundsätzlich mit Rücksicht auf § 147 Abs. 1 Ziff. 1 GO. berechtigt, die Erteilung der Erlaubnis aus § 32 GO. von Bedingungen abhängig zu machen[31]. Es wird und kann sich bei solchen Bedingungen verständigerweise nur um solche handeln, die mit dem Gesetz in Einklang zu bringen sind[32]; das ist aber bei der Kautionsbestellung der Fall; denn die Behörde hat sich nach § 32 Abs. 2 GO. auf Grund von *Tatsachen* die Überzeugung zu verschaffen, daß der Unternehmer die notwendige finanzielle Zuverlässigkeit besitzt.

Erachtet daher die Behörde die Bestellung einer besonderen, während der Dauer des Betriebes zu deponierenden Sicherheit zur Erfüllung von auf rein tatsächlichem Gebiet liegenden Voraussetzungen für erforderlich, so handelt sie mit diesem Verlangen nur im Rahmen der ihr in Gemäßheit des § 32 Abs. 2 GO. zustehenden gewerbepolizeilichen Befugnisse; denn sie legt hiermit dem Unternehmer Bedingungen auf, deren Erfüllung die an die Erteilung geknüpften Voraussetzungen sichern soll.

b) Durch die Bestellung der Kaution wird ein öffentlich-rechtliches Verhältnis geschaffen. Sämtliche Maßnahmen der Behörden in bezug

---

[27] Vgl. GOLDBAUM: Theaterrecht 1914, 35ff., auch im Recht 1913, 167.

[28] Vgl. HARTMANN: DJZ. 1912, 484ff.

[29] ASSMANN: a. a. O. S. 18; JELLINEK: S. 455; LANDMANN-ROHMER: 1, 372; OPET: JW. 1921, 316 und Theaterrecht, S. 56; GEIGER: Bl.f.adm.Praxis, Jg. 62, 27ff.; BEHRENDT: Recht 1920, 139.

[30] Vgl. RG. v. 29. September 1916 bei REGER: 37, 218, OVG. in Entsch. Bd. 69, 374; 47, 448; KG. 15. U. 2501/13 (unveröffentlicht).

[31] OVG. 69, 374; RG. l. c. S. 222.

[32] Vgl. als Beispiel einer unzulässigen Bedingung OVG. 69, 374.

auf die Kaution unterliegen daher öffentlich-rechtlicher Beurteilung. Streitigkeiten in bezug auf Hinterlegung, Auszahlung, Rechnungslegung sind niemals bürgerliche Rechtsstreitigkeiten[33] im Sinne des § 13 GVG. Das Oberverwaltungsgericht hat deshalb Bd. 74, 448 die Klage im Verwaltungsstreitverfahren auf Rückzahlung der Kaution und Rechnungslegung mit der vom Standpunkt des geltenden Rechts zutreffenden Begründung abgewiesen, daß es sich bei dieser Tätigkeit der Polizeibehörde um keine Polizeiverfügung im Sinne der §§ 127ff. LVG. handele, und demgemäß nur Dienstaufsichtsbeschwerde für gegeben erachtet.

c) Die Theaterkaution ist bestimmt, die Gehaltsansprüche der Arbeitnehmerschaft eines bestimmten Theaterunternehmens für den Fall, daß der Unternehmer seine Verbindlichkeiten ihr gegenüber aus irgendwelchen Gründen nicht erfüllen kann, zu sichern. Schon durch diese Zweckbestimmung sind bestimmte Grenzen hinsichtlich der Höhe der Kaution gegeben. Der zahlenmäßige Betrag der Kaution darf jedenfalls nicht derart festgesetzt werden, daß dem Unternehmer Mittel in einer Höhe entzogen werden, die den Betrieb finanziell schwächen. Das Berliner Polizeipräsidium verlangt üblicherweise die Stellung einer Kaution in Höhe einer zweifachen Monatsgage der gesamten Arbeitnehmerschaft. Klage im Verwaltungsstreitverfahren ist zulässig, sobald die festgesetzte Kaution zu hoch erscheint.

d) Der Kreis der aus der Kaution zu befriedigenden Personen unterliegt dem pflichtgemäßem Ermessen der Verwaltungsbehörde; indessen wird die Behörde zwecks Vermeidung begründeter Dienstaufsichtsbeschwerden bei der Abgrenzung dieses Kreises nicht willkürlich vorgehen dürfen, sondern bestimmte Grundsätze auf jeden Fall einhalten müssen. Nur Arbeitnehmer sind bei Verteilung der Kaution zu berücksichtigen; unberücksichtigt bleiben also Theaterlieferanten und Peronalgläubiger des Unternehmers. Sämtliche Sparten der Arbeitnehmerschaft sind zu berücksichtigen, also Solo-, Chor, technisches Personal und Statisterie. Bevorzugung einzelner Sparten ist unstatthaft. Reicht die Kaution nicht zur Befriedigung sämtlicher fälligen Gehaltsansprüche aus, so erfolgt quotenmäßige Verteilung.

Arbeitnehmer, die z. Z. des Zusammenbruches bereits ausgeschieden waren, aber noch fällige Gehaltsforderungen besitzen oder grundlos unter Vorenthaltung ihres Gehalts aus dem Betriebe entlassen werden, sind bei Verteilung der Kaution zu berücksichtigen[34]. Hat das Mitglied bereits im Engagementsvertrage auf Inanspruchnahme der Kaution verzichtet, so ist dieser Verzicht gültig, da er den Bestandteil einer rechtsgültigen privatrechtlichen Vereinbarung über die Inanspruchnahme

---

[33] Vgl. Urteil RG. l. c. S. 218.

[34] Vgl. Opet: JW. 1921, 316 und Assmann: Spielerlaubnis, S. 22.

einer aus öffentlich-rechtlichen Gründen bestellten Sicherheit bildet. Die Behörde ist daher im Falle des Verzichts weder verpflichtet noch berechtigt, den in Betracht kommenden Mitgliedern etwas auszuzahlen.

e) Hinsichtlich der Art der zu bestellenden Sicherheit ist die Behörde an die Vorschriften der §§ 232ff. BGB. über die Stellung einer Sicherheitsleistung nicht gebunden, da Art. 90 EinfG. zum BGB. ausdrücklich eine Ausnahme hinsichtlich der auf Grund öffentlichen Rechts erfolgenden Sicherheitsleistung zugunsten der Landesgesetzgebung macht. Es kann daher auch in anderer Art, als im § 232 BGB. bestimmt ist, Sicherheit geleistet werden. Möglich ist mithin, daß durch Übertragung einer einwandfreien Forderung Kaution geleistet wird. Da die §§ 232—240 BGB. nicht ohne weiteres Anwendung finden, so gelten auch die Vorschriften über die Bewertung hinterlegter Wertpapiere sowie über Mündelsicherheit, Ausstattung und Ergänzung der Sicherheit nicht ohne weiteres, es sei denn, daß im Kautionsreverse ausdrückliche Bestimmungen nach dieser Richtung hin getroffen sind.

f) Der Zeitpunkt der Verfügungsberechtigung der Behörde über die Kaution muß im Kautionsrevers genau festgelegt sein. Das Berliner Polizeipräsidium läßt sich deshalb ausdrücklich vom Kautionssteller ermächtigen, nach seinem Ermessen die Kaution an die Berechtigten, und zwar ohne gerichtliches Urteil, auszuzahlen, wenn bestimmte Voraussetzungen eingetreten sind[35], nämlich:

aa) Erlöschen der Betriebserlaubnis,
bb) Konkurseröffnung,
cc) Zahlungseinstellung,
dd) Nichtzahlung fälliger Gagen.

In allen diesen Fällen ist die Behörde berechtigt, an diejenigen Personen, die in urkundlich einwandfreier Form den Nachweis führen, daß sie zur Arbeitnehmerschaft des betreffenden Unternehmens gehören und fällige, noch nicht erfüllte Gehaltsforderungen besitzen, Auszahlungen zu bewirken. Eine Klage der Arbeitnehmer auf Auszahlung ist auch im Verwaltungsstreitverfahren unzulässig.

g) Die Pfändbarkeit sowie die Abtretbarkeit des Anspruchs auf Herausgabe der Kaution an dritte Personen wird im Schrifttum zu Unrecht bejaht[36]. Da der Anspruch auf Auszahlung der Kaution nicht klageweise geltend gemacht werden kann, ist er auch mangels Beitreibbarkeit unpfändbar. Seine Abtretbarkeit ist bereits mit Rücksicht auf § 399 BGB. ausgeschlossen; desgleichen fällt derAnspruch auf Auszahlung der Theaterkaution nicht in die Konkursmasse (§ 1 KO.). Anders ist die

---

[35] Vgl. Assmann: S. 22; sowie Geiger: l. c. S. 58.
[36] Vgl. Assmann: S. 21; Behrendt: Recht 1920, 139.

Sachlage zu beurteilen, wenn ein die Auszahlung anordnender Beschluß der Verwaltungsbehörde bereits ergangen ist; alsdann steht der Abtretbarkeit und Pfändbarkeit nichts im Wege.

5. Hinsichtlich des gesetzlichen Inhalts der Betriebserlaubnis sind folgende Gesichtspunkte hervorzuheben:

a) Die Genehmigungsurkunde muß diejenige Gattung theatralischer Vorstellungen, die öffentlich aufgeführt werden sollen, genau bezeichnen; denn sie bildet die Grundlage für den Umfang des Unternehmens. Will also der Antragsteller Operette und Schauspiel zugleich aufführen, so muß er es im Antrage genau zum Ausdruck bringen; denn eine Genehmigung zur Aufführung von Schauspielen schließt nicht ohne weiteres die Genehmigung zur Aufführung von Operetten ein. In dem Übergang von einer Gattung theatralischer Vorstellungen zu einer anderen liegt vielmehr unter Umständen eine wesentliche Veränderung des Unternehmens[37]. Schon mit Rücksicht hierauf und auch unter Würdigung der legislatorischen Gesichtspunkte des § 32 GO. ist es deshalb unzureichend, wenn die Genehmigungsurkunde sich auf den farblosen Ausdruck „Theateraufführungen" beschränkt. Ihr weiterer Inhalt hat sich auf den Betriebsort, Länge der Saison, Gastspiele, annähernde Größe der zu engagierenden Kräfte zu erstrecken[38]. Falls dem Betriebe des Unternehmens ein Vertrag mit dem Eigentümer des Theatergebäudes zugrunde liegt, so genügt Bezugnahme auf den Vertrag. Wenn beispielsweise das einer Stadtgemeinde gehörende Theater verpachtet wird, so pflegen im Pachtvertrage genaue Bestimmungen hinsichtlich der Art, Zahl, Größe der Vorstellungen, der Zahl der Schauspieler usw. getroffen zu werden.

b) Die Hinzufügung einer Zeitbestimmung wird in der Praxis allgemein für zulässig gehalten und auch danach verfahren; beispielsweise zeigt ein Blick in den „Neuen Weg", das Organ der Bühnengenossenschaft, in dem sich eine recht genaue Übersicht über die allmonatlich seitens der Polizeibehörden der einzelnen Länder erteilten Genehmigungen befindet, daß neben zeitlich unbeschränkten auch vielfach zeitlich begrenzte Spielgenehmigungen erteilt werden. Diese Übung der Verwaltungsbehörden widerspricht jedenfalls der ausdrücklichen Bestimmung des § 40 GO. Die zuerst von Opet, neuerdings von Assmann vertretene Ansicht[39], daß die Erteilung einer *befristeten* Spielerlaubnis jedenfalls dann zulässig ist, wenn der Nachsuchende sich hiermit einverstanden erklärt oder einen dementsprechenden Antrag gestellt bzw. das Bedürfnis nach Befristung sich aus dem Gegenstand des Unternehmens ergibt, ist mit dem Gesetz unvereinbar. Die Erteilung einer befristeten Spielerlaubnis, selbst wenn sie der Antragsteller beantragt,

[37] Vgl. S. 289. [38] Vgl. OVG. 69, 379.

[39] Vgl. Opet: S. 61; Assmann: S. 28 ff.

ist vielmehr grundsätzlich unzulässig[40], dagegen muß die Erlaubnis, wenn es sich um ein vorübergehendes Bedürfnis handelt, unter Beschränkung auf die voraussichtliche Dauer erteilt werden. Es wird mit einer Ausstellung der Betrieb eines Theaters verbunden; dann gilt die Erlaubnis für die Dauer der Ausstellung, ohne daß es indessen hierzu eines besonderen Antrages bedarf; gleiches gilt für das Saisontheater eines Badeortes. Auch aus der Art der nachgesuchten Erlaubnis (z. B. Veranstaltungen religiösen Inhalts zu ganz bestimmten Zeiten und an ganz bestimmten Orten) kann sich eine zeitliche Beschränkung ergeben, die ihre Grundlage indessen im Wesen der zur Aufführung gelangenden Theaterstücke besitzt[41].

c) Die Hinzufügung von Bedingungen ist grundsätzlich insoweit zulässig, als sie dem Unternehmer gesetzlich zulässige Verpflichtungen auferlegen[42]. Es ist dementsprechend Prüfung notwendig. Sehr instruktiv ist nach dieser Richtung hin die Entscheidung OVG. 69, 371ff. Dort war der Genehmigungsurkunde folgende Nebenbestimmung beigefügt: „Die Direktion ist jederzeit verpflichtet, dem Polizeipräsidium auf Erfordern wahrheitsgemäße Angaben über die finanzielle Lage des Unternehmens zu machen, die Geschäftsbücher vorzulegen und Beauftragte des Polizeipräsidiums zur Prüfung der Geschäftsbücher an der Kasse zuzulassen.“ OVG. hat diese Nebenbestimmung mit Recht für unzulässig erachtet, weil ihr jede gesetzliche Grundlage fehlt. Schlechthin unzulässig ist die Hinzufügung von Resolutivbedingungen als mit dem Prinzip der Unwiderruflichkeit in Widerspruch stehend.

Die Hinzufügung unzulässiger Nebenbestimmungen (b) und Bedingungen (c) führt die Nichtigkeit der erteilten Erlaubnis herbei[43].

d) Grundsätzlich ist die Spielerlaubnis räumlich beschränkt, da sie in bewußter Abweichung von dem früheren Rechtszustande grund-

---

[40] Die Zulässigkeit der Befristung im Einverständnis des Antragstellers wird bejaht in einem Ministerialerlaß bei Reger: 16, 234, RG. 1. Oktober 1909 (Auszug im Recht 1913, Nr. 21; GewArch. 9, 260); WürttVGH. 10. Mai 1906, GewArch. 8, 278; OVG. 18. Juni 1908, 52, 374. In der Rechtslehre wird die Frage verneint von Landmann-Rohmer: 1, 365, 526; Goldbaum: S. 44; Jellinek: a. a. O. S. 273; bejaht von Schenkel: GO. Karlsruhe 1892, 1, 308; Schicker: GO., Stuttgart 1901, 200; Nelken: Gewerberecht 1906, 1, 541.

[41] Die Zulässigkeit einer Erlaubniserteilung auf die Dauer solcher vorübergehender Bedürfnisse ist in mehreren Entscheidungen des OVG. und des BayVGH. anerkannt, die sich allerdings nicht auf Theaterunternehmungen, sondern in der Hauptsache auf Gaststätten beziehen. Die dort entwickelten Grundsätze sind indessen hier analog zu verwerten. OVG. 12. März 1884, Reger: 4, 400; OVG. 17. Oktober 1883, Reger: 4, 257; OVG. 10. Mai 1905, Reger: 27, 46; BayVGH. 10. April 1912, Reger: 32, 210.

[42] OVG. 69, 376; zulässig die Auflage täglicher Gehaltszahlungen OSchG. 30. September 1930 (nicht veröffentlicht).

[43] Vgl. Landmann-Rohmer: 1, 526.

sätzlich stets für ein bestimmtes Unternehmen beim Vorliegen eines bestimmten Bedürfnisses, das naturgemäß nur von der die Erlaubnis erteilenden Behörde sachgemäß und richtig beurteilt werden kann, erteilt wird. Unzulässig ist daher die Erteilung einer Spielerlaubnis etwa in der allgemeinen Form „für sämtliche Städte des Freistaats Sachsen unter 10000 Einwohnern“[44].

Der Grundsatz räumlich beschränkter Genehmigung wird durchbrochen, sobald es sich handelt:

aa) um Aufführungen eines Unternehmens in verschiedenen Orten, also ein Theater dergestalt in mehreren Orten eines Bezirkes spielt, daß es an einem Orte seinen ständigen Sitz hat, an den anderen Orten unständig spielt (Städtebundtheater),

bb) bei Wandertheaterunternehmungen, also Unternehmungen, die zwar eigenes festes Schauspielpersonal und eigene Bühnendekorationen besitzen, aber nicht in dem bestimmten Theater eines bestimmten Gemeindebezirkes ihre Vorstellungen veranstalten, sondern ganz oder mindestens überwiegend ihre Tätigkeit an den verschiedensten Orten ausüben, der Unternehmer also den Gewerbebetrieb im Umherziehen betreibt[45].

In beiden Fällen kann die räumliche Geltung der Genehmigungsurkunde schon aus praktischen Gründen nicht auf den Bezirk der Genehmigungsbehörde beschränkt bleiben, gilt aber auch dann grundsätzlich nur für das Gebiet desjenigen Landes, dessen Verwaltungs-

---

[44] Vgl. im einzelnen: ASSMANN: Das räumliche Geltungsgebiet der Schauspielerlaubnis aus § 32 GO. GewArch. 19, 46ff. und die dort zitierte Entscheidung des OLG. Darmstadt v. 4. Februar 1910 (DJZ. 1911, 600), sowie den bei ASSMANN: Theaterspielerlaubnis, S. 27 abgedruckten Preußischen Ministerialerlaß v. 3. Juli 1919, II, c. 2943, in dem ebenfalls der oben vertretene Standpunkt zum Ausdruck gebracht ist; auf dem gleichen Standpunkt steht LANDMANN-ROHMER: 1, 366 unter ausführlicher Angabe der widersprechenden Meinungen, ferner WOLFF: Theatergesetz, a. a. O. S. 16 und FELISCH: Geltungsbereich einer Spielkonzession DB. 1911, 207.

[45] Wandertheater sind nicht mit „Wanderschmieren“ zu verwechseln. Während die „Wanderschmiere“, ein Vorläufer des heutigen Wandertheaters, im buchstäblichen Sinne des Wortes von einem Orte zum anderen wanderte, werden die Wandertheater mit ihrem eigenen sehr erheblichen Fundus und eigenem künstlerischen und technischen Personal durch Auto oder Eisenbahn von einem Orte zum anderen gebracht. Sie dienen insbesondere planmäßiger Bespielung theaterloser Bezirke. Gegenwärtig bestehen ungefähr 25 Wanderbühnen mit durchgehender Winterspielzeit. Einführung der Sommerspielzeit ist geplant. Es gelten im übrigen die gleichen Voraussetzungen hinsichtlich der Betriebserlaubnis aus § 32 GO. wie bei Theaterunternehmungen im stehenden Gewerbebetrieb (vgl. auch ULLMANN: Theater und Rationalisierung, HWB. Arbeitsw., Sonderabdruck S. 6; Kommunales Jahrb., N. F., 2, 156. Jena 1931; BRODBECK: Handbuch d. Dtsch. Volksbühnenbewegung, Berlin 1930; GERST: Wille und Werk, Handbuch des Bühnenvolksbundes o. J.).

behörde die Betriebserlaubnis erteilt hat. Gebrauch der Betriebserlaubnis in einem anderen Lande erfordert Neuerteilung oder ausdrückliche Anerkennung.

6. Besondere Arten der Erlaubnis sind:

a) Die Neuerlaubnis,

b) Die Noterlaubnis,

c) Die Kollektiverlaubnis.

a) Will der Theaterunternehmer sein ursprüngliches Unternehmen aufgeben und ein anderes beginnen (§ 32 Abs. 1 S. 3 GO.), so ist eine Neuerlaubnis notwendig, für deren Erteilung zwar die Grundsätze des § 32 GO. maßgebend sind; indessen wird die Prüfung dieser Voraussetzungen je nach Lage des Einzelfalles eingehend oder nur kursorisch zu sein brauchen, da die Polizeibehörde sich bereits aus der Führung des früheren Unternehmens ein bestimmtes Urteil bilden wird.

Einer Neuerlaubnis bedarf es auch, falls das Unternehmen „wesentlich verändert" wird. Die Entscheidung der Frage, was unter „wesentlicher Veränderung" (§ 32 Abs. 1 Satz 3 GO.) zu verstehen ist, bleibt der Rechtssprechung überlassen. Wesentlich sind jedenfalls solche Veränderungen der tatsächlichen Verhältnisse, die für die innere Struktur des ganzen Unternehmens von wesentlicher Bedeutung sind; deswegen gelten als „wesentliche Veränderungen" der Übergang von einer Theatergattung zur anderen[46], Vergrößerung des Unternehmens, Wechsel der Örtlichkeit.

Bei Wiederaufbau eines durch Feuersbrunst, Überschwemmung oder ein anderes Elementarereignis zerstörten Theater in gleicher Form wie bisher, ist aber Neuerlaubnis nicht erforderlich. Gastspiele eines Unternehmers bei einem anderen Unternehmer bedürfen keiner Neuerlaubnis, sofern Abhaltung von Gesamtgastspielen in der Genehmigungsurkunde vorgesehen ist.

b) In der Sprache des Alltags wird recht häufig von einer „Notkonzession" gesprochen. Hierunter wird der Fall verstanden, daß der durch den wirtschaftlichen Zusammenbruch erwerbslos gewordenen Arbeitnehmerschaft eines Theaters gestattet wird bis zum Ablauf der Spielzeit auf eigene Rechnung weiterzuspielen[47]. Das Gesetz kennt den Ausdruck „Notkonzession" oder „Noterlaubnis" überhaupt nicht. Es handelt sich vielmehr um in der Praxis der Verwaltungsbehörden begründete Maßnahmen, denen ausschließlich wirtschaftliche Erwägungen zugrunde liegen. Rechtlich ist der Ausdruck „Notkonzession" ungenau; denn es handelt sich um eine echte Betriebserlaubnis aus § 32 GO. mit der Besonderheit, daß materieller Träger dieser Erlaubnis eine Personenmehrheit ist, deren Vertretung den Behörden gegenüber durch einen

---

[46] Vgl. S. 286. [47] Vgl. auch S. 393 wegen der rechtlichen Natur.

von ihr gewählten Vertrauensmann erfolgt, so daß auch formal auf den Namen dieses Vertrauensmannes die Erlaubnis erteilt wird. Ihre zeitliche Begrenzung ergibt sich ohne weiteres daraus, daß sie in einem vorübergehenden Bedürfnisse begründet ist.

c) Wird mehreren Personen gemeinschaftlich die Betriebserlaubnis erteilt, so liegt der Fall der Kollektiverlaubnis vor. Es muß dann aber jede der in Betracht kommenden Personen über die Voraussetzungen aus § 32 GO. verfügen (vgl. z. B. den Fall der Sozietäre des Deutschen Theaters).

7. Eine Durchbrechung des zwar im Gegensatze zu früheren Partikularrechten in der GO. nicht ausdrücklich erwähnten[48], aber aus dem Wesen der Betriebserlaubnis abzuleitenden Grundsatzes, daß es sich bei ihr um ein höchst persönliches, daher unvererbliches und unübertragbares Recht handelt, findet sich in zwei Fällen:

a) im Falle der qualifizierten Stellvertretung (§ 45 GO.),

b) im Falle des Todes des Erlaubnisinhabers (§ 46 GO.).

a) Stellvertreter ist die im Namen und für Rechnung des Unternehmers das Unternehmen selbständig leitende Person, die den Unternehmer berechtigende und verpflichtende Erklärungen rechtsverbindlich abzugeben in der Lage ist[49]; gewerberechtlich bedeutungslos ist, ob privatrechtlich Auftrag, Dienstvertrag oder ein sonstiges Rechtsverhältnis vorliegt; auch Zwangsverwalter und Konkursverwalter sind Stellvertreter im Sinne des § 45 GO.[50]. Kein Stellvertreter ist der Pächter, da er den Betrieb auf eigene Rechnung und in eigenem Namen führt; auch die gesetzlichen Vertreter einer A. G. oder G. m. b. H. sind nicht Stellvertreter im Sinne des § 45 GO., sondern verantwortliche Träger der Betriebserlaubnis; sie können aber Stellvertreter bestellen.

Da eine besondere Betriebserlaubnis für den Stellvertreter nicht erforderlich ist[51], so kommen für ihn die sachlichen Voraussetzungen, nämlich Nachweis genügender Mittel und des Bedürfnisses, nicht in Betracht; dagegen muß er die persönlichen Eigenschaften, die das Gesetz an den Unternehmer stellt, insbesondere also sittliche, artistische und

---

[48] Vgl. z. B. BayGewG. 11. September 1825 Art. 3: Jede Gewerbekonzession ist persönlich und unveräußerlich; ebenso BayGewG. v. 30. Januar 1868 Art. 11, Abs. 1 (Rehm: S. 47, Anm. 1).

[49] Vgl. Kähler: Die Stellvertretung im Gewerbebetrieb, Leipzig 1894; Nelken: a. a. O. 1, 191ff.; Schecher: Gewerbepolizeirecht a. a. O. S. 42; Landmann-Rohmer: 1, 609; OVG. 12, 339; OVG. bei Reger: 30, 30; BayOberstLG. 20. Oktober 1896 (Sammlung 16, 217) u. 8. April 1911 (Sammlung Strafs. 11, 175), Kutzer: Dienstrecht der Bühnenmitglieder. Mannheim 1931, S. 78, Anm. 4.

[50] Vgl. OLG. Königsberg bei Reger: 7, 368 und KG. bei Reger: 35, 38; Matthiesen: BuschZ. 31, 315ff. u. Schulzenstein: ebenda 33, 447ff.

[51] Vgl. OVG. 4, 300; 12, 341; 19, 336; KG. 18. Februar 1927 (Gew.Arch. 24, 521); SächsOVG. bei Reger: 32, 434; BayVGH. bei Reger: 1, 1920; 4, 117.

finanzielle Zuverlässigkeit besitzen. Bei ihrem Fehlen kann seine Entfernung aus dem Betrieb mit polizeilichen Mitteln von Amts wegen betrieben werden[52].

b) Grundsätzlich erlischt die Betriebserlaubnis mit dem Tode des Berechtigten. War aber der Unternehmer verheiratet oder hinterläßt er minderjährige Kinder, so bedarf es zur Fortsetzung des Gewerbebetriebes durch die Witwe während des Witwenstandes oder die minderjährigen Erben während der Minderjährigkeit sowie während der Dauer einer Kuratel- oder Nachlaßregulierung keiner neuen Erlaubnis (§ 46 GO.); die dem Verstorbenen erteilte Erlaubnis gilt vielmehr, sofern die Erlaubnis beim Tode noch nicht erloschen war, für die Witwe und die minderjährigen Erben fort; nicht notwendig ist, daß der Betrieb zur Zeit des Todesfalles bereits eröffnet war[53]. Die Witwe und die minderjährigen Erben treten damit für die Dauer des Witwenstandes bzw. der Minderjährigkeit kraft eigenen Rechts ohne weiteres in Ansehung der Betriebserlaubnis und innerhalb deren Grenzen an die Stelle des Verstorbenen[54].

aa) Die Entstehung des Betriebsrechts der Witwe ist nicht dadurch bedingt, daß sie Erbin geworden ist. Sie kann den Gewerbebetrieb bei Vorliegen der Voraussetzungen aus § 46 GO. entweder durch einen aus § 45 GO. qualifizierten Vertreter (nicht durch einen Pächter, da dann kein eigener Betrieb) oder wie schon in einem preußischen Ministerialreskript vom 19. Juni 1883 ausgesprochen ist, selbst ausüben, sofern sie den Anforderungen entspricht, welche nach § 45 GO. an den Stellvertreter zu stellen sind[55]. Führt die Witwe den Betrieb fort, so ist sie unbeschadet weiterer Erben ausschließlich Inhaberin. Sie kann daher, ohne daß es der Zustimmung etwaiger Miterben bedarf, Schauspieler kündigen[56], Neuengagements und den Erwerb von Aufführungsrechten tätigen, bauliche Veränderungen im Rahmen der Betriebserlaubnis durchführen. Mit Wiederverheiratung der Witwe geht das Betriebsrecht *nicht* auf den Ehemann über, erlischt vielmehr; eine Ausübung des Gewerbes durch den Ehemann als qualifizierten Stellvertreter kommt nur dann in Frage, wenn es sich um eine *persönliche* Betriebserlaubnis der Witwe handelt.

---

[52] Vgl. LANDMANN-ROHMER: 1, 614. [53] Vgl. OVG. 76, 456.

[54] Vgl. OVG. 15, 349; 76, 456ff.; LANDMANN-ROHMER: a. a. O. 1, 617; SCHULZENSTEIN: Konzession und Erbrecht. Verwaltungsarchiv 10, 115ff., dort auch eine ausführliche Übersicht über die in der Literatur bestehenden Streitfragen hinsichtlich der Tragweite der Erlaubnis aus § 46 GO.; REHM: a. a. O. S. 46ff.; KÄHLER: S. 34ff.; SCHULZENSTEIN: Verwaltungsarchiv 12, 566.

[55] Vgl. REHM: a. a. O. S. 48; KÄHLER: a. a. O. S. 85; SCHULZENSTEIN: a. a. O. S. 126, Anm. 27; LANDMANN-ROHMER: a. a. O. S. 618; JELLINEK: S. 201; OVG. 14, 315.

[56] OSchG. 20. Mai 1930: Arch.f.Urh.R. 3, 548.

bb) Minderjährige Erben im Sinne des § 46 GO. sind sowohl gesetzliche als testamentarische Erben, dagegen nicht Vermächtnisnehmer und Pflichtteilsberechtigte[57]. Befinden sich die Erben im verschiedenen Alter, so daß z. B. ein Erbe minderjährig, der andere volljährig ist, so darf das Gewerbe nur für Rechnung des Minderjährigen auf Grund der alten Erlaubnis fortgesetzt werden[58]. Gemeinschaftliche Fortführung des Geschäftes für Rechnung der minderjährigen Erben und der Witwe ist möglich; im Falle der Erbauseinandersetzung geht das Betriebsrecht auf den das Unternehmen übernehmenden Erben über[59].

Da es sich im Falle des § 46 GO. um eine Fortführung des Gewerbebetriebes des Verstorbenen kraft eigenen Rechts handelt, so besteht an sich keine Anzeigepflicht, zumal der Verwaltungsbehörde keine Entscheidung darüber, ob das Gewerbe auf Rechnung der Witwe oder auf Rechnung der minderjährigen Erben oder beider gemeinschaftlich fortzuführen ist, zusteht[60].

8. Sonstige Erlöschungsgründe sind Verzicht, Zeitablauf, Entziehung der Spielerlaubnis.

a) Zwar kennt die Gewerbeordnung eine ausdrückliche Bestimmung über den Verzicht nicht; indessen wird mit der herrschenden Meinung der Verzicht als Endigungsgrund bei der Erlaubnis aus § 32 GO. vor allem deswegen anzunehmen sein, weil es sich um ein antragmäßig entstandenes Recht handelt[61]. Der Verzicht kann durch ausdrückliche Erklärung gegenüber der *zuständigen* Verwaltungsbehörde, ohne daß es einer Annahme seitens der Behörde bedarf, abgegeben[62], auch durch konkludente Handlungen erklärt werden[63]. Als derartige Handlungen kommen beispielsweise in Betracht: Rückgabe der Konzessionsurkunde[64] oder Steuerabmeldung[65]; in der bloßen Nichtausübung des Gewerbe-

[57] Vgl. SCHULZENSTEIN: a. a. O. S. 141.

[58] Vgl. LANDMANN-ROHMER: 1, 619.

[59] Vgl. OVG. 34, 311.

[60] Vgl. LANDMANN-ROHMER: 1, 619 sowie REHM: a. a. O. S. 48.

[61] Die Frage ist nicht unbestritten; wie im Text OPET: S. 84ff. mit ausführlicher Begründung; JELLINEK: a. a. O. S. 16 und die dort Anm. 4 angeführten Entscheidungen; für Verzicht ferner REHM: a. a. O. S. 79; SCHULZENSTEIN: a. a. O. S. 118; LANDMANN-ROHMER: 1, 635; NELKEN: Gewerberecht 1, 400, 520, 540, 634; JELLINEK: der fehlerhafte Verwaltungsakt S. 81; SCHENKEL: 1, 380; v. ROHRSCHEIDT: GO. 1, 380; abweichend vor allem mit der Begründung, daß die Genehmigung nur objektives Recht feststelle: SEYDEL: Gewerbepolizeirecht, Leipzig 1881, 69; OTTO MAYER: a. a. O. 1[3] 287 ff.; SCHÖNBÖRN: Studie zur Lehre von Verzicht im öffentlichen Recht, 1908; WASSERMANN: Der Verzicht auf subjektive Rechte, ArchOeff.R. 1912, 261ff.; SCHMIDT: Der Verzicht auf eine Wirtschaftskonzession, Württemb. Zeitschrift für freiwillige Gerichtsbarkeit 1914, 159ff., 362ff.; OVG. 2. Februar 1893, PrVerwBl. 14, 335.

[62] Vgl. OVG. 10. April 1902 PrBl. 24, 72; 26. März 1908 REGER: 29, 15; 29. Oktober 1910 REGER: 31, 29.

[63] Vgl. RGStr. 26, 155.

[64] Vgl. OVG. 14. Juni 1905 REGER: 26, 213.

[65] Vgl. BayVGH. 20. November 1883, Sammlung 5, 35.

betriebes ist aber ein Verzicht nicht zu erblicken[66], auch nicht in der Weiterverpachtung des Betriebes oder einer Weiterüberlassung des Theaters an einen anderen Unternehmer zwecks Veranstaltung von Gastspielen, es sei denn, daß zu diesen Tatsachen noch zwingende Umstände treten, aus denen die Absicht des Verzichts einwandfrei hervorgeht[67]. Der Verzicht kann von einem Gläubiger des Schauspielunternehmers oder dem Konkursverwalter wegen Gläubigerbenachteiligung nicht angefochten werden, da das Betriebsrecht infolge seiner höchstpersönlichen Natur kein Vermögensrecht ist. Erfolgt der Verzicht während eines auf Entziehung der Betriebserlaubnis schwebenden Verfahrens, so wird es nach allgemeinen Rechtsgrundsätzen gegenstandslos[68].

b) Bei Erlöschen durch Zeitablauf sind zu unterscheiden:

aa) Die Betriebserlaubnis erlischt ohne weiteres, sobald ihr Inhaber während eines Zeitraums von drei Jahren den Gewerbebetrieb eingestellt hat, ohne eine Frist nachgesucht und erhalten zu haben (§ 49 Abs. 3 GO.). Es handelt sich hierbei nicht um die Verjährung eines Rechts durch Nichtgebrauch[69], da nur der Anspruch, niemals Rechte verjähren können, auch die Verjährung nicht den Anspruch selbst zerstört, vielmehr den Berechtigten nur an seiner Durchführung hindert, sondern um eine rechtsvernichtende Ausschlußfrist[70]. Die Genehmigung zur Ausübung des Gewerbebetriebes erlischt daher, ohne daß es eines ausdrücklichen Bescheides der Gewerbepolizeibehörde bedarf. Wird von der Betriebserlaubnis trotz Fristablauf Gebrauch gemacht, so kann die Fortführung des Betriebes durch Polizeiverfügung gemäß § 15 Abs. 2 GO. verboten werden. Einstellung des Betriebes im Sinne des § 49 Abs. 3 GO. liegt dann vor, wenn der Unternehmer durch schlüssige Handlungen zu erkennen gibt, daß er seinen bereits begonnenen Betrieb *dauernd* stillzulegen beabsichtigt. Jede Inbetriebsetzung unterbricht den Ablauf der Ausschlußfrist mit der Wirkung, daß von Beendigung der letzten Inbetriebsetzung wiederum die neue dreijährige Ausschlußfrist zu laufen beginnt. Praktisch kann hierdurch die Dauer der Spielgenehmigung ins ungemessene verlängert werden. Da die Absicht der Betriebseinstellung vorliegen muß, so genügt nicht die letzte Vorstellung, sondern es ist derjenige Zeitpunkt maßgeblich, der als Zeitpunkt der Einstellung nach außen in die Erscheinung tritt[71].

---

[66] Vgl. RG. 10. März 1915; Recht 1915, 251; KG. 17. August 1926; Gew.Arch. 24, 312; vgl. auch OVG. 29. Oktober 1925 (DJZ. 31, 821), das Verzicht unter einer aufschiebenden Bedingung zuläßt.

[67] Vgl. RG. 15. Januar 1915 Recht 1915 Beilage Nr. 2577; BayVGH. 1, 69 und 122; OVG. 12. Dezember 1900 PrVBl. 22, 266.

[68] Vgl. auch OLG. Celle 2. März 1908, DJZ. 1908, 1352.

[69] Vgl. Landmann-Rohmer: 1, 628. [70] Vgl. Jellinek: a. a. O. S. 212.

[71] Vgl. Opet: a. a. O. S. 88.

Verpachtet der Schauspielunternehmer seinen Betrieb, so erlischt die Erlaubnis mit dreijähriger Dauer des Pachtverhältnisses; wird nach außen ein Stellvertretervertrag geschlossen, während im Innenverhältnis ein Pachtvertrag vorliegt (verschleierter Pachtvertrag), so erlischt auch hier die Betriebserlaubnis nach drei Jahren[72].

Der Antrag auf Fristung muß vor Ablauf von drei Jahren gestellt sein, kann aber nach Ablauf von drei Jahren bewilligt werden, da nach dem Wortlaut des § 49 Abs. 3 GO. nur der Antrag innerhalb der Frist gestellt zu sein braucht[73]. Für die Berechnung der Fristen gelten sowohl hier wie in den Fällen bb) und cc) die Vorschriften der §§ 185 bis 197 BGB.

bb) Die Betriebserlaubnis erlischt, wenn ihr Inhaber sie nach Empfang ein ganzes Jahr unbenutzt läßt. Unter Empfang ist derjenige Entscheid zu verstehen, der endgültig die Spielerlaubnis erteilt; auch in diesem Falle handelt es sich um eine rechtsvernichtende Ausschlußfrist, da das Recht erlischt, ohne daß es eines besonderen Bescheides bedarf: unter „Gebrauch machen" ist tatsächliche Inbetriebnahme zu verstehen. Es genügt nicht, daß das Theatergebäude fristgemäß fertiggestellt ist, vielmehr muß innerhalb der Frist auch mit den Vorstellungen begonnen sein.

cc) Schließlich endet unter Umständen die Betriebserlaubnis, falls die — übrigens in das Ermessen der Verwaltungsbehörde — gestellte Frist, binnen welcher die Anlage ausgeführt und der Gewerbebetrieb angefangen werden muß, nicht eingehalten ist (§ 49, 1 GO.).

Sowohl die Fristen zu bb) wie zu cc) können, falls nicht erhebliche Gründe entgegenstehen, durch Polizeiverfügung verlängert werden.

c) Die Entziehung der Betriebserlaubnis kann nach § 53 Abs. 1 u. 2 GO. *dauernd* oder *zeitweilig* sein. Dauernde Rücknahme erfolgt, wenn:

aa) die Unrichtigkeit der Nachweise dargetan wird, auf Grund deren die Erlaubnis erteilt ist.

bb) aus Handlungen oder Unterlassungen des Inhabers der Mangel derjenigen Eigenschaften klar erhellt, welche bei Erteilung der Genehmigung vorausgesetzt werden mußten.

Zeitweilige Rücknahme erfolgt, sobald dem Inhaber die bürgerlichen Ehrenrechte aberkannt sind. (cc.)

aa) Das Gesetz verlangt, daß die „Nachweise" unrichtig sind: hieraus ergibt sich, daß auf Grund eigener Angaben des Antragstellers, mögen sie sich auch hinterher als unrichtig herausstellen, niemals die Entziehung stattfinden kann; es ist vielmehr Aufgabe der Verwaltungs-

---

[72] Vgl. OVG. 20. Januar 1927, Gew.Arch. 24, 551; 29. Oktober 1925, Gew.Arch. 23, 437; 21. Januar 1926, Gew.Arch. 23, 544 (beziehen sich sämtlich auf Schankkonzessionen).

[73] Vgl. Opet: S. 88.

behörde, die Richtigkeit der Angaben zu prüfen. Als Nachweis können deshalb nur urkundliche Unterlagen oder Erklärungen dritter Personen in Betracht kommen[74]. Es ist übrigens nicht notwendig, daß die Unrichtigkeit gerade seitens des Inhabers der Betriebserlaubnis veranlaßt ist, vielmehr genügend, daß die Nachweise überhaupt unrichtig sind. Stellt sich beispielsweise nach Erteilung der Betriebserlaubnis heraus, daß ein Leumundzeugnis erteilt ist, das infolge Irrtums der Behörde nur günstige Tatsachen enthält, so kann, nicht muß, die Spielerlaubnis auf Grund von § 53 Abs. 1 GO.[75] entzogen werden.

bb) Da die für Entziehung der Spielerlaubnis nach § 53 Abs. 2 GO. erforderliche Unzuverlässigkeit des Schauspielunternehmers aus Handlungen oder Unterlassungen „klar erhellen muß", so genügt nicht richterliche Auffassung, sondern die rechtserheblichen Tatsachen müssen in vollem Umfange nach richterlicher Überzeugung in einwandfreier Weise bewiesen sein und zu dem Schlusse nötigen (nicht bloß berechtigen), daß die erforderlichen Eigenschaften fehlen[76]. OVG. hat in der Entscheidung vom 9. Juni 1910 rechtsgrundsätzlich ausgesprochen, daß die Folgerungen des Mangels der Eigenschaften aus den Handlungen oder Unterlassungen logisch begründet und in sich richtig sein müssen. Der Verwaltungsrichter kann im übrigen das gesamte ihm vorliegende Tatsachenmaterial würdigen, ohne auf die Prüfung des Vorfalls, der das Verfahren in Gang gebracht hat, beschränkt zu sein. Maßgebend für die Frage der Unzuverlässigkeit ist der Zeitpunkt der letzten mündlichen Verhandlung.

Wann im einzelnen die Voraussetzungen für eine Rücknahme gegeben sind, ist Sache des Einzelfalles. In der Rechtsprechung des OVG. ist beispielsweise Geschlechtsverkehr des Unternehmers mit einer bei ihm angestellten Schauspielerin als sittliche Unzuverlässigkeit begründend angesehen worden[77]. Die Tatsache, daß der seitens des Unternehmers in Gemäßheit des § 45 GO. bestellte qualifizierte Vertreter sich als ungeeignet erweist und trotz dieser Ungeeignetheit vom Unternehmer gegen den Willen der Verwaltungsbehörde beibehalten wird, kann unter Umständen ein Verfahren aus § 53 Abs. 2 GO. recht-

---

[74] OVG. 19. März 1906; REGER: 27, 251.

[75] Die Zurücknahme der Spielerlaubnis ist im Falle des § 53, Abs. 1 GO. nicht obligatorisch: bei der Beratung der Bestimmung wurde die Ansicht vertreten, daß dem Ermessen der Verwaltungsbehörde einiger Spielraum gelassen werden müsse, da sehr leichte Fälle denkbar sind; vgl. auch LANDMANN-ROHMER: 1, 649.

[76] Vgl. auch OVG. 5. Januar 1894 REGER: 15, 262; 15. Februar 1902 Gew. Arch. 1, 670; 15. Juni 1908 REGER: 29, 356; 9. Juni 1910 REGER: 31, 31; 5. März 1908 u. 13. April 1908 Gew.Arch. 8, 91 u. 92; LANDMANN-ROHMER: a. a. O. 1, 665.

[77] Vgl. OVG. 55, 361, 25. Oktober 1909; Gew.Arch. 11, 468; die Auffassung ist nicht unbedenklich.

fertigen, da in diesem Verhalten des Unternehmers Unzuverlässigkeit im Sinne des § 32 GO. zu erblicken ist. Auch der Witwe, die entweder persönlich oder durch einen Stellvertreter den Gewerbebetrieb ausübt[78], kann unter Umständen die Betriebserlaubnis entzogen werden, es sei denn, daß es sich um Verfehlungen des verstorbenen Ehemannes handelt, für die sie nicht verantwortlich gemacht werden kann[79]. Eröffnung des Konkurses oder Zahlungseinstellung führen zwar an sich einen Untergang der einmal erteilten Betriebserlaubnis nicht herbei, können aber die Einleitung des Verfahrens auf Entziehung in den Fällen, in denen der wirtschaftliche Zusammenbruch auf eigenes Verschulden des Unternehmers zurückzuführen ist, rechtfertigen.

cc) Ist rechtskräftig auf Verlust der bürgerlichen Ehrenrechte erkannt (§§ 31ff. StGB.), so ruht die Betriebserlaubnis für die Zeit, in der die bürgerlichen Ehrenrechte aberkannt sind. Eine Nachprüfung des Strafurteils steht der Verwaltungsbehörde nicht zu[80].

Ein Stellvertreter kann während der Zeit des Ruhens der Betriebserlaubnis nicht bestellt werden, da seine Bestellung Bestehen der Spielerlaubnis voraussetzt; ebensowenig entsteht für diese Zeit das Betriebsrecht der Witwe aus § 46 GO.

9. Verfahrensrechtlich ist an dieser Stelle in Ergänzung der bisherigen Ausführungen noch folgendes nachzuholen:

a) Zuständig für die Entscheidung über Anträge auf Erteilung der Betriebserlaubnis aus § 32 GO. ist in Preußen gemäß §§ 115, 161 Abs. 2 des Zuständigkeitsgesetzes vom 1. August 1983 (GS. S. 237) der Bezirksausschuß, im Landespolizeibezirk Berlin der Polizeipräsident.

Der die Genehmigung erteilende Beschluß ist endgültig; soweit die Genehmigung versagt oder von Bedingungen abhängig gemacht wird, die den Unternehmer unzulässig beschweren, findet gegen den Beschluß innerhalb von 2 Wochen der Antrag auf mündliche Verhandlung im Verwaltungsstreitverfahren statt (§ 115 Abs. 2 ZG.). Die Entscheidung des Polizeipräsidenten für den Stadtkreis Berlin hinsichtlich Erteilung oder Versagung der Betriebserlaubnis ist keine polizeiliche Verfügung im Sinne des § 127 LVG., sondern eine dem Beschluß des Bezirksausschusses gemäß § 115 ZG. gleichstehende Entscheidung, also nicht nach § 130 LVG. in Verbindung mit §§ 45ff. Pr.Pol.Verw.G. vom 1. 6. 31 anfechtbar, sondern nur mit Klage im Verwaltungsstreitverfahren angreifbar (Bezirksausschuß 1. Instanz)[81]. Die Einhaltung der besonderen

[78] Vgl. S. 291.

[79] Vgl. OVG. 10. Oktober 1910: GA. 10, 289 und 12. Mai 1887 bei Reger: 8, 346.

[80] Vgl. OVG. 77, 345.

[81] Vgl. Brauchitsch: Preußische Verwaltungsgesetze I^{24} 1930, S. 409, Anm. 2 zu § 115.

Erlaubnisbedingungen unterliegt polizeilicher Verfügung[82]. Das Verfahren vor dem Bezirksausschuß regeln die §§ 116ff. LVG. Gegen das Urteil des Bezirksausschusses ist gemäß § 118 ZG. in Verbindung mit §§ 85, 95 LVG. das Rechtsmittel der Revision gegeben, das gemäß § 94 LVG. nur darauf gestützt werden kann, daß die angefochtene Entscheidung auf der Nichtanwendung oder unrichtigen Anwendung des bestehenden Rechts, insbesondere auch der von den Behörden innerhalb ihrer Zuständigkeit erlassenen Verordnungen beruht, oder das Verfahren an wesentlichen Mängeln leidet. Die Abweisung des Antrages auf Erteilung einer Betriebserlaubnis aus § 32 GO. wegen mangelnden Bedürfnisses ist mit dem Rechtsmittel der Revision nicht anfechtbar, da die Würdigung der Bedürfnisfrage auf tatsächlichem Gebiete liegt[83]; auch die Frage der Zuverlässigkeit des Unternehmers in finanzieller Hinsicht ist ihrem Wesen nach tatsächlicher Natur und kann mit der Revision nur dann angegriffen werden, falls der Vorinstanz ein Rechtsirrtum zur Last fällt. Wesentliche Mängel des Verfahrens sind nach der Rechtsprechung des OVG.[84] stets Mangel des rechtlichen Gehörs, das Übersehen erheblicher tatsächlicher Anführungen oder Beweismittel, die Verletzung einer nicht mehr gutzumachenden Außerachtlassung der Fragepflicht, die unrichtige Handhabung der Untersuchungsmaxime, schließlich die Unterlassung einer Würdigung erheblicher tatsächlicher Anführungen der Partei oder der einzelnen als erwiesen angesehenen Tatsachen[85].

In Bayern ist für die Erteilung der Betriebserlaubnis das Bezirksamt bzw. der Stadtrat, in München die Polizeidirektion zuständig. Vor Erteilung der Erlaubnis sind die Verhandlungen dem Staatsministerium für Unterricht und Kultus vorzulegen[86]. Im Falle der Versagung der Erlaubnis findet das Verwaltungsstreitverfahren statt, in dem die Senate der Kreisregierungen in zweiter Instanz und der Verwaltungsgerichtshof in letzter Instanz entscheiden. In Sachsen erfolgt die Beschlußfassung durch die zuständige Kreishauptmannschaft unter Mitwirkung des Kreisausschusses; in Württemberg ist das württembergische Landesgewerbeamt in Stuttgart für die Erteilung der Betriebserlaubnis zuständig.

b) Der Antrag ist bei der zuständigen Behörde zu stellen, also im Sinne der Ausführungen zu a) stets bei derjenigen unteren Verwaltungsbehörde, in deren Bezirk der Gewerbetrieb ausgeübt werden soll. Schriftform ist zwar ausdrücklich nicht vorgeschrieben, aber ohne weiteres als üblich und sachgemäß anzusehen. Materiell hat der Antragsteller

---

[82] Vgl. OVG. 69, 372ff.; 74, 447ff.; 61, 333ff.

[83] Vgl. OVG. 86, 377; 77, 451; 27, 305. [84] Vgl. OVG. 25, 104; 27, 318; 76, 502.

[85] Vgl. OVG. 56, 118; 70, 293, 313; 72, 61.

[86] Vgl. ME. v. 25. März 1926; MABl. S. 46 und Landmann-Rohmer: a. a. O. 1, 369.

wie aus der negativen Fassung, „Die Erlaubnis ist zu versagen" im Gegensatz zu der ursprünglichen positiven Fassung „ist sie zu erteilen" hervorgeht, darzutun, daß bei ihm keine Versagungsgründe vorliegen, während bei der positiven Fassung davon ausgegangen wurde, daß jeder die Erlaubnis erhalten müsse, dem nicht seitens der Behörde bestimmte, der Erlaubnis entgegenstehende Tatsachen nachgewiesen wurden[87]; gerade aus dieser Umkehrung der Beweislast ergibt sich ohne weiteres, daß der schriftliche Antrag die für die Beurteilung wesentlichen Tatsachen in voller Ausführlichkeit zu enthalten hat. Der von einer physischen Person gestellte Antrag ist mit dem wirklichen Namen, nicht mit dem Pseudonym zu unterzeichnen (§ 360 Abs. 8 StGB.), bei juristischen Personen haben die vertretungsberechtigten Vorstandmitglieder zu unterzeichnen; ihre Legitimation muß urkundlich nachgewiesen werden. Der von einer Ehefrau gestellte Antrag bedarf keiner Zustimmungserklärung des Ehemannes. Wird der Antrag von Ausländern gestellt, so ist nachzuweisen, daß die Aufenthaltsgenehmigung für das deutsche Reichsgebiet vorliegt. Zulässig ist, den Antrag durch einen Rechtsanwalt oder sonstige Bevollmächtigte zu stellen; schriftliche Vollmacht ist in diesem Falle beizufügen. Der Antrag muß ferner bei Vermeidung der Zurückweisung das Unternehmen, um das es sich handelt, bestimmt bezeichnen[88], auch genaue Angaben darüber enthalten, welche theatralische Vorstellungen geplant sind und welche Betriebsart in Frage kommt, die ungefähre Kopfzahl des zu engagierenden Personals mitteilen und ergeben, welche Gastspiele geplant sind. Auf Bestimmtheit ist um so mehr Wert zu legen, als der Antrag in Verbindung mit den Unterlagen der Verwaltungsbehörde die Möglichkeit schaffen muß, sich darüber ein Urteil zu bilden, ob die Voraussetzungen nach § 32 GO. auch tatsächlich vorhanden sind. Bei mangelhaften Anträgen ist auf sachgemäße Antragstellung hinzuwirken, erforderlichenfalls durch Zwischenbescheid dem Antragsteller zu eröffnen, welche Angaben zur Begründung seines Gesuches noch notwendig sind.

c) Eine Bestätigung des Einganges des Antrages (§ 15 GO.) ist nicht notwendig, da es sich um keine Anzeige aus § 14 GO. handelt[89]; dagegen ist die Verwaltungsbehörde verpflichtet, den Antragsteller sachlich zu bescheiden. Diese Verpflichtung ergibt sich bereits aus dem verwaltungsrechtlichen Grundsatze, daß jede Behörde verpflichtet ist, über jeden Antrag zu befinden und dem Antragsteller Mitteilung zu machen, ohne daß es der Heranziehung eines besonderen obligatorischen Verhältnisses zwischen Behörde und Antragsteller bedarf, das die Behörde zu

---

[87] Vgl. Opet: a. a. O. S. 57; Thon: Rechtsnorm und subjektives Recht, Jena 1879, S. 337; Goldbaum: a. a. O. S. 32.

[88] OVG. 44, 344.

[89] Abweichend Goldbaum: a. a. O. S. 49.

einer Leistung, nämlich der Bescheiderteilung, verpflichtet[90]. Der Antrag ist im ordnungsmäßigen Geschäftsgange schnellstens zu erledigen. Ungewöhnliche Verzögerung des Antrages berechtigt den Antragsteller zur Beschwerdeführung. Über die Erlaubnis selbst ist seitens der Verwaltungsbehörde eine schriftliche Urkunde auszustellen, aus der im einzelnen zu ersehen ist, für welches Unternehmen und welchen Unternehmer die Erlaubnis erteilt wird und welche Einschränkungen erforderlichenfalls an die Erteilung geknüpft werden. Die Erteilung der Erlaubnis ist gebühren- und stempelpflichtig nach Maßgabe etwaiger landesgesetzlichen Vorschriften[91].

d) Eine Ausübung des Gewerbebetriebes vor Erteilung der Erlaubnis aus § 32 GO., also vor Zustellung der Erlaubnisurkunde, ist unzulässig[92]. Die Zustellungsurkunde, die an sich nur Beweismittel ist, kann durch mündliche Bekanntmachung ersetzt werden. Beginnt der Schauspielunternehmer dessenungeachtet vor Abschluß des Erlaubnisverfahrens den Gewerbebetrieb oder benutzt er eine bereits abgelaufene Erlaubnis, so kann nach § 15 GO. die Fortsetzung durch die zuständige Ortspolizeibehörde verhindert werden[93]. Nachlässigkeit der Polizei nach dieser Richtung hin begründet in Preußen Schadenersatzansprüche aller bei dem widerrechtlich betriebenen Unternehmen beschäftigten und angestellten Personen sowie sonstiger Gläubiger auf Grund von Art. 131 RV. in Verbindung mit § 1 Abs. 4 des Preußischen Staatshaftungsgesetzes vom 1. August 1909 und § 839 BGB[94] gegen die Kommune.

---

[90] So Opet: S. 44 unter Berufung auf Thon: Rechtsnorm und subjektives Recht, vgl. auch Goldbaum: a. a. O. S. 22. Die Auffassung von Opet ist schon deshalb bedenklich, weil zwischen Verwaltungsbehörde und Antragsteller überhaupt keinerlei privatrechtliche Beziehungen bestehen, vielmehr das Verhältnis rein öffentlichrechtlicher Art ist.

[91] Vgl. Landmann-Rohmer: 1, 369. Für Preußen kommt in Betracht Ministerialverfügung v. 25. April 1924, MBliV. S. 480; dagegen ist die frühere Stempelpflicht beseitigt.

[92] Vgl. auch Ausführungsanweisung zur GO. v. 1. Mai 1904 (RGBl. S. 871), Ziffer 48; vor Aushändigung der Urkunde ist der Betrieb der Regel nach nicht zu gestatten.

[93] Zu beachten ist hierbei, daß die gewerbepolizeiliche Aufsicht gemäß § 15 GO. nicht zu den im beschränkten Maße auf die staatliche Polizei übertragenen Befugnissen gehört; vgl. auch die bereits S. 276 Anm. 4 in bezug genommene bisher unveröffentlichte Entscheidung des OLG. Hamm — 3. U. 267/28 —, das diese Auffassung insbesondere auch für den Rheinisch-Westfälischen Industriebezirk trotz Verstaatlichung der Polizeiverwaltung (MIV. 1928, 838) vertritt.

[94] So auch OLG. Hamm in der Anm. 93 zitierten Entscheidung; der Grundsatz der Alleinhaftung des Gemeinwesens für seine Beamten gilt übrigens auch für das Reich (vgl. § 1 des Gesetzes über die Haftung des Reiches für seine Beamten vom 22. 5. 1910. RGBl. S. 795) und die meisten deutschen Länder. Vgl. auch Anschütz: Reichsverfassung[10]. Berlin 1929, S. 30 und Meyer-Anschütz: Lehrbuch des deutschen Staatsrechts 7. Leipzig 1919, S. 612.

B. Die Betriebserlaubnis aus § 33a GO. — Die ortspolizeiliche Genehmigung aus § 33b GO.

1. Den §§ 33a, 33b GO. ist gemeinsam, daß es sich um Schaustellungen von Personen oder theatralische Vorstellungen handeln muß, bei denen ein höheres Interesse der Kunst und Wissenschaft nicht obwaltet; sie unterscheiden sich wiederum dadurch, daß § 33a die gewerbsmäßige öffentliche Veranstaltung von Singspielen, gesangs- und deklamatorischen Vorstellungen, Schaustellungen von Personen oder theatralischen Vorstellungen oder die Überlassung von Räumen zu öffentlichen Veranstaltungen derartiger Schaustellungen betrifft[95], während § 33b die Darbietung von Musikaufführungen, Schaustellungen, theatralischen Vorführungen oder sonstigen Lustbarkeiten regelt. § 33a hat also auf den Unternehmer, § 33b auf den Ausführenden selbst Bezug.

Für die hier zu behandelnden Materien besitzt § 33a die weitaus größere Bedeutung, da es sich bei den Schaustellungen oder theatralischen Vorführungen des § 33b GO. stets um einen Gewerbebetrieb kleinsten Umfanges handelt; so fällt unter § 33b der Straßensänger, der Drehorgelspieler, der Besitzer eines Kasperletheaters[96].

2. Die Abgrenzung der §§ 32 und § 33a unter dem auch sonst eine Rolle spielenden[97] Gesichtspunkte des höheren Interesses der Kunst und Wissenschaft ist im Einzelfalle oft schwierig, da sich allgemein gültige Regeln darüber, wann wirkliches Kunstinteresse anfängt und wo es aufhört, schwer geben lassen. Die Begründung zum Gesetz vom 1. Juli 1883, betreffend Änderungen der GO. (RGBl. S. 159) bemerkt folgendes[98]: „Die Frage, welche Aufführungen ein höheres Interesse der Kunst und Wissenschaft darbieten, also nicht unter den § 33a GO. fallen, ist bei dem analogen Gewerbebetrieb im Umherziehen vielfach zum Gegenstand der Erörterungen gemacht worden. Dieselbe wird sich generell nicht beantworten lassen, vielmehr ihre Antwort in jedem Einzelfall erhalten müssen.“ Aus einer anderen Stelle der Begründung geht hervor, daß „höheres Kunstinteresse“ gleichbedeutend sein soll mit „wirklichem Kunstinteresse“, so daß theatralische Vorstellungen und Schaustellungen ohne höheres Kunstinteresse diejenigen sind, die nur ein Kunstinteresse vorschützen, in Wirklichkeit aber keinerlei künstlerische Bedeutung besitzen. Ob durch diese Gegenüberstellung

---

[95] Auch die sog. „Bühnenschau“ der an sich nicht erlaubnispflichtigen Lichtspieltheater (vgl. S. 274 Anm. 1) gehört hierher.

[96] Vgl. JELLINEK: a. a. O. S. 459; HOFFMANN: GO. in v. BRAUCHITSCH: Verwaltungsgesetze 21. Aufl., 5, 82, Anm. 2; die jetzt technisch unmögliche Vorführung eines Kinematographen im stehenden Gewerbebetriebe von Haus zu Haus fiel früher unter § 33b. OVG. 43, 304.

[97] Vgl. S. 387 (Vergnügungssteuerrecht).

[98] S. auch Drucksachen Nr. 5 Reichstagsverhandlungen der II. Sess. der 5. Leg.-Per. 1882/83.

die Frage grundsätzlich geklärt wird, erscheint einigermaßen zweifelhaft, weil die Meinungen darüber, ob und inwieweit eine theatralische Vorstellung wirkliches Kunstinteresse besitzt, selbst in den Kreisen der Sachverständigen sehr auseinandergehen können. Mit der Auffassung von OPET[99], daß das für die Aufführung geforderte höhere Interesse der Kunst nur von den vereinigten Künsten der Dichtung und Darstellung verstanden werden kann, mithin jede Aufführung, die nicht beiden Interessen gerecht wird, aus dem Kreis der theatralischen Vorstellungen höherer Art ausscheidet, ist praktisch nicht viel gewonnen, da Dichtung und Darstellung auch für Texte und Aufführung Verwendung finden können, denen zweifellos höheres Kunstinteresse nicht innewohnt. Der kurze satirische Einakter des Kabaretts, hervorragend textiert und dargestellt, ist in seiner künstlerischen Bedeutung nicht einem Einakter von Molnar gleichzustellen. Treffender stellt GOLDBAUM[100] die Leistungen, in denen das seelische und gedankliche Element vorherrscht (wirkliches Kunstinteresse) den Leistungen gegenüber, bei denen das Handwerksmäßige vorwiegt. Der gelegentlich in der Rechtsprechung vertretene Standpunkt[101], den Begriff des höheren Kunstinteresses auf die Ansprüche des gebildeten Publikums abzustellen, ist durchaus abwegig.

Die Absicht, die den Gesetzgeber bei der Aufstellung des vielleicht nicht gerade glücklich formulierten Begriffes leitete, ist klar. Es sollte unterschieden werden zwischen Theater im eigentlichen Sinne des Wortes, das auf eine innere Erschütterung und Verwandlung des Menschen durch tragisches oder komisches Erleben abzielt und Darbietungen, die nur das Unterhaltungs- und Vergnügungsbewußtsein befriedigen. Diese soziologischen Begriffe in eine bestimmte allen Interessen gerechtwerdende Rechtsform zu gießen, ist nicht nur außerordentlich schwer, wenn vielleicht unmöglich, sondern auch gar nicht notwendig, da es genügt, allgemeine Gesichtspunkte aufzustellen, um dem Richter auf diese Weise die praktische Handhabung der gesetzlichen Bestimmungen zu erleichtern[102]. Derartige allgemeine Gesichtspunkte lassen sich auch aus der bisherigen höchstrichterlichen Judikatur ohne weiteres ableiten. Es kommt stets auf den Gesamtcharakter der Darbietungen an. Auf Theaterunternehmungen, welche sich in der Regel auf die Darbietung von Schauspielen, Opern, Operetten beschränken, findet § 33a GO. nicht schon deshalb Anwendung, weil nicht alle Leistungen

[99] Vgl. OPET: a. a. O. S. 33. [100] Vgl. GOLDBAUM: a. a. O. S. 38.

[101] Vgl. OLG. Rostock: Meckl. Zeitschrift 6, 387.

[102] So schon mit Recht OVG. 34, 308 und KG. 1. Oktober 1894 bei REGER: 16, 19: „Der Begriff des höheren Kunstinteresses ist ein wesentlich tatsächlicher, der sich nicht definieren läßt“; sowie OLSHAUSEN: „Das höhere Kunstinteresse bei Gesangsvorträgen“, VerwArch. 12, 583ff.

in bezug auf Form und Kunstwerk künstlerischen Inhalt besitzen[103]. Wenn das Programm einer Vorstellung teils wirkliche, teils niedrige Kunst enthält, so ist der Gesamtcharakter der Vorstellungen maßgebend[104]. Bestimmend sind fernerhin die Gesamtheit des Betriebes, also der Ort, die Art des regelmäßigen Publikums, die Eintrittspreise, das Repertoir, die künstlerische Bedeutung der engagierten Kräfte, die Zahl der Vorstellungen, ihr äußeres Gewand[105]. Rauchtheater werden regelmäßig unter den § 33a GO. fallen[106]. Der Charakter des höheren Kunstinteresses kann auch durch die Umstände verloren gehen, unter denen die Darbietungen erfolgen (Veranstaltung in lärmenden Sälen[107]).

Die Frage, ob einer angebotenen Leistung ein höheres Interesse der Kunst oder Wissenschaft beiwohnt, haben die zuständigen Behörden auf Grund eigener Prüfung der Umstände des Einzelfalles zu entscheiden[108]. Dabei darf jedoch, wie die Ausführungsanweisung zur GO. ausdrücklich bemerkt, nicht außer Acht gelassen werden, daß es Künstler von solcher Bedeutung gibt, daß ihr Name jeden weiteren Nachweis zu ersetzen geeignet erscheint.

Von wesentlicher Bedeutung für die Bejahung des höheren Kunstinteresses sind auch die sog. „Kunstscheine", die landesgesetzlich in einer Reihe von Ländern bestehen[109] und deren Voraussetzungen und Ausstellung, soweit Preußen in Betracht kommt, in umfassender Weise durch eine allgemeine Verfügung der Ministerien des Innern, für Handel und Gewerbe, für Wissenschaft, Kunst und Volksbildung und des Finanzministeriums vom 8. März 1924 geregelt sind[110]. Danach bilden die Kunstscheine behördliche Bestätigungen, daß der Inhaber nach seinen amtskundigen oder durch Sachverständige festgestellten Fähigkeiten geeignet ist, Darbietungen von höherem Kunstinteresse vorzuführen. Vorausgesetzt wird, daß die Darbietungen nicht in Räumen stattfinden, welche in Ansehung ihres Charakters oder des in ihnen stattfindenden Verkehrs oder mit Rücksicht auf die Art eines dort etwa ausgeübten Schank- oder Wirtschaftsbetriebes den Bestimmungszweck für ein höheres Kunstinteresse ausschließen. Kunst-

---

[103] Vgl. Landmann-Rohmer: 1, 429 und Olshausen: a. a. O. S. 585.

[104] SächsOVG. 20. Oktober 1906, Reger: 28, 179.

[105] OVG. 22. März 1898: 34, 204; KG. 1. Oktober 1894, Reger: 16, 19; 22. Mai 1911 DJZ. 16, 1277; 15. November 1921 Gew.Arch. 20, 202; OLG. Rostock 26. Februar 1887 MecklZ. 6, 383.

[106] OVG. 15. Mai 1902, Reger: 23, 209.

[107] OVG. 21. Juni 1901, Reger: 22, 310; OLG. Rostock 11. Oktober 1901 MecklZ. 20, 58; KG. 20. Oktober 1913, Reger: 34, 262 und 8. Juni 25, Gew.Arch. 23, 409.

[108] Vgl. Art. 49 AusfAnw. zur GO.

[109] So in Sachsen, vgl. Reger: 18, 747 u. FischersZ. 30, 121 und in Bayern, vgl. Ministerialbl. 1906, 46.

[110] Vgl. MBliV. 1924, 331ff.

scheine sind nur für Gesangs- und deklamatorische sowie Instrumentalvorträge, Kunsttänze und für Schaustellungen von Personen zu erteilen. Die Ausstellung besonderer Kunstscheine für Schauspielunternehmungen ist zu vermeiden; die Geltungsdauer beträgt zwei Jahre; die Scheine können erforderlichenfalls ohne nochmalige Prüfung des Kunstwertes auf angemessene Zeit verlängert werden. Durch die Vorlegung eines amtlichen Kunstscheines wird zunächst die Vermutung begründet, daß ein höheres Kunstinteresse vorhanden ist. Ist der Kunstschein zu Unrecht erteilt, so hat die Ortspolizeibehörde der ausstellenden Landespolizeibehörde unverzüglich Mitteilung zu machen[111].

3. Notwendig ist die Betriebserlaubnis aus § 33a für die gewerbsmäßige öffentliche Veranstaltung von theatralischen Vorstellungen, Singspielen, Gesangs- und deklamatorischen Vorträgen, sowie Schaustellungen von Personen. Wegen des Begriffes der „Gewerbsmäßigkeit" und der „Öffentlichkeit" kann auf das zum § 32 GO. Gesagte an dieser Stelle verwiesen werden.

4. Die Veranstaltungen müssen in den Wirtschafts- oder sonstigen Räumen des Unternehmers stattfinden. Unter dem Ausdruck „sonstige Räume" sind Räumlichkeiten aller Art, geschlossene oder nicht geschlossene, zu verstehen, ohne daß der Veranstalter der Vorstellungen oder der Benutzer der Räumlichkeiten Eigentümer der Räume im Rechtssinne zu sein braucht. Das Benutzen kann auch in einem gewerbsmäßigem Dulden bestehen[112].

5. Die Erteilung der Erlaubnis ist von sachlichen und persönlichen Voraussetzungen abhängig. Sachliche Voraussetzungen sind:

a) daß die Betriebslokalitäten nach Beschaffenheit und Lage den polizeilichen Anforderungen genügen,

b) daß ein Bedürfnis vorhanden ist.

Persönliche Voraussetzung ist:

c) daß gegen den Nachsuchenden keinerlei Tatsachen vorliegen, welche die Annahme rechtfertigen, daß die beabsichtigten Veranstaltungen den Gesetzen und guten Sitten zuwiderlaufen.

a) Polizeiliche Anforderungen sind vornehmlich die Auflagen, die aus bau-, feuer- und sicherheitspolizeilichen Gründen für notwendig gehalten werden.

b) Wegen der Bedürfnisfrage kann auf das zu § 32 GO. Gesagte verwiesen werden. Der Tendenz des Gesetzes entspricht jedenfalls eine strenge Prüfung[113].

---

[111] Vgl. wegen ihrer grundsätzlichen Bedeutung (Anerkennung des Kunstscheins) BayObLG. 31. Dezember 1909, Recht 1910, 184; OLG. Dresden 25. Oktober 1906 bei Reger: 28, 179.

[112] Vgl. OLG. Dresden 20. Okt. 1892, Annalen des SächsOLG. Dresden 14, 207.

[113] Vgl. MBliV. 1899, 59 und Landmann-Rohmer: a. a. O. 1, 437 sowie S. 281.

c) Die persönlichen Voraussetzungen sind nicht so scharf formuliert wie im § 32; es werden keinerlei Garantien hinsichtlich der finanziellen, sittlichen und artistischen Zuverlässigkeit gefordert; entscheidend ist freies Ermessen der Behörden, da das Gesetz die Tatsachen nicht im einzelnen normiert. Die Ergebnisse, zu denen die Rechtsprechung bei den §§ 134, 138, 817, 826 BGB. hinsichtlich des Begriffs der „guten Sitten" gelangt ist, sind analog heranzuziehen.

6. Da die Betriebserlaubnis aus § 33a den gleichen rechtlichen Charakter trägt wie diejenige des § 32, nur daß die tatsächlichen Voraussetzungen verschiedenartig gestaltet sind[114], so sind alle bei dem § 32 GO. erörterten Gesichtspunkte auch hier entsprechend anzuwenden. Es handelt sich demgemäß auch bei der Betriebserlaubnis aus § 33a GO. um ein rein persönliches, nur dem Inhaber zustehendes weder veräußerliches noch vererbliches Recht. Die Bestimmungen über die Führung des Betriebes durch die Witwe und die minderjährigen Erben (§ 46 GO.) sowie durch einen qualifizierten Vertreter (§ 45 GO.) finden aber auch hier Anwendung. Die Erlaubnis aus § 33a GO. kann nicht auf Zeit erteilt, auch nicht an Resolutivbedingungen mit der Wirkung geknüpft werden, daß sie im Falle der Nichteinhaltung dieser Bedingungen hinfällig wird[115], Stellung einer Kaution kommt für die Erlaubnis aus § 33a nicht in Frage. Träger der Erlaubnis kann sowohl eine physische als auch eine juristische Person sein[116]. Die Erlaubnis bezieht sich stets nur auf ein bestimmtes Lokal[117]. Sie kann zurückgenommen werden, wenn Tatsachen im Sinne des § 33a Abs. 3 GO. gegen den Unternehmer vorliegen (§ 53 GO. findet nicht Anwendung).

Für das Verfahren gelten die gleichen Vorschriften wie im Falle des § 32 GO. Der Unternehmer ist deshalb verpflichtet, genau die Darbietungen zu bezeichnen, die erforderlichen Unterlagen der Verwaltungsbehörde zu übermitteln und Auskünfte zu erteilen[118].

7. Wer die Betriebserlaubnis aus § 33a besitzt, ist nur dann berechtigt, Theateraufführungen zu veranstalten, falls die Genehmigungsurkunde mit einer entsprechenden Klausel versehen ist[119]. Wer Theatervorstellungen und Vorstellungen ohne höheres Kunstinteresse veranstalten will, bedarf der Erlaubnis aus § 32 und § 33a GO. Der Zirkus-

---

[114] Dies verkennt Goldbaum: Theaterrecht, S. 37, wenn er meint, daß das Gesetz vor der Kunst insofern eine Verbeugung mache, als theatralische Vorstellungen mit künstlerischem Wert vor den anderen dadurch privilegiert werden, daß es bei ihnen dieser Erlaubnis nicht bedarf.

[115] Vgl. S. 287. [116] Vgl. S. 276.

[117] Vgl. Landmann-Rohmer: a. a. O. 1, 361.

[118] Wegen der für die Erteilung der Erlaubnis in den einzelnen Ländern zuständigen Behörden vgl. Landmann-Rohmer: 1, 434, 438.

[119] Vgl. Olshausen: DJZ. 1904, 1076; OVG. bei Reger: 26, 326; 24, 16.

unternehmer, welcher Balletts oder sonstige theatralische Aufführungen veranstaltet, bedarf der Erlaubnis aus § 32, auch wenn er die Erlaubnis aus §§ 33a oder 55, Abs. 4, 60d Abs. 4 GO. besitzt[120].

C. Der Wandergewerbeschein.

Der Unternehmer von Musikaufführungen, Schaustellungen, theatralischen Vorführungen oder sonstigen Lustbarkeiten, ohne daß ein höheres Interesse der Kunst oder Wissenschaft obwaltet, bedarf für den Fall, daß er den Gewerbebetrieb im Umherziehen ausübt, eines Wandergewerbescheines (§ 55 Abs. 4 GO.); derjenige, der die eben bezeichneten Darbietungen von Haus zu Haus oder auf öffentlichen Wegen, Straßen, Plätzen oder anderen öffentlichen Orten im Umherziehen ausüben will, der vorherigen ortspolizeilichen Genehmigung (§ 60 GO.). Nicht erforderlich ist demgemäß der Wandergewerbeschein für alle diejenigen Theaterunternehmungen, bei denen ein höheres Interesse von Kunst und Wissenschaft gegeben ist, mag es sich hier auch um Wanderunternehmungen handeln[121]; dagegen bedürfen dieses Scheines die Veranstalter kinematographischer Vorstellungen, also Wanderkinos.

Der Wandergewerbeschein trägt den gleichen rechtlichen Charakter wie die Betriebserlaubnis. Er gewährt also seinem Inhaber ein subjektives, nicht übertragbares, öffentliches Recht mit dem Anspruch auf Nichtbehinderung im Gewerbebetrieb und Bevorzugung vor allen nicht im Besitz eines Wandergewerbescheines befindlichen Personen[122]. Er ist kein Legitimationspapier im Sinne des § 363 StGB., sondern öffentliche Urkunde im Sinne des § 267 StGB[123].

Der Wandergewerbeschein kann sowohl einem Deutschen als auch einem Ausländer ohne Rücksicht auf das Geschlecht erteilt werden. Bezüglich des Alters ist die Einschränkung gemacht, daß der den Wandergewerbeschein Nachsuchende in der Regel das 25. Lebensjahr vollendet haben muß (§ 57 Abs. 1 Ziff. 1 GO.). Ausnahmen enthält § 57a Abs. 2 GO.

Im Gegensatz zu der zeitlich unbeschränkten Betriebserlaubnis aus §§ 32 und 33a, GO. wird der Wandergewerbeschein für den Betrieb der im § 55 Ziff. 4 GO. bezeichneten Gewerbe maximal für ein Kalenderjahr, unter Umständen aber auch für eine kürzere Dauer oder nur für

[120] Vgl. LANDMANN-ROHMER: a. a. O. S. 361 und die dort zitierten Entscheidungen und Ministerialerlasse.

[121] Vgl. Nr. 5 der Pr. allgemeinen Verfügung v. 8. März 1924 (MBliV. S. 332), wonach bei Wanderunternehmungen das Vorhandensein oder Nichtvorhandensein eines höheren Kunstinteresses in der Erlaubniskunde erkennbar zu machen ist.

[122] OPET: a. a. O. S. 105.

[123] Die Frage ist in der Praxis nicht unstreitig. Wie hier RGStr. 42, 249 und FRANK: StGB. I, 1 zu § 363 S. 817; vgl. auch RGStr. 20, 229.,

einen bestimmten Tag während des Kalendervierteljahres ausgestellt. Räumlich gewährt er die Befugnis zum Gewerbebetrieb in einem anderen als den Bezirk der ausstellenden Verwaltungsbehörde nur dann, wenn er entsprechend ausgedehnt worden ist.

Die Ausstellung eines gemeinsamen Wandergewerbescheines ist zulässig, wenn mehrere Personen die im § 55 Ziff. 4 GO. bezeichneten Gewerbe in Gemeinschaft miteinander zu betreiben beabsichtigen. Es ist alsdann im Wandergewerbeschein jedes einzelne Mitglied aufzuführen, erforderlichenfalls mit dem Vermerk, daß dem Inhaber der Gewerbebetrieb nur in einem Verband oder einer bestimmten Gesellschaft gestattet sein soll. Der Wandergewerbeschein für den Unternehmer einer Schauspielergesellschaft muß die ausdrückliche Bemerkung enthalten, daß der Gewerbebetrieb als Unternehmer betrieben wird; der Unternehmer muß außerdem die Erlaubnis aus § 32 GO. besitzen (§ 60 GO.).

Die Ausstellung eines Wandergewerbescheins kann sowohl aus persönlichen wie sachlichen Gründen versagt werden. Die persönlichen Versagungsgründe im einzelnen enthalten die §§ 57a u. b GO. Es sind insbesondere Verurteilung zu einer Freiheitsstrafe von mindestens 3 Monaten, Mangel eines festen Wohnsitzes im Inlande, wiederholte Verurteilung wegen Verletzung der auf den Gewerbebetrieb im Umherziehen bezüglichen Vorschriften im Laufe der letzten drei Jahre.

Sachliche Voraussetzung für die Erteilung des Wandergewerbescheins ist speziell für die im § 55 Ziff. 4 GO. bezeichneten Gewerbe der Nachweis des Bedürfnisses (§ 57 Ziff. 5 GO., § 60 Abs. 2 GO.). Für die Prüfung der Bedürfnisfrage sind die Grundsätze der §§ 32, 33 GO. maßgebend.

Bei Gesellschaftswanderscheinen gemäß § 60g GO., also bei umherziehenden Schauspielergesellschaften, hat die Behörde die Verpflichtung, bezüglich jedes einzelnen Mitgliedes der Gesellschaft zu prüfen, ob nicht Versagungsgründe nach §§ 57a, 57b GO. bzw. bei Ausländern nach der Bundesratsverordnung vom 27. November 1896[124] vorliegen.

Für die Erteilung des Wandergewerbescheines ist zuständig die höhere Verwaltungsbehörde desjenigen Bezirkes, in dem das Wandergewerbe ausgeübt werden soll, also in Preußen der Bezirksausschuß, in Berlin der Polizeipräsident. Über die Ausdehnung des Wandergewerbescheins gemäß § 60 GO. beschließt der Bezirksausschuß, in Berlin der Polizeipräsident. Gegen die Versagung ist Beschwerde an den Oberpräsidenten gegeben. In Bayern erfolgt die Erteilung und Ausdehnung des Wandergewerbescheines durch die Bezirksverwaltungsbehörden, in Sachsen durch die Kreishauptmannschaften, in Württemberg durch die Oberämter[125]. Der Gewerbeschein erlischt mit dem Tode des

[124] Vgl. Hoffmann: GO. a. a. O. S. 612.

[125] Wegen der Zuständigkeit im einzelnen vgl. Landmann-Rohmer: 2, 771.

Inhabers oder durch Rücknahme. Die Rücknahme des Wandergewerbescheines ist zulässig, sobald sich ergibt, daß eine der im § 57 Ziff. 1—4, 57a oder 57b GO. bezeichneten Voraussetzungen, entweder zur Zeit der Erteilung derselben bereits vorhanden gewesen, der Behörde aber unbekannt geblieben oder erst nach Erteilung des Scheines eingetreten ist. Rücknahme, Versagung oder Rücknahme der erfolgten Ausdehnung des Wandergewerbescheines ist den Beteiligten unter Angabe der Gründe zu eröffnen (§ 63 GO.). Über die Zurücknahme des Wandergewerbescheines (§ 58 GO.) und die Ausdehnung (§ 60 Abs. 2 GO.) entscheidet in Preußen auf Klage der Ortspolizeibehörde der Bezirksausschuß, und zwar ist zur Klageerhebung die Ortspolizeibehörde des Wohnortes zuständig[126], die unter Umständen als Kommissar zur Wahrnehmung der öffentlichen Interessen bestellt werden kann[127]. Gegen die Entscheidung des Bezirksausschusses geht der Rekurs gemäß § 63 Abs. 1 GO. in Verbindung mit § 118 ZG. an das Oberverwaltungsgericht[128].

B. Baupolizeirecht.

§ 43. Grundzüge des Theater- und Kinobaurechtes.

Das Theater- und Kinobaupolizeirecht beschäftigt sich als Unterart des allgemeinen Baupolizeirechtes mit den besonderen baulichen Verhältnissen im Theater- und Lichtspielgewerbe.

1. Lage und Errichtung von Theatergebäuden sind durch landesrechtliche Vorschriften geregelt[1]. Preußen hat nach dieser Richtung hin eingehende Vorschriften getroffen, die mit Rücksicht auf ihre besonders sachgemäße Ausgestaltung der nachfolgenden Darstellung zugrundegelegt werden.

a) Das preußische Theaterbaupolizeirecht ist geregelt in der sog. „Theaterbauordnung", einer Polizeiverordnung, die durch Erlaß der Minister der öffentlichen Arbeiten und des Innern vom 6. April 1909 den Regierungspräsidenten und dem Polizeipräsidenten von Berlin als Musterordnung für die örtlichen Polizeiverordnungen zugegangen ist; sie ist bis in die jüngste Zeit durch eine große Reihe von Ministerialerlassen ergänzt worden[2].

Wegen ihrer Stellung im allgemeinen Verwaltungsrecht ist an dieser Stelle folgender Hinweis notwendig: Ihre gesetzliche Grundlage findet

---

[126] Vgl. OVG. 1. Dezember 1921, GArch. 21, 344. [127] OVG. 28, 331.

[128] Vgl. im übrigen wegen der Zuständigkeit in den einzelnen Ländern LANDMANN-ROHMER: a. a. O. 2, 779.

[1] Vgl. auch LANDMANN-ROHMER: 1, 436.

[2] Vgl. MBliV. 1909, 134ff., sowie wegen der Ministerialerlasse (letzter am 13. Februar 1929) GRIEGER: Lichtspielhaus u. Theater, Breslau 1929, 61; FISCHER-BALZ: Preußisches Baupolizeirecht, 5. Aufl., Berlin 1928, 437ff.

die ThBO. in den §§ 35—82, Titel 8, Teil I, ALR., insbesondere § 65 in Verbindung mit § 10 II, 17 ALR. wonach der Staat zum besten des gemeinen Wesens Baubeschränkungen anordnen kann. Diese landesrechtlichen Vorschriften sind durch Art. 111 EG. zum BGB. trotz des im § 903 BGB. ausgesprochenen Grundsatzes der Baufreiheit ausdrücklich aufrechterhalten.

Da nach Preußischem Verwaltungsrecht alles, was Gegenstand einer Polizeiverordnung ist, auch zum Gegenstand einer Polizeiverfügung gemacht werden kann[3], ist es durchaus möglich, dem einzelnen Schauspielunternehmer durch besondere Polizeiverfügung bauliche Verpflichtungen aufzuerlegen; hierbei ist aber zu berücksichtigen, daß infolge der erschöpfenden Behandlung des Theaterbaupolizeirechts in der ThBO. die Möglichkeit einer solchen polizeilichen Verfügung nur in geringem Ausmaße besteht, da der Normalfall in der ThBO. geregelt ist. Jedenfalls darf die einzelne polizeiliche Verfügung über das allgemein für ausreichend erachtete Maß der Beschränkung, wie es in der ThBO. enthalten ist, nicht hinausgehen. Die in der ThBO. enthaltenen Gebote und Verbote besitzen gesetzliche Kraft dergestalt, daß bei Anwendung ihrer Normen der Verwaltungsrichter nicht zu prüfen hat, ob auch für den besonderen Anwendungsfall die Voraussetzungen des § 10, II, 17 ALR. resp. des § 14 des Pr. PolVerwG. vom 1. Juni 1931 (vgl. S. 326 Anm. 18) vorliegen. Gegenüber polizeilichen Verfügungen, welche lediglich zu dem Zwecke erlassen wurden, die Anwendung einer Bestimmung der ThBO. im Einzelfalle durchzuführen, ist der Einwand der Willkür ausgeschlossen[4]. Eine erhebliche Rolle spielen im Baupolizeirecht die Dispense. § 125 ThBO. läßt solche Dispense ausdrücklich zu.

b) Neben die speziellen Vorschriften der ThBO. treten die Vorschriften des Allgemeinen Baurechtes, insbesondere der Einheitsbauordnung vom 25. April 1919, auf der die Mehrzahl der örtlichen Baupolizeiverordnungen beruhen[5]. Danach ist Baugenehmigung, d. h. die Erklärung der zuständigen Behörde, daß dem beabsichtigten Bau Hindernisse nach dem zur Zeit der Entscheidung geltenden öffentlichen Rechte nicht entgegenstehen[6], für Theaterbauten, resp. bauliche Veränderungen an ihnen erforderlich. Die Baugenehmigung wird erteilt durch die kommunale Baupolizeibehörde. Entwürfe für neue Theater, die mehr als 800 Personen, und neue öffentliche Versammlungsräume, die mehr als 1200 Personen, sowie neue Zirkusanlagen, die mehr als 1000 Personen umfassen, sind dem Minister für Volkswohlfahrt vor der Baugenehmigung mit eingehendem gutachtlichen Bericht vorzulegen.

---

[3] Vgl. OVG. 1, 322; 2, 432; 11, 365; 12, 384; 13, 395.

[4] Vgl. Fischer-Balz: a. a. O. S. 81ff.

[5] Vgl. Fischer-Balz: a. a. O. S. 100ff.

[6] Vgl. OVG. 2, 253; 5, 367; 12, 369; 13, 394; 19, 376; 20, 396; 24, 365; 32, 343.

Wanderzirkusse bedürfen auf Grund eines Erlasses des Ministers für Volkswohlfahrt vom 16. Februar 1921 in jedem Aufstellungsorte als Neuanlage der Baugenehmigung der dafür verantwortlichen zuständigen Ortpolizeibehörde[7]. Die polizeiliche Baugenehmigung zur Ausführung eines vorgelegten Bauplanes nach Maßgabe der beigefügten Bauvorlage wird im sog. „Bauschein" erteilt. Alle Bauten, also auch die Theaterbauten, unterliegen sowohl der Rohbauabnahme, wie der Gebrauchsabnahme. Die Gebrauchsabnahme für Theater für 800 Personen, Zirkusgebäude für 1200 Personen, Versammlungsräume für 1200 Personen, sowie Lichtspieltheater über 800 Personen, hat durch einen höheren Techniker, d. h. einen solchen, der mindestens zwei Bauprüfungen für den Staatsdienst bestanden hat, zu erfolgen[8].

2. Die Theaterbauordnung regelt den Stoff in vier Abschnitten: Grundsätzliches und Begriffsbestimmungen (I), Neue Anlagen (II), Bestehende Anlagen (III), Übergangsbestimmungen (IV). Als allgemein interessierend wird aus ihren Bestimmungen hervorgehoben:

Im Sinne des Theaterbaurechtes werden unterschieden:

A. „eigentliche" oder „Volltheater" mit der Unterart „Rauchtheater",

B. „öffentliche Versammlungsräume" mit einer Bühnenanlage für gelegentliche Theateraufführungen,

C. öffentliche Versammlungsräume mit einem bühnenmäßig ausgestatteten Podium für Vorstellungen und Schaustellungen,

D. öffentliche Versammlungsräume mit einem Podium ohne bühnenmäßige Ausstattung für Vorträge, die über den Rahmen einfacher Vorträge und Schaustellungen hinausgehen.

E. Zirkusanlagen.

a) Als Theater gelten alle baulichen Anlagen für Aufführungen, die bei gewerbsmäßiger Veranstaltung einer Erlaubnis gemäß den §§ 32, 33a GO. bedürfen. Als öffentliche Versammlungsräume gelten alle mehr als 200 Personen fassenden baulichen Anlagen für öffentliche Versammlungen, öffentliche Lustbarkeiten oder ähnliche Zwecke. Öffentliche Versammlungsräume mit einer Bühnenanlage für Theateraufführungen bis zu 100 qm Grundfläche gelten nicht als Theater, wenn die Bühnenanlage nur gelegentlich zu Theateraufführungen benutzt wird. Periodisch sich wiederholende, für einen längeren Zeitraum festgelegte Aufführungen, auch wenn sie nur monatlich oder halbmonatlich stattfinden, sind als gelegentliche nicht anzusehen[9]. Öffentliche Versammlungsräume mit einem Podium bis zu 100 qm Grundfläche gelten überhaupt nicht als Volltheater, sobald sie keine bühnenmäßige Ausstattung erhalten.

---

[7] Vgl. Fischer-Balz: a. a. O. [8] Vgl. Fischer-Balz: a. a. O.

[9] Vgl. Erl. d. Ministers d. öff. Arbeiten v. 20. März 1913 bei Grieger: a. a. O. S. 116.

b) Theater sollen grundsätzlich mit ihrer die Haupteingänge und Ausgänge enthaltenden Front an einer öffentlichen durchgehenden Straße liegen. Geschäftsräume im Theatergebäude sowie Wohnräume im Zuschauerraum sind unzulässig; etwa im Bühnenhause belegene Wohnräume eines Aufsichtsbeamten müssen gegen die umgebenden Räume des Theaters, auch gegen Flure, durch feuerbeständige Decken und Wände ohne Öffnungen abgeschlossen und dürfen nur von außen zugänglich sein[10].

c) Bezüglich des Zuschauerhauses müssen bestimmte Vorschriften eingehalten werden. Im Parkett sind in Erdgeschoßhöhe nur Platzreihen bis 20 Plätze zugelassen; in Rauchtheatern müssen Platz wie Tischreihen durch mindestens einen Mittelgang, Tischreihen zwischen zwei und zwei Reihen auch durch besondere Quergänge unterbrochen sein. Außer dem Parkett einschließlich eines Hochparketts dürfen höchstens drei, in Rauchtheatern höchstens zwei Ränge vorhanden sein. Für die Treppen, Rückzugswege und Ausgänge ins Freie sind ins einzelne gehende Vorschriften getroffen[11]. Dekorationen und Möbelstücke dürfen im Zuschauerraum nicht aufbewahrt werden. Der Bühnenraum muß je nach den Verhältnissen des Zuschauerraums bestimmte Abmessungen haben, mit Fluren, Türen, Treppen und Ausgängen ins Freie versehen sein und Fenster besitzen, die mit einem einzigen Griff leicht zu öffnen sind. Für die Darsteller müssen ausreichende Ankleideräume vorhanden sein. Öffnungen zwischen Bühnenraum und Zuschauerraum außer der Bühnenöffnung sind verboten. Die Bühnenöffnung muß gegen den Zuschauerraum durch einen in senkrechter Richtung zu bewegenden Schutzvorhang rauchdicht und feuerhemmend abgeschlossen sein. Für die Bühnenarbeiter muß in Höhe sämtlicher Galerien des Bühnenraums auf beiden Seiten je ein sicherer Rückzugsweg vorhanden sein. Es sind bestimmte baubeständige Stoffe vorgeschrieben. Das Theatergebäude muß ausreichende Beleuchtungs- und Lüftungseinrichtungen besitzen (§ 36, 37). Ständige Lagerung von Dekorationen, Requisiten und dgl. auf der Bühne ist verboten. Bei Vorstellungen und Proben dürfen auf der Bühne höchstens so viel darstellende Personen sich befinden, daß auf die Person mindestens 2 qm Bühnenfläche entfällt. Die baulichen Vorschriften für Zirkusanlagen schließen sich im allgemeinen an die entsprechenden Vorschriften für Theater an (§§ 96—100 ThBO.).

3. Für die Anlage und Einrichtung von Lichtspieltheatern sind unter dem 5. November 1925 von dem Reichsminister des Innern im Einvernehmen mit dem Reichsarbeitsminister nach Beratung mit den Landesregierungen und Anhörung der Vertreter der beteiligten Verbände und Behörden Grundsätze aufgestellt worden, die in Preußen von den

---

[10] Vgl. § 5 ThBO. [11] Vgl. § 12, 14 ThBO.

Regierungspräsidenten und dem Polizeipräsidenten von Berlin durch besondere Polizeiverordnung eingeführt sind[12]. Die Grundsätze behandeln in fünf Abschnitten:

Allgemeine Bestimmungen (I), Anlage und Einrichtung der Lichtspieltheater (II), Bildwerfer-Raum (III), Vorschriften für den Bildwerfer-Raum (IV), Ausnahme und Übergangsbestimmungen (V). Sie finden Anwendung auf:

a) öffentliche Lichtspielvorführungen,

b) nichtöffentliche Vorführungen in Räumen, die von ihrem Besitzer gewerbsmäßig oder gegen Entgelt zur Verfügung gestellt werden,

c) Lichtspielvorführungen, die von Vereinen veranstaltet werden,

d) Schullichtspiele.

aa) Als Inhaber des Lichtspieltheaters gilt der Unternehmer der Lichtspiele. Ist er keine unbeschränkt geschäftsfähige, keine volljährige natürliche Person, nicht ortsansässig, sind mehrere Unternehmer vorhanden oder besitzt ein Unternehmer mehrere Lichtspieltheater, so müssen verantwortliche Vertreter ernannt und der zuständigen Polizeibehörde schriftlich namhaft gemacht werden. Während der Vorstellung muß der Inhaber persönlich zugegen oder durch eine geeignete Person vertreten sein. Vertreter kann ein Betriebsangestellter sein, nicht aber der Vorführer. Minderjährige kommen als Vertreter nicht in Betracht. Die Ernennung hat schriftlich zu geschehen; sie hat die Wirkung, daß der als Vertreter benannte der Polizeibehörde gegenüber als Inhaber gilt[13]. Mit der Vorführung von Lichtspielen darf erst begonnen werden, nachdem die zuständige Polizeibehörde einen Bescheid darüber erteilt hat, daß sämtliche Räume und Einrichtungen des Theaters den Anforderungen entsprechen, die Bildwerfer vorschriftsmäßig eingerichtet und aufgestellt sind sowie für ihre sachgemäße Bedienung gesorgt ist.

bb) Für die Anlage und Einrichtung der Lichtspieltheater werden unterschieden Theater für mehr als 2000 Personen, Theater bis zu 2000 Personen und Theater bis zu 200 Personen. Theater für mehr als 2000 Personen sollen grundsätzlich Hauptausgänge nach den verschiedenen öffentlichen Straßen haben. Theater für eine Besucherzahl bis 2000 Personen sollen im allgemeinen derart liegen, daß die Haupteingänge und Ausgänge an einer öffentlichen durchgehenden Straße liegen; für Lichtspieltheater mit einer Besucherzahl unter 200 Personen genügt es, wenn die Ausgänge nach einem Hofe von genügenden Ab-

---

[12] Vgl. Erlaß des Pr. Ministers für Volkswohlfahrt bei Grieger: a. a. O. S. 1ff., sowie Seeger: Die Sicherheitsvorschriften für Lichtspielvorführungen, Berlin 1926. Die Preußischen Vorschriften weichen nur in einigen ganz unerheblichen technischen Einzelheiten von den für das Reich aufgestellten Grundsätzen ab.

[13] Vgl. Seeger: S. 15; er hat also eine ähnliche Rechtsstellung wie der qualifizierte Stellvertreter aus § 46 GO.

messungen führen. Wände und Decken müssen aus besonders feuerbeständigen Baustoffen hergestellt sein. Flure, Treppen, Höfe, Durchfahrten und Ausgänge sind derart zu bemessen und während der Betriebszeit derart beleuchtet zu halten, daß eine leichte, ordnungsmäßige und gefahrlose Leerung des Lichtspieltheaters auf kürzestem Wege gewährleistet ist. Im Zuschauerraum ist nur ein Rang zulässig, sofern es sich nicht um Umwandlung von bestehenden Volltheatern in Lichtspieltheater handelt und die für Volltheater gültigen Bauvorschriften innegehalten werden. Die Sitzplätze im Zuschauerraum müssen unverrückbar befestigt sein. Stehplätze sind nur bei Theatern unter 200 Personen zulässig. Die elektrische Beleuchtung des Zuschauerraums muß von einer Stelle aus eingeschaltet werden. Außer der Hauptbeleuchtung ist eine von ihr völlig unabhängige Notbeleuchtung vorzusehen, so daß die Besucher auch bei vollständigem Versagen der Hauptbeleuchtung sich zurecht finden können[14]. Es besteht strenges Rauchverbot (§ 37), für dessen Durchführung der Inhaber oder sein Vertreter unter entsprechender Anweisung der Angestellten zu sorgen hat.

cc) Der Bildwerferraum muß feuerbeständige Wände und feuerbeständige Decken besitzen. Für Beleuchtung, Heizung, Lüftung muß in besonders sorgfältiger Weise Sorge getragen werden (§§ 46—51). Es darf höchstens der Tagesbedarf an Filmen aufbewahrt werden. Die Filmrollen müssen mit Ausnahme je einer, die sich auf dem Bildwerfer und der Umspulvorrichtung befinden dürfen, in einem besonderen Behälter untergebracht sein. Die Sitzgelegenheit des Vorführers kann sich den örtlichen Verhältnissen anpassen[15]. Das Lampengehäuse des Bildwerfers muß so eingerichtet sein, daß glühende Teilchen nicht herausfallen können. Als Lichtquelle für den Bildwerfer ist grundsätzlich elektrisches Licht zu verwenden. Der Film ist von einer vorschriftsmäßigen Rolle abzurollen.

§ 44. Der feuerpolizeiliche Schutz der Theater und Lichtspieltheater.

1. Besonders eng berührt sich mit der Baupolizei die Feuerpolizei. Dieser starke innere Zusammenhang ergibt sich schon daraus, daß in fast sämtlichen Bauordnungen die baupolizeilichen Vorschriften, d. h. diejenigen, welche sich auf die technische Anlage, Konstruktion und Festigkeit des Baues beziehen, wesentlich hinter die das Feuerpolizeirecht betreffenden zurücktreten, so daß auch nach Preußischem Verwaltungsrecht eine strenge Scheidung dessen, was zur Baupolizei und

---

[14] Für Berlin vgl. hierzu den Erlaß des Polizeipräsidenten v. 9. August 1928 bei Grieger: a. a. O. S. 12, Anm. 45.

[15] Vgl. Erl. Reichsminister des Innern v. 6. November 1925, III. 3157.

was zur übrigen Polizei, insbesondere auch zur Feuerpolizei gehört, kaum aufgestellt werden kann[1].

In den einzelnen Ländern sind umfangreiche feuerpolizeiliche Vorschriften für den Betrieb von Theatern und Lichtspieltheatern erlassen worden, auf die aus Raumgründen hier nicht des näheren eingegangen werden kann[2]; einen ungefähren Überblick über ihren Inhalt ergeben aber bereits die feuerpolizeilichen Bestimmungen der ThBO. und der Sicherheitsvorschriften für Lichtspieltheater, aus denen hier folgendes angeführt werden mag:

2. a) Zahlreiche zur Verhütung von Feuersgefahr bestimmte Vorschriften beziehen sich insbesondere auf die Bauart (Sicherheit, Rückzugswege, genügende Breite der Treppen, genügende Breite des Zuschauerraums, Trennung des Zuschauerraumes vom Bühnenhause usw.), zum anderen auf die Verwendung bestimmter feuerhemmender Baustoffe und schließlich auf das Verbot der Verwendung feuergefährlicher Stoffe. Als Beispiele nach dieser Richtung hin seien hervorgehoben die §§ 21 Abs. 2, 21 Abs. 3, 29, 37, 39, 42, 50, 82, 92b ThBO., §§ 16 Abs. 3, 24 Abs. 2, 36, 58 der Sicherheitsvorschriften. Bei allen diesen Bestimmungen handelt es sich in der Regel darum, daß die Verwendung feuergefährlicher Stoffe verboten ist, Sicherheit gegen die Übertragung von Feuer aus der Werkstatt auf die Bühne vorhanden sein muß und besonders imprägnierte Stoffe[3] bei Theateraufführungen zu verwenden sind.

b) Mit feuergefährlichen Stoffen darf so wenig wie möglich umgegangen werden. So verbietet § 42 ThBO. das Betreten der Theaterräume mit unverwahrtem Licht und Feuer. Ausnahmen sind nur für szenische Zwecke zulässig und auch dann nur in den allerdringendsten Fällen unter Anwendung weitgehender Sicherungsmaßnahmen gestattet[4]. Für Schüsse dürfen nur Pfropfen aus nicht feuerfangenden Stoffen, Kälberhaare oder Asbestwolle verwendet werden. Auf der Bühne zur Verwendung kommende Gegenstände leicht entzündlicher Art müssen gegen Entflammen in wirksamer Weise geschützt sein (§ 42 Nr. 4 ThBO.).

c) Besonders umfangreich gestaltet sich die überwachende Tätigkeit der Feuerpolizei während der Vorstellungen.

Es ist für ausreichende Feuerlöscheinrichtungen sowohl im Zuschauerraum als auch im Bühnenhause dauernd Sorge zu tragen. Die

---

[1] Vgl. OVG. 5, 366; 23, 315; 26, 386; BALZ-FISCHER: Preußisches Feuerpolizeirecht, Berlin 1928, S. 3 u. 5.

[2] Vgl. dieserhalb auch LANDMANN-ROHMER: 1, 368 u. 96.

[3] Vgl. GRIEGER: a. a. O. S. 50, 51, auch wegen des Unterschiedes zwischen feuerbeständiger und feuerhemmender Bauweise.

[4] Vgl. Erlaß des Pr. Ministers für Volkswohlfahrt vom 23. August 1923 bei GRIEGER: S. 85, Anm. 31.

Feuerlöscheinrichtung darf nur zu Feuerlöschzwecken benutzt werden. Das Theater muß eine ausreichende Anzahl von Meldeeinrichtungen haben, durch die die örtliche Feuerlöschhilfe sofort herbeigerufen werden kann (§§ 39, 119, 95g ThBO.). Bei jeder Vorstellung und Generalprobe muß eine Feuerwache anwesend sein. Sie darf nicht aus Angestellten des Theaters bestehen. Stärke, Zusammensetzung und Dienstobliegenheiten der Feuerwache werden von der örtlichen Polizeibehörde bestimmt. Die Feuerwache ist in der Regel der Ortsfeuerwehr zu entnehmen[5] und muß so stark sein, daß ordnungsmäßige Handhabung der Feuerlösch- und Rauchabzugsvorrichtungen, sowie der Feuermelder gewährleistet ist. Ihr Dienst ist erst beendet, wenn Zuschauer, Darsteller und sämtliche Angestellten das Haus verlassen haben und eine Nachprüfung stattgefunden hat. Die sofortige Alarmierung des gesamten Personals muß durch Signalvorrichtungen sichergestellt sein (§ 50, 1—6 ThBO.). Ferner ist zu beiden Seiten der Bühnenöffnung vor oder hinter dem eisernen Vorhange Raum für je einen Feuerwehrposten vorzusehen. Der Raum muß einen freien Ausblick auf die offene Szene gestatten, das sofortige Betreten der Bühne ermöglichen und mit dem Bühnenflur sowie mit einem besonderen in feuerhemmender Weise hergestellten und rauchsicheren Rückzugswege Verbindung haben (§ 21 Nr. 4 ThBO.). Es ist für das preußische Steuerrecht mit Rücksicht auf die Bestimmung des § 6 Abs. 1 PrKAG., der die Erhebung von Gebühren für die Beaufsichtigung von Lustbarkeiten bei Veranlagung einer besonderen Lustbarkeitssteuer ausschließt, streitig, ob der Theaterunternehmer verpflichtet ist, besondere Kosten für die Gestellung einer aus den Mannschaften der städtischen Feuerwehr entnommenen Feuerwache zu tragen. Die Verwaltungsgerichte haben sich durchweg auf einen dem Unternehmer ungünstigen Standpunkt gestellt[6], also die Kostentragungspflicht bejaht. Neuerdings hat die Frage auch die ordentlichen Gerichte beschäftigt. Das Kammergericht hat zwar im Urteil vom 1. Oktober 1926[7] die Forderung der Kommune auf Gewährung einer Vergütung für die Gestellung der Feuerwache mit der Begründung abgelehnt, daß es sich um vorbeugenden Feuerschutz im allgemeinen Interesse der Gemeindeeinwohner über die eigentliche polizeiliche Aufgabe hinaus handele, diese Tätigkeit aber von der Kommune selbst über den Rahmen ihrer öffentlichrechtlichen Verpflichtung hinaus übernommen und nicht ausdrücklich durch Aus-

---

[5] Sie hat während der Dienstausübung die rechtliche Stellung einer Schutzwehr gemäß § 113 StGB.

[6] Vgl. OVG. 22. Oktober 1929 bei Lympius und v. Elbe: Kommentar zum PrKAG. Berlin 1930, S. 14, Nr. 8; Bezirksausschuß Berlin Abtlg. II (3. Januar 1905), PrVBl. 26, 431.

[7] 21. U. 71/26, abgedruckt DB. 19, 70.

scheidung des Feuerschutzes der Theater aus diesem Aufgabenkreis abgeändert worden sei. Das Reichsgericht ist indessen dieser Auffassung nicht beigetreten, hat vielmehr in einer Entscheidung vom 1. März 1929 die Kommunen für berechtigt erklärt, für den vorbeugenden Feuerschutz, wie er in der Stellung einer Feuerwache zum Ausdruck kommt, besondere Gebühren zu erheben[8].

3. Für Lichtspieltheater können hinsichtlich der Wasserversorgung, der Feuerlösch- und Feuermeldeeinrichtungen und der Stellung einer Feuerwache besondere ortspolizeiliche Vorschriften erlassen werden (§ 36 Sicherheitsvorschriften). Das PrOVG. hat in einem Urteil vom 18. Sept. 1924 eine Polizeiverfügung, durch die mehreren Kinobesitzern im feuer- und sicherheitspolizeilichen Interesse aufgegeben wurde, dafür zu sorgen, daß während der Vorführung ständig ein städtischer Feuerwehrmann anwesend sei, mit der Begründung für unzulässig erklärt, daß die Feuersgefahr bei Lichtspieltheatern nicht so groß sei, wie bei den eigentlichen Theatern und der nötige Schutz für Kinos bei Feuerausbruch auch dadurch zu erzielen sei, daß andere Personen ständig bereitgehalten würden[9]. Diese Entscheidung dürfte wenigstens für kleinere Kinos auch noch heute grundsätzliche Bedeutung beanspruchen, zumal gerade durch die §§ 40ff. der Sicherheitsvorschriften, die vollkommene Trennung der Bildwerferräume von den Zuschauerräumen vorsehen, die Gefahr eines Feuers sehr vermindert wird. Sobald die Lichtspieltheater, wie es heute in größeren Städten vielfach üblich ist, eine Bühne besitzen, auf der Revuen, Tanznummern, Kunstfertigkeiten vorgeführt werden, also Darbietungen, zu denen die Erlaubnis aus § 33a GO. notwendig ist, unterliegen sie übrigens den Vorschriften der ThBO., die die Stellung einer Feuerwache ohne weiteres vorsehen.

C. Sicherheitspolizeirecht.

§ 45. Die polizeiliche Überwachung der Vorstellungen.

1. Die dauernde Anwesenheit eines oder mehrerer Polizeibeamten während der Theater- und Varietéaufführungen oder bei Lichtspielvorführungen bezweckt lediglich die Aufrechterhaltung der Sicherheit, Ordnung und Ruhe; die Polizei hat also — das muß bereits hier vorbehaltlich weiterer Ausführungen im einzelnen[1] festgestellt werden — grundsätzlich kein Recht, den stofflichen Inhalt der Veranstaltungen zu prüfen oder darüber hinausgehend irgendwelche bestimmten Forderungen bezüglich des Stoffes zu stellen. In diesem Sinne widerspricht

---

[8] Vgl. Kommunales Jahrbuch 2, 157, Jena 1931. Teilweiser Abdruck in DB. 21, 192ff. Gegen die Entscheidung hat Buka ebendort sehr erhebliche, m. E. nicht unzutreffende Bedenken erhoben.

[9] Vgl. DJZ. Jg. 30, S. 350. [1] Vgl. S. 325.

die polizeiliche Überwachung weder dem Grundsatze der Gewerbefreiheit noch der Zensurfreiheit (bei Theateraufführungen).

Zur Durchführung der ihr obliegenden Überwachungspflicht hat der Unternehmer der Polizeibehörde auf Verlangen im Zuschauerraum einen angemessenen Sitzplatz, d. h. einen solchen, von dem sowohl Bühne wie Zuschauerraum zu übersehen sind und der schnelles Verlassen im Falle des Einschreitens ermöglicht, also am zweckmäßigsten einen Logenplatz, einzuräumen. OVG. hat in einer ausführlichen, ein Sprechtheater betreffenden Entscheidung vom 10. Februar 1921[2], die von besonderer, grundlegender Bedeutung für die hier behandelte Frage ist, dahin entschieden, daß der Polizei grundsätzlich nur ein Platz zusteht, die Inanspruchnahme weiterer Plätze im Einzelfalle aber bei Vorliegen besonderer Umstände nicht ausgeschlossen ist. Unter diesem Gesichtspunkte ist vom OVG. in dieser Entscheidung eine gegen einen Theaterunternehmer erlassene Verfügung des Berliner Polizeipräsidenten, allabendlich fünf Logenplätze im ersten Rang zur Verfügung der Polizei zu halten, für unzulässig erklärt worden, weil für die Überlassung eines Dienstplatzes an die Polizei nur der Gesichtspunkt der Ausübung des behördlichen Überwachungsrechtes maßgebend ist und die Polizei nicht das Recht besitzt, „Freiplätze" zu beanspruchen, über die sie beliebig zugunsten eines mehr oder minder eingeschränkten, nicht einmal individuell bestimmten Personenkreises verfügt.

Für Lichtspieltheater findet sich eine entsprechende Bestimmung in der Preußischen AV. zum LG. vom 1. März 1923, Abschnitt 3 Ziff. b; dem mit der Prüfung beauftragten Polizeibeamten ist jederzeit Zutritt zu den Vorführungen zu gestatten und ihnen ein angemessener Sitzplatz anzuweisen.

2. Aus dem einleitend skizzierten Zweck der polizeilichen Überwachung folgt:

a) Die Polizei hat für äußere Ruhe und Ordnung während der Veranstaltung zu sorgen. Ruhestörer, die die Vorstellungen fortwährend durch lärmende Kundgebungen unterbrechen, können ohne weiteres polizeilich aus dem Theater entfernt werden. Gleiches gilt in dem Fall, daß sich diese Kundgebungen zu Tätlichkeiten gegen Mitbesucher und Schauspieler steigern. Die anwesenden Polizeibeamten haben in diesem Falle keine besondere Weisung der Theaterleitung abzuwarten, sondern selbständig nach eigenem Ermessen vorzugehen. Immer wird aber die

[2] Vgl. OVG. 76, 441ff.; zweifelhaft kann sein, ob der Schauspielunternehmer für die von ihm zur Verfügung zu stellenden Dienstplätze zu entschädigen ist; nach preußischer — wohl richtiger Praxis — nicht, da die Bereitstellung nur ein Mittel zur Erfüllung der Polizeipflicht ist. Vgl. Joseph: Die Polizei in ihren rechtlichen Beziehungen zum Theater und Film, Dissertation Gießen 1922, Schultzenstein: VerwArch. 5, 466; Parisius: PrVBl. 47, 458ff.

Polizei bei ihrem Vorgehen beachten müssen, daß es sich tatsächlich um ernste und erhebliche Störungen der Veranstaltungen, nicht spontane Temperamentausbrüche handeln muß. Einem Ersuchen der Theaterleitung um Entfernung von Zuschauern aus den Theaterräumen hat die Polizei ohne weiteres Folge zu leisten, da der Theaterleitung das Hausrecht zusteht[3]. Es ist fernerhin Pflicht der Polizei, die Namen der Ruhestörer festzustellen, um evtl. auf diese Weise ihre strafrechtliche Verfolgung zu ermöglichen.

b) Der Polizei steht ein Kontrollrecht hinsichtlich der im öffentlichen Interesse erlassenen Sicherheitsvorschriften zu. In erster Linie gilt dies bezüglich aller derjenigen Vorschriften, die eine Verhütung von Feuersgefahr und Bränden bezwecken. Die Exekutivbeamten sind deshalb berechtigt, die Bereitschaft der Theaterfeuerwache und die Brauchbarkeit der einzelnen Feuerlöscheinrichtungen festzustellen, soweit dies nicht bereits durch die Mannschaften der Feuerwache selbst erfolgt ist; ferner erstreckt sich dieses Kontrollrecht auch auf die Einhaltung der sicherheitspolizeilichen Vorschriften durch die Zuschauer selbst. In erster Linie handelt es sich hier um die Beobachtung des Rauchverbotes. (§§ 42 Ziff. 5, 85 4, 120 1 ThBO., §§ 37, 64, 77b Sicherheitsvorschriften für Lichtspieltheater.) Dem Unternehmer kann die Verpflichtung auferlegt werden, entsprechende Plakate, die das polizeiliche Verbot enthalten, öffentlich auszuhängen[4]. Bei der Kontrolle von Lichtspieltheatern ist darauf zu achten, daß das Verbot des Stehens in den Gängen beachtet wird. Auch die Befugnis der Polizei, die Vorstellung auf die Art der Besucher (Verbot für Jugendliche der Vorführung von nicht für Jugendliche zugelassenen Bildstreifen beizuwohnen) fällt unter den Aufgabenkreis der Polizei. Meist sind alle diese Fragen durch örtliche Polizeiverordnungen geregelt. Es ist dann Aufgabe der anwesenden Polizeibeamten, für die Durchführung zu sorgen.

c) Schließlich ist die Polizei verpflichtet, auch auf Durchführung öffentlichrechtlicher Vorschriften hinzuwirken, so z. B. die Einhaltung der Vorschriften, die für die äußere Heilighaltung der Sonn- und Festtage erlassen sind, zu kontrollieren[5] und die Einhaltung der Vorschriften über die Polizeistunde zu überwachen, selbst wenn die Polizeistunde für Theater früher als für Schankwirtschaften festgesetzt ist[6]. Unzulässig sind Polizeiverordnungen, die den Anfang und das Ende der Vor-

---

[3] Vgl. S. 509 und im einzelnen: STARER: Störung einer öffentlichen Theatervorstellung durch Theaterbesucher (Theaterfriedensbruch). Leipzig 1931, insbesondere S. 26ff. mit ausführlichen Literaturangaben.

[4] Vgl. auch S. 374.

[5] Vgl. FALCK bei BRAUCHITSCH: Preußische Verwaltungsgesetze 2, 315.

[6] Vgl. KG., MBliV. 1926, 168 die Entscheidung bezieht sich auf Lichtspieltheater.

führungen regeln, ferner Polizeiverordnungen, die für die Besucher eine bestimmte Tracht vorschreiben, z. B. anordnen, daß seitens weiblicher Besucher im Theater Hüte nicht aufbehalten werden dürfen, da dadurch die Polizei den ihr obliegenden Pflichtenkreis überschreitet[7]. Aus dem gleichen Grunde ist die Polizei auch nicht berechtigt, Anordnungen hinsichtlich der Verwendung einer bestimmten Art von Personal zu treffen, daß z. B. weibliche Hilfskräfte durch männliche ersetzt werden oder Frauen nicht als Hilfsvorführer zuzulassen sind[8].

d) Auch vor den Theaterräumen hat die Polizei für Ruhe und Ordnung zu sorgen; aus diesem Gesichtspunkte heraus verbietet zum Beispiel § 69 der Straßenordnung für Berlin den Handel mit Eintrittskarten vor den Theatern und in den Theaterräumen.

§ 46. Die sicherheitspolizeilichen Vorschriften hinsichtlich des Hilfspersonals von Theater- und Lichtspielunternehmungen.

Besitzt auch an sich der Theater- und Lichtspielunternehmer unter Berücksichtigung des Grundsatzes des § 1 GO. die Befugnis, in beliebiger Zahl Gehilfen jeder Art einzustellen, so ist hierbei doch zu berücksichtigen, daß an die Qualität dieser Gehilfen ständig sich erhöhende Anforderungen gestellt werden und auch gestellt werden müssen, da die moderne Bühnen- und Lichtspieltechnik äußerst komplizierte, maschinelle Einrichtungen verlangt. Drehbühne und Bildwerfer erfordern ein Bedienungspersonal, das nicht nur mit den mechanischen Griffen vertraut ist, sondern auch die inneren Funktionen der zu bedienenden Apparate genügend kennt.

a) Preußen hat durch Runderlaß der Minister des Innern und für Volkswohlfahrt vom 22. Oktober 1925[1] einen amtlichen Befähigungsnachweis für die technischen Bühnenvorstände (technische Direktoren, technische Inspektoren, Maschinenmeister und Beleuchtungsmeister) eingeführt; Sachsen, Bayern und Baden sind bisher gefolgt; in Württemberg, Thüringen und Mecklenburg sind in nächster Zeit entsprechende Verordnungen zu erwarten[2]. Der Befähigungsnachweis setzt das Bestehen einer Prüfung vor einer besonderen Prüfstelle voraus. Die Prüfstellen setzen sich — wenigstens in Preußen[3] — aus dem technischen Beamten des Polizeipräsidiums bzw. des Regierungspräsidenten als Vorsitzenden, einem Beamten der Berufsfeuerwehr und drei Sach-

---

[7] Vgl. OVG. 61, 332 Parisius: PrVBl. 1926, 561.

[8] Vgl. OVG. 75, 381.

[1] Vgl. Grieger: a. a. O. S. 120, dort auch die ergänzenden Ministerialerlasse v. 5. November 1927, 31. Mai 1928, 13. Februar 1929.

[2] Persönliche Mitteilung der Berufsgruppe, Technische Bühnenvorstände der Genossenschaft deutscher Bühnenangehöriger, an den Verfasser.

[3] Vgl. § 3 der Prüfungsverordnung Grieger: a. a. O. S. 120.

verständigen, nämlich einem technischen Oberleiter, einem Theatermeister und einem Beleuchtungsmeister zusammen. Eine Vereinheitlichung der Prüfungshandlung ist durch einheitliche Richtlinien angebahnt; sie sind von den Mitgliedern der Prüfstelle Berlin ausgearbeitet. Für die Prüfung als Theatermeister sind Selbständigkeit, Erfahrung und ausreichende Kenntnisse des gesamten Bühnenbetriebes erforderlich. Es wird vorausgesetzt, daß der Prüfling alle Einrichtungen seines Theaters kennt und auch imstande ist, die Bühne mit allen Einrichtungen durch Grundriß sowie durch Länge und Querschnitt zeichnerisch zu erläutern. Weiterhin ist der Nachweis ausreichender Kenntnisse, wie sie die technische Einrichtung eines Volltheaters verlangt, erforderlich. Die Prüfung als Beleuchtungsmeister setzt voraus, daß der Prüfling mit sämtlichen im Theaterbetriebe vorkommenden elektrischen Einrichtungen vertraut, auch imstande ist, ein Schaltschema der elektrischen Anlage des Theaters, in dem er beschäftigt ist, zu zeichnen und zu erläutern.

Prüfstellen bestehen für Preußen in Berlin, Breslau, Dortmund, Köln, Frankfurt a. M., Hannover, Kiel, Düsseldorf, Königsberg, für Sachsen in Dresden, für Bayern in München. Baden hat auf die Errichtung einer besonderen Prüfstelle verzichtet. Die badischen Bewerber müssen sich daher an die zunächst gelegene Prüfstelle der anderen Länder wenden.

Die Ergebnisse der Prüfungen sind bisher unbefriedigend; über eine reichsgesetzliche Regelung der gesamten Frage schweben zur Zeit Beratungen zwischen den Ländern[4].

b) Das Prüfungswesen für Lichtspielvorführer ist durch Aufstellung besonderer einheitlicher Grundsätze des Reichsministers des Innern geregelt[5]. In Preußen sind auf Grund dieser Grundsätze durch Erlaß des Ministers des Innern vom 26. Oktober 1922 von den Oberpräsidenten innerhalb ihrer Provinzen entsprechende Prüfverordnungen erlassen worden. Die Prüfung der Lichtspielvorführer erfolgt durch besondere Vorführerprüfstellen, die von den Landeszentralbehörden nach Bedarf eingerichtet werden. Sie setzen sich im allgemeinen zusammen aus:

aa) einem beamteten sachverständigen Vorsitzenden,

bb) einem Beamten der Berufsfeuerwehr,

cc) einem geprüften, von dem Verbande der Berufsgenossenschaften vorzuschlagenden Lichtspielvorführer.

---

[4] Vgl. auch Ullmann: a. a. O. S. 31, der die gleiche Auffassung vertritt.

[5] Vgl. den Abdruck dieser Grundsätze bei Seeger: Lichtspielgesetz S. 148ff., vgl. ferner Seeger: Die Prüfvorschriften für Lichtspielvorführer, Verlag der Lichtbildbühne, Berlin 1924, 2. Aufl. Meinel: Hilfsbuch für die Prüfung des Kinovorführers, 2. Aufl., Berlin 1925; Falck bei v. Brauchitsch: a. a. O. S. 2, 314, der die einzelnen preußischen Ministerialerlasse anführt, sowie Jahrbuch der Filmindustrie 1930, S. 419ff. mit statistischen Angaben über die Prüfergebnisse.

Nur körperlich und geistig geeignete Personen, die das 21. Lebensjahr vollendet haben, können zur Prüfung zugelassen werden. Die Prüfung erstreckt sich auf allgemeine Kenntnis der im Betriebe der Lichtspieltheater Verwendung findenden elektrischen Anlagen, ihres Zweckes und ihrer Bedienung, eingehende Kenntnis des Baues und der Bedienung von mindestens drei der gebräuchlichsten Arten von Bildwerfern, Kenntnis der besonderen Eigenschaften des Bildstreifens und seiner Behandlung, völliges Vertrautsein mit den feuerpolizeilichen Vorschriften, den polizeilichen Betriebsbedingungen, sowie den wichtigsten Bestimmungen des LG. und den Obliegenheiten des Vorführers bei Ausbruch eines Brandes in den Räumen eines Lichtspieltheaters. Über die bestandene Prüfung wird ein Zeugnis erteilt, das für das gesamte Reichsgebiet Gültigkeit besitzt. Es kann bei wiederholten groben Verstößen gegen die polizeilichen Vorschriften für Lichtspieltheater sowie bei sonst bewiesener Unzuverlässigkeit oder bei eintretender körperlicher oder geistiger Untauglichkeit entzogen werden.

D. Zensurpolizeirecht.

§ 47. Die Bühnen- und Varietézensur.

1. Als Theaterzensur werden diejenigen staatlichen Maßnahmen bezeichnet, die eine unmittelbare Einwirkung auf das Programm der öffentlichen Theatervorstellungen erstreben.

Die staatlichen Theaterzensurbestimmungen der Neuzeit finden ihre Vorläufer in den kirchlichen Zensurverordnungen des Mittelalters, verständlich daraus, daß das Theaterwesen dieser Zeit vorzugsweise in den Händen der Geistlichkeit lag. Die allmähliche Loslösung des Staates von der Kirche führte in Verbindung mit der Tatsache, daß nunmehr auch insofern ein Wechsel des Sujets eintrat, als anstatt biblischer Geschichten aktuelle Stoffe in ästhetisch oft wenig einwandfreier Form behandelt wurden, dazu, das Theater in den Kreis derjenigen Rechtsgüter einzubeziehen, die aus Gründen der öffentlichen Ordnung und Sicherheit der Staatsaufsicht unterworfen wurden. In Deutschland findet sich die Theaterzensur vereinzelt bereits im 18. Jahrhundert; im 19. Jahrhundert ist sie auch ohne besondere gesetzliche Regelung in fast sämtlichen deutschen Staaten gebräuchlich; sie bildet einen Ausfluß der allgemeinen Rechtsstellung der Polizei[1]. So verstand man nach preußischem Ver-

[1] Vgl. Opet: Art. Theaterrecht, Handwörterbuch der Staatswissenschaften 7^3, 1176ff. Martersteig: Aufhebung der Theaterzensur, Handbuch der Politik 1^3, 1920, 198ff.; aufschlußreich für die Geschichte der Zensur: Glossy: Geschichte der Wiener Theater-Zensur, Jahrbuch der Grillparzergesellschaft 7, 238ff., Wien 1897; K. Th. Heigel: Die Theaterzensur in Bayern unter Herzog Karl Theodor in C. O. Reinhardstöttners Forschungen zur Kultur und Literaturgeschichte Bayerns Bd. 3; Houben: Polizei und Zensur, Berlin 1926; vgl. auch Heinzmann: Theaterrecht München 1905, 41ff.

waltungsrechte unter Theaterzensur einen Kreis gewisser auf § 10, II, 17 A.L.R. gestützter Rechte der Polizei in bezug auf die Aufführung von Theaterstücken. Die Formalien regelte speziell für den Landespolizeibezirk Berlin die Polizeiverordnung vom 10. Juli 1851 (§§ 5, 7ff.), die ihrerseits sich wiederum auf § 6d, f, g des Gesetzes vom 11. März 1850 über die Polizeiverwaltung stützte[2]. Für Bayern wurde die polizeiliche Befugnis zur Zensierung von Theaterstücken aus Art. 32 Abs. 1 Ziff. 3 des Polizeistrafgesetzbuches vom 26. Dezember 1871 hergeleitet[3]; in Sachsen wurde die Frage geregelt durch § 11 Ziff. 6 des Dresdner Polizeiregulativs vom 24. Dezember 1876[4]. Alle diese Tatsachen beanspruchen gegenwärtig indessen nur noch kulturgeschichtliche Bedeutung, da die Rechtsentwicklung auch auf diesem Gebiete nicht Halt gemacht und einen gegenüber der Vorkriegszeit völlig veränderten Rechtszustand geschaffen hat.

2. In dem Aufruf „An das Deutsche Volk" vom 12. November 1918 (RGBl. S. 1303) verkündete der Rat der Volksbeauftragten u. a. folgendes: „3. Eine Zensur findet nicht statt, die Theaterzensur wird aufgehoben." Durch das Übergangsgesetz vom 4. April 1919 (RGBl. S. 265) wurde zwecks Behebung von Zweifeln festgestellt, daß es sich bei diesem Aufrufe nicht um eine programmatische Erklärung, sondern um die Aufstellung unmittelbar bindender Rechtssätze handelte[5]. Dementsprechend bestimmt Art. 118 Abs. 2 RV. „eine Zensur findet nicht statt". Mit dieser Bestimmung wurde zwar die Zensur in der bisherigen

[2] Es durften demgemäß keine öffentlichen Theatervorstellungen im engeren oder weiteren Polizeibezirk von Berlin ohne ausdrückliche Erlaubnis des Polizeipräsidiums stattfinden. Die Schauspielunternehmer mußten für die einzelnen Vorstellungen die Erlaubnis des Polizeipräsidiums schriftlich mit Zeitangabe nachsuchen in der Weise, daß dem Gesuch das zur Aufführung bestimmte Textbuch in zwei gleichlautenden Exemplaren beigefügt wurde. Vgl. OVG. 24, 311; 43, 300; 47, 332; 53, 250; 76, 442.

[3] Vgl. Krais: BlAdmPr. 51, 26, 31; Schiedmeyer: Polizeistrafgesetzbuch 1922, 52; Rothenbücher in der Festgabe für Fleiner: Tübingen 1927, 215, Anm. 1.

[4] Wegen Württemberg vgl. Bazille: Die Theaterzensur in Württemberg. Württemb. RpflZ. 1909, Nr. 4; in Hessen galten Gesetze von 1793 und 1807; im Elsaß französisches Recht. Martersteig: a. a. O. S. 197.

[5] Vgl. Hellwig bei Nipperdey: Grundrechte, Mannheim 1929, 2, 8; Volkmar u. Böttcher: Die Rechtsverordnungen des Rates der Volksbeauftragten v. 12. November 1918, Berlin 1919, S. 29, 38ff., KG. 10. Juni 1921 in JW. 1921, 1094; Anschütz: Kommentar zur RV. 10. Aufl. 1, 491; Pötsch-Heffter: Kommentar zur RV. 3. Aufl., Anm. 9 zu Art. 118; Conrad bei Stenglein: S. 360; Thoma: Festschrift für das PrOVG. S. 210; Jellinek: Verwaltungsrecht, S. 454; Hatscheck: Lehrbuch des Deutschen und Preußischen Verwaltungsrechtes, S. 248; Mannheim: Preßrecht, S. 4; Bredt: Der Geist der Deutschen Reichsverfassung, S. 270; Fleiner: Institutionen, 391; OVG. 76, 444; ThüringischesOVG. 1. Oktober 1930 in DB. 1930, 680ff.

Art und Form zu Grabe getragen, ohne daß indessen der Begriff „Zensur“ genügend klargestellt wurde.

Die herrschende staatsrechtliche, von der Rechtsprechung gebilligte, Lehre legt ihn im Sinne einer Vorzensur aus, will also, wie ANSCHÜTZ a. a. O. sagt, dadurch den Zustand beseitigt wissen, daß öffentliche Theateraufführungen nur dann stattfinden dürfen, nachdem sie bzw. ihr Gegenstand von der zuständigen Behörde genehmigt und geprüft worden sind. Gegen diese Auffassung ist neuerdings von ROTHENBÜCHER mit der Begründung Widerspruch erhoben, daß Art. 118 Abs. 2 RV. nicht nur die Vorzensur, sondern nach seiner geschichtlichen Entwicklung auch ein etwaiges Verbietungsrecht der Polizei betreffe, der zweite Teil des Abs. 2 Art. 118 aber ausdrücklich bestimme, wann eine Zensur, d. h. ein Verbietungsrecht zulässig sei[6].

Die damit aufgeworfene Frage der rechtlichen Tragweite des Begriffes „Zensur“ in Art. 118^2 RV. besitzt erhebliche praktische Bedeutung; denn nach der herrschenden Auffassung ist mit Art. 118^2 RV. nur die Verpflichtung des Theaterunternehmers in Wegfall gekommen, die zur öffentlichen Aufführung gelangenden Theaterstücke der Polizeibehörde vorher vorzulegen (Vorzensur); unberührt geblieben ist dagegen das Recht der Polizei, aus gleichen Gründen wie bisher die Aufführung zu verbieten[7]. Da aber die Theaterzensur nach der bisherigen Verwaltungspraxis nicht nach den rein polizeilichen Gesichtspunkten der öffentlichen Ordnung und Sicherheit, sondern auch nach Gefühlsmomenten wie Ärgerniserregung in bezug auf Sittlichkeit, religiöses Gefühl, Vaterlandsliebe ausgeübt wurde, auch die Rechtsprechung hierauf mehr oder weniger Rücksicht nahm, so besteht im Sinne der herrschenden Meinung der einzige Unterschied gegenüber früher darin, daß das polizeiliche Verbotsrecht der Polizei zwar nicht mehr die vorherige Einreichung des Textbuches voraussetzt, aber beispielsweise auch dann, und zwar schon vor der Aufführung, ausgeübt werden kann, wenn die Polizei sich auf andere Weise von dem Textbuch Kenntnis verschafft oder die Absicht von Störungen der Theatervorstellungen durch bestimmte Gruppen der Theaterbesucher zur Kenntnis der Polizei kommt.

3. Die herrschende Meinung stützt sich für ihre Auffassung vornehmlich auf die Entstehungsgeschichte des Art. 118^2 RV. So meint

---

[6] Vgl. ROTHENBÜCHER: Das Recht der freien Meinungsäußerung in Veröffentlichungen der Vereinigung deutscher Staatsrechtslehrer, Berlin 1928, H. 4, S. 6ff., insbes. S. 24 und in näherer Ausführung in der Festgabe für FLEINER: Über einen Fall der Präventivpolizei und die Theaterzensur S. 211, 232 (auch als Sonderabdruck erschienen), zustimmend FLEINER: a. a. O. S. 403, Anm. 52 u. S. 407, Anm. 12.

[7] Vgl. ANSCHÜTZ: a. a. O. S. 491 und HELLWIG: Grundrechte S. 34, insbesondere Anm. 116.

HELLWIG, einer ihrer Wortführer, der nur ein präventivpolizeiliches Einschreiten beseitigt wissen will, dagegen Repressivmaßnahmen, auch wenn sie eine Zensur enthalten für zulässig ansieht, allerdings mit der Einschränkung, daß Meinungsäußerungen irgendwelcher Art nicht schon deshalb verboten werden könnten, weil das sittliche Empfinden weiter Bevölkerungskreise verletzt wird, daß diese seine Auffassung aus der Entstehungsgeschichte des Zensurverbots in Verbindung mit der geschichtlichen Entwicklung gerechtfertigt sei[8]. Das PrOVG.[9] in der bereits zitierten Entscheidung vom 10. Februar 1921 (OVG. 76, 444ff.) bezieht sich für seine Ansicht, daß der Polizei auch nach Aufhebung der Vorzensur noch ein weites Gebiet polizeilicher, nur im Theater selbst erfüllbarer Aufgaben gegenüber dem Inhalte der aufgeführten Stücke und der Art und Wirkung der Aufführung verbleibe (S. 446), ebenfalls auf die Entstehungsgeschichte des Art. 118, ohne allerdings das geringste Belegmaterial hierfür beizubringen. Im Gegenteil spricht die Entstehungsgeschichte des Art. 118, worauf ROTHENBÜCHER mit Recht hinweist[10], eher *gegen* als *für* die vom OVG. vertretene Auffassung. Die Meinung des OVG., daß es gewiß deutlicher bei den Verhandlungen der gesetzgebenden Organe zum Gegenstand der Erörterungen gemacht worden wäre, falls man noch weitere Rechte der Polizei, die sich insbesondere aus § 10, II, 17 ALR. ergeben, den Theateraufführungen gegenüber hätte aufheben wollen, hat daher nur den Wert eines Sentiments, das auch in entgegengesetztem Sinne gedeutet werden kann; gerade weil die Materialien des Gesetzes über die Tragweite des Begriffs „Zensur“ nichts ergeben, muß er extensiv, nicht intensiv interpretiert werden, ein Argument, das auch schon deshalb eine starke innere Berechtigung besitzt, weil der Gesetzgeber nur eine Zensur bei Lichtspielen für erforderlich erachtete, bei den Beratungen über das Reichslichtspielgesetz aber ausdrücklich die Zulässigkeit eines ortspolizeilichen Verbotsrechts verneint wurde[11]. Das Theater wäre also im Sinne der herrschenden Auffassung praktisch erheblich schlechter gestellt als der Film, obwohl die Erörterungen wegen Einführung einer Zensur sich stets nur auf Lichtspiele, niemals auf das Theater bezogen. Während nämlich beim Film besondere Prüfbehörden nach bestimmten Grundsätzen *an Stelle der Polizei* die Prüfung durchführen, soll für das Theater gerade das polizeiliche Verbietungsrecht in Kraft geblieben sein,

---

[8] Vgl. HELLWIG: a. a. O. S. 33.

[9] Damit übereinstimmend Pr. Ministerialerlasse v. 18. Januar 1923 (MBliV. S. 97) und 17. Juli 1927 (MBliV. S. 673): „auch nach Beseitigung der sog. Vorzensur ist die Polizei gemäß § 10, II, 17 zum Einschreiten verpflichtet, sobald der Inhalt eines Stückes oder die Art seiner Aufführung geeignet ist, die öffentliche Sittlichkeit zu gefährden“.

[10] Vgl. ROTHENBÜCHER: a. a. O. S. 226, Anm. 1.

[11] Vgl. hierüber S. 366.

obwohl *jede Zensur* mit Ausnahme der Zensur für Lichtspiele beseitigt werden sollte; schließlich hätte sich auch der Erlaß des Lichtspielgesetzes vollkommen erübrigt, da ja im Sinne der herrschenden Meinung das ortspolizeiliche Verbotsrecht bestand und besteht, auf Grund dessen mit Leichtigkeit die öffentliche Vorführung jedes Filmes wie die Aufführung jedes Theaterstückes verboten werden kann. Diese Erwägungen finden eine Bestärkung, wenn man die gesamte Frage auch unter dem höheren Gesichtspunkt der Freiheit von Kunst und Wissenschaft betrachtet. Warum hat der Rat der Volksbeauftragten als eine seiner ersten Maßnahmen die Aufhebung der Zensur verfügt und warum findet sich die gleiche Bestimmung in Art. 118 RV. in dem Abschnitt, der von den Grundrechten der Deutschen handelt! Doch nur deshalb, weil die bisherige Handhabung der Theaterzensur durch die Polizei eine starke Erregung in der Öffentlichkeit ausgelöst hatte, nachdem Stücke wie Ibsens „Gespenster“ Tolstois „Macht der Finsternis“, „Sodoms Ende“ von Sudermann erst nach langen heißen Kämpfen mit der Zensur auf die öffentliche Bühne gelangen konnten und die Rechtsprechung der Verwaltungsgerichte, insbesondere des PrOVG., das beispielsweise Stücke von anerkanntem Kunstwert, wie „Dreyer, Thal des Lebens“ und Heyse „Maria Magdala“ verboten hatte, mit Erfolg bemüht war, die Grenzen der Zensur im Sinne des oben kurz skizzierten polizeilichen Verbotsrechts auszudehnen[12]. Beabsichtigt war also gewiß die Zensur im weitesten Umfange, also nicht nur die Vorzensur, sondern auch jedwede Nachzensur, soweit sie sich auf den Inhalt der Stücke bezieht, in vollem Umfange aufzuheben und damit die eindeutige Macht des juristischen über den künstlerischen Menschen zu beseitigen[13]. Jede andere Auffassung scheitert notwendigerweise daran, daß sie diese Gesichtspunkte außer Acht läßt. Mit Recht macht schließlich Rothenbücher darauf aufmerksam, daß die Reichsverfassung Freiheitsrechte gewähren will, die nicht etwa nur gegen Beschränkungen seitens der Polizeibehörden, sondern auch gegenüber Beschränkungen durch den Gesetzgeber möglichst sicher hergestellt werden sollten[14]. Wenn deshalb neuerdings das thüringische Ministerium des Innern das vielfach gespielte Theaterstück „§ 218“ von Credé zur öffentlichen Aufführung in Thüringen mit der Begründung verboten hat, daß durch seine Aufführung die öffentliche Sittlichkeit gefährdet werde, so war dieses Verbot als mit der Reichsverfassung

---

[12] Vgl. auch: Die Theaterzensur, fünf Vorträge, gehalten im Berliner Goethebund am 8. März, Berlin 1903, 8ff.

[13] Dieser Ausdruck stammt von Julius Bab: Das Theater, Leipzig 1931, 213. Seine Ausführungen über das Wesen der Zensur sind auch für denjenigen, der ihnen, wie der Verfasser, nicht zustimmen kann, lesenswert.

[14] Vgl. DB. 1930, 680ff. (vollständiger Abdruck des Urteils).

in Widerspruch stehend unzulässig; mit Recht hat es deshalb das thüringische OVG. mit der allerdings bedenklichen Begründung aufgehoben[15], daß zwar ein Verbietungsrecht der Polizei auch dann gegeben sei, wenn der Inhalt und die Aufführung des Stückes eine Gefahr für die öffentliche Ordnung, vor allen Dingen für die öffentliche Sittlichkeit bedeute, im vorliegenden Falle diese Gefährdung aus tatsächlichen Gründen aber zu verneinen sei, ohne die grundlegende Frage zu klären, *ob überhaupt ein polizeiliches Verbot* des Stückes, zumal schon vor der Aufführung, wegen Gefährdung der öffentlichen Sittlichkeit nach der in der Reichsverfassung verankerten Aufhebung der Zensur noch ausgesprochen werden durfte[16]. Unzulässig ist deshalb auch das polizeiliche Verbot eines Theaterstückes mit der Begründung, daß das Ehrgefühl irgendwelcher Berufsgruppen in dem Stück verletzt sei[17]. Derartige polizeiliche Maßnahmen mögen aus dem Bestreben verständlich sein, die Grenzen der Aufgabe eines einmal bestandenen Rechts so eng wie möglich zu ziehen; mit der durch die Reichsverfassung geschaffenen Grundlage sind sie unvereinbar. Ein allgemeines polizeiliches Verbot von Theaterstücken namentlich deshalb, „weil sie auf Gesinnung und geistige Einstellung der Zuhörerschaft ungünstig einwirken können" (ROTHENBÜCHER), ist vielmehr durch Art. 118 RV. beseitigt.

4. Die hier vertretene Auffassung schließt indessen nicht aus, daß tatsächlich Fälle eintreten können, in denen die Polizei verpflichtet ist, zum Verbot der öffentlichen Vorführung eines Theaterstückes zu schreiten; allerdings muß man sich von vornherein darüber klar sein, daß sie mit einer Zensur im alten polizeirechtlichen Sinne, also einer Beeinflussung der Gesinnung der Zuschauer und einer Bevormundung des künstlerischen Schaffens, auch nicht das mindeste zu tun haben, es sich vielmehr hier um polizeiliche Maßnahmen im engsten Sinne des Wortes handelt.

a) Sobald die öffentliche Vorführung eines Theaterstückes eine Gefährdung der öffentlichen Sicherheit und Ordnung herbeiführt, wird die Polizei pflichtgemäß zu erwägen haben, ob sie gegenüber derartigen Aufführungen mit einem Verbote einschreiten soll; denn daß es trotz Beseitigung der Zensur in jeder Form Aufgabe der Polizei ist, die öffentliche Ordnung und Sicherheit aufrechtzuerhalten, selbst auf die Gefahr hin, die Aufführung eines Theaterstückes verbieten zu müssen, kann im Ernst nicht bezweifelt werden; eine entgegengesetzte Auffassung würde eine Selbstentmannung des Staates bedeuten. Gerade aber weil die Polizei keinerlei Zensurbefugnisse irgendwelcher Art mehr besitzt und ihr Einschreiten im Wege eines Verbots die ultima ratio

[15] ROTHENBÜCHER: a. a. O. S. 230.

[16] Vgl. auch JELLINEK: a. a. O. S. 128: Die Gesellschaft ist die Richterin darüber, ob ein Stück die Grenzen der Sittlichkeit einhält ...

[17] Gleicher Ansicht ROTHENBÜCHER: S. 213, 224.

darstellt, sind die Voraussetzungen dieses Einschreitens besonders sorgfältig zu prüfen, schon um jedem Verdacht, als ob das Verbot des Stückes nur den Vorwand für eine verschleierte Zensur abgeben soll, zu begegnen. Deshalb genügt keinesfalls die Annahme einer künftigen Gefährdung oder die naheliegende Möglichkeit von Gefahren, noch eine gewisse Wahrscheinlichkeit von Gefahren; es muß sich vielmehr um eine *unmittelbar* durch die Wirkung des Theaterstückes drohende Gefährdung der öffentlichen Ordnung und Sicherheit handeln[18]; eine derartige Voraussetzung dürfte allerdings in den allerseltensten Fällen vorliegen; meist handelt es sich bei den Störungsversuchen der jüngsten Zeit um künstlich entfachte Mißfallenskundgebungen unerfahrener jugendlicher Personen, denen es offenbar an jeglichem Autoritätsbewußtsein mangelt. Solche Fälle können schlechterdings nicht als unmittelbare Gefährdung der öffentlichen Ordnung und Sicherheit bezeichnet werden; aber selbst dort, wo die Mißfallenskundgebungen von reifen Personen ausgingen, die mit der Tendenz des Stückes nicht einverstanden waren, kann ein Verbot des Stückes ohne weiteres nicht in Frage kommen; denn in allen diesen Fällen ist es erste Pflicht der Polizei, die Aufführung mit den zahlreichen ihr zu Gebote stehenden Machtmitteln zu ermöglichen und zu schützen. Diese Machtmittel werden in der Regel vollkommen ausreichen, um derartige Störungen unmöglich zu machen. Ein Nachgeben gerade auf diesem Gebiete würde nur einen Terror hervorrufen, der viel mehr gegen die öffentliche Ordnung und Sicherheit verstößt als die Aufführung des Stückes.

b) Unberührt bleibt auch das Recht der Polizei, dann einzuschreiten, wenn der Inhalt eines Stückes oder die Art der Darstellung gegen anerkannte Strafrechtssätze verstößt, also im Theaterstück z. B. zu strafbaren Handlungen aufgefordert wird oder sein Inhalt ganz oder teilweise im strafrechtlichen Sinne unzüchtig ist[19], da es sich in allen diesen Fällen um eine Verletzung der öffentlichen Ordnung handelt. Hierbei ist indessen der Grundsatz der Verhältnismäßigkeit der Mittel zu beachten. Die Polizei darf also bei ihrem Einschreiten nur das „Nötige“ anordnen; ihr Einschreiten ist ungerechtfertigt und wird zur Willkür, wenn sie diese Grenzen überschreitet[20]. Sie darf also auch

---

[18] Vgl. auch DREWS: PrPolizeirecht, Allgemeiner Teil, Berlin 1931, S. 18ff., OVG. 9, 344; 39, 278; 35, 282; 4, 417; 6, 352; 7, 377. § 10 II 17 ALR., der in Preußen die Befugnisse der Polizei auf diesem Gebiete begründete, ist übrigens jetzt ersetzt durch § 14 des Polizeiverwaltungsgesetzes (Pol.Verw.G.) vom 1. Juni 1931, der die Begriffsbestimmung des § 10 II 17 sachlich unverändert, nur im Wortlaut etwas modernisiert, gesetzlich festlegt.

[19] Vgl. S. 368 und Runderlaß des PrMI. v. 17. Juni 1927 wegen Nacktrevuen und eindeutigen Couplets, teilweise abweichend GOLDBAUM: a. a. O. S. 61.

[20] Vgl. DREWS: a. a. O., S. 59, und BRAUCHITSCH: PrVerwGes. 2, 23ff.; JELLINEK: a. a. O. S. 455: ein Notwehrrecht ist ebenfalls nicht gegeben (vgl. hierüber S. 509).

in diesem Falle ein Stück als Ganzes nicht ohne weiteres verbieten, sobald durch Streichung einzelner Stellen die behauptete Gesetzwidrigkeit beseitigt werden kann.

Die Verletzung privater Interessen durch die Aufführung, z. B. des Persönlichkeitsrechtes, des Namensrechtes, des literarischen Urheberrechtes, zu verfolgen, ist nicht Aufgabe der Polizei; es muß vielmehr dem einzelnen überlassen bleiben, sich dagegen zu wehren.

c) Gegen polizeiliche Verbote der zu a und b erwähnten Art ist der für polizeiliche Verfügungen nach den jeweiligen Landesgesetzen zulässige Rechtsweg gegeben. (Für Preußen sind nunmehr §§ 45ff. Pol. Verw.G. vom 1. Juni 31 zu beachten.)

5. Die eben entwickelten Grundsätze gelten analog auch für Varieté- und Kabarettvorträge: also auch hier ist die Polizei nicht berechtigt, auf den stofflichen Inhalt der Vorträge einzuwirken oder inhaltliche Abänderungen zu verlangen, es sei denn, daß aus den zu 3. hervorgehobenen Tatsachen sich ein polizeiliches Einschreiten rechtfertigt[21].

6. Durch frühere landesrechtliche Vorschriften wurde die Stoffwahl von Stücken, die für die öffentliche Aufführung bestimmt waren, in gewisser Hinsicht eingeengt. So bestand in Preußen eine königliche Kabinettsorder vom 20. April 1844, die die Aufführung von Theaterstücken, in denen verstorbene Mitglieder des königlichen Hauses auftraten, verbot[22]. Ferner gab es in Preußen wie in Bayern Verwaltungsanweisungen in Form von Ministerialerlassen, wonach Begebenheiten aus der biblischen Geschichte nicht auf die Bühne gebracht werden durften[23]. Alle diese Vorschriften sind heute zum größten Teil obsolet. Erwähnenswert ist an dieser Stelle noch folgendes:

a) Die Darstellung von Stoffen, die der Bibel entnommen sind, ist grundsätzlich erlaubt und kann nicht durch irgendwelche Maßnahmen polizeilicher Art unterbunden werden. Polizeiliches Verbot kommt nur bei evtl. Verstoß gegen § 166 StGB. in Frage. Auch Darstellungen der Passionsgeschichte sind ohne weiteres zulässig[24]. In Baden ist in einem noch heute gültigen Ministerialerlaß vom 27. August 1888 angeordnet[25], daß herumziehenden Gauklergesellschaften die Genehmigung zur Darstellung von Szenen aus der biblischen Geschichte zu versagen sei.

b) An bestimmten Tagen (Karfreitag, Totensonntag) dürfen nur Stücke ernsten Inhalts gespielt werden. Diese im einzelnen durch

---

[21] Wegen Zensurbefugnis des Unternehmers gegenüber den bei ihm beschäftigten Vortragskünstlern vgl. S. 435.

[22] Vgl. Goldbaum: Theaterrecht a. a. O. S. 69.

[23] Vgl. Landmann: a. a. O. 1, 367; OVG. 19. Januar 1903 bei Reger: 24, 23 (Maria Magdala von Heyse).

[24] Vgl. Landmann: a. a. O. 1, 367. [25] Vgl. Reger: 7, 347.

Polizeiverordnung erfolgende Regelung entspricht allgemeinen staatlichen Gesichtspunkten über die Einhaltung der Feiertage[26].

c) Die Polizei kann Bestimmungen über Kleidung und Benehmen der Vortragenden, namentlich bei Varietédarbietungen, treffen. Dieses Recht der Polizei kann man sowohl unter den Gesichtspunkt einer zensurähnlichen Maßnahme bringen, aber auch als Ausfluß des allgemeinen Überwachungsrechtes der Polizei betrachten[27].

§ 48. Die Filmzensur.

1. Geschichtliche Entwicklung. Die Filmzensur wird, und zwar abschließend[1], durch das auf Grund der in Art .7 Ziff. 20, 118 Abs. 2 RV. vorgesehenen Gesetzgebungskompetenz des Reiches ergangene Reichslichtspielgesetz vom 12. Mai 1920 geregelt. (RGBl. 1920, S. 953ff.)

Vor Erlaß des Reichslichtspielgesetzes war die Filmzensur lediglich Gegenstand der bundesstaatlichen Gesetzgebung. Während in Württemberg und Braunschweig bereits vor dem Kriege die Filmzensur durch besondere Gesetze geregelt war[2] — Anklänge an das württembergische Lichtspielgesetz finden sich übrigens im Reichslichtspielgesetz — gründete sie sich in den übrigen Bundesstaaten, insbesondere in Preußen und Bayern, auf die allgemeinen Aufgaben der Polizei. In Preußen speziell leitete sich diese polizeiliche Befugnis aus § 10, II, 17 ALR. her. Es bestand eine Zentralprüfstelle beim Polizeipräsidium Berlin, der sämtliche Bildstreifen, auch die aus dem Auslande eingeführten, von Filmfabrikanten und gewerbsmäßigen Filmverleihern zur Prüfung vorzulegen waren.

Der bereits in anderem Zusammenhange erwähnte Aufruf des Rates der Volksbeauftragten an das Deutsche Volk vom 12. November 1918 bestimmte zwar mit Gesetzeskraft, daß eine Zensur nicht mehr stattfindet; dementsprechend fand sich noch in § 32 Abs. 2 des Ent-

---

[26] Vgl. S. 317, für Preußen ist übrigens ein Gesetzentwurf über die Heilighaltung der Feiertage in Vorbereitung.

[27] Vgl. Pr. Ministerialerlaß v. 17. Juni 1927 betr. die Auswüchse bei Theaterrevuen (MBliV. S. 673) u. LANDMANN-ROHMER: a. a. O. 1, 433.

[1] Bedenklich GOLDBAUM: Tonfilmrecht S. 61, der die Anwendung des Schmutz- und Schundgesetzes v. 18. Dezember 1926 als Zensurgesetz für Filme auf Grund der Erwägung, daß Filme im strafrechtlichen Sinne Druckschriften sind, bejaht, wovon im Ernst keine Rede sein kann, da das Lichtspielgesetz lex specialis ist.

[2] In Württemberg durch Gesetz v. 31. März 1914 betr. öffentliche Lichtspielhäuser (RgBl. des Königreichs Württemberg 1914, 87), in Braunschweig durch G. v. 5. Dezember 1911 über die öffentlichen kinematographischen Schaustellungen, abgedruckt bei HELLWIG: Rechtsquellen des öffentlichen Kinematographenrechts 1913, 147; vgl. auch SEEGER: Kommentar zum Lichtspielgesetz 1923, 5; LANGE: Das Kino, Tübingen 1920, 211ff.; HELLWIG: Lichtspielgesetz S. 29; FLEINER: Institutionen, 7. Aufl., S. 379, Anm. 8.

wurfes vom 17. Februar 1919 der Reichsverfassung, dem späteren Art. 118, die Bestimmung, daß eine Zensur, insbesondere eine Vorprüfung von Lichtspielvorführungen nicht stattfindet; indessen zeitigte dieser „zensurlose Zustand" so schwere Mängel, daß der Nationalversammlung der Entwurf eines Reichslichtspielgesetzes am 9. November 1919 seitens der Reichsregierung vorgelegt und von ihr nach eingehender Ausschußberatung am 15. April 1920 im Plenum verabschiedet wurde[3]. Am 12. Mai 1920 wurde das Gesetz vom Reichspräsidenten vollzogen[4]. Am 7. Dezember 1922 ist ein aus zwei Artikeln bestehendes Gesetz zur Änderung des Lichtspielgesetzes vom Reichstag beschlossen worden, das den § 4 des Lichtspielgesetzes durch einen Absatz 3 ergänzt (RGBl. 1923, Teil I S. 26). Ein weiteres als Ergänzung des Lichtspielgesetzes am 31. März 1931 erlassenes Gesetz zur Abänderung des Lichtspielgesetzes, die sog. „lex Remarque" hat den § 2 LG. abgeändert, der nunmehr folgende Fassung besitzt: „Bildstreifen, gegen deren unbeschränkte Vorführung Versagungsgründe aus § 1 LG. sprechen, können zur Vorführung vor bestimmten Personenkreisen oder unter beschränkten Vorführungsbedingungen erlassen werden." Schließlich sind durch die Dritte Verordnung des Reichspräsidenten zur Sicherung von Wirtschaft und Finanzen und zur Bekämpfung politischer Ausschreitungen vom 6. Oktober 1931 (RGBl. S. 537ff.) Änderungen der §§ 1, 4 LG. erfolgt, die an den betreffenden Stellen berücksichtigt sind. Ein umfangreicher Entwurf eines Gesetzes zur Änderung des Lichtspielgesetzes (im nachfolgenden kurz „Entwurf" genannt) ist am 8. Juli 1929 vom Reichsminister des Innern nach Zustimmung des Reichsrates dem Reichstag zugeleitet, bisher aber nicht verabschiedet

[3] Hinsichtlich der Entstehungsgeschichte des Gesetzes im einzelnen vgl. LANGE: a. a. O. S. 217ff.; SEEGER: a. a. O. S. 5; HELLWIG: Lichtspielgesetz S. 39ff.

[4] Kommentare zum Lichtspielgesetz sind veröffentlicht von GOLDBAUM (1920), HELLWIG (1921), LIEPE (1920), STERN (1920), SZCZESNY (1920), SEEGER (1923), FALCK in BRAUCHITSCH: Die preußischen Verwaltungsgesetze 2 und als Sonderabdruck 2. Aufl. 1928 CONRAD in STENGLEINS Kommentar zu den strafrechtlichen Nebengesetzen 1 (1927); außerdem sind eine Reihe von Dissertationen zu nennen: KÖTHER: Die Entwicklung des deutschen öffentlichen Lichtspielrechtes unter besonderer Berücksichtigung des Lichtspielgesetzes v. 12. Mai 1920, Göttinger Dissertation 1920; MERKEL: Das Recht des Lichtspielgesetzes v. 12. Mai 1920 nach seiner Entwicklung in Preußen dargestellt. Leipziger Dissertation 1921; MÜLLER-SANDERS: Die Kinematographenzensur in Preußen, Heidelberger Dissertation 1912; SAILLER: Das deutsche öffentliche Lichtspielrecht unter besonderer Berücksichtigung der bayrischen Verhältnisse, Erlanger Dissertation 1929. Eine amtliche Sammlung der für die Auslegung des Lichtspielgesetzes außerordentlich wichtigen Entscheidungen der Filmoberprüfstelle besteht nicht. AV. F. 3 bestimmt, daß auf Wunsch den Organisationen des Lichtspielgewerbes Abschriften der Urteile gegen Erstattung der Kosten zu erteilen sind; wichtige Urteile veröffentlicht fortlaufend das Arch.f.Urh.R.

worden[5]. Es sind ferner ergangen eine Reichsausführungsverordnung vom 16. Juni 1920 (RGBl. S. 1213) (AV.) und eine amtlich nicht veröffentlichte Geschäftsanweisung für die Filmprüfstellen in Berlin und München vom 17. Juni 1920 (abgedruckt bei SEEGER a. a. O. S. 144ff.). Auf Grund des § 16 des Lichtspielgesetzes hat der Reichsminister des Innern eine „Gebührenordnung für die Prüfung von Bildstreifen" vom 25. November 1921 erlassen (Zentralblatt für das Deutsche Reich Nr. 50 S. 901); bezüglich der jetzt geltenden Gebührensätze ist die Verordnung vom 16. November 1923 (RGBl. S. 1033) zu vergleichen[6]. In Preußen sind zwei Ausführungsverordnungen, nämlich eine Verfügung des Ministers des Innern vom 27. Juni 1922 (MBliV. S. 641) und die Ausführungsanweisung des preußischen Staatsministeriums vom 1. März 1923 (MBliV. S. 224) ergangen.

Die Verfassungsmäßigkeit des Lichtspielgesetzes steht außer Zweifel, da Art. 118 Abs. 2 RV. in Verbindung mit Art. 7 Ziff. 20 die verfassungsmäßige Ermächtigung darstellt, die Zensur von Bildstreifen als Vorzensur durch einfaches Gesetz einzuführen[7].

Das Lichtspielgesetz regelt das Prüfungsverfahren in insgesamt 20 Paragraphen bei folgender Gliederung:

Zulassung von Bildstreifen, §§ 1, 2;

Jugendschutz, § 3;

Widerrufsverfahren, § 4;

Objekt der Prüfung, § 5;

Prüfung von Bildstreifen über Tagesnachrichten und Darstellung von Landschaften, § 6;

Wiedervorlage eines Bildstreifens in abgeänderter Form, § 7;

Zuständigkeit, Zusammensetzung, Verfahren vor den Filmprüfstellen und der Oberprüfstelle, §§ 8—16;

Straf- und Übergangsbestimmungen, §§ 16—20.

2. Gegenstand der Prüfung. a) Die Prüfung umfaßt gemäß § 5 Abs. 1 LG.

aa) den Bildstreifen selbst, das Zelluloidband, auf dem die einzelne Szenenfolge abrollt, und auf dem sich, soweit ein stummer Film in Betracht kommt, auch die Titel sowie sonstiger zum Verständnis des Bildstreifens notwendiger Text befindet. Nach AV A 1. sind unter Bildstreifen alle bildlichen Darstellungen, die vermittels eines Gerätes zur

[5] Vgl. Reichstagsdrucksachen IV, Wahlperiode 1928, Nr. 1298. Der Entwurf ist im einzelnen besprochen bei FALCK: Die Änderung des Lichtspielgesetzes, Arch.f.Urh.R. 2, 402ff. und SEEGER: Bildwart 1930, Nr. 3, S. 1ff.

[6] Für Preußen vgl. allgemeine Verwaltungsgebührenordnung v. 29. Dezember 1923 in der Fassung v. 3. Januar 1925 (GS. S. 1) und v. 30. Dezember 1926.

[7] Vgl. ANSCHÜTZ: Kommentar a. a. O. S. 492; JELLINEK: Verwaltungsrecht, S. 472; THOMA in der Festschrift zur Feier des 50jährigen Bestehens des Oberverwaltungsgerichts 1925, 210; FLEINER: Institutionen, S. 391, Anm. 15; ROTHENBÜCHER: Das Recht der freien Meinungsäußerung. S. 43; HELLWIG: Grundrechte, S. 35.

Vorführung von Bildstreifen, Kinoapparat, öffentlich vorgeführt oder zum Zwecke der öffentlichen Vorführung im In- und Auslande in den Verkehr gebracht werden, zu verstehen. Diapositive fallen nicht darunter.

bb) sämtliche auf dem Bildstreifen befindlichen Titel, also sowohl Haupttitel wie Zwischentitel. Die Verfassungsmäßigkeit der Titelzensur ist bedenkenfrei, da es sich bei den Titeln um wesenseigene Teile des Bildstreifens handelt. Bloßes Titelverbot ist zulässig, da der Begriff der „dargestellten Vorgänge“ im § 1 Abs. 3 LG. im Rechtssinne auch den Titel umfaßt[8].

Die Prüfung etwaiger Verwechslungsfähigkeit der Titel im Sinne des § 16 UnlWG. unterliegt nicht der Kompetenz der Prüfstellen[9].

cc) den verbindenden Text in Wort und Schrift, also alles, was erklärend oder ergänzend zu dem Bildstreifen gesprochen oder zum besseren Verständnis des Bildstreifens als Inhaltsangabe, Beschreibung oder Erläuterung, schriftlich oder gedruckt beigegeben wird[10]. Ernste Vorträge mit wissenschaftlichem Einschlag fallen nicht hierunter. § 5 Entwurf sieht vor, daß die während der Vorführung zu dem Bildstreifen abgegebenen Erklärungen der Genehmigung der Ortspolizeibehörde unterliegen, da sie in der Regel von den örtlichen Lichtspieltheaterbesitzern ausgehen. Wissenschaftliche Vorträge unterliegen auch nach dem Entwurf keiner Prüfung.

b) Filmmanuskripte unterliegen keiner Prüfung; werden sie dessenungeachtet den Filmprüfstellen zur Begutachtung vorgelegt, so handelt es sich um keine Prüfung im Sinne des § 1 LG.; irgendwelche Schlüsse auf Zulassung des fertigen Films können selbst bei positivem Gutachten nicht gezogen werden. Der Fiskus ist bei späteren Verboten des Films nicht haftbar, da keine in das Amtsgebiet der Prüfstellen einschlagende Handlung vorliegt.

c) Bei Filmsketchen[11] ist der im Rahmen des Sketches zur Vorführung gelangende Bildstreifen mit Titel und verbindendem Text prüfungspflichtig.

d) Die Zensurpflicht von Tonfilmen ergibt sich unmittelbar aus dem Gesetz nicht: ganz abgesehen davon, daß bei der Schaffung des Lichtspielgesetzes Tonfilme noch nicht existierten, die Fassung des § 5 aber ersichtlich auf stumme Filme zugeschnitten ist, kann der Tonfilm schon deswegen nicht in die Bestimmungen des § 5 LG. eingezwängt werden, weil die Sprach- und Gesangswiedergabe von keinem der zensurpflichtigen Tatbestände erfaßt wird; denn sie ist weder als

---

[8] Vgl. HELLWIG: Lichtspielgesetz a. a. O. S. 138; wegen des früheren Rechtszustandes vgl. HELLWIG: ArchOeffR. 28, 114ff.

[9] Vgl. oben S. 145.

[10] Vgl. OPSt. 2. August 1927, 13. September 1927 und 10. Januar 1928, Nr. 700, 775, 20; SEEGER: a. a. O. S. 47.

[11] Vgl. auch CONRAD: a. a. O. S. 526 zu § 5, S. 522 § 1 Anm. 3; GOLDBAUM: Tonfilmrecht, S. 60; FALCK: a. a. O. S. 321, Nr. 1 zu § 1; SEEGER: a. a. O. S. 49.

Titel noch als verbindender Text in Wort und Schrift anzusehen, da die Sprach- resp. Tonwiedergabe ihrem Wesen nach keinen Ersatz der bisherigen Titel, die nur notdürftig die Spielhandlung überbrückten, der Phantasie des Beschauers aber noch genug Platz ließen, darstellt[12], auch angesichts der Untrennbarkeit keine Verbindung von Text und Bildstreifen vorliegt[13]. Schon bei den Vorläufern des Tonfilms, den sogenannten Filmopern und Filmoperetten, bei denen durch hinter der Leinwand aufgestellte Sänger der Eindruck erweckt wurde, als ginge der Gesang von den auf der Leinwand zu erblickenden Personen aus, während die Synchronisierung zwischen Photographie und Gesang durch einen auf dem Bildstreifen in kleinem Ausschnitt einkopierten Kapellmeister erreicht wurde (Beck-Patent), war die Frage, ob Gesangseinlagen und Texte unter § 5 LG. fallen, äußerst zweifelhaft. SEEGER bejaht sie[14], während HELLWIG zweifelt[15], FALCK verneint[16]. Der Entwurf bestimmt: „Bei Filmopern und Filmoperetten sind die Darbietungen in Gesang und Sprache als verbindender Text anzusehen." Alle diese Zweifel müssen auch gegenüber dem Tonfilm Platz greifen. Wenn die Praxis der Filmprüfstellen und der Oberprüfstelle sich entgegen einem vereinzelten in den Anfängen des Tonfilms ergangenen Urteil[17] auf den Standpunkt gestellt hat[18], daß Tonfilme in vollem

---

[12] Die Oberprüfstelle spricht bei Tonfilmen von Sprechtiteln, vgl. beispielsweise OPSt. 2. Mai 1931, Nr. 2377, eine sowohl sprachlich wie technisch nicht zu rechtfertigende Auffassung.

[13] Vgl. auch RAG. 28. März 1931 (RAG. 402/30): „Der Tonfilm soll akustische und bildliche Vorgänge zugleich erfassen und in naturgetreuer Übereinstimmung zu einem einheitlichen Gesamteindruck wiedergeben"; eine gesetzliche Definition des Tonfilmes findet sich im § 3, Abs. 3 der Verordnung v. 15. Juli 1930 betr. Vorführung ausländischer Bildstreifen.

[14] Vgl. SEEGER: a. a. O. S. 49. [15] Vgl. HELLWIG: a. a. O. S. 139.

[16] Vgl. FALCK: a. a. O. S. 35, Anm. 1 zu § 1; allerdings ist nicht klar, ob FALCK den Begriff der Filmoper und Filmoperette richtig auslegt, wenn er meint, daß Oper und Operette auch als selbständige Werke ohne Bildstreifen aufführbar sind; wenigstens für die Operette ist dies zweifelhaft.

[17] Vgl. Urteil v. 29. August 1928, Nr. 748 (betr. einen nach dem Lignose-Breusing-Verfahren hergestellten Film).

[18] Vgl. auch DEUKER: HWRechtsW. Ergänzungsband Berlin 1931, 147: „Die von der Oberprüfstelle angenommene Zensurpflicht des akustischen Teiles der Tonfilme kann nicht als unstreitig angesehen werden, die Frage ist aber noch nicht geklärt." GOLDBAUM: Tonfilmrecht a. a. O. S. 60 ist offenbar gegen Zensurpflicht nach geltendem Recht, vgl. auch GERTRUD BÄUMER: Novelle zum Lichtspielgesetz. Hilfe, Jg. 36, H. 15. April 1930, 361ff. A. A. vor allem SEEGER: Die Novelle zum Lichtspielgesetz, Bildwart Nr. 3, Februar 1930, 15ff.; die Auffassung von SEEGER, daß es nur eine Frage der Technik ist, ob der verbindende Text eines Bildstreifens wie bisher mit dem Auge oder wie beim Tonfilm mit dem Ohr wahrgenommen wird, scheitert m. E. bereits daran, daß die Sprache und Gesang im Tonfilm der Bildfolge *koordiniert*, nicht aber wie bei stummen Filmen die Zwischentitel, *subordiniert* ist.

Umfange zensurpflichtig sind, so mögen hierfür praktische Gründe sprechen; de lege lata ist jedenfalls die Auffassung bedenklich[19].

e) Schmalfilme, Amateurfilme, also Filme, bei denen die Positivabzüge von geringerer als der gewöhnlichen Breite (35 mm) sind, sind zensurpflichtig, sofern es sich nicht um Bildstreifen handelt, die für die Heimkinematographie bestimmt sind; in diesem Falle fehlt es an der Voraussetzung der „öffentlichen Vorführung" im Sinne des § 1 Abs. 1 LG.[20].

f) Reklamefilme sind stets zensurpflichtig[21].

g) Reine Textfilme unterliegen nicht der Zensur, da es sich bei ihnen nicht um Bildstreifen, also bildliche Darstellungen handelt; im Film veröffentlichte wörtliche Erklärungen sind aber nur dann zensurpflichtig, wenn sie im Zusammenhang mit einem Bildstreifen stehen[22].

3. Die Prüfungsbehörden. Die Prüfung der Bildstreifen ist zentralisiert in besonderen „Prüfungsstellen" (§ 8), in der AV C 1. als „Prüfstellen" bezeichnet, deren Zuständigkeit räumlich abgegrenzt ist (§ 8 Abs. 1). Gegenwärtig bestehen Filmprüfstellen in Berlin und München. Über Beschwerden entscheidet die Oberprüfungsstelle mit dem Sitz in Berlin (§§ 8, 13).

a) An der Spitze jeder Prüfstelle und der Oberprüfstelle steht ein Berufsbeamter als Leiter; bei den Prüfstellen werden zur Erledigung der Prüfung nach Bedarf Kammern in der Besetzung von 5 Mitgliedern (einem Beamten als Vorsitzenden und vier nicht beamteten Beisitzern) eingerichtet. Sowohl beamtete wie nicht beamtete Mitglieder der Prüfstellen und der Oberprüfstelle werden vom Reichsminister des Innern ernannt.

b) Der jeweilige Leiter führt die Dienstaufsicht über die gesamten Dienstgeschäfte der Filmprüfstelle; er überweist die einzelnen Anträge auf Genehmigung von Bildstreifen den Vorsitzenden der einzelnen Kammern zur weiteren Bearbeitung, nimmt die Verteilung der Bei-

---

19 Übrigens ist de lege ferenda die Zensur des Tonfilms durchaus diskutabel; sie ist weder verfassungswidrig noch praktisch undurchführbar, wie AUERBACH (Voss. Ztg. 1. Januar 1930) fälschlich meint.

20 Vgl. auch Bescheid des Polizeipräsidenten von Berlin v. 1. Juli 1927 (Lichtbildbühne 8. Dezember 1927); gegenwärtig ist ein Gesetzentwurf über Schmalfilme in Vorbereitung; wegen Schmalfilme im Filmlizenzvertrage vgl. S. 221.

21 Über Schaufensterreklamefilme speziell vgl. Bekanntmachung des Berliner Polizeipräsidiums v. 15. Januar 1929 zu III. Außerdem ist bei dieser Art Filmreklame Bedingung, daß es sich nur um kurze Filme von höchstens zwei Minuten Spieldauer handelt. Die Filme müssen zensiert und zur Vorführung vor Jugendlichen zugelassen sein.

22 Vgl. auch KG. 22. November 1928, 4. S. 168/28, Arch.f.Urh.R. 2, 91; abweichend FALCK: a. a. O. S. 321, 1 zu § 1 und SEEGER: Arch.f.Urh.R. 1, 59ff., dieser mit der Begründung, daß Textfilme auch mit Kinoapparaten vorgeführt werden.

sitzer auf die einzelnen Spruchkammern vor und führt erforderlichenfalls selbst den Vorsitz in einer Kammer[23]. Die Vorsitzenden der Kammern treffen die Terminsanberaumung nebst allen hierzu nötigen Maßnahmen (Ladung des Antragstellers, etwaiger Zeugen und Sachverständigen, der Beisitzer). Die Vorsitzenden sollen, obschon im übrigen eine besondere Qualifikation nicht vorgeschrieben ist, Persönlichkeiten von pädagogischer Bildung sein (§ 9 Abs. 2 Satz 2 LG.), eine rein instruktionelle Vorschrift, deren Nichtbeachtung ohne Rechtsfolgen bleibt. Mit der Ernennung zum Leiter oder Vorsitzenden wird der Charakter des etatsmäßigen Reichsbeamten erworben[24]. Der Leiter der Oberprüfstelle hat insofern eine beschränkte Dienstaufsicht über die Filmprüfstellen, als er gemäß AV F 4. auf gleichmäßige und beschleunigte Behandlung der Dienstgeschäfte und Beachtung gleicher Grundsätze bei den Prüfstellen hinzuwirken hat. Er ist berechtigt, an den Sitzungen der Prüfstellen teilzunehmen, die Leiter und Mitglieder zu gemeinsamer Beratung zusammenzurufen und auch Bestimmungen über die sonstigen Erfordernisse für das Verfahren vor den Prüfstellen zu erlassen. Die mit Gründen versehenen Entscheidungen der Oberprüfstelle sind den Prüfstellen bekannt zu geben[25].

c) Von den Beisitzern ist je ein Viertel den Kreisen des Lichtspielgewerbes und den auf den Gebieten der Kunst und Literatur bewanderten Personen (Schriftsteller, Regisseure, Kritiker, Maler und Bildhauer), die Hälfte den auf den Gebieten der Volkswohlfahrt, der Volksbildung oder der Jugendwohlfahrt besonders erfahrenen Persönlichkeiten zu entnehmen (§ 9 Abs. 1); mit Ausnahme der Vertreter des Lichtspielgewerbes dürfen Beisitzer an diesem Gewerbe nicht geschäftlich oder beruflich beteiligt sein. Geschäftliche Beteiligung liegt dann vor, wenn ein wesentlicher Teil des Einkommens aus dem Lichtspielgewerbe stammt. Berufliche Beteiligung setzt ständige Arbeit für das Lichtspielgewerbe dergestalt, daß diese Arbeit die Haupttätigkeit der betreffenden Personen bildet, voraus (Syndici, Dramaturgen, Regisseure, Architekten, Schauspieler); da der Ausdruck „Lichtspielgewerbe“ im § 9 im weitesten Sinne zu verstehen ist, fallen Fabrikanten, Importeure, Schauspieler, Theaterbesitzer, überhaupt alle Personen, die am Lichtspielgewerbe geschäftlich interessiert sind, mit Ausnahme der Hersteller von Kinorohfilm und von kinematographischen Apparaten hierunter[26].

---

[23] Die von SAILLER: a. a. O. S. 61 vertretene Auffassung, daß der Leiter von einer Mitwirkung bei den Entscheidungen der Prüfstelle ausgeschlossen ist, findet im Gesetz keine Stütze, ist übrigens auch in der Praxis nicht üblich.

[24] Vgl. CONRAD: 1, 528, Anm. 1 u. 2 zu § 9.

[25] AV F 3.; vgl. im einzelnen ferner SEEGER: Anm. 2 u. 3 zu § 13 a. a. O. S. 93 wegen der sonstigen Befugnisse des Leiters.

[26] Vgl. SEEGER: a. a. O. S. 73, Anm. 5 zu § 9; GÖRRES: Lichtspielgesetz a. a. O. S. 36, Anm. 3a zu § 9.

Ausreichende Beteiligung der Angestellten und Arbeiter dieses Gewerbes schreibt das Gesetz im § 9 Abs. 2 Satz 2 ausdrücklich vor. Die Beisitzer werden ohne Rücksicht auf das Geschlecht auf die Dauer von drei Jahren auf Grund von Vorschlagslisten der beteiligten Verbände, d. h. derjenigen, die vom Reichsminister des Innern als „beteiligt“ anerkannt sind, ausgewählt. Voraussetzung ist deutsche Staatsangehörigkeit. Berufswechsel des einzelnen Beisitzers innerhalb der dreijährigen Amtsperiode ist unerheblich, Wiederwahl zulässig. Die Beisitzer werden vom Vorsitzenden auf die Dauer ihrer Tätigkeit durch Handschlag darauf verpflichtet, nach bestem Wissen und Gewissen ohne Ansehen der Person ihr Urteil abzugeben[27] (§ 10 Abs. 1), ohne Beamtenqualität zu erwerben[28]. Anwesenheitsgelder und Ersatz der Reisekosten nach näherer Festsetzung des Reichsministers des Innern sind zu gewähren (§ 11 Abs. 2). Für den Fall der Behinderung ist rechtzeitige Entschuldigung geboten, damit für Ladung eines anderweiten Beisitzers zum Sitzungstage gesorgt werden kann; eine Bestimmung, ähnlich dem § 56 GVG., derzufolge die Beisitzer für den durch ihr unentschuldigtes Ausbleiben verursachten Schaden haften, fehlt, so daß de lege lata Schadensersatz bei unentschuldigtem Ausbleiben nicht gefordert werden kann. Entw. § 10 Abs. 3 sieht eine entsprechende Bestimmung vor.

Die Ernennung zum Beisitzer kann aus wichtigen Gründen jederzeit zurückgenommen werden; es entscheidet endgültig und unter Ausschluß jeden Rechts- und Beschwerdeweges der Reichsminister des Innern. Wichtige Gründe sind beispielsweise heharrliche Dienstverweigerung, Parteilichkeit, Bruch des Beratungsgeheimnisses. Freiwillige Amtsniederlegung ist jederzeit möglich, da keine rechtliche, sondern nur eine moralische Verpflichtung zur Annahme des Amtes besteht[29]. Die Beisitzer haben selbständiges Stimmrecht; ihre Bezeichnung als „sachverständige“ Richter[30] gibt nur eine Umschreibung ihrer Tätigkeit wieder, ohne daß hieraus auf ihre Richterstellung im technischen Sinne zu schließen ist.

d) Hinsichtlich der rechtlichen Natur der Filmprüfstellen und der Oberprüfstelle ist zu bemerken: Es erscheint einigermaßen schwierig, diesen Organen ihren richtigen Platz im System der Verwaltungsrechts-

[27] AV. 4 bestimmt, daß diese Verpflichtung durch den Leiter der Filmprüfstelle zu erfolgen hat. Die Bestimmung ist ungültig angesichts der positiven Bestimmung des Gesetzes; eine ähnliche Verpflichtung kennt die BRVO. v. 3. Mai 1917 (RGBl. S. 393) in der Fassung des Art. 3 der VO. der Reichsregierung v. 12. Februar 1920 (RGBl. S. 230).

[28] Vgl. Hellwig: a. a. O. S. 155, Anm. 2 zu § 9; Goldbaum: Lichtspielgesetz, S. 57, Anm. 2 zu § 9; Conrad: DJZ. 1927, 1147.

[29] Vgl. Mayer: Verwaltungsrecht 2, 208; Peters bei Nipperdey: Reichsverfassung 2, 290.

[30] So Seeger: S. 72, Anm. 4 zu § 9; Görres: a. a. O. S. 37 zu § 9.

pflege anzuweisen. Im Endergebnis ist jedenfalls festzustellen, daß das Filmprüfverfahren nicht als „Parteistreitigkeit des öffentlichen Rechts“ zu bezeichnen ist, da der Antragsteller keineswegs Partei im Sinne des Klägers ist, dem der Staat in der prozessualen Rolle des Beklagten gegenübersteht. Es kommt hinzu, daß § 4 LG. einen Widerruf der Entscheidungen der Filmprüfstellen unter bestimmten Voraussetzungen vorsieht, das Verwaltungsrecht aber den Widerruf grundsätzlich nur bei Verwaltungsakten, nicht bei Urteilen kennt[31]. Schließlich sind weder die beamteten Vorsitzenden noch die Beisitzer der Filmprüfstellen und der Oberprüfstelle Verwaltungsrichter; die Vorsitzenden um deswillen nicht, weil sie Dienstanweisungen vorgesetzter Stellen zu berücksichtigen haben[32], also keine richterliche Unabhängigkeit besitzen; hinsichtlich der Beisitzer fehlt es an einer ausdrücklichen gesetzlichen Vorschrift entsprechend § 112 GVG. Schon diese Tatsachen ergeben, daß es sich bei den Filmprüfstellen nicht um Verwaltungsgerichte im Sinne des Art. 107 RV. handelt. Dagegen sind als positive Momente im Sinne einer Verwaltungsgerichtsbarkeit zu werten einmal die Tatsache, daß die Filmprüfstellen keineswegs nach freiem Ermessen entscheiden, sondern bei der Prüfung insofern an das Gesetz gebunden sind, als sie auf Grund eines gesetzlich scharf umrissenen Tatbestandes nach Rechtsgrundsätzen ihr Urteil abgeben, sowie das Verfahren selbst, das mit den Grundsätzen der Mündlichkeit, Öffentlichkeit und Unmittelbarkeit unverkennbar Züge eines gerichtlichen Verfahrens an sich trägt. Bei Abwägung dieser Gesichtspunkte kommt man notgedrungenermaßen zu dem leider bedauerlichen, aber unvermeidlichen Ergebnis, daß de lege lata die Filmprüfstellen wie auch die Oberprüfstelle eine Zwitterstellung zwischen Verwaltungsgerichten und Verwaltungsbehörden einnehmen. Es handelt sich um besondere Reichsbehörden polizeilicher Art, deren Aufgabe lediglich darin besteht, die für die Zulassung von Bildstreifen erforderliche Erlaubnis in bestimmten durch das Lichtspielgesetz geregelten Verfahrensformen zu erteilen. Seeger bezeichnet die Prüfstellen als mit gerichtlichen Funktionen ausgestattete Verwaltungsbehörden, Falck als besondere, gleichsam mit verwaltungsgerichtlichen Funktionen ausgestattete Behörden des Reiches[33].

---

[31] Vgl. Mayer: Verwaltungsrecht 1, 93; Jellinek: a. a. O. S. 279ff.; Dienstag: Arch.f.Urh.R. 4, 140.

[32] Nach § 12 Abs. 2 LG. kann der Vorsitzende durch Anweisung im Dienstaufsichtswege veranlaßt werden, Beschwerde einzulegen, vgl. Seeger: a. a. O. S. 70 und S. 355; hinsichtlich des Leiters der Oberprüfstelle ist der Reichsminister des Innern maßgebend.

[33] Vgl. Seeger: a. a. O. S. 68 und Arch.f.Urh.R. 1, 58; Falck: Reichsfilmzensur u. Ortspolizei, Arch.f.Urh.R. 1, 633 u. im Kommentar a. a. O. S. 313. Unklar Eckstein: Film- und Kinorecht, a. a. O. S. 171. Nach Leibig: Deutsche Licht-

e) Da die Filmprüfstellen keine Verwaltungsgerichte sind, so findet § 334 StGB. auf die Vorsitzenden und Beisitzer keine Anwendung. Die in der Literatur vertretene gegenteilige Ansicht ist abzulehnen, weil einmal die Aufzählung der Laienrichter im § 334 StGB. erschöpfend geregelt ist, bei Leiter und Vorsitzenden es sich aber nicht um Beamte handelt, die kraft ihres Amtes Rechtssachen in einem geordneten Verfahren zu erledigen haben[34].

f) Die Filmprüfstellen sind verpflichtet, anderen Behörden, insbesondere Gerichten, Auskunft über die in ihr Sachgebiet fallenden Fragen zu erteilen, sich auch gutachtlich zu äußern; zur Erteilung von Auskünften an Privatpersonen sind sie nicht verpflichtet und berechtigt.

4. Prüfungsgrundsätze. Nach § 1 Abs. 2 LG. ist die Zulassung eines Bildstreifens zu versagen, wenn die Prüfung ergibt, daß die Vorführung eines Bildstreifens geeignet ist,

a) die öffentliche Ordnung oder Sicherheit zu gefährden,

b) das religiöse Empfinden zu verletzen,

c) verrohend oder entsittlichend zu wirken,

d) das deutsche Ansehen oder die Beziehungen Deutschlands zu auswärtigen Staaten zu gefährden,

e) lebenswichtige Interessen des Staates zu gefährden (eingefügt durch die dritte Notverordnung vom 6. Oktober 1931, vgl. S. 329). „Die Zulassung darf wegen einer politischen, sozialen, religiösen, ethischen oder Weltanschauungstendenz als solcher nicht versagt werden. Die Zulassung darf nicht versagt werden aus Gründen, die außerhalb des Inhalts des Bildstreifens liegen“ (§§ 1. Abs. 2 Satz 2 und 3 LG.).

a) Aus dem Gebrauch des Wortes „versagen“ ergibt sich bereits, daß die Filmprüfstelle verpflichtet ist, die Erlaubnis zur öffentlichen Vorführung des Bildstreifens stets dann zu erteilen, sobald keiner der Versagungsgründe vorliegt. Die Versagungsgründe sind absolut. Liegen sie vor, so muß die öffentliche Vorführung des Bildstreifens unterbleiben, es sei denn, daß Vorführung gemäß § 2 LG. in Betracht kommt.

---

spielzeitung 1921, Nr. 13 sind die Prüfstellen keine Polizeibehörden, sondern selbständige, dem Schöffengericht nachgebildete Behörden. CONRAD: DJZ. 1927, 1146 meint, daß die Tätigkeit der Filmprüfstellen keine verwaltende ist, sondern der Rechtsprechung angehört.

[34] A. A. GÖRRES: a. a. O. S. 36, III zu § 9, und ECKSTEIN: S. 171, die sämtliche Mitglieder der Prüfstellen ohne Unterschied, ob sie Beamteneigenschaft besitzen oder nicht, als Richter ansehen, die in einer Rechtssache entscheiden und daher der passiven Bestechung fähig sind, eine Ansicht, die indessen mit der herrschenden Meinung im Strafrecht vollkommen in Widerspruch steht. Vgl. FRANK: Strafgesetzbuch, S. 708, II zu § 334 und die dort zitierte strafrechtliche Literatur; CONRAD: Zur strafrechtl. Stellung der Mitglieder von Filmprüfstellen, DJZ. 1927, 1146ff. sieht den Vorsitzenden sowie den Leiter als beamtete Richter im Sinne des § 334 StGB. an, da sie die Aufgabe haben, Rechtssachen zu leiten und zu entscheiden.

Private Interessen, beispielsweise Verletzung des Persönlichkeitsrechts, des Namensrechts, Plagiat, sind bei der Prüfung nicht zu berücksichtigen[35]; technische Mängel des Bildstreifens sind ebenfalls unerheblich.

b) Wenn das Gesetz das Verbot eines Films aus einem weltanschaulichen Grunde als *solchen* für unzulässig erklärt, so wird hiermit klar und deutlich zum Ausdruck gebracht, daß ein solcher Grund allein niemals zum Verbot eines Bildstreifens ausreicht, zumal durch das Erfordernis der Genehmigung das Recht auf freie Äußerung einer Meinung nicht beschränkt werden darf, vielmehr ein Versagungsgrund aus § 1 Abs. 2 Satz 2 LG. hinzutreten muß[36]. Ein Film, der die kommunistische Weltanschauung verficht, ist deshalb nicht verbietbar, es sei denn, daß aus dieser Grundeinstellung heraus zu Gewalttätigkeiten gegen den bestehenden Staat aufgefordert wird. Auch eine Versagung aus Gründen, die außerhalb des Bildstreifens liegen, ist unstatthaft.

c) Die Zensur des Lichtspielgesetzes ist reine *Wirkungszensur*, also niemals Geschmackszensur[37]. Dieser bereits in der Rechtsprechung des preußischen Oberverwaltungsgerichtes anerkannte[38] Grundsatz ist aus Sinn und Wortlaut des § 1 ohne weiteres abzuleiten; er wird auch in der Rechtsprechung der Filmprüfstellen und der Oberprüfstelle nach anfänglichem Schwanken ständig beachtet und trägt dazu bei, eine feste Grundlage für die Prüfung zu schaffen, zumal bei der Geschmackszensur die Begriffe sich in das Uferlose verlieren. Demgemäß wird der Film nur nach der mutmaßlichen Wirkung beurteilt, die er bei seiner Vorführung auf den Beschauer ausübt. Mit anderen Worten: Die Prüfkammern haben sich einzig und allein danach zu richten, ob und inwieweit die öffentliche Vorführung des Films Wirkungen hervorrufen kann, die einen Verbotstatbestand des § 1 Abs. 2 LG. erfüllen. Hierbei ist — analog auch sonst gebräuchlichen Rechtsgrundsätzen (vgl. z. B. die Rechtsprechung zum Begriff des „Unzüchtigen" im Strafgesetzbuch

---

[35] Dieserhalb vgl. vor allen Dingen OPSt. 4. Februar 1928 (Arch.f.Urh.R. 1, 109) betr. das Verfahren über den Bildstreifen „Das Wunder von Konnersreuth": „Über die Frage, inwieweit durch seine Vorführung die Rechte der Therese Neumann beeinträchtigt werden, hatte die Oberprüfstelle nicht zu entscheiden. Das ist Sache der ordentlichen Gerichte. Die in dem Verfahren der Therese Neumann gegen den Inhaber der Firma Patö Film Verleih ergangene Entscheidung des Landgerichts Leipzig bindet die Oberprüfstelle daher nicht."

[36] Vgl. Seeger: Arch.f.Urh.R. 1, 60; Rothenbücher: in Veröffentlichungen a. a. O. S. 21.

[37] Vgl. Seeger: a. a. O. S. 14, 8 zu § 1; Falck: a. a. O. S. 322; Hellwig: a. a. O. S. 68, 12 zu § 1; Hellwig: Lichtspielrechtliche Reformfragen, S. 20; Seeger: Bildwart a. a. O. S. 6ff.; Dessoir: Werturteil und Geschmackszensur bei der Filmprüfung, Volksbildungsarchiv 10, 61ff.

[38] Vgl. Kamptz: Filmzensur a. a. O. S. 219; Krais: Bl. f. Adm. Pr. 51, 42.

und zur Frage der Verwechselungsfähigkeit im unlauteren Wettbewerbsrecht) — von der Wirkung auszugehen, die die Vorführung des Bildstreifens auf den normalen Beschauer ausübt[39]. Es ist also weder der Maßstab einer geistig sehr hochstehenden noch der einer geistig sehr tiefstehenden Personenschicht auszulegen: auch sind besondere örtliche Verhältnisse oder besondere Empfindlichkeiten nicht zu berücksichtigen, sondern der Standpunkt des Durchschnittsbeschauers eines Lichtspieltheaters ist maßgeblich. Unberührt bleibt auch die mittelbare Wirkung der Vorführung[40] oder die Absicht, die der Hersteller mit dem Bildstreifen verfolgt[41].

d) Die Oberprüfstelle hat in mehr als zehnjähriger Tätigkeit die zensurrechtlichen Gesichtspunkte in teilweise sehr ins einzelne gehender Kasuistik ausgearbeitet. Ein näheres Eingehen auf diese Rechtsprechung ergibt ungefähr folgendes Bild, das auf Vollständigkeit indessen keinen Anspruch erhebt:

aa) „*Öffentliche Ordnung und Sicherheit*" sind typisch polizeirechtliche Begriffe und durch die Bestimmung des § 10, II, 17 ALR. in das Polizeirecht der meisten Länder übergegangen, wie beispielsweise § 14 des Preußischen Polizeiverwaltungsgesetzes vom 1. Juni 1931 und § 32 der Thüringischen Landesverwaltungsordnung vom 10. Februar 1926 zeigen. Als ordnungsgefährdend werden stets Bildstreifen angesehen, die die verschiedenen Klassen der Bevölkerung gegeneinander aufreizen. So wurde z. B. ein Bildstreifen verboten, der den Verlauf eines Landarbeiterstreites mit schärfster Gegenüberstellung des Milieus der reichen adligen Gutsherrschaft und der verelendenden Landarbeiterschaft zeigt, da dadurch der Tatbestand des § 130 StGB. gegeben sei und die durch Darstellung sozialer Gegensätze in einer bestimmten Richtung beeinflußten Zuschauer dazu gereizt werden, mit ungesetzlichen Mitteln eine Änderung der bestehenden Zustände herbeizuführen[42]. Demonstrationen für weltanschauliche Ziele, deren Wirken in der Öffentlichkeit nicht verboten ist, können auch im Bildstreifen nicht zum Gegenstand eines Verbots gemacht werden; unter diesen Gesichtspunkten ist z. B. Werbung für die „Rote Hilfe"

---

[39] Der Standpunkt des normalen Beschauers war auch schon für die Rechtsprechung der Verwaltungsgerichte der entscheidende Gesichtspunkt. SächsOVG. Entsch. v. 9. Januar 1907 bei Reger: 28, 11 sagt beispielsweise: „Zuschauer mit normal entwickeltem Sittlichkeitsgefühl würden Ärgernis nehmen"; PrOVG. spricht in Entsch. v. 29. Januar 1903 bei Reger: 24, 26 von „sittlich gesetzten Zuschauern".

[40] A. O. Hellwig: a. a. O. S. 69.

[41] S. auch schon das preußische Oberverwaltungsgericht in vielfachen Entscheidungen, vgl. v. Kamptz: Die Filmzensur nach der Rechtsprechung des Oberverwaltungsgerichts. Gesetz und Recht 16, 219.

[42] Vgl. OPSt. 18. März 1926, Nr. 201.

als Organisation durch den Film zugelassen worden[43]. Ordnungsgefährdend sind ferner die Gesundheit der Zuschauer schädigende Bildstreifen, insofern diese Schädigung eine unmittelbare ist und auch den normalen Durchschnittsmenschen trifft[44]; anormale seelische oder gesundheitliche Veranlagung einzelner Zuschauer ist nicht zu berücksichtigen[45]. Die Darstellung blutiger Operationen bedeutet eine übermäßige Inanspruchnahme des Nervensystems auch gesunder Zuschauer, somit eine Gesundheitsgefährdung, so daß gegenüber solchen Darstellungen die Bewunderung der ärztlichen Kunst in den Hintergrund tritt[46]. Der Erfolg der gezeigten Operation ist dabei nicht ausschlaggebend[47]. Grundsätzlich sind auch filmische Darstellungen der Hypnose unzulässig, da der Anreiz zu gleichgerichteten Experimenten einen Antrieb zur Übergehung der bestehenden Verbote einschließt und aus diesem Grunde die öffentliche Ordnung gefährdet[48]. Eine übertriebene Darstellung von Mißbrauch an Hypnotisierten und von strafbaren Handlungen, die von Hypnotisierten vollführt werden, ist verboten, da der Anreiz zum Versuch von Nachahmungen gegeben ist[49].

Verächtlichmachung bestimmter Berufskreise, unwahre und oberflächliche Schilderung eines Gerichtsverfahrens, Gebrauch von Titeln, die aufreizend und irreführend wirken, schließlich auf grobe Täuschung des Publikums berechnete Darstellungen, sind stets ordnungsgefährdend. Unter diesem Gesichtspunkte wurde die Darstellung eines Arztes, der in Ausübung seiner ärztlichen Berufspflicht einem bandagierten Schwerkranken die Augen verdeckte und bei einem anderen unsinnige Anordnungen traf, verboten[50]. Die Darstellung eines Staatsanwalts, der dem Angeklagten gegenüber lediglich Brutalität zeigt und dem Plaidoyer des Verteidigers nur mit Ironie und Zynismus begegnet, ist geeignet, Zweifel in die Objektivität des Staatsanwalts und damit in die Rechtspflege, deren Organ er ist, zu setzen[51]. Der Bildstreifen „Sacco und Vancetti" wurde verboten, weil er in nicht objektiver Weise von Anfang bis Ende deutlich erkennbar die Tendenz verfolgt, Sacco und Vancetti als unschuldig und ihre ausführlich geschilderte Hinrichtung als Justiz-

[43] Vgl. OPSt. 23. Juli 1925, Nr. 405.

[44] Vgl. OPSt. 2. September 1922, Nr. 82, 8. November 1913, Nr. 1016.

[45] Vgl. OPSt. 22. März 1922, Nr. 16.

[46] Vgl. OPSt. 17. Mai 1924, Nr. 219, 17. Mai 1930, Nr. 219, 18. März 1931, Nr. 2029, 16. Mai 1931, Nr. 2527; auch KAMPTZ: a. a. O. S. 222.

[47] Vgl. OPSt. 26. Mai 1930, Nr. 601.

[48] Vgl. OPSt. 23. November 1925, Nr. 816.

[49] Vgl. OPSt. 1. Oktober 1925, Nr. 631.

[50] Vgl. OPSt. 7. November 1925, 15. November 1927, 24. September 1927, Nr. 744, 1004, 792; vgl. auch Urteil PrOVG. v. 12. März 1914 bei KAMPTZ: a. a. O. S. 223.

[51] Vgl. OPSt. 30. Dezember 1927, Nr. 1294, 5. Januar, Nr. 1075 und 9. Dezember, Nr. 1121.

mord hinzustellen[52]. Die filmische Darstellung der Fälle Harmann und Hau („Der Kriminalfall von Hannover“ und „Karl Hau, der Träger eines Menschenschicksals“) wurden beanstandet, weil die geschäftliche Ausbeutung die Öffentlichkeit erregender Kapitalverbrechen durch sensationell aufgemachte, mit kolportagehaftem Text versehene Bildstreifen geeignet ist, die öffentliche Ordnung zu gefährden[53]. Aus dem gleichen Grunde wurde der Bildstreifen „Das Wunder von Konnersreuth“ nicht zugelassen, da der Beschauer in keiner Weise in die Lage versetzt wird, die ihm mit dem Haupttitel gestellte Beweisfrage zu lösen oder auch nur kritisch zu beurteilen[54].

bb) Bei der *Sicherheitsgefährdung* muß es sich nach ständiger Rechtsprechung der Oberprüfstelle um eine unmittelbar sofort durch die Wirkung des Bildstreifens in Erscheinung tretende dauernde Gefährdung der öffentlichen Sicherheit handeln[55]. Nicht ausreichend ist die naheliegende Möglichkeit von Gefahren auf Grund einer in der Erfahrung begründeten Kausalkette oder die bloße Annahme einer künftigen Gefährdung[56], noch weniger, daß eine gewisse Wahrscheinlichkeit für die Annahme von Gefahren vorliegt[57]. Besonders instruktiv in dieser Beziehung sind die Entscheidungen der Filmoberprüfstelle über den Bildstreifen „Panzerkreuzer Potemkin“, der zunächst zugelassen[58], dessen Zulassung dann auf Antrag einer Länderregierung widerrufen war, aber dann schließlich erneut zugelassen wurde[59]. Hier ist als entscheidendes Symptom einer Sicherheitsgefährdung der Umstand gewertet worden, daß bei allen gegen die Offiziere des Potemkin verübten Gewalttätigkeiten und bei der Darstellung der Meuterei spontane Beifallskundgebungen erfolgt sind. Verächtlichmachung der Polizei, z. B. ungeschicktes und täppisches Benehmen ihrer Organe, ist stets sicherheitsgefährdend, sobald es sich um deutsche Polizei handelt, während die ausländische Polizei so dargestellt werden darf[60]. Methoden, in denen die Maßnahmen der Polizei zur Aufdeckung von Tatspuren und zur Überführung des Verbrechens wiedergegeben sind, dürfen im Film nicht gezeigt werden (Daktyloskopie)[61]. Verboten wurde auch eine

[52] Vgl. OPSt. 30. November 1927, Nr. 1155.

[53] Vgl. OPSt. 14. November 1922, 17. September 1924 und 29. März 1926, Nr. 95, 386 und 334.

[54] Vgl. OPSt. 4. Februar 1928, Nr. 58, veröffentlicht im Arch.f.Urh.R. 1, 109.

[55] Vgl. OPSt. 24. August 1922, Nr. 77.

[56] Vgl. OVG. 77, 338; 45, 340; Hamm: DJZ. 18, 433; Kamptz: a. a. O. S. 220.

[57] Vgl. Kammergericht in DJZ. 1910, 1805.

[58] Vgl. OPSt. 12. Juni 1925, Nr. 581.

[59] Vgl. OPSt. 2. Oktober 1926, Nr. 801.

[60] Vgl. OPSt. 9. September 1927, Nr. 777, 17. Oktober 1927, Nr. 945, 8. September 1927, Nr. 778. Die Auffassung ist bedenklich mit Rücksicht auf die Gefährdung der Beziehungen zu ausländischen Staaten.

[61] Vgl. OPSt. 5. Dezember 1925, Nr. 814.

Darstellung, in der Autos durch das Ausstreuen von Glasscherben verunglückten, da solche Attentate zur Nachahmung reizen[62].

cc) Das *religiöse Empfinden* verletzen Bildstreifen, die eine Herabwürdigung der Einrichtung und Gebräuche einer der christlichen Kirchen oder einer anderen mit Korporationsrechten innerhalb des Reichsgebietes bestehenden Religionsgemeinschaft enthalten oder den Tatbestand des § 166 StGB. erfüllen[63]. Geschützt sind sämtliche mit Korporationsrechten ausgestatteten Religionsgesellschaften[64]. Entgegen der vor Inkrafttreten des Lichtspielgesetzes, namentlich in der Rechtsprechung des preußischen Oberverwaltungsgerichts, vertretenen Auffassung, wonach auch die Vorführung ernster religiöser Szenen aus der Lebens- und Leidensgeschichte Christi im Film schon deshalb verletzend wirke, weil sie eben im Film erfolge[65], hat sich die gegenwärtige Rechtsprechung unter dem Einfluß einer freieren Einstellung zum Film dahin geläutert, daß derartiges nicht mehr verboten ist. Diesen bedeutsamen Rechtsgrundsatz hat die Filmoberprüfstelle anläßlich der Darstellung des Gethsemanevorganges aufgestellt[66]. Seitdem wird in konstanter Praxis daran festgehalten, daß wahrheitsgemäße und ehrwürdige bildliche Wiedergabe eines Gegenstandes des religiösen Glaubens oder der Verehrung, bloß um der Tatsache ihrer Verfilmung willen, nicht den Verbotstatbestand der Verletzung des religiösen Empfindens auslöst, die Prüfung ihrer Zulässigkeit vielmehr von der Würdigung des Einzelfalles abhängt. Es ist deshalb auch für zulässig erklärt worden, in einem Bildstreifen die Figur Gottes in menschlicher Gestalt handelnd darzustellen[67]. Auch die katholischen Orden sind gegen Verunglimpfungen im Film geschützt[68]. Für die Darstellung des Priestergewandes ist der Einzelfall maßgebend[69]. Die Darstellung des Papstes Alexander VI. ist von der Oberprüfstelle als nicht auf Verletzung des religiösen Empfindens beruhend zurückgewiesen worden, weil Alexander VI. tatsächlich ein unwürdiger Papst gewesen ist[70]; dagegen hat die Oberprüfstelle

---

[62] Vgl. OPSt. 12. Oktober 1927, Nr. 930.

[63] Vgl. OPSt. 9. April 1924, Nr. 174.

[64] Vgl. Art. 137, Abs. 5 RV.; dazu mit reichhaltigen Literaturangaben, ANSCHÜTZ: a. a. O. S. 551ff.; SCHWARZLOSE in HWRechtsW. 5, 67.

[65] Vgl. OVG. Entsch. 43, 303: gegen diesen Standpunkt hatten sich übrigens alsbald Widersprüche in der Literatur erhoben. KAMPTZ: a. a. O. S. 224; HELLWIG: PrVB. 34, 202; WOLZENDORF: Polizei, Jg. 9, S. 26; HELLWIG: Lichtspielgesetz a. a. O. S. 96; vgl. auch badischer Verwaltungsgerichtshof in der Entscheidung v. 2. Mai 1911 (Badische Rechtspraxis 1911, 142).

[66] Vgl. OPSt. 10. März 1927, Nr. 312.

[67] OPSt. 22. September 1921, Nr. 78.

[68] Vgl. OPSt. 22. Dezember 1927, 1. März 1927, Nr. 1114 und 221.

[69] Vgl. OPSt. 21. Juli 1927, Nr. 299, 9. April 1924, Nr. 174, 21. Juli 1927 Nr. 599.

[70] Vgl. OPSt. 31. Dezember 1921, 4. Dezember 1924, Nr. 261, 639.

eine an sich einwandfreie filmische Darstellung des lebenden Papstes für Reklamezwecke als das religiöse Empfinden verletzend bezeichnet[71]. Durch eine historisch ungenaue und verflachende Darstellung Luthers kann das religiöse Empfinden im Sinne des § 2 Abs. 2 LG. nicht verletzt werden, da die Gestalt Martin Luthers der Geschichte angehört, aber nicht Bestandteil des evangelischen Glaubens ist[72]. Die gleiche Auffassung hat die Oberprüfstelle gelegentlich einer in einem Bildstreifen eingestreuten Travestierung des bekannten Lutherwortes: „Hier stehe ich — ich kann nicht anders" vertreten[73]. Zwischen religiösem Empfinden und religionsgeschichtlicher Darstellung muß grundsätzlich unterschieden werden[74]. Deshalb hat auch die Oberprüfstelle die Darstellung des Inquisitionsgerichtes zugelassen[75].

dd) *Verrohende Wirkung* eines Bildstreifens ist noch nicht mit der Darstellung einer objektiv rohen Handlung erfüllt; die Prüfkammer muß vielmehr darüber hinaus feststellen, daß die Darstellung geeignet ist, eine subjektive Wirkung in der angedeuteten Richtung auf den normalen Zuschauer auszuüben. Es ist immer der Einzelfall maßgebend. Wenn ein Bildstreifen auf einer Insel in der Südsee unter Wilden spielt, so kann an deren Sitten und Handlungen nicht mit dem Maßstab des europäischen Rechtsbewußtseins und unserer Kultur und Moral herangegangen werden[76]. Die filmische Darstellung von Stierkämpfen ist trotz objektiver Roheit der Darstellung nicht geeignet, auch subjektiv verrohend zu wirken, sondern Abscheu zu erregen und damit abschreckend zu wirken[77]. Kriegerische Ereignisse sind nicht ohne weiteres als verrohend zu bezeichnen, sondern wirken höchstens abschreckend[78]. So ist die Darstellung eines im Drahtverhau hängenden verwundeten Soldaten grauenerregend und geeignet, den mit ihr verfolgten pazifistischen Zweck: „Nie wieder Krieg", erreichen zu helfen[79]. Die Darstellung von Versenkungen feindlicher Handelsschiffe durch U-Boote kann nicht unter den Gesichtspunkt der verrohenden Wirkung gebracht werden. Amerikanische Grotesken sind dann verboten, falls sich deren

---

[71] Vgl. OPSt. 31. Oktober 1925, Nr. 734.

[72] Vgl. OPSt. 20. April 1921, Nr. 29.

[73] Vgl. OPSt. 4. Oktober 1927, Nr. 900.

[74] Vgl. OPSt. 7. Oktober 1925, Nr. 32.

[75] Vgl. OPSt. 7. Oktober 1925, Nr. 32: Die von HELLWIG: Lichtspielgesetz a. a. O. S. 96, angeführte bayrische Ministerialentschließung v. 10. April 1919, wonach Passionsfilme nur unter bestimmten Voraussetzungen vorgeführt werden dürfen, ist durch das Lichtspielgesetz aufgehoben. A. A. HELLWIG: a. a. O.

[76] Vgl. OPSt. 1. März 1925, Nr. 12, 4. Juni 1924, Nr. 244, 19. Februar 1925, Nr. 80, 1. März 1920, Nr. 105, 21. Januar 1925, Nr. 17, 19. Februar 1925, Nr. 80, 22. September 1921, Nr. 159, 4. Oktober 1927, Nr. 889, 11. Februar 1922, Nr. 10.

[77] Vgl. OPSt. 31. März 1925, Nr. 146, 15. März 1926, Nr. 271.

[78] Vgl. OPSt. 22. April 1925, Nr. 201.

[79] Vgl. OPSt. 13. Dezember 1924, Nr. 530.

Handlung im wesentlichen in einer Häufung wüster Prügel- und Kampfszenen erschöpft[80]. Die öffentliche Darstellung sowohl der operativen wie der normalen Geburt wirkt stets verrohend[81]. Die filmische Darstellung von Boxkämpfen ist jetzt durchweg in allen ihren Phasen erlaubt, nachdem sie früher verboten war[82].

Die Darstellung des Nackten ist nicht schlechthin entsittlichend, sofern die Darbietung dezent ist und der sexuelle Einschlag fehlt[83]. Der Film „Wege zur Kraft und Schönheit" wurde von der OPSt. auch im Widerrufsverfahren zugelassen, weil es sich bei diesem Falle um eine Betonung der Nacktheit ohne Betonung des Geschlechtlichen handelt und für den normal empfindenden erwachsenen Beschauer bei unbefangener Betrachtung des Bildstreifens ein Anreiz in geschlechtlicher Hinsicht nicht gegeben ist[84]. Verboten wurden dagegen die Darstellung eines Mannes und einer Frau in einem Bette zusammenliegend, wenn der äußere Zusammenhang der Darstellung und die innere Handlung des Bildstreifens erkennbar auf den unmittelbar zuvor ausgeübten Beischlaf hindeutet[85]. Die Darstellung von Bauchtänzen ist von der Oberprüfstelle als in hohem Maße die öffentliche Sittlichkeit und den allgemeinen Anstand gefährdend beanstandet worden[86]; gleiches gilt bei Entkleidungsszenen im Rahmen von Vorführungsszenen[87]. Lähmung des gesunden sittlichen Empfindens ist entsittlichender Wirkung gleichzuachten[88]. Sie liegt auch dann vor, wenn ein Bildstreifen vermöge der kolportagemäßigen Gedankenlosigkeit und des geistigen Tiefstandes seines Inhalts Menschen in jüngeren Lebensjahren, die zur Tüchtigkeit und Geistesbildung erzogen werden sollen, dazu verleitet, an der Abgeschmacktheit und geistigen Stumpfheit solcher Darstellungen Vergnügen finden zu lassen. Darstellungen des Dirnenlebens sind grundsätzlich nicht verboten, sofern durch die Darstellung keiner der absoluten Verbotsgründe des § 1 Abs. 2 erfüllt wird[89]. Wird aber das Dirnenleben als etwas Gegebenes, Angenehmes und einfach Abzuwerfendes dargestellt, so kann darin ein Anreiz zu Leichtsinn, Preisgabe und Verzicht auf

---

[80] Vgl. OPSt. 23. November 1925, Nr. 792.

[81] Vgl. OPSt. 26. Mai 1920, Nr. 601, 8. November 1930, Nr. 1016, 22. Dezember 1930, Nr. 1256, 18. März 1931, Nr. 2029, 16. Mai 1931, Nr. 2527.

[82] Bezeichnend für den Wandel der Anschauungen Entsch. OVG. 14. Dezember 1911 bei Hellwig: a. a. O. S. 17.

[83] Vgl. OPSt. 18. Februar 1927, Nr. 187.

[84] Vgl. OPSt. 26. Januar 1925, Nr. 446.

[85] Vgl. OPSt. 19. September 1921, Nr. 111.

[86] Vgl. OPSt. 18. Februar 1927, Nr. 187.

[87] Vgl. OPSt. 17. Mai 1927, Nr. 443.

[88] Vgl. OPSt. 12. Juni 1922, Nr. 47.

[89] Vgl. OPSt. 14. November und 5. Dezember 1925, Nr. 780 und 791, so auch übrigens schon das PrOVG. in mehrfachen Urteilen, Kamptz: a. a. O. S. 222.

Moral gesehen werden, dem eine entsittlichende Wirkung beizumessen ist. Lediglich mit gelegentlichen das Dirnenleben verdammenden Zwischentiteln kann die von dem Gesamtinhalt der Handlung ausgehende entsittlichende Wirkung nicht ausgeglichen werden[90].

Die Schilderung sozialer Gegensätze, auch wenn damit die Schilderung gemeiner selbstsüchtiger wucherischer und kupplerischer Charaktere verbunden ist, ist erlaubt[91]. Schilderungen des Verbrechertums sind dann unzulässig, wenn das Milieu mit breiter Ausführlichkeit geschildert und durch zahlreiche Verbrechertypen illustriert wird, so daß ein großer Teil der Handlung von den Verfolgungen der Polizei eingenommen wird[92].

Namentlich in den ersten Jahren der Filmzensur sind auch des öfteren Bildstreifen schundmäßigen Inhalts als entsittlichend und verrohend verboten worden; unter einem Schundfilm wurde hierbei ein Bildstreifen verstanden[93], der eine lebensunwahre auf Sensationslust, Lüsternheit, niedrigste Instinkte berechnete Darstellung ohne jedwede psychologische Motivierung zum Gegenstande hatte[94]; an diesem Begriff hat jedoch die Rechtsprechung berechtigterweise nicht festgehalten, da er zweifellos einen Rückfall in die Geschmackszensur bedeutet, zumal eine allseitig befriedigende Formulierung des Begriffs „Schundfilm" bisher von keiner Seite gefunden ist, auch wohl nicht gefunden werden kann. Der Entwurf versucht zwar im § 1a eine solche mit den Worten: „Eine verrohende und entsittlichende Wirkung ist insbesondere dann anzunehmen, wenn zu erwarten ist, daß der Bildstreifen niedrige Instinkte befriedigt." Indessen erscheint es außerordentlich zweifelhaft, ob hiermit der Schundfilm tatsächlich getroffen wird; denn die Ansichten darüber, was niedrige Instinkte sind, können ersichtlich stark auseinandergehen[95]. Die OPSt. hat gerade gegenüber derartigen Filmen die durchaus brauchbare Theorie der Gegenwerte entwickelt[96], darauf gegründet, daß in jedem Bildstreifen die durch Spielleitung und Schauspielerleistung geschaffenen Werte gegenüber den in demselben Bildstreifen enthaltenen Gefährdungsmomenten und Gegenwirkungen abzu-

---

90 Vgl. OPSt. 13. Februar 1928, Nr. 150.

91 Vgl. OPSt. 29. März 1926, Nr. 285.

92 Vgl. OPSt. 18. Februar 1927, Nr. 187, 8. Oktober 1925, Nr. 363, 1. Mai 1925, Nr. 216, 28. Februar 1924, Nr. 11.

93 Grundlegend für den Begriff des „Schundfilms" bleibt die Schrift von Hellwig: Die Schundfilme, ihr Wesen, ihre Gefahren und ihre Bekämpfung, Halle 1911.

94 Vgl. OPSt. 20. August 1920, Nr. 1, 5. Januar 1922, Nr. 1.

95 Vgl. auch Falck: a. a. O. 2, 409, und die außerordentlich beachtlichen vollkommen sich negativ verhaltenden Darlegungen eines solchen Sachkenners wie Seeger: Bildwart a. a. O. S. 6.

96 Vgl. auch Seeger: Lichtspielgesetz a. a. O. Anm. 13 zu § 1, S. 22.

wägen sind. Als solche Gegenwerte werden von der Rechtsprechung anerkannt: Logischer Aufbau der Handlung, Possenhaftigkeit oder Schnelligkeit der Darstellung, phantastische Wirkung, künstlerische Feinheiten, psychologische Begründung[97].

Aufklärungsfilme sind nicht schlechthin entsittlichend[98]; z. B. wurde ein Bildstreifen, der die Abtreibung behandelt, zugelassen, weil der Bildstreifen mit anerkennenswertem Takt und Verständnis der Gewissenlosigkeit der heimlichen Abtreibung den sachlich notwendigen medizinischen Eingriff gegenüberstellt und damit eine eindringliche und ernste Warnung gegen Abtreibung und Kurfuschertum zum Ausdruck bringt, die im Interesse der Volksaufklärung und Volksgesundheit gebilligt werden kann[99]. Ein Bildstreifen über die Homosexualität wurde mit der Begründung verboten, daß er geeignet ist, die Volksgesundheit und damit die öffentliche Ordnung zu schädigen[100].

Zu den nicht nur durch Art. 119 RV., sondern durch § 1 LG., insbesondere den Verbotsgrund der entsittlichenden Wirkung geschützten Rechtsgütern, gehört als öffentliche Einrichtung auch die Ehe[101]. Ehebetrug muß deshalb innerlich motiviert sein und darf nicht lediglich der Leichtfertigkeit und der Frivolität entspringen. Eine dahingehende Darstellung der Ehe verleitet zur Leichtfertigkeit und Treulosigkeit und ist geeignet, entsittlichend zu wirken[102].

ee) Schließlich muß der Bildstreifen verboten werden, *wenn er das deutsche Ansehen im Auslande gefährdet oder geeignet ist, die Beziehungen Deutschlands zu auswärtigen Staaten zu gefährden.* Da zur sachgemäßen Beurteilung dieser rein politischen Verbotsgründe die Prüfstellen sehr oft allein nicht in der Lage sind, so sieht AV. D 3 vor, daß in derartigen Fällen Vertreter des Reichswehrministeriums zu laden sind; sie haben keine Sonderstellung vor sonstigen Sachverständigen; insbesondere ist das Ministerium nicht Partei. Verboten wurde ein Bildstreifen, wenn er nach Inhalt und Tendenz gegen die nationale Ehre verstößt oder durch wahrheitswidrige Darstellung solcher Vorfälle das deutsche Ansehen herabwürdigt[103]. Es verstößt auch gegen das deutsche Nationalgefühl, daß ein Bildstreifen, der in mehr oder minder veränderter Ausgabe als antideutscher Hetzfilm in auswärtigen Staaten über die Leinwand geht, nunmehr auch im Lande vor deutschen Zuschauern

---

[97] Vgl. Seeger: Lichtspielgesetz a. a. O. S. 20, 22.
[98] Vgl. OPSt. 30. Januar 1925, Nr. 212.
[99] Vgl. OPSt. 8. November 1930, Nr. 1016.
[100] Vgl. OPSt. 16. Oktober 1920 und 12. Oktober 1927, Nr. 926.
[101] Vgl. OPSt. 4. September 1924, 18. März 1931, Nr. 2029.
[102] Vgl. OPSt. 22. November 1927, Nr. 1095, 2. Mai 1931, Nr. 2377.
[103] Vgl. OPSt. 1. August 1924, Nr. 325.

abrollt[104]. Durch kitschige Aufmachung oder historische Untreue eines Bildstreifens wird das deutsche Ansehen ebensowenig gefährdet wie dadurch, daß in einem Bildstreifen die überspannte Disziplin und die Überspannung des Ehrbegriffs der alten deutschen Armee zur Darstellung gelangt[105]. Ebensowenig kann aus der Darstellung der Verbrecherviertel einer deutschen Großstadt auf die Gefährdung des deutschen Ansehens geschlossen werden, zumal in der ganzen Welt bekannt ist, daß die Großstädte aller Staaten ihre mehr oder weniger ausgesprochenen Verbrecherviertel haben[106]. Anläßlich des Verbotes des Films „Im Westen nichts Neues“ hat die Oberprüfstelle folgende Rechtsgrundsätze aufgestellt: „Mit der Würde eines Volkes ist es nicht vereinbar, wenn es seine eigene Niederlage, noch dazu verfilmt durch eine ausländische Herstellungsfirma, sich vorspielen läßt. Es würde im Auslande nicht verstanden und als Billigung der bösartigen Originalfassung dieses amerikanischen Filmwerkes angesehen werden, wenn dieser Bildstreifen für den deutschen Gebrauch zurechtgestutzt über die Leinwand deutscher Lichtspielhäuser laufen würde. Eine solche Zustimmung wäre geeignet, das deutsche Ansehen im Sinne des § 1 Abs. 2 LG. zu gefährden, wie auch die ständigen Bemühungen des Auswärtigen Amtes in seinem Kampfe gegen Hetzfilme einer internationalen Weltproduktion zur Erfolglosigkeit zu verurteilen[107].“

Eine Gefährdung Deutschlands in seinen Beziehungen zu auswärtigen Staaten setzt verständlicherweise voraus, daß zwischen diesen Staaten und Deutschland Beziehungen irgendwelcher Art bestehen und diese an sich guten Beziehungen durch den Film getrübt werden können. Unter Berücksichtigung dieses Gesichtspunktes ist beispielsweise ein Film, bei dem angeblich eine unrichtige Schilderung tibetanischer Gebräuche vorgekommen ist, trotzdem nicht verboten worden; denn Tibet gehört zu China; bei der starken kulturellen Verschiedenheit beider Länder kann aber durch schiefe Darstellung tibetanischer religiöser Gebräuche eine Verletzung des chinesischen Nationalgefühls nicht in Frage kommen[108]. Die falsche Darstellung kultureller und religiöser Eigentümlichkeiten eines Landes kann den Tatbestand der Gefährdung der auswärtigen Beziehungen nur erfüllen, wenn sie verletzenden Charak-

---

[104] Vgl. OPSt. 1. August 1924, Nr. 325, 5. Mai 1928, Nr. 420, 17. Januar 1929, Nr. 325. § 1a Abs. 1 Satz 4 des Entwurfs enthält die Bestimmung, daß der Verbotsgrund der Gefährdung des deutschen Ansehens künftig kraft gesetzlicher Bestimmung dann von den Prüfstellen als gegeben angesehen werden soll, wenn ein Bildstreifen im Ausland mit einer Deutschland abträglichen Tendenz vorgeführt wird oder vorgeführt worden ist.

[105] Vgl. OPSt. 12. März 1925, Nr. 114.

[106] Vgl. OPSt. 22. Mai 1925, Nr. 266.

[107] Vgl. Arch.f.Urh.R. 4, 82 ff; OPSt. 11. Dezember 1930.

[108] Vgl. OPSt. 27. Januar 1927, Nr. 91.

ter hat, daß eine Gefährdung auch der politischen Beziehungen in dem betreffenden Lande die Folge ist. Auf übertriebene Empfindlichkeit fremder Nationen Rücksicht zu nehmen, ist weder die Absicht noch der Zweck des Gesetzes noch Aufgabe der es anwendenden Prüfstellen[109]. Die Darstellung chinesischer Mädchen- und Sklavenhändler ist verboten[110].

ff) Der durch die Notverordnung vom 6. Oktober 1931 eingefügte Verbotsgrund lebenswichtiger Interessen des Staates bedeutet, daß der Film nicht in einer die öffentliche Ruhe und Sicherheit gefährdenden Weise zur Bekämpfung der geltenden Staatsverfassung und der gegenwärtigen Staatseinrichtungen verwendet werden darf[110a].

5. Das Prüfverfahren (Allgemeiner Teil). a) Die Prüfungspflicht eines im In- oder Auslande hergestellten Bildstreifens tritt ein, sobald er öffentlich vorgeführt oder zum Zwecke der öffentlichen Vorführung im In- und Auslande in den Verkehr gebracht wird. Lediglich zu Veredelungszwecken nach Deutschland eingeführte Bildstreifen sind nicht zensurpflichtig.

b) Bildstreifen von wissenschaftlicher oder künstlerischer Bedeutung, auch wenn sie vor bestimmten Personenkreisen vorgeführt werden sollen, unterliegen ebenfalls der Zensur[111]. Keiner Zulassung bedürfen Bildstreifen, die zu ausschließlich wissenschaftlichen oder künstlerischen Zwecken in öffentlichen oder als öffentlich anerkannten Bildungs- oder Forschungsanstalten verwandt werden.

Öffentliche Vorführung liegt dann vor, wenn unterschiedslos alle Personen oder Angehörige einer bestimmten Berufs- oder Gesellschaftsklasse bei Erfüllung im voraus bestimmter Bedingungen Zutritt zur Aufführung haben: bei nicht öffentlichen Veranstaltungen ist der Zutritt nur speziell geladenen oder sonst individuell bestimmten Personen gestattet[112]; daher dürfen z. B. in Gewerkschaftsveranstaltungen nur zensierte Filme vorgeführt werden. Pressevorführungen in öffentlichen Lichtspieltheatern sind angesichts des unbestimmten Personenkreises stets öffentliche Vorführungen im Sinne des § 1 LG.[113]. Interessentenvorführungen, sobald sie sich tatsächlich auf den Besuch von Interessenten, also bestimmter Käuferschichten beschränken, Vorführungen im Privat-

[109] Vgl. POSt. 15. Juni 1927, Nr. 658.

[110] Vgl. OPSt. 4. November 1927, Nr. 884 und 3. Januar 1928, Nr. 316.

[110a] Vgl. auch Hoche: DJZ. 15. Oktober 1931, S. 1282 „Bekämpfung politischer Ausschreitungen“.

[111] Vgl. OPSt. 16. Oktober 1920, Nr. 7, 11. Februar 1922, Nr. 11; 16. August 1922, Nr. 71.

[112] Vgl. OVG. 9, 406; 18, 422; Reger 12, 349 (9. März 1922) u. S. 277.

[113] Vgl. Eckstein: a. a. O. S. 139; Seeger: a. a. O. S. 9; Hellwig: Filmzensur und Presse, Voss. Ztg. 10. Mai 1931. Die Sachlage ist anders zu beurteilen, wenn die Vorführung in den Räumen der Herstellerfirma oder in eigens gemieteten Räumen eines Lichtspieltheaters vor einem streng geschlossenen Kreise, also mit scharfen Legitimationsmaßnahmen, stattfindet.

kreise[114], zu Unterrichtszwecken, in der Schule oder bei Veranstaltungen der Schule außerhalb des Schulgebäudes, sofern der Zuschauerkreis auf Lehrer und Schüler beschränkt bleibt, endlich Vorführungen vor geschlossenen Verbänden des Reichsheeres und der Marine sind nicht öffentlich.

Öffentlichen Vorführungen werden nach der ausdrücklichen Bestimmung des Gesetzes (§ 1 Abs. 1 Satz 2) Vorführungen in Klubs, Vereinen und anderen geschlossenen Gesellschaften gleichgestellt: ob und wann eine geschlossene Gesellschaft vorliegt, ist Sache des Einzelfalles[115].

Zum Zwecke der öffentlichen Vorführung wird der Film in den Verkehr gebracht, falls die Lizenz des Films an eine dritte Person zum Zwecke öffentlicher Vorführung abgegeben wird. Der Tatbestand des in Verkehrbringens setzt den tatsächlichen Abschluß eines Lizenzvertrages voraus, ohne daß hierdurch der Abschluß von Monopolverträgen über noch herzustellende Filme ausgeschlossen wird oder verboten ist[116].

In der Übersendung der Kopie zwecks Anbahnung von Kaufverhandlungen liegt jedenfalls noch kein in den Verkehr bringen.

c) Das Prüfungsverfahren beginnt mit der Einreichung der vorführungsfertigen Kopie des Bildstreifens und der Stellung eines dementsprechenden schriftlichen Antrages bei der zuständigen Filmprüfstelle[117]. Der Antrag muß Ursprungsfirma, Titel, Länge des Bildstreifens und die Anzahl der Akte enthalten. Antragsberechtigt, also Antragsteller, ist für *inländische* Bildstreifen grundsätzlich der Hersteller des Bildstreifens[118], für *ausländische*, wem über einen Bildstreifen für das Inland das ausschließliche Verfügungsrecht zusteht; erforderlichenfalls ist eine Bescheinigung des Reichsministers des Innern vorzulegen, daß gegen die Vorführung des Bildstreifens nach seiner Zulassung durch die Prüfstelle Bedenken nicht bestehen[119]. Die Zuständigkeit der Filmprüfstelle richtet sich nach dem Ort der geschäftlichen Niederlassung des Herstellers; die Filmprüfstelle München ist für Bayern, Württemberg, Baden, Hessen, die Filmprüfstelle Berlin für die übrigen Teile Deutschlands zuständig[120].

[114] Vgl. OVG. 22, 415; 27, 428; 29, 434.

[115] Vgl. auch Hellwig: a. a. O. S. 63; Seeger: a. a. O. S. 9; Goldbaum: S. 10, 13ff.

[116] Vgl. S. 213.

[117] Ein Antrag auf Zulassung eines bereits zugelassenen Bildstreifens ist unzulässig, da das Lichtspielgesetz grundsätzlich davon ausgeht, daß jeder Bildstreifen nur einmal zugelassen wird. OPSt. 16. Mai 1931, Nr. 2527.

[118] Die Pfändung dieses Antragsrechts ist unzulässig, da es sich um einen im öffentlichen Rechte wurzelnden Anspruch des Herstellers handelt, der dem Privatrechtverkehr nicht zugänglich, mithin auch nicht abtretbar ist. So auch Goldbaum: Urheberrecht, S. 131.

[119] Vgl. Art. 1 der 2. VO. zum LG. vom 26. Juni 1930, RGBl. 1, 193 u. 377.

[120] Vgl. AVC. 1.

Im Unbedenklichkeitsfalle entscheidet der Vorsitzende ohne Beisitzer, ein Fall, der nach Sinn und Geist des Gesetzes indessen die Ausnahme bilden soll. Einer Abgabe an die Kammer bedarf es auch dann nicht, falls der Antragsteller von sich aus etwaigen Bedenken des Vorsitzenden durch Herausnehmen einzelner beanstandeter Titel oder Bilder entspricht.

Zum Termin vor der Vollkammer sind der Antragsteller, die Beisitzer und etwaige Sachverständige zu laden. Eine bestimmte Form der Ladung z. B. durch Zustellungsurkunde, ist nicht vorgeschrieben, so daß auch fernmündliche Ladung erfolgen kann. Unterbliebene Ladung des Antragstellers ist für die Rechtsgültigkeit des Spruches ohne Bedeutung[121]. Im Verhandlungstermin wird der Bildstreifen in Anwesenheit des Antragstellers oder seines legitimierten Vertreters vorgeführt. Danach ist dem Antragsteller Gelegenheit zur Äußerung zu geben. Der Vorsitzende übt die Sitzungspolizei aus: er leitet die Beratung und Abstimmung der Beisitzer, vernimmt etwaige Sachverständige und verfaßt das Sitzungsprotokoll. Dem Antragsteller ist auf Antrag eine Abschrift der Niederschrift, soweit sie die öffentliche Verhandlung wiedergibt, gegen Erstattung der Kosten zu erteilen[122]. Über die Beratung ist Stillschweigen zu bewahren[123]. Die Abstimmung erfolgt nach dem Lebensalter, vom Jüngsten beginnend. Der Vorsitzende stimmt zuletzt[124].

d) Die Verhandlung vor den Filmprüfstellen und der Oberprüfstelle erfolgt in analoger Anwendung der Bestimmungen des § 184 GVG., § 259 StPO., §§ 8, 9, 179 FGG, des preußischen Gesetzes vom 28. August 1876 (GS. S. 389) bzw. der bayrischen Verfügung vom 14. August 1919 § 73 unbeschadet der Vorschrift des Art. 113 RV. in deutscher Sprache. Sie ist, wenngleich das Gesetz selbst eine dahingehende dem § 72 Abs. 1 LVG. entsprechende Bestimmung nicht enthält, öffentlich; denn einmal kennt AV. D 7, wie sich bereits aus anderem Zusammenhange ergibt, die Erteilung einer Protokollabschrift über die *öffentliche Verhandlung* (D 7), außerdem spricht die AV. in D 6 ausdrücklich von einer Beschlußfassung in *nicht öffentlicher* Sitzung, stellt also diese Sitzung in Gegensatz zur öffentlichen Sitzung. Der Gebrauch des Wortes „öffentliche Sitzung“ und „öffentliche Verhandlung“ lassen den Schluß zu, daß die

---

[121] So mit Recht GÖRRES: a. a. O. VI zu § 11 S. 43; a. A. GOLDBAUM: Lichtspielgesetz S. 63.

[122] S. Geschäftsanweisung II, 2.

[123] Diese sich nur in der AVO. zu D 6 nicht aber im Gesetz findende Bestimmung soll nach dem Entwurf in der Weise gesetzlich verankert werden, daß § 10 Abs. 1 des LG. die Fassung erhält, daß die Beisitzer von dem Vorsitzenden für die Dauer ihrer Tätigkeit durch Handschlag darauf verpflichtet sind, daß sie nach bestem Wissen und Gewissen ihr Urteil abgeben und über die ihnen bei Ausübung ihrer Tätigkeit zur Kenntnis gelangenden Umstände Stillschweigen bewahren.

[124] Ähnlich § 33 LVG.

Verhandlung nach der Absicht des Gesetzgebers öffentlich sein sollte, und zwar unbeschränkt öffentlich, so daß jeder Unbeteiligte und auch die Presse ein Recht darauf besitzt, der Verhandlung beizuwohnen. Die Ansicht von SEEGER, daß nur dem Leiter der Oberprüfstelle und den Angehörigen der Dienstaufsichtsbehörde die Teilnahme an der Verhandlung offen steht, läßt sich nicht mit der Auffassung der Oberprüfstelle im Prüfbescheid Nr. 581 vom 12. Juni 1926 betreffend den Film „Panzerkreuzer Potemkin“ vereinen, da in dieser Verhandlung auf Antrag der Sachverständigen des Reichswehrministeriums während eines Teiles ihrer Vernehmung die Öffentlichkeit wegen Gefährdung der Staatssicherheit ausgeschlossen, also die entsprechenden Vorschriften des GVG. über die Öffentlichkeit für anwendbar erklärt wurden. Der mehrfach von den Filmprüfstellen vertretene Standpunkt der beschränkten Öffentlichkeit, wonach die Zulassung von Zuhörern Ermessensfrage der einzelnen Kammern ist, findet weder im Gesetz noch in der Ausführungsverordnung eine Stütze, widerspricht auch durchaus dem Wesen der Filmzensur als einer Volkszensur[125].

e) Zur Verhandlung können Sachverständige und Zeugen sowie Vertreter von Behörden zugezogen werden[126]; ihre Vernehmung erfolgt auf Beschluß der Kammer; zu einer Vereidigung der Zeugen oder Sachverständigen sind die Prüfstellen und die Oberprüfstelle mangels einer entsprechenden Vorschrift im Gesetz nicht befugt. Dem Antragsteller ist die Ladung der Sachverständigen mitzuteilen, damit er in der Lage ist Gegensachverständige zu benennen und deren Ladung zu veranlassen[127]. Als Sachverständige kommen bei Gefährdung der öffentlichen Ordnung und Sicherheit der Reichskommissar für die Überwachung der öffentlichen Ordnung und das Reichswehrministerium, bei Gefährdung des deutschen Ansehens oder der Beziehungen Deutschlands zu auswärtigen Staaten das Reichsaußenministerium, bei Justizangelegenheiten (z. B. Gerichtsverhandlungen) das Reichsjustizministerium, sonst Geistliche, Lehrer, Ärzte in Betracht. Die Sachverständigen dürfen der Beratung nicht beiwohnen.

Ein Antrag auf Vertagung ist zulässig, sobald ein wichtiger Grund vorliegt. Kammerbeschluß ist maßgebend. Für den Fall einer durch den

---

[125] Vgl. RGZ. 98, 192, Die Frage ist nicht unstreitig; neben SEEGER vgl. vor allem FALCK im Arch.f.Urh.R. 3, 409; DIENSTAG im Arch.f.Urh. 4, 149, sowie HELLWIG: Filmzensur und Presse, Voss.Ztg. vom 10. Mai 1931, der von an sich nicht öffentlichen Verhandlungen spricht, aber recht inkonsequent vereinzelten Vertretern der Presse Zutritt gestatten will.

[126] Vgl. AV. D 3.

[127] Hinsichtlich der Frage, ob mehrere Sachverständige des Antragstellers zu hören sind, vgl. OPSt. 8. November 1930, Nr. 1016 und DIENSTAG: Arch.f.Urh.R. 4, 142.

Antragsteller verschuldeten Vertagung können diesem die Kosten des Verfahrens auferlegt werden[128].

f) Die Ablehnung eines Prüfers wegen Befangenheit ist durch das Gesetz selbst recht unzureichend geregelt. Angesichts des Schweigens des Gesetzes erscheint es auch bedenklich, die in langjähriger Praxis des preußischen Oberverwaltungsgerichtes zum § 61 LVG. festgestellten Grundsätze ohne weiteres hierher zu übernehmen[129]. AV. D 5 bestimmt, daß Beisitzer, die sich im einzelnen Falle als befangen erachten, dies dem Vorsitzenden zu erklären haben und an der Prüfung nicht mitwirken dürfen. Da der Begriff der Befangenheit nicht näher definiert ist, so bleibt es dem Takt des einzelnen Beisitzers überlassen zu erklären, wann er sich für befangen hält. Im allgemeinen wird das dann der Fall sein, wenn er entweder durch nahe persönliche Beziehungen zum Antragsteller oder durch sachliche Beziehungen zu dem in Rede stehenden Film so eng gebunden ist, daß es ihm unmöglich erscheint, ohne Berücksichtigung dieser Beziehungen ein objektives Urteil zu fällen; ein Zwang der Beisitzer, sich für befangen zu erklären, besteht nicht. Auch der Vorsitzende kann in diesem Falle den Prüfer nicht ausschließen. SEEGER will dem Antragsteller zwar das Recht zubilligen, einen von der Teilnahme an der Prüfung ausgeschlossenen Beisitzer abzulehnen[130]; aber abgesehen davon, daß er selbst diese Ablehnung nur auf die sehr selten vorkommenden Fälle beschränkt, in denen ein gesetzlicher Ausschließungsgrund im Sinne des § 8 LG. gegeben ist, beispielsweise also Beisitzer der Kunst und Literatur am Lichtspielgewerbe beteiligt sind, scheint mangels Fehlens einer gesetzlichen Bestimmung eine analoge Anwendung der von SEEGER herangezogenen Vorschriften des Gerichtsverfassungsgesetzes grundsätzlich bedenklich. Gewonnen wird auf jeden Fall mit dieser Ansicht nichts für die viel zahlreicheren Fälle, in denen kein gesetzlicher Ausschließungsgrund gegeben ist, wohl aber infolge der subjektiven Beziehungen des Prüfers ein Grund vorliegt, der geeignet ist, Mißtrauen gegen seine Persönlichkeit zu rechtfertigen. Auch eine Ablehnung der Vorsitzenden oder Leiter der Filmprüfstellen und der Oberprüfstelle ist mangels Fehlens einer ausdrücklichen Bestimmung nicht möglich[131].

g) Wird der Bildstreifen zugelassen, so wird über die Zulassung eine sogenannte Zulassungskarte ausgestellt (§ 14 LG.). Sie enthält den

---

[128] Vgl. SEEGER 2 zu § 11 S. 72.

[129] Vgl. v. BRAUCHITSCH: Verwaltungsgesetze 1, 83; HATSCHEK: a. a. O. S. 87.

[130] Vgl. 10 zu § 9 S. 76.

[131] Vgl. auch Entscheidung der OPSt. Nr. 1016 betr. den Film „Frauennot — Frauenglück“ vom 8. November 1930 im Arch.f.Urh.R. 3, 647. Hier sind entsprechende Anträge mit der Begründung zurückgewiesen worden, daß das Gesetz eine Ablehnung nicht kennt.

verbindenden Text, gegebenenfalls auch den Text der mündlich zu gebenden Erklärungen[132], bei Tonfilmen die Dialogliste. Ihre Kosten trägt der Antragsteller (§ 7 GebO.). Da durch die Zulassungskarte den Ortspolizeibehörden die Feststellung ermöglicht werden soll, daß der vorgeführte Film mit dem zensierten Film identisch ist, so kann den Lichtspieltheaterbesitzern durch Polizeiverfügung[133] die rechtzeitige Vorlegung der Zulassungskarte zur Prüfung als Pflicht auferlegt werden. Die Zulassungskarten sind mit dem Prägestempel der Filmprüfstelle zu versehen. Der Inhalt der Zulassungskarten darf eigenmächtig nicht abgeändert oder verfälscht werden, da sie zum mindesten rechtserhebliche Urkunden im Sinne des § 267 StGB. sind; ob ihnen der erhöhte strafrechtliche Schutz öffentlicher Urkunden im Sinne der §§ 268 Abs. 1 Nr. 1, 268 Abs. 1 Nr. 2, 271, 348 Abs. 1 StGB. zukommt, kann zweifelhaft sein, da die Form der Zulassungskarten weder durch Gesetz noch durch Ausführungsverordnung, sondern nur in der Geschäftsanweisung geregelt ist, mithin es an der tatbestandlichen Voraussetzung „Ausstellung in der vorgeschriebenen Form" fehlt[134].

h) Die Zulassung kann im ganzen, zum Teil oder unter den Einschränkungen des § 2 LG. erfolgen[135]. Werden nur einzelne Teile eines Bildstreifens verboten, so sind die beanstandeten Teile aus den zur Vorführung gelangenden Positiven auszuschneiden und der Prüfstelle zur Verwahrung zu übergeben (§ 1 Ziff. 3). Es ist Sicherheit zu leisten, daß die beanstandeten Teile nicht in den Verkehr kommen. Die Ausschnitte sind von der Zustimmung des Antragstellers abhängig, da schon aus urheberrechtlichen Gründen kein Dritter, also auch nicht die Prüfstelle, befugt ist, gegen seinen Willen irgendwelche Änderungen am Film vorzunehmen. Die anfängliche Ansicht der Oberprüfstelle, daß auch im Falle des § 1 Abs. 3 ein gänzliches Verbot ausgesprochen werden müsse, wenn durch die Entfernung einzelner Bildfolgen der Zusammenhang zerstört wird[136], ist in der späteren Praxis mit Recht aufgegeben.

i) Die Gebührensätze im einzelnen sind geregelt durch die Gebührenordnung für die Prüfung von Bildstreifen vom 25. November 1921, auf deren Bestimmungen aus Raumgründen an dieser Stelle nur kursorisch verwiesen werden kann (vgl. insbesondere §§ 1, 5, 6, 8, 9)[137].

---

[132] Vgl. Geschäftsanweisung A. 3.

[133] Vgl. AusfAnw. des Pr. Staatsministeriums vom 1. März 1923 zu III, 1a MBliV. S. 224; CONRAD: DJZ. 1927, 218.

[134] Vgl. auch CONRAD: DJZ. a. a. O. 1927, 219 und bei STENGLEIN: 1, 259 zu § 14.

[135] Eine gleichzeitige Zulassung aus § 1 u. 2 LG. ist unzulässig, OPSt. 16. Mai 1930, Nr. 2527.

[136] Vgl. OPSt. 9. Januar 1921, Nr. 2 und SEEGER: a. a. O. S. 25.

[137] Vgl. die ausführliche Erläuterung dieser Gebührenordnung bei SEEGER: a. a. O. S. 114ff.

Die Filmprüfstelle ist nicht berechtigt, den Film resp. die Filmkopie wegen Nichtzahlung der Zulassungsgebühren einzubehalten, da das bürgerlich-rechtliche Zurückbehaltungsrecht mangels Vorliegens eines privatrechtlichen Rechtsverhältnisses zwischen Antragsteller und Filmprüfstelle keine Anwendung findet[138].

6. Das Prüfungsverfahren (Besonderer Teil). *A. Das Rechtsmittelverfahren:* Entscheidungen der Filmprüfstellen sind mit der Beschwerde angreifbar. Das Gesetz kennt die Beschwerde des Antragstellers, im nachfolgenden kurz *Parteibeschwerde* genannt, und die *Amtsbeschwerde.*

a) Zur Erhebung der *Parteibeschwerde* ist aktiv legitimiert der Antragsteller, d. h. diejenige Person, deren Recht durch den Prüfentscheid in irgendeiner Beziehung, z. B. gänzliches oder teilweises Verbot des Bildstreifens, Zulassung nur nach § 2 LG., beeinträchtigt ist[139]. Ausgeschlossen ist ein Beschwerderecht desjenigen, der, wie der Lizenznehmer, ein rein tatsächliches Interesse an dem Prüfverfahren besitzt[140]. Bevollmächtigung ist zulässig. Das Beschwerderecht steht auch dem Rechtsnachfolger zu. Die Beschwerdefrist beträgt 2 Wochen (§ 12 Abs. 1). Sie beginnt mit dem Tage der Zustellung des Prüfbescheides; im übrigen sind die Bestimmungen der §§ 186, 187 Abs. 1, 188 Abs. 2, BGB., 222 Z. P. maßgebend. Eine bestimmte Form ist für die Beschwerde nicht vorgeschrieben. Sie kann also schriftlich oder zu Protokoll eines Beamten der Prüfstelle[141], als auch bei der Verkündung der Entscheidung durch einfache mündliche Erklärung eingelegt werden. Für die Fristwahrung ist der Eingang der Beschwerde bei der Prüfstelle entscheidend. Die Rücknahme der Beschwerde muß in schriftlicher Form erfolgen[142]; telegraphische Mitteilung ist also genügend (§§ 126, 127 BGB.) Die Rücknahme ist zulässig, solange das Verfahren in der Beschwerdeinstanz noch nicht beendet ist, also bis zur Verkündung einer Entscheidung der Oberprüfstelle[143].

---

[138] Vgl. HELLWIG: S. 168, 3 zu § 16, zweifelnd: ECKSTEIN: a. a. O. S. 187, Falls eine Pfändung der Kopie durch einen Gläubiger des Herstellers während des Prüfverfahrens erfolgt, darf die Filmprüfstelle, der das Herausgabeverbot bzw. der Pfändungsbeschluß als Drittschuldner zugestellt wird, die Kopie an den Antragsteller nicht herausgeben; das Prüfungsverfahren wird aber im übrigen nicht berührt.

[139] Beruhigt sich der Antragsteller bei einer sein Recht einschränkenden Entscheidung, ist er also beispielsweise mit beschränkter Zulassung nach § 2 LG. einverstanden, so hat er den Anspruch auf unbeschränkte Zulassung verwirkt, OPSt. 9. Oktober 1927, Nr. 1001; 16. Mai 1931, Nr. 2527.

[140] Vgl. auch GÖRRES: a. a. O. Nr. 8 zu § 15 S. 50.

[141] Ob auch bei der Oberprüfstelle ist zweifelhaft, vgl. SEEGER: LG. a. a. O. S. 89 Anm. 89 Anm. 3 und HELLWIG: a. a. O. S. 162 Anm. 1 zu § 12.

[142] AV E. 4 Abs. 2.

[143] Vgl. SEEGER: a. a. O. Nr. 2 zu § 12 S. 89.

Zur Enthebung der *Amtsbeschwerde* sind aktivlegitimiert der Vorsitzende der Prüfkammer sowie zwei bei der Entscheidung beteiligte Mitglieder. Ihr Charakteristikum ist, daß sie sowohl gegen die Zulassung als gegen das Verbot des Bildstreifens eingelegt werden kann. Nach der Wortfassung des § 12 Abs. 2 kann allerdings zweifelhaft sein, ob durch die Worte: „Das gleiche Recht" nur der Fall des Bildstreifenverbots getroffen wird, die Amtsbeschwerde also auf diesen Fall beschränkt ist[144]. Indessen hat sich das Kammergericht in einem Urteil des ersten Strafsenats vom 4. Juli 1922[145] mit der Begründung, daß es sich um Wahrnehmung öffentlicher Interessen handelt, in Übereinstimmung mit der ständigen Praxis der Oberprüfstelle auf den entgegengesetzten Standpunkt gestellt[146]. Die Amtsbeschwerde ist in der Sitzung, also nach Verkündung der Entscheidung und vor Verhandlung in neuen Sachen, einzulegen und in der Sitzungsniederschrift anzuführen[147].

b) Da die Beschwerde ihrer rechtlichen Natur nach nicht reine Rechtsbeschwerde ist, so sind auch die von den Prüfstellen getroffenen tatsächlichen Feststellungen anfechtbar[148]. Die Beschwerde ist seitens des Vorsitzenden der Filmprüfstelle mit den Vorgängen unverzüglich an die Oberprüfstelle[149] weiterzuleiten. Bis zur endgültigen Entscheidung über die eingelegten Rechtsmittel bleibt der Bildstreifen in Verwahrung der Prüfstelle.

---

[144] Vgl. DIENSTAG: DAllgZ. 27. Juni 1921; GOLDBAUM: a. a. O. S. 62.

[145] Vgl. JW. 51, 1221.

[146] Vgl. OPSt. 7. April 1921, Nr. 92; SEEGER: a. a. O. S. 91; GÖRRES: a. a. O. S. 52; FALCK: a. a. O. 2 zu § 12 S. 337, sowie die reichhaltigen Literaturangaben bei HELLWIG: Das Beschwerderecht des Vorsitzenden und zweier Beisitzer nach dem LichtspG. PrVBl 1922, 588 ff. Der Entwurf sieht folgende Fassung vor: „Das gleiche Recht steht in den Fällen der Zulassung und deren Versagung dem Vorsitzenden sowie zwei bei der Entscheidung beteiligten Beisitzern zu. Die Beschwerde ist in der Sitzung einzulegen." Nach einem Ministerialerlaß des Reichsministers des Innern vom 31. Juli 1922 III, 6460 sind die Vorsitzenden der Prüfkammern allgemein angewiesen, gegen die Entscheidung der Kammern stets Beschwerde einzulegen, wenn

1. die Kammer sich trotz gegenteiliger Ansicht der zugezogenen Sachverständigen, etwa des Auswärtigen Amts, für eine Zulassung des Bildstreifens entschieden hat;

2. die Kammer einen Bildstreifen zugelassen hat, hinsichtlich dessen die Möglichkeit besteht, daß seine Vorführung eine Störung der öffentlichen Ordnung oder Sicherheit herbeiführen wird;

3. die Kammer einen Bildstreifen zugelassen hat, der bereits früher im Beschwerde- oder Widerrufsverfahren von der Oberprüfstelle verboten worden ist, es sei denn, daß die in ihrer Entscheidung gegen die Zulassung erhobenen Bedenken durch Änderung oder Kürzung des Bildstreifens oder in sonstiger Weise als behoben anzusehen sind.

[147] Vgl. im einzelnen GÖRRES: I zu § 12 S. 12.

[148] Vgl. GÖRRES VII zu § 12 S. 50. [149] Vgl. AV E. 1.

c) Über die Beschwerde entscheidet endgültig in mündlicher Verhandlung die Oberprüfstelle. Der Antragsteller oder ein von ihm bestellter Vertreter sind zu hören[150] (§ 13, 1 LG.); im übrigen sind die verfahrensrechtlichen Bestimmungen die gleichen wie bei der Verhandlung vor den Prüfstellen. Die Oberprüfstelle kann der Beschwerde:

aa) stattgeben, also die Zulassung aussprechen,

bb) sie als unbegründet zurückweisen, falls sie die Entscheidung als sachlich richtig ansieht,

cc) sie als unzulässig verwerfen, falls sie nicht in der vorgeschriebenen Frist und Form eingelegt ist.

Die Oberprüfstelle ist nicht berechtigt, vor der Entscheidung dem Antragsteller aufzugeben, die von der Prüfstelle erhobenen Anstände zu beseitigen und den abgeänderten Bildstreifen vorzulegen[151]. Reformatio in peius ist angesichts des Offizialcharakters des Verfahrens und der Tatsache, daß die Oberprüfstelle gleichzeitig auch Aufsichtsbehörde darstellt, zulässig[152].

Von der Amtsbeschwerde des § 12 Abs. 2 LG. ist die Dienstaufsichtsbeschwerde, die dem Antragsteller wegen verzögerter oder unrichtiger Behandlung seiner Anträge oder aus sonstigen Gründen zusteht, zu unterscheiden. Über sie entscheidet, soweit es sich um die Filmprüfstellen handelt, der Leiter der Oberprüfstelle, sofern es sich um die Oberprüfstelle handelt, der Reichsminister des Innern.

B. Das Widerrufsverfahren[153]. a) Nach § 4 LG. kann auf Antrag einer Landeszentralbehörde die Zulassung eines Bildstreifens durch die Filmoberprüfstelle für das Reich oder ein bestimmtes Gebiet widerrufen werden, wenn das Zutreffen der Voraussetzungen der Versagung erst nach der Zulassung hervortritt. Nach der ständigen Praxis der Oberprüfstelle genügt für die Begründung des Widerrufsantrages die bloße Behauptung, die Entscheidung einer Filmprüfstelle habe sich als irrig erwiesen gleichgültig, ob die Prüfstelle die tatsächlichen Verhältnisse unzureichend beurteilt oder sie rechtlich unzutreffend gewürdigt

---

[150] Vgl. auch S. 350.

[151] Vgl. hierzu SEEGER: a. a. O. Nr. 4 zu § 13 S. 95, dem ich in allen Punkten beitrete.

[152] Gleicher Ansicht GÖRRES: a. a. O. S. 48; SEEGER: a. a. O. S. 96; A. A. ECKSTEIN: a. a. O. S. 189, der das Verbot der Unzulässigkeit aus allgemeinen Rechtsgründen folgert, die aber gerade für die hier vertretene Auffassung sprechen; vgl. auch FLEINER: Institutionen a. a. O. S. 264; SCHULZENSTEIN: VerwArch. 11, 365ff., insbesondere S. 423. Der Entwurf will auch diese Zweifelsfrage dadurch beseitigen, daß er dem § 12 einen Absatz 3 folgenden Wortlautes beigefügt: „Die Entscheidung der Filmprüfstelle darf zum Nachteil des Antragstellers auch dann abgeändert werden, wenn dieser die Beschwerde eingelegt hat.“

[153] Vgl. hierzu auch SEEGER: Arch.f.Urh.R. 1, 271ff.; DIENSTAG: Widerruf und ortspolizeiliches Verbot eines Bildstreifens, Arch.f.Urh.R. 4, 139ff.

hat[154]. Diese Auffassung ist bedenklich, da sie mit der Struktur des Widerrufsverfahrens, das die tatsächliche Erfahrung mit der Vorführung des Bildstreifens zur Grundlage hat, unvereinbar ist; außerdem verleiht sie der Oberprüfstelle sowohl die Stellung einer Berufungs- wie einer Revisionsinstanz, obwohl die Entstehungsgeschichte des § 4 ergibt, daß die Oberprüfstelle auch im Widerrufsverfahren nur die Stellung einer Berufungsinstanz, also einer Tatsacheninstanz besitzt und nicht befugt sein sollte, nach rein rechtlichen Gesichtspunkten die Prüfbescheide der Filmprüfstellen zu überprüfen[155].

Die von den örtlichen Polizeibehörden erhobenen Beanstandungen können allein nicht als ein nachträgliches Hervortreten eines Versagungsgrundes im Sinne des § 4 angesehen werden, es sei denn, daß die antragstellende Landeszentralbehörde sich den Antrag der örtlichen Polizeibehörde zu eigen macht und in der Verhandlung als eigenen vertritt[156]; auf Presseäußerungen allein kann ein Widerrufsantrag nicht gegründet werden[157].

b) Die Oberprüfstelle ist an die Anträge der Landeszentralbehörde im Widerrufsverfahren gebunden. Es wird allerdings in der Praxis — m. E. unzutreffend — die entgegengesetzte Auffassung mit der Begründung vertreten[158], daß § 4 Abs. 2 eine erneute Prüfung vorsieht und der Gesetzgeber mit dem Widerrufsverfahren den Zweck verfolgt, aus Gründen des Volkswohls Fehlsprüche zu beseitigen.

c) Verfahrensrechtlich ist folgendes beachtenswert:

aa) Das Widerrufsverfahren ist formell zulässig sowohl gegenüber Entscheidungen der Filmprüfstelle als auch der Oberprüfstelle[159].

bb) Ausschließlich zuständig ist die Oberprüfstelle.

cc) Antragsberechtigt im Widerrufsverfahren waren nach der bisherigen Fassung des Gesetztes nur die Landeszentralbehörden, dagegen nicht die Reichsministerien. Der Entwurf sah eine Antragsberechtigung der Reichsregierung vor[160]; infolge der nunmehrigen Fassung (vgl. Anm. 155) ist auch der Reichsminister des Innern antragsberechtigt.

---

[154] Vgl. OPSt. 22. Dezember 1927, Nr. 114.

[155] Vgl. meine eingehenden Ausführungen hierzu Arch.f.Urh.R. 4, 111ff., auf die ich zwecks Vermeidung von Wiederholungen verweise; durch die 3. VO. des Reichspräsidenten vom 6. Oktober 1931 (RGBl. S. 567ff.) hat § 4 Abs. 1 LG. folgende Fassung erhalten: Die Zulassung eines Bildstreifens kann auf Antrag des Reichsministers des Innern oder einer obersten Landesbehörde durch die Oberprüfstelle für das Reich oder ein bestimmtes Gebiet widerrufen werden, wenn sich nachträglich ein Versagungsgrund im Sinne der §§ 1, 3 ergibt. Die den Widerruf beantragende Stelle kann die weitere Verfügung des Bildstreifens bis zur Entscheidung der Oberprüfstelle untersagen.

[156] Vgl. OPSt. 4. Juni 1924, Nr. 239.

[157] Vgl. OPSt. 30. November 1925, Nr. 778.

[158] Vgl. Seeger: LichtspG. a. a. O. Nr. 4 zu § 4 S. 39.

[159] Vgl. OPSt. 12. Juni 1921, Nr. 581. [160] Vgl. Dienstag: a. a. O. S. 120.

dd) Der Antrag ist an keine bestimmte Form gebunden.

ee) Zu der Verhandlung ist auf jeden Fall zu laden die antragstellende Landeszentralbehörde, da nach § 4 Abs. 2 ihren Vertretern in der mündlichen Verhandlung Gelegenheit zur Äußerung gegeben werden muß; fernerhin ist zu laden der Antragsteller.

ff) Der Bildstreifen ist binnen einer von der Oberprüfstelle zu bestimmenden Frist vorzulegen. Die Bestimmung über die Länge der Frist liegt dem Leiter der Oberprüfstelle ob. Kommt der Hersteller oder sonstige Verfügungsberechtigte (Verleiher) der Aufforderung nicht fristgemäß nach, so kann (nicht „muß") die Oberprüfstelle die Zulassung ohne erneute mündliche Prüfung widerrufen, kann selbstverständlich aber auch eine weitere Frist gewähren, falls aus irgendwelchen Gründen eine Vorlage nicht erfolgen konnte. Die Vorlage des Bildstreifens hat in der Form zu geschehen in der er sich bei der Zulassung befand. Nicht zugelassene Stellen sind bei der Zurückweisung des Widerrufsantrages in dem Urteile der Oberprüfstelle nachträglich als verboten kenntlich zu machen. Der Einwand, daß ein Bildstreifen bereits abgespielt ist, ist nach der m. E. zur formalistischen Auffassung der Oberprüfstelle ungeeignet, die vom Gesetz gebotene Möglichkeit auszuschließen, den ergangenen Fehlspruch im Widerrufsverfahren wieder auszugleichen[161].

gg) Die Oberprüfstelle entscheidet im Widerrufsverfahren, auch im Beschwerdeverfahren, endgültig. Eine weitere Beschwerde an den Reichsminister des Innern ist unzulässig; deshalb sind auch die Entscheidungen der Oberprüfstelle ohne weiteres mit der Verkündung rechtskräftig[162].

hh) Gebührenrechtlich ist § 5 GBO. maßgebend. Danach ergeht die Entscheidung im Widerrufsverfahren gebührenfrei, einerlei ob das Verbot des Bildstreifens ausgesprochen oder die Zulassung aufrechterhalten wird.

C. Das Wiedervorlageverfahren: Der Antrag auf Zulassung des Bildstreifens, mag er im ordentlichen Verfahren oder Widerrufsverfahren verboten sein, kann jederzeit unter Vorlage der abgelehnten Fassung wiederholt werden (§ 7 LG.). Die Entscheidung hat bei Vorlage in unveränderter Fassung die bereits tätig gewesene Filmprüfstelle zu treffen; im Falle der Abänderung wird die Zuständigkeit einer anderen Prüfstelle nur dann begründet, wenn die Abänderung als Neuschaffung erscheint, also wesentliche Teile des Bildstreifens eine so durchgreifende Änderung erfahren haben, daß der Bildstreifen schon äußerlich als ein anderer als der vorgeführte erscheint[163]. Der Antragsteller ist bei

---

[161] Vgl. OPSt. 9. Dezember 1927, Nr. 1162.

[162] Vgl. SEEGER: a. a. O. S. 96.

[163] Vgl. SEEGER: a. a. O. S. 62. 3 zu § 7 und die dort mitgeteilte Verfügung des Leiters der Oberprüfstelle v. 26. Mai 1922, Z. 1, 22.

Wiedervorlage verpflichtet, die Tatsache des Verbots mitzuteilen. Ihre Verschweigung ist zwar nach den §§ 19, 20 LG. strafbar, berührt aber die Gültigkeit der einmal erfolgten Zulassung nicht, da keine Anfechtung der Zulassung wegen Irrtums und arglistiger Täuschung, sondern nur der Widerruf der Zulassung nach § 4 möglich ist. Der Entwurf sieht gegenüber dem bisherigen Rechtszustande insofern eine wesentliche Änderung vor, als der Bildstreifen nur in einer entsprechend der Vorentscheidung oder dem Widerruf abgeänderten Form oder nach Fortfall des Versagungs- und Widerrufsgrundes wieder vorgelegt werden kann.

D. Die Zulassung aktueller Bildstreifen: a) Nach § 6 können sogenannte „aktuelle Bildstreifen", das sind Bildstreifen über Tagesereignisse, sowie Bildstreifen, die lediglich Landschaften darstellen, von der Ortspolizeibehörde, sofern kein Versagungsgrund im Sinne der §§ 1, 3 LG. gegeben ist, für ihren Bezirk selbständig zugelassen werden, ohne daß es einer Zulassung durch die Prüfstelle bedarf.

aa) Aktuelle Bildstreifen sind Bildstreifen, die Aufnahmen aus der Tagesgeschichte ohne besondere Regie, beispielsweise Vereinsfeste, Aufmärsche, Unfälle, Empfänge, darstellen; in dieses Gebiet fallen auch die zahlreichen Wochen- und Modenschauen (Deulig-Ufa-Fox-Woche)[164].

bb) Bei lediglich Landschaften darstellenden Bildstreifen darf niemals eine dramatische Handlung eingefügt werden[165].

Die Erlaubnis der Ortspolizeibehörde gilt immer nur für ihren Bezirk, ist also praktisch wertlos, sobald die Vorführung des Bildstreifens im gesamten Reichsgebiet erfolgen soll; in diesem Falle ist Erlaubnis der Filmprüfstelle notwendig. Bei ihrer Prüfung sind die Filmprüfstellen nicht an etwaige Entscheidungen der Ortspolizeibehörden gebunden.

cc) Die Prüfung durch die Ortspolizeibehörden hat unter den für die Prüfung durch die Prüfstellen maßgebenden Gesichtspunkten zu erfolgen. Gegen den ablehnenden Bescheid der Ortspolizeibehörde, der sich rechtlich als Polizeiverfügung charakterisiert, sind die allgemein gegen polizeiliche Verfügungen vorgesehenen Rechtsbehelfe gegeben. Für Preußen §§ 46 ff. des Pol.Verw.G.

E. Die Prüfung der Bildstreifenreklame: a) Die zur Vorführung von Bildstreifen gehörige Reklame an den Geschäftsräumen und öffentlichen Anschlagstellen und die Reklame durch Verteilung von Druckschriften bedarf, *soweit sie nicht bereits von der Prüfstelle genehmigt*

---

[164] Vgl. SEEGER: a. a. O. S. 57 Anm. 1 zu § 6 sowie RdErl. d. Pr. Min d. I. v. 19. November 1927 betr. polizeiliche Maßnahmen bei Lichtbildaufnahmen MBliV. S. 1099, der besondere Erleichterungen bei der Aufnahme dieser Wochenschauen vorsieht.

[165] OPSt. 24. Februar 1922, Nr. 2.

worden ist, der Genehmigung der Ortspolizeibehörde. Sie darf nur unter den Voraussetzungen der §§ 1 Abs. 2, 3 Abs. 2 versagt werden (§ 5 Abs. 2 LG.).

Primär ist also für die Prüfung der Reklame die Filmprüfstelle sachlich zuständig; subsidiär tritt an ihre Stelle die Ortspolizeibehörde, eine lediglich aus Zweckmäßigkeitsgründen getroffene darin begründete Maßnahme, dem Theaterbesitzer eine den besonderen örtlichen Verhältnissen angepaßte Reklame neben dem vom Verleiher gelieferten reichszensierten Reklamematerial zu ermöglichen. Hat die Prüfstelle über die Zulassung der Reklame bereits entschieden, so kann die Ortspolizeibehörde die Reklame nicht verbieten. War die Reklame noch nicht der Prüfungsstelle, sondern zunächst der Ortspolizeibehörde vorgelegt, so wird deren Entscheidung durch eine Entscheidung der Prüfungsstelle für die Zukunft außer Kraft gesetzt[166].

b) Prüfungspflichtig ist nur die zur Vorführung des Bildstreifens gehörige Reklame, und zwar:

aa) an den Geschäftsräumen und öffentlichen Anschlagstellen,

bb) durch Verteilung von Druckschriften.

aa) „Geschäftsräume" sind Örtlichkeiten, in denen der Film öffentlich vorgeführt wird, insbesondere also die Lichtspieltheater; die Geschäftsräume der Verleiher fallen mangels Fehlens dieser Voraussetzungen nicht hierunter; öffentliche Anschlagstellen sind nicht nur die Plakatsäulen, sondern auch sonstige zur öffentlichen Ankündigung bestimmte Stellen[167].

bb) „Verteilung von Druckschriften" ist jede Reklame, die durch unentgeltliche Abgabe von Druckschriften den Besuch der Kinotheater zu fördern bestrebt ist. Druckschriften sind unter Berücksichtigung des § 2 PreßG. alle Erzeugnisse der Buchdruckerpresse, sowie alle anderen durch mechanische oder chemische Mittel bewirkten zur Verbreitung bestimmten Vervielfältigungen von Schriften und bildlichen Darstellungen mit oder ohne Schrift und von Musikalien mit Text oder Erläuterung. Programme und Textbücher (z. B. der illustrierte Filmkurier) sind nicht zensurpflichtig, falls sie nur entgeltlich abgegeben, also nicht „verteilt" werden; die durch Zeitungsinserate erfolgende Reklame ist ebenfalls zensurfrei, da sie als nicht zur Vorführung des Bildstreifens gehörig zu bezeichnen ist, auch eine Inseratenzensur gegen Art. 118^1 RV. verstoßen würde[168].

---

[166] Vgl. CONRAD: a. a. O. S. 526 Anm. 3 zu § 5.

[167] Der Entwurf (§ 5) spricht von „sonstigen der Öffentlichkeit zugänglichen Stellen".

[168] Vgl. auch CONRAD: a. a. O. S. 526; SEEGER: a. a. O. S. 52; HÄNTSCHEL: Reichspreßgesetz 1927, 16 Anm. 4b zu § 1 und die dort mitgeteilten höchstrichterlichen Entscheidungen, sowie die Pr. AusfAnw. v. 1. März 1922 zu II, 8 Abs. 2.

c) Für die Prüfung selbst gilt ein strengerer Maßstab als für die des zugehörigen Bildstreifens, da sie nach den strengeren Grundsätzen hinsichtlich der für Jugendliche geeigneten Bildstreifen zu erfolgen hat[169]. Die innere Rechtfertigung liegt darin, daß die Reklame infolge ihres öffentlichen Aushanges ohne weiteres auch dem Jugendlichen zugänglich ist, während der Bildstreifen selbst nur im Inneren des Kinotheaters besichtigt werden kann. Verboten sind alle Darstellungen, in denen geschlechtliche Beziehungen zum Ausdrucke kommen, ferner Darstellungen von Rohheitsakten, Gewalttätigkeiten und verbrecherischen Handlungen[170].

d) Alle für den Bildstreifen und seine Prüfung geltenden Verfahrensvorschriften finden auf die Reklameprüfung sinngemäß Anwendung, also insbesondere die §§ 4, 7, 11³, 12, 13 LG. Auch die Bildstreifenreklame unterliegt dem Widerrufsverfahren[171].

Die Reklame ist dem Antrag auf Prüfung des Bildstreifens in doppelter Ausfertigung beizufügen (AV B. 4); gleichzeitige Vorlage von Reklame und Bildstreifen ist nicht erforderlich, doch müssen Bildstreifen und Reklame gleiche Titel tragen[172].

e) Die landesrechtlichen Vorschriften, deren Zulässigkeit § 30 Abs. 2 des PrG. ausdrücklich anerkennt, bleiben, insoweit sie sich nicht *auf den Inhalt der Reklame beziehen*, durch § 5 unberührt. Polizeiverordnungen über die Vorlage von Plakaten zwecks Kontrolle bei der Polizeibehörde sind demgemäß gültig[173]; das gleiche gilt von Polizeiverordnungen, die aus verkehrspolizeilichen Gründen Art und Form der Reklame regeln[174].

F. Der Prüfbescheid (Urteil). a) Der im Prüfungsverfahren ergehende Spruch ist nicht Urteil im Rechtssinne. Rein äußerlich dokumentiert

---

169 Vgl. S. 363.

170 Vgl. SEEGER: Arch.f.Urh. 1, 266 und die dort ausführlich mitgeteilten Urteile der Oberprüfstelle.

171 Vgl. OPSt. 18. September 1925, Nr. 482.

172 A. A. noch OPSt. 6. Juli 1922, Nr. 32: Dagegen zutreffend SEEGER: Komm. S. 56 Anm. 1, 2 zu § 5.

173 Vgl. HELLWIG: Komm. a. a. O. S. 145 und die dort mitgeteilten Entscheidungen des Kammergerichts; CONRAD: Preßgesetz in STENGLEINS strafrechtlichen Nebengesetzen 1, 394 Anm. 3 zu § 30; in Preußen sind übrigens die §§ 9 und 10 des Pr.PreßG. v. 12. Mai 1851 durch Gesetz v. 28. November 1925 aufgehoben.

174 Vgl. hierzu auch die Berliner Straßenverkehrsordnung § 59, VIII in Verbindung mit der Bekanntmachung v. 15. Januar 1929. Die Rechtsgültigkeit derartiger Vereinbarungen bejaht zutreffend OVG. 42, 426 und Kammergericht bei JOHOW Bd. 31, 31. C. 18. Bestritten war früher die Rechtsgültigkeit von Polizeiverordnungen, die sich ganz allgemein auf die Ankündigung oder die öffentliche Ankündigung von nicht genehmigten Bildstreifen beziehen. Vgl. HELLWIG: a. a. O. S. 145 und die dort mitgeteilten Entscheidungen.

sich diese Tatsache bereits dadurch, daß das Rubrum nur eine Partei, nämlich den Antragsteller anführt. An sich besitzt der Spruch zwar formelle Rechtskraft; infolge der Widerrufbarkeit und der jederzeitigen Wiedervorlagemöglichkeit fehlt ihm aber die materielle Rechtskraft, die den verwaltungsgerichtlichen Urteilen eigen ist[175]; die Entscheidungen der Prüfstellen sind vielmehr Verwaltungsakte, die im Endergebnis allerdings auf einen rechtlichen Erfolg, nämlich die Erteilung einer Polizeierlaubnis für die Vorführung eines Bildstreifens, im Gesetz Zulassung (§ 1 Abs. 1) oder Genehmigung (§ 5 Abs. 2, 17) genannt, abzielen. Sofern der Spruch auf Zulassung lautet, begründet er für den Antragsteller das subjektive öffentliche Recht[176], von jedem Dritten, insbesondere der Polizei zu fordern, sich einer Beeinträchtigung dieses Rechts zu enthalten. Die Zulassung ist demgemäß rechtlich Polizeiverbot mit Erlaubnisvorbehalt. Wird die Zulassung abgelehnt, so handelt es sich um einen negativen Verwaltungsakt (Verweigerung)[177].

b) Nur im Falle der Ablehnung ist der Spruch mit Gründen zu versehen[178]. Die Entscheidungen der Oberprüfstelle sind stets zu begründen[179]. Der schriftliche Spruch muß in verständlicher Weise die Tatsachen ersehen lassen, aus denen die Ablehnung erfolgt[180]. Kursorische Darstellung des Sachverhalts ist daher notwendig, ohne daß es einer scharfen Trennung von den Entscheidungsgründen bedarf. Bei Teilverbot sind die verbotenen Teile unter Angabe der Länge und genauen Beschreibung in der Entscheidung anzuführen. Besonders auffallende Arten der Darstellung, z. B. Großaufnahmen, Blick durchs Schlüsselloch, Fernrohr, Abdunkelung sind hervorzuheben.

c) Der in der mündlichen Verhandlung durch den Vorsitzenden verkündete Spruch ist unabänderlich; Berichtigung von Schreibfehlern, offenbaren Unrichtigkeiten, Rechenfehlern, ist in analoger Anwendung der Grundsätze der §§ 319ff. ZPO. zulässig[181].

d) Der Tenor des Prüfbescheides kann auf Zulassung, beschränkte Zulassung, gänzliches Verbot oder Teilverbot lauten[182].

---

[175] Jedenfalls nach der herrschenden Lehre, vgl. FLEINER: a. a. O. S. 271 und die dort angezogenen Schriftsteller.

[176] Vgl. FLEINER: Institutionen a. a. O. S. 193, 410 Anm. 1; JELLINEK: a. a. O. S. 248; MAYER: Verwaltungsrecht I³ S. 93ff; HATSCHEK: a. a. O. S. 7; KORMANN: Einführung in die Praxis des deutschen Verwaltungsrechts. 2. Aufl. 1931, S. 280ff.

[177] Vgl. S. 373 hinsichtlich der Frage, inwieweit Nachprüfung des Spruches durch die ordentlichen Gerichte möglich ist.

[178] Vgl. § 15 LG. in Verbindung mit AVD. 7, wiedersprechend AVD. 9 (nur auf Antrag mit Gründen zu versehen).

[179] Vgl. AV. S. 3.

[180] Vgl. PrVBl. 48, 279; OVG. 69, 439.

[181] Vgl. indessen Urteil der OPSt. 8. November 1930, Nr. 1016, worin die Anwendung dieser Grundsätze auf einen offenbar materielle Bedeutung besitzenden Berichtigungsbeschluß des Vorsitzenden einer Prüfkammer mit Recht abgelehnt wird.

[182] Vgl. im einzelnen hierzu SEEGER: a. a. O. S. 26 Anm. 3 zu § 2.

e) Der ein Verbot aussprechende Prüfbescheid der Prüfstelle ist dem Antragsteller unter Beobachtung der Vorschriften der ZPO. über die von Amts wegen erfolgende Zustellung (§ 208 ZPO.) zuzustellen[183].

7. Jugendschutz. a) Die für das Lichtspielgesetz bedeutsamen Altersgrenzen sind **6** und **18** Jahre. Jugendliche (vom Gesetz als „Kinder" bezeichnet) unter 6 Jahre dürfen bei der Vorführung von Bildstreifen überhaupt nicht zugelassen werden; im Alter zwischen 6—18 Jahren dürfen sie zwar Filmvorführungen besuchen, aber mit der Einschränkung, daß nur für Jugendliche zugelassene Bildstreifen vorgeführt werden, also Bildstreifen, die, abgesehen von dem Spiel, so gehalten sind, daß eine schädliche Einwirkung auf die sittliche, geistige oder gesundheitliche Entwicklung oder eine Überreizung der Phantasie der normalen Jugendlichen nicht zu besorgen ist.

aa) Eine Gefährdung der sittlichen Entwicklung liegt dann vor, wenn der Bildstreifen die normale Entwicklung der Jugendlichen schädlich beeinflussen kann oder dem „jugendlichen Beschauer" die Kenntnis einer Umwelt von Leichtsinn, Verschwendung, Verschuldung vermittelt[184]. Die Zulassung des Bildstreifens „Faust" für Jugendliche ist von der Oberprüfstelle auf preußischen Antrag hin wiederrufen worden, weil die in dem, in der Hauptsache die Gretchenepisode behandelnden, Bildstreifen zum Ausdruck kommende Verwirrung des Begriffs Jugend in hohem Maße geeignet ist, die sittliche Entwicklung Jugendlicher nachteilig zu beeinflussen[185]. Auf bayrischen Antrag hin ist die Zulassung des Bildstreifens „Oliver Twist" für Jugendliche widerrufen worden, weil die Oberprüfstelle grundsätzlich davon ausgeht, daß es bei der den Prüfstellen obliegenden Wirkungsprüfung ausschließlich auf die dem Bildstreifen innewohnende Wirkung ankommt und selbst die Verfilmung eines anerkannten Werkes der Weltliteratur durch die Formung und Darstellung des Grundstoffes genau die entgegengesetzte Wirkung haben kann als das Ursprungswerk[186]. Auch Bildstreifen die dem Erziehungsziel widerschreiten, sind sittlich gefährdend[187].

bb) Die geistige Entwicklung gefährden Bildstreifen, die ein so schiefes und verzerrtes Bild der tatsächlichen Verhältnisse geben, daß dadurch die geistige Einstellung des Jugendlichen nachhaltig beeinflußt wird; unzulässig sind daher unwahre Darstellung des Gerichtsverfahrens und des Krankenhauslebens[188].

---

[183] Vgl. auch AV D. 9, SEEGER: a. a. O. Nr. 3 zu § 15; FALCK: a. a. O. zu § 15 S. 47.

[184] Vgl. OPSt. 17. Oktober 1927, Nr. 956; 22. November 1927, Nr. 1131; 15. Februar 1927, Nr. 175.

[185] Vgl. OPSt. 9. Dezember 1927, Nr. 1162.

[186] Vgl. OPSt. 18. Mai 1928, Nr. 218 und seine ausführliche Wiedergabe bei SEEGER: Arch.f.Urh.R. 1, 259; über Wirkungszensur im allgemeinen vgl. S. 338.

[187] Vgl. OPSt. 21. Mai 1924, Nr. 235; 17. Oktober 1927, Nr. 942.

[188] Vgl. OPSt. 28. Januar 1928, Nr. 86; 10. November 1927, Nr. 1020.

cc) Die gesundheitliche Entwicklung Jugendlicher wird durch Darstellungen gefährdet, die durch die Kraßheit ihrer Darstellung Nervenüberreiztheit und übermäßige Erregung hervorrufen[189].

dd) Der vom Standpunkt des Jugendschutzes besonders wichtige Tatbestand der Phantasieüberreizung ist dann gegeben, falls die Besichtigung des Bildstreifens eine zu krasse Belastung für die Phantasie des jugendlichen Beschauers auslöst. Bildstreifen, in denen der Flammentod eines Feuerwehrmannes, lebensgefährliche Löscharbeiten der Feuerwehr, die Furcht des Zuschauers vor dem Schicksal des in den Flammen umherirrenden kleinen Kindes mit äußerster Realistik gezeigt wird, wurden daher verboten[190]. Filme über venerische Krankheiten sind für Jugendliche über 6 Jahre in Verbindung mit einem ärztlichen Vortrag und im Rahmen einer Sondervorführung erlaubt[191], da nach Ansicht der Oberprüfstelle die Aufklärung über die Gefahren der Ansteckung bei Erwachsenen nicht haltmachen darf, sondern auch der gefährdeten Jugend vermittelt werden muß.

b) Etwa auf Grund des § 3 Abs. 2 LG. erlassene gemeindliche Vorschriften[192] dürfen sich nur auf den Schutz der Gesundheit und der Sittlichkeit der Jugendlichen, niemals aber auf eine besondere Zulassung der Bildstreifen, etwa durch örtliche Prüfungsausschüsse, beziehen, da die Materie des Jugendschutzes durch § 3 reichsrechtlich abschließend ist[193]. Deshalb sind gemeindliche Bestimmungen über die Art der vor Jugendlichen vorzuführenden Bildstreifen sowie über die Nachprüfung *von* Bildstreifen *vor* Abhaltung von Jugendvorstellungen unzulässig. Bestimmungen über die Anmeldung von Jugendvorstellungen bei der Polizei zwecks Nachprüfung des zur Vorführung in der Jugendvorstellung bestimmten, bereits zugelassenen Bildstreifens durch einen örtlichen Prüfungsausschuß sind rechtsunwirksam, insoweit sie sich etwa auf eine mit der der Anmeldung verbundene Prüfung beziehen. Die Prüfung der während der Vorführung zu spielenden Musikstücke durch die Polizei ist ebenfalls unzulässig.

c) An sich sind „Jugendvorstellungen“ reichsrechtlich *nicht* vorgeschrieben[194]. Es können also auch Vorführungen für Erwachsene von Jugendlichen besucht werden, sofern Bildstreifen zur Vorführung gelangen, die für Jugendliche besonders zugelassen sind; andernfalls muß an der Kasse am Eingang zum Vorführungsraum ein deutlich les-

---

[189] Vgl. OPSt. 17. Oktober 1927, Nr. 942.

[190] Vgl. OPSt. 23. August 1927, Nr. 721.

[191] Vgl. OPSt. 30. Januar 1925, Nr. 31 und 21. Januar 1927, Nr. 62.

[192] Vgl. auch SEEGER: Grenzen örtlicher Schutzbestimmungen für Jugendliche nach dem Reichslichtspielgesetz Arch.f.Urh.R. 1, 426ff.

[193] So zutreffend KG. 9. Juni 1922; MBliV. S. 1065.

[194] Vgl. SEEGER: a. a, O. S. 430.

barer Anschlag mit folgender Anschrift angebracht werden: „Für Jugendliche unter 18 Jahren verboten.“ Eine besondere Konzession für Jugendvorstellungen gibt es ebenfalls nicht, auch können nicht etwa nur in bestimmten Theatern Jugendvorstellungen gestattet werden. Für Jugendvorstellungen ist Voraussetzung die Zulassung von Jugendlichen im Alter von 6—18 Jahren und Vorführung von Bildstreifen, die den Bestimmungen des § 3 LG. entsprechen. Die Gemeinden sind nicht befugt, die Altersgrenzen des § 3 Abs. 4 für den Besuch dieser Vorstellungen nach oben oder unten abzurunden.

d) Die regelmäßige Überwachung der Lichtspieltheater auf die Beobachtung der Jugendschutzbestimmungen des Lichtspielgesetzes und der Gemeinden oder Gemeindeverbände ist in erster Linie Sache der Ortspolizeibehörden. Eine Reihe von Ländern haben besondere Ortsausschüsse resp. Zulassungsstellen für Lichtspielpflege eingerichtet, deren Zulässigkeit dann nicht zu beanstanden ist, falls ihren Mitgliedern kein Nachprüfungsrecht und keine polizeilichen Zwangsbefugnisse zustehen. Die Mitglieder dieser Ausschüsse haben deshalb auch im Gegensatz zu den mit der Durchführung der Jugendschutzbestimmungen beauftragten Polizeibeamten keinen Anspruch auf freien Eintritt.

e) Bei der Prüfung von Bildstreifen für Jugendliche sind Jugendliche im Alter von 18—20 Jahren nach Bestimmung der Ausschüsse für Jugendwohlfahrt zu hören (§ 11 Abs. 2 in Verbindung mit AV C. 5). Die Jugendlichen sind weder Beisitzer noch Mitglieder der Spruchkammer und nehmen deshalb an den Beratungen nicht teil. Ihre Zulassung hat nur gutachtliche Bedeutung, ohne daß die Prüfstelle an dieses Gutachten gebunden ist. Die Anhörung des Jugendlichen ist in der Niederschrift über die Verhandlungen zu vermerken[195].

8. Das ortspolizeiliche Verbot eines Bildstreifens. Die Frage ob und inwieweit die Ortspolizeibehörde berechtigt ist, das Verbot eines reichszensierten Bildstreifens auszusprechen, ist heiß umstritten.

a) Da das Lichtspielgesetz als Reichsgesetz die Filmzensur abschließend regelt, so ergibt sich eigentlich schon hieraus, daß ein ortspolizeiliches Verbotsrecht überhaupt nur in den Fällen möglich ist, die das Gesetz vorsieht, also bei Prüfung der örtlichen Filmreklame und Prüfung von aktuellen Bildstreifen (§§ 5, 6)[196]. Positiv spricht weiter für die Unzulässigkeit eines weitergehenden ortspolizeilichen Verbotsrechtes die

[195] Vgl. SEEGER: Komm. a. a. O. S. 84ff., der mit Recht darauf hinweist, daß sich die Heranziehung Jugendlicher nach dem übereinstimmenden Urteile beamteter und nichtbeamteter Praktiker in keiner Weise bewährt hat und daß ihrer bei einer Neuregelung des Gesetzes ohne Schaden entraten werden kann.

[196] Vgl. S. 359 u. 363; die Übergangsbestimmung des § 17 LG., die eine Genehmigung der Ortspolizeibehörden in gewissen Fällen vorsieht, ist jetzt praktisch bedeutungslos, da die Nachprüfung der vor Inkrafttreten des LG. in Umlauf befindlichen Bildstreifen seit Jahren beendet ist.

Entstehungsgeschichte des Lichtspielgesetzes. Die Verhandlungen im 23. Ausschuß und auch im Plenum lassen nicht den mindesten Zweifel darüber zu, daß die Nationalversammlung es ausschalten wollte und ausgeschaltet bzw. seine Zulässigkeit auf ganz bestimmte Fälle beschränkt hat[197]; wenn dessenungeachtet die Verwaltungspraxis einzelner Länder, insbesondere von Bayern, Thüringen, Baden, Braunschweig, Württemberg, ein solches Verbotsrecht für sich in Anspruch nimmt, so muß demgegenüber mit allem Nachdruck festgestellt werden, daß diese Praxis weder im Lichtspielgesetz eine Stütze findet noch den Materialien des Gesetzes irgendwie zu entnehmen ist. Gegenüber diesen immerhin nicht unwesentlichen Argumenten sind die Gründe, mit denen die Verwaltungsbehörden ihre Praxis zu rechtfertigen suchen, in keiner Weise überzeugend; insbesondere ist die in der Entscheidung der württembergischen Regierung vom 2. Dezember 1926 vertretene Auffassung[198], daß die Polizeibehörden berechtigt sind, auch zugelassene Bildstreifen zu verbieten, sofern das Verbot zur Aufrechterhaltung der Ruhe und Ordnung erforderlich erscheint, völlig unhaltbar. Soweit ich sehe, scheint mir auch eine gewisse Einigkeit in der Rechtsprechung und Rechtslehre darüber zu bestehen, daß derartige *Dauerverbote* auf jeden Fall unberechtigt sind und die Ortspolizeibehörden in keinem wie auch gearteten Falle zu ihrem Erlaß berechtigt sind[199].

b) Mit gleicher Einmütigkeit wird indessen die Berechtigung der Polizei bejaht im Falle der Störung der öffentlichen Ruhe und Ordnung ein vorübergehendes Verbot des Bildstreifens auszusprechen. Eine vielfach verbreitete, besonders vom preußischen Oberverwaltungsgericht in seiner Entscheidung vom 15. Dezember 1921 vertretene, deshalb auch für die Praxis wichtige Auffassung geht dahin, daß die Polizei in diesem Falle gleichzeitig verpflichtet ist, die Landeszentralbehörde zur Stellung eines Widerrufsantrages aus § 4 zu veranlassen mit der Maßgabe, daß das Polizeiverbot nur bis zur Entscheidung über den Widerrufsantrag gilt. Auch derartig fundamentierte Verbote sind jedenfalls de lege lata

[197] Vgl. im einzelnen FALCK: Reichsfilmzensur und Ortspolizeibehörde Arch. f.Urh.R. 1, 633ff., der ausführlich die parlamentarische Entstehungsgeschichte dieser gesetzlichen Bestimmungen darstellt, auf die hier im einzelnen wegen Raummangel nicht eingegangen werden kann.

[198] Vgl. Arch.f.Urh.R. 1, 652.

[199] Vgl. SEEGER: Komm. Anm. 13 zu § 4; GÖRRES: a. a. O. S. 3; GOLDBAUM: Komm. S. 3; CONRAD: a. a. O. S. 525 Anm. 1 zu § 4; HELLWIG: in Grundrechte S. 43; SEEGER: Bildwart S. 13ff.; DIENSTAG: Arch.f.Urh.R. 4, 152; Bad. VGH. 28. September 1922; JW. 1922, 43; 16. April 1931, Nr. 1289 (bisher nicht veröffentlicht); PrOVG. JW. 1922, 1922; KG. Urteil 9. Juni 1922 (vgl. S. 364). A. A. vor allem JELLINEK: Verwaltungsrecht 473 Anm. 2; EICHNER: in verschiedenen Aufsätzen der BayGemVZ. 1925, 185ff. (Ortspolizei und Filmzensur); 1927, 154ff. (Die Polizeierlaubnis zur Veranstaltung öffentlicher Lichtspiele nach Art. 32 PStGB.)

unzulässig, wie ich eingehend Arch.f.Urh.R. 4, 62 begründet habe. Ich verweise zwecks Vermeidung von Wiederholungen auf meine dortigen Ausführungen.

c) Auch aus den vom Reichsgericht (RGZ. 117, 38) über die Notwehr des Staates entwickelten Gesichtspunkten[200] kann ein ortspolizeiliches Verbotsrecht nicht hergeleitet werden; denn es muß schlechterdings als ausgeschlossen gelten, daß die Vorführung eines reichszensierten Bildstreifens die tatbestandlichen Merkmale der Notwehr erfüllt[201].

d) Entsprechend den hier gemachten Ausführungen ist jede Polizeibehörde, die das Verbot eines reichszensierten Filmes ausspricht, schadensersatzpflichtig gemäß § 823 Abs. 2 BGB; denn der Widerruf der Zulassung eines Bildstreifens für das Reich oder auch nur für ein bestimmtes Gebiet des Reiches ist im § 4 LG. ausschließlich geregelt: demgegenüber entfällt jede Kompetenz, irgendeiner Ortspolizeibehörde, ein dauerndes oder vorläufiges Verbot eines Bildstreifens auszusprechen[202].

II. Strafrecht.

§ 49. Die Strafbarkeit von Theater-, Varieté-, Lichtspielaufführungen nach den allgemeinen Strafbestimmungen.

Der Kreis der praktisch in Betracht kommenden strafrechtlichen Vorschriften ist außerordentlich begrenzt, da der gewissenhafte Theaterunternehmer schon im eigenen Interesse einen Konflikt mit den Strafgesetzen vermeiden wird. Eine Ausnahme bilden in dieser Beziehung nur Theatertruppen mit ausgesprochener politischer Tendenz, wie sie in der heutigen Zeit vielfach von extrem radikaler Seite propagiert werden. Ihre Darbietungen können unter Umständen die tatbestandlichen Merkmale der Aufforderung zum Hochverrat (§ 85 StGB.), des Vergehens gegen das Republikschutzgesetz, der Aufwiegelung zum Ungehorsam gegen den Staatswillen (§ 110 StGB.), der Aufreizung zum Klassenhaß (§ 130 StGB.), der Beschimpfung von Religionsgesellschaften

[200] Vgl. auch Häntschel: JW. 1927, 991 zu Nr. 2.

[201] Vgl. Falck: a. a. O. S. 662.

[202] Vgl. auch die Worte des Reichsministers des Innern v. Keudell am 1. Dezember 1926 im Reichstag, wonach ein generelles Verbot des Films „Panzerkreuzer Potemkin" mit dem Reichsrecht nicht vereinbar ist; stenographische Berichte des Reichst. 3. Wahlperiod. L. 8336 D. 8337. Nunmehr kann die oberste Landeszentralbehörde die Vorführung bis zur Entscheidung der Oberprüfstelle untersagen, vgl. S. 357 Anm. 155.

und Religionseinrichtungen (§ 166 StGB.) tragen. Praktische Bedeutung besitzt vor allem der Fall, daß eine Theater- oder Varietéaufführung unzüchtig oder beleidigend ist. Da die Beleidigung, sofern nicht ein öffentliches Interesse vorliegt, Antragsvergehen (§ 194 StGB.) ist, so hängt hier die etwaige Strafbarkeit vom eigenen Willen des Betroffenen ab; dagegen kann die unzüchtige Theateraufführung ex officio verfolgt werden, wobei die Aufführung als solche, also die sich durch mehrere Akte hindurchziehende Handlung in der Regel niemals unzüchtig sein wird, die Unzüchtigkeit vielmehr in einzelnen Worten, Redewendungen oder Vorgängen bestehen wird. Deswegen kommt für die strafrechtliche Verfolgung nur § 183 StGB., der nach herrschender und richtiger Meinung Einzelhandlungen trifft[1], in Frage, zumal die Theateraufführung weder als Darstellung noch als Verbreitung im Sinne des § 184 StGB. angesehen werden kann. § 183 StGB. erfordert als tatbestandliche Voraussetzung neben objektiver Unzüchtigkeit der Handlung oder Äußerung noch öffentliche Ärgerniserregung, d. h. es muß Ärgernis von einem Besucher genommen werden. Es reicht also nicht aus, wenn jemand an einer unzüchtigen Aufführung, die er nur vom Hörensagen kannte, Ärgernis nimmt, da es unmittelbar durch die anzuschauende Handlung gegeben sein muß[2]. Schließlich muß gerade an der unzüchtigen Handlung der Aufforderung Ärgernis genommen sein. Die Entwürfe zum neuen Strafgesetzbuch wollen in dieser Beziehung eine Änderung eintreten lassen, indem sie die Strafbarkeit nicht mehr von dem zufälligen Umstand der Ärgerniserregung abhängig machen, sondern die öffentliche Vornahme unzüchtiger Handlungen schon dann strafrechtlich verfolgen, wenn sie unter Umständen begangen sind, unter denen das Verhältnis geeignet ist, Ärgernis zu erregen[3]. Unzüchtig im Sinne des § 183 StGB. ist eine Äußerung oder Handlung dann, wenn sie objektiv das allgemeine Scham- und Sittlichkeitsgefühl in geschlechtlicher Beziehung verletzt und subjektiv von einer wollüstigen Absicht getragen ist[4]; insbesondere muß die unzüchtige Handlung im Sinne des § 183 StGB. stets das allgemeine Scham- und Sittlichkeitsgefühl in geschlechtlicher Beziehung durch die äußere Art und Weise der Form oder des dargestellten Vorganges in

---

[1] Vgl. insbes. OLSHAUSEN: Strafgesetzbuch 1, 825, 11. Aufl., Berlin 1927; EBERMEYER-LOBE-ROSENBERG: Strafgesetzbuch 3. Aufl. a. a. O. 567, 569, 572; HARBURGER: in der ZStW. 4, 500; RGSt. 47, 406; 38, 345; 46, 391; 47, 224; 47, 226; 46, 390; JW. 25, 2136.

[2] Vgl. auch BINDING: Lehrbuch des gem. deutschen Strafrechts bes. Teil I, 2 S. 102; EBERMEYER-LOBE-ROSENBERG: S. 558; KOHLER: ArchfStrafr. 45, 81; OLSHAUSEN: S. 826; RGSt. 27, 282.

[3] Vgl. Entwurf 1927, Begründung S. 148 und S. 31.

[4] Vgl. EBERMEYER-LOBE-ROSENBERG: S. 539; OLSHAUSEN: S. 776; FRANK: S. 412; RGSt. 6, 116; 22, 33; 28, 77; SPEIDEL: Die unzüchtige Theateraufführung, Freiburger Dissertation 1930, S. 35.

gröblicher Weise verletzen[5]. Mit diesem Satze wird indessen nur ein allgemeiner Rahmen aufgestellt, der erst durch das wirkliche Leben Inhalt erhält. Zu berücksichtigen ist hierbei, daß an Theatervorstellungen oft ein anderer Maßstab als an Kabarett und Varietévorstellungen gelegt werden muß. Was auf der Varietébühne infolge Umgebung und äußerer Form unzüchtig wirken kann, braucht auf der Sprechbühne keinen unzüchtigen Eindruck hervorzurufen, gleichwie das Reichsgericht einmal gesagt hat: „Was im Lichte und in der Umgebung der Bühne noch nicht anstößig ist, kann im Lichte und Leben öffentlicher Straßen schamlos gegen Zucht und Sitte verstoßen[6].“ Der Spruchrichter wird sich ferner vor Augen halten müssen, daß Kunst und Künstler in ihrem Schaffen des erotischen Elements als eines stimulus bedürfen und daher an die Darstellung erotischer Vorgänge einen ganz anderen Maßstab zu legen gewohnt sind als der normale Besucher. Es braucht nur an den Venusberg in Wagners Tannhäuser erinnert zu werden. Bedenklich ist jedenfalls die gelegentlich vertretene Auffassung[7], wonach die Kunst keinerlei Einfluß auf Handlung oder Darstellung hat. Die extreme Auffassung vertritt KOHLER[8], nach der eine wahrhaft künstlerische Produktion niemals unzüchtig, vielmehr im höchsten Grade sittlich ist, weil sie den Menschen zum Ewigen, zum Unendlichen führt. Das Reichsgericht nimmt an, daß zwar auch Kunstwerke unzüchtig sein können, das Anstößige aber im Einzelfalle durch künstlerische Darstellung, sei es durch Schönheit der Aufführung oder durch den Ernst und die besondere Wirkung, sei es durch die Durchgeistigung des Stoffes mit dem Erfolg zurückgedrängt werden könne, daß auch der gesittete Leser und Beschauer in seinem Schamgefühl in geschlechtlicher Hinsicht nicht verletzt wird, sondern Freude am Schönen und am Belehrenden empfindet[9]. Strafbar macht sich bei der Verletzung des § 184 StGB. stets der Theaterunternehmer und der Autor, möglicherweise auch der Schauspieler[10].

In Preußen haben nach der allgemeinen Verfügung des Pr. Ministeriums für Wissenschaft und Kunst, des Ministeriums des Innern und des JustMinisteriums vom 26. März 1924 und 31. Oktober 1924 (MBliV. S. 455,

---

[5] Vgl. BINDING: a. a. O. S. 214; EBERMEYER-LOBE-ROSENBERG: a. a. O. S. 567; LILIENTHAL: SchweizStrZ. 10, 59; OLSHAUSEN: S. 825; LISZT: Lehrbuch des dtsch. Strafrechts 25, 557; KOHLER: ArchfStrafr. 45, 206ff.; RGStr. 33, 233; 28, 280; 53, 140.

[6] Vgl. RGStr. 30, 379.

[7] Vgl. THOMSEN: „Das unzüchtige Bild“, GerS. 80, 913.

[8] Vgl. KOHLER: ZStW. 7, 60.

[9] Vgl. RG. Bd. 315, RG. 6. Februar 1911; GoldArch. 59, 128; SPEIDEL: a. a. O. S. 41.

[10] Vgl. auch hierzu SPEIDEL: a. a. O. S. 28, Anm. 16.

1055) die Polizeibehörden und Staatsanwaltschaften bei allen das Gebiet der Kunst berührenden Maßnahmen, bei denen es zweifelhaft erscheint, ob eine Gefährdung der öffentlichen Ruhe, Sicherheit und Ordnung aus den vorerwähnten Gesichtspunkten vorliegt, die bei den einzelnen Polizeipräsidien bestehenden Kunstausschüsse als Sachverständigenausschüsse zu hören.

Der Fall, daß öffentlich zugelassene Bildstreifen gegen allgemeine Strafgesetze verstoßen, wird nach Einführung der Filmzensur noch schwerlich denkbar sein. Rein theoretisches Interesse besitzt die Möglichkeit, daß die Polizei über die Strafbarkeit eines Bildstreifens anderer Meinung sein kann als die Prüfstelle; falsch ist jedenfalls die Behauptung[11], daß sich bei Beleidigungen möglicherweise ein solcher Fall ergeben kann; denn die strafbare Beleidigung verstößt gegen die von den Prüfstellen zu beobachtenden Gesichtspunkte der öffentlichen Ordnung und Sicherheit; wenn daher das Reichsgericht[12] in den Anfangszeiten der Kinematographie die Verbreitung unzüchtiger Filme als Vergehen gegen § 184 StGB. angesehen hat, so besitzt diese Entscheidung nur Bedeutung für diejenigen hier nicht sonderlich interessierenden Fälle, in denen Bildstreifen unzüchtigen Inhalts, ohne die Zensur zu passieren, in Nachtlokalen, geschlossenen Gesellschaften oder ähnlichen Veranstaltungen vorgeführt werden[13].

§ 50. Die strafrechtlichen Bestimmungen des Lichtspielgesetzes.

1. Das Lichtspielstrafrecht ist kodifiziert in den § 18—20 LG[1]. Vier Tatbestände sind unter Strafe gestellt, nämlich:

a) Die Vorführung von Bildstreifen oder ihr in Verkehrbringen im In- und Auslande zum Zwecke der öffentlichen Vorführung oder Teilen von solchen, die von den zuständigen Behörden verboten, nicht zugelassen, oder deren Zulassung widerrufen ist (§ 18[1] LG.).

b) Die Benutzung einer nicht genehmigten Reklame (§ 19 LG.).

---

[11] Vgl. Eckstein: a. a. O. S. 407.

[12] Vgl. RGStr. 39, 183; Frank: StGB. S. 414, 1 zu § 184.

[13] Vgl. auch § 269 des amtlichen Entwurfs eines allgemeinen dtsch. Strafgesetzbuches nebst Begründung und § 300 des Entwurfs eines allgemeinen dtsch. StGB. 1925, 1927. Diese Vorschriften sollen nach der Begründung die Vorführung unzüchtiger Filme treffen. Es kann sich selbstverständlich stets nur um nicht zugelassene Filme handeln; etwaige Beschlagnahmen von Filmen richten sich nach §§ 2, 23 Preßgesetz.

[1] Es ist Verwaltungsstrafrecht, wofern man sich auf den Standpunkt stellt, daß es sich angesichts der Natur des LG. um reines Polizeistrafrecht handelt und Polizeistrafrecht wiederum Verwaltungsstrafrecht darstellt, einen Standpunkt, den bekanntermaßen das Strafgesetzbuch nicht einnimmt; vgl. Goldschmidt: Verwaltungsstrafrecht S. 453ff.

c) Die Vorlegung eines bereits abgelehnten Bildstreifens bei einer Prüfstelle unter wissentlicher Verschweigung dieses Umstandes (§ 19 LG.).

d) Die Vorführung von Bildstreifen, die zur Vorführung vor Jugendlichen nicht zugelassen sind, in Jugendvorstellungen oder die Zulassung von Jugendlichen zu allgemeinen Vorstellungen (§ 18^2 LG).

Diese Vorschriften bilden ein in sich geschlossenes Sonderstrafrecht, das weder durch Landesgesetze ergänzt noch auf andere Vergehen als die unter Strafe gestellten ausgedehnt werden kann, es sei denn, daß es sich um Vergehen allgemeiner Art handelt.

2. Die allgemeinen Vorschriften des StrGB. gelten auch für die Strafbestimmungen des LG.; so ist die Deliktsfähigkeit nach den allgemeinen Grundsätzen des StGB. über die strafrechtliche Verantwortungsfähigkeit zu beurteilen. Die §§ 51 ff. StGB. kommen als allgemeine Strafausschließungsgründe in Betracht; fernerhin greifen die strafrechtlichen Grundsätze über Beihilfe, Mittäterschaft, Anstiftung (§ 43 ff. StGB.) Platz. Der Versuch ist niemals strafbar, da es an einer ausdrücklichen Bestimmung im LG. fehlt (§ 43 Abs. 2 StGB.). Täter ist in jedem Falle die unmittelbar handelnde Person, bei juristischen Personen deren Vorstandsmitglieder resp. Geschäftsführer oder Prokuristen[2].

3. Mit den sich aus dem Zwecke dieser Darstellung ergebenden Einschränkungen ist hinsichtlich der einzelnen Tatbestände folgendes zu bemerken:

a) Vorsätzliche Begehung des Delikts aus § 18 LG. liegt dann vor, falls der Täter weiß oder den Umständen nach annehmen mußte, daß der Bildstreifen nicht zugelassen ist; als Täter kommen in Betracht: Hersteller, Verleiher und Theaterbesitzer. Fahrlässig handelt derjenige, der bei Prüfung der Frage, ob ein Bildstreifen verboten, nicht zugelassen oder widerrufen ist, die im Verkehr erforderliche Sorgfalt außer acht läßt. Der Hersteller ist daher strafrechtlich dafür verantwortlich, daß sämtliche verbotenen Teile eines Bildstreifens aus dem Filmnegativ entfernt sind, ehe es in den Verkehr gelangt. Auf Verschulden seines Personals kann er sich nach ständiger Praxis nicht berufen[3]. Wenn der Verleiher die Kopie des Bildstreifens mit den verbotenen Teilen weiter in den Verkehr bringt, also an die Theaterbesitzer vermietet, ohne sich vorher an Hand der Zensurkarte davon zu überzeugen, daß die verbotenen Teile auch wirklich ausgeschnitten sind, so liegt ebenfalls Vergehen aus § 18 LG. vor. Der Theaterbesitzer macht sich dann strafbar, wenn er die Kopie in seinem Theater ohne Ausschnitte vorführt, anstatt sich erst vorher darüber zu vergewissern, daß die Kopie mit der Zensurkarte

[2] Vgl. Conrad: a. a. O. S. 531 mit Literaturangaben.

[3] Vgl. auch das bei Seeger: Komm. a. a. O. S. 107 Nr. 5 zu § 18 angeführte Urteil der Strafkammer Berlin, das in Übereinstimmung steht mit zahlreichen anderen Urteilen der Schöffengerichte und Strafkammern.

übereinstimmt[4]. Straffrei bleibt die Kopieranstalt, da bei ihr kein Inverkehrbringen im Sinne des § 18 LG. vorliegt.

Einen Einzelfall, allerdings von grundsätzlicher Bedeutung, behandelt das Kammergericht in seiner Entscheidung vom 4. Juli 1922[5]. Dort hatte ein Theaterbesitzer einen zunächst von der Filmprüfstelle zugelassenen, dann auf Amtsbeschwerde hin verbotenen Bildstreifen öffentlich vorgeführt. Der Theaterbesitzer verteidigte seine Handlungsweise damit, daß nach § 12 Abs. 2 LG. die Amtsbeschwerde nur im Falle des Verbots eines Bildstreifens, niemals aber im Falle seiner Zulassung gegeben und deshalb die Entscheidung der Oberprüfstelle, wenn sie die Zulässigkeit der Amtsbeschwerde auch für den Fall der Zulassung des Bildstreifens bejaht habe, rechtsunwirksam sei; der Bildstreifen sei daher fortdauernd als zugelassen zu betrachten und demgemäß liege ein Vergehen aus § 18 LG. nicht vor. Landgericht und Kammergericht haben im Gegensatz zur I. Instanz diese Verteidigung mit der Begründung für unerheblich erklärt, daß die Entscheidung der Oberprüfstelle die ordentlichen Gerichte dergestalt binde, daß eine Nachprüfung der ordnungsmäßigen Zulassung ausgeschlossen sei. Die Entscheidung ist nicht bedenkenfrei, steht auch in völligem Widerspruch zu der vom Reichsgericht und Reichsarbeitsgericht stets vertretenen Auffassung hinsichtlich der Nachprüfbarkeit der Gesetzmäßigkeit von Entscheidungen der Verwaltungsbehörden mit gerichtsähnlichen Befugnissen wie etwa Miets-, Pachteinigungsämtern, Schlichtungsausschüssen; denn leitender Gesichtspunkt dieser Rechtsprechung ist die Prüfungsberechtigung und Prüfungsverpflichtung der ordentlichen Gerichte in bezug auf die Zuständigkeit der Verwaltungsbehörden zum Erlaß einer die Gerichte sachlich bindenden Entscheidung und hinsichtlich des Vorhandenseins von Mängeln, die ohne weiteres ergeben, daß ein behördliches Verfahren und eine behördliche Entscheidung nicht vorliegt, ohne daß ein Nachprüfungsrecht der Richtigkeit und der Zweckmäßigkeit der Entscheidung gegeben ist[6]. Das LG. bestraft die öffentliche Vorführung *nicht zugelassener* Bildstreifen. Ob ein Bildstreifen zur öffentlichen Vorführung zugelassen ist, ist nach den Bestimmungen des LG., nicht nach den Entscheidungen der Oberprüfstelle zu beurteilen. Das Kammergericht mußte daher sehr wohl in die Prüfung der materiellen Frage eintreten, ob im vorliegenden Falle die Entscheidung der Oberprüfstelle sich im Rahmen ihrer Zuständigkeit hielt, genau so wie eine Prüfungs-

---

[4] Vgl. auch OLG. Hamburg, 30. September 1921; ZStW S. 509; BayObLG. 26. Januar 1922; Sammlung von Entsch. 22, 9.

[5] Vgl. JW. 1922, 1221.

[6] Vgl. RGZ. 101, 53; 101, 115; 103, 315; 104, 181; 105, 59; 116, 9ff.; 119, 196ff.; RAG. Bensh. Samml. Bd. 1, Nr. 14; Bd. 2, Nr. 12; Bd. 3, Nr. 42; B. 5, Nr. 50; B. 7, Nr. 24, 26, 27, 56, 59.

pflicht nach der Richtung hin besteht, ob die örtliche zuständige Filmprüfstelle entschieden hat[7]. Die Frage kann auch in anderem Zusammenhange praktisch werden. Tonfilme unterliegen m. E. nach nicht der Prüfung aus § 1 LG.[8]. Die Oberprüfstelle, insbesondere deren jetziger Leiter vertritt die entgegengesetzte Auffassung[9]. An sie wären die ordentlichen Gerichte nach der eben mitgeteilten Entscheidung des Kammergerichts gebunden, obwohl sie zweifellos verpflichtet sind, den Tatbestand eines Vergehens gegen das Lichtspielgesetz selbständig zu prüfen und diese Prüfung die Feststellung erfordert, daß es sich bei den vorgeführten Filmen überhaupt um „Bildstreifen" im Sinne des § 1 LG. handelt, ein Begriff, der dem Gesetze selbst, nicht den Entscheidungen der Filmprüfstellen zu entnehmen ist. Die hier vertretene Auffassung findet auch ihre Bestätigung in dem in einem anderen Zusammenhang bereits erwähnten Urteil des Kammergerichts vom 22. November 1928[10]. Dort hat das Kammergericht zum Begriff Bildstreifen im Sinne des § 5 LG. selbständig Stellung genommen und eingehend begründet, daß nur aus Worten bestehende Bildstreifen nicht unter den § 5 LG. fallen, also keine Zulassung erfordern. Der derzeitige Leiter der Oberprüfstelle vertritt den Standpunkt, daß auch reine Textfilme zensurpflichtig sind[11]. Setzt sich diese Auffassung in der Praxis der Prüfstellen durch, so müßte in analoger Anwendung der in der Entscheidung vom 4. Juli 1922 aufgestellten Grundsätze das Kammergericht im Gegensatze zu seiner jetzigen Entscheidung erklären, daß es an die Entscheidung der Oberprüfstelle bezüglich der Auslegung des Wortes „Bildstreifen" gebunden sei. M. E. klafft zwischen beiden Entscheidungen des Kammergerichts ein innerer logischer Widerspruch, der nur im Sinne der reichsgerichtlichen Rechtsprechung dahin gelöst werden kann, daß die ordentlichen Gerichte zwar an die Entscheidungen der Filmprüfstelle insoweit gebunden sind, als es sich um den Inhalt des Bildstreifens selbst, also um die Richtigkeit und Zweckmäßigkeit handelt; dagegen sind alle diejenigen Fragen, die die Voraussetzungen der Anwendbarkeit des Lichtspielgesetzes überhaupt, also die Zuständigkeit, betreffen, auch vom ordentlichen Richter nachzuprüfen.

b) Eine Benutzung nicht genehmigter Reklame liegt noch nicht vor, falls ungenehmigtes Reklamematerial durch den Verleiher an den Theaterbesitzer versandt wird[12]; indessen hat der Verleiher den Theaterbesitzer hierauf hinzuweisen. Unterlassung kann Bestrafung des Verleihers unter dem Gesichtspunkte der Anstiftung oder Bei-

---

[7] Vgl. auch BayObLG. in der Anm. 4 zitierten Entscheidung.

[8] Vgl. S. 331.

[9] Vgl. auch insbes. SEEGER: „Zensur muß bleiben". Voss. Ztg. 24. Mai 1931.

[10] Vgl. S. 333 Anm. 22.

[11] Vgl. Arch.f.Urh.R. 1, 59.

[12] Vgl. WASSERMANN: Filmkurier 1922, Nr. 5.

hilfe nach sich ziehen. Sowohl Vorsatz wie Fahrlässigkeit kann in Frage kommen.

c) Der Tatbestand der Wiedervorlage eines Bildstreifens unter wissentlicher Verschweigung[13] der früheren Ablehnung ist mit Rücksicht darauf, daß gröbliche Täuschungen der Filmprüfstellen zu verhindern sind, möglichst weitgehend auszulegen. Wird der abgelehnte Bildstreifen nach Umarbeitung der Filmprüfstelle vorgelegt, aber dabei verschwiegen, daß er in seiner ursprünglichen Fassung verboten war, so liegt ebenfalls Vergehen gegen § 19 LG. vor, da jeder Bildstreifen, der den verbotenen Bildstreifen als Grundlage benutzt, als ursprünglicher Bildstreifen zu gelten hat[14]. Vorlage des Bildstreifens bei gutgläubigem Erwerb bleibt straffrei[15].

d) Hinsichtlich der Strafbestimmungen über Jugendschutz ist an dieser Stelle folgendes zu bemerken: Strafbar ist einmal derjenige, der zur Vorführung vor Jugendlichen nicht zugelassene Bildstreifen in Jugendvorstellungen vorführt; da nur die *vorsätzliche* Vorführung strafbar ist (§ 19 LG.), obwohl nach § 18 Abs. 1 LG. eine fahrlässige Begehung an sich möglich ist, ist die Vorschrift praktisch bedeutungslos, da Vorsatz nachzuweisen ist. § 19 Abs. 1 LG. stellt unter Strafe die Zulassung von Jugendlichen zu allgemeinen Vorstellungen, bei denen also für Jugendliche verbotene Filme oder bei Vorführung mehrerer Filme, mindestens ein verbotener Film, gespielt werden. Gerade diese Vorschrift führt namentlich in Großstädten zu den allererheblichsten Unzuträglichkeiten, die darauf beruhen, daß § 19 LG. in der Rechtsprechung, namentlich der unteren Gerichte, sehr weit ausgelegt wird. Es genügt nicht Aushang in den Theaterräumen, daß Jugendlichen generell der Zutritt zu den allgemeinen Vorstellungen versagt ist, sondern den Theaterbesitzer trifft die Pflicht der persönlichen Kontrolle. Die Schwierigkeiten werden dadurch vermehrt, daß der Theaterbesitzer nur im Zweifel, und dann auch höchst ungern, sich für berechtigt halten wird, ausreichende Legitimationspapiere von Jugendlichen über ihr Alter zu verlangen; der persönliche Eindruck aber, auf den die Rechtsprechung abstellt, kann im Einzelfalle oft zu sehr verschiedenfacher Beurteilung führen[16].

Sind im Lichtspieltheater erlaubterweise Jugendliche anwesend, so müssen sie, sobald für Jugendliche nicht zugelassene Filme gespielt werden[17], entfernt werden. Die allgemeine Anweisung, daß Jugendliche das Theater nunmehr zu verlassen haben, genügt[18].

[13] Wissentlich bedeutet Vorsatz. RGSt. 49, 282; 46, 307.

[14] Vgl. Seeger: a. a. O. S. 110. [15] Vgl. Conrad: a. a. O. S. 533.

[16] Vgl. DJZ. 7, 12, 1918.

[17] Das ist zulässig, weil der Ausdruck „Allgemeine Vorstellung" im § 19 Abs. 1 LG. nicht die Gesamtheit der durch einen Spielplan verbundenen Lichtspielvorführungen, sondern die Vorführung des einzelnen Bildstreifens im Auge hat. So RG. 12. Februar 1931; Arch.f.Urh.R. 4, 188.

[18] Vgl. KG. in Recht 1918, 588.

Das Vergehen ist erst vollendet, falls mit der Vorführung von Bildstreifen, die nur für Erwachsene zugelassen sind, begonnen ist; Duldung des Verweilens vor Beginn ist strafloser Versuch (vgl. RG. l. c). Täter ist der Theaterbesitzer selbst, sein Geschäftsführer wird Mittäter, ebenso Kassierer, Platzanweiser und sonstiges Hilfspersonal.

4. Die Strafen sind wahlweise, je nach der Schwere des Deliktes, Geld- oder Gefängnisstrafen; außerdem kann auf Einziehung des Bildstreifens erkannt werden ohne Unterschied, ob er dem Verurteilten gehört oder nicht. Die Einziehung ist keine Nebenstrafe im Sinne des § 40 RStGB., sondern polizeiliche Maßnahme[19], und sowohl bei Fahrlässigkeit wie bei Vorsatz zulässig; sie betrifft auch die zu dem Bildstreifen gehörige Reklame[20]. Es kann also nicht jede beliebige Kopie, sondern nur diejenige, derentwegen Verurteilung erfolgt ist, beschlagnahmt werden[21]. Die Entziehung kann im objektiven Strafverfahren ausgesprochen werden. Sofern Vorsatz in Frage kommt, kann auf Untersagung des Gewerbebetriebes bis zu 3 Monaten, bei wiederholtem Rückfall auf dauernde Untersagung erkannt werden. Die Vorschrift ist bedenklich mit Rücksicht auf die Bestimmungen der Reichsverfassung über die Gewerbefreiheit[22].

§ 51. Gewerbestrafrecht.

Der Theaterunternehmer, der das Gewerbe ohne vorschriftsmäßige Genehmigung unternimmt oder fortsetzt oder von den in der Genehmigung festgesetzten Bestimmungen abweicht, macht sich strafbar (§ 147 Abs. 1 GO.).

a) „Unternehmen" ist identisch mit Beginn des Gewerbebetriebes; bloße Vorbereitungshandlungen sind nicht strafbar[1]. Demgemäß kann der Theaterunternehmer bereits vor Aushändigung der Urkunde über die Betriebserlaubnis alle zur ungehinderten und ungestörten Inbetriebsetzung erforderlichen Maßnahmen treffen, also Miets- und Pachtverträge abschließen und Personal engagieren, letzteres allerdings nur mit dem selbstverständlichen Hinweis, daß der Engagementsvertrag aufschiebend durch die Erteilung der Erlaubnis bedingt ist: die gegenteilige Meinung ist mit dem Gesetz unvereinbar[2]. In Betrieb nehmen darf er das

---

[19] Vgl. Conrad: a. a. O. S. 534.

[20] So auch Eckstein: a. a. O. S. 119; Hellwig: a. a. O. S. 181, 3, zu § 20; a. A. Seeger: a. a. O. S. 112.

[21] Seeger: a. a. O. S. 112.

[22] Vgl. hierzu auch Bericht der Spitzenorganisation der deutschen Filmindustrie 1929, 75.

[1] Vgl. auch OLG. Dresden 18. Juni 1888 in Annalen des SächsOLG. 10, 104, 29; 29. Oktober 1903 Annalen 26, 22; Urteil des BayOLG. 16. Januar 1902 bei Reger 32, 352; OLG. Rostock 23. Januar 1905 Gew.Arch. 5, 431.

[2] Vgl. Assmann: Spielerlaubnis S. 36.

Theater erst nach erteilter Genehmigung, ohne daß es einer förmlichen Aushändigung der Urkunde bedarf[3]. Unbefugt fortgesetzt wird der Gewerbebetrieb dann, wenn der Schauspielunternehmer das Gewerbe ohne Erlaubnis aufgenommen hat und trotz erfolgter Verwarnung fortsetzt oder den Gewerbebetrieb fortsetzt, obwohl ihm die Erlaubnis entzogen oder die Ausübung untersagt ist.

b) Unter die Strafbestimmung des § 147 Abs. 1 GO. fällt auch ein Abweichen von den in der Genehmigung festgesetzten Bedingungen. Da der Ausdruck „Bedingung" im § 147 Abs. 1 nicht im Sinne einer zivilrechtlichen Bedingung zu verstehen ist, sondern Auflage bedeutet, so ist die Nichtbeachtung in der Genehmigungsurkunde enthaltener Auflagen strafbar, sofern ihre Zulässigkeit bejaht wird.

c) Ob Strafbarkeit auch bei Fahrlässigkeit eintritt, ist streitig[4]. Rechtsirrtum entschuldigt im allgemeinen nicht; ebenso ist ein Irrtum über die Auslegung der Genehmigungsurkunde unerheblich; dagegen begründet Irrtum über die Tragweite der Erlaubnis Straflosigkeit[5]. Versuch bleibt mangels ausdrücklicher Bestimmung straffrei.

d) Verfehlungen des qualifizierten Stellvertreters treffen zunächst nur ihn persönlich: Strafbarkeit des Unternehmers tritt ein, falls die Übertretung mit seinem Wissen und Willen begangen ist oder er bei der Beaufsichtigung des Betriebes oder der Auswahl des Stellvertreters es an der notwendigen Sorgfalt fehlen läßt (§ 151 GO.).

e) Ausübung des Gewerbebetriebes im Umherziehen ohne Besitz des Wandergewerbescheins ist strafbar (§ 148 GO.)[6].

f) Als Strafen sind vorgesehen Geldstrafen wahlweise neben Haft, möglicherweise kommt Entziehung der Betriebserlaubnis in Betracht.

III. Wirtschafts- und Steuerrecht.

§ 52. Filmkontingentrecht[1].

1. Das auf Grund des Ermächtigungsgesetzes vom 4. August 1914 erlassene Gesetz vom 16. Januar 1917 betr. die Regelung der Einfuhr

---

[3] Vgl. OVG. 7. November 1910 bei REGER: 31, 1 und 299.

[4] Vgl. LANDMANN-ROHMER: 1, 347 und 2, 2, 763 ff.

[5] Vgl. LANDMANN-ROHMER: 1, 347 und die dort zitierten Entscheidungen.

[6] Über sog. „Konzessionsschiebungen" (strafbar nach §§ 147, Abs. 2 GO.), vgl. ASSMANN: a. a. O. S. 36.

[1] Vgl. hierzu WEIGERT: Die Ansprüche aus der Verwertung des Filmkontingentrechts Arch.f.Urh.R. 1, 73ff.; MENZ: Das Filmkontingent, HansRZ. 1926, 325; FRIEDMANN: Zur Geschichte des Filmkontingents, Filmkurier 9. Oktober 1926, Beiblatt; Tätigkeitsbericht der Spitzenorganisation der deutschen Filmindustrie 1929 S. 35—42; RG. 1. Februar 1928; Arch.f.Urh.R. 1, 101; KG. 20. November 1928; Arch.f.Urh.R. 1, 106.

(RGBl. S. 41) verbot generell die Einfuhr belichteter und unbelichteter Filme über die Grenzen des Deutschen Reiches. 1921 bewilligte das Reichswirtschaftsministerium erstmalig die Einfuhr ausländischer Bildstreifen, kontingentierte sie aber (daher der Name „Filmkontingent“) zunächst mit 180000 m jährlich. Durch VO. des Reichswirtschaftsministers vom 13. Januar 1925 trat an Stelle des Meterkontingents der nur an Filmverleiher erteilte Berechtigungsschein, dessen Voraussetzung der sogenannte Kompensationsnachweis bildete; d. h. für jeden eingeführten ausländischen Film mußte ein deutscher Film ungefähr gleicher Bildlänge verliehen werden. Diese Bestimmungen wurden mit Rücksicht auf das Genfer Abkommen über die Regelung der Ein- und Ausfuhr grundlegend am 1. Juli 1930 geändert, nachdem bereits bei den Genfer Beratungen von Deutschland, wie auch seitens übriger Länder, der Vorbehalt gemacht war, Bestimmungen, die die Erhaltung und Pflege nationaler und kultureller Güter bezwecken, zu erlassen. Sie sind, soweit die Filmeinfuhr in Betracht kommt, durch das Gesetz vom 15. Juli 1930 über die Vorführung ausländischer Bildstreifen (RGBl. I, 215) in Verbindung mit der AusfVO. vom 21. Juli 1930 (Deutscher Reichs und Preußischer Staatsanzeiger vom 25. Juli 1930) getroffen[2]. Zweckbestimmend ist der Schutz der durch die deutsche Filmindustrie geschaffenen geistigen und künstlerischen Werte (§ 1 des Ges. vom 15. Juli 1930); demgemäß entscheidet über die Einfuhr nicht wie bisher der *Reichswirtschaftsminister* bzw. der Reichskommissar für Ein- und Ausfuhrbewilligung, sondern der *Reichsminister des Innern* (§ 6 der VO. vom 25. Juli 1930).

2. Nach § 1 AusfVO. sind zur öffentlichen Vorführung[3] im Inlande bestimmte ausländische Bildstreifen bei der Anmeldestelle für ausländische Filme (Sitz Berlin) anzumelden. Es handelt sich hier um eine von der Filmindustrie unterhaltene Stelle, deren Leiter nicht Beamteneigenschaft besitzt; sie ist gedacht als Vertrauensstelle der Filmindustrie gegenüber dem Reichsministerium des Innern. Deshalb sind alle auf ausländische Filme sich beziehende Anträge ihr zuzuleiten. Ihr steht als Beirat der vor dem 1. Juli 1930 als Gutachterorgan des Reichskommissars für Ausfuhr und Einfuhrbewilligung fungierende Außenhandelsausschuß zur Seite. Infolge Fehlens behördlicher Eigenschaft besitzt die Anmeldestelle auch nicht die geringsten behördlichen Befugnisse, sondern nur eine rein beratende Funktion, ohne daß der Reichsminister an ihr Gutachten gebunden ist. Ausländische Bildstreifen sind nach § 2 solche, die:

[2] Die Geltungsdauer des Gesetzes ist nach § 3 zunächst bis zum 1. Dezember 1931 beschränkt; es ist indessen mit fortlaufender Verlängerung zu rechnen.

[3] Vgl. § 1 LG.

1. nicht von einem deutschen Staatsangehörigen oder einer Gesellschaft hergestellt sind, die nach deutschem Rechte mit dem Sitze in Deutschland errichtet ist, oder

2. bei denen die Atelieraufnahmen und — soweit die Art des verfilmten Gegenstandes es nicht erfordert — auch die Außenaufnahmen nicht in Deutschland hergestellt sind[4], oder

3. deren Manuskript, bei Tonfilmen auch deren Musik, nicht von einem Inländer verfaßt ist, oder

4. deren Regisseur kein Inländer ist, oder

5. bei denen nicht die Mehrzahl der Mitwirkenden innerhalb der einzelnen Beschäftigungsarten Inländer sind.

Bei der Verfilmung eines bereits erschienenen literarischen Werkes gilt als Manuskript das Drehbuch. Inländern werden solche in Deutschland ansässige Personen gleichgestellt, die deutscher Zunge sind. Ausnahmen können in den Fällen 3—5 aus kulturellen oder künstlerischen Erwägungen gewährt werden. Die vorstehenden Bestimmungen lehnen sich übrigens an die entsprechenden anderer Länder ziemlich eng an, verständlich aus der diese Gesetzgebung beherrschenden allgemeinen Tendenz, die heimische Industrie zu schützen[5].

§ 3 bezeichnet als Spielfilme Bildstreifen, die eine durchlaufende Spielhandlung enthalten, deretwegen der Film hergestellt ist. Lehr- und Kulturfilme sind solche, die volksbildend und belehrend sind, jedoch weder die Eigenschaften eines Spielfilms haben, noch Tagesereignisse zum Zwecke der Berichterstattung darstellen[6].

Anmeldeberechtigt sind grundsätzlich nur die Filmverleiher (§ 4): sie erhalten, vorbehaltlich der Voraussetzungen der §§ 7—12, eine vom Reichsminister des Innern ausgestellte Bescheinigung, daß gegen die Vorführung des ausländischen Bildstreifens nach seiner Zulassung durch die Filmprüfstelle Bedenken nicht bestehen; durch diese Fassung in Verbindung mit § 6 Abs. 2 AusfVO., daß die Bescheinigung nur zugunsten des Anmeldenden zur Verwendung im eigenen Betriebe gilt, ist klargestellt, daß der Berechtigungsschein für seinen Inhaber das subjektiv-öffentliche höchstpersönliche und unübertragbare Recht begründet[7],

---

[4] Vgl. das in einer Verleihstrittigkeit abgegebene Gutachten der Industrie- und Handelskammer Berlin C. 2767/29: Nach der bisherigen Übung wird ein Film auch dann als deutscher Film angesehen, wenn die Atelier- und sonstigen Aufnahmen in Deutschland gemacht, und nur die durch den Inhalt bedingten Außenaufnahmen, z. B. ausländischer Landschaften, Baudenkmäler u. dgl. im Ausland aufgenommen werden.

[5] Vgl. für Frankreich: Régime d'administratif de l'exploitation cinématographique et de contrôle des films fait à Paris, le 18 février 1928. Arch.f.UrhR. 1, 300ff. Für England: Das großbritannische Filmgesetz v. 22. Dezember 1927. Arch.f.Urh. 1, 446ff.

[6] Vgl. auch S. 385 für den vergnügungssteuerrechtlichen Begriff.

[7] Der abweichenden Ansicht von Menz: a. a. O. kann nicht beigetreten werden.

einen zensierfähigen ausländischen Bildstreifen im deutschen Reichsgebiet in den Verkehr zu bringen und öffentlich vorzuführen[8]. Die Erteilung des Berechtigungsscheines ist an Voraussetzungen, teils persönlicher, teils sachlicher Art geknüpft. Persönliche Voraussetzungen sind:

a) es muß sich um einen Filmverleiher, d. h. um eine Person handeln, die Bildstreifen selbst vorführt oder im eigenen Namen vorführen läßt (§ 4): gleichgültig ist hierbei, in welcher Rechtsform das Filmverleihgewerbe betrieben wird (physische oder juristische Person),

b) der Filmverleiher muß im Zeitpunkt der Anmeldung dispositionsfähig, also nicht in seiner Verfügungsfähigkeit beschränkt sein (Konkours, Vergleichsverfahren).

Sachliche Voraussetzungen sind:

a) daß vor Abschluß von Verträgen, durch die die Rechte auf Vorführung ausländischer Bildstreifen auf Filmverleiher übertragen werden, der Bildstreifen einmal öffentlich oder vor Interessenten in Deutschland vorgeführt worden ist (kein Verbotsgesetz im Sinne des § 134 BGB.),

b) daß ein Berechtigungsschein zur Verfügung steht. § 7 bestimmt dieserhalb, daß für jedes Spieljahr, beginnend mit dem 1. Juli 1930, die gesamte Zahl der für Spielfilme zu erteilenden Bescheinigungen festgesetzt wird und hiervon vier Siebentel den Verleihern in dem Umfange zugeteilt werden, in dem sie während des letzten Kalenderjahres zensierte deutsche Bildstreifen im Verhältnis zu deren Gesamtzahl erstmalig verliehen haben (§ 7 Abs. 1). Wegen der Bezirksverleiher trifft § 7 Abs. 2 besondere Bestimmungen. Bescheinigungen über Anmeldung von Lehr- und Kulturfilmen werden erteilt, wenn der Anmeldeberechtigte nachweist, daß er noch nicht verliehene, neu hergestellte deutsche Lehr- und Kulturfilme von ungefähr doppelter Länge im eigenen Betriebe gleichzeitig verleiht. Bescheinigungen über Wochenschauen, aktuelle Bildstreifen, Reklamefilme, können ohne Beschränkung erteilt werden. Für das Spieljahr 1930/31 ist die Zahl der für Spielfilme zu erteilenden Bescheinigungen auf 210 festgesetzt (§ 14), wovon ein Drittel auf Tonfilme, der Rest auf stumme Filme entfällt; doch kann der Reichsminister des Innern im Falle einer wesentlichen Veränderung der Lage des Filmmarktes oder aus anderen wichtigen Gründen über die Zahl von 210 Bescheinigungen noch weitere 20 Bescheinigungen nach beliebigem Ermessen erteilen, um etwaige bei der Erteilung von Bescheinigungen entstehenden Härten auszugleichen (§ 15)[9]. Nach diesem

---

[8] Die früher streitige Frage, inwieweit der Fabrikant am Kontingent des Verleihers berechtigt ist, vgl. WEIGERT: a. a. O. und die S. 376, Anm. 1 zitierten Urteile des RG. und des KG., ist hierdurch erledigt.

[9] Für das laufende Spieljahr ist nach Zeitungsnachrichten mit geringen Abänderungen in den Verhältniszahlen zwischen Tonfilm und stummem Film zu rechnen, wie sie sich aus der Entwicklung des Tonfilms ergeben.

Schlüssel entfallen also an sich auf Filmverleiher 120 Berechtigungsscheine; wegen der restlichen 90 Berechtigungsscheine ist folgende Regelung vorgesehen:

60 Berechtigungsscheine sind für solche Firmen vorgesehen, die, ohne Filmverleiher zu sein (§ 9), das außerdeutsche Aufführungsrecht von deutschen Spielfilmen, über deren Weltvertrieb sie verfügen[10], nach dem Ausland verkauft und den Verkaufserlös ganz oder teilweise erhalten haben, sofern,

a) es sich bei diesen Firmen um deutsche Staatsangehörige oder Gesellschaften, die nach deutschem Recht mit dem Sitz in Deutschland gegründet sind, handelt,

b) diese Bildstreifen im Lande des ausländischen Käufers angemessen zur öffentlichen Vorführung gelangt sind.

Die angemessene öffentliche Vorführung ist durch geeignetes urkundliches Material zu belegen. Die Bescheinigungen werden nicht vor dem 1. Januar jeden Jahres erteilt; maßgebend ist der Umfang, mit dem die betreffende Firma im letzten Produktionsjahr mit ihrem Gesamterlös am deutschen Gesamtauslandserlös beteiligt war (§ 9). Im Gegensatz zu den Verleiherberechtigungsscheinen sind übrigens diese Berechtigungsscheine einmal übertragbar: die Rechtsnatur des Scheines als solchen wird durch diese Ausnahmebestimmung nicht berührt.

Hinsichtlich der restlichen 30 Berechtigungsscheine hat sich der Reichsminister des Innern die Entscheidung vorbehalten. Sie ergeht nach billigem Ermessen, um etwaige bei der Erteilung von Berechtigungsscheinen vorkommende Härten auszugleichen (§ 14 Abs. 1); ausländische Bildstreifen von besonderen künstlerischem oder kulturellem Werte oder solche, die wegen ihrer technischen Neuerung der Entwickelung des deutschen Lichtspielwesens zu dienen geeignet sind, können für einzelne Vorstellungen auch von Personen, die nicht Verleiher sind, angemeldet werden (§ 12).

3. Strafbestimmungen sieht § 2 des Gesetzes vom 15. Juli 1930 in Verbindung mit § 13 AusfVO. vor. Strafbarkeit tritt ein, sobald vorsätzlich oder fahrlässig den Kontingentsvorschriften zuwidergehandelt wird. Es gelten die allgemeinen strafrechtlichen Grundsätze; Versuch bleibt mangels ausdrücklicher Bestimmung straflos. Strafen sind Gefängnis, Geldstrafe und die Aussetzung und Verweigerung weiterer Bescheinigungen.

§ 53. Vergnügungssteuerrecht.

1. Rechtsquellen. Die Vergnügungssteuer als solche hat erst nach dem Kriege Bedeutung erlangt. Sie ist reine Kommunalsteuer; ihre gesetzliche Quelle ist der § 14 des FinAusglG., das ursprünglich am

[10] Vgl. S. 208 (wegen Weltvertrieb).

30. März 1920 (RGBl. S. 420) als Landessteuergesetz erlassen, durch die Änderung vom 23. Juni 1923 (RGBl. S. 483) den Namen Finanzausgleichgesetz erhielt und gegenwärtig nach der Änderung vom 10. August 1925 (RGBl. 1, 254) in der Fassung der Bekanntmachung vom 27. April 1926 gilt (RGBl. 1, 203). Der Reichsrat erhält durch § 14 die Ermächtigung, Bestimmungen über die Vergnügungssteuer zu erlassen, in denen Art und Umfang der Steuerpflicht, die Mindeststeuersätze und die sonstigen steuerlichen Befugnisse der Gemeinden geregelt werden. Auf Grund dieser Delegation[1] hat der Reichsrat zunächst durch Bekanntmachung vom 28. September 1921 (RGBl. S. 856) Bestimmungen erlassen, die in der Folgezeit mehrfach abgeändert worden sind und in ihrer jetzt gültigen Form auf der Bekanntmachung vom 12. Juni 1926 (RGBl. 1, 261) beruhen.

§ 14 FinAusglG. definiert übrigens den Begriff der Vergnügungen nicht, sondern erteilt nur dem Reichsrat die Ermächtigung, Bestimmungen über Art und Umfang der Steuerpflicht zu erlassen. Daher hat das PrOVG. ständig entschieden[2], daß in jedem Einzelfalle unabhängig von dem reichsratlichen Katalog des § 1 der Begriff der Veranstaltung als steuerpflichtiger Vergnügung zu prüfen ist. Die Absicht des Veranstalters ist maßgebend, so daß eine nicht zur Ergötzung und Unterhaltung der Teilnehmer bestimmte Veranstaltung nicht etwa deshalb schon zu einer „Vergnügung" wird, weil sie unter völliger Verkennung der Absichten des Veranstalters von dem Publikum oder einem Teile desselben als Vergnügung aufgefaßt wird, sofern die Absicht auch objektiver richterlicher Nachprüfung standhält[3].

Finanzwissenschaftlich charakterisiert sich die Vergnügungssteuer als Verbrauchssteuer und damit als indirekte Steuer[4].

Die Vergnügungssteuer wird durch Steuerordnungen geregelt. Artikel II der Bekanntmachung des Reichsrats vom 12. Juli 1926 enthält in den §§ 1—27 das Muster für derartige Steuerordnungen; daneben können die Länder oder mit Genehmigung der Landesregierung oder der von ihr beauftragten Behörden die Gemeinden besondere Steuerordnungen nach Maßgabe des Art. III erlassen, in deren Inhalt sie allerdings dadurch beschränkt sind, daß von der Steuerordnung des Art. II nur im Rahmen der Bestimmungen des Art. III § 1—16 abgewichen werden darf.

---

[1] Die rechtliche Zulässigkeit dieser Delegation kann im Hinblick auf Art. 3 RV. Bedenken unterliegen. Hierüber vgl. Markull: Vergnügungssteuerrecht. 2. Aufl. 1927, S. 9.

[2] Vgl. OVG. 78, 112.

[3] Vgl. OVG. PVBl. 51, 48; gegen diese Rechtsprechung Markull: S. 15.

[4] Vgl. auch Gutachten des Reichsfinanzhofs v. 2. Juli 1924 in der amtlichen Sammlung 14, 73.

Der sachliche Aufbau der Mustersteuerordnung des Art. II ist der, daß zunächst die sachliche Steuerpflicht umgrenzt (§§ 1 und 2) und die mit ihr zusammenhängende Anmeldepflicht behandelt wird (§ 4): hieran schließen sich Bestimmungen über die Steuermaßstäbe und Erhebungsform der Steuer (§§ 5—22), den Schluß bilden allgemeine Bestimmungen über die persönliche Steuerpflicht, Steueraufsicht, Erlaß, sowie etwaige ergänzende Vorschriften des Landes- und Reichsrechtes (§§ 23 bis 27).

2. **Einzelheiten:** a) Steuerpflichtige Veranstaltungen sind u. a. nach § 1:

Nr. 3. Zirkus-Spezialitäten, Varieté-Tingeltangelvorstellungen, Kabarette,

Nr. 4. Vorrichtungen zur mechanischen Wiedergabe musikalischer Stücke oder Deklamationen,

Nr. 5. Rundfunkempfangsanlagen,

Nr. 7. Vorführungen von Licht- und Schattenbildern, soweit sie Erwerbszwecken dienen, Puppen- und Marionettentheater,

Nr. 8. Vorführungen von Bildstreifen,

Nr. 9. Theatervorstellungen, Ballette,

Nr. 10. Konzerte und sonstige musikalische und gesangliche Aufführungen, Vorträge, Vorlesungen, Deklamationen, Vorführungen der Tanzkunst.

Die Veranstaltungen zu Nr. 7—10 unterliegen dann nicht der Steuerpflicht (§ 2 Nr. 7) wenn sie

aa) von den Ländern im öffentlichen Interesse unternommen, unterhalten oder wesentlich unterstützt werden. Von den Ländern im öffentlichen Interesse unternommene Veranstaltungen sind namentlich Staatstheater, falls sie vom Staate selbst betrieben werden. „Unterhalten" liegt bei Verpachtung vor. Lediglich vom Land unterstützte Einrichtungen sind Unternehmungen, die zwar nicht im Eigentum des Staates stehen, aber von ihm wesentliche Zuschüsse erhalten.

bb) ohne Absicht auf Gewinnerzielung ausschließlich zum Zwecke der Kunstpflege oder der Volksbildung unternommen und von den Landesregierungen als gemeinnützig anerkannt werden. Über Anerkennung der Gemeinnützigkeit entscheiden die Landesregierungen bindend[5]. Für den Begriff der Gemeinnützigkeit ist auf die Verordnung zur Durchführung des KörpStG. vom 17. Mai 1926[6] zu verweisen, ferner sind bestimmte Richtlinien für die Anerkennung von Einrichtungen

[5] Vgl. thür. OVG. 9. März 1927; PrVBl. 49, 216; abweichend BayrVGH 18. Januar 1929 in PrVBl. 50 Nr. 40 und Markull: S. 45, die selbständige Prüfung durch die Steuerbehörde für zulässig halten. Dagegen Treitel: DB. 22, 211.

[6] Vgl. RGBl. 1, 247.

als gemeinnützig in den einzelnen Ländern ergangen[7]. Förderung der Allgemeinheit liegt vor, sobald die Tätigkeit dem gemeinen Besten auf materiellem oder geistigem Gebiete dient[8]. In Frage kommen insbesondere von gemeinnützigen Instituten, wie dem Bühnenvolksbund, vom Staat oder der Gemeinde betriebene Theater. Bei Privattheatern ist in der Regel Gemeinnützigkeit zu verneinen, da ihr Betrieb in erster Linie Erwerbs- oder sonstige eigene wirtschaftliche Zwecke verfolgt[9].

b) Die Steuer ist für jede Veranstaltung gesondert zu berechnen; sie wird in drei Formen erhoben:

aa) als *Kartensteuer*, sofern und soweit die Teilnahme an der Veranstaltung von der Lösung von Eintrittskarten oder sonstigen Ausweisen abhängig gemacht ist.

bb) als *Pauschsteuer nach festen Steuersätzen*, sofern und soweit die Veranstaltung ohne Eintrittskarten oder sonstige Ausweise zugänglich ist, oder an Stelle der Kartensteuer, wenn die Teilnehmer zwar eine Eintrittskarte oder einen sonstigen Ausweis zu lösen haben, die Durchführung der Kartensteuer aber nicht hinreichend überwacht werden kann, oder durch die Pauschsteuer ein höherer Steuerbetrag erzielt wird.

cc) Als *Sondersteuer nach der Bruttoeinnahme*.

Steuerpflichtige Vergnügungen sind bei der Steuerstelle des Gemeindebezirkes einen Werktag, wenn die Veranstaltung der Kartensteuer unterliegt, spätestens zwei Werktage vor der Veranstaltung anzumelden. Steuerstelle ist in der Regel der Gemeindevorstand, in Bayern auch der Bürgermeister[10]. Der Gemeindevorstand kann die Erledigung der Geschäfte besonderen Beamten, insbesondere der städtischen Steuerkasse, übertragen. Anmeldepflichtig sind sowohl der Unternehmer wie der Inhaber der für die Veranstaltung benutzten Räume oder Grundstücke. Unternehmer kann sowohl eine einzelne Person wie eine Personenvereinigung sein. Der Begriff des Unternehmers richtet sich nach wirtschaftlichen Gesichtspunkten. Wer für Gagen garantiert, bei unzulänglichen Einnahmen Zuschüsse leistet, Verträge mit Künstlern im eigenen Namen abschließt, ist Unternehmer, auch wenn er weder im Gesellschaftsvertrag noch im Handelsregister als Mitinhaber des Unternehmens aufgeführt[11]. Nicht erforderlich ist, daß der Inhaber auch Eigentümer der Räume ist, maßgebend ist vielmehr deren tatsächliche Innehabung. Die Steuerstelle

---

[7] Vgl. z. B. Runderlaß des Pr.Kultusministers v. 5. August 1923, sowie den Erlaß des Pr. Ministers des Innern v. 27. August 1923 und OVG. 21. September 1928; DB. 20, 275.

[8] Vgl. § 6 der Verordnung v. 17. Mai 1926.

[9] Vgl. § 7 der Verordnung v. 17. Mai 1926.

[10] Wegen des früheren Rechtszustandes vgl. ILLIGER: Die Besteuerung der Lustbarkeiten in Preußen, Berlin 1914, S. 9ff.

[11] Vgl. OVG. 16. Februar 1926; DStBl. 1926 331/32. Zweifelhaft ist die Steuerpflicht des artistischen Kabarettleiters, es kommt auf den Einzelfall an.

kann die Leistung einer Sicherheit in der voraussichtlichen Höhe der Schuld verlangen und die Veranstaltung untersagen, so lange die Sicherheit nicht geleistet ist (§ 202, 109ff. RAO.).

aa) Die *Kartensteuer* wird nach Preis und Zahl der ausgegebenen Eintrittskarten berechnet; die unentgeltlich ausgegebenen Karten bleiben unberücksichtigt, wenn sie als solche kenntlich gemacht sind und der Steuerstelle der Nachweis ihrer unentgeltlichen Ausgabe erbracht wird (§ 5). Hierunter fallen Freikarten für die Angehörigen der Schauspieler, ohne daß ihre Überlassung eine Gagenzahlung des Schauspielers bedeutet. Die Steuer ist ausschließlich nach den auf der Karte angegebenen Preisen zu berechnen, auch wenn die Karten tatsächlich billiger abgegeben werden; sie ist nach dem Entgelt zu berechnen, wenn dieses höher als der auf der Karte angegebene Preis ist. Als Entgelt gilt die gesamte Vergütung *einschließlich der Steuer*. Gebühren für Kleideraufbewahrung sowie Kataloge und Programme, wenn die Teilnehmer ohne die Abgabe von Kleidungsstücken oder die Entnahme eines Katalogs oder Programms zu der Veranstaltung nicht zugelassen werden, fallen ebenfalls hierunter[12]. Sonderabgaben, wie die Musikschutzabgabe des Verbandes zum Schutze musikalischer Aufführungsrechte, sind mitzuversteuern, sie bleiben außer Ansatz, wenn die Aufführungen zu einem von der Staatsregierung als gemeinnützig anerkannten Zwecke veranstaltet werden. Die Steuersätze sind nach der Preisstufe der einzelnen Eintrittskarten abgestuft und variieren zwischen 10—25% vom Preise. Art. 3 § 8 läßt abweichende Staffelung zu.

Eine Ermäßigung der Steuersätze bis zur Hälfte der Steuer kann dann eintreten, wenn der künstlerische oder volksbildende Charakter überwiegt, es sei denn, daß während der Veranstaltung Speisen und Getränke gegen Bezahlung verabfolgt werden oder geraucht wird (§ 8 Abs. 3); es muß sich um Darbietungen von dauerndem Werte handeln.

Für die Vorführung von Bildstreifen sind besondere Steuersätze im § 9 festgesetzt. Generell beträgt die Steuer 15 vom Hundert des Preises oder des Entgelts; sie kann indessen nach Art. 3 § 9 bis zu 5% überschritten und bis um 2% unterschritten werden. Eine wesentliche Ermäßigung der Steuersätze tritt dann ein, sobald von der Bildstelle des Zentralinstitutes für Erziehung und Unterricht in Berlin oder von der bayrischen Lichtbildstelle in München anerkannte Lehrfilme in einer Länge von mehr als 100 Meter oder Bildstreifen, die von diesen Stellen als künstlerisch oder als volksbildend anerkannt worden sind, in einer Länge von mehr als 200 Meter vorgeführt werden. Werden neben der Vorführung von Bildstreifen Veranstaltungen anderer Art ohne

[12] Eine Verpflichtung zur Entgegennahme besteht in der Regel nicht. Vgl. S. 508.

belehrenden, künstlerischen oder volksbildenden Charakter dargeboten, und nehmen diese zeitlich mehr als $^1/_5$ des Programms der Gesamtveranstaltung in Anspruch, so entfällt die Steuerermäßigung. Werden lediglich Lehrfilme vorgeführt, so tritt Steuerfreiheit ein.

Durch diese Bestimmungen haben die seit dem Jahre 1919 bei dem Zentralinstitut für Erziehung und Unterricht in Berlin eingerichteten Sachverständigenausschüsse insofern eine außerordentliche Bedeutung erlangt, als von ihnen ausgestellte Bescheinigungen amtliche Gültigkeit für die Steuerbehörden besitzen. Sie sind deshalb von sehr erheblicher wirtschaftlicher Bedeutung für Theaterbesitzer, Filmverleiher und Filmhersteller. Nach dem früheren Leiter des Zentralinstituts für Erziehung und Unterricht, dem Professor Felix Lampe, werden die Bescheinigungen kurzweg als „Lampescheine" bezeichnet. Dieser Ausdruck hat insofern seine Berechtigung, als er dazu beiträgt, ohne weiteres für die beteiligten Kreise erkenntlich zu machen, daß es sich um einen der Steuerermäßigung aus § 9 unterliegenden Bildstreifen handelt[13]. Über die Richtlinien und das Verfahren des Lampeausschusses sei kurz folgendes mitgeteilt[14]: Der *Lehrfilm* muß mehr sein als eine Anhäufung von lehrreichen Anschauungsstoffen, er bedarf vor allem eines klarumrissenen Themas, das schon an sich ein Lehrgut erkennen läßt, tauglich für lehrhafte Behandlung. Der *volksbildende* Bildstreifen ist vor allem nicht etwa ein mißlungener Lehrfilm, sondern ein solcher Bildstreifen, der nach der formalen Behandlung des Inhalts und der Technik der Darstellung künstlerisch läuternd und erzieherisch zu wirken geeignet ist. Die Frage nach einem *künstlerischen Film* hat davon auszugehen, ob es gelungen ist, durch fein abgewogene, schöpferisch geformte Bildbewegung ein Filmkunstwerk zu schaffen, das von vornherein den Eindruck dauernden Wertes erweckt.

Die Sitzungen des Ausschusses sind vertraulich. Den einzelnen Beteiligten steht es frei, sich vertreten zu lassen und ihren Antrag zu begründen. Die Entscheidung des Ausschusses wird sofort mitgeteilt; die Begründung schriftlich auf Wunsch; an jeder Sitzung nehmen außer dem Vorsitzenden acht Gutachter teil, davon zwei als Vertreter der Behörde, zwei als Vertreter der Industrie und einer als Vertreter des deutschen Städtetages; die drei anderen entstammen je nach Inhalt des Bild-

---

[13] Vgl. Gutachten der Industrie u. Handelskammer Berlin C. 9402/27: „Durch Übergabe des auf Grund der Reichsratsbestimmungen über die Vergnügungssteuer in der Fassung v. 7. Juli 1923 ausgestellten Anerkennungsscheins (Lampe-Schein) v. 18. Oktober 1926 hat nach Auffassung der beteiligten Verkehrskreise der Kläger die Vertragsbestimmung", daß ein sogenannter Lampe-Schein vorhanden sein müsse, „erfüllt".

[14] Vgl. F. Lampe: Filmbegutachtung bei der Bildstelle des Zentralinstituts für Erziehung und Unterricht. Bildwartflugschriften Nr. 9.

werkes Kreisen der Kunst, der Literatur, der Wohlfahrt, Lehrerschaft oder sind besondere Fachleute z. B. Ärzte, Juristen, Verwaltungsbeamte und Techniker. Sprechen sich bei der Abstimmung 4 Stimmen für und 4 Stimmen gegen die Anerkennung eines Bildstreifens aus, dann wird ein neuer Ausschuß einberufen. Ergibt sich auch hier Stimmengleichheit, entscheidet als 17. Stimme von zusammen 8 ablehnenden und 8 anerkennenden Stimmen die erst jetzt abgegebene Stimme des Vorsitzenden. Die Entscheidungen werden laufend im Zentralblatt für das gesamte Unterrichtswesen Preußens bekanntgegeben.

Im einzelnen ist die durch § 9 festgesetzte Besteuerung der Filmvorführungen rechnerisch kompliziert und kann hier nicht in den Einzelheiten dargestellt werden[15].

Die Eintrittskarten sind bei der Anmeldung der Steuerstelle vorzulegen. Sie müssen mit fortlaufender Nummer versehen sein und den Unternehmer, Zeit, Ort und Art der Veranstaltung, sowie das Entgelt oder die Unentgeltlichkeit angeben (§ 10)[16]. Die Teilnahme an den Veranstaltungen ist nur gegen Vorzeigung und Entwertung der abgestempelten Karten zulässig (§ 11). Die entwerteten Karten und die fortlaufende Nachweisung sind dem Beauftragten der Steuerstelle auf Verlangen vorzuzeigen (§ 12). Die Steuerschuld entsteht mit der Ausgabe der Karten (§ 13), die mit der Übertragung des Eigentums an der Karte vollendet ist; kommissionsweise Überlassung von Eintrittskarten an Theaterbillettbüros und Vorverkaufstellen erfüllt also nicht den Tatbestand des § 13. Die Steuerschuld ist eine Verpflichtung öffentlich rechtlicher Natur. Als solche kann sie nur auf ein nach Form und Inhalt rechtsgültig zustandegebrachtes Ortsgesetz gegründet werden, niemals auf eine Vereinbarung der Steuerstelle mit einem Vertreter des Steuerpflichtigen[17].

Fälligkeit der Steuerschuld tritt mit Ablauf von zwei Werktagen nach Mitteilung der Schuld an den Steuerpflichtigen ein[18]. Eines förmlichen Steuerbescheides bedarf es nur dann, wenn der Unternehmer gegen die Bestimmungen über die Anmeldung sowie die Nachweisung der verkauften Karten in einer Weise verstößt, daß die für die Berechnung der Steuer maßgebenden Verhältnisse sich nicht mit Sicherheit feststellen lassen (§ 14). Ein Zuschlag bis zu 25% kann erhoben werden, wenn der Verpflichtete verschuldeterweise die Fristen für die Abmeldung der Veranstaltung, die Vorlegung der Karten und die Entrichtung der Steuer nicht wahrt (§ 15).

---

[15] Es wird verwiesen auf die Aufstellung bei LANGE: PrVBl. 47, 521ff. und MARKULL: a. a. O. S. 67 Anm. 7 zu § 9.

[16] Vgl. auch S. 498 wegen der rechtlichen Natur der Eintrittskarte.

[17] Vgl. OVG. in Pr. Gemeindezeitung, Jahrg. 19 S. 209 und MARKULL: a. a. O. S. 72.

[18] Vgl. auch §§ 211, 220 Abs. 1 RAO.

bb) Die *Pauschsteuer* kann entweder nach der Roheinnahme (§ 16)[19], nach einem vielfachen des Einzelpreises (§ 17), nach dem Werte (§ 18), nach der Zahl der Mitwirkenden (§ 19) oder nach der Größe des benutzten Raumes (§ 20) erhoben werden. Sie beträgt 10% oder, wenn Eintrittskarten in mehreren Preisstufen ausgegeben werden, 15% der Roheinnahme. Lichtspieltheater sollen grundsätzlich nur die Kartensteuer nach § 9 entrichten; auf jeden Fall darf die Pauschsteuer bei ihnen nicht an Stelle der Kartensteuer zur Erzielung eines höheren Steuerbetrages erhoben werden. Wesentlich ist für Lichtspieltheater fernerhin der § 18, der die Steuer für das Halten eines Klavierspielapparates, Sprechapparates, Phonographen usw. festsetzt. Die Steuer wird nach dem Betriebsmonat berechnet; sie beträgt für jeden angefangenen Monat ¼% des Wertes. Die Pauschsteuer nach der Größe des benutzten Raumes tritt insbesondere bei Varietés, Tingeltangel, Kabaretts, Konzerten und dergleichen ein, wenn sie im wesentlichen der Gewinnerzielung aus der Verabreichung von Speisen oder Getränken dienen. Die Größe des Raumes wird festgestellt nach dem Flächeninhalt der für die Vorführung und die Zuschauer bestimmten Räume; die Bühnen- und Kassenräume sind hier nicht mitzurechnen, wohl aber die Fläche für die Musik wenn sie vor der Bühne sitzt, ferner die Räume für die Darbietenden in Sälen, denen eine Bühne fehlt.

Die Pauschsteuer ist bei der Anmeldung zu entrichten; sie wird erstattet, wenn die angemeldete Veranstaltung nicht stattfindet (§ 21). Wenn eine Veranstaltung ohne Ausweise zugänglich ist, ist Pauschsteuer zu erheben, sonst Kartensteuer. Bei Veranstaltungen an kleinen Orten mit leicht übersehbarer Besucherschaft oder solchen, bei denen der Unternehmer auf andere Weise als durch die Erhebung von Eintrittsgeldern zu seinem Verdienst kommt, ist die Vergnügungssteuer ebenfalls in Form der Pauschsteuer zu erheben[20].

cc) Die *Sondersteuer nach der Bruttoeinnahme* (§ 22) ist eine Sonderregelung für künstlerisch hochstehende Veranstaltungen, deren Geschäfts- und Kassenführung den üblicherweise an kaufmännisch geleitete Unternehmen zu stellenden Anforderungen entspricht. Maßgebend für die Steuer ist nicht die Zahl der verkauften Karten, sondern der Bruttoertrag des Unternehmens, wobei unter Bruttoertrag entsprechend dem Sprachgebrauch der gesamte Kasseneingang ohne Abzug irgendwelcher Forderungen oder sachlicher Unkosten zu verstehen ist. Die Steuer beträgt 5% der Bruttoeinnahme. Nach Art. III § 15 sind ab-

---

[19] Vgl. hierzu MARKULL: a. a. O. S. 78.

[20] Vgl. DÖRING: Vergnügungssteuer Berlin 1929 S. 49. Im Gegensatz zur Kartensteuer ist bei der Pauschsteuer eine Vereinbarung mit der Steuerstelle über den zu zahlenden Steuerbetrag in den Fällen der §§ 16, 18, 20 zulässig; über eine eventuelle Erweiterung im Hinblick auf § 13 PrKAG. vgl. MARKULL S. 72.

weichende Bestimmungen zulässig. Theatervorstellungen und Balletts sind steuerfrei, wenn die im Gemeindebezirk gelegenen, gleichartigen Veranstaltungen des Landes oder der Gemeinde nicht besteuert werden; wird also das Landes- oder das Gemeindetheater nicht besteuert, so können auch Privattheater von der Steuer freigestellt werden[21]. Ob eine Veranstaltung künstlerisch hochstehend ist und eine fachmännische Buchführung besitzt, entscheiden die Landesregierung oder die von ihr beauftragten Behörden. Der Gesichtspunkt künstlerischen Wertes ist der gleiche wie bei § 8. Eine ordnungsmäßige Geschäfts- und Kassenführung kann unschwer durch Vorlage der Bücher nachgewiesen werden[22].

---

[21] Vgl. MARKULL: a. a. O. S. 91.

[22] Wegen der Zuständigkeitsbehörden im einzelnen vgl. DÖRING S. 86.

Viertes Buch.

Bühnen- Film- und Artistenarbeitsrecht.

Von

Paul Dienstag.

Systematische Vorbemerkung.

Eine systematische Darstellung der arbeitsrechtlichen Verhältnisse der an der Bühne, in der Filmfabrikation und beim Varieté beschäftigten Personen hat von ihrer künstlerischen und personellen Bedeutung auszugehen. Ein außerordentlich bedeutsames Moment fällt sofort auf! Es bestehen zwei Kategorien von Arbeitnehmern: Die eine bilden die bei der Aufführung des Theaterstückes resp. bei der Herstellung des Films darstellerisch dergestalt mitwirkenden Personen, daß ihre Tätigkeit Voraussetzung von Aufführung und Herstellung ist; es sind die Einzeldarsteller; die zweite setzt sich aus den sonst aus künstlerischen oder technischen Gründen notwendigen Personen zusammen; zu ihr rechnen Regisseure, Chorpersonal, Orchestermusiker, Dramaturgen, Chorrepetitoren, Maschinenmeister, Theatermeister, das gesamte kaufmännische Hilfspersonal, ohne daß mit dieser Aufzählung eine Vollständigkeit beabsichtigt sein soll. Auch wenn beide Kategorien „Arbeit" im Rechtssinne verrichten, so liegt es auf der Hand, daß schon angesichts der künstlerischen Bedeutung des Solopersonals diese Differenzierung auch rechtlich insofern erheblich ist, als die Rechtsverhältnisse der Einzeldarsteller vielfach von den üblichen arbeitsrechtlichen Grundsätzen abweichen, weil sie eben bestimmend durch die Eigenart und Stellung des Künstlers im gesamten Organismus des Unternehmens beeinflußt werden. Es rechtfertigt sich daher ohne weiteres, daß die arbeitsrechtlichen Verhältnisse des Solopersonals eingehend dargestellt werden, wohingegen für das Betriebspersonal diese Notwendigkeit schon deshalb entfällt, weil hier vielfach auf für alle Arbeitnehmer gemeinsam geltende Rechtssätze verwiesen werden kann.

I. Privates Arbeitsvertragsrecht.

§ 54. Rechtsquellen.

1. *Gemeinsame* Rechtsquellen für das Arbeitsrecht der Einzeldarsteller an Bühne, Film und Varieté sind die Rechtssätze des BGB. über den Dienstvertrag (§§ 611 ff. BGB.)[1], die im Bühnen-, Film- und Varietégewerbe geltenden Gepflogenheiten und Gebräuche, schließlich das Gewohnheitsrecht.

Die rechtliche Bedeutung der Gepflogenheiten und Gebräuche als Erkenntnisquelle vertraglicher Beziehungen ist namentlich im Bühnenrecht erheblich. Die „Bühnenbräuche" stellen die im Verkehr tatsächlich herrschende Übung dar. „Im Bühnenbrauch schlägt sich nieder, was im Verkehr bei Geschäften solcher Art tatsächlich Regel ist[2]." Eine analoge Anwendung dieser „Bühnenbräuche" auf die arbeitsrechtlichen Verhältnisse der Filmfabrikation ist grundsätzlich zu bejahen[3], da in betriebstechnischer Beziehung Filmaufnahmen und Theateraufführungen sich dadurch nahe berühren, daß der Film nicht nur ungefähr den gleichen Personenkreis wie das Theater beschäftigt, sondern die seitens dieses Personenkreises geleistete Arbeit auch der Arbeit am Theater durchaus ähnelt.

Eine mit großer Vorsicht zu bewertende Rechtsquelle ist das Gewohnheitsrecht, dessen Voraussetzung gleichmäßige, dauernde, all-

---

[1] Vgl. Recht 1904, 602; Planck: Recht der Schuldverhältnisse S. 995 Anm. 2 zu § 626.

[2] Vgl. OSchG. 13. November 1928 (Arch.f.Urh.R. 2, 113 ff.); KK. oberster Gerichtshof 19. April 1911 (Grabscheid-Beissler-Fuchs: Rechtsprechung in Theatersachen S. 124 ff.); ferner Opet: a. a. O. S. 191; Marwitz: Der Bühnenengagementsvertrag S. 10 ff.; Beust: Bühnenengagementsvertrag, Zürich 1912, S. 20; Rosemeyer-Assmann: Bühnenvertragsrecht, Berlin 1926, S. 38; Kutzer: Dienstrecht der Bühnenmitglieder, S. 7 ff.; Treitel: Artistenrecht 1904, S. 37 ff.

[3] Vgl. Dienstag: Arbeitsvertrag des Filmschauspielers und Filmregisseurs, Berlin 1929, S. 13.

gemeine Ausübung in der Weise, daß die Übungsakte auf dem Willen beruhen, eine bindende Regel zu verwirklichen, also opinio necessitatis, bildet[4]. Die von OPET speziell für das Theaterrecht vertretene Auffassung, daß die „große Masse des privaten Theaterrechts ein durch die Übung begrenztes Gewohnheitsrecht darstellt, dessen Erkenntnisquelle Rechtsübung und theaterrechtliche Literatur sei“, ist in dieser Allgemeinheit bedenklich[5].

2. *Besondere* Rechtsquelle ist die Sonderabrede der Parteien, entweder auf den einzelnen Fall zugeschnitten oder tarifvertraglich resp. durch „typische Arbeitsbedingungen“ geregelt. Tarifvertragliche Regelung kommt für das Bühnen- und Artistenrecht, typenmäßiger Abschluß für die Filmindustrie in Frage. Die Praxis verwendet hierbei meist Verträge, die von der „Spitzenorganisation der deutschen Filmindustrie“ entworfen sind[6].

3. Die *tarifvertraglichen* Beziehungen[7] zwischen Theaterunternehmern und Bühnenschauspielern, sowie dem Chorsänger- und Ballettpersonal gehen auf das Jahr 1919 zurück. Tarifvertragsparteien sind auf Unternehmerseite der „Deutsche Bühnen-Verein“, die seit 1846 bestehende Unternehmerorganisation, auf Arbeitnehmerseite die „Genossenschaft deutscher Bühnenangehöriger“, die seit 1871 geschaffene Zusammenfassung der deutschen Schauspieler, Regisseure und künstlerischen Bühnenvorstände und der seit 1882 mit dem Sitze in Mannheim begründete deutsche Chorsänger- und Ballettverband. Der gegenwärtig geltende am 19. April 1924 zwischen dem deutschen Bühnenverein und der Genossenschaft deutscher Bühnenangehöriger abgeschlossene Tarifvertrag ist am 1. Mai 1924 in Wirksamkeit getreten; ursprünglich ging er bis zum 31. August 1927 mit der Maßgabe jeweiliger Verlängerung um ein weiteres Jahr, sofern er nicht ein Jahr vor seinem Ablauf gekündigt wird[8]. Das Tarifwerk im ganzen enthält neben dem Tarifvertrage den Normalvertrag, die Hausordnung und mehrere Sonderabkommen, nämlich über die Regelung der Anfängerfrage, der Arbeitsverhältnisse der technischen Bühnenvorstände, des Büropersonals und der Friseure und der Verhältnisse an den Wanderbühnen. Die Arbeitsbedingungen des Chorsänger- und Ballettpersonals sind gegenwärtig geregelt durch Tarifvertrag vom 19. Juni 1924, der einen Teil des Tarifwerkes für das

---

[4] Vgl. ENNECCERUS-WOLFF-KIPP, Lehrbuch des bürgerlichen Rechts 10 I, S. 12ff.

[5] Vgl. OPET: Artikel: Theaterrecht im Handwörterbuch der Staatswissenschaften 3; dagegen KUTZER: a. a. O. S. 7.

[6] Vgl. DIENSTAG: a. a. O. S. 16 und 158ff., in der nachfolgenden Darstellung kurz als „Anstellungsbedingungen“ bezeichnet.

[7] Allgemeines zum Tarifvertragsrecht vgl. S. 481.

[8] Er ist gegenwärtig auf Grund eines Beschlusses des deutschen Bühnenvereins vom 29. Mai 1931 zum 31. August 1932 gekündigt.

Chor- und Ballettpersonal bildet, das außerdem noch den Normalvertrag, Abkommen über die Wanderbühnen, über die Wahrung des Tariffriedens, über die Regelung der Anfängerfragen, sowie die Betriebsordnung enthält. Beide Tarifverträge gelten räumlich für das Gebiet des Deutschen Reiches, sachlich für das Personal derjenigen Bühnen, deren Unternehmer die Betriebserlaubnis aus § 32 GO. besitzen. Sie sind für allgemein verbindlich erklärt[9].

Für den Artistenengagementsvertrag gilt gegenwärtig der Tarifvertrag für das Varieté- und Kabarettgewerbe vom 1. März 1929. Tarifvertragsparteien sind der im Dezember 1900 gegründete „Internationale Varieté-Direktorenverband" und die im Jahre 1901 gegründete „Internationale Artistenloge", die organisatorische Zusammenfassung der Artisten. Der Tarifvertrag ist am 27. Juni 1929 für allgemein verbindlich erklärt (Tarifregister Bl. 8414/11), gilt räumlich für das Deutsche Reich (§ 1) und sachlich für alle Verträge mit Unternehmern, die der Betriebserlaubnis aus § 33a GO. bedürfen.

§ 55. Begriff und rechtliche Natur des Einzeldarstellervertrages.

1. Nicht jede beliebige Vereinbarung zwischen Unternehmer und mitwirkendem Einzeldarsteller interessiert an dieser Stelle. Bedeutsam sind vielmehr nur diejenigen Abmachungen, denen zufolge bestimmte Personen bei der öffentlichen Vorführung eines Bühnenwerkes, einer Varieténummer oder der Herstellung eines Filmes unter Einfügung in die betriebstechnischen Vorschriften des Unternehmers in der Absicht auf dauernden Erwerb darstellerisch, also durch Worte, Töne, Kunstfertigkeiten, Mimik tätig sind. Derartige Vereinbarungen werden als Bühnen-Film-Artistenengagementsverträge bezeichnet. Eine Analyse der einzelnen Tatbestandsmomente ergibt folgendes Bild:

a) Die darstellerische oder sonstige Tätigkeit bedingt einen Vertrag im Sinne gegenseitiger Verpflichtungen. Bloße Gefälligkeiten begründen keinen Engagementsvertrag.

b) Es muß sich um die berufsmäßige Leistung[1] von Diensten als Schauspieler, Artist, Tanzkünstler, Chorsänger handeln, d. h. es muß die Absicht auf dauernden Erwerb bzw. Tätigkeit bestehen.

---

[9] Der Bühnentarifvertrag am 13. August 1924, der Chorsängertarifvertrag am 4. Oktober 1924. Am 28. September 1929 sind die am 22. Juli 1924, 14. März 1927, 14. Juni 1927 vom Tarifausschuß beschlossenen Änderungen und Zusätze zum allgemein verbindlichen Bühnentarifvertrage mit Wirkung vom 1. August 1929 für allgemein verbindlich erklärt worden; vgl. KUTZER: a. a. O. S. 54 u. NW. 1929 Heft 15.

[1] Vgl. KASKEL: Arbeitsrecht S. 67.

c) Für die Tätigkeit sind bestimmte Weisungen des Unternehmers, sowie die im Unternehmen selbst geltenden betriebstechnischen Vorschriften maßgebend (abhängige Arbeit!)[2].

Ein Arbeitsvertrag im Sinne der vorstehenden Begriffsbestimmung liegt also dann nicht vor, wenn

aa) der Schauspieler selbst Unternehmer oder mit dem Unternehmer zusammen am Gewinn und Verlust beteiligt ist; derartige Verträge, die gewöhnlich Darsteller mit außerordentlicher Zugkraft betreffen, sind Gesellschaftsverträge (§§ 703ff. BGB.). Besteht die Vergütung des Darstellers ganz oder teilweise in einer Quote des Reingewinns, so stellt die Beteiligung am Reingewinn nur eine anderweite Form der Vergütung ohne gesellschaftliche Bindungen dar. Das „Spiel auf Teilung“, der Zusammenschluß mehrerer Schauspieler oder Artisten mit der Absicht, gemeinsam Theater- oder Varietéaufführungen unter Teilung des Gewinnes zu veranstalten, eine Form, die sich besonders bei Zusammenbrüchen von Theatern oder Varietébühnen findet, unterliegt mangels Fehlens eines Zweiparteienverhältnisses gesellschaftsrechtlicher Beurteilung. Der zur Arbeitsleistung Verpflichtete ist hier gleichzeitig Mitberechtigter der Arbeitsleistung[3].

bb) nicht der Schauspieler selbst, sondern eine dritte Person über seine Arbeitsleistung mit dem Unternehmer kontrahiert. Das ist der Fall, wenn

α) der Schauspieler seitens seines Arbeitgebers einem anderen Unternehmer zwecks Leistung von Diensten überlassen wird, ein Fall, der sich namentlich häufig im Filmgewerbe ereignet. Üblicherweise wird das Entgelt für die Überlassung des Schauspielers zwischen den Unternehmern unmittelbar vereinbart; der Schauspieler erhält oft nur seine „vertragliche Gage“, ohne an einem etwaigen „Überpreis“ beteiligt zu sein.

β) der Impressario eines Schauspielers als selbständiger Unternehmer, der sich gelegentlich der Gesellschaftsform bedient[4], über die Tätigkeit des Schauspielers mit anderen Unternehmern kontrahiert.

---

[2] Mit Recht hat LArbG. Berlin im Urteil 104. S. 1080/30 (nicht veröffentlicht) den Direktor eines Revueunternehmens, der in Lichtspieltheatern diese Revuen vorführte, als Arbeitgeber angesehen und seine Artisteneigenschaft verneint, da er keine abhängige, also unselbständige Arbeit verrichtet.

[3] Vgl. auch Molitor: Wesen des Arbeitsvertrages S. 17 Anm. 3; Lotmar: Arbeitsvertrag 1, 37ff.; Jacobi: Grundlehren des Arbeitsrechts 1927, 60 Anm. 69; Finkelstein: Das Recht des Bühnen- und Filmschauspielers auf Beschäftigung 1930, 33, RArbG. 3, 194; die entgegengesetzte Auffassung vertritt Klemperer: Verhandlungen des deutschen Juristentages, Düsseldorf 1914, I, S. 654ff. und Kommentar zum Schauspielergesetz Wien 1924, S. 2.

[4] Beispielsweise ist im Handelsregister des Amtsgerichts Berlin-Mitte Zeitungsnachrichten zufolge (vgl. Voss. Ztg. 7. September 1928) am 5. Juli 1928 eine Kortner-Hofer G. m. b. H. eingetragen worden, deren Zweck die Auswertung der schauspielerischen Tätigkeit des Schauspielers Fritz Kortner und seiner Frau ist.

Während im gemeinen Recht derartige Verträge nach dem Grundsatze „nemo alienum factum prommittendo obligatur" nichtig waren, ist vom Standpunkt des bürgerlichen Rechts gegen ihre Zulässigkeit nichts einzuwenden. Es handelt sich aber in allen diesen Fällen nicht um Arbeitsverträge, sondern um Dienstverschaffungsverträge, da nicht eigene Arbeit, sondern die Arbeit anderer versprochen wird, außerdem es der physischen Person mangelt, die sich zur Arbeitsleistung verpflichtet[5]. Ihre mögliche Sittenwidrigkeit, auch unter persönlichkeitsrechtlichen Gesichtspunkten, ist von Fall zu Fall zu entscheiden. Grundsätzlich genügt hierzu nicht die allgemeine Behauptung, daß die wirtschaftliche oder persönliche Freiheit des Schauspielers in unzulässiger Weise erschwert oder unterbunden wird[6]; es sind vielmehr konkrete Behauptungen nach dieser Richtung hin nötig.

2. Der über die Tätigkeit der Einzeldarsteller abgeschlossene Vertrag ist Dienstvertrag, näher bestimmt Arbeitsvertrag; soweit er auf einmalige, vorübergehende Leistungen geht, liegt einfacher Dienstvertrag vor; handelt es sich um Dienstverhältnisse von gewisser Dauer, so kommt Anstellungsvertrag in Frage[7].

a) Die Frage der rechtlichen Natur des Bühnenengagementsvertrags war und ist streitig. Die zunächst von OPET unter dem Einfluß gemeinrechtlicher Doktrinen und der englischen und französischen Theaterrechtsliteratur vertretene Lehre der Werkvertragsnatur des Bühnenengagementsvertrages[8] ist allerdings von ihm selbst dahin modifiziert worden, daß in den wesentlichsten Punkten das Dienstvertragsrecht des BGB. Anwendung findet. Aber in späterhin erschienenen Arbeiten[9] hält OPET an der Auffassung des Inominatkontraktes fest, mit der Begründung, daß die Tätigkeit des Schauspielers vorzugsweise künstlerische

---

[5] Vgl. insbes. HUECK-NIPPERDEY: Lehrbuch 1, 118; MOLITOR: a. a. O. S. 9 Anm. 3; JACOBI: a. a. O. S. 44 Anm. 27; DIENSTAG: Arbeitsvertrag a. a. O. S. 16, Anm. 2; DERSELBE: Arch.f.Urh.R. 2, 104ff.; DERSELBE: Unsittliche Filmengagementsverträge, NZArbR. 1929 S. 465ff.

[6] Vgl. die Arch.f.Urh.R. 2, 98, 101 veröffentlichten Urteile des LG. I Berlin v. 16. November 1928 und AG. Berlin v. 1. November 1928, die beide den Fall betreffen, daß ein Filmschauspieler einer Gesellschaft zur Ausübung schauspielerischer Tätigkeit von einer anderen Gesellschaft überlassen worden ist. Das Arbeitsgericht Berlin hat in einem sehr ausführlichen und sorgfältig begründeten Urteil der Spezialkammer zu der Frage der Sittenwidrigkeit eingehend Stellung genommen und diese aus tatsächlichen Gründen bejaht, das Landgericht sie aus den gleichen Gründen verneint.

[7] Vgl. hierzu auch NICKISCH: Die Grundformen des Arbeitsvertrages S. 112, 114 und in GruchBeitr., Jahrg. 70, Heft 6 in der Besprechung von DIENSTAG: „Der Arbeitsvertrag des Filmschauspielers und Filmregisseurs."

[8] Vgl. a. a. O. S. 163.

[9] Vgl. vor allem Artikel „Theaterrecht" im Handwörterbuch der Staatswissenschaften a. a. O.

Zwecke verfolge und deshalb mit einer nur gewerblichen Zwecken dienenden Tätigkeit nicht auf eine Linie gestellt werden dürfe. Er berührt sich in dieser Auffassung mit ELSTER und GOLDBAUM, die den Bühnenvertrag als Leistungsvertrag auf eine unbestimmte Menge einzelner „werkvertraglich" bestimmten Tätigkeiten und deshalb als gemischten Vertrag bezeichnen[10]. Ich lehne diese Auffassung ab. Da der Bühnenengagementsvertrag stets zeitbestimmt[11] ist, so handelt es sich um reinen Dienstvertrag. Der überwiegende Teil von Rechtslehre und Rechtsprechung bejaht auch durchweg den dienstvertraglichen Charakter des Bühnenengagementsvertrages[12]. Der Bühnen-Gastspielvertrag[13] ist ebenfalls reiner Dienstvertrag, obwohl vielfach eine abweichende Auffassung vertreten wird[14]. Die Tatsache, daß bei dem gewöhnlichen Engagementsvertrag der Schauspieler für die Spielzeit[15], beim Gastspielvertrag für eine Reihe von Gastspielen verpflichtet wird, ist unerheblich, da die Art der Arbeitstätigkeit, sowie die betriebsorganisatorische Stellung der Bühnenmitglieder zum Unternehmer bei beiden Verträgen die gleiche ist, schließlich auch beide Verträge zeitbestimmt sind. Wenn die Arbeitsleistung des Ensemblemitgliedes vorher nicht konkretisiert wird, er vielmehr dem Unternehmer während eines längeren Zeitraumes seine gesamte Tätigkeit in der Weise zur Verfügung stellt, daß von ihr im Rahmen des vereinbarten Rollenfaches beliebig Gebrauch gemacht werden kann, während der Gastschauspieler für die bestimmte Rolle eines bestimmten Stückes engagiert und deshalb verpflichtet ist, die bestimmte Rolle eines bestimmten Stückes zu spielen, so beweist das nur, daß es sich bei dem Gastspielvertrag um einfachen Dienstvertrag und keinen Anstellungsvertrag handelt. Das oft gebrauchte Argument, daß Gegenstand des Gastspielvertrages nicht die Durchschnittsqualität des Schauspielers, sondern die Garantie für den Erfolg sei, ist schon deshalb unzutreffend, weil der Schauspieler begrifflich eine Garantie für den Erfolg als einen ganz irrealen Faktor überhaupt nicht übernehmen kann.

b) Der Arbeitsvertrag des Filmschauspielers (wie übrigens auch der Filmregisseure) ist ebenfalls Dienstvertrag[16], da er stets zeitbestimmt

[10] Vgl. ELSTER: HRechtsW. 6, S. 15, 1929 und GOLDBAUM-JACOBY: a. a. O. S. 49.

[11] Vgl. NIKISCH: a. a. O. S. 40ff.

[12] Vgl. DIENSTAG: a. a. O. S. 18 Anm. 1 und die dort gegebene Literaturübersicht.

[13] Vgl. Komm. d. RGR. zum BGB. 6. Aufl. 1928 Anm. 5 zu § 611; v. BEUST: a. a. O. S. 16; RIEZLER: Werkvertrag 1900, 33; NIKISCH: a. a. O. S. 57; Jäger: KO. 1, 397 Anm. 6 zu § 22; RG. JW. 1927, 848 vermeidet ausdrückliche Stellungnahme.

[14] Vgl. über den Begriff S. 422.

[15] Vgl. S. 468 Anm. 12.

[16] Vgl. DIENSTAG: a. a. O. S. 17 Anm. 1 und die dort gegebene Übersicht über die Literatur und Rechtsprechung, S. 25; nach neuerlichen Zeitungsnachrichten (vgl. Film-Kourier vom 14. November 1931) scheinen die Filmregisseure auf einem anderen Standpunkt zu stehen und für den Filmregievertrag werkvertragliche Natur zu bejahen, eine m. E. völlig verfehlte Auffassung.

ist. Einfacher Dienstvertrag liegt dann vor, sobald der Schauspieler für die bestimmte Rolle eines bestimmten Filmes verpflichtet wird; stellt er dagegen seine Arbeitskraft während eines längeren Zeitraumes ohne Konkretisierung zur Verfügung, so handelt es sich um Anstellungsvertrag, bei dem der Filmunternehmer die einzelnen im voraus nicht vereinbarten Arbeitsleistungen einseitig bestimmt[17].

c) Auch der Artistenengagementsvertrag ist reiner Dienstvertrag, da der Artist eine dauernde Verpflichtung zur Leistung von Diensten innerhalb eines größeren Organismus, nicht die Herstellung eines bestimmten Arbeitserfolges übernommen hat; einen Unterschied zwischen großen und kleinen Artisten gibt es in dieser Beziehung nicht[18].

§ 56. Vertragsform und Vertragsabschluß.

1. Der Abschluß eines einfachen Dienst- oder eines Anstellungsvertrages bedarf nicht der Schriftform. Dieser Grundsatz gilt auch für Bühnen-, Film- und Artistenengagementsverträge, so daß mündlich abgeschlossenen Verträgen keineswegs die Anerkennung zu versagen ist. Durch „Bräuche und Gepflogenheiten" kann eine Abweichung von diesem Grundsatze im Einzelfalle erfolgen.

a) Der Abschluß des Bühnenengagementsvertrages, sowie des Vertrages mit dem Chorsänger- und Ballettpersonal erfolgt in der Regel schriftlich. Das ist darauf zurückzuführen, daß verständlicherweise der Vertrag eine sehr erhebliche Anzahl von Einzelvereinbarungen enthält, deren schriftliche Festlegung schon zu Beweiszwecken erforderlich ist. Die darüber hinausgehende Behauptung, daß für Bühnenengagementsverträge Schriftform Bühnenbrauch sei[1], kann insofern zu Mißverständnissen Anlaß geben, als diese Äußerung leicht dahin verstanden werden kann, nur schriftliche Bühnenengagementsverträge als rechtsgültig anzusehen. So sagt OLG. München[2], daß „nach dem übereinstimmenden Willen beider Vertragsteile die Gültigkeit von der Schriftform abhängig

---

[17] Vgl. Nikisch: in GruchBeitr. a. a. O.

[18] Das RG. schwankt; anfangs wird der dienstvertragliche Charakter verneint, vgl. RG. 37, 66ff.; JW. 1901, 410; Gruchot: 45, 1078; später mit Entschiedenheit bejaht; vgl. Treitel: Ist der Artist Arbeitnehmer oder selbständiger Gewerbetreibender Arch.f.Urh.R. 1, 433ff., mit ausführlichen Zitaten aus der Rechtsprechung; eine abweichende Auffassung vertritt das Reichsversicherungsamt, das Artisten, soweit nicht besondere Umstände vorliegen, im versicherungsrechtlichen Sinne regelmäßig als selbständige Unternehmer ansieht und sie daher auch nicht für kranken- und angestelltenversicherungspflichtig erklärt; dagegen mit Recht Treitel: Arch.f Urh.R. a. a. O. S. 444; vgl. auch Pick: „Liedlohnvorrecht der Artisten", Konkurs und Treuhandwesen 1. Jahrg. Heft 7 S. 97ff., der die Artisten ebenfalls als selbständige Unternehmer ansieht.

[1] Vgl. Rosemeyer-Assmann: a. a. O. S. 45; dagegen Opet: a. a. O. S. 165; Marwitz: a. a. O. S. 38; Kutzer: a. a. O. S. 125.

[2] Vgl. OLG. München 29. Dezember 1916 in SeuffArch. 72, 118.

sei, weil in Theaterkreisen der schriftliche Abschluß des Dienstvertrages üblich sei". Diese Gleichsetzung von Üblichkeit mit Zulässigkeit ist in dieser Allgemeinheit unbegründet; auch mündlich abgeschlossenen Engagementsverträgen ist die Rechtswirksamkeit nicht abzusprechen[3]. Bedenklich ist deshalb auch die Auffassung des Bühnenoberschiedsgerichts, daß Schriftform nur dann als nicht vereinbart gilt, falls die ausdrückliche Willenseinigung der Parteien dahin geht, sich durch mündliche Abreden gegenseitig fest zu binden[4], da hier die Zulässigkeit der mündlichen Vereinbarung an eine weder im Gesetz noch sonst begründete ausdrückliche Willenseinigung der Parteien geknüpft ist[5]. In der Filmfabrikation besteht ebenfalls kein Brauch, der Schriftform vorschreibt. Die Tatsache regelmäßigen schriftlichen Abschlusses spricht nicht dagegen. Die Bestimmung des § 1 der „Allgemeinen Anstellungsbedingungen", wonach mündliche Vereinbarungen, bei denen von der Schriftform Abstand genommen werden soll, keine Gültigkeit haben, kann sich ihrer Stellung nach nur auf bereits abgeschlossene Verträge, niemals aber noch zu tätigende Verträge beziehen, es sei denn, daß die Vertragsparteien ausdrücklich mündlich vereinbart haben, das Engagement unter Zugrundelegung der „Allgemeinen Anstellungsbedingungen" abzuschließen; auch dann wird die Rechtsgültigkeit dieser Klausel im Hinblick auf die Grundsätze von Treu und Glauben zweifelhaft sein[6].

b) Haben die Parteien ausdrücklich Schriftform vereinbart, so ist der Vertrag erst dann zustande gekommen, sobald die Bedingungen des Engagements in einer Urkunde schriftlich niedergelegt und von beiden Parteien unterzeichnet worden sind (§ 154 Abs. 2 BGB.), resp. ein Briefwechsel über den Vertrag stattgefunden hat (§ 127 Satz 2 BGB.). Wird seitens einer der Vertragsparteien Mangel der Schriftform behauptet, so trifft sie die Beweislast, daß schriftliche Beurkundung vor oder bei Abschluß des Vertrages ausdrücklich bedungen war und nicht nur Beweiszwecken dienen sollte[7]. Ist ein schriftliches Vertragsangebot erfolgt, so

---

[3] Vgl. OSchG. 28. Juni 1921; NW. 21, 18.

[4] Vgl. OSchG. 24. März 1925; DB. 26, 9.

[5] Vgl. KUTZER: a. a. O. S. 121; sowie HUECK-NIPPERDEY: 2, 75ff.

[6] In einem bereits aus dem Jahre 1920 stammenden, m. E. indessen auch noch heute grundsätzliche Geltung beanspruchenden Gutachten der Berliner Industrie- und Handelskammer über einen Filmengagementsvertrag äußerte sich die Kammer wie folgt: „Obwohl in der Filmbranche Verträge von wirtschaftlich weitgehender Bedeutung in der Regel schriftlich abgeschlossen werden, besteht auch innerhalb dieses Geschäftszweiges für die Auslegung von Vereinbarungen kein von den gesetzlichen Bestimmungen abweichender Handelsbrauch, insbesondere keine Übung, daß wirtschaftlich bedeutungsvolle Verträge erst bei schriftlicher Fixierung als geschlossen gelten; vgl. auch DIENSTAG: a. a. O. S. 30.

[7] Vgl. KommRGR. a. a. O. 1, 3 zu § 125 und 3 zu § 127 S. 183 u. 195; ROSENBERG: ArchZivPr. 94, 30.

bedarf es schriftlicher Annahme. Ist vereinbart, daß unabhängig von der Gültigkeit des mündlichen Vertrages eine schriftliche Festlegung des mündlich Vereinbarten erfolgen soll, so ist jeder der Vertragsteile verpflichtet, hierbei mitzuwirken[8]. Beispielsweise besitzen nach § 6 Abs. 2 des Tarifvertrages für das Artisten- und Kabarettgewerbe mündlich abgeschlossene Verträge nur dann Gültigkeit, wenn sie schriftlich oder telegraphisch bestätigt sind; der Artist hat vor der ersten Dienstleistung den *schriftlichen Vertrag* vom Unternehmer zu verlangen; der Mangel der Schriftform wird durch Bestätigung in Form der Annahme der Dienste des Artisten durch den Unternehmer geheilt[9]. Auch Änderungen des Vertrages bedürfen in jedem Falle der Schriftform (§ 6 Abs. 2). Es handelt sich hier um eine normative Bestimmung, durch die den Parteien des Arbeitsvertrages ein gegenseitiger arbeitsvertraglicher Anspruch auf schriftliche Fixierung gegeben werden soll; aber auch mündlich vereinbarte Abänderungen gelten, falls sie durch Erfüllung seitens der einen oder anderen Vertragspartei bestätigt sind.

2. Der Engagementsvertrag kommt durch Angebot und Annahme zustande; das Angebot kann von jedem Vertragsteil ausgehen. Ein späterer Wechsel in der Person des Antragenden oder des Annehmenden wird hierdurch nicht ausgeschlossen. Angebot und Annahme müssen sich vollinhaltlich decken. Die wesentlichsten Punkte, über die sich die Parteien vor Zustandekommen des Engagementsvertrages einig sein, die mithin auch den Inhalt von Angebot und Annahme bilden müssen, sind:

a) Genaue Bezeichnung des Unternehmens resp. Films,
b) Vertragsdauer,
c) Art der Tätigkeit,
d) Höhe der Vergütung einschl. etwaiger Sonderleistungen.

Bei tarifgebundenen Dienstverträgen braucht der durch normative Bestimmungen bestimmte Inhalt des Dienstverhältnisses nur bei etwaigen Abweichungen in den Antrag aufgenommen zu werden[10]. Ohne Einigung über die Punkte a—d bestehen vertragliche Beziehungen zwischen den Parteien überhaupt nicht. Es handelt sich in diesem Falle nur um einen rechtlichunverbindlichen Meinungsaustausch. Der Unternehmer ist deshalb in diesem Stadium auch zu keiner Entschädigung verpflichtet, mag auch der Darsteller in Erwartung des künftigen Engagements Aufwendungen gemacht haben[11]. Ist er zur Vorstellung von auswärts erschienen, so ist der Unternehmer mangels ausdrücklicher Vereinbarung nicht zum

---

[8] Vgl. BOSchG. 23. Februar 1921; DB. 1921, 51.

[9] Beweispflichtig für die Mündlichkeit des Abschlusses ist der Artist (§ 6 Abs. 2 und Urteil des Arbeitsgerichts Berlin, Programm Nr. 1485 S. 15).

[10] Vgl. KUTZER: a. a. O. S. 121; ferner Artistentarifvertrag § 6 Abs. 1 u. S. 482.

[11] Vgl. auch das bei ECKSTEIN: a. a. O. S. 93 mitgeteilte Gutachten der Industrie- u. Handelskammer Berlin.

Ersatz der Reisekosten verpflichtet; auch in dem Ersuchen um Vorstellung liegt keine stillschweigende Übernahme der Kosten[12].

Ein Vorvertrag ist nur bei Willenseinigung über die wesentlichen Punkte rechtlich erheblich, sofern er in der Absicht späterer Bindung abgeschlossen ist[13]. Unverbindliche Vorverhandlungen können bei späterem Abschluß eines Vertrages für die Auslegung einzelner Vertragsbestimmungen berücksichtigt werden.

Angebot und Annahme richten sich nach den Vorschriften des bürgerlichen Rechts (§§ 145ff. BGB.); der Antragende ist grundsätzlich an sein Angebot gebunden; die Gebundenheit erlischt, sobald der Antragsempfänger nicht rechtzeitig den Antrag annimmt. Eine telephonische Offerte muß sofort angenommen werden (§ 147 BGB.). Eine Annahme unter Einschränkungen oder sonstigen Änderungen gilt als Ablehnung verbunden mit einem neuen Antrage (§ 150 Abs. 2 BGB.). Unerhebliche Änderungen des Angebots bedeuten nicht stets Ablehnung[14]. Beim telegraphischen Angebot besteht eine Rechtspflicht zur unverzüglichen Beantwortung[15]; denn Gebundenheit besteht nur bis zu demjenigen Zeitpunkt, in welchem der Antragende den Eingang der Antwort unter regelmäßigen Umständen erwarten darf (§ 147 BGB.). Ist nach Treu und Glauben eine Antwort überhaupt nicht zu erwarten, so gilt Stillschweigen als Annahme. Rechtzeitiges Erscheinen des Darstellers zum Dienst gilt auch ohne ausdrückliche Bestätigung als Annahme.

Im Theaterbetriebe darf der Intendant oft Engagementsverträge nur unter Zustimmung des Theatereigentümers, also der Kommune oder des Fiskus, abschließen[16]. Er ist in diesem Falle verpflichtet, das Angebot im ordnungsmäßigen Geschäftsgang sofort an die zuständigen Organe weiterzuleiten; die Frist aus § 147 Abs. 2 BGB. erstreckt sich dann bis zu deren Beschlußfassung. Bis zu diesem Zeitpunkt ist also beispielsweise der Schauspieler an sein Angebot gebunden. Will er diese Bindung vermeiden, so muß er bei Abgabe des Angebots ausdrücklich einen entsprechenden Vorbehalt machen (§ 146 Abs. 2 BGB.), auf Nichtwissen kann er sich nicht berufen[17]. Besondere Bestimmungen über die Annahme von Offerten mit Rücksicht auf die betrieblichen Besonderheiten enthält § 6 Abs. 4 des Tarifvertrages für das Varietégewerbe. Der Antragende ist 36 Stunden bei telegraphischen Offerten, die auch telegraphisch zu beantworten sind, 72 Stunden bei brieflichen Offerten,

---

[12] A. A. Kutzer: a. a. O. S. 239 unter Berufung auf § 254 BGB.

[13] Vgl. RGZ. 72, 385; 66, 121.

[14] Vgl. OSchG. in „Singchor und Tanz", Jahrg. 46 Heft 3.

[15] Vgl. OSchG. 9. Januar 1923; DB. 1924, 4 und die zu diesem Urteil von Kutzer: a. a. O. S. 125 Anm. 9 gemachten Bemerkungen.

[16] Vgl. S. 477 wegen der Rechtsstellung des Intendanten.

[17] Vgl. Kutzer: a. a. O. S. 125.

96 bzw. 120 Stunden bei Anträgen durch einen Agenten gebunden. Sonntage zählen nur bei telegraphischen Offerten mit. Bei Abschlüssen nach oder vom Auslande gilt § 147 BGB.

Nichtbeantwortung eines Bestätigungsschreibens gilt als Einverständnis, auch wenn in diesem Schreiben Abweichungen von den bisherigen Abmachungen enthalten oder nicht ausdrücklich besprochene Nebenpunkte in billiger Treu und Glauben entsprechenden Weise geregelt sind[18]. Ist der Inhalt des Bestätigungsschreibens arglistig entstellt oder beruht er auf freier Erfindung, so ist Widerspruch und Anfechtung zulässig[19]. Der Einwand, daß die Vertragsbestimmungen überhaupt nicht gelesen seien, ist unerheblich[20]. Die Unterschrift bindet vielmehr jeden der Vertragsteile, mag von den Bedingungen im einzelnen Kenntnis genommen sein oder nicht. Bei Anfechtung des Vertrages wegen Irrtums trifft den Anfechtenden die volle Beweislast[21]. Vertragliche Unklarheiten oder Undeutlichkeiten sind gegen denjenigen auszulegen, von dem der Vertragsentwurf herrührt[22]. Der schriftliche Vertrag hat die tatsächliche Vermutung für sich, daß in ihm der endgültige und maßgebliche Vertragswille niedergelegt ist. Wird seitens einer der Parteien das Gegenteil behauptet, so ist sie hierfür beweispflichtig. Es bedarf der Darlegung, daß die behauptete Vereinbarung getroffen und warum sie nicht in den schriftlichen Vertrag aufgenommen ist[23].

§ 57. Die Vertragsgrundlagen.

I. Vertragsparteien.

A. Der Unternehmer.

a) Der Engagementsvertrag wird zwischen Unternehmer und Bühnenmitglied resp. Filmschauspieler und Artisten abgeschlossen.

---

[18] Vgl. RGZ. 54, 175ff.; 57, 409ff.; 58, 66ff.; 88, 377ff.; 97, 399ff.; 103, 405.

[19] RGZ. 95, 48.

[20] Vgl. RGZ. 13. April 1907 (V. 378/06); MARWITZ: a. a. O. S. 39, insbesondere Anm. 5.

[21] Vgl. RGZ. 62, 203, 205; 77, 312.

[22] Üblicherweise ist dies der Unternehmer, vgl. auch MARWITZ: a. a. O. S. 40; KUTZER: a. a. O. S. 126.

[23] Vgl. RGZ. 52, 25; 65, 99; 88, 372 (abweichend allerdings RGZ. 103, 157: „darüber, wie es kommt, daß das mündliche Abkommen in die Urkunde nicht aufgenommen sei, braucht regelmäßig keine besondere Darlegung zu erfolgen"). Durch diese Rechtsprechung des Reichsgerichts ist die früher vom Bühnenschiedsgericht ausgesprochene Ansicht, daß der Wortlaut eines Vertrages stets als letzte und endgültige Willensmeinung der Vertragschließenden gelte und es ein altes Theaterherkommen sei, in Streitfällen nur die schriftliche Vereinbarung heranzuziehen (vgl. die von MARWITZ: a. a. O. S. 40 Anm. 10 angeführte Entscheidung des OSchG.) reprobiert worden; vgl. aber auch OSchG. 18. Juni 1929; NW. 1929, 17. „Der Wortlaut des Dienstvertrages ist als endgültiger Niederschlag der vorangegangenen Verhandlungen anzusehen."

Unternehmer ist grundsätzlich der Inhaber der Betriebserlaubnis aus §§ 32, 33a, 55 Ziff. 4 GO. Fehlende Befugnis oder mangelnde Verfügung über das Theatergebäude machen Engagementsverträge weder ungültig noch unerlaubt[1]; § 306 BGB. kommt nicht in Frage. In der Filmfabrikation ist Unternehmer der Firmeninhaber (Einzelfirmen) oder die juristische Person, auf deren Rechnung und zu deren Lasten das Gewerbe betrieben wird.

Ist der Unternehmer eine natürliche Person, so muß er schon im Hinblick auf § 17 HGB. den Vertrag unter seinem persönlichen Namen tätigen und unterzeichnen; bei juristischen Personen des öffentlichen Rechts wird die Vertretung durch das Landesstaatsrecht evtl. die Städte-(Gemeinde-)Ordnung, bei juristischen Personen des Privatrechts durch das Gesellschaftsstatut bestimmt.

Wird der Vertrag durch einen Stellvertreter geschlossen, so kommen im Falle gehöriger Bevollmächtigung die Grundsätze der §§ 164ff. BGB. in Betracht. Handelt der Vertreter ohne ausreichende Vollmacht, so richtet sich die Rechtsgültigkeit der von ihm vorgenommenen Rechtsgeschäfte nach den §§ 177ff. BGB. Der Vollmachtgeber kann keine Einwendungen gegen die Gültigkeit erheben, falls er unbeschränkte Vollmacht erteilt, ein bestimmtes Handeln aber nicht in „seinem Sinne“ gelegen hatte, auch wenn der Gegenkontrahent dieses wußte[2].

Der Theaterintendant ist nach ständiger Rechtsprechung des Bühnenoberschiedsgerichts[3] zum selbständigem Abschluß von Engagementsverträgen als befugt anzusehen; hierauf können sich die Schauspieler verlassen, wenn sie nicht von der Bühnenleitung über Einschränkungen belehrt wurden; es genügt hierzu ein Anschlag am schwarzen Brett[4]. Der Filmregisseur ist ohne besondere Ermächtigung nicht berechtigt, selbständig Anstellungsverträge zu tätigen[5].

---

[1] Vgl. FELISCH-LEANDER: Rechtsprechung des Bühnenoberschiedsgerichts 2, Berlin 1911, S. 424 und S. 299.

[2] Vgl. OSchG. 24. März 1925, 3. November 1925; DB. 1926 Heft 4 und 9; 4. März 1930 NW. 59, 346.

[3] Vgl. OSchG. 21. September 1926; DB. 1930, 1 und OSchG. 30. Juni 1931; DB. 23, 334.

[4] Gegen diese Rechtsprechung vor allem KUTZER: a. a. O. S. 81 Anm. 1; die Frage ist übrigens akut geworden in dem sog. „Würzburger Urteil“, vgl. S. 470 Anm. 23. Dort hat das Landesarbeitsgericht Würzburg die Stadt Würzburg als den Vertragsgegner der Schauspieler erklärt, obgleich der Intendant als gemäß § 32 GO. befugter Unternehmer (Konzessionsinhaber) alle Verträge im eigenen Namen abgeschlossen hatte.

[5] Vgl. ausführlich DIENSTAG: a. a. O. S. 36 und § 2 Allgem. Anstellungsbed., wonach der Unternehmer nur durch Erklärungen solcher Angestellten, die durch schriftliche Vollmacht des Inhabers bzw. gesetzlichen Vertreter zum Abschluß von Verträgen ermächtigt sind, verpflichtet wird; ferner RAG. 10. September 1931; Arch.f.Urh.R. 4, 553 wegen Vollmacht des Produktionsleiters.

b) Als „Unternehmer" ist mit Rücksicht auf die entsprechenden gewerberechtlichen Bestimmungen[6] auch der Liquidator[7], der Konkursverwalter und der Testamentsvollstreckung anzusehen, desgleichen die Witwe oder der qualifizierte Stellvertreter gemäß § 45 GO.[8].

c) Alter und Geschlecht sind unerheblich, da einmal der Minderjährige die gewerbepolizeiliche Betriebserlaubnis aus den §§ 32, 33a, 55 Ziff. 4 GO. niemals erhält[9], zum anderen aber auch eine Frau als Schauspielunternehmerin in Betracht kommen kann. Handelt es sich um eine Ehefrau, so haftet das eingebrachte Gut für Verbindlichkeiten nur dann, falls der Mann seine Zustimmung gegeben oder das Geschäft ihm gegenüber auch ohne seine Zustimmung wirksam ist (§§ 1397, 1405, 1412 BGB.). Der Einwilligung steht es gleich, wenn die Frau mit Wissen und ohne Einspruch des Mannes das Gewerbe betreibt. Ein Widerruf der Einwilligung oder ein Einspruch ist einem Dritten gegenüber nur bei Kenntnis oder Eintragung in das Güterrechtsregister wirksam[10].

B. Arbeitnehmer.

Der Grundsatz, daß Dienst- und Anstellungsverträge grundsätzlich von jeder natürlichen Person abgeschlossen werden können[11], erleidet eine gewisse Einschränkung dadurch, daß bestimmte Personen nicht selbständig abschließen dürfen.

a) Da die Kinderarbeit eine zusammenfassende Darstellung in anderem Zusammenhange erfährt, interessieren hier nur die mit Minderjährigen im Alter zwischen 14 und 21 Jahren abgeschlossenen Engagementsverträge. Ihre Gültigkeit hängt von der Genehmigung des gesetzlichen Vertreters (Vater oder Vormund), sofern nicht dieser schon vorher in den Vertragsabschluß gewilligt hat, ab (§ 108 BGB.); bis zur erfolgten Genehmigung ist Widerruf des Unternehmers gegenüber dem Vertreter oder dem Minderjährigen zulässig, sofern ihm die Minderjährigkeit unbekannt war; bei Kenntnis nur dann, falls der Minderjährige die Einwilligung der gesetzlichen Vertreter der Wahrheit zuwider behauptet (§ 109 BGB.). Zweckmäßig erscheint Herbeiführung der vorherigen Zustimmung des gesetzlichen Vertreters resp. Aufforderung zur Genehmigung (§ 108 Abs. 2 BGB.), da bloßes Verschweigen der Minderjährigkeit nicht schadensersatzpflichtig macht, der Schadensersatzanspruch bei eigenem Verschulden entfällt und bei arglistiger Täuschung nur dann gegeben ist, wenn der Minderjährige die zur Kenntnis der Verantwort-

[6] Vgl. S. 290. [7] Vgl. OSchG. 15. November 1927, DB. 1930 Heft 1.

[8] Vgl. OSchG. 20. Mai 1930, NW. 1930, 2. [9] Vgl. S. 291.

[10] Vgl. §§ 1404, 1442, 1530, 1543 BGB., wegen der Haftung für die einzelnen Güterstände.

[11] Es kann selbstverständlich auch ein gehörig Bevollmächtigter handeln; wegen Vertretungsbefugnis des Obmanns vgl. OSchG. 4. März 1930, NW. 59, 346.

lichkeit erforderliche Einsicht besaß. Erklärt sich der zur Genehmigung aufgeforderte Vertreter nicht innerhalb von zwei Wochen, so gilt die Genehmigung als verweigert.

Die an sich formlose Genehmigung kann sowohl dem Minderjährigen wie dem Unternehmer gegenüber ausgesprochen werden. Unterschrift des Engagementvertrages durch den Vertreter und auch Kenntnis des Vertrages in allen seinen Teilen ist nicht notwendig[12]. Vielmehr genügt jede auf das Einverständnis mit Sicherheit schließende Handlung. Der *Vormund*, nicht der Vater (§ 1643 Abs. 1 BGB.), bedarf der Genehmigung des Vormundschaftsgerichts[13] in den Fällen des § 1822 Abs. 7 und 12 BGB. (Schiedsgerichtsklausel und Jahresvertrag)[14].

Ein ohne Zustimmung des gesetzlichen Vertreters oder des Vormundschaftsgerichts geschlossener Engagementsvertrag ist unwirksam; die Unwirksamkeit kann von jedem der Vertragsteile als auch dem gesetzlichen Vertreter geltend gemacht werden. Hat der Minderjährige vertragsgemäß geleistet, verweigert aber der Unternehmer den Anspruch auf die Gegenleistung auf Grund der Unwirksamkeit des Vertrages, so billigt MARWITZ[15] dem Minderjährigen nur einen Bereicherungsanspruch entsprechend dem Werte der vom Schauspieler getätigten, der Höhe nach zu schätzenden Leistung zu. OERTMANN[16] befürwortet unter Verwendung des im § 107 BGB. ausgesprochenen Rechtsgedankens eine entsprechende Anwendung des § 110 BGB. Diese Ansicht dürfte gegenwärtig als herrschende zu bezeichnen sein, wenngleich ihre Vertreter in der Begründung mehrfach voneinander abweichen. Der Vorzug dürfte der Auffassung von RIETZLER zu geben sein, die sich auf den allgemeinen Rechtsgedanken stützt, daß der Empfänger einer nicht rückgängig zu machenden Leistung das Recht verwirkt hat, sich auf die Ungültigkeit des Vertrages zu berufen[17].

---

[12] Vgl. OPET: a. a. O. S. 173; MARWITZ: a. a. O. S. 16; DIENSTAG: a. a. O. S. 40.

[13] Die Einzelheiten hierüber vgl. bei DIENSTAG: a. a. O. S. 40ff.

[14] HUECK-NIPPERDEY: a. a. O. 1, 121 Anm. 10; MARWITZ: a. a. O. S. 15 verlangen auch im Falle des § 1822, 5 BGB. vormundschaftsgerichtliche Genehmigung, der dann gemäß § 1643, 1 BGB. auch der Vater bedürfen würde. Die Auffassung ist abzulehnen, da nur § 1822, 7 und nicht § 1822, 5 für Verträge der vorliegenden Art in Betracht kommt; so mit Recht RAG. im Urteil v. 23. Juli 1928 (96/28), das den Rechtsstreit einer minderjährigen Filmschauspielerin gegen eine Fabrikationsgesellschaft betraf und die herrschende Meinung, KommRGR. Bem. 2 zu § 113; STAUDINGER IV, Bem. 4 zu § 1643 und zu §§ 1821, 1822; PLANK: Komm. 3. Aufl. zu § 1643 III D und zu § 1822 II, 5; DIENSTAG a. a. O.

[15] Vgl. MARWITZ: a. a. O. S. 20 und NW. 18. Juni 1910 S. 725ff., eingehend dagegen DIENSTAG: a. a. O. S. 42ff.

[16] Vgl. OERTMANN: Komm. zum allgemeinen Teil, 3. Aufl. Bem. 7 zu § 110; DERS.: „Vertragserfüllung durch geschäftsbeschränkte Schauspieler“ NW. 28. Mai 1910 S. 637ff.; NW. 25. Juni 1910 S. 749ff.

[17] Vgl. HÖLDER: Komm. zum allgemeinen Teil, Bem. 2b zu § 110; BIERMANN: Bürgerliches Recht § 61 S. 211 Anm. 17; PLANK: Komm. I Bem. 7 zu § 110 S. 254,

Im Falle des § 113 BGB. ist der minderjährige Schauspieler für die Eingehung oder Aufhebung eines Bühnen-, Film- oder Artisten-Engagementsvertrages oder die Erfüllung der sich hieraus ergebenden Verpflichtungen unbeschränkt geschäftsfähig. Den Umfang dieser Ermächtigung bestimmt der gesetzliche Vertreter; im Zweifel gilt die für den Einzelfall erteilte Ermächtigung als allgemeine Ermächtigung (§ 113 Abs. 4 BGB.)[18].

Es muß sich aber stets um Verträge handeln, die der Art der erteilten Ermächtigung entsprechen. Einverständnis mit Vertragsabschluß als Schauspieler bei einem Stadttheater ermächtigt nicht, bei einer kleinen Schmiere als Statist abzuschließen. Ermächtigung, schauspielerisch im Film tätig zu sein, schließt nicht ohne weiteres den Fall ein, Komparserie zu spielen.

Sieht der auf Grund allgemeiner Ermächtigung aus § 113 BGB. abgeschlossene Vertrag Konventionalstrafe mit Wettbewerbsverbot vor, so ist diese Vereinbarung rechtsgültig[19].

Die Ermächtigung aus § 113 BGB. bedarf keiner Genehmigung des Vormundschaftsgerichts. Bei Verweigerung durch Vater oder Mutter findet ein Zwang zur Erteilung der Genehmigung überhaupt nicht statt; bei Weigerung des Vormundes kann die Ermächtigung durch das Vormundschaftsgericht erteilt werden, wenn sie im Interesse des Mündels liegt (§ 113³ BGB.). Das Recht der fristlosen Kündigung steht aber auch in diesem Falle nur dem Minderjährigen zu. Der Vormund resp. Vater kann in diesem Falle nur die dem Minderjährigen erteilte Ermächtigung zurücknehmen. Für die Folgezeit ist zwar die Selbständigkeit des Minderjährigen beseitigt, der laufende Vertrag muß aber beendet werden. Der Minderjährige ist berechtigt, selbständig seine Gage

---

4. Aufl., abweichend noch die 3. Aufl. RIETZLER bei STAUDINGER: Komm. 9. Aufl. 1, 439, Anm. 8 zu § 110 BGB.; DERSELBE: Venire contra Factum Proprium, Leipzig 1912, 138; HUECK-NIPPERDEY: Lehrbuch 1, 131, Anm. 30; NIPPERDEY bei STAUDINGER: 9. Aufl. Bem. 3 zu § 611 S. 765 und die dort zitierten Schriftsteller; SÄGER: „Aus dem Theaterrecht", BraunschwZ. Jahrg. 58 S. 111; KUTZER: a. a. O. S. 87; DIENSTAG: a. a. O. S. 43.

[18] Damit ist die von OPET: a. a. O. S. 167 vertretene gegenteilige Auffassung verworfen; wegen der früheren, jetzt antiquierten Auffassung des Reichsgerichts, nach welcher für die allgemeine Ermächtigung nicht § 113, sondern § 112 BGB. in Frage kam, da die Ausübung schauspielerischer Tätigkeit als der selbständige Betrieb eines Erwerbgeschäfts angesehen wurde, vgl. RGZ. 28, 278ff.; dagegen mit zutreffenden Gründen MARWITZ: a. a. O. S. 16; BEUST: a. a. O. S. 52 Anm. 7; SÄGER: a. a. O. S. 110; GOLDBAUM-JACOBY: „Rechte und Pflichten der Bühnen- und Filmschauspieler" a. a. O. S. 11 Anm. 16.

[19] Vgl. DIENSTAG: a. a. O. S. 45; STAUDINGER: I Bem. 5a zu § 113, 1; HUECK-NIPPERDEY: a. a. O. S. 120 Anm. 7; PLANK: Bem. 2 zu § 113; DERNBURG: BGB I § 122, 3; eine abweichende Auffassung wird in einem Sonderfall vom RArbG. in der Entscheidung v. 9. Mai 1928 (15/28) vertreten, vgl. SArbREntschArbg. 1, 278.

in Empfang zu nehmen und in bezug auf sie rechtserhebliche Erklärungen abzugeben, also zu stunden, zu verzichten, Vergleiche zu schließen (§ 1651 BGB.), Prozeßfähigkeit regelt § 52 ZPO. Die Befreiung des Minderjährigen von der Zustimmung des gesetzlichen Vertreters gilt nicht für Verträge, zu denen der Vertreter selbst die Zustimmung des Vormundschaftsgerichts bedarf (§ 113 Satz 2 BGB.).

b) Die Ehefrau als solche bedarf keiner Zustimmung zur Eingehung eines Engagementsvertrages. Nach § 1358 BGB. kann aber der Ehemann mit Ermächtigung des Vormundschaftsgerichts den Vertrag ohne Einhaltung einer Kündigungsfrist kündigen. Die Ermächtigung muß erteilt werden, sobald die Tätigkeit der Frau die ehelichen Interessen beeinträchtigt[20]. Die Zulässigkeit der Kündigung ist in jedem Falle dadurch bedingt, daß die Ehegatten in Ehegemeinschaft leben und es sich um einen nach der Heirat abgeschlossenen Vertrag handelt[21]. Zustimmung wie Kündigung können angesichts ihrer höchstpersönlichen Natur nicht durch einen Vertreter erfolgen; bei beschränkter Geschäftsfähigkeit des Mannes bedarf es zur Ausübung des Rechtes nicht der Zustimmung seines gesetzlichen Vertreters. Der Anspruch der Frau auf Vergütung für die etwa teilweise von ihr erfüllte Arbeitsleistung bemißt sich nach § 628 BGB. Schadensersatzansprüche des Unternehmers gegen die Ehefrau sind nur bei Täuschung über ihre Eigenschaft als Ehefrau oder über das Vorliegen der ehemännlichen Zustimmung resp. bei Übernahme der Garantie für die Nichtausübung des Kündigungsrechtes durch den Mann[22] gegeben. Das Kündigungsrecht des Mannes ist ausgeschlossen:

aa) bei Zustimmung zum Vertragsabschluß. Sie ist unwiderruflich und kann sowohl im voraus wie nachträglich der Frau als gegenüber jedem Dritten erklärt werden[23].

bb) bei Ersetzung der Zustimmung des Mannes durch das Vormundschaftsgericht (§ 1358 Abs. 2 BGB.).

cc) bei ausdrücklicher Vereinbarung zwischen den Eheleuten, daß das Kündigungsrecht des Mannes gegenüber bestimmten persönlichen Leistungen der Frau, z. B. Engagementsverträgen, ausgeschlossen sein soll[24].

---

[20] Vgl. Staudinger: V. Bem. 2d zu § 1358 BGB; Opet: DJZ. 1915, 1215 „Zur Anwendung des § 1358 BGB. Bemerkungen zum Fall Hermine Körner": „Die Tätigkeit der Frau muß die ehelichen Interessen beeinträchtigen. Eheliche Interessen sind Interessen eines Ehegatten, die aus dem Vorhandensein einer Ehe, jedoch nur hieraus, erwachsen."

[21] Über Heirat als Kündigungsgrund bestehender Verträge vgl. S. 473.

[22] Vgl. Staudinger: a. a. O. Bem. 7 zu § 1358 BGB., abweichend Marwitz: a. a. O. S. 24.

[23] Vgl. Staudinger: a. a. O. Bem. 3 zu § 1358 BGB.

[24] Vgl. Staudinger: a. a. O. Bem. 10 zu § 1358 BGB. und die dort zitierte Literatur hinsichtlich der Zulässigkeit solcher Vereinbarungen.

c) Schauspieler und Artisten können den Vertrag sowohl mit dem bürgerlichen Namen unterzeichnen, als sich eines Pseudonyms bedienen, da der angenommene Name innerhalb des Verkehrs dem bürgerlichen Namen gleichsteht[25]. Ob als Pseudonym auch ein adliger Name gewählt werden kann, ist streitig[26]. Der Ehefrau kann der Ehemann den Gebrauch des Pseudonyms untersagen; sie muß dann unter dem Namen des Mannes tätig sein[27]. Ist gerichtliche oder notarielle Beurkundung des Vertrages vereinbart, so ist bei der Unterschrift der bürgerliche Name zu verwenden. In der Urkunde kann zum Ausdruck gebracht werden, daß neben diesem Namen ein anderer geführt wird.

d) Angesichts der Internationalität der Bühnen-, Varieté- und Filmwelt können gerade bezüglich der eben erörterten persönlichen Voraussetzungen für den Vertragsabschluß unter dem Gesichtspunkt des internationalen Privatrechts sich Zweifelsfragen einstellen, begründet in der Verschiedenheit der einzelnen Rechtssysteme auf diesem Gebiet; so ist beispielsweise das Volljährigkeitsalter in Italien 20 Jahre, in Dänemark 25 Jahre. Grundsätzlich gilt in allen derartigen Fällen Artikel 7 Abs. 1 EG. zum BGB. Bei Staatenlosen entscheidet, soweit das Personalstatut in Betracht kommt, das Recht desjenigen Staates, dem der Staatenlose zuletzt angehörte (Artikel 29 EG. zum BGB.). Wegen der sich hieraus im einzelnen ergebenden Fragen muß auf die Literatur und Rechtsprechung erschöpfend verwertende Darstellung von FRANKENSTEIN, Internationales Privatrecht Berlin 1926 1, 415ff. und RABEL, Internationales Privatrecht Berlin 1931 Bd. 9 des Kommentars von STAUDINGER verwiesen werden[28].

II. Mängel des Vertrages.

Eine besondere Erörterung der Nichtigkeits- und Anfechtungsgründe erscheint mit Rücksicht darauf, daß sie in ihrer Anwendung auf den Arbeitsvertrag keine Besonderheiten zeigen, nur insofern ge-

[25] RGZ. 69, 403; 101, 276; ADLER: Der Name im deutschen und österreichischen Recht. Berlin 1921; GOLDBAUM-JACOBI: a. a. O. S. 10 Anm. 15; DIENSTAG: a. a. O. S. 37; KUTZER: a. a. O. S. 90; ROSEMEYER-ASSMANN: S. 145; MARWITZ: a. a. O. S. 39.

[26] Vgl. S. 29, ferner OLG. Dresden JW. 1922 S. 1223, das die Berechtigung einer Tänzerin, sich eines adligen Bühnennamens zu bedienen, verneint. Dagegen OPET: Der adlige Bühnenname, Arch.f.Urh.R. 1, 79ff. und die herrschende strafrechtliche Meinung; vgl. FRANCK: a. a. O. S. 797, 2b zu § 360 StGB.

[27] Vgl. DIENSTAG: a. a. O. S. 47.

[28] Vgl. auch KUTZER: a. a. O. S. 169ff.; sowie § 1 des Tarifvertrages für das Varietégewerbe: „Seine Bestimmungen gelten außerdem für solche außerdeutschen Engagements, die unter Berufung auf ihn abgeschlossen werden"; es darf übrigens hervorgehoben werden, daß in den beteiligten Arbeitnehmerkreisen zur Zeit infolge der großen Engagementslosigkeit deutscher Künstler eine starke Strömung gegen den Zustrom ausländischer Schauspieler und Artisten besteht, die auch vielfach bereits zu verwaltungspolizeilichen Schritten geführt hat.

boten, als spezifisch bühnen- und filmrechtliche Gesichtspunkte in Frage stehen.

a) Unzulässiger Vertragsinhalt liegt vor, wenn der Vertrag gegen zwingende Vorschriften des öffentlichen Rechts verstößt oder sein Inhalt eine unmögliche Leistung darstellt (§ 306 BGB.). Derartige Verträge sind nichtig[29]. Unmöglichkeit der Leistung liegt bei einer Verpflichtung des Bühnenmitgliedes zu einer unerfüllbaren oder unzumutbaren Leistung vor.

b) Die Sittenwidrigkeit des Engagements besitzt gegen früher infolge tarifvertraglicher oder typenmäßiger Festlegung der Arbeitsbedingungen keine ausschlaggebende Bedeutung mehr[30]. Sie ist nach dem aus der Zusammenfassung von Beweggrund, Inhalt und Zweck zu entnehmenden Gesamtcharakter des Geschäfts zu beurteilen[31]. Es sind deswegen unter Umständen Verträge sittenwidrig, die den Schauspieler verpflichten, in keinem Verhältnis zu seinen Bezügen stehende Aufwendungen für seine Garderobe zu machen oder für seine Mitwirkung bei der Herstellung des Bildstreifens dem Unternehmer Geld zur Verfügung zu stellen. Unsittlich sind auch oft Verträge über Reklamezuschüsse bei geringen Bezügen. Sittenwidrig sind schließlich auch die über eine Mitwirkung des Schauspielers bei der Herstellung pornographischer Filme abgeschlossenen Verträge. Auch Nebenabreden können unter Berücksichtigung des § 139 BGB. unsittlichen Charakter tragen, so die Vereinbarung von Wettbewerbsverboten, die den Schauspieler zeitlich, örtlich oder gegenständlich in seiner wirtschaftlichen Bewegungsfreiheit unzulässig beschränken[32].

Hat sich der Unternehmer das Recht ausbedungen, einseitig den Vertrag zu verlängern, so ist diese Vereinbarung nicht schlechthin sittenwidrig; entscheidend ist vielmehr das gesamte Sachverhältnis, insbesondere inwieweit sittenwidrige Ausnutzung einer einseitigen Machtposition vorliegt[33]. Wirtschaftliche Interessen des Unternehmers können namentlich in der Filmfabrikation für ein einseitiges Verlängerungsrecht sprechen. Bei Engagement eines völlig unbekannten Schauspielers, auf dessen Namen erhebliche Reklame veranstaltet wird, würde es zweifellos eine grobe Unbilligkeit bedeuten, mit Rücksicht auf diese Tätigkeit des Unternehmers ein etwaiges einseitiges Bestimmungsrecht für unsittlich zu erklären[34].

---

[29] Vgl. auch den bei Treitel: a. a. O. S. 63 erwähnten Vortrag über das Auftreten des Artisten mit einer „Ikarischen Spielnummer“ unter Verwendung von Kindern.

[30] Vgl. wegen des früheren Rechtszustandes insbesondere Treitel: a. a. O. S. 63ff.; Marwitz: a. a. O. S. 41ff.

[31] Vgl. RGZ. 78, 263; 80, 221. [32] Vgl. S. 419.

[33] RGZ. 113, 169 (Prozeß Abel ca. Bühnenverein).

[34] Das RG. hat in der Entscheidung 91, 328 die Frage der Sittenwidrigkeit bejaht, offensichtlich mit Rücksicht darauf, daß in dem zur Entscheidung stehenden Fall gleichzeitig eine erhebliche Herabsetzung der Vergütung erfolgt war.

Für das Bühnen- und Artistenrecht steht zufolge ausdrücklicher Vorschrift der §§ 11 Abs. 2 NV., 20 des Varietétarifvertrages dem Unternehmer kein Recht zu, durch einseitige Erklärung den Dienstvertrag über die vereinbarte Zeit hinaus zu verlängern[35].

c) Unter den einzelnen vertraglichen Willensmängeln besitzt die größte praktische Bedeutung der Irrtum.

aa) Das Anfechtungsrecht des § 119 BGB. erstreckt sich auf verkehrswesentliche Eigenschaften der Person. Bei Verträgen auf höchstpersönliche Leistungen ist auch die persönliche Sachkunde einer Person und ihre Leistungsfähigkeit als „Eigenschaft" im Sinne von § 119 BGB. anzusehen[36]. Hieraus folgt:

α) Die Anfechtung wegen Irrtums ist schlechthin dann begründet, wenn bei Abschluß des Vertrages solche persönlichen verkehrswesentlichen Eigenschaften unbekannt geblieben sind, die die anfechtende Vertragspartei bei verständiger Würdigung des Falles von der Tätigung des Vertrages abgehalten hätten. Welche persönlichen Eigenschaften „verkehrswesentliche Bedeutung" besitzen, wechselt je nach dem Standpunkte des Arbeitgebers oder des Arbeitnehmers. Für den zunächst hier interessierenden Unternehmer sind verkehrswesentlich alle vom Gesichtspunkt allgemeiner Lebenserfahrung heraus ausschlaggebende Bedeutung besitzenden Eigenschaften, also unheilbare Krankheit, Bestrafung wegen entehrender Handlungen, Vertrauensunwürdigkeit[37], Auftreten zeitweiliger geistiger Störungen; es muß sich aber stets um der Person *dauernd* anhaftende Wesenseigentümlichkeiten handeln.

β) Mangelnde künstlerische Fähigkeiten begründen nur bei gänzlichem künstlerischen Unvermögen Anfechtung wegen Irrtums[38]. Es genügt also keineswegs, daß die Leistung des Schauspielers oder Artisten den Erwartungen des Unternehmers nicht entspricht[39], oder der Schau-

---

[35] Vgl. auch Opet: a. a. O. S. 203, Anm. 8; sowie Beust: a. a. O. S. 69ff. und Kutzer: a. a. O. S. 108, der m. E. mit Recht annimmt, daß die Bestimmung des NV. nur obligatorischen Charakter trägt, weil sie die Eingehung eines neuen Dienstverhältnisses betrifft.

[36] Vgl. RGZ. 90, 342; 100, 207.

[37] Vgl. Dienstag: a. a. O. S. 53.

[38] Die nähere Begründung hierfür habe ich im „Arbeitsvertrag des Filmschauspielers und Filmregisseurs" S. 51ff. gegeben, auf die hier verwiesen werden mag; gleicher Ansicht Kutzer: a. a. O. S. 151, insbes. Anm. 5. Ich verweise fernerhin auf Marwitz: a. a. O. S. 30, 31, 184; Beust: a. a. O. S. 58; Rosemeyer-Assmann: a. a. O. S. 61; Säger: a. a. O. S. 110; Schlossmann: „Der Irrtum über wesentliche Eigenschaften", Jena 1903, 80ff.; eine abweichende Auffassung für den Arbeitsvertrag im allgemeinen wird vertreten von Lotmar: Arbeitsvertrag 2, 82 und Rietzler bei Staudinger: 1, 418 Bem. 4b zu § 119, die Anfechtung bereits bei unter dem Durchschnitt bleibender Arbeitsleistung bejahen; dagegen mit Recht Hueck-Nipperdey: a. a. O. 1, S. 127 Anm. 1.

[39] So auch VarSchG. 20. November 1924 in Arbeitsrecht 13, 136: „Das VSchG. steht im allgemeinen auf dem Standpunkt, daß der Unternehmer... mit

spieler die Rolle nicht in der vorgestellten Auffassung durchführt. Dieses Risiko trägt vielmehr stets der Unternehmer; auch falsche Aussprache einzelner Worte, ungeschickte Bewegungen, mangelhafte Durchführung der Rolle berechtigen nicht zur Anfechtung. Gänzliches künstlerisches Unvermögen liegt dann vor, „wenn der Schauspieler überhaupt unfähig ist, irgendeine, auch nur die unbedeutendste künstlerische Aufgabe außerhalb der Kunstgattung zu lösen, für die er engagiert ist[40]. Der Beweis für völliges künstlerisches Versagen liegt dem Unternehmer ob.

γ) Vereinzelt mag auch Anfechtung wegen Irrtums nicht nur bei künstlerischem Unvermögen in Frage kommen. Ist zwischen den Parteien von vornherein vereinbart, daß der Schauspieler über besondere künstlerische Qualitäten verfügen muß, oder folgt sie schon aus der Höhe des Entgelts und der Stellung im Ensemble, so werden mehr als Durchschnittsleistungen seitens des Schauspielers erwartet und gelten demgemäß als vereinbart.

Die Tatsache, daß der Schauspieler photographisch vorteilhaft herauskommt, ein speziell die Filmfabrikation betreffender Fall, bildet keinen Anfechtungsgrund im Sinne des § 119 Abs. 2 BGB[41].

bb) Anfechtung wegen arglistiger Täuschung (§ 123 BGB.) ist seitens des Unternehmers begründet, wenn von dem Arbeitnehmer bei Abschluß des Vertrages *bewußt* unwahre Behauptungen aufgestellt oder bei einer sich erschöpfend darstellenden Mitteilung wesentliche Tatsachen *bewußt* verschwiegen werden. Um bewußt unwahre Behauptungen handelt es sich z. B., wenn ein Aufnahmeleiter unwahrerweise vorgibt, früher bereits Regie geführt zu haben und dadurch den Unternehmer zum Abschluß eines dementsprechenden Vertrages veranlaßt, der Schauspieler falsche Angabe über seine Beschäftigung bei einem anderen Unternehmer oder hinsichtlich sonstiger Eigenschaften macht[42]. Die verheiratete Schauspielerin erklärt, daß sie unverheiratet sei und veranlaßt den Unternehmer zum Vertragsabschluß, obwohl ihre Eigenschaft als unverheiratete Frau erkennbar bei Vertragsabschluß wesentlich ist[43]. Der Artist erklärt, daß die engagierte Nummer noch nicht in der betreffenden Stadt gewesen sei[44]. Der Filmschau-

---

dem Einwande nicht gehört werden kann, daß ein Artist sichtlich oder nicht so gefällt, wie der Unternehmer es sich vorgestellt hat... Der Unternehmer mag, bevor er einen festen Vertrag abschließt, den Einzelartisten oder das Ensemble sich ansehen und auf seine Leistungen prüfen" und OSchG. 18. Mai 1920, NW. 49, 595: Prüfungspflicht des Unternehmers bejaht auch VSchG. 18. Februar 1925, Arbeitsrecht 13, 136.

[40] So mit Recht MARWITZ: a. a. O. S. 30.

[41] Vgl. DIENSTAG: a. a. O. S. 52ff.

[42] Nur Tatsachen begründen die Täuschung, nicht Urteile über die eigene künstlerische Fähigkeit. So VSchG. in Arbeitsrecht 13, 136.

[43] Vgl. S. 473. [44] Vgl. TREITEL: a. a. O. S. 133.

spieler spiegelt vor, daß er bereits mehrfach in Filmen gespielt hat[45]. Es muß sich stets um für den Engagementszweck wesentliche Eigenschaften handeln; ihrem Fehlen oder Vorhandensein muß seitens der Gegenpartei erkennbar besondere Bedeutung beigelegt sein und die unwahren Angaben müssen kausal für den Vertragsabschluß sein; deshalb sind falsche Angaben über die Gagenhöhe kein Anfechtungsgrund aus § 123 BGB[46]. Bewußtes Verschweigen setzt voraus, daß besondere Vertragspflicht zur Mitteilung besteht oder nach Treu und Glauben und den im Verkehr herrschenden Anschauungen die Mitteilung erfolgen muß, sich der Arbeitnehmer auch dessen bewußt war. Der Schauspieler verschweigt ungewöhnliche körperliche Mängel, eine als jugendliche Liebhaberin engagierte Bühnenschauspielerin kaschiert geschickt ihre Schwangerschaft; der Artist, der sich mit seiner Truppe verpflichtet hat, reist schon seit langem nicht mehr als Truppenchef, ohne bei Engagementsabschluß diese Tatsache mitzuteilen[47].

cc) Widerrechtliche Drohung besitzt für die hier in Betracht kommenden Verträge kaum praktische Bedeutung. Wird dem Schauspieler, mit Rücksicht auf seine Weigerung zu spielen, eine höhere als die vereinbarte Gage ausgezahlt, so kann der Mehrbetrag vom Unternehmer zurückgefordert werden; die Drohung mit Streik, unmittelbar vor Festspielen, um eine Gehaltszulage zu erreichen, berechtigt ebenfalls zur Anfechtung[48].

d) Auch der Arbeitnehmer kann auf Grund der §§ 119 und 123 BGB. den Arbeitsvertrag anfechten. Anfechtung wegen Irrtums ist z. B. dann begründet, wenn der Arbeitnehmer irrtümlicherweise annahm, der Unternehmer besitze die Betriebserlaubnis aus §§ 32, 33a GO., während sie in Wirklichkeit auf den Namen eines Strohmanns geht, dessen Haftung zweifelhaft ist[49].

Auch Irrtum über den Besitz der dem Unternehmer zur Verfügung stehenden Mittel kann die Anfechtung des Vertrages nach § 119 BGB. rechtfertigen. Anfechtung wegen arglistiger Täuschung ist begründet, wenn dem Arbeitnehmer bewußt falsche Angaben über seine künstlerische Tätigkeit gemacht werden; eine junge Liedersängerin ist für

---

[45] Vgl. Vertragsschiedsspruch vom 7. Dezember 1928 in Arch.f.Urh.R. 2, 478.

[46] Vgl. RIETZLER bei STAUDINGER: a. a. O. I Bem. 1 zu § 123 BGB.; NIPPERDEY bei STAUDINGER: II Bem. 2 zu § 611, vgl. auch KUTZER: a. a. O. S. 117 Anm. 8; DIENSTAG: a. a. O. S. 55.

[47] Vgl. TREITEL: a. a. O. S. 133.

[48] Vgl. GewGer. Köln DB. 1925, 9; abweichend LG. Köln bei KUTZER: a. a. O. S. 157 Anm. 4.

[49] Vgl. OSchG. 7. Februar 1928 DB. 1930, Nr. 2; 23. April 1929 Arch.f.Urh.R. 2, 475; 4. Juni 1929 Arch.f.Urh.R. 2, 176; 20. Mai 1930 NW. 1921, H. 2; KUTZER: a. a. O. S. 78 Anm. 4 u. S. 447.

den Wintergarten in X... engagiert worden mit der Versicherung, daß dieser Wintergarten ein erstklassiges Etablissement sei, bei ihrer Ankunft findet sie ein Lokal niedrigster Art vor. Widerrechtliche Drohung liegt vor, falls dem Arbeitnehmer seine Gage nur gegen Ausstellung einer Generalquittung mit der Drohung, er erhalte sonst nichts, ausgezahlt wird und sich der Arbeitnehmer aus seiner Zwangslage heraus zur unterschriftlichen Vollziehung der Ausgleichsquittung bereit finden läßt[50].

e) Nichtigkeit und gültige Anfechtung vernichten das gesamte Rechtsgeschäft rückwirkend; die Anfechtung muß ohne schuldhaftes Zögern erfolgen, also nachdem der Anfechtungsberechtigte von dem Anfechtungsgrund Kenntnis erhalten hat[51]; bei der Anfechtung aus § 119 BGB. ist das negative Vertragsinteresse zu ersetzen (§ 122 BGB.), also sowohl positiver Schaden, als auch entgangener Gewinn. Wurde bereits Arbeit auf Grund eines nichtigen Vertrages geleistet, bestand also nur ein rein tatsächliches Arbeitsverhältnis, so steht dem Arbeitnehmer nicht der Anspruch auf vertragliche vereinbarte Gage, sondern nur ein Bereicherungsanspruch zu, der sich zwar oft, aber keineswegs immer mit der im nichtigen Vertrage vereinbarten Gage zu decken braucht. Der Bereicherungsanspruch ist bei Verstoß des Schauspielers durch die Arbeitsleistung gegen die guten Sitten ausgeschlossen (§ 817 BGB.), ohne daß der Arbeitgeber eine bereits geleistete Vergütung zurückverlangen kann (§ 817 Abs. 2 BGB.). In den oben hervorgehobenen Rechtsfolgen liegt das wichtigste Unterscheidungsmerkmal gegenüber der fristlosen Entlassung aus wichtigem Grunde, deren Tatbestand sich im übrigen oft mit den Anfechtungstatbeständen decken kann.

§ 58. Die Arbeitsleistung.

Der Dienstverpflichtete hat die versprochenen Dienste zu leisten (§ 611 BGB.). Welche Dienste im einzelnen „versprochen" sind, läßt sich nur durch eine Analysierung der für das jeweilige Rechtsgebiet in Betracht kommenden Engagementsverträge ermitteln. Demgemäß ist in den nachfolgenden Ausführungen der Inhalt der Arbeitsleistung vom Standpunkte jedes einzelnen Rechtsgebietes aus behandelt worden.

---

[50] Vgl. auch § 12 des Varietévertrages „Unterfertigung einer Ausgleichsquittung darf nicht verlangt werden. Wird sie trotzdem verlangt, so hat der Artist das Recht der Anfechtung eines etwaigen in dieser Ausgleichsquittung enthaltenen Verzichts durch eingeschriebenen Brief innerhalb von 5 Tagen nach Unterfertigung der Ausgleichsquittung".

[51] Vgl. hierzu RGZ. 62, 285.

A. Theaterrecht.

1. Allgemeines. Die Aufgabe jedes Bühnenschauspielers (hierunter ist auch der Sänger zu verstehen) besteht in der Verkörperung bestimmter Figuren eines dichterischen Werkes durch Wort, Mienen- und Gebärdenspiel. Maßgebend ist künstlerisches Können und künstlerische Begabung. Der jugendliche Liebhaber muß über andere künstlerische Qualitäten als der Charakterdarsteller verfügen. § 2 NV. bestimmt daher, daß neben der Kunstgattung auch das Kunstfach angeführt sein muß, das übrigens durch die Vereinbarung eines Rollengebietes näher umschrieben werden kann. Die Kunstgattung ist begrifflich durch Theaterbrauch klar festgestellt[1]; es handelt sich um die jeweils gebräuchliche Form des Bühnenspiels, also *Oper* (Operette, Singspiel, Gesangsposse) und *Drama* (Tragödie, Schauspiel, Lustspiel). Innerhalb dieses allgemeinen Rahmens hat dann die nähere Fachbezeichnung zu erfolgen. Der Sänger kann beispielsweise als Tenor, Bariton, Baßbuffo, der Schauspieler als Chargenspieler, als jugendlicher Liebhaber, als Charakterdarsteller, die Schauspielerin als jugendliche Naive, Heroine, für Mutterrollen engagiert werden. Zahlreiche Varianten sind in dieser Beziehung denkbar und möglich, zumal die Rollentypen des Kunstfaches im Laufe der geschichtlichen Entwicklung öfters gewechselt haben. Übernahme mehrerer Kunstfächer ist zulässig[2].

2. Pflichten des Schauspielers. Das Bühnenmitglied hat seine volle und uneingeschränkte Arbeitskraft dem Unternehmer zur Verfügung zu stellen und nach seinen Kräften an der Erfüllung der der Bühne gestellten künstlerischen Aufgaben mitzuwirken. Die Hausordnung bringt diesen, weil an sich aus der Arbeitspflicht folgend, jedem Arbeitsvertrage anhaftenden, für Bühnenengagementsverträge aber erhöhte Geltung beanspruchenden Grundsatz im § 1 mit den Worten zum Ausdruck: „Es ist die vornehmste Pflicht des Mitgliedes, nach Kräften zur Sicherstellung des künstlerischen Betriebes des Theaters beizutragen“. Diese Worte sind die große Richtlinie für alle aus dem Bühnenengagementsvertrage sich ergebenden Fragen. Der Bühnenkünstler soll und muß sich stets vor Augen halten, daß er dienendes Mitglied eines künstlerischen, im Brennpunkte der Öffentlichkeit stehenden Organismus ist und seine auf das persönliche Moment abgestellte Tätigkeit sehr leicht unübersehbare Störungen des gesamten Betriebes hervorrufen kann. Die Arbeitsleistung des Bühnenschauspielers enthält daher positive und negative Bestand-

---

[1] Vgl. Opet: a. a. O. S. 193; Marwitz: a. a. O. S. 44; v. Beust: S. 86; Finkelstein: a. a. O. S. 76; Kutzer a. a. O. S. 186ff.

[2] Vgl. OSchG. DB. 1928, 5, „der Schauspieler war gleichzeitig als ‚singender Chargenspieler‘ engagiert“; übrigens macht mangelnde Angabe des Kunstfaches im Anstellungsvertrage ihn nicht unwirksam, wie Kutzer: a. a. O. S. 189 fälschlich annimmt; er ist vielmehr dann ergänzend nach Treu und Glauben auszulegen.

teile; positiver Natur ist die Pflicht an allen den Vertragszweck fördernden Handlungen mitzuwirken; negativer Natur die Pflicht alle irgendwie zu einer Minderung oder Vernachlässigung seiner Arbeitskraft führende Maßnahmen zu unterlassen. Auf Grund der Mitwirkungspflicht muß sich der Schauspieler nach den Anordnungen des Unternehmers richten, seine künstlerische Tätigkeit nach besten Kräften durchführen, an den Proben teilnehmen, arbeitsbereit sein, die Notwendigkeit etwaiger Umdispositionen schnellstens mitteilen, schließlich sich den im allgemeinen Interesse gegebenen Betriebsvorschriften fügen. Die Unterlassungspflicht begründet vor allem den Ausschluß jeder Nebenbeschäftigung.

Bereits diese einzelnen Art und Umfang der Arbeitsleistung charakterisierenden Momente zeigen, daß es sich bei dem Bühnenengagementsvertrage um ein ungemein kompliziertes und fein geästeltes System gegenseitiger Rechte und Pflichten handelt, dessen reibungsloses Funktionieren nur dann sichergestellt ist, wenn beide Vertragsparteien von dem Willen und der Absicht gegenseitiger Rücksichtnahme aufeinander getragen sind.

a) Das an sich jedem Arbeitsvertrage innewohnende, gerade für den Bühnenengagementsvertrag außerordentlich bedeutsame Direktionsrecht des Arbeitgebers regelt § 5 NV. dahin, daß „Art und Umfang der Dienste des Mitgliedes sich nach den Anordnungen der Leitung zu richten hat". Anordnungsberechtigt ist unter allen Umständen der Unternehmer, fernerhin der künstlerische Gesamtleiter und schließlich die ihn unterstützenden Personen, soweit ihnen ausdrücklich Anordnungsbefugnis zusteht. Vorgesetzter der Sänger ist der Kapellmeister. Unter Umständen kann der Verfasser bei den in seiner Gegenwart stattfindenden Proben anordnungsberechtigt sein[3]. Voraussetzung für etwaige Verfehlungen des Bühnenmitgliedes ist Mitteilung der Anordnungsberechtigung; sie kann unterbleiben, wenn die Tatsache der Berechtigung aus allgemeinen und bei der betreffenden Bühne im besonderen herrschenden Gepflogenheiten und Gebräuche zu entnehmen ist[4].

Auch in der künstlerischen Auffassung der Rolle hat sich der Schauspieler nach den Anordnungen der Leitung zu richten; bei abweichender Auffassung von Mitglied und Leitung ist nach Bühnenbrauch die Stellung der Leitung maßgebend[5]. Übertragung der Rolle an einen anderen Schauspieler bei hartnäckiger Weigerung ist zulässig.

Die Anordnungen dürfen aber keinen Mißbrauch des Direktionsrechts darstellen. Künstlerisch sind mehrere Fälle denkbar und auch im NV. vorgesehen.

Kleinere Rollen dürfen dem Mitgliede nur bei ausdrücklicher Vereinbarung zugeteilt werden (§ 5 Nr. 5 NV.). Zu unterscheiden hiervon

---

[3] Vgl. auch Marwitz: a. a. O. S. 69 und S. 45.

[4] Vgl. Kutzer: a. a. O. S. 211.

[5] Vgl. OSchG. NW. 1920 S. 595 und Rosemeyer: Arch.f.Urh.R. 1, 584.

ist die nach Bühnenbrauch bestehende Verpflichtung auch erster Solokräfte[6] zur Übernahme kleinerer Partien, falls sie wegen ihrer Bedeutung nicht jedem beliebigen Darsteller übertragen werden können[7]. Voraussetzung ist stets, daß auch diese Rollen von einiger Bedeutung für den Zusammenhang des Stückes und den Gesamteindruck sind[8]. Beispiele bilden „Ein Meister“ in den „Meistersingern“, „Frau Orp“ in Sudermanns „Glück im Winkel“, der „Feldjäger“ in „Minna von Barnhelm“. Oft werden übrigens auch von ersten Kräften kleinste Rollen um des guten Gelingens willen übernommen[9]. Das Bühnenmitglied kann nicht zur Übernahme von Rollen gezwungen werden, deren Darstellung ihm unmöglich ist, z. B. zu akrobatischen Kunstfertigkeiten oder unsittlichen Handlungen (eine Schauspielerin soll als Nackttänzerin auftreten), oder sein Können ganz erheblich übersteigen. Ein Chorsänger braucht beispielsweise nicht die schwierige Rolle des Henkers in der „Josephslegende“ zu spielen[10]. Schließlich dürfen dem Mitgliede keine seinem vertraglichen Rollengebiet fernliegenden darstellerischen Aufgaben ohne seine ausdrückliche Zustimmung übertragen werden. (§ 5 Abs. 2 NV.). Bei Differenzen in dieser Frage hat das Schiedsgericht sämtliche in Betracht kommenden Umstände des Einzelfalles zu würdigen. Es ist hierbei nicht an die vom Autor gegebene Fachbezeichnung gebunden, sondern kann von sich aus selbständig den Charakter der Rolle beurteilen[11]; z. B. bezeichnete das Oberschiedsgericht die Rolle des „La Grange“ trotz der in der französischen Originalausgabe enthaltenen Bezeichnung als „amant rebuté“ für den als Liebhaber und Charakterdarsteller verpflichteten Kläger als angemessen[12]. Das Fehlen gesungener oder gesprochener Worte ist nicht ohne weiteres für das vertragliche Rollengebiet maßgebend[13]. Jede Rolle ist als Einheit zu werten, so daß z. B. ein Schauspieler, der im ersten Akt nicht das Wort ergreift, die Rolle als nichtvertragsgemäß nicht ablehnen darf[14]. Die Beschäftigung eines für „erstes Fach“ engagierten Künstlers in Rollen „zweiten Faches“ ist stets außerhalb seines vertraglichen Rollengebiets liegend, so daß zu ihrer Übernahme ausdrückliche Zustimmung vorliegen muß[15]. Eine Verpflichtung des Opernsängers zur Mitwirkung in Operet-

---

[6] Vgl. Felisch-Leander: a. a. O. S. 147; Rosemeyer-Assmann: S. 58; OSchG. NW. 1920, 122, und 185; 1922, 38.

[7] Vgl. Felisch-Leander: a. a. O.

[8] Vgl. OSchG. 24. Oktober 1921 NW. 1922, 38, sowie Finkelstein: a. a. O. S. 81 Anm. 104 und die dort zitierte Entscheidung des Bezirksschiedsgerichts Berlin.

[9] Vgl. das bei Dewrient: Geschichte der deutschen Schauspielkunst, Leipzig 1848, 1, 342, angeführte Beispiel aus Hamburg.

[10] Vgl. Rosemeyer-Assmann: S. 122.

[11] So auch Finkelstein: a. a. O. S. 77.

[12] OSchG. DB. 1928, 8.

[13] Vgl. OSchG. NW. 1926, 121.

[14] Vgl. NW. 1920, 122.

[15] Vgl. auch Opet: a. a. O. S. 193 Anm. 78.

ten besteht grundsätzlich nicht. Das OSchG. unterscheidet aber „Operetten“ und „klassische Operetten“[16]. Die Übertragung von Rollen einer klassischen Operette bedeutet auch für den Opernsänger eine angemessene Beschäftigung. Als klassische Operette ist z. B. „Die Fledermaus“ angesprochen worden, während das „Dreimäderlhaus“ nicht als klassische Operette gilt[17]. Der als erster Held und Liebhaber engagierte Schauspieler ist verpflichtet, die Rolle des „Blaubart“ in Shaws „Heilige Johanna“ zu spielen[18]. Hält sich das Mitglied zur Übernahme der Rolle nicht für verpflichtet, so kann es den in derartigen Fällen vorgesehenen Vorentscheid des Schiedsgerichts herbeiführen[19]. Bis zu seiner Entscheidung hat das Mitglied die Aufgabe, vorbehaltlich aller etwaigen Ansprüche aus unberechtigter Zuteilung, durchzuführen (§ 5 Nr. 3 NV.).

b) Nach § 9 Abs. 2 Hausordnung hat das Bühnenmitglied seine künstlerischen Aufgaben angemessen, zweckentsprechend und vertragsentsprechend zu erfüllen. Alle Rollen und Partien müssen von ihm innerhalb angemessener Frist erlernt werden. Es ist zur Teilnahme an den Proben verpflichtet und kann sie nicht mit der Begründung ablehnen, daß es die Rolle schon völlig beherrscht oder mit seiner künstlerischen Würde nicht für vereinbart erachtet, mit untergeordneten Kräften in einer besonderen Einzelprobe zusammenzuwirken[20]. Ohne besondere Erlaubnis darf sich der Schauspieler nicht auf sogenanntes „Markieren“ beschränken[21].

c) Die Dienstbereitschaft des Bühnenmitgliedes begründet nach § 242 BGB. seine „Residenzpflicht“. Sie besteht vornehmlich in seiner ständigen Erreichbarkeit. Das Mitglied braucht zwar nicht am Sitze des Unternehmens zu wohnen, muß aber seinen Aufenthalt so wählen, daß es in dringenden Fällen sofort gerufen werden kann. Ohne Zustimmung des Unternehmers darf es nicht über seine künftige Zeit, etwa durch Versprechen einer besonderen Dienstleistung, verfügen[22]. Die Bestimmungen über die Residenzpflicht sind mit normativer Wirkung in § 4 der Hausordnung enthalten. Danach hat das Mitglied für seine Erreichbarkeit bis 4 Uhr nachmittags, mindestens aber bis 3 Stunden vor Beginn der Vorstellung, Sorge zu tragen. Die Residenzpflicht besteht auch für das erkrankte Mitglied[23]. Kurze Ausspannung bei Erkrankung zum Zwecke der Erholung unter Versäumung von 1—2 Proben und Rückkehr nach vier Tagen ist nicht als schwerer Verstoß gegen die Residenzpflicht

[16] Vgl. OSchG. 17. Mai 1925; DB. 1927, 133; OSchG. 1. Oktober 1929; DB. 1929, 319ff.

[17] Vgl. auch Finkelstein: a. a. O. S. 78 Anm. 87.

[18] Vgl. OSchG. NW. 1925 S. 325.

[19] Vgl. S. 495.

[20] Vgl. Marwitz: a. a. O. S. 65.

[21] Vgl. Kutzer: a. a. O. S. 196 Anm. 1.

[22] Vgl. auch OSchG. 6. April 1926; DB. 1928, 8.

[23] Vgl. OSchG. DB. 1922, 140; Marwitz: a. a. O. S. 58.

angesehen worden[24]. Das zu Unrecht entlassene Mitglied ist dagegen nicht verpflichtet am Vertragsorte zu verbleiben[25]. Die Residenzpflicht besteht übrigens in gleicher Weise für das Solodarstellerpersonal, wie für Chorsänger, Ballett- und Orchestermitglieder[26].

d) Das Mitglied hat nach § 6 der Hausordnung in Verbindung mit § 8, 5 NV., gleichgültig ob es in Proben oder Vorstellungen beschäftigt ist oder nicht, Unpäßlichkeit oder Erkrankung der Bühnenleitung auf dem schnellsten Wege schriftlich unter Beifügung eines ärztlichen Zeugnisses mitzuteilen.

e) Das Mitglied ist verpflichtet, die im Interesse der Aufrechterhaltung des Betriebes gegebenen Anordnungen zu beachten. Das Mitglied hat sich deshalb von den Betriebsanschlägen im Theater sorgfältig zu unterrichten. Gemäß § 7 Hausordnung sind Proben und Vorstellungen sowie alle Abänderungen durch Anschlag im Theater bekanntzugeben. Von etwaigen Änderungen des Arbeitsplanes haben sich die Mitglieder durch Einsichtnahme in die Anschläge zu unterrichten. Nach 2 Uhr nachmittags eintretende Änderungen für denselben Abend oder nächsten Tag sind dem Mitglied besonders mitzuteilen. Als Arbeitsplan gilt die wöchentlich bekanntgegebene Spiel- und Probeneinteilung[27]. Zu allen Vorstellungen hat sich das beschäftigte Mitglied mindestens ½ Stunde vor Beginn des Auftretens in seinem Ankleideraum einzufinden. Das Ankleidepersonal hat der Bühnenleitung etwaige Verspätungen zu melden; der Schauspieler hat, sobald sein Stichwort fällt, auf der Bühne zu erscheinen und dafür zu sorgen, daß die für die Rolle erforderlichen Requisiten zur Stelle sind. Die Rolle ist genau so durchzuführen, wie sie einstudiert ist; das Mitglied darf insbesondere nichts weglassen, nichts hinzufügen und nichts abändern, auch nicht nachlässig spielen[28]. Schließlich hat das Mitglied bei Vermeidung von Schadensersatzansprüchen die ihm übergebenen Rollenbücher, Noten, Kostüme und andere Requisiten sorgfältig zu schonen[29]. Dem Unternehmer oder dessen Stellvertreter hat es die nötige Achtung entgegenzubringen, wie auch unter den Kollegen einen seinem Stande entsprechenden Ton zu bewahren. Beleidigungen und Tätlichkeiten haben zu unterbleiben[30].

f) Das Bühnenmitglied ist verpflichtet, für die Dauer seines Dienstverhältnisses sich jeder Nebenbeschäftigung zu enthalten, *es sei denn, daß ihm eine solche ausdrücklich gestattet ist*. In der früheren theater-

---

24 Vgl. ROSEMEYER-ASSMANN: S. 79. 25 Vgl. OSchG. NW. 1923, 77.

26 Vgl. indessen § 4 der Hausordnung für Chorsängerpersonal (keine Residenzpflicht an dienstfreien Tagen).

27 Uber die Bedingungen des Arbeitsplanes vgl. KUTZER: a. a. O. S. 102 Anm. 7.

28 Vgl. MARWITZ: a. a. O. S. 69. 29 Vgl. MARWITZ: a. a. O. S. 70 Anm. 9.

30 Vgl. OSchG. NW. 1921, 436.

rechtlichen Literatur war die Gültigkeit dieses Satzes außerordentlich umstritten. OPET vertrat mit der Begründung, daß der Schauspieler dem Unternehmer in erster Linie die Bereitstellung und Betätigung seiner schauspielerischen Kunst in einer seine ganze Persönlichkeit ausfüllenden Weise schulde[31], die Auffassung, daß jede öffentliche Nebenbeschäftigung künstlerischer Art untersagt sei, aus der durchaus richtigen Empfindung heraus, daß eine etwaige dem Unternehmer durch seine eigenen Mitglieder gemachte Konkurrenz sittenwidrig und wider Treu und Glauben sei[32]. MARWITZ läßt bereits die wettbewerbsrechtliche Wurzel des Verbots der Nebenbeschäftigung weit schärfer hervortreten, wenn er betont, daß ein Schauspieler über die künstlerischen Fähigkeiten außerhalb seiner Kunstgattung freie Verfügung habe, also beispielsweise der Sänger bei einer anderen Bühne als Schauspieler, der Schauspieler wiederum als Tänzer auftreten könne, dagegen der Schauspieler während der Dauer des Engagements in der Kunstgattung, für die er verpflichtet sei, ohne Zustimmung des Unternehmers nicht anderweitig auch in seiner freien Zeit auftreten dürfe; denn das Auftreten bei einer anderen Bühne würde dem Unternehmer *Konkurrenz* machen; es dürfe aber dazu der Schauspieler nicht mitwirken. Der Grundgedanke von MARWITZ ist durchaus akzeptabel; ihm muß auch vom Standpunkte der heutigen Rechtsentwicklung beigetreten werden, wenn man folgendes berücksichtigt: Im Beschäftigungsverbot kreuzen sich zwei Komponenten, nämlich eine arbeitsvertragliche und eine wettbewerbsrechtliche. Arbeitsvertraglicher Art ist das Interesse des Unternehmers, insoweit eine Nebenbeschäftigung zu verbieten, als durch sie der Vertragszweck gefährdet, der Schauspieler also seiner eigentlichen Arbeit entzogen wird. Wettbewerbsrechtlicher Art ist die Forderung des Unternehmers, die Tätigkeit des Schauspielers nur für sich auszunutzen, da er es sich nicht gefallen zu lassen braucht, eine Konkurrenz im eigenen Hause groß zu züchten. Unter beiden Gesichtspunkten kann ein Beschäftigungsverbot gerechtfertigt werden. Ein Mehr ist schädlich, da aus grundsätzlichen Gründen keinem Arbeitnehmer verboten werden kann, über seine freie Zeit in einer ihm geeignet erscheinenden Weise zu verfügen. Das Beschäftigungsverbot des Bühnenmitgliedes ist rein wettbewerbsrechtlicher Art; wenn § 7 Abs. 2 NV. ausdrücklich bestimmt, daß das Mitglied während der Zeit, für welche es die vertraglich festgesetzte Vergütung bezieht, eine künstlerische Tätigkeit außerhalb seines Dienstverhältnisses öffentlich nur mit Einwilligung des Unternehmers ausüben darf, so wird damit zunächst grundsätzlich festgestellt, daß nur *künstlerische öffentliche* Tätigkeit dem Bühnenmitgliede ohne Einwilligung des Unternehmers untersagt ist,

[31] Vgl. OPET: S. 188, insbes. Anm. 53. [32] Vgl. MARWITZ: a. a. O. S. 52.

dagegen jede andere Tätigkeit (Hausverwaltung, Leitung eines Restaurants) von ihm in seiner freien Zeit ausgeübt werden kann. Aber auch künstlerische Nebenbeschäftigung ist dem Schauspieler unverwehrt, sofern seine vertraglichen Verpflichtungen nicht berührt oder die wirtschaftlichen oder künstlerischen Interessen des Theaters nicht geschädigt werden[33]; zwar ist in diesem Falle die Einwilligung des Unternehmers erforderlich, die aber beim Vorliegen der genannten Voraussetzungen erteilt werden *muß*. Dagegen kann der Unternehmer verständlicherweise — hier tritt der arbeitsvertragliche Gedanke wieder zutage — seine Einwilligung versagen, wenn es sich um die Tätigkeit an einer anderen Bühne des Vertragsortes oder um die Mitwirkung an einer sonstigen Theateraufführung außerhalb des Vertragsortes oder um eine künstlerische Tätigkeit außerhalb des Vertragsortes handelt.

Wenn das OSchG. die vorstehenden Bestimmungen dahin ausgelegt hat, daß der NV. grundsätzlich das Recht des Bühnenmitgliedes auf künstlerische Beschäftigung außerhalb des Theaters anerkenne[34], so ist diese Auffassung deshalb zu billigen, weil nur die wettbewerbsrechtliche Seite des Beschäftigungsverbots durch den NV. erfaßt werden sollte. Deshalb ist auch die Behauptung, daß der Schauspieler kein *Recht* auf Nebenbeschäftigung habe, falls die Erfüllung seiner schauspielerischen Verpflichtungen eine Nebenbeschäftigung überhaupt nicht zuläßt, in dieser Allgemeinheit unzutreffend[35]. Der Schauspieler hat grundsätzlich stets das Recht auf Nebenbeschäftigung jeder, also auch künstlerischer Art, sobald diese Nebenbeschäftigung keine Pflichtenkollision wettbewerbsrechtlicher Art für ihn bedeutet, d. h. mit seinem Treuverhältnis zum Unternehmer nicht in Widerspruch gerät. Ist das Bühnenmitglied aus zeitlichen Gründen nicht in der Lage, von seinem Rechte auf Nebenbeschäftigung Gebrauch zu machen, so ist hierin ein Ausfluß der Arbeitspflicht, niemals aber des Beschäftigungsverbots zu sehen. Die Entscheidung des Bühnenoberschiedsgerichts, daß der Schauspieler immer mit der Möglichkeit einer Heranziehung zu unvorhergesehenen Proben zu rechnen und dieser auf seinem Hauptvertrag beruhenden Verpflichtung den Vorrang einzuräumen habe, sobald sie mit anderen Verpflichtungen konkurriert[36], hat deshalb nicht das mindeste mit der Frage des Beschäftigungsverbots zu tun, sondern betrifft vielmehr einen Fall der Ausstrahlung der dem Schauspieler obliegenden Arbeitspflicht.

Aus der Tatsache, daß die Einwilligung des Unternehmers sich nur auf *öffentliche* künstlerische Tätigkeit bezieht, ergibt sich, daß die Arbeit

---

[33] Hierüber im einzelnen unter Anführung von Judikatur ROSEMEYER: Arch. f.UrhR. 1, 587ff.

[34] Vgl. OSchG. 8. November 1927; NW. 1928, 9.

[35] Vgl. KUTZER: a. a. O. S. 262 Anm. 10.

[36] Vgl. auch Entsch. v. 16. April 1926, DB. 1928, 8.

der Bühnenmitglieder im Film und Tonfilm nicht nur „erlaubt zu sein scheint“[37], sondern tatsächlich ist; denn jede öffentliche künstlerische Tätigkeit im Sinne des § 7 Abs. 2 NV. setzt voraus, daß sie vor einem unbestimmten Kreise von Zuschauern stattfindet. Beim Film übt aber der Schauspieler seine Tätigkeit im Atelier aus. Sie wirkt sich nicht einmal öffentlich aus, da begrifflich die technische Vorführung des Bildstreifens keineswegs als Ausübung künstlerischer Tätigkeit angesehen werden kann. Angesichts der unzweifelhaften Konkurrenz, die der Tonfilm dem Theater bereitet, ist das Bestreben der Theaterunternehmer verständlich, die Mitwirkung ihrer Mitglieder bei Tonfilmaufnahmen von zuvoriger Einwilligung abhängig zu machen. Es sind deshalb Bestrebungen im Gange, die Beschäftigung des Theaterschauspielers im Tonfilm zu erschweren. Die Entscheidung dieser Frage hängt letzten Endes von der gegenseitigen Machtposition ab. Die Beschäftigung im Senderaum des Rundfunks ist gemäß § 7 NV. grundsätzlich erlaubt, da es sich um keine öffentliche Aufführung handelt, wie durch besonderes Tarifabkommen vom 1. April 1927 nochmals besonders festgelegt ist.

g) Das Bühnenmitglied muß auch in seinem Privatleben Handlungen unterlassen, die eine Gefährdung seiner künstlerischen Arbeitskraft oder seiner künstlerischen Stellung herbeiführen können. Muß z. B. ein Sänger eine große Partie in einer Wagner-Oper singen, verbringt aber den vorhergehenden Abend so, daß er unfähig ist, aufzutreten, so handelt er vertragswidrig. Eine Schauspielerin, die die Hauptrolle eines Zugstückes zu spielen hat, darf sich nicht leichtsinnigerweise freiwillig übernommenen Gefahren, wie beispielsweise Beteiligung an Automobilrennen oder Beteiligung an Flugzeugwettbewerben, aussetzen. Auch körperliche Veränderungen dürfen ohne Zustimmung des Unternehmers nicht vorgenommen werden, sofern hierdurch der Vertragszweck gefährdet wird. Gefährdung der künstlerischen Stellung liegt dann vor, wenn der Künstler in seinem Privatleben anstößige, der Öffentlichkeit bekannt werdende Handlungen begeht, so daß dadurch der Besuch des Theaters beeinträchtigt wird. Leichtsinniges Schuldenmachen ist selbstverständlich nicht ausreichend[38].

h) Das Bühnenmitglied muß schließlich während der Dauer seines Dienstverhältnisses über alle, offensichtlich nicht für die Öffentlichkeit bestimmten Tatsachen geschäftlicher Art, Stillschweigen gegenüber dritten Personen, insbesondere Konkurrenten des Unternehmers, bewahren. Auch fahrlässige Verletzung dieser Verschwiegenheitspflicht macht schadensersatzpflichtig. Sie erstreckt sich weiterhin auf Mitteilungen an dritte Personen, die geeignet sind, den Ruf oder Kredit des Unternehmers zu schädigen, selbst wenn es sich um erweisbar wahre

[37] So fälschlich KUTZER: a. a. O. S. 263.
[38] A. A. KUTZER: a. a. O. S. 217.

Tatsachen handelt[39]. Nach Beendigung des Arbeitsverhältnisses besteht besondere Geheimhaltungspflicht nur bezüglich solcher Geschäftstatsachen, deren Kenntnis der Schauspieler und Regisseur durch eine gegen das Gesetz oder gegen die guten Sitten verstoßende Handlung erlangt hat (§ 17, 2 UWG.). Möglicherweise kann Verstoß gegen § 826 BGB. in Betracht kommen. Kenntnisse, die der Arbeitnehmer während seiner Tätigkeit in einwandfreier Weise erworben hat, kann er mangels anderweiter Abmachungen nach Beendigung des Dienstverhältnisses frei und unbeschränkt verwerten[40]. Hinzuweisen ist in diesem Zusammenhange auch auf die Strafbestimmungen des § 12 UWG., das sogenannte „Schmiergelderverbot“.

3. Zeit der Arbeitsleistung. Eine bestimmte Arbeitszeit ist für Bühnenmitglieder nicht vorgeschrieben, kann auch nicht vorgeschrieben werden, da bei der Art des Theaterbetriebes die Dauer der Arbeit nicht an eine Stundenzahl gebunden sein kann; Bühnenschauspieler fallen jedenfalls nicht unter § 1 Abs. 2 der Verordnung über die Arbeitszeit in der Fassung des Arbeitszeitnotgesetzes vom 14. April 1927[41]. Der NV. § 18 bestimmt nur, daß das Bühnenmitglied nicht verpflichtet ist an einem Sonntag oder gesetzlich anerkannten Feiertag, sowie nach einer Abendaufführung an einer Probe teilzunehmen, wenn nicht besondere Umstände, insbesondere eine Störung des Spielplans oder des Betriebes oder ein Gastspiel, es notwendig machen, die Proben zu dieser Zeit abzuhalten. Nach Ende der Abendaufführung oder nach Heimkehr von auswärtigen Gesamtgastspielen des Theaters zur Nachtzeit ist dem Mitgliede eine zehnstündige Ruhepause zu gewähren; während der letzten vier Stunden vor Beginn seiner Tätigkeit ist das Mitglied nicht verpflichtet, an einer Probe mitzuwirken, es sei denn, daß Spielplan oder Betriebsstörungen oder Gastspiele eine Verkürzung dieser Ruhezeit notwendig machen. Handelt es sich auch um mehr negative Bestimmungen, so ist damit keineswegs einer schrankenlosen Ausnutzung der Arbeitskraft des Bühnenmitgliedes Tür und Tor geöffnet. Abgesehen davon, daß schon § 618 BGB. den Unternehmer verpflichtet, bei der zeitlichen Arbeitsleistung auf die Gesundheit des Schauspielers Rücksicht zu nehmen, findet das Recht des Unternehmers zeitlich unbeschränkter Ausnutzung der Arbeitskraft des Bühnenmitgliedes seine Grenzen in der Verkehrsüblichkeit und Treu und Glauben[42].

---

[39] Vgl. NIPPERDEY bei STAUDINGER: a. a. O. S. 780 Bem. 7, 1 zu § 611 und die dort mitgeteilte Judikatur.

[40] Vgl. RGZ. 65, 333; RGStr. 61, 273 und Urteil des 1. Strafsenats v. 13. Dezember 1927, veröffentlicht in ArbREntschArbg. Jahrg. 1, Heft 2, S. 284.

[41] Hierüber vgl. ausführlich DIENSTAG: a. a. O. S. 60.

[42] Vgl. auch DIENSTAG: a. a. O. S. 61 und KUTZER: a. a. O. S. 230, insbes. Anm. 10 mit dem ich offenbar im Ergebnis, aber nicht in der Begründung übereinstimme, vgl. ferner DB. 1922, 251: „Achtstundentag am Theater“; auch die

4. Ort der Arbeitsleistung ist grundsätzlich das Theater, für das das Mitglied engagiert ist (§ 4, 1 NV.). Mit Rücksicht darauf, daß unter „Theater" das veranstaltende Unternehmen anzusehen ist[43], ist das Mitglied verpflichtet, in folgenden Fällen auch anderwärts zu spielen:

a) Bei auswärtigen Gesamtgastspielen seines eigenen Theaters, sofern nichts Entgegenstehendes vereinbart ist. Auswärtige Gesamtgastspiele liegen vor, wenn die Aufführung vom Unternehmer im wesentlichen mit seinen eigenen Kräften und unter seiner eigenen Leitung in fremden Räumen, evtl. unter Beihilfe eines fremden Orchesters und fremder technischer Hilfspersonen, vorbereitet und veranstaltet wird. Die Grenze zwischen Gesamtgastspielen und Teilgastspielen ist flüssig. Kein auswärtiges Gesamtgastspiel liegt vor, sobald einige Mitglieder des Ensembles zu fremden Theatern geschickt werden, damit sie unter wesentlicher Beteiligung des künstlerischen Personals dieser Theater Aufführungen — wenn auch unter dem Namen ihres eigenen Theaters — veranstalten[44]. Verwandt mit dem Begriff des Gesamtgastspiels ist der „Abstecher". Abstecher sind sowohl bühnenbenachbarte, im regelmäßigen Turnus bespielte Orte, als auch auf Grund dauernder Verträge nur gelegentlich einmal oder einige Male im Spieljahr besuchte Bühnen[45]. Grundlose Weigerung, einen Abstecher mitzumachen, ist Entlassungsgrund[46], sofern nicht gesundheitliche Bedenken und mangelnde Fürsorge entgegenstehen[47].

b) Bei Freilichtaufführungen,

c) in Theatern, die der Unternehmer erst nach Abschluß des Dienstvertrages zum Zwecke der Kunstpflege oder Volksbildung in Betrieb nimmt (NV. § 4 Nr. 3).

Bei Bestreiten der tarifvertraglichen Voraussetzungen der Betriebserweiterung entscheidet der Tarifausschuß. Bis zu seinem Spruche ist die Anordnung des Unternehmers verbindlich.

d) Bei Zerstörung des Theatergebäudes. Das Bühnenmitglied ist verpflichtet, erforderlichenfalls auf einer „Notbühne" zu spielen, sofern es sich um Räume handelt, deren Benutzung nicht mit Gefahren für Leib und Leben des Schauspielers verbunden ist[48].

5. Kostümbeschaffung. Sie war früher Gegenstand heftiger Kämpfe zwischen dem Bühnenverein und der Genossenschaft. Heute hat nach § 9 NV. der Unternehmer dem Mitgliede die zur Aufführung eines

---

Pflicht an Nachmittagsvorstellungen, Matinées, Nachtvorstellungen teilzunehmen, ist danach zu beurteilen, grundsätzlich besteht hierzu nur im Falle besonderer Vereinbarung eine Verpflichtung.

[43] Vgl. Kutzer: a. a. O. S. 200.

[44] Vgl. OSchG. 18. September 1928, NW. 1929, 3; Tovote: Arch.f.Urh.R. 2, 445.

[45] Vgl. auch Kutzer: a. a. O. S. 200, Anm. 8.

[46] Vgl. OSchG. NW. 1921, 274. [47] Vgl. OSchG. 30. Juni 1925; DB. 1926, 9.

[48] Vgl. auch Marwitz: a. a. O. S. 56.

Bühnenwerkes erforderlichen Kleidungs-, Ausrüstungs- und Schmuckstücke, sowie Perücken, ausgenommen Leibwäsche, Trikots und Sachen des täglichen Gebrauches zu liefern. Als Sachen des Mitgliedes für seinen täglichen Gebrauch sind anzusehen:

a) bei Männern: 2 Straßenanzüge, 1 Frackanzug, 1 Smoking, 1 Cutaway-Anzug, 1 Sommer-, 1 Winterüberzieher;

b. bei Frauen: 2 Straßenkleider, 1 Gesellschaftskleid, 1 Ballkleid, 1 Negligé, 1 Sommer- und 1 Wintermantel;

c. für beide Geschlechter: das zu den in Ziffer a und b angegebenen Kleidungsstücken jeweils dazugehörige Schuhwerk, die dazugehörige Kopf- und Handbekleidung und Wäsche.

Die Wiederinstandsetzung aller auf der Bühne gebrauchten Kleidungsstücke des Mitgliedes für die Zwecke des Bühnengebrauchs (kleinere Ausbesserungen, reinigen und aufbügeln) hat der Unternehmer auf seine Kosten zu besorgen.

Die im § 9 NV. aufgezählten Kostüme stellen nur Beispiele dar. Zu liefern hat der Unternehmer alle Sachen, ausgenommen diejenigen, die der Schauspieler selbst besitzen muß. Die ausgegebenen Kostüme dürfen sich in keinem gesundheitsgefährdenden Zustande befinden; dagegen brauchen es keine neuen Kostüme zu sein.

Nach Bühnenbrauch ist Schminke seitens des Schauspielers zu liefern[49]. Hilfskräfte für Schminken, Frisieren, An- und Auskleiden, hat der Unternehmer zu stellen. Das früher vielfach üblich gewesene Garderobengeld ist durch § 9 beseitigt.

6. Sonderfälle: a) *Der Gastspielvertrag*[50]. Bühnenrechtlich sind *drei* Arten von Gastspielen zu unterscheiden:

das Aushilfsgastspiel,

das eigentliche Gastspiel,

das Gastspiel mit unterlegtem Vertrage.

aa) Beim *Aushilfsgastspiel* erfolgt die Tätigkeit des Schauspielers zur „Aushilfe", sei es, daß im Theaterbetriebe Störungen eingetreten sind, die die Heranziehung des Schauspielers einer fremden Bühne erforderlich machen, oder ein Bühnenmitglied erkrankt oder sonstwie behindert ist, ohne daß aus dem eigenen Ensemble Ersatz beschafft werden kann. Verträge über Aushilfsgastspiele bedürfen keiner Schriftform, können vielmehr bindend auch mündlich oder fernmündlich abgeschlossen werden[51]. Die Bestimmungen des NV. finden nicht Anwendung. Das Aushilfsmitglied ist verpflichtet, alle ihm von der Leitung zugewiesenen Rollen zu spielen, ohne daß ein Einspruch gegen Art und

---

[49] Vgl. MARWITZ: a. a. O. S. 85.

[50] Vgl. auch TOVOTE: „Der Gastspielvertrag im Bühnenrechte", Arch.f.Urh.R. 2, 437ff., wegen der rechtlichen Natur vgl. S. 395.

[51] Vgl. OSchG. 13. November 1928, Arch.f.Urh.R. 2, 212.

Umfang der Rollen besteht, da die „Aushilfe“ nicht zum ständigen Ensemble gehört; sie hat auch nicht die Rechte und Pflichten des ständigen Mitgliedes. Das Engagement der Aushilfe für die Zeit der Erkrankung ist als genügende Befristung anzusehen, zumal § 3, 2 NV. für Aushilfsgastspiele nicht gilt[52]. Die vereinbarte Vergütung ist, gleichgültig ob der Gast tätig wird oder nicht, auf jeden Fall zu zahlen, da ein gelegentlich behaupteter Bühnenbrauch, daß derartige Aushilfsgastspiele nur unter der stillschweigenden Bedingung des Zustandekommens der Aufführung geschlossen sind, nicht besteht[53]. Will der Unternehmer sein Risiko in dieser Beziehung ausschalten, so ist ein ausdrücklicher Vorbehalt notwendig.

bb) Im NV. (§ 20) ist berücksichtigt das *reguläre Gastspiel.* Es liegt vor, sobald der Schauspieler (Sänger) nicht als ständiges Mitglied angestellt, sondern nur zu einer Mitwirkung an einer bestimmten Anzahl von Aufführungen, aber nicht mehr als 60 während der Spielzeit verpflichtet ist. Eine besondere Heraushebung erfährt der Gastspielvertrag bei Theatern, die ein bestimmtes Stück mehrere Monate hindurch ständig spielen, den sog. Serientheatern. Bei ihnen fällt die Beschränkung auf 60 Aufführungen fort; das dem Gast bewilligte Entgelt muß aber die festen Bezüge der meisten am gleichen Unternehmen fest angestellten Mitglieder weit übersteigen.

Auf Gastspielverträge finden die Bestimmungen des NV. keine Anwendung (§ 20 NV.). Es wird daher begreiflicherweise oft versucht, unter der Maske des Gastspielvertrages einen Anstellungsvertrag abzuschließen. Die Rechtsprechung der Bühnenschiedsgerichte ist derartigen Versuchen mit Recht entgegengetreten[54]. Die bloße Kennzeichnung eines Vertrages als „Gastspielvertrag“ ist jedenfalls rechtlich bedeutungslos; maßgeblich ist vielmehr der gesamte Inhalt des Vertrages, sowie die Stellung des Mitgliedes im Ensemble. Der Gast ge-

---

[52] Die entgegengesetzte Auffassung wird m. E. ohne ausreichende Begründung von ROSEMEYER-ASSMANN: S. 91 unter Berufung auf ein mir nicht zugängliches Urteil des OSchG. v. 26. Mai 1925 vertreten. Auch TOVOTE schließt sich diesem Standpunkte an und führt eine Entscheidung des BezSchG. Berlin v. 30. Januar 1925 an, daß die Abmachung über das Engagement der „Aushilfe“ für die Dauer der Erkrankung des ordentlichen Mitgliedes zu unbestimmt und im Zweifel anzunehmen sei, daß die „Aushilfe“ für die ganze Dauer der restlichen Spielzeit engagiert ist, eine m. E. schon deshalb unhaltbare Entscheidung, weil die Dauer der Erkrankung niemals abzusehen ist und es dem Theaterunternehmer nicht zugemutet werden kann, das Aushilfsmitglied länger als notwendig zu beschäftigen. Wenn für derartige Verträge nicht einmal Schriftform verlangt wird, so ist nicht einzusehen, warum im übrigen die Bestimmungen des NV. auf sie Anwendung finden sollen. Vgl. auch KUTZER: a. a. O. S. 93 insbes. Anm. 7.

[53] Vgl. OSchG. 13. November 1928; Arch.f.Urh.R. 2, 112.

[54] Vgl. OSchG. 9. November 1926 DB. 1928, 106; 26. Mai 1925 DB. 1928, 106; 3. Juli 1928 NW. 1929, 90.

hört nicht zum ständigen Ensemble, so daß ihm gegenüber das Direktionsrecht des Unternehmers nur beschränkt gilt. Der Gast ist nicht zu jeder Arbeitsleistung schlechthin verpflichtet, seine Tätigkeit beschränkt sich vielmehr auf die mit ihm vereinbarten Rollen. Erweiterung des Rollenkreises bedarf in jedem einzelnen Falle der Zustimmung des Gastes. Deswegen ist ein zwar als Gastspielvertrag bezeichneter, aber zunächst für die Zeit von 7 Monaten, also die übliche Dauer der Winterspielzeit, abgeschlossener Vertrag, der zudem eine monatliche automatische Verlängerung für den Fall der Nichtkündigung vorsah, als Anstellungsvertrag angesehen worden, auch wenn dem Mitgliede bestimmte Rollen garantiert waren, er im übrigen aber als erster Charakterkomiker ohne Mitbestimmungsrecht der von ihm zu spielenden oder sonst zu übernehmenden Rollen engagiert war. Unerheblich ist die Art der Gagenzahlung. Auch bei Vereinbarung von Spielgeld kann ein Anstellungsvertrag, kein Gastspielvertrag, vorliegen, zumal monatlich garantiertes Spielhonorar der Zusicherung eines festen Gehalts gleichsteht.

Der Gast hat kein Recht, die an sich den ständigen Mitgliedern gebührende Vorprobenentschädigung zu verlangen.

cc) *Gastspiel mit unterlegtem Vertrage.* Es liegt vor, sobald sich der Unternehmer das vertragliche Recht ausbedingt, erst nach einem oder mehreren Gastspielen an den Vertrag gebunden zu sein. Die Gastspiele haben binnen einer sechswöchentlichen Frist nach Abschluß des Vertrages stattzufinden. Bei Verträgen von mindestens zweijähriger Dauer erweitert sich diese Frist (§ 12, 2 NV.). Gibt der Unternehmer die Rücktrittserklärung nicht innerhalb von sieben Tagen nach dem letzten Gastspiele ab, so ist er an den Vertrag gebunden. Zur Wahrung der Frist ist Absendung der Rücktrittserklärung innerhalb der Frist durch Brief oder Telegramm an das Mitglied genügend. Finden die Gastspiele infolge Verschuldens des Mitgliedes nicht fristgerecht statt, so ist auch dann der Unternehmer innerhalb der Frist von sieben Tagen zum Rücktritt berechtigt. Nicht rechtzeitige Abgabe der Rücktrittserklärung bindet an den Vertrag[55].

Der Unternehmer darf einen Gastspielvertrag mit unterlegtem Vertrage immer nur mit *einem* Vertreter der zu besetzenden Stelle abschließen (§ 12, 5 NV.), um dadurch zu verhindern, daß noch andere Bewerber durch einseitige Bindungen festgelegt werden[56]. Dagegen ist der Unter-

---

[55] Zu der Frage, daß das Mitglied infolge unverschuldeter Umstände das Gastspiel nicht absolvieren konnte vgl. den bei Rosemeyer-Assmann S. 72 mitgeteilten Beschluß des Tarifausschusses v. 1. April 1925, ferner die Entscheidung des OSchG. 9. Februar 1926 NW. 1926, 281, sowie sie Ausführungen von Tovote: S. 450ff. zu dieser Entscheidung.

[56] Vgl. auch OSchG. 9. Februar 1926 NW. 1926, 281.

nehmer berechtigt, trotz abgeschlossenen Gastspielvertrages mit unterlegtem Vertrage, einfache Gastspiele zu Anstellungszwecken stattfinden zu lassen, sofern nicht eine einseitige Bindung des Gastes erfolgt, er also keinen unterlegten Vertrag bekommt. Ein Gastspiel mit Aussicht auf evtl. Engagement ist ebenfalls zulässig[57]. Auch das Mitglied kann an anderen Bühnen zwecks Anstellung gastieren, falls es sich nicht einseitig bindet. Hält der Unternehmer die Verpflichtungen über das Gastspiel mit unterlegtem Vertrage nicht ein, so kann das Mitglied den Vertrag innerhalb der Frist von sieben Tagen für rechtswirksam oder nichtig erklären. Bei Unterlassung der Erklärung wird der Vertrag gültig[58].

b) *Der Anfängervertrag*: Anfänger sind nach § 13 NV. die hauptberuflich an einem Theater während der ersten beiden Anstellungsjahre beschäftigten Bühnenmitglieder. War der Anfänger in dieser Zeit weder zwei Winterspielzeiten noch volle 12 Monate tätig, so verlängert sich die Anfängerzeit bis zum Ende der Spielzeit, in welcher diese Voraussetzungen erfüllt werden. Eine gelegentliche Beschäftigung als Anfänger ohne Anstellungsvertrag macht den Schauspieler nicht zum Anfänger im Sinne des § 13 NV[59].

Nach § 13, 1 NV. kann der Unternehmer bei Anfängern, sofern der Vertrag für mehrere Spielzeiten abgeschlossen wird, sich das Recht vorbehalten, bis zum 1. Januar für den Schluß der ersten Spielzeit zu kündigen[60].

An manchen Bühnen werden auch Volontäre beschäftigt, die zuweilen auch als „freiwillige Mitglieder" bezeichnet werden[61]. Für Volontäre gelten die Bestimmungen des Tarifvertrages mangels ihrer ausdrücklichen Erwähnung nicht[62]. Das Volontärverhältnis untersteht deshalb den allgemeinen Regeln des Dienstvertrages. Ein Beschäftigungsanspruch der Volontäre wird übrigens in den meisten Fällen zu bejahen sein, da ihnen ja gerade durch das Engagement Gelegenheit zur Entfal-

---

[57] Vgl. OSchG. 18. Januar 1927 DB. 1928, 222.

[58] Vgl. Näheres bei TOVOTE: S. 453ff.

[59] Vgl. OSchG. 27. Februar 1923 DB. 1925, 1.

[60] Hinzuweisen ist in diesem Zusammenhange auf das Sonderabkommen zwischen dem deutschen Bühnenverein und der Genossenschaft deutscher Bühnenangehöriger über die Regelung der Anfängerfrage (Teil D des Tarifwerkes), das vor allen Dingen bestimmt ist, Mißbräuchen vorzubeugen. Nach dem Sonderabkommen besteht kein Mißbrauch, wenn

an reinen Schauspielbühnen 15%,
an Opern- oder Operettenbühnen 20%,
bei gemischten Betrieben 20%

insgesamt von den dort beschäftigten Kräften Anfänger sind. Unter Kräften sind verstanden Kapellmeister, Spielleiter, Dramaturgen, Chorrepetitoren, Solorepetitoren, Sänger und Sängerinnen, Schauspieler und Schauspielerinnen.

[61] Vgl. NW. 1930, 6. [62] Vgl. auch KUTZER: a. a. O. S. 102.

tung ihrer künstlerischen Fähigkeiten gegeben werden soll. Indessen wird es auf die Auslegung des Abkommens im einzelnen ankommen[63].

c) *Der Wanderbühnenvertrag.* Für die Wanderbühnen ist ein besonderes Abkommen zwischen dem deutschen Bühnenverein und der Genossenschaft deutscher Bühnenangehöriger getroffen, das Teil F des Tarifwertes bildet. Nach Art. I dieses Abkommens finden auf die Wanderbühnen die Bestimmungen des NV. sinngemäß Anwendung. Nach Art. II ist jede Wanderbühne berechtigt, eine ihren besonderen Verhältnissen entsprechende, der Genehmigung des Tarifausschusses bedürfende Hausordnung aufzustellen. Die tarifliche Hausordnung ist nicht anwendbar. Der Tarifausschuß hat eine einheitliche Betriebsordnung für sämtliche Wanderbühnen erlassen[64]. Am 19. November 1929 ist zwischen dem deutschen Bühnenverein, der Vereinigung gemeinnütziger Wanderbühnen und der Genossenschaft deutscher Bühnenangehöriger eine indessen nicht für allgemein verbindlich erklärte Betriebsordnung vereinbart worden[65].

Da die Verhältnisse der Wanderbühnen in keiner Weise mit dem stehenden Theaterbetriebe zu vergleichen sind, so muß von Fall zu Fall geprüft werden, ob eine sinngemäße Anwendung der Vorschriften des NV. überhaupt möglich ist. Verneinendenfalls ist in erster Linie auf die dienstvertraglichen Vorschriften, in zweiter Linie auf die Verkehrssitte und schließlich auf die Grundsätze von Treu und Glauben zurückzugehen. Das Abkommen selbst normiert schon eine Reihe von Fällen, in denen der NV. nicht oder doch nur mit Abänderungen Anwendung findet. Dies gilt zunächst von den §§ 4, 6 (Ersatz von Auslagen); fernerhin hat der an einer Wanderbühne beschäftigte Schauspieler, wenn es die Aufrechterhaltung des Betriebes erfordert, auch außerhalb seines vertraglichen Rollengebietes liegende Rollen zu übernehmen. Schließlich gelten die Bestimmungen des § 17 über die Ruhepausen nur insoweit, als die besonderen Verhältnisse des Betriebes der Wanderbühnen dies zulassen.

B. Filmrecht.

1. Allgemeines. Filmengagementsverträge und Bühnenengagementsverträge unterscheiden sich grundlegend dadurch, daß beim Theater in *der Regel* die Verträge auf längere Zeit getätigt werden, Abmachungen aber, in denen dem Schauspieler eine bestimmte Rolle übertragen wird oder Gastspielverträge die Ausnahme bilden; beim Film sind dagegen Verträge über die Verpflichtung des Schauspielers in einer bestimmten Rolle als *Normalfall*, Jahresverträge als *Ausnahme* anzusehen.

Dieser Unterschied ist dadurch bedingt, daß die wirtschaftliche Struktur des Theaters der des Films in keiner Weise vergleichbar ist.

---

[63] Vgl. KUTZER: a. a. O. S. 102.

[64] DB. 1926, 5. [65] Vgl. hierüber KUTZER: a. a. O. S. 300.

Das Theater wird — wenigstens in der Regel — charakterisiert durch die Beständigkeit der Aufführungen und die Beständigkeit des Ensembles. Im Film herrscht vollkommene Unständigkeit. Der einzelne Filmunternehmer stellt nicht in der Weise fortlaufend Filme her, wie der Theaterunternehmer Vorstellungen veranstaltet. Werden aber Filme hergestellt, so erfolgt die Zusammenstellung des Ensembles von Fall zu Fall.

2. Pflichten des Schauspielers. Hauptverpflichtung ist die Pflicht zur Arbeitsleistung. Im Gegensatze zur Arbeitsleistung des Bühnenschauspielers kommen für die Leistung des Filmschauspielers zwei Faktoren, nämlich darstellerische Tätigkeit und ihre photographische Aufnahme, in Betracht. Während die darstellerische Tätigkeit im stummen Film sich auf Verkörperung der Rolle durch Mienen- und Gebärdenspiel beschränkte, hat der Schauspieler im Tonfilm zu sprechen und zu singen. Die Dienste des Filmschauspielers im Sinne des § 611 BGB. umfassen demgemäß nicht nur körperliche Tätigkeit, sondern auch die Verpflichtung zur photographischen und tonlichen Aufnahme seines Spiels.

Die geschuldete Arbeit ist in Person zu leisten (§ 613 BGB.). Der Schauspieler kann also im Falle der Behinderung dem Unternehmer keinen anderen Schauspieler, mag dieser auch gleichwertig sein, als Ersatz aufdrängen. Handelt es sich nur um Arbeitsleistung für einen bestimmten Film, so ist die verkehrsüblich im Vertrage genau bezeichnete und umgrenzte Rolle zu spielen. Bei langfristigen Verträgen, also reinen Anstellungsverträgen, hat der Schauspieler alle ihm vom Unternehmer resp. vom Regisseur als Vertreter des Unternehmers zugeteilten Rollen zu spielen, soweit nicht aus persönlichkeitsrechtlichen Gründen eine Minderung seines künstlerischen Ansehens zu befürchten ist. Auch bei Dienstverträgen über Einzelfilme kann allerdings vertraglich die Verpflichtung des Schauspielers zur Übernahme der Rolle in einem anderen Film, auch nach Beginn seiner Tätigkeit, vereinbart werden (§ 6 AllgAnstBed.), aber auch hier mit der selbstverständlichen Einschränkung, daß zumindest die persönlichkeitsrechtlichen Interessen des Schauspielers geschützt sein müssen. Es ist deshalb unzulässig, einen Schauspieler für eine große Rolle zu engagieren und ihn dann hinterher in einer kleinen unbedeutenden Rolle zu beschäftigen. Ein solches Verhalten verpflichtet zum Schadenersatz, berechtigt auch den Schauspieler zur fristlosen Kündigung.

Grundsätzlich hat der Schauspieler seine Tätigkeit in deutscher Sprache zu leisten. Angesichts der Internationalität des Films und auch aus Rentabilitätsgründen werden vielfach mehrere Fassungen eines Tonfilms in verschiedenen Sprachen hergestellt, filmtechnisch „Versionen“ genannt. Verkehrsüblich hat der Schauspieler erforderlichenfalls bei Tonfilm- oder Sprechfilmaufnahmen in mehreren Sprachen zu sprechen oder zu singen (§ 6 AllgAnstBed.), es sei denn, daß er nicht über die notwendigen Sprachkenntnisse verfügt. Gegen die Herstellung verschiedener Versionen kann der nur für eine Version verpflichtete Schauspieler keinen Widerspruch erheben.

Leistung ungesetzlicher oder sittenwidriger Arbeit kann nicht verlangt werden (§§ 309, 138 BGB.). Der Schauspieler kann auch seine Tätigkeit bei Filmen, deren Inhalt erkennbar gegen strafrechtliche Vorschriften verstößt, verweigern.

Da nach der Verkehrssitte übliche und nach Treu und Glauben zumutbare Arbeit zu leisten ist, muß der Schauspieler sich für alle mit ihm vereinbarten und notwendigen Arbeiten zur Verfügung stellen. Hieraus ergibt sich seine Pflicht zur Mitwirkung bei Herstellung der Vertriebs- und Verleihreklame, insbesondere den sogenannten Standphotos, die einzelne eindrucksvolle Szenen des Films zeigen. Außerhalb des Rahmens darstellerischer Tätigkeit liegende Leistungen braucht der Schauspieler nicht auszuführen, also auch keine Sensationsnummern zu spielen. Hierfür sind erforderlichenfalls in der Maske des Schauspielers spielende Artisten heranzuziehen.

3. Ort der Arbeitsleistung. Der Ort der Arbeitsleistung richtet sich nach den Bestimmungen des Unternehmers resp. Regisseurs, die sich in den Grenzen des Angemessenen und Üblichen halten müssen. Die Arbeit ist zwar im Betriebe des Unternehmers zu leisten; als Betrieb ist aber nicht nur der Sitz seiner gewerblichen Niederlassung, sondern mit Rücksicht auf die Eigenarten der Filmherstellung auch derjenige Ort anzusehen, an dem Filmaufnahmen üblicherweise stattfinden. Filmaufnahmen zerfallen in Atelier- und Freiaufnahmen; bei den Atelieraufnahmen hat der Schauspieler sich im Atelier einzufinden, bei Freiaufnahmen an dem ihm vom Unternehmer resp. Regisseur vorher bezeichneten Aufnahmeorte. Ein Recht auf Abholung durch Auto zum Aufnahmeort besteht verkehrsüblich nicht. Für Reisen im Interesse der Herstellung des Films hat der Schauspieler dem Unternehmer unbeschränkt zur Verfügung zu stehen.

4. Zeit der Arbeitsleistung. Die Arbeitszeit des Filmschauspielers zeigt sehr viel Ähnlichkeit mit der des Bühnenschauspielers. Sie unterliegt keinen irgendwie gearteten Beschränkungen. Das bedeutet mangels entgegenstehender Vereinbarungen einmal beliebige Streckung der täglichen Arbeitszeit, zum anderen Leistung von Sonntagsarbeit, eine Regelung, die wirtschaftlich auch deshalb berechtigt ist, weil die betriebstechnischen Verhältnisse der Filmindustrie jeder schematischen Festlegung der Arbeitszeit widerstreben. Der Unternehmer darf mit der Gesundheit des Schauspielers verständlicherweise nicht Raubbau treiben; schon deshalb ist die Zeitdauer der Aufnahmen so einzurichten, daß eine Gesundheitsschädigung der mitwirkenden Künstler nicht zu befürchten ist[66].

---

[66] Vgl. eingehend hierüber DIENSTAG: a. a. O. S. 62.

5. Nebenpflichten. Es kommen im einzelnen in Betracht:

a) Der Schauspieler hat die Weisungen des Unternehmers resp. der von ihm bevollmächtigten Personen zu befolgen. Er hat demgemäß sich pünktlich mit dem vorgeschriebenen Anzuge zu der ihm bekannten Zeit an dem ihm mitgeteilten Aufnahmeort einzufinden (§ 1, 1 AllgAnstBed.). Das Rauchen im Atelier ist streng verboten, soweit es nicht im Rahmen des Spiels erforderlich ist. Schließlich ist der Schauspieler den üblichen Aufnahmevorschriften sowie den für evtl. Verstöße festgesetzten Strafen unterworfen (vgl. § 2, Nr. 2—4 Aufnahmeordnung).

b) Der Schauspieler ist bei besonderer Veranlassung, z. B. wenn ein mitwirkender Schauspieler plötzlich erkrankt, ohne daß sofortiger Ersatz zu beschaffen ist, verpflichtet, einzuspringen, sofern die technischen Verhältnisse es überhaupt gestatten. Es darf sich stets nur um einen kurzen Ersatz bei wirklich schwerwiegenden Gründen handeln.

c) Der Schauspieler hat vor Beginn der Aufnahmen für Sprech- und Gesangsproben zur Verfügung zu stehen und an „Regiesitzungen“, in denen vom Regisseur in Gegenwart des Architekten und Operateurs das Manuskript im einzelnen durchgegangen und das Spiel der einzelnen Szenen festgelegt wird, teilzunehmen.

d) Der Schauspieler hat auch bei Nachaufnahmen mitzuwirken. „Nachaufnahmen“ sind eine besondere Eigentümlichkeit der Filmfabrikation, wirtschaftlich darin begründet, daß sich oft erst nach Beendigung der eigentlichen Aufnahmen bei Überprüfung des entwickelten Bildstreifens die Notwendigkeit erweist, weitere Szenenbilder einzufügen, sei es im Interesse des Films selbst, der dadurch vervollständigt oder verbessert werden soll, sei es aus äußerlichen Gründen, wenn z. B. von der Zensur einzelne Szenen beanstandet sind und für deren Ersatz durch neu herzustellende Szenen gesorgt werden muß. Diese Verpflichtung des Schauspielers folgt bereits an sich aus dem Arbeitsvertrag. Es handelt sich um eine Ausstrahlung der Arbeitspflicht, die erst dann als bewirkt anzusehen ist, wenn die Arbeitsleistung in einer für den Film verwendbaren Form vorliegt. Diese Verpflichtung ist aber zur Vermeidung von Zweifeln auch vertraglich festgelegt (§ 9, 2 AllgAnst Bed.). Es ist gleichgültig, ob es sich um Abänderungen oder Neuaufnahmen (Nachaufnahmen) für den Film in stummer oder in Ton- bzw. Sprechfassung oder in beiden Fassungen handelt. Als Nachaufnahme wird demgemäß auch die nachträgliche Synchronisierung des stummen Films mit Toneffekten, Sprech- und Gesangsvorschriften angesehen. Da es wesentlich ist, daß der Schauspieler nicht durch andere Verträge bereits in Anspruch genommen ist, hat er verkehrsüblich während der Dauer seines Dienstverhältnisses etwaige Neuabschlüsse mitzuteilen, damit erforderlichenfalls eine Einigung unter den verschiedenen Unternehmern über die Zeit herbeigeführt werden kann. Diese Einigung ist für den Schauspieler bindend (vgl. § 9, 3 AllgAnstBed.).

e) Für die Nebenbeschäftigung des Filmschauspielers gelten grundsätzlich andere Gesichtspunkte als für die Nebenbeschäftigung des Bühnenschauspielers, da wettbewerbsrechtliche Rücksichten bei dem gewöhnlichen Dienstvertrag über Einzelfilme nicht mitsprechen. Der Filmunternehmer hat in aller Regel an einer Exklusivbeschäftigung des Filmschauspielers in seinem Unternehmen gar kein Interesse. Einer gleichzeitigen Tätigkeit des Schauspielers bei mehreren Unternehmern steht daher für den Fall, daß sie nur zeitlich zu vereinigen ist, nichts im Wege, erklärlich dadurch, daß beim Theater sich die künstlerische Arbeit im vollen Lichte der Öffentlichkeit, beim Film im engbegrenzten Raume des Ateliers abspielt. Im Gegensatze zum Bühnenrechte gründet sich deshalb das Beschäftigungsverbot des Filmrechts auf die wirtschaftlich-technischen Erfordernisse des Produktionsprozesses. Durch gleichzeitiges Arbeiten bei mehreren Firmen leicht eintretende Betriebsstörungen sollen nach Möglichkeit ausgeschaltet werden. Die Richtigkeit dieser Auffassung bestätigt § 8 AllgAnstBed., der ausdrücklich anderweite filmische Tätigkeit des Künstlers am gleichen Tage mit Zustimmung des Unternehmers vorsieht. Aus diesem Grunde ist oberste Pflicht des Schauspielers, bei Antritt seines Engagements eine anderweitige Beschäftigung anzugeben. Verkehrsüblich (§ 4 des Bestätigungsschreibens für Einzelfilme in Verbindung mit § 8 AllgAnstBed.) hat der Schauspieler sogar schriftlich zu versichern, welche Verpflichtungen im einzelnen er eingegangen ist. In dieser Verpflichtung liegt gleichzeitig die Erklärung, durch keinerlei Vereinbarungen mit Dritten, insbesondere mit Schallplattenfabrikanten, Theaterunternehmungen, Filmherstellungsfirmen an Übernahme der vertraglichen Verpflichtungen gehindert zu sein. Nur mit ausdrücklicher schriftlicher Genehmigung des Unternehmers kann der Schauspieler während der Vertragszeit bei einer anderen Filmfirma, einer Schallplattenfabrik, beim Sprechtheater oder wie sonst immer, einschließlich Rundfunk, tätig sein. Eine Verletzung dieser Abmachungen gibt dem Arbeitgeber das Recht zur fristlosen Entlassung.

Um ein wettbewerbrechtliches Konkurrenzverbot handelt es sich dagegen bei der in Anstellungsverträgen mit Starschauspielern häufig vorkommenden Konkurrenzklausel des Inhalts, daß filmische Beschäftigung des Stars anderweit verboten ist. Bei einem Engagement von Henny Porten oder Harry Liedtke für eine Reihe von Filmen legt der betreffende Unternehmer erklärlicherweise unbedingten Wert darauf, sie während der Dauer ihres Dienstverhältnisses nur bei sich zu beschäftigen; denn es handelt sich dann um die Herstellung sogenannter „Markenfilme“, denen der Stempel ihrer Eigenart durch das Spiel der betreffenden Stars aufgedrückt ist, und die infolgedessen eine Exklusivstellung auf dem Filmmarkte beanspruchen.

Auch ohne ausdrückliche Vereinbarung ist der Künstler nach Treu und Glauben verpflichtet, von einer etwaigen Erkrankung sofort Anzeige zu machen und sich erforderlichenfalls der Untersuchung durch einen Vertrauensarzt zu unterwerfen. Die Entscheidung des Vertrauensarztes ist bindend (§ 11 AllgAnstBed.).

f) Eine besondere Residenzpflicht des Filmschauspielers besteht nicht; indessen ist der bereits engagierte Schauspieler für den Fall von Reisen zur Mitteilung seines jeweiligen Aufenthaltortes verpflichtet, damit ihn notwendige Nachrichten (Dispositionsänderungen) erreichen können (§ 4, 3 AllgAnstBed.).

g) Auch der Filmschauspieler ist verpflichtet, in seinem Privatleben auf die Interessen des Unternehmers Rücksicht zu nehmen. Es ist ihm deswegen während der ganzen Dauer des Vertrages untersagt, sich in einer mit Gefahren für Leib und Leben verbundenen Art zu betätigen. Dieses Verbot gilt insbesondere auch für körperliche Veranstaltungen jeglicher Art und für Rennfahrten (§ 4, 1 AllgAnstBed.). Er darf auch nur solche ärztliche Eingriffe an sich vornehmen lassen, die aus Gesundheitsgründen, nicht aber aus ästhetischen Gründen geboten sind. Die Veränderung der Haar- und Barttracht und der Farbe während der Vertragsdauer ist untersagt; denn der äußere Habitus des Schauspielers ist oft für das Engagement entscheidend. Die Herstellung des Films kann beispielsweise gefährdet werden, wenn ein wegen seiner weißen Haare engagierter Schauspieler sie sich eigenmächtig schwarz färben läßt.

h) Der Filmschauspieler ist mangels ausdrücklicher Vereinbarungen verpflichtet, moderne Kleidungsstücke auf eigene Kosten zu stellen. Nur historische Kostüme oder solche von besonderem Charakter (z. B. eigenartige Sportanzüge) werden vom Unternehmer geliefert und bleiben dann dessen Eigentum. Pflegliche Behandlung und Rückgabe nach Beendigung der Rolle ist deshalb vorgeschrieben (§ 4, 5 AllgAnstBed.).

Diese bedeutend weitergehende Verpflichtung des Filmschauspielers gegenüber dem Bühnenschauspieler ergibt sich daraus, daß einerseits der Filmschauspieler ohne Garderobe überhaupt nicht in der Lage ist, den mit ihm abgeschlossenen Vertrag zu erfüllen, andererseits bei der Höhe der Filmgage das Vorhandensein sämtlicher modernen Kostüme vorausgesetzt werden muß. Die Beschaffungspflicht des Schauspielers gilt übrigens auch bezüglich der übrigen persönlichen Kleidungsstücke, wie Leibwäsche, Trikots, Kopf-, Hand- und Fußbekleidung. Etwaige im Interesse des Films notwendige Änderungen gehen zu Lasten des Unternehmers, Abnutzungen der Kleidungsstücke dagegen zu Lasten des Schauspielers. Vor Aufnahmebeginn wird verkehrsüblich dem Schauspieler ein Verzeichnis der für den Film notwendigen Garderobenstücke übergeben.

Diese Mitteilung bildet die Grundlage für die vom Schauspieler bereitzustellende Garderobe. Vor jedem Aufnahmetage ist ferner verkehrsüblich dem Schauspieler Mitteilung über die am jeweiligen Aufnahmetage benötigten Kleidungsstücke zu geben. Mit diesen hat sich der Schauspieler am Aufnahmetage einzufinden (vgl. § 2, 1 AllgAnstBed.). Etwaige Verzögerungen verpflichten den Schauspieler zum Schadenersatz. Schauspielerinnen können bei außergewöhnlichen Toilettenanforderungen einen Garderobenzuschuß beanspruchen, es sei denn, daß die Kosten erkennbar in der Gage enthalten sind. Ein bestimmter Toilettenfundus ist aber auch hier notwendig[67].

6. Besonderheiten des Filmregievertrages. Im allgemeinen gelten die eben entwickelten Rechtsgrundsätze analog auch für den Filmregievertrag, doch ist wegen der Arbeitsleistung folgendes zu bemerken:

Die Regieführung setzt sich aus einer Reihe von Einzelhandlungen zusammen, die in ihrer Gesamtheit die dem Regisseur auf Grund des Vertrages obliegenden Verpflichtungen ergeben; sie können ungefähr wie folgt umrissen werden:

a) Durcharbeitung des Filmmanuskripts in regietechnischer Beziehung. Hierunter fällt regietechnische Einteilung der einzelnen Szenen, Durcharbeitung des Manuskripts mit Schauspielern, Operateur und Architekten, Einteilung der Ateliertage, Auswahl der Schauspieler, Auswahl der Motive bei Freiaufnahmen, kurzum Durchführung aller derjenigen vorbereitenden Maßnahmen, die eine fortlaufende Herstellung des Films gewährleisten.

b) Leitung der Filmaufnahmen selbst. Sie erfolgt in der Weise, daß der Regisseur an Hand des Manuskripts das Spiel in den vom Architekten entworfenen Räumen arrangiert und leitet und durch den Operateur aufnehmen läßt, also das Filmbild aufbaut.

c) Zusammensetzen der einzelnen auf den Zelluloidstreifen befindlichen photographischen Szenen in bestimmter Folge und Dauer zum fertigen Film mit fortlaufender dramatischer Handlung[68] (Schneiden).

Wie im einzelnen der Regisseur diesen Obliegenheiten gerecht wird, wie er sich die Arbeit einteilt, wie er seine Zeit ausnutzt, ist seinem pflichtgemäßen Ermessen überlassen.

C. Artistenrecht.

1. Allgemeines. Geht man von der laienhaften Bedeutung des Wortes „Artist“ aus und hält sich vor allem seine Wortwurzel vor Augen, so sind als Artisten alle gewisse Kunstfertigkeiten ausführenden Personen anzusprechen. Der arbeitsrechtliche Begriff des Artisten erfordert Kunst-

---

[67] Vgl. Dienstag: a. a. O. S. 74.

[68] Vgl. hierüber ausführlich Dienstag: a. a. O. S. 63ff.

fertigkeiten, die zur öffentlichen Vorführung in gewerberechtlich besonders qualifizierten Unternehmungen, wie Varietés, Kabaretts, Zirkussen, Tingel-Tangeln und ähnlichen Lokalen geeignet sind. Demgemäß sind im Rechtssinne Artisten nur diejenigen Personen, die bei der Auf- und Vorführung bestimmter Kunstfertigkeiten in einem der Betriebserlaubnis nach § 33a GO. bedürfenden Unternehmen mitwirken. Die Kunstfertigkeiten des einzelnen Artisten resp. der Artistentruppe werden jeweils als „Programmnummer" bezeichnet.

Zwischen artistischer und schauspielerischer Tätigkeit bestehen grundlegende Unterschiede. Den Worten, mit denen sich einst der verdienstvolle langjährige Syndikus des deutschen Bühnenvereins, Geheimrat Felisch, gegen die Verquickung von Theater und Varieté gewandt hat[69]: „Es sind übrigens zwei ganz verschiedene Welten, während das Publikum oft nur einen Gradunterschied zwischen ihnen vermutet", ist eine gewisse innere Berechtigung nicht abzusprechen. Die Welt des Theaters und des Films ist durchweg von der Bedeutung der Person und der Persönlichkeit erfüllt! Künstlerische Individualität ist das Kennzeichen jeder schauspielerischen Tätigkeit, mag sie nun am Theater oder am Film ausgeübt werden. Die Welt des Varietés trägt demgegenüber einen mehr unpersönlichen Charakter; sie ist bei weitem nicht in dem Umfange von persönlichkeitsrechtlichen Interessen beherrscht wie das Theater und der Film. Treitel erklärt durchaus überzeugend, der Artist werde nicht um seiner Persönlichkeit willen, sondern mit Rücksicht auf seine Nummer engagiert[70]. In diesen Worten steckt ein wahrer Kern. Gewiß gibt es Artisten, die auch durch die Kraft ihrer Persönlichkeit wirken und wirkten, weil sie eben einzigartige Künstler ihres Faches sind. Gestalten wie Grock oder der jüngst verstorbene Humorist Otto Reutter sind besonders markante Beispiele. Neben derartigen Einzelnummern, die durch die künstlerische Bedeutung ihrer Träger schauspielerischer Tätigkeit eng verwandt sind, steht aber eine sehr große, fast unübersehbare Anzahl rein artistischer Nummern, in denen wohl geistige und körperliche Kunstfertigkeiten in höchster Vollendung, aber ohne jede persönliche Note gezeigt werden. Sind für die Nummer mehrere Personen erforderlich, so leidet deshalb der Wert der Nummer nicht durch das Ausscheiden eines der Mitwirkenden; es ist durchaus möglich, das ausgeschiedene Mitglied zu ersetzen, weil der Wert der Darbietung in der Nummer als solcher und nicht in dem zufällig sie Ausführenden besteht. Dieser Auffassung gibt auch der VTV. dadurch sichtbaren Ausdruck, daß einmal Erkrankung von Truppenmitgliedern nicht ohne weiteres den Trup-

[69] Vgl. Felisch: DJZ. 1909, Spalte 629ff. vgl. auch oben S. 195.
[70] Vgl. Treitel: a. a. O. S. 51.

penleiter berechtigt, die Ausführung der Nummer zu verweigern — er ist vielmehr auf Verlangen des Unternehmers verpflichtet, mit den arbeitsfähigen Truppenmitgliedern einzutreffen und die Darbietung so gut wie möglich auszuführen[71] (§ 17 VTV.) — zum anderen aber der VTV. selbst an den verschiedensten Stellen nicht vom engagierten Artisten, sondern von der engagierten Darbietung spricht (§§ 13, 17, 18, 26, 36 VTV.), also nicht auf die Person, sondern auf die Sache abstellt. Besonders charakteristisch ist in dieser Beziehung § 15 (Konkurrenzverbot für die engagierte Darbietung). Schließlich trägt zur Steigerung dieses unpersönlichen Moments noch der Umstand bei, daß artistische Nummern oft von einem Unternehmer, der mit ihnen reist und nicht persönlich an der Vorführung teilnimmt, zusammengestellt sind. Der Unternehmer gilt aber auch als Artist (vgl. § 3 VTV.).

2. Die Arbeitsleistung. Eine allgemein zutreffende und umfassende Begriffsbestimmung der artistischen Arbeitsleistung ist angesichts ihrer Vielseitigkeit schlechterdings ein Ding der Unmöglichkeit. Nach der mit den Ausführungen zu 1. sich deckenden Begriffsbestimmung des VTV. sind Artisten alle zur Aufführung oder Vorführung einer Programmnummer in einer Vorstellung eines aus § 33 GO. konzessionspflichtigen Unternehmers engagierten Personen ohne Rücksicht darauf, ob sie allein oder mit anderen (Truppe) auftreten oder ob sie bei der Darbietung, für die sie den Engagementsvertrag abschließen, in eigner Person mitwirken oder sie durch Dritte auf- oder vorführen lassen. Unter den vor allem hier interessierenden tarifrechtlichen Begriff des Artisten fallen deshalb nicht nur die das Varieté in seinen verschiedenfachsten Schattierungen, wie Zirkusse, Schaubuden, Spezialitäten-Unternehmungen bevölkernden Darsteller, beispielsweise also Akrobaten, Gymnastiker, Illusionisten, Equilibristen, Athleten, Bauchredner, Trapezkünstler, Kunstreiter, Clowns, ohne daß hiermit eine erschöpfende Aufzählung beabsichtigt ist, sondern auch alle diejenigen Personen, die in der weiten Welt des Kabaretts, der Vortragsbühne und des Café chantant zu finden sind, Unternehmungen, die zusammenfassend unter den Begriff der „Kleinkunst" gebracht werden können, ohne damit ein ästhetisches Urteil über Wert oder Unwert dieser Kunstgattung abzugeben. Im Einzelfalle mögen die Meinungen, inwieweit Schaunummern als artistische Kunstfertigkeiten anzusehen

---

[71] Als „Truppennummer" werden artistenrechtlich diejenigen Darbietungen bezeichnet, in denen statt eines Artisten mehrere Artisten mitwirken. Akrobatentruppen, Radfahrtruppen, Tanztruppen, stehen meist unter der Leitung eines Truppenchefs. In vielen Fällen arbeiten der Truppenchef oder Mitglieder seiner Familie bei der Nummer noch mit. Der Truppenchef schließt die Verträge nach eigenem Ermessen ab; Streitigkeiten zwischen ihm und den Mitgliedern unterliegen der Zuständigkeit des Arbeitsgerichts; vgl. auch Treitel: Artistenrecht S. 23.

sind, auseinandergehen. Ein Beispiel hierfür gibt der Tarifvertrag selbst, wenn sogenannte „Abnormitäten", die lediglich ihre Person in ihrer körperlichen Eigenart zur Schau stellen, nicht als Artisten angesehen werden, demgemäß der Tarifvertrag auf sie auch keine Anwendung findet. Am Orte hinzuengagierte Statisten, wie sie öfters in Trapeznummern zu sehen sind, Tierwärter, Requisiteure, Garderobieren, Elektriker, technisches Personal und ähnliche Hilfskräfte, selbst wenn sie mit der engagierten Darbietung reisen, sind ebenfalls keine Artisten (vgl. § 3, 2 VTV.). In Zweifelsfällen entscheidet über alle diese Fragen das Varietéschiedsgericht (vgl. § 3, 3 VTV.).

3. Pflichten des Artisten. Der Artist hat die im Arbeitsvertrage genau bezeichnete Arbeitsleistung (Einzelnummer oder Truppennummer) nach besten Kräften auszuführen (§ 26, 1 VTV.). Aus dem Gesichtspunkte heraus, daß der Wert der artistischen Tätigkeit in der Vorführung der Nummer besteht, ist der Artist zur Arbeitsleistung nur dann nicht verpflichtet, falls er seit Abschluß des Vertrages wesentliche Veränderungen seiner Darbietungen vorgenommen hat, die ihren Wert und die Unkosten bedeutend erhöhen. Der Artist kann in diesem Falle sein Auftreten von angemessener Entschädigung abhängig machen (§ 26, 1 VTV.). Umgekehrt ist der Unternehmer berechtigt, falls der Artist oder seine Truppe durch Unfall, Krankheit, Auswechselung von Mitgliedern, anhaltende Indispositionen, sich bei Engagementsantritt in einer Verfassung befindet, daß die Darbietung wesentlich schlechter ist als bei Engagementsabschluß, den Vertrag innerhalb der ersten drei Tage der Spielzeit zu lösen.

Die dienstvertragliche Natur des Artistenvertrages tritt darin klar hervor, daß ein weitgehendes sachliches wie persönliches Direktionsrecht des Unternehmers besteht. Der Unternehmer ist berechtigt, Kürzungen und Abänderungen der Darbietungen vorzunehmen und auch Vorträge ganz oder teilweise zu verbieten, vorausgesetzt, daß nicht lediglich eine Schädigung des Artisten bezweckt und der Wert der Darbietungen des Artisten nicht wesentlich beeinträchtigt wird. Ihm steht ferner insoweit ein Zensurrecht an Vorträgen zu, als es sich um polizeilich verbotene, zweideutige oder unzüchtige Texte handelt (§ 26, 2 VTV.).

Der Artist ist verpflichtet, an den notwendigen von der Direktion angesetzten Proben teilzunehmen (§ 32, 1 VTV.) und die Vorschriften der im einzelnen Betriebe bestehenden Hausordnung einzuhalten.

4. Zeit der Arbeitsleistung. Im Gegensatze zum Bühnen- und Filmdarsteller kann von einer Arbeitsbereitschaft des Artisten keine Rede sein; diese Tatsache ergibt sich aus der Natur der Sache selbst, da der Artist stets mit einem fertigen, keiner Einstudierung bedürfenden Programm engagiert wird. Die Zeitdauer des Auftretens selbst soll im Vertrage angegeben werden (§ 26, 1 VTV.). Bei Pendelengagements, also gleichzeitiger Beschäftigung bei mehreren Unternehmern, ist genaue vertragliche Festlegung von Auftrittszeit und Dauer des Auftretens erforderlich. Auf jeden Fall hat der Artist und seine Truppe zur angesetzten Nummer so frühzeitig fertig zu sein, daß bei gänzlichem oder teilweisem Ausfall einer vorherigen Nummer seine Nummer ohne Störung an die Stelle der voraufgehenden treten kann (§ 27, 2 VTV.). Schuldhaftes Versäumen der Auftrittszeit kann insofern unangenehme Konsequenzen nach sich ziehen, als Gagenreduzierung, möglicherweise sogar Entlassung, eintritt (§ 27, 3 VTV.). Das zeitliche Auftreten des Artisten selbst, also die Reihenfolge der Programmnummer, ist im Tarifvertrage nicht geregelt. Sehr oft werden, namentlich bei Zugnummern, besondere Vereinbarungen über die Reihenfolge des Auftretens getroffen, z. B. „letzte Nummer vor der großen Pause" oder „erste Nummer nach der großen Pause". Mangels vertraglicher Vereinbarungen liegt die Programmfolge allein im Ermessen des Unternehmers[72], ohne daß dem Artisten Einwendungen hiergegen zustehen. Die Programmfolge wird durch Anschlag an der Regietafel bekanntgegeben[73].

Nebenbeschäftigung ist dem Artisten während der Dauer des Engagements ohne besondere schriftliche Erlaubnis des Unternehmers nicht gestattet; das Verbot bezieht sich sowohl auf öffentliches wie auf privates Auftreten des Artisten. Ist Nebenbeschäftigung gestattet, so darf der Artist nicht mehr als in zwei Etablissements am gleichen Tage auftreten. Unter das Verbot fällt nicht das Besingen von Grammophonplatten und die Mitwirkung bei Filmaufnahmen. Dagegen ist die Mitwirkung im Rundfunk ohne schriftliche Genehmigung des Unternehmers verboten (vgl. § 13, 2—4 VTV.).

Bei Krankheitsfällen hat der Artist das Attest eines Arztes beizubringen, sich auch auf Verlangen und Kosten des Unternehmers durch einen Vertrauensarzt untersuchen zu lassen (§ 10, 8 VTV.).

Frühestens 40 Tage, spätestens 30 Tage vor Beginn des Engagements, hat der Artist dem Unternehmer eingeschrieben das rechtzeitige Eintreffen unter Angabe seiner genauen Adresse mitzuteilen (§§ 14, 15 VTV.). Die Mitteilung muß so fristgerecht abgesandt werden, daß sie unter regelmäßigen Umständen spätestens 30 Tage vor Beginn des Engagements in den Händen des Unternehmers ist, auch wenn der 30. Tag ein Sonntag oder Feiertag ist. Unterlassung dieser Verpflichtung berechtigt den Unternehmer zur sofortigen Lösung des Vertrages. Die tarifvertragliche Festlegung dieser Verpflichtung des Artisten erklärt sich daraus, daß der Unternehmer aus technischen Gründen mindestens einen Monat vorher Gewißheit haben muß, daß auch wirklich die von

---

[72] Vgl. Treitel: a. a. O. S. 42. [73] Vgl. Treitel: a. a. O. S. 42.

ihm engagierten Nummern eintreffen[74] und er sich keinerlei Ersatznummern zu besorgen braucht.

Ist der Artist ohne sein Verschulden am rechtzeitigen Eintreffen verhindert, so hat er nach Eintritt des Behinderungsgrundes unter Glaubhaftmachung der Gründe dem Unternehmer durch eingeschriebenen Brief hierüber Mitteilung zu machen (§ 15, 1 VTV.).

Sämtliche Kostüme, Requisiten, Noten und Dekorationen hat der Artist selbst zu beschaffen und mitzuführen, desgleichen für das zur Ausführung der Nummern notwendige Betriebspersonal zu sorgen. Dagegen hat der Unternehmer das für Auf- und Abbau der Requisiten erforderliche technische Hilfspersonal zu stellen, für dessen Verschulden er bei Beschädigung der Requisiten oder dadurch bedingter Unmöglichkeit des Auftretens haftet[75]. Stallungen für etwa mitgeführte Tiere hat grundsätzlich mangels anderweitiger Vereinbarungen der Artist selbst zu besorgen.

Der Unternehmer ist schließlich nicht berechtigt, über den Inhalt des Arbeitsvertrages hinausgehende Arbeitsleistungen zu verlangen. Die Artisten sind dementsprechend nicht verpflichtet, sich vor oder nach dem Auftreten im Lokal aufzuhalten (§ 29 VTV.). Entgegenstehende Vereinbarungen sind nichtig. Der Artist ist auch nicht verpflichtet, Postkarten, Texte und Witzbücher zu verkaufen (§ 28 VTV.), eine Bestimmung, die auf eine im Varietégewerbe vielfach eingerissene Unsitte hindeutet. Der Unternehmer kann gleichzeitig mit Abschluß des Engagementsvertrages eine Vereinbarung mit dem Artisten des Inhalts treffen, daß dieser bei ihm Pension bezieht; um einer Ausbeutung des Artisten vorzubeugen, kann jedoch der Pensionsvertrag ohne Rückwirkung auf den Engagementsvertrag aus wichtigem Grunde gelöst werden (§ 31 VTV.).

§ 59. Der Beschäftigungsanspruch.

A. Theaterrecht.

1. Zur geschichtlichen Entwicklung. Die Anerkennung eines Anspruchs des Bühnenschauspielers auf Beschäftigung hat sich in der französischen und italienischen Rechtsprechung und Rechtslehre verhältnismäßig früh durchgesetzt[1]. Schon Pariser Urteile vom 6. September 1827, 7. Februar 1828 und 27. November 1844 vertreten diese Auffassung[2]; die deutsche Rechtspraxis ist nur zögernd gefolgt. Noch

[74] Vgl. Treitel: a. a. O. S. 108.

[75] Vgl. im einzelnen hierüber Treitel: a. a. O. S. 39.

[1] Vgl. Bureau: „Le Théatre et sa législation“ Paris 1898, S. 363; Astruc: „Le Droit Privé du Théatre“ Paris 1899, S. 215; Tabanelli: Il codice del teatro Milano 1901, S. 83ff.

[2] Vgl. Agnel: Code-Manuel des artistes dramatiques et des artistes musiciens. Paris 1851, No. 202, No. 123; Lacan: Traité de la législation et de la jurisprudence des theatrês. Paris 1853, No. 361; Marwitz: a. a. O. S. 95ff.

Marwitz verneint in seiner 1902 erschienenen grundlegenden Monographie über den Bühnenengagementsvertrag mit aller Entschiedenheit einen Anspruch des Schauspielers auf Beschäftigung und kann sich charakteristischerweise für diese seine Auffassung sogar auf zwei Männer der Theaterpraxis, nämlich Jean Edgar Balasits, den langjährigen Herausgeber der „Deutschen Bühnengenossenschatf" und Max Burckhard, den früheren Direktor des Wiener Burgtheaters, berufen. Dagegen ist von jeher Opet ein Vorkämpfer des Beschäftigungsanspruches gewesen[3]. In der deutschen Rechtsprechung ist erstmalig dieser Anspruch in einer Entscheidung des 3. ZivSen. des Reichsgerichts vom 16. Oktober 1910 (JW. 1911, 39) bejaht worden. An dieser Praxis wurde festgehalten wie die Entscheidung des 2. ZivSen. (JW. 1912, 386) zeigt. Das Kammergericht (KGBl 1913, 30 und JW. 1917, 488) hat sich auf den gleichen Standpunkt gestellt, so daß die Entscheidung des OLG. Hamm vom 3. November 1911, das den Beschäftigungsanspruch als mit dem Gesetz für unvereinbar erklärte[4], vereinzelt geblieben ist. Auch die Bühnenschiedsgerichte haben sich, wenn auch zögernd, der Rechtsprechung der ordentlichen Gerichte angeschlossen, so daß heute der Anspruch des Schauspielers auf Beschäftigung einen unverrückbaren, auch tarifvertraglich festgelegten (§ 6 NV.) Grundsatz des deutschen Bühnenrechts bildet.

Angesichts dieser Tatsache besitzt die Frage der rechtlichen Fundamentierung dieses Anspruches mehr theoretische Bedeutung. Es mag jedenfalls hervorgehoben werden, daß sämtliche Versuche, den Beschäftigungsanspruch unmittelbar aus bürgerlich-rechtlichen Vorschriften herzuleiten, ohne weiteres an dem Mangel positiver Gesetzesvorschriften scheitern müssen, zumal ein Recht auf Arbeit in der geltenden Rechtsordnung nicht anerkannt ist, auch Art. 163 Abs. 2 RV. nach herrschender und richtiger Ansicht (vgl. Anschütz: a. a. O. 637; Kaskel: Arbeitsrecht S. 89, Anm. 1) kein subjektives Recht des Einzelnen auf Arbeit begründet, auch Ergänzungen nicht auf dem Wege von Treu und Glauben in den Vertrag hineininterpretiert werden können[5]. M. E. handelt es sich bei dem Anspruch auf Beschäftigung um ein im Wesen des Bühnenengagementsvertrages begründetes Recht, das insofern persönlichkeitsrechtliche Momente in sich schließt, als es

---

[3] Vgl. Opet: a. a. O. S. 174ff.; Derselbe: ArchCivPr. 86, 161 und GrünhutsZ. 84, 136ff.

[4] Vgl. OLG. 24, 367.

[5] Grundsätzliches hierzu bei Schreiber: Gemischte Verträge im Reichsschuldrecht. IheringsJ. 60, 106ff. insbesondere S. 154; die entgegengesetzte Auffassung vertreten RG. Recht 1907 Nr. 2505, S. 1061, RGZ. 67, 433; JW. 1912, 742 sowie Planck-Flad: Komm. zum BGB. I § 133, Bem. 5; Danz: Auslegung der Rechtsgeschäfte S. 283/284; Rümelin: ArchCivPr. 93, 131ff.

den Schutz gegen künstlerische Verkümmerung bezweckt, seinen materiellen Inhalt also der Schutz der künstlerischen Individualität bildet[6], ohne daß es damit als Persönlichkeitsrecht im juristisch-technischen Sinne, mithin als absolutes Recht, anerkannt werden soll. Die Anerkennung des Anspruchs auf Beschäftigung im Tarifvertrage hat deshalb auch nur rechtsfeststellende, nicht rechtsbegründende Wirkung.

2. Der Inhalt des Beschäftigungsanspruchs. § 6 NV. lautet: „Der Unternehmer hat die Dienste des Mitgliedes abzunehmen; er hat das Mitglied angemessen zu beschäftigen. Als angemessen ist die Beschäftigung anzusehen, die sich im Rahmen des vertraglichen Rollengebiets hält.“ Ob diese Bestimmungen besonders glücklich gefaßt sind, ob insbesondere mit den Worten: „Der Unternehmer hat die Dienste des Mitgliedes abzunehmen“, das Wesen des Beschäftigungsanspruches klar und eindeutig getroffen ist, mag dahingestellt bleiben. Im Schrifttum ist vorgeschlagen[7], die Bestimmung folgendermaßen zu fassen: „Durch den Anstellungsvertrag übernimmt der Theaterunternehmer die neben der Gageverpflichtung bestehende schuldnerische Hauptpflicht, das engagierte Mitglied in einer Weise zu beschäftigen, die seinem künstlerischen Vorwärtskommen und seiner Entwicklung zweckdienlich ist.“ Es ist nicht zu verkennen, daß diese Formulierung manches für sich hat, insbesondere die Zweckbestimmung des Beschäftigungsanspruchs klar erkennen läßt. Auf jeden Fall ist aber zu berücksichtigen, daß die zur Entscheidung berufenen Richter der Bühnenschiedsgerichte meist genügende Sachkunde besitzen, um gröbliche Fehlsprüche auszuschließen.

Drei in sich verschiedene Tatbestände können eine Verletzung des Beschäftigungsanspruchs bedeuten:

a) Das Mitglied wird an sich ausreichend beschäftigt, aber nicht im Rahmen seines vertraglichen Rollengebietes; demgemäß Umfang der Beschäftigung *angemessen*, Art der Beschäftigung *unangemessen*.

b) Das Mitglied wird zwar im Rahmen seines vertraglichen Rollengebietes beschäftigt, aber die Beschäftigung ist ungenügend, demgemäß Umfang der Beschäftigung *unangemessen*, Art der Beschäftigung *angemessen*.

c) Es sind *bestimmte* Rollen zugesichert, ohne daß das Mitglied in diesen Rollen beschäftigt wird.

Während die Fälle zu a) und b) als allgemeiner Beschäftigungsanspruch bezeichnet werden können, handelt es sich in dem Falle zu c) insofern um eine Abart dieses allgemeinen Beschäftigungsanspruches, als der Tatbestand der angemessenen Beschäftigung dadurch schärfer

---

[6] Vgl. auch meine Ausführungen: Arch.f.Urh.R. Bd. 3, S. 243.

[7] Vgl. SOMBORN: Das Recht der Bühnenkünstler auf Beschäftigung. Marburger Dissertation 1928, S. 77.

umrissen wird, daß unter ihm *Beschäftigung in einer bestimmten Rolle* zu verstehen ist.

a) Der Fall, daß das Mitglied zwar an sich ausreichend beschäftigt, aber mit solchen Aufgaben betraut wird, die seinem vertraglichen Rollengebiete fernliegen, berührt sich rein äußerlich mit dem Falle des § 5 Nr. 2 NV.[8]; auch dort ist von den dem vertraglichen Rollengebiete des Mitgliedes fernliegenden Aufgaben die Rede. In umgekehrter Anwendung des dort ausgesprochenen Grundsatzes wird man hier sagen können: Unangemessene Beschäftigung, demgemäß Verletzung des Beschäftigungsanspruches, liegt stets dann vor, wenn das Mitglied in Rollen beschäftigt wird, zu deren Übernahme es nach § 5, 2 NV. seiner ausdrücklichen Zustimmung bedurft hätte. Die dort entwickelten Grundsätze greifen analog hier Platz. Daraus ergibt sich also, daß Beschwerung des Mitgliedes nicht vorliegt, falls ihm neben Übertragung kleinerer Rollen, zu deren Übernahme es verpflichtet ist[9], im übrigen durch angemessene Beschäftigung volle Entfaltung seiner Kräfte im Rahmen des Spielplanes gewährleistet ist[10].

b) Ungenügende Beschäftigung des Bühnenmitgliedes im Rahmen des vertraglichen Rollengebietes kann ein Zweifaches bedeuten, nämlich unangemessene Beschäftigung in der Spielzeit und unangemessene Beschäftigung nach Art der Rolle, die an sich innerhalb des vereinbarten Rollenfachs liegen mag.

Hinsichtlich unangemessener Beschäftigung in der Spielzeit ist folgendes für die Praxis beachtlich: Nach ständiger Rechtsprechung der Bühnenschiedsgerichte ist die gesamte Spielzeit zu berücksichtigen[11]. Die Opernschauspielerin muß es sich daher gefallen lassen, im Sommer unter Umständen in geringerem Umfange beschäftigt zu werden. Berücksichtigung des Spielplans der Vertragsbühne ist notwendig. So hat z. B. ein Opernbariton verhältnismäßig wenige Rollen[12]; eine Sängerin-Soubrette ist nicht angemessen beschäftigt, wenn in insgesamt zwölf Operetten nur drei Partien für sie enthalten sind[13]. Das Mitglied kann auch einen Anspruch auf Entschädigung für erlittenen künstlerischen und wirtschaftlichen Schaden erheben, wenn ihm bei dem aufgestellten Spielplan für längere und wichtige Zeitabschnitte jede Gelegenheit zur Entfaltung seiner Kräfte genommen wurde[14].

---

[8] Vgl. S. 413. [9] Vgl. S. 414.

[10] So ROSEMEYER: a. a. O. S. 77; wegen der recht ins einzelne gehenden Judikatur vgl. ROSEMEYER-ASSMANN: a. a. O. S. 61.

[11] Vgl. OSchG. 24. April 1924, NW. 1924, 216; 31. Mai 1921, NW. 1921, 330; 8. Juni 1922, Aktenzeichen O. 77/22; FINKELSTEIN: S. 68 Anm. 30 zitiert.

[12] Vgl. OSchG. NW. 1920, 236.

[13] OSchG. 29. Juni 1926, DB. 1929, 158.

[14] Vgl. OSchG. 22. September 1925, fernerhin OSchG. 29. September 1925, DB. 1927, 132 (Angemessene Beschäftigung der Salondame); OSchG. 7. Juli 1925,

Bei der Art der übertragenen Rolle liegt unangemessene Beschäftigung vor, falls beispielsweise der als erster Charakterdarsteller engagierte Schauspieler fortlaufend die zwar in sein Gebiet einschlagenden Rollen spielt, bedeutende Rollen aber anderweitig besetzt werden. Die oben zu § 5, 2 NV. entwickelten Grundsätze greifen auch hier Platz. Auslegungsweise zu berücksichtigen sind in dieser Beziehung etwaige besondere Zusicherungen, etwa des Inhalts: „glänzende Beschäftigung“[15] oder „Beschäftigung bei künstlerisch ernst zu nehmenden Aufführungen von Werken klassischer oder modern-literarischer Richtung“[16]. Im letzteren Falle hat das OSchG. zutreffend den vom Kläger auf Grund des § 6 NV. erhobenen Anspruch mit der Begründung bejaht, daß im Falle besonderer Abmachungen die Beschäftigung über das angemessene Maß hinausgeht.

c) Der Anspruch des Schauspielers auf Verwendung in einer bestimmten Rolle setzt eine bestimmte entweder im Vertrage enthaltene oder speziell getroffene Vereinbarung voraus. Sie ist verletzt, sobald der Unternehmer schuldhafterweise die Zusicherungen nicht einhält. Für den Begriff des Verschuldens sind die allgemeinen bürgerlich-rechtlichen Gesichtspunkte maßgebend, auf die hier aus Raumgründen nicht näher eingegangen werden kann.

Seine Grenzen findet der Beschäftigungsanspruch:

a) sobald er schikanös geltend gemacht wird, also gegen Bühnenbrauch und Treu und Glauben verstößt. Ein Beispiel gibt bereits § 6, 3 NV., wenn er ein Rollenmonopol ablehnt. Weitere hierhergehörige Fälle aus der Praxis sind: Fortwährende Gastspiele an fremden Bühnen begründen kein Recht bei Gestaltung des Spielplanes besonders berücksichtigt zu werden[17]. Bessere Beschäftigung eines anderen Mitgliedes ist ungeeignet, den Beschäftigungsanspruch zu fundamentieren[18]. Auch Mitwirkung bei einer Probe begründet noch keinen Anspruch auf endgültige Zuteilung der Rolle[19]. Keine Verletzung des Beschäftigungsanspruches liegt schließlich vor, wenn die übertragene Rolle vorher anderweitig besetzt war[20].

b) falls das Mitglied künstlerisch versagt; einmaliges Versagen genügt aber nicht[21]; es muß sich vielmehr im Sinne der vorangegangenen Erörterungen um völliges Versagen handeln, d. h. die Unmöglichkeit, überhaupt vor dem Publikum herausgestellt zu werden „weil die grund-

---

DB. 1928, 8 (angemessene Beschäftigung des ersten Helden und Liebhabers); OSchG. 18. Juni 1929, NW. 1929, 326 (Beschäftigung des jugendlichen Helden und Liebhabers); 11. Juni 1929, Arch. 2, 684 (Beschäftigung in Charakterrollen).

[15] Vgl. Felisch-Leander: a. a. O. S. 115.

[16] Vgl. OSchG. 31. Mai 1921, NW. 1921, 330.

[17] OSchG. 28. Februar 1922, NW. 1922, 170.

[18] Vgl. Finkelstein: a. a. O. 79 und die dort zitierten Entscheidungen.

[19] OSchG. 27. April 1920, NW. 1920, 435.

[20] NW. 1920, 254; OSchG. 19. Juni 1928; Arch.f.Urh.R. 1, 612.

[21] Vgl. Rosemeyer Archiv: a. a. O. S. 580; Finkelstein: a. a. O. S. 71.

legenden Eigenschaften und Fähigkeiten fehlen, die ohne weiteres bei jedem Schauspieler vorausgesetzt werden müssen"[22]. Wie oft das Mitglied nach einmaligem Versagen wieder herauszustellen ist, ist Tatfrage. Es dürfen jedenfalls auch dann nicht Nebenrollen dem für erste Partien engagierten Mitglied zugeteilt werden[23].

c) Bei Verzicht: der Verzicht kann entweder ausdrücklich oder stillschweigend durch konkludente Handlungen erfolgen; wenn z. B. das Mitglied des öfteren Rollen gespielt hat, zu deren Übernahme es nicht verpflichtet war[24].

3. Der Beschäftigungsanspruch des Gastes. Der Anspruch des Gastes auf Beschäftigung ist gerade in jüngster Zeit Gegenstand lebhaftester Diskussion gewesen. Ein über die Übernahme einer Tenorrolle in der Kallmannschen Operette „Die Herzogin von Chikago" abgeschlossener Gastspielvertrag war infolge von Bedenken, die nach der Wiener Uraufführung des Stückes hinsichtlich der Eignung des Klägers für die Partie als lyrischer Tenor entstanden, seitens der Bühnenleitung gelöst worden[25]. Die tarifvertragliche Bestimmung des § 6 findet nach § 20 NV. nicht Anwendung[26]. Eine Begründung des Beschäftigungsanspruches mit Treu und Glauben kommt nicht in Frage, da in der Lösung des Vertrages an sich mangels sonstiger sittenwidriger Begleitumstände eine gegen Treu und Glauben verstoßende Handlungsweise nicht erblickt werden kann. Es verbleibt vielmehr auch hier dabei, daß das Bühnenmitglied einen Beschäftigungsanspruch um deswillen besitzt, weil er mit dem Wesen des Bühnenengagementsvertrages — mag es sich nun um Saison- oder Gastspielvertrag handeln — untrennbar verknüpft ist. Billigt man dem Bühnenschauspieler überhaupt einen solchen Anspruch zu, so wäre es vollkommen widersinnig, ihn für den Saisonschauspieler zu bejahen, für den Gastschauspieler zu verneinen, zumal der Ausgangspunkt für seine Begründung, nämlich der Schutz der künstlerischen Individualität, in beiden Fällen der gleiche ist.

4. Rechtsfolgen. Die Rechtsfolgen einer Verletzung des Beschäftigungsanspruches sind im NV. selbst nicht geregelt, also allgemein rechtlichen Gesichtspunkten zu entnehmen.

a) Liegt nur eine Verletzung des Beschäftigungsanspruchs im allgemeinen vor, ohne daß bestimmte Zusicherungen in Frage stehen, so ist in der Regel eine Klage auf Erfüllung nicht gegeben; zwar ist die Beschäftigungspflicht Hauptverpflichtung im Sinne der §§ 323ff. BGB.,

[22] So OSchG. 29. Januar 1929; Arch.f.Urh.R. 1, 247; ferner DB. 1921, 717; DB. 1923, 153; NW. 1924, 9.

[23] OSchG. DB. 1921, 720.

[24] Vgl. Opet: a. a. O. S. 393; v. Beust: S. 80, Anm. 6; Finkelstein: S. 84; OSchG. NW. 1921, 415.

[25] Vgl. die unveröffentlichte Entsch. des ArbG. Berlin 4 A. l. 891/28.

[26] Vgl. S. 423.

da sie nach dem Willen der Parteien wesentliche Bedeutung besitzt (RG. 101, 431), so daß grundsätzlich eine Klage auf angemessene Beschäftigung begründet wäre; indessen ist zu berücksichtigen, daß jede Klage ein bestimmtes Klagepetitum enthalten muß, der Antrag auf Verurteilung zur angemessenen Beschäftigung aber der erforderlichen Bestimmtheit entbehrt; aus diesem Grunde ist die Leistungsklage unzulässig. Im Schrifttum[27] ist zwar neuerdings die Auffassung vertreten worden, daß eine prozessual ordnungsmäßige Formulierung des Antrages auf angemessene Beschäftigung in der Weise herbeigeführt werden kann, daß der klagende Schauspieler gemäß § 315 BGB. bestimmte Rollen als Gegenstand seines Beschäftigungsanspruches bezeichnet und demgemäß im Antrage aufführt. Diese Auffassung muß indessen deshalb abgelehnt werden, weil in diesem Falle die Schiedsgerichte sich nicht nur mit der Verletzung des Beschäftigungsanspruches, sondern mit der weiteren Frage beschäftigen müßten, inwieweit die seitens des Klägers bezeichneten Rollen auch wirklich unter den Rahmen seiner Vertragspflichten fallen. Da diese Frage aber nicht einseitig vom Standpunkte des Schauspielers, sondern nur unter Berücksichtigung des gesamten künstlerischen Niveaus, der Gestaltung des Spielplanes und der Besetzungsverhältnisse der Vertragsbühne entschieden werden kann, übrigens alles Tatsachen, die nur auf Grund eingehender Beweisaufnahme und auch dann nur voraussichtlich unvollständig gelöst werden können, so würde dies einen unzulässigen Eingriff in das Direktionsrecht des Unternehmers, dessen rechtliche Bedeutung gar nicht in Frage steht, bedeuten. Zutreffend haben daher die Bühnenschiedsgerichte bisher in keinem Falle dem Erfüllungsanspruche stattgegeben[28], sondern stets auf Schadensersatz erkannt, allerdings die Höhe dieses Schadensersatzes in einer m. E. recht willkürlichen, auch unzulänglichen Weise auf das Zwei- bis Dreifache des Monatsgehalts, den letzteren Betrag in besonders schwerwiegenden Fällen festgesetzt[29]; zulässig ist dagegen Feststellungsklage in Verbindung mit dem Antrage auf Zahlung einer vom Gericht nach freiem Ermessen zu bestimmenden Entschädigung (§ 510 ZPO.). Auch nach dem österreichischen Schauspielergesetz besteht unzweifelhaft nur ein Entschädigungs- und kein Erfüllungsanspruch[30].

---

[27] Vgl. Finkelstein: a. a. O. S. 115; gegen ihn besonders Kutzer: S. 269, 288, 93, Anm. 8.

[28] Vgl. beispielsweise die bei Finkelstein: a. a. O. S. 106 Anm. 59 zitierte Entscheidung des BezSchG. Berlin v. 5. Oktober 1928, die den Erfüllungsanspruch verneint; unklar OSchG. 29. Januar 1929, NW. 1929, 292.

[29] Vgl. Rosemeyer-Assmann: S. 62.

[30] Vgl. Ehrenzweig-Pfaff-Krainz: Komm. z. österreich. BGB. § 373 Anm. 105; desgleichen kennt das englische Recht, das allerdings den Beschäftigungsanspruch grundsätzlich ablehnt, wenn überhaupt, nur einen Schadensersatzanspruch. ZAuslR. 4, 365.

b) Handelt es sich um die Verletzung der vertraglichen Zusicherungen hinsichtlich einer bestimmten Rolle, so steht zwar einer Klage auf Leistung nichts entgegen, da ein bestimmter Klageantrag gestellt werden kann, eine etwaige Unmöglichkeit der Vollstreckung aber nichts mit der grundsätzlichen Zulässigkeit des Klagebegehrens zu tun hat; indessen ist folgendes zu beachten: Auch wenn grundsätzlich die Anwendbarkeit des § 888 Abs. 1 ZPO. bejaht[31] und der herrschenden Meinung weiter darin beigepflichtet wird, daß bei einer Verurteilung zur Beschäftigung in bestimmten Rollen § 888 Abs. 2 ZPO.[32] nicht ohne weiteres Anwendung findet, würde die Auffassung, die Vollstreckbarkeit eines Urteils auf Entgegennahme von Diensten zulassen, während die Vollstreckbarkeit bei der Leistung von Diensten ausgeschlossen ist, eine vom Gesetzgeber zweifellos nicht gewollte Anomalie bedeuten, so daß ihrer praktischen Anwendung die allergrößten Bedenken entgegenstehen[33]. Übrigens trägt der Entwurf eines allgemeinen Arbeitsvertragsgesetzes im § 46 diesem Bedenken dadurch Rechnung, daß er ausdrücklich die Anwendung des § 888 ZPO. im Falle der Verurteilung zur Beschäftigung ausschließt[34]. Praktisch läuft daher auch in diesem Falle das Verlangen auf Leistung auf einen Schadensersatzanspruch hinaus; eine Klage des Schauspielers auf Unterlassung der Beschäftigung eines anderen Schauspielers in der ihm übertragenen Rolle oder auf Unterlassung der Aufführung des Stückes bei anderweiter Besetzung der Rolle ist als mit dem Umfange des Beschäftigungsanspruches unvereinbar abzulehnen[35].

B. Filmrecht.

Der Anspruch auf Beschäftigung besitzt für das Filmrecht nicht im entferntesten die praktische Bedeutung wie für das Bühnenrecht. Charakteristischerweise sind auch im Filmrechte Rechtsstreitigkeiten wegen Verletzung des Beschäftigungsanspruches äußerst selten, zumal die Allgemeinen Anstellungsbedingungen im Gegensatz zum NV. den

---

[31] Die von LOTMAR: Arbeitsvertrag 2, 701 vertretene Auffassung, daß § 888 ZPO. schon deswegen ausscheidet, weil die von dem Bühnenleiter vorzunehmende Handlung eine „Willensäußerung" darstellt, halte ich für unzutreffend, da jede Handlung gleichzeitig eine Willensäußerung darstellt. Entscheidend ist nur, ob die Handlung vom Willen des Schuldners abhängig ist; diese Frage ist aber bei vertraglichem Beschäftigungsanspruch grundsätzlich zu bejahen.

[32] Vgl. auch FINKELSTEIN: a. a. O. S. 119, Anm. 26 und die dort zitierte Literatur.

[33] Vgl. KRELLER: ArchZivPr. NF. 5, 111ff. Die entgegengesetzte Auffassung wird vertreten von ROSEMEYER: a. a. O. 1, 680; ASSMANN: NW. 1928, 405; FINKELSTEIN: S. 120.

[34] HUECK: „Der Arbeitsvertrag" 1925, 145 und KUTZER: S. 288, Anm. 2.

[35] Hierzu ausführlich DIENSTAG: a.a.O. S. 137; a. A. GOLDBAUM-JACOBY: a. a. O. S. 64.

Beschäftigungsanspruch vertraglich ausschließen. Der Hersteller übernimmt daher durch den Vertragsabschluß keine Verpflichtung, die Dienste des Künstlers überhaupt in Anspruch zu nehmen, sondern behält sich vor, selbst nach Beginn der Tätigkeit auf seine Dienste zu verzichten. „Die Firma ist danach berechtigt, den Künstler durch einen anderen Darsteller, Sprecher, Sänger oder sonstigen Künstler (auch Musikkünstler) zu ersetzen, wie auch die von dem Künstler vertraglich übernommene Leistung von anderen überhaupt oder teilweise oder nur in bestimmten Sprachen bewirken zu lassen. Der Künstler hat in diesem Falle nur Anspruch auf die vereinbarte Vergütung, soweit diese nicht aus sonstigen Gründen in Wegfall kommt" (§ 7 AllgAnstBed.). Daß es möglich war, ohne scharfe Proteste der beteiligten Arbeitnehmerkreise eine derartige vertragliche Bestimmung durchzusetzen, zeigt am allerbesten, daß diese Bestimmung nicht auf eine einseitige Machtposition der Unternehmerseite zurückzuführen ist, sondern mit ihr tatsächlich eine Regelung getroffen ist, die auch vom Standpunkte des objektiven Rechtes aus als angemessen betrachtet werden muß, immer vorausgesetzt, daß es sich um Dienstverträge handelt, die auf eine einzelne Arbeitsleistung gehen[36]. Es ist zwar gelegentlich die Auffassung vertreten worden, daß § 7 AllgAnstBed. gegen § 138 BGB. verstoße und deshalb nichtig sei[37], eine Auffassung, die aber schon deswegen abzulehnen ist, weil unzweifelhaft auf das Beschäftigungsrecht vertraglich verzichtet werden kann, wie ja selbst der Bühnenschauspieler auf sein Beschäftigungsrecht verzichten kann[38]. Warum der vertragliche Ausschluß des Beschäftigungsanspruches insbesondere deswegen nichtig sein soll, weil dem Filmschauspieler jedwede Nebenbeschäftigung verboten ist, ist nicht einzusehen; denn einmal ist die vom Filmschauspieler angegebene Nebenbeschäftigung ausdrücklich erlaubt, zum anderen handelt es sich hier um eine im wohlverstandenen Interesse beider Parteien getroffene Abrede, um auch für den Schauspieler nur schädliche Störungen des Produktionsprozesses auszuschließen[39].

Die Bedeutung des Beschäftigungsanspruches für den Filmschauspieler und auch Filmregisseur beschränkt sich deshalb praktisch auf diejenigen Fälle, in denen langfristige Verträge, also Anstellungsverträge, abgeschlossen sind; für sie treffen allerdings in vollem Umfange die Ausführungen über den Beschäftigungsanspruch beim Bühnenengagement

---

[36] Über die grundlegenden Unterschiede zwischen bühnenrechtlichem und filmrechtlichem Beschäftigungsanspruch vgl. eingehend DIENSTAG: a. a. O. S. 134. Dort wird für den regelmäßigen Filmengagementsvertrag ein Beschäftigungsanspruch abgelehnt; vgl. auch Schiedsspruch eines Vertragsschiedsgerichts vom 10. Juni 1929; Arch.f.Urh.R. 2, 689ff., das den gleichen Standpunkt vertritt.

[37] Vgl. FINKELSTEIN: S. 59ff. [38] Vgl. S. 442.

[39] Vgl. hierüber auch eingehend DIENSTAG: a. a. O. Arch.f.Urh.R. 3, 243ff.

zu, da in diesem Falle die Verhältnisse beim Theater und Film wohl gleichliegen. Hier wie dort handelt es sich um das Brachliegen künstlerischer Arbeitskraft. Materiell verfolgt deswegen auch der Beschäftigungsanspruch des Filmschauspielers das gleiche Ziel wie der Beschäftigungsanspruch des Bühnenmitgliedes, nämlich die ideellen Interessen des Schauspielers und Regisseurs zu wahren, jedoch mit der infolge der technischen Abweichung des Filmengagementsvertrages vom Bühnenengagementsvertrage begründeten Nuancierung, daß der im Jahresengagement stehende Filmschauspieler und Regisseur bei Nichtbeschäftigung angemessene Beschäftigung, der für mehrere bestimmte Filme engagierte Schauspieler Beschäftigung in diesen bestimmten Filmen fordern kann. Wegen der prozessualen Durchsetzung dieses Anspruchs gilt analog das bereits beim Bühnenengagementsvertrage Gesagte[40].

C. Artistenrecht.

Eine besondere Darstellung des Beschäftigungsanspruches erübrigt sich, da infolge des in der Regel stets nur einen Monat dauernden Engagements dieser Anspruch keine praktische Bedeutung für den Artistenberuf besitzt; gegebenenfalls sind die zu A. entwickelten Rechtssätze analog heranzuziehen.

§ 60. Der Vergütungsanspruch.

Das Korrelat der Arbeitspflicht, der Hauptpflicht jedes Bühnenschauspielers, Artisten und Filmschauspielers, bildet auf seiten des Unternehmers die Lohnzahlungspflicht, wirtschaftlich darauf gegründet, daß der Arbeitslohn — verkehrsüblich Gage, Honorar, Gehalt genannt[1] — die gesellschaftliche Lebensführung der Arbeitnehmer zu sichern bestimmt ist. Die Lohnzahlungspflicht ist daher dem Arbeitsvertrage derart wesentlich, daß § 612 BGB. selbst für den Fall keiner Vereinbarung einer bestimmten Vergütung ausdrücklich die Zahlung einer angemessenen Vergütung vorschreibt.

1. Gläubiger des Gagenanspruches ist in der Regel der zur Dienstleistung verpflichtete Künstler, Schuldner der die Leistungen entgegennehmende Unternehmer, auch wenn im Vertrage eine die Zahlungen unmittelbar an die Darsteller oder sonstige Mitwirkende leistende dritte Person (Bank) genannt ist. Besteht keine Identität des Unternehmers mit dem Inhaber der Betriebserlaubnis aus §§ 32, 33a, 55 Ziff. 4 GO.,

---

[40] Vgl. Dienstag: a. a. O. Die in der Rechtssprechung des Bühnenschiedsgerichts hinsichtlich der Höhe der Schadenersatzansprüche ausgesprochenen Grundsätze müssen auch analog für den Film gelten, wobei in besonders schwerwiegenden Fällen eine höhere Entschädigung zugebilligt werden kann. Die Pflicht des Unternehmers zur Zahlung der vereinbarten Gage bleibt unberührt.

[1] Vgl. Ihering: Zweck im Recht, Leipzig 1884 I, 186.

so haften beide nach der ständigen Rechtssprechung des Bühnenoberschiedsgerichts gesamtschuldnerisch; allerdings ist nicht zu verkennen, daß diese Rechtsprechung weniger juristischen Argumenten als wirtschaftlichen Erwägungen ihre Entstehung verdankt, da bei gegenteiliger Auffassung den Bühnenangehörigen jede Rechtssicherheit genommen und die Vorschrift des § 32 GO. ihrer wesentlichsten Wirkung beraubt wird[2].

Der Gläubiger des Gagenanspruchs ist in der Regel mit dem Leistungspflichtigen identisch.

Dieser Grundsatz gilt insbesondere auch für verheiratete Bühnenmitglieder und Artisten, da nach § 1367 BGB. der Erwerb der Frau durch ihre Arbeit Vorbehaltsgut wird und demgemäß nicht der Verwaltung und Nutznießung des Mannes unterliegt. Da als Arbeit im Sinne des § 1367 BGB. jede persönliche Tätigkeit zur Hervorbringung wirtschaftlicher Werte anzusehen ist, also auch die Tätigkeit als Schauspieler[3], so bildet die Gage der verheirateten Bühnenmitglieder bzw. Varietémitglieder Vorbehaltsgut; die Ehefrau und nicht der Ehemann ist daher empfangsberechtigt. Dagegen tritt in folgenden Fällen ein Dritter an die Stelle des eigentlichen Dienstverpflichteten:

a) Für den geschäftsunfähigen oder minderjährigen Schauspieler, dem keine allgemeine Ermächtigung aus § 113 BGB. erteilt ist, ist empfangsberechtigt der gesetzliche Vertreter.

b) Bei Abtretung oder Verpfändung des Vergütungsanspruchs in gesetzlich zulässiger Form ist der Zessionar oder Pfandgläubiger empfangsberechtigt.

c) Bei Inkassovollmacht ist der Bevollmächtigte zur Empfangnahme der Gage im Namen des Dienstverpflichteten und mit unmittelbarer Vertreterwirkung berechtigt[4].

d) Bei Vertrag zugunsten eines Dritten gemäß § 328ff. BGB. ist der Dritte berechtigt, selbständig die Rechte aus dem in Rede stehenden Vertrage geltend zu machen.

Im Falle des Todes des Dienstverpflichteten geht ein etwa noch vorhandener Gagenanspruch auf seine Erben über. Bei Tod des Unternehmers sind die Erben zur Entlassung des Schauspielers unbeschadet der Fortdauer der vertraglichen Gehaltsansprüche gegen sie berechtigt[5].

2. Mangels entgegenstehender Vereinbarungen ist die Gage am Sitze der gewerblichen Niederlassung des Unternehmers zu zahlen. Sie ist Holschuld und an der Theaterkasse oder im Büro des Unternehmens

---

[2] Vgl. die S. 410, Anm. 49 zitierten Entsch. des OSchG.; a. A. KUTZER: a. a. O. S. 78.

[3] Vgl. STAUDINGER: Kommentar IV, 1 Bem. 2 zu § 1367.

[4] Vgl. KASKEL: Arbeitsrecht S. 140; NIPPERDEY bei STAUDINGER: a. a. O. S. 783.

[5] Vgl. RGZ. 48, 256.

in Empfang zu nehmen[6]; sie wird Bringschuld, sobald der Arbeitsvertrag beendet oder vom Arbeitgeber zu Unrecht aufgelöst ist[7]. Fälligkeit der Vergütung tritt infolge Vorleistungspflicht des Arbeitnehmers (§ 614 BGB.) erst nach Leistung ein[8], es sei denn, daß unabhängig von der Leistung kalendermäßig bestimmte Zahlungstermine vorgesehen sind. Eine vorzeitige Zahlung bildet die Vorschußzahlung; sie begründet, da Wille und Absicht der Parteien nicht auf die Hingabe eines Darlehens geht, keinen Darlehensanspruch mit den sich hieraus ergebenden Rechtsfolgen (§ 609 BGB.), sondern ist Teilzahlung auf einen noch nicht fälligen Vergütungsanspruch. Die endgültige Lohnzahlungspflicht am vereinbarten Zahlungstage mindert sich daher automatisch, ohne daß es einer Aufrechnung bedarf, um den Betrag des im Wege der Vorschußzahlung bereits im voraus bezahlten Lohnes[9]. Das gilt analog für den Fall der allmählichen Abtragung des Vorschusses durch Gehaltsabzüge. Gelangt der Gehaltsanspruch aus irgendeinem Grunde nicht zur Entstehung, so hat Rückzahlung nach den Grundsätzen über ungerechtfertigte Bereicherung zu erfolgen[10]. Auf Gewährung von Vorschuß hat das Bühnen- und Varietémitglied sowie der Filmschauspieler mangels besonderer Vereinbarungen keinen irgendwie gearteten Rechtsanspruch, seine Gewährung unterliegt vielmehr in jedem Falle dem freien Willen des Unternehmers. Eine Ausnahme bildet der Fall, daß die Erfüllung der Dienstpflicht eine Reise erforderlich macht, für die Reisekosten und besondere Auslagen nach § 157 BGB., unter Berücksichtigung des Bühnenbrauches, zu erstatten sind; hier kann der Schauspieler für seine Auslagen einen Vorschuß verlangen (§§ 669, 675 BGB.).

3. Die Gage ist in der vereinbarten Höhe, Form und zur vereinbarten Zeit dem Künstler auszuzahlen. Das bedeutet:

a) Die Gagenhöhe unterliegt stets besonderer Vereinbarung. Entweder handelt es sich um feste monatliche Vergütung (so regelmäßig am Theater und im Varietégewerbe) oder um Vergütung nach Tagen, Wochen, resp. Monaten (so in der Filmfabrikation, sofern es sich nicht um langfristige Anstellungsverträge handelt, bei denen monatliche Zahlung ebenfalls die Regel bildet). Im Theaterbetrieb werden die Gagensätze, auch die Mindestgagen, d. h. das geringste Entgelt des vollwertigen Mitgliedes im Gegensatz zur Anfängerbesoldung, sehr oft durch örtliche Vereinbarungen festgesetzt; gegen ihre rechtliche Zulässigkeit ist nichts einzuwenden[11]. Kartellartige Zusammenschlüsse von Unternehmern

---

[6] Vgl. OSchG. in NW., 1924, 216. [7] Vgl. KASKEL: a. a. O. S. 137.

[8] Vgl. auch NV. § 5: „das feste Gehalt ist nachträglich zahlbar"; ebenso die „Allgemeinen Anstellungsbedingungen" § 3.

[9] Vgl. KASKEL: a. a. O. § 33 II D. 1.

[10] Vgl. KASKEL: a. a. O. S. 139; OERTMANN: Arbeitslohn S. 93.

[11] Vgl. OSchG. NW. 1923, 48; 1924, 8.

zwecks Feststellung von Höchstgagensätzen sind zulässig, da Bemessung der Vergütung für Kunstleistungen dem freien Spiel der Kräfte überlassen und es keineswegs unsittlich ist, einen Künstler überhaupt an einen Tarif zu binden[12]. Ein vertraglicher Vorbehalt des Unternehmers durch einseitige Erklärung festes Gehalt zu kürzen, ist unzulässig[13].

b) Es besteht ein Recht auf Auszahlung in Metall- oder Papiergeld geltender Währung. Deshalb hat Zahlung des Unternehmers in Geldeswert, etwa in Wechseln, durch Banküberweisung oder in Schecks keine befreiende Wirkung[14]. Abzüge von der vertraglich vereinbarten Vergütung sind dem Unternehmer nur insoweit gestattet, als sie im Vertrage ausdrücklich vorgesehen sind. Auf Grund gesetzlicher Vorschriften ist der Unternehmer verpflichtet, die Lohnsteuer abzuziehen[15]; dagegen ist der Unternehmer nicht berechtigt, Einkommen des Schauspielers aus unerlaubter Nebenbeschäftigung auf die Vergütung anzurechnen[16].

c) Die vereinbarte Gage ist im Theaterbetriebe verkehrsüblich am 15. und letzten eines jeden Monats zahlbar (§ 3, 5 NV.). Im Varietégewerbe erfolgt die Gagenzahlung am 8., 16., 24. und dem letzten des Monats, bei Schluß des Engagements erfolgt die Restzahlung stets unmittelbar nach dem letzten Auftreten. In der Filmfabrikation ist bei Vereinbarung der Zahlung nach Tagen am Ende eines jeden Aufnahmetages zu zahlen. Der Schauspieler braucht sich mit Verschiebung der Zahlung auf den nächsten Aufnahmetag nicht einverstanden zu erklären. Analog gilt dies für den Fall der Zahlungen am Schlusse jeder Woche und jeden Monats.

4. Das Mitglied hat dem Unternehmer auf dessen Verlangen schriftliche Quittung über die tatsächlich erhaltenen Beträge zu erteilen

---

[12] RGZ. 128, 92; Arch.f.Urh.R. 3, 324, der den bekannten, vielfach erörterten Fall der Gagenkonvention des deutschen Bühnenvereins bezüglich der Prominentengagen behandelt.

[13] Vgl. OSchG. 21. Oktober 1927, NW., 1928, 10.

[14] Abweichend NIPPERDEY bei STAUDINGER: a. a. O. S. 785; OERTMANN: a. a. O. S. 96; wie hier KASKEL: a. a. O. S. 132; wegen der speziellen Verhältnisse in der Filmindustrie vgl. DIENSTAG: a. a. O. S. 84; für das Varietégewerbe vgl. § 11 VTV. „Die Gagenzahlung erfolgt in bar und in Reichswährung".

[15] Hierüber vgl. S. 491. Nach der Entscheidung v. 28. April 1931 des OSchG. unterliegen an städtischen oder staatlichen Theatern beschäftigte Schauspieler auch der Gehaltskürzung der Notverordnung v. 1. Dezember 1930, da sie Angestellte sind.

[16] Vgl. OSchG. 30. März 1926, NW. 1926, 280. Zweifelhaft kann es sein, ob sich der Arbeitnehmer den während seines Erholungsurlaubs durch anderweite Verwendung seiner Arbeitskraft erworbenen Verdienst auf das Urlaubsentgelt anrechnen lassen muß, eine Frage, die allerdings nur für Anstellungsverträge akut werden kann; bejahend mit Rücksicht darauf, daß während des Erholungsurlaubs Verrichtung einer anderweiten Lohnarbeit unzulässig ist und eine grobe Pflichtverletzung bedeutet: DISSINGER: Die Regelung des Urlaubs, Berlin 1929, S. 22 und 89.

(§ 368 BGB.). Forderung einer Generalquittung, auch bei Beendigung des Dienstverhältnisses, ist rechtlich unzulässig[17]. Gagenrückstände müssen nach Beendigung des Dienstverhältnisses unverzüglich geltend gemacht werden, da möglicherweise Verwirkung des Anspruches in Frage kommt. Zu berücksichtigen ist, daß der Vergütungsanspruch, wie übrigens auch der Anspruch auf Prämien, Gratifikation, sowie der an Stelle einer Lohnforderung tretende Schadensersatzanspruch[18] der kurzen Verjährung von zwei Jahren unterliegt (§§ 196, 199, 200 BGB.). Verwirkung liegt, auch ohne daß die Verjährungsfrist abgelaufen ist, dann vor, wenn das gesamte Verhalten des Arbeitnehmers in Verbindung mit der Länge der Zeit erkennbar einen Verzicht auf etwaige Ansprüche zum Ausdruck bringt. Ständige widerspruchslose und vorbehaltlose Annahme untertariflichen Lohnes schließt spätere Nachforderung in Höhe des Tariflohnes aus, enthält also Tariflohnverzicht[19].

5. Neben fixer Gage kommen als Vergütungsformen noch in Betracht, Prämien, Gratifikationen und Tantiemen. Diese Vergütungsformen besitzen indessen für das Theater- und Artistenrecht nur eine untergeordnete Bedeutung, da üblicherweise Bühnenmitglieder und Artisten weder am Reingewinn des Unternehmens beteiligt sind, noch im Gegensatz zu anderen Angestellten bestimmte Gratifikationen, z. B. zu Weihnachten, oder Prämien erhalten, ausgenommen vielleicht die seltenen Fälle, daß ein Theaterstück infolge Besetzung mit einem bestimmten Schauspieler eine ungeahnte Zugkraft besitzt. Häufiger sind diese Vergütungsformen in der Filmfabrikation anzutreffen, wo z. B. in Filmregieverträgen dem Regisseur Prämien für den Fall zugebilligt werden, daß er innerhalb des Kostenanschlages bleibt oder den Film innerhalb einer bestimmten Zeit herstellt, Faktoren, die für die wirtschaftliche Existenz des Unternehmens von weitreichender Bedeutung sind. Es handelt sich in einem solchen Falle nicht um echte Prämien, sondern neben der Gage vereinbarte Gratifikationen, die in diesem Falle eine Gegenleistung für die Arbeitsleistung des Filmregisseurs und somit einen Teil seiner Vergütung bilden. Sie bedürfen nicht der für das Schenkungsversprechen vorgeschriebenen gerichtlichen oder notariellen Form und unterliegen auch nicht der Schenkungssteuer. Gelegentlich wird in Filmengagements- und Filmregieverträgen Beteiligung am Gewinn des Films vereinbart. Eine derartige Abmachung bezieht sich in der Regel nur auf den Gewinn des betreffenden Films, nicht auf eine Beteiligung am gesamten Geschäft des Unternehmers. Dieser Gewinnbeteiligungsanspruch

[17] Vgl. im übrigen auch oben S. 411 Anm. 50, insbesondere wegen der Ausgleichsquittung im Varietégewerbe.

[18] Vgl. RGZ. JW. 1918, 550.

[19] Vgl. RG. JW. 1922, 241; RAG. bei Bensheimer: 4, 2, 34, 96, 98; 5, 30, 115 und passim; Hueck-Nipperdey: 2, 228ff. mit ausführlichen Literaturangaben.

ist seinem rechtlichen Charakter nach Lohnforderung und begründet kein Gesellschaftsverhältnis. Schauspieler und Regisseure können somit den Unternehmer nicht wegen nachlässiger oder den Geschäftsinteressen abträglicher Geschäftsführung verantwortlich machen; sie sind auch nicht berechtigt, geschäftliche Maßnahmen des Unternehmers zu beanstanden oder in seine Geschäftsführung hineinzureden, da die vereinbarte Gewinnbeteiligung nur einen rechnungsmäßigen Maßstab der Quote darstellt, die sich nach ordnungsmäßig aufgestellter Bilanz als Gewinn des Films ergibt, ohne daß sie den Unternehmer zur sorgfältigen Leitung des Geschäfts gegenüber dem Arbeitnehmer verpflichtet[20]. Wohl aber steht ihnen in analoger Anwendung des § 338 BGB. das Recht der Einsicht in die auf den betreffenden Film sich beziehenden Bücher, Papiere und das sonstige Belegmaterial zu[21].

6. Bühnen- und Filmschauspieler haben bei auswärtigem Auftreten Anspruch auf angemessene Entschädigung. Für Bühnenmitglieder ist diese Frage ausdrücklich geregelt durch § 4, 5 NV.; für Filmschauspieler ist regelmäßig eine besondere Vereinbarung im Dienstvertrage resp. Anstellungsvertrage dieserhalb vorgesehen. Auswärtiges Auftreten liegt bei Bühnenmitgliedern nur dann vor, wenn die Tätigkeit des Schauspielers an einem Orte erfolgt, der mit den üblichen großstädtischen Verkehrsmitteln nicht erreicht werden kann. Danach ist z. B. für den Frankfurter Schauspieler das Auftreten in Offenbach oder für den Mannheimer das Auftreten in Ludwigshafen kein auswärtiges Auftreten[22]. Für Filmschauspieler wird man an Stelle des Begriffes „auswärtiges Auftreten" zweckmäßigerweise den Begriff der „Reiseaufnahme" setzen; unter ihnen sind solche zu verstehen, die ganz oder zum Teil außerhalb des Sitzes der gewerblichen Niederlassung des Unternehmers stattfinden; verkehrsüblich muß es sich dabei um im Umkreis von mehr als 50 km über Berlin hinaus stattfindende Aufnahmen handeln. Die angemessene Entschädigung besteht sowohl bei Bühnenmitgliedern wie Filmschauspielern im Ersatz der Fahrkosten und Gewährung von Tagegeldern (vgl. auch § 4 Nr. 6 NV.). Reiseaufnahmen spielen für die Filmfabrikation eine weitaus wichtigere Rolle als auswärtiges Auftreten von Bühnenmitgliedern, das sich überdies in der Regel auf das *Inland* beschränkt, während die Filmindustrie das *Ausland* bevorzugt. Nach den allgemeinen Anstellungsbedingungen (S. 391) werden nur notwendige und nachweisbare Auslagen erstattet, darüber hinausgehende Vertrauensspesen aber weder in Deutschland noch im Auslande gewährt. Der Spesenbetrag wird bei Eintreffen an einem bestimmten Ort am ersten Tage durch den Expeditionsleiter für diesen Ort verbindlich festgelegt.

---

[20] Vgl. OLGR. 10, 248 (Hamburg).

[21] Vgl. RGZ. JW. 1921, 339; LZ. 1910, 212; sowie Dienstag: a. a. O. S. 88ff.

[22] Vgl. Kutzer: a. a. O. S. 241.

7. Ein Anspruch auf Sondervergütung besteht dann, wenn von dem Künstler eine über den Rahmen seiner vertraglichen Tätigkeit hinausgehende Arbeitsleistung verlangt wird, vorausgesetzt, daß das Mitglied bei Vertragsabschluß einen entsprechenden Vorbehalt gemacht hat[23]. Die Höhe der dann zu zahlenden Vergütung richtet sich in erster Linie nach der jeweiligen Vereinbarung; evtl. ist nach § 612 BGB. die Tätigkeit angemessen zu vergüten. Einen solchen Spezialfall der Sondervergütung bei Bühnenmitgliedern regelt § 3 Nr. 4 NV., nämlich die Mitwirkung bei Rundfunkübertragungen. Es ist neben dem Gehalt eine angemessene Vergütung zu vereinbaren[24]. Einen weiteren hierher gehörigen Fall bildet die Zahlung einer besonderen Vergütung für tatsächliche Inanspruchnahme der Dienste des Schauspielers in Form des Spielgeldes (§ 3, Nr. 2 und Nr. 5 NV.). Es ist garantiertes und nicht garantiertes Spielgeld zu unterscheiden. Garantiertes Spielgeld steht festem Gehalt gleich. Voraussetzung für die Zahlung des Spielgeldes ist *in jedem Falle* eine besondere Vereinbarung, da grundsätzlich durch die feste Gage alle Spielleistungen des Schauspielers abgegolten werden. Nur für *Theatervorstellungen* wird Spielgeld gewährt. Bei anderen Veranstaltungen, z. B. Konzerten, Vorträgen, Morgenfeiern ist der Anspruch auf Spielgeld nur mangels entgegenstehender Vereinbarungen berechtigt[25]. In diesem Rahmen ist Spielgeld für jede Beschäftigung zu gewähren, also nicht nur bei Mitwirkung in wichtigen, sondern auch in Nebenrollen oder Komparserie. Abstufungen des Spielgeldes nach dem Gesichtspunkte der Bedeutung der Rolle in der einzelnen Vorstellung sind unzulässig. Die Vorstellung darf eine oder mehrere Dichtungen umfassen, sofern nur die Zuschauer für ein einziges Eintrittsgeld zum Besuche berechtigt sind und die Aufführungen unmittelbar hintereinander lediglich mit Einschaltung der üblichen und angemessenen Pausen erfolgen[26]. Bei Proben gegen Eintrittsgeld nimmt die Probe den Charakter einer Aufführung an, so daß Spielgeld geschuldet wird[27]. Besondere vertragliche Vereinbarungen hinsichtlich der Berechnung des Spielgeldes sind zulässig. Die Vergütung kann z. B. für jede einzelne Dienstleistung besonders vereinbart werden, sie kann aber auch von der Zahl der Vorstellungen und anderen Umständen abhängen. Die Höhe des Spielgeldes ist individuell bestimmt. Der zur Aufführung bereite Schauspieler, dem

[23] Vgl. KUTZER: a. a. O. S. 242.

[24] Vgl. OSchG. 6. November 1928, DB. 1929 Heft 1; über den Begriff der Angemessenheit vgl. die Bemerkungen bei KUTZER: S. 242, Anm. 6, der übrigens dieser Bestimmung des NV. zu Unrecht keine normative Bedeutung beilegt.

[25] Vgl. KUTZER: a. a. O. S. 232.

[26] Im einzelnen vgl. hierüber KUTZER: a. a. O. S. 232.

[27] Vgl. OSchG. 10. Dezember 1929, NW. 1930, Heft 7.

zwar eine Rolle zugeteilt, aber nicht mitgeteilt worden ist, daß ein anderer sie spielt, hat Anspruch auf Spielgeld[28].

Ein Recht auf eine Benefizvorstellung hat das Mitglied nur für den Fall einer ausdrücklichen oder stillschweigenden Vereinbarung[29]. Nach Bühnenbrauch hat das Mitglied in diesem Falle die Hälfte der Nettoeinnahme der jeweiligen Vorstellung zu beanspruchen[30].

In der Filmfabrikation kommt eine Sondervergütung in Betracht für Nachaufnahmen; sie sind entweder zu dem vertraglich vereinbarten Honorar oder, falls kein besonderer Honorarsatz vereinbart ist, zu dem ursprünglichen Honorar abzugelten[31].

Nachtaufnahmen sind dann besonders zu honorieren, sobald sie neben und nicht an Stelle der Tagesaufnahmen stattfinden. Abweichende Vereinbarungen enthalten die allgemeinen Anstellungsbedingungen. Nachtaufnahmen gelten, auch wenn sie auf den nächsten Tag übergreifen, mit dem Tageshonorar entlohnt. Für Sonn- und Feiertagsarbeit hat der Filmschauspieler bei Vereinbarung eines Pauschalhonorars keine besondere Vergütung zu beanspruchen[32]. Schließlich kann der Filmschauspieler auch eine besondere Vergütung für die Hilfspersonen, deren er zur zweckentsprechenden Ausübung seiner Dienste bedarf, z. B. Friseur, Garderobiere, Boten, beanspruchen.

8. Die Gage ist mit Vertragsbeginn zu gewähren; Vertragsbeginn ist der in den Vereinbarungen der Parteien als solcher kalendermäßig festgesetzte Zeitpunkt des Beginns der Tätigkeit. Beim Bühnen- und Filmengagementsvertrag sind oft schon vor Arbeitsbeginn Proben notwendig. Nach § 3 Nr. 7 NV. ist eine Vereinbarung, inhalts deren das Bühnenmitglied bereits vor Beginn seiner vertraglichen Tätigkeit vorbereitende Dienste ohne Erhalt seiner vollen Vertragsbezüge zu leisten hat, unzulässig; es sind also die Proben voll zu bezahlen[33]; dagegen kommt Spielgeld für die Probenzeit nicht in Frage. Eine geringere Vergütung ist nur zulässig, wenn der Schauspieler während der Vorproben in einem geringeren Maße als an den gewöhnlichen Tagen zur Verfügung zu stehen braucht und ihm Nebenbeschäftigung während dieser Freizeit eingeräumt ist[34]. Die

---

[28] Vgl. FELISCH-LEANDER: a. a. O. S. 64 zu 10.

[29] Vgl. MARWITZ: a. a. O. S. 87ff.; OPET: a. a. O. S. 184ff.; VON BEUST: a. a. O. S. 141ff.; KUTZER: a. a. O. S. 234.

[30] Vgl. FELISCH-LEANDER: Nr. 67, 67a.; ROSEMEYER-ASSMANN: S. 50.

[31] Vgl. auch hierzu DIENSTAG: a. a. O. S. 90; DERSELBE: Zur Frage der Honorierung von Nachaufnahmen, Arch.f.Urh.R. 3, 391ff.

[32] So ArbG. Berlin und LArbG. Berlin im Urteil 106. S. 144/26; dagegen DIENSTAG: a. a. O. S. 90.

[33] Für Zahlungsansprüche bei Vorproben haftet stets der tatsächliche Inhaber der Erlaubnis, OSchG. 7. Februar 1928; Arch.f.Urh.R. 1, 243.

[34] Vgl. auch ROSEMEYER-ASSMANN: a. a. O. S. 52 und die dort mitgeteilte Entscheidung des ChorsängerOSchG. v. 1. April 1922 und KUTZER: a. a. O. S. 7,

Mitwirkung des Film-Schauspielers bei Sprech-, Gesangs- und sonstigen Musikproben wird nicht honoriert, gleichviel, ob der Künstler am betreffenden Tage in einer Filmaufnahme bei der Firma mitgewirkt hat oder nicht. Finden die Proben länger als zwei Wochen vor dem Vertragsbeginn statt, so ist die Hälfte des vereinbarten Tageshonorars bzw. das Honorar, das auf den Beschäftigungstag anteilmäßig entfällt, zu zahlen (so Allg.AnstBed. Bestätigungsschreiben). Abweichende Vereinbarungen sind zulässig.

9. Der Gagenanspruch ist als Existenzgrundlage des Schauspielers und Artisten mit den gleichen Sicherungen umgeben und ausgestattet, wie der Lohnanspruch des gewerblichen Arbeiters. Es genügt daher der Hinweis, daß Beschränkungen des Lohnpfändungsrechts, wie sie sich aus § 850 ZPO. in Verbindung mit dem Gesetze betr. die Beschlagnahme des Arbeits- oder Dienstlohnes vom 21. Juni 1869 und der Verordnung über Lohnpfändung vom 25. Juni 1919 in der Fassung vom 25. Februar 1928 (RGBl. I, 45) ergeben, auch hier gelten[35]. Aufrechnung und Zurückbehaltung an der Gage seitens des Unternehmers können jedenfalls dann geltend gemacht werden, wenn die Forderung des Unternehmers aus vorsätzlicher Vertragsverletzung resultiert[36]. Gültig ist eine Vereinbarung, welche die Abtretung des Gagenanspruchs an einen Dritten von Zustimmung des Unternehmers abhängig macht[37].

Angesichts der vom Reichsgericht in ständiger Rechtssprechung gebilligten rechtlichen Zulässigkeit des sogenannten „1500 Mark-Vertrages“ wird auch grundsätzlich gegen Abtretung der Gage an die Ehefrau nichts einzuwenden sein[38]. Rechtsgeschäftliche Verfügungen etwa des Inhalts, daß mit Hilfe der Ehefrau eine Gesellschaft mit beschränkter Haftung zwecks Verwertung der Arbeitskraft des verschuldeten Schauspielers gegründet wird, können gegen den § 826 BGB. verstoßen und die Gesellschaft zum Schadensersatz verpflichten, sobald die Gründung zu dem offensichtlichen Zweck erfolgt, die Gage dem Zugriff der Gläubiger zu entziehen und auf diese Weise dem Schauspieler indirekt Beträge zufließen, die seinen notwendigen Lebensunterhalt übersteigen[39].

10. Bei Wegfall der Leistung entfällt grundsätzlich auch der Anspruch auf Vergütung. Bedeutsam sind in diesem Zusammenhange folgende Fälle:

a) Annahmeverzug des Unternehmers,

b) Leistungsverzug des Darstellers,

---

[35] Vgl. RGZ. 41, 53 OLG. Hamburg, SeuffArch. 42, 39.

[36] Vgl. im einzelnen NIPPERDEY bei STAUDINGER: S. 795.

[37] Vgl. wegen der dinglichen Wirkung dieses pactum de non cedendo RGZ. 75, 144, 86, 351.

[38] Bez. der Zulässigkeit des Vertrages vgl. RGZ. 69, 59, 81, 41.

[39] Vgl. STAUDINGER 1, S. 580 I, 5 zu § 138.

c) Unmöglichkeit der Leistung, ohne daß Annahme- oder Leistungsverzug vorliegt.

Raumgründe verbieten diese zum Teil außerordentlich umstrittenen arbeitsrechtlichen Fragen ausführlich zu behandeln. Als Ergebnis einer ausführlichen Darstellung an anderer Stelle[40] mag folgendes hervorgehoben werden:

a) Annahmeverzug liegt vor, wenn die tatsächliche Dienstleistung seitens des Unternehmers trotz rechtlicher Verpflichtung nicht abgenommen wird. Verschulden ist nicht notwendig. Hierher gehörig sind daher auch die Fälle, daß dem Unternehmer zugesagte Kapitalien nicht gewährt werden oder die Betriebserlaubnis nicht erteilt wird. Annahmeverzug begründet trotz Nichtleistung der Arbeit stets die Verpflichtung des Unternehmers zur Zahlung der vereinbarten Vergütung[41]. Anrechnungsfähig ist gemäß § 615 Abs. 2 BGB. nicht derjenige Betrag, den das Mitglied überhaupt durch seine Arbeitskraft erwirbt, sondern nur die Vergütung für denjenigen Teil seiner Arbeit, die er dem Unternehmer zur Verfügung zu stellen verpflichtet war. Nebenverdienste sind daher nicht zu berücksichtigen[42].

b) Bei Verzug des Mitgliedes mit Leistung der vereinbarten Tätigkeit ist im Falle selbstverschuldeter Verhinderung Forderung der vereinbarten Vergütung nicht berechtigt (§§ 275, 323, 325 BGB.). Zu der Frage, inwieweit Erkrankung auf den Vergütungsanspruch einwirkt, vgl. S. 457.

c) Bei von keiner der Vertragsparteien verschuldeten Nichtleistung der Arbeit infolge von Betriebsstörungen ist zu unterscheiden: Das Betriebsrisiko bei Anstellungsverträgen trägt stets der Unternehmer. Der Anspruch auf Gage läuft also weiter[43]. Bei Dienstverträgen, also Verträgen über Einzelfilme, fernerhin auch bei tageweise berechnetem Spielgeld und bei Gastspielverträgen mit täglicher Honorierung kommt im Falle von Betriebsstörungen, an denen den Unternehmer kein Verschulden trifft, also behördlichen Verboten, Landestrauer, Elektrizitätsstreik[44], der Gagenanspruch in Fortfall. Bei Verschulden des Unternehmers ist selbstverständlich seine Haftung ohne weiteres gegeben.

---

[40] Vgl. Dienstag: Arbeitsvertrag S. 92ff. mit ausführlichen Literaturangaben.

[41] Vgl. RGZ. 58, 402ff.; JW. 1903, Beil. 11, S. 99; JW. 1904, 536, 537; LZ. 1922, 337.

[42] Vgl. im einzelnen: Dienstag: a. a. O. S. 94.

[43] Die Zulässigkeit anderweitiger Vereinbarungen wird dadurch nicht ausgeschlossen: daß also z. B. für Tage, an denen ein Stück wegen behördlicher Anordnung nicht gespielt werden darf, die Gage entfällt. Vgl. OSchG. 7. Februar 1928; Arch.f.Urh.R. 1, 242. Gegen diese Entscheidung Assmann: „N.W.“ J. 57, Heft 10; zustimmend Opet: Arch.f.Urh.R. 1, 298.

[44] Wegen des Spielgeldes ist folgendes zu bemerken: OSchG. in DB. 1926, S. 160 will einen Anspruch auf Spielgeld nur dann geben, soweit bereits eine Heran-

§ 615 BGB. enthält, worauf ausdrücklich hingewiesen sei, kein zwingendes Recht, kann also durch Parteivereinbarungen ausgeschlossen werden[45]. Eine derartige Vereinbarung verpflichtet den Unternehmer daher auch nur im Falle verschuldeter Unmöglichkeit gemäß § 324 BGB. zur Zahlung. Eine solche Parteivereinbarung enthält beispielsweise § 12 AllgAnstBed., wonach bei Unmöglichkeit der Annahme der Dienste des Mitgliedes infolge von durch den Unternehmer nicht zu vertretenden Umständen oder durch behördliche Maßnahmen, Streiks oder Aussperrungen im allgemeinen oder allgemeinen Streik oder allgemeine Aussperrung, der Vertrag für die Dauer der Unmöglichkeit ruht und der Unternehmer berechtigt ist, die Dienste des Mitgliedes über die vereinbarte Zeit hinaus entsprechend länger zu den vertraglichen Bedingungen in Anspruch zu nehmen. Für die Dauer der Vertragsunterbrechung hat das Mitglied keinen Anspruch auf Vergütung. Wird die Herstellung des Films überhaupt aufgegeben oder nachträglich abgebrochen, so hat das Mitglied einen Anspruch auf Vergütung nur in Höhe der wirklich geleisteten Arbeit[46].

§ 61. Der Schutz der Arbeitsleistung.

Die dem Unternehmer obliegende Fürsorgepflicht ist bereits durch Gesetz geregelt; über die gesetzlichen Bestimmungen hinausgehend können auch besondere vertragliche Vereinbarungen in dieser Beziehung zwischen Unternehmer und Mitglied getroffen werden. Der Umfang der Fürsorgepflicht läßt sich vornehmlich nach drei Gesichts-

---

ziehung des Betreffenden für die Vorstellung des betreffenden Tages erfolgt war. OSchG. bei Felisch-Leander: Nr. 64d verneint rundweg den Anspruch auf Spielgeld, während das österreichische Schiedsgericht dem zu Beginn der Vorstellung bereiten Schauspieler das Spielgeld zugesprochen hat, obgleich eine Betriebsstörung die Aufführung vereitelt hat. Marwitz: S. 82/83 meint: „Das Spielgeld ist verdient, sobald der Schauspieler begonnen hat, bei einer Vorstellung mitzuwirken, selbst wenn sie infolge eines von dem Schauspieler nicht vertretbaren Umstandes vorzeitig endet und das Eintrittsgeld hat zurückgezahlt werden müssen"; Opet: S. 184 scheint das Spielgeld von jedesmaligem Auftreten abhängig zu machen; Goldbaum-Jacobi: S. 27 verlangen, daß die Rolle weitergespielt sein müsse; vgl. auch Beust: a. a. O. S. 36 und Kutzer: a. a. O. S. 230.

[45] So RAG. im Urteil v. 16. Mai 1928, ArbREntschArbg. 1, 279 und LArbG. Berlin, Urteil v. 3. Januar 1928; ArbREntschArbg. 1, 125; vgl. ferner das in dieser Sammlung 1, 61 mitgeteilte Urteil des ArbG. Berlin v. 17. Oktober 1927 nebst Anmerkung; auch die Rechtslehre steht überwiegend auf diesem Standpunkt, so Nipperdey: a. a. O. S. 288; Planck: Bem. 2 zu § 615; Sinsheimer: Grundzüge des Arbeitsrechts, 2. Aufl. 1927, 198; Hueck: S. 188, Anm. 1; abweichend vor allem Lotmar: 2, 314; Kaskel: a. a. O. S. 129.

[46] Wegen sämtlicher Einzelheiten dieser außerordentlich umstrittenen Frage vgl. Dienstag: a. a. O. S. 98ff. und die dort angegebene Literatur; für das Artistenrecht vgl. speziell noch § 10 VTV., der sich im allgemeinen den obigen Grundsätzen anschließt.

punkten charakterisieren: Sie umfaßt zunächst die Fürsorge für Leben und Gesundheit des Mitgliedes, zum zweiten den Schutz der dem Mitgliede eigentümlich gehörenden Sachen, schließlich auch die Pflicht auf Gewährung eines angemessenen Urlaubs.

a) Durch Gesetz vom 20. Dezember 1928 (vgl. RGBl. 1928 1, 405) sind die Bühnenbetriebe — hierzu zählen nach der gesetzlichen Definition sowohl Theater- wie Varietéunternehmungen, als auch die Lichtspielbetriebe — in die gewerbliche Unfallversicherung einbezogen worden[1]. Der Unternehmer haftet also nicht schlechthin aus § 618 BGB., sondern nur dann, wenn strafgerichtlich festgestellt ist, daß er oder sein Bevollmächtigter den Unfall vorsätzlich herbeigeführt hat (§ 898 RVO.). Infolge der Ausdehnung der Unfallversicherungspflicht erübrigt sich daher eine eingehende Darstellung des Anspruchs aus § 618 BGB., sowie eine Erörterung der hierzu ergangenen an sich recht reichhaltigen, aber jetzt nur noch historische Bedeutung besitzenden Judikatur des Reichsgerichts und der Oberlandesgerichte.

b) Erkrankt das Mitglied während der Dauer seines Dienstverhältnisses, so geht es bei verhältnismäßig nicht erheblicher Dauer der Erkrankung des Anspruches auf die Vergütung nicht verlustig (§ 616 BGB.). Der Betrag, welcher für die Zeit der Verhinderung aus einer auf Grund gesetzlicher Verpflichtung bestehenden Kranken- oder Unfallversicherung dem Mitgliede zufließt, ist anrechnungsfähig. Für die hier in Betracht kommenden Arbeitsverträge ist in der Regel die Fürsorgepflicht des Unternehmers tarifvertraglich oder durch Sonderabrede der Parteien anders ausgestaltet.

aa) Für das Bühnenrecht kommt § 8 NV. in Frage (Normative Bestimmung!) Bei Dienstverhinderung durch unverschuldete Erkrankung oder unverschuldeten Unfall bleibt der Anspruch des Mitgliedes auf die vertraglich vereinbarten Bezüge, sofern die Verträge für die Dauer einer Spielzeit abgeschlossen sind, für 4 Wochen ganz, für weitere 6 Wochen zur Hälfte, bei Schwangerschaft für 10 Wochen bestehen. Entsprechende Minderung der Fristen tritt bei für einen kürzeren Zeitraum abgeschlossenen Verträgen ein.

Schwangerschaft gilt demgemäß ohne Rücksicht auf Verschulden als Erkrankung, während sonstige Erkrankungen oder Unfälle unverschuldet eingetreten sein müssen. Verschulden setzt unverständiges, leichtfertiges oder gegen die guten Sitten verstoßendes Verhalten voraus. Der Sänger, der sich leichtfertig der Gefahr einer Erkrankung aussetzt, hat daher keinen Anspruch auf Fortzahlung der Gage. Durch außerehelichen Geschlechtsverkehr erworbene geschlechtliche Erkrankung ist stets verschuldet, es sei denn, daß besondere Umstände im Einzelfalle

[1] Vgl. S. 489.

eine andere Beurteilung rechtfertigen[2]. Nichtherbeiziehung eines Arztes und Vernachlässigung ärztlicher Vorschriften gelten als Verschulden, wenn dadurch die Krankheitsdauer verlängert wird. Verletzung reiner Ordnungsvorschriften bleibt außer Betracht[3].

Bei 10 Wochen übersteigender Krankheitsdauer ist Kündigung aus wichtigem Grunde statthaft[4].

bb) Der Filmproduzent besitzt, sofern es sich um einen Vertrag für Einzelfilme handelt, bei Krankheit des Mitgliedes das Recht, dessen Dienste entsprechend länger zu den vertraglichen Bedingungen ohne besonderes Entgelt in Anspruch zu nehmen. Das Recht auf Vertragskündigung aus wichtigem Grunde bleibt unberührt (§ 11 AllgAnstBed.). Bei Anstellungsverträgen greift mangels besonderer Vereinbarungen § 616 BGB. Platz[5].

cc) Für das Artistenrecht kommt § 10 des Tarifvertrages in Betracht. Gelangt nach Antritt des Engagements ein Artist, die Truppe oder ein Teil durch Krankheit nicht zum Auftreten, so kann der volle Gagenbetrag um die Tage, an denen kein Auftreten erfolgt, gekürzt werden, vorausgesetzt, daß die Gage bzw. bei Pendelengagements das gesamte Gageneinkommen, den Betrag von 8 Mark pro Kopf übersteigt; andernfalls wird ein Betrag von 4 Mark gezahlt, dessen Dauer je nach der Länge des Vertrages gestaffelt ist (vgl. § 10, II). Außerdem ist bei Verträgen von mehr als Monatsdauer oder von unbestimmter Dauer nach 14 Tagen Kündigung zulässig, ohne daß das Recht des Artisten auf Zahlung der eben erwähnten Bezüge für die Dauer dieser Fristen dadurch berührt wird.

c) Die Haftung des Unternehmers für die dem Mitgliede gehörenden Sachen ist mangels gesetzlicher Bestimmungen und besonderer Vereinbarungen nach Treu und Glauben und nach der Verkehrssitte zu beurteilen[6]. Voraussetzung ist in jedem Falle Verschulden. Eine Garantiehaftung besteht nicht; maßgebend bleiben die Verhältnisse des Einzelfalles. Der Unternehmer muß jedenfalls dem Mitgliede einen verschließbaren Raum zur Unterbringung seiner Sachen zur Verfügung stellen. Zur besonderen Bewachung dieser Räume ist er nicht verpflichtet[7]. Keine Haftung ist gegeben, falls das Mitglied vergißt,

---

[2] Vgl. auch RArbG. Bd. 4, Nr. 19. [3] Vgl. auch Kutzer: a. a. O. S. 280.

[4] Vgl. auch OSchG. N. W. 1924, 4.

[5] Vgl. hierüber eingehend Dienstag: a. a. O. S. 96.

[6] Für Sachschaden haftet nicht die Berufsgenossenschaft, sondern der Unternehmer, vgl. S. 491, ferner Assmann: Gesetzliche Unfallversicherung der Bühnenangehörigen S. 37, OLGR. 22, 95.

[7] Anderer Ansicht LG. Hannover 10. Juli 1928, das eine Verpflichtung des Unternehmers auch zur Bewachung der einzelnen Räume ausspricht; der Unternehmer könne aber die Aufbewahrung im einzelnen anordnen, auch dürfe er die Haftung für ungewöhnlich hohe Werte ausdrücklich ablehnen; vgl. auch Kutzer: a. a. O. S. 275.

den Raum mit dem ihm übergebenen Schlüssel abzuschließen. Die Haftung des Unternehmers beschränkt sich in jedem Falle auf die „Theatergarderobe“, also nicht auf den Schmuck, insbesondere dann nicht, wenn der Bühnenleiter keine Kenntnis von der Aufbewahrung des Schmuckes hatte[8]. Besondere Bestimmungen enthält der Varietévertrag (§§ 35, 36). Der Unternehmer hat dem Artisten sichere und gut verschließbare Garderobenräume zur Verfügung zu stellen und haftet im Falle von Einbruch oder Diebstahl in Höhe des gesamten entstehenden Schadens einschließlich des Verdienstausfalls. Der Unternehmer ist ferner verpflichtet, die Requisiten des Artisten ausreichend gegen Feuersgefahr zu versichern[9]. Die Haftung des Unternehmers für Beschädigungen eigener Sachen des Schauspielers bei Filmaufnahmen ist Tatfrage. Eine gesetzliche Verpflichtung besteht nicht. Für eine sogenannte Gefährdungshaftung bietet das Gesetz keine Grundlage. Man wird daher nur dann eine Verpflichtung des Unternehmers zum Ersatze etwaiger Beschädigungen annehmen können, falls sie durch die Art der Dienstleistung verursacht sind und Verschulden des Unternehmers vorliegt[10].

d) Ein gesetzlicher Anspruch auf Erholungsurlaub besteht nicht. Entscheidend ist Parteivereinbarung und Tarifvertrag[11]. Verständlicherweise kommen für die Gewährung des Urlaubs nur solche Dienstverhältnisse in Frage, welche sich auf längere Zeit hinziehen, also insbesondere Bühnenengagementsverträge und langandauernde Filmengagementsverträge. Die Länge des Erholungsurlaubs und seine Modalitäten werden üblicherweise in den Verträgen eingehend festgelegt. Der Urlaub kann nur zu einer Zeit gefordert und genommen werden, in der die Geschäftsinteressen es gestatten. Die Bestimmung der Zeit ist auf jeden Fall Sache des Unternehmers. Unbegründete Verweigerung des Urlaubs bedeutet Vertragsverletzung. Im Bühnenwesen fällt üblicherweise der Urlaub in die Ferien, auch wenn er infolge Krankheit nicht angetreten werden konnte[12]. Ferien sind die Zeit, in der die Bühnentätigkeit im engeren Sinne ruht. Die Formvorschriften für die Erteilung des Urlaubs enthält § 2 der Hausordnung.

---

[8] Vgl. auch OLG. Dresden 7. April 1924 bei KUTZER: a. a. O. und ROSEMEYER-ASSMANN S. 41.

[9] Der Manteltarifvertrag für Filmdarsteller (Komparsen) v. 28. Mai 1931, § 8 (vgl. S. 479) beschränkt die Haftung des Filmunternehmers bei Geldbeträgen und Wertsachen auf solche, die bei der Aufbewahrungsstelle gegen Hinterlegungsschein abgegeben sind; für Unfälle und Sachschäden, die durch Nicht- oder nicht sachgemäßen Gebrauch der Schutzvorrichtungen entstanden sind, haftet der Unternehmer nicht, sonst nur im Rahmen der gesetzlichen Bestimmungen.

[10] Vgl. DIENSTAG: a. a. O.

[11] Außer Betracht bleiben hier die Fälle, in denen nach Art. 160 RV. den Arbeitnehmern Urlaub zu gewähren ist.

[12] Vgl. KUTZER: S. 255.

Der Normalvertrag kennt außerdem noch den Engagementsurlaub (§ 19). Dem Mitglied ist vom Unternehmer angemessene Zeit zur Erlangung einer neuen Anstellung zu gewähren. Der Zeitpunkt und die Dauer des Urlaubs sind derart zu bestimmen, daß dem Unternehmer durch die Beurlaubung kein unverhältnismäßiger Nachteil erwächst, also etwa eine Aufführung durch eine andere ersetzt werden muß[15].

§ 62. Der persönlichkeitsrechtliche Schutz der Arbeitsleistung.

Wenn das Arbeitsrecht des Einzeldarstellers in starkem Maße von persönlichkeitsrechtlichen Momenten durchsetzt ist, so ist dies ohne weiteres daraus erklärlich, daß es sich um höchstpersönliche, individuell bestimmte Arbeitsleistungen handelt, deren Eigenart in höchstmöglichster Entfaltung der Persönlichkeit besteht; unter diesem Gesichtspunkte hat auch der Unternehmer besondere Verpflichtungen[1].

1. Eine Verpflichtung des Unternehmers zur Reklame ist nicht nur für den Fall ausdrücklicher Vereinbarung anzuerkennen, sondern besteht auch dort, wo sie nicht erwähnt wird; denn angesichts der sich immer steigernden Bedeutung der Reklame als Werbemittel besitzt eine umfassende Reklame für den Schauspieler einen unersetzlichen wirtschaftlichen Wert, da sie nicht nur dazu beiträgt, Namen und Arbeit der Öffentlichkeit bekanntzumachen, sondern auch die Arbeitsleistung dem Publikum immer wieder ins Gedächtnis zurückzurufen.

Der Unternehmer hat deswegen die unbedingte und in keiner Weise zu beseitigende Verpflichtung, die Namen der bei der Aufführung in einer Rolle mitwirkenden Schauspieler in allen öffentlichen Ankündigungen zu nennen; als solche kommen insbesondere Theaterzettel, Säulenanschläge, Zeitungsinserate in Betracht. Diese Verpflichtung steigert sich, sobald besondere vertragliche Vereinbarungen hinsichtlich des Umfanges der Namensnennung getroffen sind, z. B. „Starreklame“ zugesichert ist. Das Varietéschiedsgericht hat mit Recht einer Vereinbarung, daß „größte Starreklame an erster Stelle zu machen sei“, derartige Bedeutung beigemessen, daß es den Rücktritt der Tanzkünstlerin vom Engagementsvertrage unter Fortzahlung der Gage für gerechtfertigt erklärte, nachdem der Unternehmer im gleichen Programm den inzwischen verstorbenen Eisenkönig Breitbart, der nach Meinung der Direktion stärkere Anziehungskraft besaß, größer und auffälliger als die Tanzkünstlerin plakatiert hatte[2].

---

[15] ROSEMEYER-ASSMANN: S. 90.

[1] Ausführlich habe ich diese Fragen, soweit sie für das Filmrecht von Interesse sind, unter allgemeinrechtlichen Gesichtspunkten im „Arbeitsvertrag“ S. 114ff. behandelt.

[2] Vgl. VSchG. 27. August 1925, Arbeitsrecht 13, 137.

Starreklame im spezifisch filmrechtlichen Sinne ist diejenige Reklame, die Person, Name und Leistung des Darstellers in der Gesamtreklame aus dem sonstigen Rahmen so deutlich heraushebt, daß die Bedeutung als „Star“ sofort zutage tritt[3].

Übrigens bezieht sich die Reklameverpflichtung des Filmproduzenten in erster Linie auf alle diejenigen Ankündigungen und Werbungsmittel, die von ihm unmittelbar ausgehen, also auf die sogenannte „Fabrikationsreklame“. Auf die Verleihreklame hat der Fabrikant an sich nur dann Einfluß, wenn besondere Vereinbarungen getroffen sind.

2. Dem Filmschauspieler steht zwar ein auf persönlichkeitsrechtlicher Grundlage beruhender Schutz gegen Verballhornisierung oder Verstümmelung seiner schauspielerischen Leistung zu[4], ohne daß eine Verpflichtung besteht, sämtliche Szenen, in denen das Spiel des Schauspielers gezeigt wird, auch für den fertigen Film zu verwenden, allerdings darf der Unternehmer den Film nicht so zusammenschneiden, daß der Umfang des Spiels in keinem Verhältnis zur tatsächlichen Tätigkeit steht.

3. Nach manchen Filmengagementsverträgen bedarf das Drehbuch zu seiner Herstellung der Genehmigung des Schauspielers, der die Starrolle spielt. Verweigerung der Genehmigung ist in diesem Falle nur zulässig, wenn durch die Minderwertigkeit des Drehbuchs Schädigung persönlichkeitsrechtlicher Interessen zu befürchten ist. Grundsätzlich steht dem Filmschauspieler ein Anspruch auf inhaltliche Gestaltung des Manuskripts nicht zu.

4. Der Filmschauspieler kann verlangen, daß die Szenen, in denen seine Tätigkeit erforderlich ist, auch von ihm gespielt werden. Deswegen ist z. B. unzulässig, Szenen, in denen der Schauspieler nur mit dem Rücken zu sehen ist, von irgendeinem Komparsen spielen zu lassen.

§ 63. Die Sicherung der Arbeitsleistung.

1. Die Frage der Sicherung der Arbeitsleistung ist für das Theater-, Film- und Artistenrecht deshalb so brennend, weil es sich oft um eine Tätigkeit handelt, die nicht ohne weiteres ersetzbar ist. Deshalb können Vertragsbrüche Störungen einschneidendster Art hervorrufen. In der Sicherung des mit dem Mitgliede abgeschlossenen Vertrages ist daher ein Kernstück des gesamten Künstlerarbeitsrechts zu erblicken, zumal unter Berücksichtigung der Tatsache, daß es sich oft um Personen handelt, die schon durch ihre künstlerische Eigenart eine besondere Einstellung zu Verträgen besitzen.

2. Mittel zur Sicherung der Arbeitsleistung für die hier in Betracht kommenden Rechtsgebiete sind:

---

[3] Vgl. hierüber im einzelnen Dienstag: a. a. O. S. 124ff.

[4] Vgl. Dienstag: a. a. O. S. 116ff.

a) Feststellung des Vertragsbruches durch schiedsgerichtliches oder arbeitsgerichtliches Urteil,

b) Konventionalstrafe,

c) allgemeine gerichtliche Maßnahmen.

a) Die ausdrückliche Feststellung eines Vertragsbruches durch schiedsgerichtliches oder arbeitsgerichtliches Urteil ist eine spezifisch bühnenrechtliche Erscheinung, da das bürgerliche Recht einen besonderen Begriff des Vertragsbruches nicht kennt[1].

§ 14 NV. knüpft an den früheren Rechtszustand an. „Kontraktbruch" war ein für die Bühnenangehörigen durchaus feststehender Begriff. Das alte Bühnenvereinsformular kannte insbesondere „schweren Kontraktbruch"[2]. Als solcher galt unpünktliches Eintreffen im Engagement an dem als Beginn der Spielzeit oder als Ende eines Urlaubs vereinbarten Tage, eigenmächtiges Einstellen der ferneren Tätigkeit ohne Rechtsgrund, Verunmöglichung weiteren Verbleibens an der Vertragsbühne durch persönliches Verhalten in der Absicht die Auflösung des Vertrages zu erzwingen. Die Folge war neben Entlassung und Strafe die „Kontraktbrucherklärung", die bei Zahlung der Strafe während 3 Jahren, bei Nichtzahlung der Konventionalstrafe während der Dauer von 5 Jahren von den Bühnen des deutschen Bühnenvereins ausschloß.

Wenn § 14 NV., der sich übrigens — insofern erweiternd gegenüber dem früheren Rechtszustande — nicht nur mit dem Vertragsbruch des Mitgliedes, sondern in seiner Nr. 1 auch mit dem an dieser Stelle nicht interessierenden Vertragsbruch des Unternehmers befaßt[3], von einer Aufzählung der einzelnen Tatbestände, in denen der Vertragsbruch erblickt wird, absieht, so ist hierbei offenbar der rechtspolitische Gedanke maßgebend gewesen, nur einen allgemeinen Rahmen aufzustellen, die Feststellung im einzelnen aber der Rechtssprechung zu überlassen. Dementsprechend erklärt § 14 NV. allgemein als Vertragsbruch rechtswidrigen Nichtantritt oder Aufgabe der Stellung in schuldhafter und rechtswidriger Weise; erforderlich ist also verwerfliches Zuwiderhandeln gegen Vertragspflichten. Entschuldbarkeit der Handlungsweise schließt Böswilligkeit aus[4]. Zum Verlassen des Dienstes genügt jedes nach den Anschauungen des Bühnenlebens erkennbare Verhalten des Schauspielers, daß er sich nicht mehr als Bühnenmitglied betrachtet[5]. Eine Aufgabe der Stellung kann in einer ausdrücklichen Erklärung oder in einem entsprechenden tatsächlichen Verhalten, z. B. Verlassen des Vertragsortes, Abschluß eines Vertrages mit einer anderen Bühne, Übernahme anderer Beschäftigung, erblickt werden[6]. Dienstverweigerung oder Spiel an einer anderen

---

[1] Vgl. Oertmann: a. a. O. S. 277. [2] Vgl. Beust: S. 214.
[3] Vgl. hierüber S. 473. [4] Vgl. OSchG. 28. Oktober 1924, DB. 1925, 7.
[5] Vgl. OSchG. 28. Juni 1921, DB. 1922, 2.
[6] Vgl. OSchG. NW. 1921, 178 und 416; 1924, 4.

Bühne ist ebenfalls Vertragsbruch[7]. Tod der Mutter und eine gewisse Hilfsbedürftigkeit des Vaters berechtigen das weibliche Bühnenmitglied nicht zur vorzeitigen Vertragsauflösung mitten in der Spielzeit, besonders dann nicht, wenn noch kein Ersatz bestellt ist[8]. Wenn das Mitglied durch fortgesetzte Verletzung seiner Berufspflichten es offensichtlich darauf anlegt, entlassen zu werden, so daß es dann in ein in seine Vertragszeit fallendes Engagement eintreten kann[9], wird es ebenfalls vertragsbrüchig.

Die Folgen eines rechtskräftig festgestellten Vertragsbruches sind auch heute für das davon betroffene Mitglied außerordentlich schwer. Nach § 9 der Satzungen des Deutschen Bühnenwesens darf keine Vertragsbühne als vertragsbrüchig in einer amtlichen Mitteilung des Vereins festgestellte Personen vertraglich beschäftigen. Veröffentlichung der Vertragsbrucherklärung erfolgt nur bei Feststellung des Vertragsbruches durch rechtskräftiges Urteil[10].

Die Bühnenschiedsgerichte als bestellte Organe der Tarifvertragsparteien haben lt. Ziff. VI TV. nicht nur über die Frage des Vertragsbruches, sondern auch über die zivilrechtlichen Folgen des Vertragsbruches und die Dauer der Wirksamkeit der Vertragsbrucherklärung zu entscheiden[11]. Zivilrechtliche Folgen des Vertragsbruches bestehen in Vertragsstrafen, Schadensersatz, Feststellung der Rechtswirksamkeit der Vertragsaufhebung usw. Einzelne der vorbezeichneten Rechtsfolgen können bei der Entscheidung gehäuft werden.

b) Vereinbarung einer Konventionalstrafe erscheint schon deshalb als sachgemäß, weil der Unternehmer dadurch des sonst meist recht schwierigen Nachweises einer bestimmten Höhe des Schadens enthoben wird. NV. § 16 verweist dieserhalb ausdrücklich auf §§ 339—343 BGB. Da das Recht der Vertragsstrafe als solches kein Sonderrecht des Arbeitsvertrages bildet[12], muß wegen der Einzelheiten auf die einschlägigen Kommentare verwiesen werden. An dieser Stelle genügen folgende Hinweise: Die hier in Betracht kommende Vertragsstrafe hat mit der arbeitsrechtlichen Ordnungsstrafe nichts zu tun. Sie beruht nicht auf einer dienstlichen oder Strafgewalt des Unternehmers, sondern auf freier Vereinbarung und dient der Sicherung der Parteiinteressen. Der Unternehmer einerseits, der Arbeitnehmer andererseits, sucht sich mit ihr einen Mindest-

---

[7] Vgl. OSchG. NW. 1921, 416; 1923, 75. [8] Vgl. ROSEMEYER-ASSMANN: S. 76.

[9] Vgl. OSchG. 21. November 1922, DB. 1923, 3; OSchG. 10. Januar 1922, DB. 1922, 11; vgl. ferner auch KUTZER: a. a. O. S. 352 Anm. 9 und ROSEMEYER-ASSMANN: S. 76.

[10] Vgl. NW. 1924, 143; anders bei Nichtangehörigen der Genossenschaft; hier behält sich der Bühnenverein seine volle Handlungsfreiheit vor.

[11] Eine Sittenwidrigkeit dieser Bestimmung kommt nicht in Frage; vgl. OSchG. 28. Juni 1921, DB. 1922, 2.

[12] Vgl. OERTMANN: a. a. O. S. 30.

betrag des durch die Vertragsverletzung entstehenden Schadens zu sichern. Es muß also schuldhafte Vertragsverletzung vorliegen, die selbstverständlich nicht nur in der Übertretung des Verbots anderweiter Tätigkeit oder des Konkurrenzverbots, sondern auch in jeder anderen gegen den Vertragszweck gerichteten schuldhaften, rechtswidrigen Handlung liegen kann; die Forderung einer Vertragsstrafe ist unzulässig, wenn dem Fordernden selbst schuldhafte Vertragsverletzung zur Last fällt (exceptio doli!). Grundsätzlich bedenklich, weil gegen Treu und Glauben verstoßend, erscheint es, wenn bei Vereinbarung gegenseitiger Konventionalstrafe — die Vereinbarung einer einseitigen Konventionalstrafe ist stets unsittlich — ausgemacht wird, daß bestimmte Vertragsverletzungen einer Partei nicht als Zuwiderhandlungen angesehen werden sollen.

Besonders eingehende Bestimmungen über die Höhe und Fälligkeit der Konventionalstrafe enthält der § 33 VTV. Sie gilt auch ohne ausdrückliche Erwähnung für alle Verträge stets in Höhe der Gage für die Vertragsdauer, jedoch nicht über eine Monatsgage hinaus, als vereinbart. Herabsetzung der Konventionalstrafe gemäß § 343 BGB. ist antragsgemäß zulässig, es sei denn, daß der Vertragsbruch bewußt, vorsätzlich oder grob fahrlässig begangen wurde. Die Konventionalstrafe gilt nicht als Abstandssumme oder Reugeld. Sie verfällt, wenn der Artist schuldhaft den Vertrag dadurch verletzt, daß er nicht oder nicht rechtzeitig eintrifft, das Engagement vorzeitig verläßt, seine Darbietungen nicht vertragsmäßig ausführt oder gegen den § 13 (Konkurrenzausschluß) und § 15 (verhinderter Engagementsantritt) verstößt. Neben der Vertragsstrafe kann vorbehaltlich weiterer Schadensersatzansprüche Erfüllung des Vertrages verlangt oder der Vertrag sofort aufgehoben werden. Der Unternehmer ist zum Abzug der verwirkten Konventionalstrafe von der etwa verdienten Gage ohne ausdrückliche Aufrechnungserklärung berechtigt, doch muß dem Artisten unbeschadet etwaiger weiterer Ansprüche des Unternehmers der innerhalb der Unpfändbarkeitsgrenze liegende Betrag ausgezahlt werden. Keine Verwirkung der Konventionalstrafe tritt dann ein, falls einem Truppenleiter die Erfüllung des Vertrages durch Vertragsbruch eines Truppenmitgliedes unmöglich wird.

c) Wenn die Gerichte zur Sicherung des Vertragszweckes nur in beschränktem Maße angerufen werden, so findet das darin seine Begründung, daß gerichtliche Urteile in Fällen vorliegender Art meist nur eine recht stumpfe Waffe für den Unternehmer bilden. Grundsätzlich ist zwar gegen das seinen vertraglichen Verpflichtungen zuwiderhandelnde Mitglied Klage auf Vertragserfüllung zulässig[13]. Die praktische Brauchbarkeit eines derartigen Urteils ist aber infolge

[13] Vgl. RG. JW. 1907, 672; RGZ. 72, 394.

des mangelnden Vollstreckungsschutzes (§ 888, 2 ZPO. in Verbindung mit § 61, Abs. 4 Satz 2 AGG.) gering; es hat nur Bedeutung als Grundlage für künftige Schadensersatzansprüche[14]. Vertragswidrige Tätigkeit bei einem anderen Unternehmer rechtfertigt einen Unterlassungsanspruch. Das Reichsgericht hat allerdings in der Plenarentscheidung 72, 93ff. einen derartigen Anspruch verneint. Indessen greift auch nach der Auffassung des Reichsgerichts dieser sich nur aus dem Gesetze ergebende Grundsatz nicht der Entscheidung tatsächlich anders gelagerter Fälle, also bei ausdrücklicher Vereinbarung, vor. Durch das in fast sämtlichen Engagementsverträgen sich findende Beschäftigungsverbot wird ein selbständiger im Wege der einstweiligen Verfügung und Klage verfolgbarer Anspruch des Unternehmers auf Unterlassung der Tätigkeit bei einem anderen Unternehmer begründet. Dieser Anspruch ist auch ohne weiteres vollstreckbar (§ 890 ZPO.), da durch § 888 ZPO. nur die Vollstreckung auf Leistung von Diensten, nicht aber auf Unterlassung von Diensten bei einem anderen ausgeschlossen wird. In Konsequenz der hier vertretenen Auffassung ist auch seitens des Reichsgerichts eine einstweilige Verfügung gegen einen vertraglich an einer bestimmten Bühne gebundenen Schauspieler im Falle seines Auftretens auf einer anderen Bühne für zulässig erachtet worden[15].

Ein in Kenntnis des Vertragsbruches seitens des Konkurrenten erfolgtes Engagement rechtfertigt, abgesehen von Schadensersatzansprüchen, auch gegen ihn einen Anspruch auf Unterlassung der Beschäftigung des vertragsbrüchigen Schauspielers (§ 826, 1 UWG.). Verleitung zum Vertragsbruch rechtfertigt selbständige Klage auf Schadensersatz und Unterlassung aus allgemeinen wettbewerbsrechtlichen Grundsätzen.

§ 64. Übertragung und Beendigung des Arbeitsvertrages.

I. Übertragung.

1. Bei *Betriebsveräußerung*[1] geht der Anspruch auf Arbeitsleistung nicht ohne weiteres auf den Rechtsnachfolger über, da der Anspruch auf Dienste als höchstpersönlicher im Zweifel nicht übertragbar ist

[14] Vgl. OLG. Dresden, SeuffArch. 58, 127. § 887 ZPO. kommt nicht in Betracht, da es sich um unvertretbare Dienste handelt. Klage auf Schadensersatz kann mit der Klage auf Leistung verbunden werden; vgl. JOACHIM-FLATOW: Komm. zum AGG. S. 299, Anm. 17 zu § 61; DERSCH-VOLKMAR: Kommentar zum AGG., S. 512, Bem. 11 zu § 61.

[15] Vgl. Komm. RGR. Vorbem. vor § 611; NIPPERDEY bei STAUDINGER: a. a. O. S. 787; OERTMANN: a. a. O. S. 132; ROSEMEYER-ASSMANN: S. 38; DANZIGER: Erfüllungs- und Unterlassungszwang bei Vertragsbruch von Angestellten; LZ. 2, Sp. 204; DIENSTAG: a. a. O. S. 79; a. A. GOLDBAUM-JACOBI: S. 57.

[1] Nicht hierher gehörig sind also diejenigen Fälle, in denen es sich um die Übertragung einzelner Arbeitsleistungen, die zum Abschlusse eines Dienstverschaffungsvertrages führen, handelt, sowie ein Wechsel in der Person des Spielleiters, Intendanten oder Regisseurs.

(§ 613, 2 BGB.). Es unterliegt vielmehr dem freien Bestimmungsrechte des Arbeitnehmers, ob und inwieweit er etwa eine mit der Veräußerung verbundene Abtretung der Arbeitsleistung gegen sich gelten lassen will. Diese Zustimmung ist übrigens mangels entgegenstehender Vereinbarungen nicht nur bei Übertragung der Rechte aus einem konkreten Vertrage, sondern auch bei Übergang des Unternehmens als Ganzes auf ein andres (§ 306 HGB.) oder Übertragung des Betriebes als solchen (z. B. Pachtung durch eine dritte Person) erforderlich[2]. Die in der Literatur vertretene Auffassung[3], die dem Arbeitgeber im Zweifel das Recht auf Übergang des Anspruches auf Arbeitsleistung auch gegen den Willen des Arbeitnehmers zubilligt, trifft wohl für Massenarbeitsverträge, jedoch nicht für Engagementsverträge der vorliegenden Art, zu, bei denen die Art des Unternehmens und die Persönlichkeit des Unternehmers von wesentlicher Bedeutung sind. Für einen Buchhalter mag der Leiter des Unternehmens gleichgültig sein. Bei Künstlerarbeitsverträgen spielen Sympathie und Antipathie, künstlerische Auswirkungsmöglichkeiten, Befriedigung künstlerischen Ehrgeizes, eine viel zu große Rolle, als daß ohne besondere Zustimmung des betreffenden Künstlers eine Übertragung des Anspruchs auf Arbeitsleistung auf eine dritte Person möglich und denkbar wäre[4].

2. Die Zustimmung zur Übertragung kann sowohl ausdrücklich als stillschweigend erfolgen. Stillschweigende Zustimmung liegt jedenfalls bei widerspruchsloser Fortsetzung der Arbeit in Kenntnis des Geschäftsüberganges und vorbehaltloser Empfangnahme der Zahlungen vor. Verzicht auf Gagenzahlung gegenüber dem alten Unternehmer ist nach Lage des Einzelfalles zu beurteilen. Hat der Schauspieler bei dem neuen Unternehmer in einem nicht nebensächlichen Punkte weniger zu erwarten als bei dem bisherigen, so entwertet seine Weigerung, bei ihm in Dienst zu treten, nicht den Vergütungsanspruch gegen den bisherigen Unternehmer[5].

II. Beendigung.

1. Jeder Arbeitsvertrag ist in der Regel zeitbestimmt. Die Zeitdauer kann entweder im Vertrage ausdrücklich vereinbart oder aus der wirt-

---

[2] Vgl. Hueck-Nipperdey: a. a. O. S. 249; Oertmann: a. a. O. S. 126; Staub: HGB. § 70 Anm. 27; Oppikofer: Das Unternehmenrecht, S. 129; abweichend Kaskel: a. a. O. S. 74; Marwitz: a. a. O. S. 148 vertritt die m. E. nicht zutreffende Auffassung, daß der Unternehmer zwar nicht den einzelnen Vertrag, wohl aber das Unternehmen mit den laufenden Verträgen abtreten kann, ohne daß dadurch das Vertragsverhältnis geändert wird; vgl. auch Opet: S. 97; gegen Marwitz auch Beust: a. a. O. S. 237 und Kutzer: a. a. O. S. 165.

[3] Vgl. auch Hueck-Nipperdey: a. a. O. und die dort angezogene Literatur.

[4] Vgl. Dienstag: a. a. O. S. 116, gleicher Ansicht Kutzer: S. 165. Daher braucht auch der erste Kapellmeister nicht bei der Umwandlung des Theaters in ein Varieté weiter tätig zu sein; vgl. S. 476.

[5] Vgl. auch hierzu OSchG. v. 1. April 1922, DB. 23, II.

schaftlichen Zweckbestimmung ohne weiteres zu entnehmen (z. B. für die Dauer des Films) sein. Unabhängig hiervon kann eine bestimmte Willenserklärung — vom Gesetz „Kündigung“ genannt — eine Beendigung des Vertrages herbeiführen. In jedem Falle endet der Arbeitsvertrag bei Tod des Dienstverpflichteten. Eine Ausnahme von diesem Grundsatze findet sich im Artistenrecht. Tod eines Truppenmitgliedes löst nicht ohne weiteres das Engagementsverhältnis, sondern verpflichtet den Truppenleiter, mit den verbleibenden Truppenmitgliedern die Darbietungen so gut als möglich auszuführen.

Früher ist des öfteren die Auffassung vertreten worden, daß in Anwendung des Grundsatzes der clausula rebus sic stantibus jeder Kontrahent auch ohne besondere Erwähnung bei jeder mit dem unveränderten Fortbestand des Vertrages in Widerspruch tretenden wesentlichen Veränderung der Umstände ein vertragliches Rücktrittsrecht besitzt[6]. Eine solche Auffassung ist als zu weitgehend abzulehnen. Übrigens ist auch ihre sachliche Notwendigkeit nicht einzusehen, da die hierher gehörigen Tatsachen sich unschwer unter den Begriff der Kündigung aus einem „wichtigen Grunde“ bringen lassen.

2. Der Vertrag endet mit Ablauf der vertraglich vereinbarten Zeit (§ 620 BGB.).

a) Demgemäß bestimmt § 2 Nr. 3 NV., daß im Dienstvertrag die Zeitdauer des Vertrages angegeben sein muß. Während im Bühnen- und Artistenengagementsvertrage Anfang und Ende der Zeit durch bestimmte Kalendertage normiert zu werden pflegen, enthalten Filmengagementsverträge mit Rücksicht auf die Unmöglichkeit einer genauen Festlegung von Filmbeginn und Filmende vielfach den Zusatz „voraussichtlich“; dementsprechend berühren unbedeutende Verschiebungen die Rechtswirksamkeit des einmal abgeschlossenen Vertrages nicht; dagegen können mit dieser Klausel Verschiebungen erheblichen Umfanges, die die gesamten zeitlichen Dispositionen des Schauspielers gefährden, nicht gerechtfertigt werden. Eine Zeitbestimmung ist auch in dem Engagement des Schauspielers für einen bestimmten Film zu erblicken, ohne daß der Endtermin zeitlich genau festgesetzt ist. Dann endet gemäß § 620 Abs. 2 BGB. das Engagement mit dem Tage der letzten Aufnahme des Films[7]; im Falle von Nachaufnahmen verlängert sich entsprechend die Engagementsdauer. Verlängerung des Vertrages bei nicht rechtzeitiger Herstellung des Films ist rechtlich als neuer Vertragsabschluß

---

[6] Vgl. Opet: a. a. O. S. 208.

[7] Vgl. auch Gutachten der Industrie und Handelskammer C. 31744/26: bei Anstellung für die Zeit bis zur Fertigstellung des Filmes ist in die Anstellungsdauer nicht nur die Zeit der Atelieraufnahmen, sondern auch der Außenaufnahmen einzurechnen, da die Aufnahmen in der Regel sich sowohl auf die Innen- wie auf die Außenaufnahmen verteilen.

zu beurteilen. Setzt der Schauspieler das Arbeitsverhältnis im Einvernehmen mit dem Unternehmer über die Vertragsdauer fort, so gilt der Vertrag als auf unbestimmte Zeit verlängert, sofern nicht der Unternehmer unverzüglich widerspricht.

Die Bestimmung § 2 Nr. 3 NV. wird in der Rechtssprechung der Bühnenschiedsgerichte sehr scharf ausgelegt. Es wird unter allen Umständen kalendermäßige Festlegung des Anfangs- und Endtermins aus dem Gesichtspunkte heraus verlangt, daß es sich hier um eine der grundlegenden und besonders im Interesse der Bühnenangehörigen festgelegten Tarifbestimmungen handelt[8]. Deshalb hat beispielsweise das OSchG. eine Vertragsklausel des Inhalts: „Der Vertrag beginnt am 25. August 1928 und endet am 28. Februar 1929 mit Recht auf Verlängerung für weitere Monate" für unzulässig erklärt, weil es an der bindend vorgeschriebenen Bezeichnung des festen Endtermins in der Verlängerungsklausel fehlen und dadurch ein Zustand der Unbestimmtheit über die Dauer des Vertrages eintreten würde[9]. Auch der Zusatz „mit evtl. Prolongation" ist als rechtlich bedeutungslos erachtet worden[10]. Das Gleiche gilt bei Zusätzen[11], wie „evtl. Nachsaison" und „für die Dauer der Annemarie-Vorstellungen en suite". Fehlt eine besondere Vereinbarung über die Vertragsdauer, so gilt der Vertrag für die Dauer der Spielzeit, also auf „mindestens sechs Monate"[12].

Ablauf der Theaterspielzeit ist bei Festsetzung einer kalendermäßig früheren Zeit der Beendigung unerheblich[13]. Verträge, die mit dem 22. evtl. 30. April endigen, gelten bis 30. April, wenn das Theater bis zum 30. April spielt[14].

Im Falle des sogenannten „Berliner Vertrages", bei dem das Mitglied unter Zugrundelegung der Bestimmungen des NV. für die Dauer des Stückes, mindestens jedoch bis zu einem bestimmten Termin, verpflichtet wird, während sich der Unternehmer verpflichtet, dem Mitgliede wenigstens zehn Tage vor Absetzung des Stückes hiervon Kennt-

[8] Vgl. OSchG. 25. Juni 1926, Arch.f.Urh.R. 2, 684.

[9] Vgl. OSchG. 25. Juni 1929 a. a. O.

[10] Vgl. OSchG. 19. Juni 1928, Arch.f.Urh.R. 1, 610.

[11] Vgl. OSchG. 28. September 1926, DB. 1929, 158 und OSchG. 13. Juli 1926, DB. 1929, 158.

[12] Vgl. S. 395. Der Begriff der Spielzeit ist durch Beschluß des Tarifausschusses v. 22. Juli 1924 authentisch wie folgt erläutert worden: „Eine Spielzeit im Sinne des § 8 Abs. 1 ist eine solche von mindestens 6 Monaten, bei kürzerer Spielzeit wird als Errechnungsgrundlage für die entsprechende Minderung nach Satz 2 eine achtmonatige Spielzeit angenommen, so daß z. B. bei einer zweimonatigen Sommerspielzeit der Unternehmer nur verpflichtet ist, für eine Woche die vollen und für 1½ Wochen die halben vertraglichen Bezüge zu zahlen" und OSchG. 18. November 1925, DB. 1926, 61; 12. Juli 1927, NW. 1928, 145; sowie Opet: a. a. O. S. 202, Anm. 1; Finkelstein: a. a. O. S. 67.

[13] Vgl. auch OSchG. NW. 1924, 8. [14] Vgl. Felisch-Leander: a. a. O. S. 256.

nis zu geben, hat das OSchG. die Auffassung vertreten, daß der Vertrag bis zum Ende der Spielzeit dauert, sobald der Schauspieler über den schriftlich vereinbarten Endtermin tatsächlich beschäftigt wird[15].

b) Kündigung ist stets erforderlich, wenn der Vertrag entweder auf unbestimmte Zeit oder zwar auf bestimmte Zeit, aber unter Vereinbarung der Möglichkeit früherer Lösung durch Kündigung, geschlossen ist. Bei Verlängerung des Vertragsverhältnisses auf unbestimmte Zeit kann nach § 622 BGB. nur zum Schlusse eines Kalendervierteljahres unter Einhaltung einer Kündigungsfrist von 6 Wochen gekündigt werden. Ist zweifelhaft, ob ein Vertrag auf bestimmte oder unbestimmte Zeit abgeschlossen ist, so muß nach Treu und Glauben mit Rücksicht auf die Verkehrssitte beurteilt werden, ob die Parteien als redliche Vertragsgenossen Auflösung des Vertrages ipso jure oder unter Einhaltung einer Kündigungsfrist gemeint haben[16]. Die vertragliche Vereinbarung, daß das Arbeitsverhältnis durch Veräußerung des Unternehmens beendet wird, ist im Zweifel dahin auszulegen, daß bei Eintritt dieses Ereignisses beiden Teilen die Kündigung mit gesetzlicher Frist zustehen soll (§ 622 BGB.)[17]. Dienstverträge mit einer Zeitdauer von mehr als 5 Jahren können unter Einhaltung einer Kündigungsfrist von 6 Monaten nach Ablauf von 5 Jahren gekündigt werden (§ 624 BGB.). Auch auf bestimmte Zeit geschlossene Dienstverträge können die zulässige Abrede enthalten, daß sie nur bei ausdrücklicher Kündigung enden, sich aber ohne deren Erklärung von selbst fortsetzen[18].

Die Kündigung ist einseitige, empfangsberechtigte, an sich nicht formbedürftige Willenserklärung, die auch durch einen Bevollmächtigten erfolgen kann[19]. Ein Kündigungsgrund braucht nicht angegeben zu werden; sie muß aber deutlich und zweifelsfrei sein und ersehen lassen, wann der Arbeitsvertrag endigen soll[20]. Für das Bühnenrecht bedürfen nach § 10 Nr. 2 NV. Kündigungen in jedem Falle der Schriftform. Wirksamkeit der Kündigung tritt mit Zugehen bei dem Vertragsgegner ein (§ 160 BGB.). Es ist also erforderlich, daß der Brief in verkehrsüblicher Weise in den Gewahrsam des Adressaten gelangt. Mitteilung

[15] Vgl. hierzu Buka: „Das Oberschiedsgericht verwirft den Berliner Vertrag", DB. 1930, 209; und Assmann: „Das Oberschiedsgericht und der Berliner Vertrag", NW. 59, 303; sowie Hohner: Die Beendigung des Bühnenengagementsvertrages unter besonderer Berücksichtigung des neuen Arbeitsrechtes. Münchener Dissertation 1931, S. 16ff.

[16] Vgl. Nipperdey: S. 883, Bem. 2a zu § 620.

[17] Vgl. OLG. Karlsruhe, DJZ. 1900, 363.

[18] Vgl. RG. 28. September 1926; Baum: DB. 1930, 22, II.

[19] In diesem Falle ist § 174 BGB. zu beachten (unverzügliche Zurückweisung der Kündigung).

[20] Vgl. RGZ. 91, 309.

am schwarzen Brett des Theaters genügt nicht[21]. Verweigert der Vertragsgegner die Annahme des Kündigungsschreibens oder verschuldet er dessen Nichtzugehen, so gilt die Kündigung als zugegangen[22]. Ist die Kündigung durch Zufall nicht eingegangen, so ist sie auch nicht erfolgt.

Die Vereinbarung bestimmter Kündigungsfristen ist zulässig, jedoch müssen in diesem Falle nach § 10 Nr. 1 NV., der nur einen allgemeinen Rechtsgedanken wiedergibt, die Kündigungsfristen für beide Teile gleich sein. Bei Vereinbarung ungleicher Fristen gilt für beide Teile die längere Frist. Die Kündigung kann überhaupt nur für den Schluß eines Vertragsjahres oder einer Spielzeit vereinbart werden.

§§ 84ff. BetrRG., die ein Einspruchsrecht des Arbeiter- oder Angestelltenrates bei Kündigungen vorsehen, greifen bei Bühnenengagementsverträgen — für das Film- und Artistenrecht ist die Vorschrift bedeutungslos — nur in Sonderfällen Platz, da derartige Verträge in der Regel ohne Kündigung, nämlich durch Zeitablauf, enden. Ein auf die Vorschriften des Betriebsrätegesetzes erhobener Einspruch ist also nur dann berechtigt, falls die Abrede getroffen ist, daß sich der Vertrag ohne Kündigung stillschweigend fortsetzt. Ein derartiger Bühnenbrauch besteht nicht, muß auch im Hinblick auf § 2 Ziff. 3 NV. sehr erheblichen Bedenken unterliegen[23]. Für die Ausnahmefälle, in denen § 84 BetrRG. Anwendung findet, sind die Fristen des BetrRG. zu wahren. Bei Streitigkeiten sind die Arbeitsgerichte ausschließlich zuständig. Revision ist gegenüber den Urteilen der Landesarbeitsgerichte auf Grund von § 72 ArbGG. in Verbindung mit § 2 Nr. 4 ArbGG. in jedem Falle unzulässig.

3. Als Fall der außerordentlichen Kündigung kommt die Kündigung aus „wichtigem Grunde" in Betracht (§ 626 BGB.). Das BGB. gibt bekanntermaßen keine nähere Begriffsbestimmung des „wichtigen Grundes". Indessen haben Wissenschaft, Rechtssprechung und Rechtspraxis seinen Begriff in tatsächlicher und rechtlicher Hinsicht fest umrissen.

§ 15 NV. bestimmt: „Der Vertrag kann von jedem Teil ohne Einhaltung einer Kündigungsfrist gekündigt werden, wenn ein wichtiger

---

[21] A. A. offenbar Kutzer: S. 396.

[22] Vgl. RGZ. 58,406ff. und die nicht veröffentlichte Entscheidung des 2. ZivSen. v. 20. April 1928, II 516/27 bei Dienstag: a. a. O. S. 145, Anm. 3.

[23] Vgl. Baum: DB. 1930, 1ff. „das landesarbeitsgerichtliche Urteil in der ‚Anfechtungsklage' gegen das Würzburger Stadttheater", insbes. S. 2 und die dort angezogene arbeitsrechtl. Lit. sowie die Rechtssprechung des OSchG. und des KG. in dieser Frage; gleicher Ansicht Mansfeld: Betriebsrätegesetz 3^3, 428; Hohner: a. a. O. S. 9ff., abweichend Finkelstein: S. 106 Anm. 61, der übersieht, daß das Einspruchsrecht bei befristeten Verträgen ausscheidet.

Grund vorliegt. Ein wichtiger Grund zur sofortigen Lösung des Vertrages ist jeder Umstand, auf Grund dessen die Fortsetzung des Dienstvertrages einer Partei nicht mehr zugemutet werden kann; insbesondere Tätlichkeiten, erhebliche Beleidigungen, unsittliche Zumutungen, beharrliche Verweigerung oder schwere Vernachlässigung der Dienstleistungen, wiederholt unpünktliche Zahlung der Vertragsvergütung." In Übereinstimmung hiermit bestimmt § 24 VTV.: „Zur sofortigen Lösung des Vertrages ohne Einhaltung einer Kündigungsfrist ist jede der beiden Parteien berechtigt, wenn ein wichtiger Grund im Sinne des § 626 BGB. vorliegt. Als wichtiger Grund gilt jeder Umstand, mit Rücksicht auf den die Fortsetzung des Vertrages der einen oder anderen Partei nicht zugemutet werden kann, insbesondere Tätlichkeiten, erhebliche ehrverletzende Beleidigungen, unsittliche Zumutungen, beharrliche oder wiederholte Verweigerung oder schwere Vernachlässigung der Leistungen und Pflichten, wiederholte unpünktliche Zahlung der Gage." Der analogen Anwendung dieser Bestimmungen auf den Filmengagementsvertrag stehen keinerlei grundsätzliche Bedenken entgegen, wenngleich die Tatbestände im einzelnen oft außerordentlich verschieden gelagert sein können. Die Frage, ob ein wichtiger Grund vorliegt, wird nach ständiger Rechtssprechung stets als Tatfrage angesehen und unterliegt als solche nur insoweit der Nachprüfung in der Revisionsinstanz, als der Begriff des wichtigen Grundes in rechtlicher Beziehung verkannt ist[24]. Sämtliche Umstände des Einzelfalles sind zu berücksichtigen[25]. Die vermögensrechtlichen Folgen der Auflösung des Vertragsverhältnisses sind zu beachten[26] (Grundsatz der Äquivalenz). Die Bestimmungen über die Kündigung aus wichtigem Grunde können durch Parteivereinbarung nicht ausgeschlossen werden[27]. Dies hindert indessen nicht, daß die Parteien im Vertrage ausdrücklich vereinbaren können, welche Umstände als wichtiger Grund angesehen werden sollen.

Ein allgemeines Rücktrittsrecht mit Nachfristsetzung gemäß § 326 BGB. besteht neben dem Recht aus § 626 BGB. nicht[28].

Das Kündigungsrecht ist verwirkt, sobald das Dienstverhältnis nach Eintritt des wichtigen Grundes mit Wissen und Willen des Kündigungsberechtigten fortgesetzt wird[29]. Die Partei, die den wichtigen Grund

[24] Vgl. RGZ. 78, 22; 110, 297; JW. 1901, 209; 1906, 813; 1911, 58; 1922, 192; RAG. 13. Juni 1928; BenshSamml. 3, 73, 17. März 1930.

[25] Vgl. RGZ. 94, 66; RGZ. 78, 19.

[26] Vgl. RG 94, 166; Nipperdey bei Staudinger: a. a. O. S. 897.

[27] Vgl. RGZ. 69, 365; 75, 234; RArbG. in ArbREntschArbg. 1, 93.

[28] RG 92, 158 und 22. Januar 1926 III, 151. 25 bei Dienstag: a. a. O. S. 147, Anm. 6; Hohner: a. a. O. S. 51.

[29] Vgl. RGZ. 38, 116; 51, 91; 56, 373; ähnlich OSchG. NW. 1921, 273: „Mit der Vertragsbrucherklärung ist unvereinbar, daß der Unternehmer das Mitglied weiter beschäftigt, wenn auch etwa nur bis zum Spruche des Gerichts."

zur Kündigung gegeben hat, ist zum Schadensersatz verpflichtet. Der Dienstverpflichtete braucht sich für den Fall seiner fristlosen Entlassung nicht zur Verfügung zu halten, wenn ihn der Unternehmer geradezu entläßt und damit bestimmt zu erkennen gegeben hat, daß er mit ihm nichts weiter zu tun haben wolle (§ 628, 2 BGB.)

Die Kündigung aus wichtigem Grunde bedarf niemals der Schriftform, auch wenn sonst vertraglich vereinbart ist, daß Kündigungen nur schriftlich erfolgen können; denn § 626 BGB. ist zwingendes Recht, dessen Ausübung angesichts der Formfreiheit des BGB. nicht an irgendwelche Formvorschriften geknüpft werden kann[30].

Der „wichtige Grund" kann liegen

a) in der Person des Vertragsgegners,

b) in der Person des Kündigenden selbst,

c) in objektiven Umständen.

a) Wichtige Gründe in der Person des Vertragsgegners sind von der Unternehmerseite aus gesehen solche Tatsachen, die den Betriebsorganismus als solchen gefährden oder eine schwere Verletzung der allgemeinen und besonderen Dienstpflichten bedeuten. Das Bühnenoberschiedsgericht hat für den Bühnenengagementsvertrag in einer großen Anzahl von Entscheidungen die maßgeblichen Gesichtspunkte festgestellt, die einen wichtigen Grund zur Kündigung bilden. Die dort entwickelten Rechtsgrundsätze sind analog für das Film- und Artistenrecht heranzuziehen; es würde zu weit führen, übrigens auch rechtsdogmatisch bedeutungslos sein, die Rechtssprechung im einzelnen zu würdigen, zumal die tatsächlichen Verhältnisse jedes Falles anders gelagert sind. Es mag daher auf die eingehende Übersicht dieser Rechtssprechung bei Kutzer a. a. O. S. 411, Anm. 1 verwiesen und an dieser Stelle nur hervorgehoben werden, daß vor allem vier Hauptgesichtspunkte für eine Kündigung aus wichtigem Grunde seitens des Unternehmers in Betracht kommen[31], nämlich:

aa) daß durch das Verhalten des Mitgliedes die Durchführung des Betriebsplanes schwer gefährdet oder der Betriebsorganismus gestört wird,

bb) daß die Pflicht der Unterordnung schwer verletzt wird,

cc) daß es dem Mitglied an der erforderlichen Zuverlässigkeit mangelt,

dd) daß durch die Art des Verhaltens des Mitgliedes der dienstliche Verkehr auch zwischen den Arbeitnehmern untereinander unmöglich und nicht zumutbar gemacht wird,

ee) daß die Treupflicht schwer verletzt, auch die Achtung vor dem Künstlerstande beeinflußt wird.

[30] A. A. OSchG. 10. Februar 1927 bei Kutzer: a. a. O. S. 427; dagegen mit Recht Buka: DB. 1928 Nr. 3; sowie Kutzer: a. a. O. S. 421.

[31] Vgl. auch Kutzer: S. 411, Anm. 1.

Vereinzelte, nicht schwere Verstöße, gegen die Dienstpflicht begründen niemals eine fristlose Entlassung[32], es sei denn, daß Ordnungsstrafen und sonstige Rügen vorausgegangen sind[33]. Das Privatleben des Mitgliedes darf nur insoweit zur Begründung einer fristlosen Entlassung aus wichtigem Grunde herbeigezogen werden, als dem Unternehmer daraus mittelbar schwere Nachteile erwachsen oder drohen[34].

Wichtige Gründe, die eine sofortige Lösung des Dienstverhältnisses von seiten des Mitgliedes rechtfertigen, sind Nichtzahlung des Gehaltes, ehrverletzende Behandlung durch den Unternehmer, den Vertragszweck gefährdende Verletzung persönlichkeitsrechtlicher Interessen, allgemeine schwere Verstöße gegen die Unternehmerpflichten, schwerer Angriff gegen die Ehre des Mitgliedes und seiner Angehörigen, Mißbrauch dienstlicher Gewalt. „Berechtigte Vorhaltungen" in Gegenwart Dritter begründen keine fristlose Kündigung[35]. Bei Zahlungsverzug muß die Vergütung in einem erheblichen Ausmaße nicht oder nicht vollständig gezahlt sein. Kleinere Rückstände, begründeter kurzer Aufschub oder Zahlung des unstreitigen Teiles der Vergütung geben ebenfalls kein Recht zur sofortigen Kündigung[36].

Bei unberechtigter fristloser Kündigung ist Schadensersatzpflicht des vertragsbrüchigen Kontrahenten gegeben. Für das Bühnenrecht ist in diesem Zusammenhange von Bedeutung § 14 Nr. 1 NV. Danach gilt Entlassung des Mitgliedes in rechtswidriger schuldhafter Weise als Vertragsbruch. Irrtum des Unternehmers über die rechtliche Tragweite der von ihm für die Begründung der fristlosen Kündigung vorgebrachten Tatsachen schließt Verschulden und Rechtswidrigkeit aus.

b) Wichtige Gründe in der Person des Kündigenden selbst sind anhaltende Krankheit[37], Heirat, Aufgabe des Berufs. Heirat der weiblichen Mitglieder von Bühne, Film und Varieté wird in der Praxis verschiedenfach beurteilt. Reichsgericht und Bühnenoberschiedsgericht haben sehr lange die Auffassung vertreten, daß Heirat keinen wichtigen Grund zur Kündigung bildet[38]. Neuerlich ist diese Auffassung mit der Begründung, daß bei Heirat mit einer Herabsetzung der Leistungsfähigkeit gerechnet

[32] OSchG. v. 15. September 1925, 29. September 1925; DB. 1928, 5, 3; 26. April 1925, DB. 1925, 7; 21. Oktober 1924, DB. 1925, 9.

[33] OSchG. 21. Oktober 1924, DB. 1925, 9.

[34] OSchG. 19. Januar 1921, DB. 1921, 17.

[35] Vgl. OSchG. 3. Juli 1923; bei Kutzer: a. a. O. S. 413, Anm. 3.

[36] OSchG. 30. September 1924, DB. 1925, 7; wenn der Artist die Beschlüsse seiner Organisation befolgt, so ist das kein Grund zur fristlosen Entlassung, selbst wenn dadurch die Interessen des dienstberechtigten Unternehmers geschädigt werden, so LG. München in „Arbeitsrecht", Bd. 13, Heft 2, Februar 1926.

[37] A. A., aber wohl einen Einzelfall betreffend, OSchG. 10. November 1925, DB. 1927, 4; gleicher Ansicht wie im Text, Buka: Arch.f.Urh.R. 1, 675.

[38] Vgl. RG. JW. 1910, 577 und 1925, 2434 (im letzten Falle handelt es sich nicht um eine Bühnenkünstlerin); Rosemeyer-Assmann: a. a. O. S. 39.

werden müßte, verlassen[39]. Arg. e contr. folgt hieraus auch die Berechtigung des Arbeitnehmers zur fristlosen Kündigung in diesem Falle.

Ernstliche Aufgabe des Berufes bildet stets einen wichtigen Grund zur Kündigung seitens des Dienstverpflichteten; nach § 23 VTV. ist der Artist bei völliger Aufgabe seines Berufes zur Vertragslösung berechtigt.

c) Objektiver Grund im Sinne eines außerordentlichen Kündigungsrechts ist Schließung des Unternehmens; die Weiterführung des Betriebes muß unmöglich sein[40]. Unmöglichkeit liegt vor, wenn nach den tatsächlichen Verhältnissen und vernünftigerweise nach Treu und Glauben dem Dienstberechtigten die Weiterführung unter keinen Umständen zugemutet werden kann oder es absolut unmöglich ist, von den Diensten der Angestellten Gebrauch zu machen. Pekuniär mißliche Verhältnisse des Unternehmers fallen aber normalerweise nicht unter § 626 BGB., da der Unternehmer die fristlose Kündigung nicht zur Abwälzung seines Risikos auf den Dienstverpflichteten benutzen darf[41].

4. Der Konkurs des Mitgliedes hat auf die Rechtsbeständigkeit des Arbeitsvertrages keinerlei Einfluß. § 22 KO. gilt für seinen Konkurs nicht. § 17 KO. kommt nicht zur Anwendung, da es sich um höchstpersönliche Leistungen handelt (§ 613 BGB.), mithin der Konkursverwalter nicht an Stelle des Gemeinschuldners erfüllen kann. Der Arbeitsvertrag setzt sich also unverändert fort. Auch Kündigungsrecht aus wichtigem Grunde ist nicht gegeben[42].

Im Konkurs des Unternehmers kommt, soweit das Engagement bereits angetreten ist, § 22 KO. in Betracht. Beide Teile, also sowohl das Mitglied wie der Konkursverwalter, können unter Einhaltung der gesetzlichen resp. der üblichen Kündigungsfrist kündigen. Bei Kündigung durch den Konkursverwalter ist das Mitglied berechtigt, Ersatz des durch die vorzeitige Aufhebung des Arbeitsverhältnisses entstehenden Schadens als einfache Konkursforderung zu verlangen; ist das Engagement noch nicht angetreten, so kann der Verwalter fristlos kündigen (§ 17 KO.). Dem Mitglied steht das Recht fristloser Kündigung nicht zu[43]. Die bis zur Konkurseröffnung rückständige Gagenforderung

---

[39] Vgl. RG. 110, 297; vgl. auch Urteil des LArbG. Berlin v. 24. Januar 1928 in ArbREntschArbg. 1, 126 und die Bemerkungen von Meissinger zu diesem Urteil.

[40] Vgl. RG. 87, 351, sowie Rosemeyer-Assmann: S. 78, insbesondere die dort angeführte Entsch. d. KG.: Streichung des Theateretats im Haushalt einer Stadtgemeinde stellt keinen objektiven Kündigungsgrund dar. OSchG. vom 20. Oktober 1931 (bisher nicht veröffentlicht). Die Entsch. ist nicht unbedenklich.

[41] Vgl. auch Nipperdey bei Staudinger: a. a. O. S. 901; JW. 1927, 245; Kutzer: S. 403ff., insbesondere Anm. 1.

[42] Vgl. Hueck-Nipperdey: 1, 301; Jäger: 1, S. 399, Anm. 8 zu § 22.

[43] Vgl. Jäger: § 22, Anm. 9; abweichend Nipperdey: a. a. O. S. 301; Nipperdey bei Staudinger: S. 306 und Kutzer: S. 355.

ist bevorrechtigte Konkursforderung (§ 61 KO.)[44]. Die Gage für die Zeit nach der Konkurseröffnung bis zum Ablauf der Kündigungsfrist begründet eine Masseschuld[45] (§ 56 KO.). Im Vergleichsverfahren über das Vermögen des Arbeitgebers ist jeder Teil — nicht die Vertrauensperson — berechtigt, das Dienstverhältnis mit Ermächtigung des Gerichts unter Einhaltung der gesetzlichen Kündigungsfrist zu kündigen. Bei vorzeitiger Kündigung besteht ein evtl. Anspruch auf Schadensersatz. Dieser Anspruch wird vom Vergleiche betroffen (§ 30), während im übrigen gemäß § 4 bei noch nicht oder nicht vollständig erfüllten gegenseitigen Verträgen die Vertragsteile an dem Vergleichsverfahren nicht beteiligt sind[46].

§ 65. Die arbeitsrechtlichen Verhältnisse des Betriebspersonals.

Jedes Theater-, Varieté- oder Filmunternehmen beschäftigt außer dem Solopersonal noch eine große Reihe sonstiger Personen, deren arbeitsrechtliche Verhältnisse indessen nicht in so ausgesprochenem Maße Besonderheiten wie der Engagementsvertrag der Bühnenkünstler, Filmschauspieler und Artisten aufweisen. Es gelten die Vorschriften des BGB. über den Dienstvertrag (§ 611 ff.), vielfach ergänzt durch tarifvertragliche Regelung.

a) Die Rechtsverhältnisse der Kapellmeister, Spielleiter, Dramaturgen, Inspizienten, Souffleure, Repetitoren, Singchordirektoren, Tanzmeister, sind durch den Normalvertrag geregelt, da sie nach § 1 Abs. 2 als Bühnenmitglieder gelten; der Inhalt der Arbeitsleistung wechselt je nach der ihnen zugewiesenen Stellung.

Der *Kapellmeister* ist der Leiter des musikalischen Teils der Aufführungen[1]. Ihm obliegt die allgemeine Vorbereitung und Leitung. Er hat ferner die Neuerscheinungen der Opernliteratur auf ihre Bühnenbrauchbarkeit zu prüfen. Der Kapellmeister ist zur Mitwirkung im Orchester oder auch bei Streik als Solorepetitor nicht verpflichtet[2]. Erscheinen bei den Proben ist Pflicht[3]. Chormeister für die Einstudierung der Chöre und Solo- bzw. Korrepetitoren zur Einstudierung der Solistenkräfte haben nach seinen Weisungen zu arbeiten. Der Kapellmeister besitzt kein ausschließliches Recht auf Leitung der Aufführung; die Leitung des vorbereiteten Werkes kann auch dem Komponisten oder einem Gaste übertragen werden[4]. Zu berücksichtigen ist

---

[44] So RG. JW. 1926, 927; das gilt auch für die Artisten angesichts der dienstvertraglichen Natur des Artistenengagementsvertrages, vgl. oben S. 396.

[45] RGZ. 55, 267.

[46] Vgl. auch die oben S. 250, Anm. 11 zitierte Literatur zu dieser Frage.

[1] Vgl. im einzelnen über seine Tätigkeit Kutzer: a. a. O. S. 371.

[2] OSchG. 13. Juni 1925, DB. 28, 1; Rosemeyer-Assmann: S. 56.

[3] Vgl. Felisch-Leander: Nr. 95. [4] Vgl. Kutzer: a. a. O. S. 373.

aber das auch dem musikalischen Leiter nach dem NV. zustehende Recht auf Beschäftigung[5]. Bei Umwandlung des Theaterbetriebes in ein Varieté oder Kino braucht der Kapellmeister nicht zu dirigieren[6].

Spielleiter sind die Bühnenregisseure. Der Regisseur ist für Stil und Charakter der Aufführung verantwortlich, ohne daß er einen Einfluß auf die endgültige Gestaltung des Spielplanes besitzt: er ist verpflichtet, die Aufführung so sorgfältig wie irgend angängig vorzubereiten. „Pfuschleistungen" berechtigen ohne weiteres zur fristlosen Entlassung. Ein Recht auf Auswahl der mitwirkenden Schauspieler besitzt der Regisseur nicht, da letzten Endes hierüber der Theaterleiter selbst entscheidet, dagegen besteht ein Vorschlagsrecht[7]. Der Regisseur hat die Regiesitzungen zu leiten. Sind ihm seitens des Theaterleiters bestimmte Richtlinien gegeben, so hat sie der Regisseur zu beachten. Bei Unvereinbarkeit mit seinem künstlerischen Gewissen besteht ein Ablehnungsrecht. Gewohnheitsmäßig pflegt namentlich an großen Bühnen den einzelnen Regisseuren viel Spielraum hinsichtlich der Geltendmachung ihrer persönlichen Auffassung gelassen zu werden. Nach Treu und Glauben ist dem Spielleiter genügende Zeit für die Vorbereitung der Aufführung zu lassen. Ist ein Mitglied als Schauspieler und Regisseur engagiert, so kann es die Übernahme einer Rolle nicht mit der Begründung ablehnen, daß es in diesem Stück nicht die Regie führt[8].

Auch wenn dem Regisseur ein Recht auf Beschäftigung zusteht, kann er nicht beanspruchen, daß ihm die Inszenierung sämtlicher Neuerwerbungen zugewiesen wird, wofern, wie üblich, mehrere Regisseure bestellt sind.

Der *Singchordirektor* — nur bei großen Opernbühnen anzutreffen — hat die Singchöre bühnenmäßig einzustudieren; er hat die Weisungen des Kapellmeisters zu beachten und ist zu den Regiesitzungen hinzuzuziehen.

Der *Bühnenbildner*, eine sich nur bei größeren Bühnen findende Personenkategorie, sorgt für die künstlerische Leitung des Bühnenbildes; dem *Dramaturgen* fällt die Prüfung der seitens der Bühnenverleger oder Autoren selbst eingesandten Stücke sowie die bühnenmäßige Bearbeitung etwa angenommener Stücke zu.

Tanzmeister sind die Vorstände des Balletts. *Repetitoren* sind diejenigen Kräfte, die nach den Weisungen des musikalischen Leiters mit den Sängern und dem Chor die Aufgaben einüben[9]. Der *Inspizient*

---

[5] Vgl. Prozeß Klemperer/Preußischen Staat, und BOSchG. 18. Dezember 1923, DB. 24, 10 (Fall mehrerer Kapellmeister).

[6] Vgl. ROSEMEYER-ASSMANN: 1924, 61. [7] Ähnlich KUTZER: a. a. O. S. 363.

[8] Vgl. FINKELSTEIN: a. a. O. S. 80 und die dort in Anm. 97 zitierte Entsch. des BSchG. Berlin v. 19. Mai 1922.

[9] Vgl. auch KUTZER: a. a. O. S. 379; sowie OSchG. 11. Februar 1930 über die Aufgaben des Ballett-Repetitors, Arch.f.Urh.R. 3, 643.

hat die einzelne Theatervorstellung auf ihre Ordnungsmäßigkeit und Rechtzeitigkeit zu überwachen, daß also die Schauspieler rechtzeitig die Bühne betreten, bei Volksszenen die regiemäßig vorgeschriebenen Geräusche gemacht, Blitz- und Donnermaschinen rechtzeitig in Gang gebracht werden[10]. Die Souffleure schließlich sind dazu berufen, von einer besonderen Stelle der Bühne aus, dem sogenannten „Souffleurkasten", an Hand des Regiebuches den Text leise nachzusprechen, so daß keinerlei Sprechstockungen eintreten.

Die Arbeitsverhältnisse der *technischen Bühnenvorstände*[11], der *Theaterfriseure* und des sonstigen *kaufmännischen Hilfspersonals* sind durch ein besonderes Abkommen zwischen Bühnenverein und Genossenschaft, das Teil F. des Tarifwerkes bildet, geregelt.

b) Keiner tarifvertraglichen Regelung unterliegt der Arbeitsvertrag des *Intendanten*, dessen Bestellung namentlich in allen denjenigen Fällen erfolgt, in denen der Unternehmer eine juristische Person, der Staat oder eine Kommune ist. Auf sein Dienstverhältnis finden also die Vorschriften der §§ 611ff. BGB. Anwendung, es sei denn, daß der Intendant Beamter ist; in diesem Falle kommen öffentlichrechtliche Vorschriften zur Anwendung. Seine Dienstbezüge kann er indessen auch dann im ordentlichen Rechtswege geltend machen (Art. 149 RV.).

Der Inhalt der dem Intendanten im einzelnen obliegenden Dienstpflichten bestimmt sich ausschließlich und allein nach dem Inhalte des mit ihm abgeschlossenen Vertrages. Meist ist der Intendant bezüglich der wirtschaftlichen Führung des Theaters an einen bestimmten Haushaltsplan gebunden. Ob er von diesem Haushaltsplan abgehen, also z. B. Bühnenmitglieder mit außerordentlich hoher Gage selbständig engagieren, Eintrittspreise selbständig abändern, Personal in größerem Umfange entlassen kann, muß der Vertrag ergeben. Verschiedenfacher Regelung unterliegt auch der Einfluß auf die Gestaltung des Spielplanes. Grundsätzlich kann davon ausgegangen werden, daß der Intendant in der Aufstellung des Spielplanes vollkommen ungehindert ist[12]. Betätigung des Intendanten an den Arbeiten der Spielleitung ist bei Schweigen des Vertrages Ermessenssache.

---

[10] Vgl. DB. 1929, 5 (Hausordnung für die Inspizienten).

[11] Vgl. auch die Bestimmung unter A, 20, 2 des Berufsgruppenkatalogs, den der RArbM. am 8. März 1924 auf Grund des AVG. § 1 Abs. 5 erlassen hat.

[12] Nach KUTZER: a. a. O. S. 358 gehören zu den Geschäften des Intendanten die Aufstellung des gesamten Spielplanes, die Annahme von Werken zur Aufführung, der Abschluß der Aufführungsverträge, die Leitung der sogenannten Regiesitzungen, die Beaufsichtigung der Tätigkeit der Vorstände, insbesondere die Überwachung des Proben- und Aufführungsteiles, die Entscheidung bei dienstlichen Meinungsverschiedenheiten zwischen den Vorständen, die Vertretung des Unternehmers nach außen, vgl. auch OSchG. 30. Juni 1931, DB. 23, S. 333 hinsichtlich der Rechtsstellung des Intendanten.

c) Die arbeitsrechtlichen Verhältnisse der *Mitglieder der Theaterorchester* sind durch den Tarif- und Normalvertrag nebst Orchesterdienstordnung, der zwischen dem Deutschen Bühnenverein und dem deutschen Musikerverband am 10. August 1928 vereinbart und am 19. Juni 1929 mit Wirkung vom 1. April 1929 für allgemein verbindlich erklärt worden ist, geregelt[13]. Schriftlichkeit des Vertrages und genaue Bezeichnung des Unternehmers ist notwendig (§§ 1, 2, 3); auf die sonstigen Einzelheiten des in seinen übrigen Bestimmungen den Normalvertrage stark angenäherten Vertrages kann aus Raumgründen nicht des Näheren eingegangen werden; es muß vielmehr auf den Vertrag selbst verwiesen werden. Auch die Arbeitsverhältnisse der *Bühnenarbeiter* sind bei fast sämtlichen deutschen Privat- und Staatstheatern durch Tarifverträge geregelt, bei denen auf Arbeitnehmerseite teils der „Gesamtverband der Arbeitnehmer öffentlicher Betriebe und des Personen- und Warenverkehrs“[14], teils der „Verband der Gemeinde- und Staatsarbeiter“, auf Arbeitgeberseite teils Bezirksverbände des deutschen Bühnenvereins, teils einzelne Privattheater, teils Kommunen, beteiligt sind. Eine Darstellung dieser Arbeitsbedingungen im einzelnen liegt außerhalb des Rahmens dieses Werkes[15]. Eine Durchsicht der vorhandenen Tarifverträge ergibt, daß das Tarifvertragsrecht der Theaterarbeiter vornehmlich in der Regelung der Arbeitszeit, Ruhetage, Löhne, Lohnzuschläge und des Urlaubs Eigentümlichkeiten aufweist[16].

d) Für das Arbeitsrecht der Filmfabrikation kommen besonders folgende Personenkategorien in Betracht: Produktionsleiter, Filmregisseure, Aufnahmeleiter (Spielleiter), Expeditionsleiter, Hilfsregisseure, Architekten, Operateure, Garderobieren, Beleuchter, sowie Massenstatisterie (Komparsen).

Der Aufgabenkreis aller vorstehend genannten Personenkategorien ergibt sich ohne weiteres bereits aus ihrer Berufsbezeichnung. Eine kurze gesonderte Erwähnung ist nur notwendig hinsichtlich des *Produktionsleiters* und des *Aufnahmeleiters*. Der *Aufnahmeleiter* ist bühnenrechtlich dem Inspizienten zu vergleichen. Er hat dafür zu sorgen, daß die Aufnahmen in aller und jeder Beziehung ungestört vor sich gehen, also insbesondere die Schauspieler an den Aufnahmetagen jeweils rechtzeitig erscheinen, die vorgeschriebenen Kostüme von ihnen mit-

---

[13] Vgl. DB. 1929, 191.

[14] Durch Zusammenschluß des deutschen Verkehrsbundes, des Verbandes der Gemeinde- und Staatsarbeiter und des Verbandes der Gärtner und Gärtnereiarbeiter 1930 entstanden.

[15] Vgl. hierzu insbes. Ernst Staenicke: Die deutschen Theater und ihre Arbeiter, Schriftenreihe des Reichsarbeitgeberverbandes deutscher Gemeinde- und Kommunalverbände EV. Heft 15, Berlin 1930.

[16] Vgl. auch Staenicke: a. a. O. S. 45.

gebracht werden, die Möbel für die Aufnahmen richtig und sachgemäß ausgesucht sind, auch sonstige Requisiten rechtzeitig bereitstehen. Er hat zu diesem Zwecke ein umfangreiches Hilfspersonal unter sich (Hilfsregisseure, Boten, Arbeiter). Im einzelnen ist er wiederum gebunden an die Anweisungen des *Produktionsleiters*. Der Produktionsleiter ist diejenige Person, die die Herstellung des gesamten Films leitet und deren Weisungen für sämtliche hieran beteiligten Personen einschließlich des Regisseurs als unbedingt maßgebend anzusehen sind. Der Produktionsleiter seinerseits ist wiederum verantwortlich dem Unternehmer und zwar vor allen Dingen nach der betriebstechnischen Seite hin; er hat insbesondere dafür zu sorgen, daß der in Besprechungen zwischen ihm und dem Unternehmer aufgestellte Kostenvoranschlag genauestens innegehalten wird.

Die Verhältnisse der *Massenkomparserie* sind, soweit Berlin in Betracht kommt, durch einen am 28. Mai 1931 zwischen dem Verband der Filmindustriellen einerseits, der deutschen Bühnengenossenschaft und dem deutschen Chorsängerverband und Tänzerbund, der Internationalen Artistenloge andererseits abgeschlossenen Tarifvertrag geregelt worden, der zwar bisher nicht für allgemein verbindlich erklärt ist, aber angesichts der Tatsache, daß Berlin als hauptsächlichstes, wenn nicht alleiniges Produktionszentrum der Filmindustrie, in Betracht kommt, eine derartige Bedeutung besitzt, daß seine Bestimmungen als verkehrsüblich zu gelten haben.

Nach § 1 ist Filmkomparse (Filmdarsteller) jeder im Film Mitwirkende, der in keiner Form selbständig oder allein in die Handlung eingreift. In Zweifelsfällen entscheidet der Spielleiter. Die Gagensätze sind durch besonderes Gagenabkommen geregelt[17]. Das Mindesthonorar für Filmdarsteller in gewöhnlichem Anzug oder Kostüm beträgt 10 RM., im besseren Straßenanzug 12 RM., Reiter und Schwimmer 15 RM. *Massenkomparserie* liegt verkehrsüblich vor, wenn über 150 Filmdarsteller beschäftigt werden. *Geräuschkomparserie*, wenn Filmdarsteller beschäftigt werden, die nicht im Bilde erscheinen und von denen auch keine fachliche Leistung verlangt wird. Das Engagement von Filmdarstellern für kleinere Rollen fällt nicht unter die tarifliche Entlohnung, sondern ist im Einzelvertrag abzuschließen. Achtstündige Arbeitszeit ist grundsätzlich zugrundegelegt. Überschreitung der Arbeitszeit bis zu 30 Minuten rechtfertigen keinen erhöhten Gagenanspruch des Filmdarstellers. Der Filmdarsteller hat sich den Betriebsvorschriften unbedingt zu fügen. § 10 stipuliert das Recht der sogenannten „Torkontrolle“.

---

[17] Es gilt nur für Mitglieder der vertragschließenden Verbände und die in den amtlichen Nachweis eingetretenen Filmdarsteller.

Musiker in Kinotheatern sind gewerbliche Angestellte gemäß § 133a GO.[18]. Eine für die Praxis infolge der Umstellung vieler Kinotheater auf Tonfilm bedeutsam gewordene Frage behandelt das Urteil des Reichsarbeitsgerichts vom 16. Mai 1931 (RArbG. 643/30); dort hatte ein Kinokapellmeister die ihm angebotene Stellung als Tonsteuerer abgelehnt. Die darauf ausgesprochene fristlose Entlassung hat das RAG. als unbegründet erklärt, da es sich um eine völlig andersartige Tätigkeit handele.

Bei Filmverleihunternehmungen spielen eine erhebliche Rolle die sogenannten „*Filmvertreter*"[19]. Die Filmvertreter leisten, im arbeitsrechtlichen Sinne gesprochen, abhängige Arbeit, auch wenn sie nur auf Provision tätig sind; denn sie besitzen keinerlei wirtschaftliche Selbständigkeit, sind an bestimmte Weisungen des Unternehmers gebunden und arbeiten nur für ihn. Der Unternehmer bestimmt den vom Filmvertreter zu bearbeitenden Bezirk. Er ist berechtigt, die „Tour" des Filmvertreters einzuteilen sowie die Zeit zu bestimmen, zu denen der Filmvertreter „auf Tour" gehen und wieder zurückkommen muß. Er allein bestimmt endlich, ob die dem Filmvertreter gemachten Angebote angenommen werden sollen, alles Merkmale, die ohne weiteres dafür sprechen, daß der Filmvertreter nicht eine selbständige Agentenstellung im Sinne des § 88 HGB. besitzt, sondern als reiner Handlungsgehilfe gemäß § 53ff. HGB. anzusehen ist[20].

Die für die Tätigkeit des Filmvertreters gewährte Vergütung besteht in der Regel in Fixum, Provision und Spesen, diese nur, falls sie vertraglich vereinbart sind.

Der Anspruch auf Provision ist durch die Ausführung des Geschäftes bedingt; das Vertragsangebot muß also in der vom Vertreter aufgenommenen Form vom Verleiher angenommen werden. Ein Handelsbrauch, daß die Provision schon mit der Übermittlung des Angebots verdient ist, besteht nicht[21]. Die Auszahlung der Provision richtet sich nach dem Eingang der Zahlungen. Der Filmverleiher ist

[18] Vgl. RArbG. 29. November 1930 (nicht veröffentlicht) und FRANKE: „Kinomusiker als Angestellte", Deutsches Filmrecht, Beilage zu der Zeitschrift „Kinematograph" Nr. vom 14. Februar 1931.

[19] Über ihre Aufgabe im einzelnen vgl. S. 230.

[20] Infolgedessen ist mangels besonderer Vereinbarung nur Kündigung zum Quartalsschluß mit sechswöchentlicher Frist zulässig. Ein Handelsbrauch, nach welchem ein Vertreter täglich gekündigt bzw. entlassen werden kann, besteht nicht (Gutachten der Handelskammer, — C. 13483/28 —); wegen des grundsätzlichen Unterschiedes zwischen Handlungsgehilfen und Handlungsagenten vgl. RArbG. 10. Dezember 1930 (397/30) und 17. Dezember 1930 (RArbG. 497/30), Rechtspr. in Arbeitsachen 1931, 118ff.; nach dieser Rechtsprechung kann es zumindest zweifelhaft sein, ob der Filmvertreter nicht die Stellung eines Agenten besitzt, eine Auffassung, die indessen der Sachlage nicht entspricht.

[21] Vgl. Gutachten der Industrie- u. Handelskammer — C. 4037/28.

zur Stundung oder Ermäßigung der Leihgebühr berechtigt; ein Einspruchsrecht des Filmvertreters besteht nicht. An einer nachträglichen Erhöhung der Leihgebühr partizipiert auch der Filmvertreter. Ist die Ausführung des Vertrages aus in der Person des Verleihers liegenden Gründen unterblieben oder sind keine wichtigen Gründe in der Person des Theaterbesitzers vorhanden, den bestätigten Auftrag nicht auszuführen, so hat der Filmvertreter Provision zu beanspruchen (analog § 88 HGB.).

Das dem Filmvertreter üblicherweise mitgegebene Material ist dem Verleiher wieder auszuhändigen bzw. ihm zurückzusenden. Die Kosten der Rücksendung trägt üblicherweise der Filmverleiher[22].

Handlungsgehilfen sind auch die Filialleiter, d. h. diejenigen Personen, denen die Leitung der Filialen in den einzelnen Verleihbezirken übertragen ist.

II. Öffentliches Arbeitsvertragsrecht.

§ 66. Tarifrecht und Betriebsvereinbarung.

Eine eingehende Darstellung des Tarifrechtes ist nicht beabsichtigt, zumal ausgezeichnete Darstellungen dieses Gebiets existieren[1]. Da der Bühnen- und Artistenengagementsvertrag aber tarifvertraglich geregelt ist, sind kurze Hinweise notwendig.

1. Gesetzliche Grundlage sämtlicher Tarifverträge bildet die Tarifvertragsordnung vom 23. Dezember 1918, die auf Grund des Art. II, Abs. 2 des Gesetzes zur Abänderung der Tarifvertragsordnung vom 28. Februar 1928 (RGBl. 1, 46) neu gefaßt und in der Fassung vom 1. März 1928 mit Gesetzeskraft verkündet worden ist (RGBl. 1, 47), in Verbindung mit Art. 169 RV., der die beiderseitigen Organisationen der Arbeitgeber und Arbeitnehmer und ihre Vereinbarungen anerkennt[2]. § 1 TarifVO. definiert den Tarifvertrag als schriftlichen Vertrag, der

[22] A. A. Eckstein: S. 304.

[1] Ich verweise insbesondere auf Bd. 2 des Lehrbuches des Arbeitsrechts von Hueck-Nipperdey, sowie die dort im einzelnen angegebene Literatur; Kaskel: Arbeitsrecht, 3. Aufl., Berlin 1927; Jacoby: Grundlehren des Arbeitsrechts, Leipzig 1928; Stier-Somlo: Art. Tarifvertrag, HWBRW. 5, 836.

[2] Vgl. Hueck-Nipperdey: a. a. O. S. 38: „Art. 169 ist nicht ein bloßer Programmsatz, sondern aktueller Rechtssatz“ und Tartarin-Tarnheyden: Art. 169 bei Nipperdey: Grundrechte und Grundpflichten der Reichsverfassung 1929, Bd. 3.

die Bedingungen für den Abschluß von Arbeitsverträgen zwischen Vereinigungen von Arbeitnehmern und einzelnen Arbeitgebern oder Vereinigungen von Arbeitgebern regelt. Tariffähigkeit besitzt demgemäß auf Arbeitgeberseite der einzelne Arbeitgeber wie eine Vereinigung von Arbeitgebern, auf Arbeitnehmerseite nur die Vereinigung von Arbeitnehmern. Die Tarifverträge des Bühnen- und Artistengewerbes sind, einige Tarifverträge für Theaterarbeiter ausgenommen, stets durch Verbände geschlossen: auf Arbeitgeberseite vom deutschen Bühnenverein, dem Internationalen Varietédirektorenverband, dem Verband der Filmindustriellen, auf Arbeitnehmerseite von der Genossenschaft deutscher Bühnenangehörigen, dem Chorsänger- und Tänzerbund, dem allgemeinen deutschen Musikerverband, der Internationalen Artistenloge, alles Vereinigungen, denen ausgesprochene Tariffähigkeit infolge der Tatsache, daß sie ausschließlich Arbeitgeber oder Arbeitnehmer umfassen, unabhängig von der Gegenseite sind und keine allgemeinen wirtschaftspolitischen Ziele verfolgen, innewohnt[3].

2. Jeder Tarifvertrag zerfällt in einen normativen und einen schuldrechtlichen Teil. Normativ ist „die Summe der Regeln, die nach dem Willen der Tarifvertragsparteien den Inhalt von abhängigen Arbeitsverhältnissen bestimmen oder betreffen"[4]. Demgemäß sind normativer Art die Bestimmungen über die Pflichten des Arbeitgebers, die Pflichten des Arbeitnehmers, über die Beendigung des Arbeitsvertrages und die arbeitsvertraglichen Schiedsklauseln. Der normative Teil des Tarifvertrages ist ius cogens. Nach § 1 Abs. 1 Satz 2 TarifVO. sind Arbeitsverträge unwirksam, insoweit sie von der tariflichen Regelung abweichen. Daraus folgt: Negative (verbietende Normen) sind schlechthin unwirksam, positive Bestimmungen sind unabdingbar, es sei denn, daß der Tarifvertrag entgegenstehende Abmachungen zuläßt oder die Arbeitsbedingungen zugunsten des Arbeitnehmers in einer im Tarifvertrage nicht ausdrücklich verbotenen Weise geändert werden. Die zwingende oder unabdingbare Natur läßt sich unschwer nach dem normativen Teile des Tarifvertrages feststellen. Da fast bei sämtlichen Theater- und Varietéunternehmungen dem Wortlaute der Tarifverträge angepaßte Formularverträge im Gebrauch sind, eine straff organisierte und geistig hochstehende Arbeitnehmerschaft vorhanden ist, und die Frage des Tariflohnes aus in der Natur der Sache liegenden Gründen keine so erhebliche Rolle wie in anderen Wirtschaftszweigen spielt, so besitzt die Frage der Unabdingbarkeit hier keine so erhebliche Bedeutung.

Der schuldrechtliche Teil des Tarifvertrages begründet die arbeitsrechtlichen Pflichten der Tarifvertragsparteien gegeneinander, also vor

---

[3] Vgl. wegen der Voraussetzungen der Tariffähigkeit Hueck-Nipperdey: a. a. O. S. 135ff.; Kaskel: S. 24ff.; Jacoby: S. 161ff.

[4] Hueck-Nipperdey: a. a. O. S. 57.

allem die Friedenspflicht und die Tariferfüllungspflicht. Er ist im Bühnentarifwerk besonders eingehend gehalten, insbesondere finden sich hier die Bestimmungen über den Tarifausschuß, der nach Art. III das Verwaltungsorgan für das Tarifverhältnis ist; in ihn entsenden die vertragschließenden Vereine je fünf Vertreter; seine Zuständigkeit erstreckt sich insbesondere auf Auslegung und Ergänzung der Normalverträge, ohne daß er neues Vertragsrecht schaffen darf.

Der in Art. 4 vorgesehene Schiedsausschuß ist in der Tarifausschußsitzung vom 20. Februar 1929 auf Antrag der Bühnengenossenschaft gestrichen worden[5].

Wenn der Reichsarbeitsminister auf Grund von § 2 Satz 1 TV. Tarifverträge, die für die Gestaltung der Arbeitsbedingungen des Berufskreises in dem Tarifgebiet überwiegende Bedeutung erlangt haben, für allgemein verbindlich erklärt, so sind sie auch für Außenseiter nach der Art der Arbeit verbindlich[6].

3. Sind nach § 1 BetrRG. vom 4. Februar 1920 (RGBl. S. 147)[7] Betriebsräte errichtet, so sind für ihren Aufgabenkreis die §§ 66, 67 BetrRG. maßgebend, da Theater- und Varietéunternehmungen Tendenzbetriebe im Sinne des § 67 BetrRG. sind[8]. Der Tätigkeitsbereich eines etwaigen Angestelltenrates ergibt sich aus § 78 BetrRG.

Hierher gehörig ist die Bestimmung des § 37 VTV. In jedem Etablissement, das mehr als 10 Artisten, einschließlich der Truppenmitglieder, beschäftigt, ist ein Betriebs-Artistenrat, bestehend aus drei über 25 Jahre alten Artisten zu wählen. In Betrieben mit weniger als 10, aber mindestens 3 Artisten ist ein Artisten-Obmann zu wählen. Der Betriebs-Artistenrat bzw. der Obmann üben die im Betriebsrätegesetz dem Betriebsrat bzw. dem Betriebs-Obmann übertragenen Befugnisse aus, soweit die Interessen der Artisten in Frage kommen; sie haben gemeinsam mit dem Unternehmer auch Streitigkeiten über Garderobeneinteilung, Kostümwechsel, Probierzeiten zu schlichten, die Höhe der Ordnungsstrafen mitzubestimmen und für den Abreisetag bei Aufstellung des Programms unter Wahrung allseitiger Interessen mitzuwirken.

---

[5] Vgl. NW. 1929, 120; wegen der Verfassung des Tarifausschusses im einzelnen vgl. KUTZER: a. a. O. S. 65ff.; soweit der Tarifausschuß den Tarifvertrag auszulegen hat, ist er Schiedsgericht im Sinne des § 91 Abs. 2, Ziff. 9, AGG., bei Ergänzung des Tarifvertrages vereinbarte Schlichtungsstelle im Sinne des § 3 der SchlV., die Verfahrensvorschriften dieser Gesetze kommen zur Anwendung. Eintragung der Beschlüsse und Unterzeichnung genügt daher nicht.

[6] Vgl. im einzelnen HUECK-NIPPERDEY: 2, 271ff.

[7] Ergänzt durch Gesetze v. 29. April 1923 (RGBl. S. 258); 23. Dezember 1926 (RGBl. S. 507) und 28. Februar 1928 (RGBl. S. 36).

[8] Vgl. im einzelnen MANSFELD: a. a. O. S. 381 ff.

§ 67. Die Stellenvermittlung im Bühnen- Varieté- und Filmgewerbe.

1. Übersicht über die Entwicklung. Die Häufigkeit des Stellenwechsels in Bühnen-, Film- und Artistenkreisen, die damit verbundene häufige Abwesenheit von den Zentren künstlerischen Schaffens, die Notwendigkeit ständiger Kenntnis des Stellenmarktes bedingte, daß fast kaum ein Engagementsabschluß ohne Zuhilfenahme von Agenten getätigt wurde. Der Theater-, Konzert- und Varietéagent war öffentlichrechtlich ›Stellenvermittler[1] im Sinne des § 1 des Stellenvermittlergesetzes vom 2. Juni 1910 (RGBl. S. 860); demgemäß waren auf Grund des in § 8 des Gesetzes für die Landesgesetzgebung gemachten Vorbehalts in den einzelnen Bundesstaaten umfangreiche Vorschriften über den Geschäftsbetrieb der gewerbsmäßigen Stellenvermittler für Bühnen- und Filmangehörige sowie Artisten erlassen worden[2]. Die nach dem Kriege einsetzende gewaltige Förderung des öffentlichen Arbeitsnachweiswesens, das nach verschiedenen Verordnungen seine erstmalige gesetzliche Regelung im Arbeitsnachweisgesetz (ANG.) vom 22. Juli 1922 (RGBl. 1, 657) fand, gab dem vielfach bekämpften Agentenwesen den Todesstoß; § 48 ANG. sprach bereits ein gänzliches Verbot der gewerbsmäßigen Stellenvermittlung vom 1. Januar 1931 ab aus, gab aber im Abs. 3 dem Reichsarbeitsminister die Möglichkeit zu Ausnahmen. Das am 1. Oktober 1927 in Kraft getretene Gesetz über Arbeitsvermittlung und Arbeitslosenversicherung vom 16. Juli 1927 (RGBl. 1, 187) übernahm in den §§ 54—56, 254, 255 die Bestimmungen des ANG. über die gewerbsmäßige Stellenvermittlung ohne die in § 48, 3 ANG. enthaltene Ermächtigung. Am 1. Januar 1931 mußten dementsprechend sämtliche Theater- und Varietéagenten ihren Geschäftsbetrieb einstellen[3].

2. Einzelheiten. a) Jede gewerbsmäßige Stellenvermittlung ist verboten; d. h. die gewerbsmäßige Vermittlung eines Vertrages über eine Stelle oder der gewerbsmäßige Nachweis zur Erlangung einer Stelle[4]. Da der Begriff der Gewerbsmäßigkeit der gleiche wie in der GO. ist[5],

---

[1] Vgl. BayrOberstLG. 2. März 1912 bei Reger: 32, 374.

[2] Vgl. Fischer: Kommentar zum StVG. München 1912, 306ff., 329ff., 364ff., 369ff., 379ff.; ferner Hoffmann: Kommentar zur GO. bei Brauchitsch: Verwaltungsgesetze 5, 21. Aufl., 1928, 597ff. und OVG. 76, 465.

[3] Dieserhalb und wegen ihrer Entschädigung vgl. § 53 des Ges. v. 16. Juli 1927 in Verbindung mit Art. I, V des Ges. über die Entschädigung gewerbsmäßiger Stellenvermittler v. 25. März 1931 (RGBl. 1, 69). Zivilrechtlich hatte der Agent die Stellung eines Mäklers, auf dessen Vergütung die Vorschriften der §§ 652ff. BGB. Anwendung fanden, vgl. Elster: HWRechtsW. VI, Art. Theaterrecht; Landmann-Rohmer: 1, 1000 und die dort zitierte Literatur; Opet: a. a. O. S. 449.

[4] S. auch § 1 Abs. 1 StVG.

[5] Wegen des Begriffs der Gewerbsmäßigkeit vgl. S. 276.

so muß die Vermittlung der Engagements oder der Nachweis zur Erlangung einer Stelle fortdauernd in der Absicht auf Gewinnerzielung stattfinden. Bloße Gefälligkeiten, gelegentlicher Nachweis (auch wenn er gegen Entgelt geschieht), Beratung bei der Annahme eines Engagements, Führung von Verhandlungen über ein Engagement auf Grund ausdrücklicher Spezialvollmacht fallen niemals unter den Begriff der gewerbsmäßigen Stellenvermittlung, es sei denn, daß Beratung und Führung derartiger Verhandlungen sich als eine Verschleierung des wirklichen Tatbestandes darstellen. Genaue Prüfung der wirtschaftlichen Hintergründe im Einzelfalle ist deshalb notwendig. Der Manager übt nicht unter allen Umständen verbotene Stellenvermittlung[6] aus; denn es ist durchaus zulässig, daß sich der Künstler für Verhandlungen über Engagements eine Vertrauensperson engagiert. Es ist auch nicht einzusehen, warum nicht verschiedene Künstler zwecks Spesenverbilligung eine solche Vertrauensperson gemeinschaftlich engagieren können, ohne daß diese dadurch zum gewerbsmäßigen Stellenvermittler wird. Nicht unter den Begriff der gewerbsmäßigen Stellenvermittlung fallen auch schließlich alle diejenigen Fälle, in denen der Unternehmer einen von ihm mit einem Künstler getätigten Vertrag auf einen neuen Unternehmer überträgt[7], es sei denn, daß auch hier wiederum durch die Übertragung eine gewerbsmäßige Stellenvermittlung verschleiert werden soll[8].

b) Da die Bestimmung des § 55 NAG. sich als Verbotsgesetz im Sinne des § 134 BGB. charakterisiert, so sind die nach dem 1. Januar 1931 vom Unternehmer oder Künstler mit einem der bisherigen Theater- oder Varietéagenten wegen Nachweis eines Künstlers oder der Vermittlung eines Engagements abgeschlossenen Rechtsgeschäfte nichtig. Lag dagegen die Vermittlungstätigkeit oder erfolgte der Nachweis der offenen Stelle vor dem 1. Januar 1931, so war die Tätigkeit des Agenten erlaubt. In diesem Falle hat er den Anspruch auf Zahlung der Vermittlungsgebühr selbst dann, wenn das Engagement erst nach diesem Zeitpunkte fest abgeschlossen wird. Provisionsversprechen an Agenten aus der Zeit vor dem 1. Januar 1931 sind daher vom Theaterleiter und Schauspieler auch weiterhin zu erfüllen. Die Fortsetzung vor dem 1. Januar 1931 begonnener Verhandlungen zum Zwecke des Nachweises einer Stelle oder der Vermittlung eines Vertrages über die Stelle ist aber unzulässig. Für eine Tätigkeit des Agenten nach dem 1. Januar 1931 gezahlte Provisionen

---

[6] Zweifelnd GLASE: Die Aufhebung der Theateragenturen DB. 1931, Heft 6, S. 111ff.

[7] Vgl. wegen dieser Verträge S. 466.

[8] Beachtlich in diesem Zusammenhange die Vorschrift des Art. I § 5 des Gesetzes v. 25. März 1931, wonach bei Umgehung der Vorschriften des Verbots der gewerbsmäßigen Stellenvermittlung den bisherigen Agenten eine Entschädigung nicht gewährt wird.

können gemäß §§ 812, 813 BGB. zurückgefordert werden, ohne daß ein Einwand aus § 817 BGB. erhoben werden kann, da das Verbot aus §§ 55, 254 ANG. sich nur auf den Agenten bezieht.

c) Sowohl inländische wie ausländische Agenten unterliegen dem Verbote. Auch die Vermittlung inländischer Künstler nach dem Auslande ist unzulässig. Erlaubt dagegen ist die Vermittlung eines sich im Auslande aufhaltenden Künstlers in ein inländisches Engagement, soweit es sich um eine im Auslande entfaltete und zu entfaltende Vermittlungstätigkeit handelt[9]. Nicht nur der Agent, sondern auch der Künstler und Unternehmer selbst machen sich strafbar, wenn sie die Vermittlung einer Person, die im Auslande gewerbsmäßig Stellenvermittlung betreibt, in Anspruch nehmen, es sei denn, daß es sich um die Erlangung eines Arbeitsplatzes im Auslande oder um die Anwerbung eines Arbeitnehmers, der im Auslande tätig ist, handelt[10]. In diesem Falle können selbstverständlich auch bereits gezahlte Provisionen nicht zurückgefordert werden (§ 817 BGB.).

d) Das Verbot der gewerbsmäßigen Stellenvermittlung erleidet eine Ausnahme zugunsten der Konzertagenten[11]. Unter Konzertagenten sind gewerbsmäßige Stellenvermittler für solche gewerbsmäßig oder nicht gewerbsmäßig betriebenen Unternehmungen, durch welche Instrumentalkonzerte, Vokalkonzerte, Gesang- und andere Vorträge dargeboten werden, bei denen ein höheres Interesse der Kunst und Wissenschaft obwaltet, zu verstehen[12]. Die Konzertagenten sind „bis auf weiteres“ zum Betriebe der Stellenvermittlung zugelassen.

e) Die Strafvorschriften der §§ 254ff. ANG. richten sich zunächst nur gegen den Vermittler. Schauspieler und Unternehmer können sich evtl. der Anstiftung oder Beihilfe schuldig machen[13].

f) Zur Ablösung und als Ersatz für die Künstleragenturen sind paritätische, nicht gewerbsmäßige Einrichtungen unter maßgebender Mitwirkung der beteiligten Organisationen geschaffen worden. Es bestehen:

a) Für Bühnenangehörige: der Bühnennachweis mit dem Hauptsitz in Berlin und Zweigstellen im Reiche.

b) Für Artisten: „die Parenna“, Paritätischer Engagementsnachweis für Varieté, Zirkus und Kabarett, der auch die Vermittlung von Spezialkapellen, die im Rahmen eines Varieté-, Kabarett- oder Zirkusprogramms auf dem Podium auftreten, sowie die Vermittlung sonstiger

---

[9] Vgl. Glase: a. a. O. S. 113. [10] Vgl. Art. 4 Ges. v. 25. März 1931.

[11] Vgl. Art. 3 Ges. v. 25. März 1931.

[12] Vgl. Pr. Vorschriften über den Geschäftsbetrieb der Konzertagenten v. 9. März 1914, Nr. 1 bei Hoffmann: a. a. O. 604; über den Begriff des höheren Interesses von Kunst und Wissenschaft S. 300.

[13] Vgl. Weigert: Kommentar zum Gesetz über Arbeitsvermittlung, Berlin 1927, S. 482ff.

geschlossener Kapellen durchführt. Hauptsitz ist Berlin; Zweigstellen bestehen im Reiche.

c) Für Chor- und Tanzpersonal: der vom Deutschen Bühnenverein und dem Chorsängerbund und Tänzerbund gemeinsam unterhaltene paritätische Stellennachweis für Chor und Tanz[14].

§ 68. Kinderarbeit und Anfängerausbildung.

1. Theatralische und Varietévorstellungen. Seit Erlaß des Gesetzes betr. Kinderarbeit in gewerblichen Betrieben vom 30. März 1903 (RGBl. S. 113) ist grundsätzlich jede Beschäftigung eigener und fremder Kinder bei öffentlichen theatralischen Vorstellungen und anderen öffentlichen Schaustellungen verboten[1] (§§ 6, 15), nachdem bereits durch das Gesetz vom 1. Juli 1883 (RGBl. S. 159) der § 62 GO. dahin erweitert worden war, daß bei Ausübung des Theatergewerbes im Umherziehen die Mitführung von Kindern unter 14 Jahren zu gewerblichen Zwecken verboten war. Kinder sind gemäß § 2 KindSchG. Knaben und Mädchen unter dreizehn Jahren sowie solche Knaben und Mädchen über dreizehn Jahre, welche noch zum Besuche der Volksschule verpflichtet sind. Fremde Kinder sind alle Kinder, die nicht eigene Kinder sind (§ 3, 2).

Bei Vorstellungen und Schaustellungen, bei denen ein höheres Interesse der Kunst und Wissenschaft obwaltet, also nicht bei Spezialitäten, Akrobaten-Artistenvorstellungen[2] sowie Zirkusaufführungen und ähnlichen Veranstaltungen, kann die untere Verwaltungsbehörde nach Anhörung der Schulaufsichtsbehörde Ausnahmen zulassen (§ 6 Abs. 2). In Frage kommen nach der Bestimmung des § 6 KindSchG. nur gewerbsmäßige Vor- und Schaustellungen; Wohltätigkeitsvorstellungen fallen also weder unter Verbot noch Ausnahme; indessen kann die Verwendung von Kindern bei Vorstellungen nicht gewerblicher Art durch Polizeiverordnung verboten werden[3]. Musikaufführungen, soweit sie nicht Teile einer Vor- oder Schaustellung sind, werden durch das Verbot des § 6 nicht erfaßt. Dagegen fallen unter das Verbot auch ausländische Arbeitgeber und Kinder, die im Auslande Schaustellungen veranstalten.

---

[14] Für Filmschauspieler und Filmregisseure besteht bisher kein gemeinnütziger Arbeitsnachweis; es herrscht das Prinzip unmittelbaren Abschlusses zwischen Unternehmer und Schauspieler. Die in Berlin bestehende „Filmbörse" dient zum Engagement von Filmkomparsen und ist eine städtische Einrichtung; sie ist kein Arbeitsnachweis im Sinne der obigen Ausführungen.

[1] Vgl. hierzu auch Erl. d. RArbM. v. 11. Dezember 1920; GewArch. 20, 319 (Verfolgung von Zuwiderhandlungen).

[2] Daher Verpflichtung des Varietéunternehmers zur Prüfung des Alters von Kindern, die vom Artisten mitgeführt werden.

[3] Vgl. KG. 25. Juni 1906; GewArch. 7, 86.

2. Filmaufnahmen. Der frühere Rechtszustand ist durch das Gesetz vom 31. Juli 1925 (RGBl. 1, 125) grundlegend geändert worden. Es erweitert die Bestimmungen der §§ 6a, 15a KindSchG., die grundsätzlich die Heranziehung von Kindern zu Lichtspielaufnahmen verbieten, in § 6a Abs. 2 und 3 aber Ausnahmen zulassen[4]. Die Erlaubnis zum Filmen kann bei Kindern über drei Jahren dann erteilt werden, wenn weder durch den Gegenstand der Aufnahmen, noch durch die Tätigkeit des Kindes oder die Verhältnisse, unter denen die Aufnahmen stattfinden, Schädigungen der Kinder in sittlicher, geistiger oder gesundheitlicher Hinsicht oder eine Überreizung der Phantasie zu besorgen sind. Hierbei ist jeweils nur die bestimmte Szene, in der die Mitwirkung des Kindes erforderlich ist, zu beurteilen, ohne daß es auf den Gesamtinhalt des Films ankommt. Kinder können daher in einem Film mitwirken, zu dem sie selbst bei der Aufführung keinen Zutritt haben[5]. Bei Kindern unter drei Jahren ist eine Ausnahme nur zulässig, wenn ein Interesse der Kunst und Wissenschaft sie erforderlich macht und nachweislich besondere Vorkehrungen zum Schutze der Gesundheit und für sachkundige Pflege und Beaufsichtigung der Kinder getroffen sind. Die Aufnahme von Lehrfilmen fällt stets unter die Ausnahmebestimmung des Abs. 2.

3. Arbeitszeit. Für die Mitwirkung von Kindern in öffentlichen theatralischen Vorstellungen ist eine bestimmte Arbeitszeit nicht vorgeschrieben. Gemäß § 9 ist auch Beschäftigung an Sonn- und Festtagen zulässig. Bei Mitwirkung in Filmaufnahmen kann die Erlaubnis an Bedingungen zum Schutze der Gesundheit, der Sittlichkeit und, soweit es sich um schulpflichtige Kinder handelt, des unterrichtlichen Erfolges geknüpft werden[6]. An Sonntagen ist die Beschäftigung von Kindern in Filmaufnahmen verboten da die Vorschriften des § 9 KindSchG. nicht auf den § 6a ausgedehnt sind[7].

4. Hinsichtlich der Ausbildung des Bühnen- und Filmnachwuchses ist an dieser Stelle folgendes zu bemerken: Auf Grund des § 1 Abs. 3 der Bundesratsbekanntmachung über den privaten und gewerblichen Fachunterricht vom 2. August 1917 (RGBl. S. 683) ist die Erteilung von Theater- und Filmunterricht erlaubnispflichtig[8]. Bestrebungen, die

---

[4] Zu diesem Gesetz ist für Preußen eine eingehende Ausführungsanweisung durch Erlaß des Handelsministers v. 3. Mai 1926 ergangen (HMBl. S. 125, abgedruckt bei Hoffmann: a. a. O. S. 764ff.), die wegen der bei der Beschäftigung von Kindern im Film zu erfüllenden Formalitäten zu vergleichen ist; vgl. auch Mosse: Filmkinder, Soziale Praxis 16. April 1925, S. 347 ff.

[5] Vgl. auch Pfeiffer: Arbeitsverbote und Arbeitszeitschutz für minderjährige Gewerbetreibende und Kinder, Rostocker Dissertation 1927, 36; vgl. auch § 1 Abs. 3 der Polizeiverordnung des Polizeipräsidenten Berlin v. 30. Juni 1924.

[6] Vgl. auch Pfeiffer: a. a. O. S. 37; sowie PrAusfAnw. 8a.

[7] Vgl. Pfeiffer a. a. O. S. 37.

[8] Vgl. auch Dienstag: a. a. O. S. 9, insbes. Anm. 1.

Nachwuchsfrage im Bühnen- und Filmwesen angemessen zu regeln, sind im Gange, haben bisher aber zu keinem sichtbaren Erfolge geführt. Der Deutsche Bühnenverein und die Genossenschaft deutscher Bühnenangehöriger haben am 11. April 1927 ein Abkommen über die Errichtung von Schulen und Prüfungsstellen getroffen mit dem Ziele, die notwendigen öffentlichen Schulen für das Theaterwesen zu errichten, sowie die Staatsaufsicht und das Genehmigungswesen für private Theaterschulen und das Unterrichtserlaubniswesen für private Theaterlehrer zu regeln. Es sind einstweilen 12 Prüfungsstellen errichtet, die auf Ersuchen zum Bühnenberuf prüfen und bei Bejahung ein Zeugnis ausstellen[9]. Einen Stand spezifischer Filmdarsteller heranzubilden bemüht sich die 1921 als Gemeinnützige Anstalt gegründete, unter Aufsicht der Bayerischen Staatsregierung stehende Deutsche Filmschule E. V. München, die statutengemäß die Förderung des technischen und künstlerischen Nachwuchses der Filmindustrie bezweckt.

§ 69. Gewerbeunfallversicherungsrecht.

Durch das III. Gesetz über Änderungen in der Unfallversicherung vom 20. Dezember 1928 sind mit Wirkung vom 1. Juli 1928 ab die Betriebe der Schauspielunternehmungen, Schaustellungen, Vorführungen, Musikaufführungen und von Gesangs- und deklamatorischen Vorträgen, sämtlich ohne Rücksicht auf den Kunstwert der Leistungen, die Lichtspielbetriebe (Herstellung, Vertrieb und Vorführung von Lichtbildstreifen) und die Rundfunksendebetriebe der reichsgesetzlichen Unfallversicherung unterstellt worden (§ 537, 1, 4 RVO.)[1] [2].

Versicherungspflichtig sind alle Betriebe, für die eine besondere Betriebserlaubnis nach den §§ 32, 33a, 33b, 55, 2 No. 4 GO. notwendig ist. Behörden, denen die Erteilung der Betriebserlaubnis obliegt, sind verpflichtet, die Berufsgenossenschaft bei der Ermittlung solcher Betriebe zu unterstützen (§ 656a RVO.). Träger der Versicherung ist

---

[9] Vgl. auch Kutzer: a. a. O. S. 2.

[1] Vgl. hierzu Assmann: „Die gesetzliche Unfallversicherung der Bühnenangehörigen" Berlin 1929, nebst Besprechung von Dienstag: Archf.Urh.R. 2, 87; sowie Treitel: „Unfallversicherung im Vergnügungsgewerbe" Arch.f.Urh.R. 2, 637ff., DB. 1929, 294ff.

[2] Eine Darstellung der Sozialversicherung, also Krankenversicherung, Angestelltenversicherung, Arbeitslosenversicherung, liegt außerhalb der Zweckbestimmung dieses Werkes. Ich verweise wegen der Versorgungsansprüche der Bühnenmitglieder auf die eingehende Darstellung von Dr. Ferdinand Engler: „Die Versorgungsanstalt deutscher Bühnen"; bei Kutzer: a. a. O. S. 457ff. sowie Treitel: „Material zur Unterstellung der Artisten unter die Sozialversicherung", Arch.f.Urh.R. 2, 644ff. Filmschauspieler und Filmregisseure werden in der Regel keiner der genannten Versicherungsarten mit Rücksicht auf die Höhe ihres Einkommens unterliegen.

die Berufsgenossenschaft 68 Abtlg. 2[3]. Ihr sind durch die einzelnen Unternehmer, gleichgültig, ob es sich um juristische oder natürliche Personen handelt, die versicherungspflichtigen Betriebe anzumelden. Als Unternehmer gilt gemäß § 633 RVO. derjenige, für dessen Rechnung der Betrieb oder die Tätigkeit geht. Maßgeblich ist also der wirtschaftliche, nicht der Rechtsbegriff. Der qualifizierte Stellvertreter aus § 45 GO. ist ebenfalls verpflichtet, den Betrieb anzumelden. Ein versicherungspflichtiger Betrieb ist erst mit der Erteilung der Erlaubnis vorhanden. Daher besteht eine Verpflichtung der Berufsgenossenschaft zur Zahlung der Versicherungssumme für den Fall, daß die Betriebserlaubnis zwas beantragt, aber noch nicht erteilt ist, nicht. Der Unternehmer ist in diesen Fällen im Falle etwaigen Verschuldens selbst haftbar. Finden öffentliche Vorführungen und Schaustellungen überhaupt ohne die notwendige Betriebserlaubnis statt, so haftet nach dem Wortlaute des Gesetzes ohne weiteres die Berufsgenossenschaft.

Mit Rücksicht darauf, daß im § 544 RVO. das Wort „Betriebsbeamte“, an dem bisher die Einbeziehung der Schauspieler und Regisseure im wesentlichen scheiterte[4], durch das Wort „Angestellte“ ersetzt worden ist, umfaßt der Kreis der versicherungspflichtigen Personen die sämtlichen bei dem versicherungspflichtigen Betriebe oder der versicherungspflichtigen Tätigkeit beschäftigten Arbeiter, Gehilfen, Gesellen, Lehrlinge und Angestellten. Als Angestellte gelten nach der ausdrücklichen Vorschrift des Gesetzes (§ 545 RVO.) auch Personen, die zur Schaustellung oder Vorführung artistischer Leistungen vertraglich verpflichtet sind. Es werden also von der Unfallversicherung tatsächlich erfaßt alle Kreise von Theater, Varieté und Film, gleichgültig, ob sie künstlerisch vorgebildet sind, ob sie zum darstellenden Personal gehören, ob es sich um kaufmännisches Personal handelt, ob es sich um einfache, mit technischen Hilfsleistungen befaßte, Arbeiter des Betriebes handelt. Die Höhe des Arbeitsverdienstes, das Geschlecht oder die Verwandtschaft mit dem Betriebsunternehmer ist ohne jeden Einfluß auf die Versicherungspflicht, ausgenommen den Fall, daß eine Ehefrau durch den Ehemann beschäftigt ist[5]. Auch die Staatsangehörigkeit spielt keine Rolle.

Die Versicherungspflicht tritt ein bei Betriebsunfällen. Als Betriebsunfall ist jede Körperverletzung anzusehen, die auf die Beschäftigung des Verletzten in dem in Betracht kommenden Betriebe zurückzuführen

---

[3] Für Lichtspielbetriebe ist teils die Großhandels- und Lagerei-Berufsgenossenschaft (Verleihunternehmungen), teils die Berufsgenossenschaft der Feinmechanik und Elektrotechnik Versicherungsträger, vgl. RGBl. 24. Mai 1929.

[4] Vgl. Entsch. des RVA. 15, 86; Entsch. v. 30. Mai 1922.

[5] Freiwillige Unfallversicherung des Unternehmers und seiner Ehefrau bei der Berufsgenossenschaft ist möglich (vgl. Wüstenhagen: DB. 1931, 72).

ist und daher mit seiner Tätigkeit in diesem Betriebe im inneren Zusammenhange steht[6]. Als Beschäftigung gilt nach der ausdrücklichen Vorschrift des Gesetzes (§§ 545a, 545b) auch der mit der Beschäftigung in diesem Betriebe zusammenhängende Weg nach und von der Arbeitsstätte, sowie die mit der Beschäftigung in diesem Betriebe zusammenhängende Verwahrung, Beförderung, Instandhaltung und Erneuerung des Arbeitsgeräts, auch wenn es vom Versicherten gestellt wird. Durch die letztere Bestimmung wird auch die Annahme eines Betriebsunfalls nicht ausgeschlossen, sobald es sich um eigene Requisiten des Angestellten, wie beim Artisten, handelt. Verletzungen, die sich Angestellte untereinander bei öffentlichen Aufführungen zufügen, fallen ebenfalls unter den Begriff des „Betriebsunfalles"; auch Unfälle in Räumen, in denen sich das Mitglied aus betriebstechnischen Gründen zeitweise aufhalten muß, gelten ebenfalls als Betriebsunfälle. Außerhalb der Grenzen des Deutschen Reiches unterliegen die Mitglieder dann der Versicherungspflicht, falls sie von dem deutschen Unternehmer zur Ausführung versicherungspflichtiger Tätigkeit vorübergehend in das Ausland geschickt werden[7].

Gegenstand der Versicherung ist der Ersatz des durch die Körperverletzung oder durch den Tod entstehenden Schadens. Für Sachschaden haftet der Unternehmer[8]. Die Gewährung einer Entschädigung ist ausgeschlossen, falls der Betriebsunfall vorsätzlich durch den Verletzten selbst herbeigeführt worden ist. Bloßes verbotswidriges Handeln schließt dagegen nicht die Annahme eines Betriebsunfalles aus. Die seitens der Berufsgenossenschaft zu gewährende Entschädigung umfaßt Krankenbehandlung, Berufsfürsorge, sowie eine Rente oder Krankengeld für die Dauer der Erwerbsunfähigkeit[9]. Eine Haftung des Unternehmers besteht nicht, es sei denn bei vorsätzlicher Herbeiführung des Unfalls durch den Unternehmer und entsprechender Feststellung im Strafurteil[10].

§ 70. Lohnsteuer.

Abzüge von der vertraglich vereinbarten Vergütung[1] sind dem Unternehmer nur insoweit gestattet, als sie im Vertrage ausdrücklich vorgesehen oder vereinbart sind. Auf Grund gesetzlicher Vorschrift

---

[6] Vgl. auch Treitel: a. a. O. S. 639 und Assmann: S. 31.

[7] Vgl. Treitel: a. a. O. S. 640, derselbe: Arch.f.Urh.R. 4, 172ff.: Versicherungsschutz der Theatermitglieder bei Auslandsgastspielen.

[8] Vgl. S. 458 Anm. 6.

[9] Im einzelnen vgl. dieserhalb §§ 558ff. RVO.

[10] Vgl. auch S. 457. Hierdurch erledigt sich auch die gegen Assmann: a. a. O. S. 37 m. E. durchaus zu verneinende Frage, daß das Bühnenmitglied gegen den Unternehmer entgangenen Gewinn unmittelbar einklagen kann.

[1] Vgl. dieserhalb S. 416.

ist der Unternehmer verpflichtet, die Lohnsteuer abzuziehen[2], und zwar bei sämtlichen in seinem Betriebe angestellten Personen, insbesondere auch bei dem angestellten Solopersonal, also Schauspielern, Sängern, Artisten, Filmdarstellern usw. Denn es handelt sich bei dem Vergütungsanspruch dieser Personen auch *steuerrechtlich* um Arbeitslohn unselbständiger Personen, die gemäß § 4, Ziff. 2 der Durchführungsbestimmungen vom 5. Februar 1925 „ihre Tätigkeit im wirtschaftlichen Organismus so ausüben, daß sie in der Betätigung ihres geschäftlichen Willens unter der Leitung des Unternehmers stehen und dessen Weisungen zu folgen verpflichtet sind". Um einen ordnungsmäßigen Abzug durchzuführen, sind sämtliche Angestellten verpflichtet, ihr Steuerbuch so rechtzeitig abzuliefern, daß die Steuerabzüge vorgenommen werden können; die Höhe der Abzüge richtet sich nach dem tatsächlichen Arbeitseinkommen unter Abzug etwaiger Werbungskosten und Dienstaufwandsentschädigungen. Zwecks ordnungsmäßiger Berücksichtigung dieser Abzüge ist der Arbeitnehmer verpflichtet, eine Bescheinigung seines zuständigen Finanzamts beizubringen, aus der sich die Höhe dieser Werbungskosten ergibt; wird eine solche Bescheinigung nicht beigebracht und erfolgt der Steuerabzug unter Nichtberücksichtigung der vom Finanzamt genehmigten Dienstaufwandsentschädigung, so können Steuernachforderungen eintreten. In vielen Engagementsverträgen wird mit Rücksicht hierauf meist von vornherein eine Trennung der Gage in tatsächliches Arbeitseinkommen und Aufwandsentschädigung, die auch oft in der Form von Garderobenzuschüssen erscheint, vorgenommen. In diesem Falle sind die Garderobenzuschüsse oder Aufwandsentschädigungen nicht lohnsteuerpflichtig. Voraussetzung hierfür ist allerdings, daß das Finanzamt, das zur selbständigen Nachprüfung berechtigt ist, den Dienstaufwand in der vereinbarten Höhe anerkennt[3]. Ausländische Schauspieler, die in Deutschland keinen Wohnsitz oder keinen gewöhnlichen Aufenthalt haben (vgl. § 2 EinkStG.) sind nach § 3 EinkStG. beschränkt steuerpflichtig. Nach der Verordnung vom 26. Februar 1926 sind im Lohnsteuerverfahren beschränkt Steuerpflichtigen 4% ihrer Gesamtbezüge (einschließlich Garderobenzuschüsse, Gratifikationen, Tantiemen) abzuziehen; ein Abzug darf nur dann unterbleiben, wenn eine Bescheinigung des zuständigen Finanzamtes vorgelegt wird, aus der sich ergibt, daß mit Rücksicht auf bestehende Doppelbesteuerungsverträge[4] der Ausländer steuerfrei ist.

---

[2] EinkStG. v. 10. August 1925, RGBl. 1, 189, in der Fassung v. 19. Dezember 1925, RGBl. 1, 469, v. 26. Februar 1926, RGBl. 1, 107 und v. 22. Dezember 1927, RGBl. 1, 485; §§ 36, 44, 63, 69, 99; Durchfbest. über den Steuerabzug vom Arbeitslohn v. 5. Februar 1925, RMinBl. S. 1186 und 31. Dezember 1927 RMinBl. S. 11.

[3] Wegen der Einzelheiten s. PISSEL-KOPPE: Kommentar z. EinkStG. 1927, S. 400.

[4] Vgl. PISSEL-KOPPE: S. 8ff.

§ 71. Arbeitsprozeßrecht.

1. Allgemeines. Für die Entscheidung von Streitigkeiten auf dem Gebiete des Bühnen-, Film- und Varietéarbeitsrechts sind sowohl Schiedsgerichte wie Arbeitsgerichte zuständig. Es dürfte aber nicht zuviel gesagt sein, daß gerade hier der Gedanke schiedsgerichtlichen Austrages von Streitigkeiten feste Wurzeln geschlagen hat, eine Tatsache, die sich schon rein äußerlich daraus ergibt, daß in sämtlichen in Betracht kommenden Tarifverträgen die Schiedsgerichtsklausel enthalten ist. Diese Wertschätzung des schiedsgerichtlichen Gedankens ist in der Hauptsache auf zwei Faktoren zurückzuführen. Einmal hat die schiedsgerichtliche Rechtssprechung sich auf den hier in Betracht kommenden Gebieten für die Anwendung und Fortbildung des Rechtes als außerordentlich segensreich erwiesen (Bühnen- und Varietéschiedsgericht!). Zum anderen hat das schiedsgerichtliche Verfahren im Gegensatz zum Arbeitsgerichtsverfahren den Vorteil, daß die Parteien bei der prozessualen Verfolgung ihrer Ansprüche nicht der sachkundigen Hand des Anwalts zu entraten brauchen, ein Mangel der beim Arbeitsgericht sich um so mehr auswirkt, je größer der Expansionsdrang der Arbeitsgerichte wird, alle Rechtsverhältnisse, die nur im Entferntesten mit dem Begriffe des Arbeitsvertrages verwandt sind, ihrer Gerichtsbarkeit zu unterstellen.

2. Schiedsgerichtsbarkeit. Die schiedsgerichtliche Zuständigkeit für Streitigkeiten aus dem Arbeitsverhältnisse kann auf Kollektivvereinbarung (Tarifvertrag) wie Einzelvereinbarung beruhen. Tarifvertragliche Regelung unterwirft sämtliche tarifbeteiligten Personen ohne irgendwelche Einschränkungen der Schiedsgerichtsbarkeit. Bei Einzelvereinbarung eines Schiedsgerichts ist Voraussetzung, daß das Jahreseinkommen des beteiligten Arbeitnehmers die im Angestelltenversicherungsgesetz vorgesehene Grenze für die Versicherungspflicht, also nach der Verordnung vom 10. August 1928 8400 M., überschreitet und die Schiedsgerichtsvereinbarung ausdrücklich getroffen ist. § 93 ArbGG. kommt in diesem Falle nicht in Betracht, da es sich um ein für den Einzelfall gebildetes Schiedsgericht handelt. Es kann also beispielsweise Entscheidung durch einen einzigen unparteiischen Schiedsrichter vereinbart werden. Im übrigen gelten die Verfahrensvorschriften der §§ 91ff. ArbGG. in gleicher Weise. Der Schiedsspruch hat unter den Parteien die Wirkung eines rechtskräftigen Urteils des Arbeitsgerichts (§ 98, 4 ArbGG.) und ist seitens des Vorsitzenden des Arbeitsgerichts nach Maßgabe der Vorschrift des § 99 ArbGG. für vorläufig vollstreckbar zu erklären[1]. Dieser Grundsatz der Gleichstellung von Schiedsspruch

[1] Die Tariforganisationen des Bühnentarifvertrages haben bestimmt, daß für die Vollstreckbarkeitserklärung sämtlicher bei den Bühnenschiedsgerichten ergehender Schiedssprüche das Arbeitsgericht Berlin zuständig ist; Assmann: Arbeits-

und Urteil des Arbeitsgerichts erleidet jedoch eine erhebliche Einschränkung durch die Bestimmung des § 100, 2 ArbGG., wonach die Aufhebungsklage gegenüber dem Schiedsspruche dann gerechtfertigt ist, wenn er gegen zwingende gesetzliche Vorschriften verstößt. Darunter sind objektive Verstöße gegen zwingendes Recht zu verstehen[2]. Über die Aufhebungsklage entscheidet in erster und letzter Instanz dasjenige Arbeitsgericht, bei dem der Schiedsspruch niedergelegt ist; wird ihr stattgegeben, so ist für das Schiedsgerichtsverfahren kein Raum mehr. Das Arbeitsgericht hat vielmehr in der Sache selbst zu entscheiden, da der Schiedsvertrag durch das stattgehabte schiedsgerichtliche Verfahren bereits konsumiert ist. Da das Schiedsgericht nicht gezwungen werden kann, nach der Ansicht des Arbeitsgerichts zu urteilen, zumal gegen dieses Urteil kein Rechtsmittel besteht, würde andernfalls die Partei rechtlos sein[3].

Für das tarifvertraglich geregelte schiedsgerichtliche Verfahren ist noch im einzelnen folgendes zu bemerken:

Die Tarifschiedsgerichte wie auch das Filmschiedsgericht auf Grund der allgemeinen Anstellungsbedingungen, sind ständige Schiedsgerichte, ständig insofern, als es sich bei ihnen um eine dauernde Einrichtung mit ständigem Obmann handelt[4]. Im einzelnen ist an dieser Stelle folgendes zu bemerken:

a) Nach Art. 5 TV. in Verbindung mit § 21 NV. sind für alle Streitigkeiten aus Ansprüchen aus dem Dienstverhältnisse zwischen Bühnenunternehmern und Bühnenangestellten, deren Dienstverhältnis tarifvertraglich zwischen den Vertragsschließenden geregelt ist, die von dem Deutschen Bühnenverein und der Genossenschaft deutscher Bühnenangehöriger eingesetzten Schiedsgerichte nach Maßgabe der von den beteiligten Organisationen erlassenen Schiedsgerichtsordnung (Fassung vom 1. Juli 1927) ausschließlich zuständig.

---

gericht und Theater, Arch.f.Urh.R. 1, 285. Desgleichen ist nach § 23 der Geschäftsordnung für das Varietéschiedsgericht eine von dem Vorsitzenden des Varietéschiedsgerichts unterschriebene Ausfertigung des Schiedsspruches unter Beifügung der Nachweise über die erfolgte Zustellung unverzüglich beim Arbeits. gericht Berlin niederzulegen; im übrigen ist wegen der Einzelheiten des Verfahrens (Beweisaufnahme, Besetzung des Schiedsgerichts, Eidesabnahme, Verhandlungsgang) die Darstellung bei Dienstag: Arbeitsvertrag S. 155 zu vergleichen.

[2] Vgl. Joachim-Flatow: Kommentar Berlin, 1928 S. 527; Dersch-Volkmar: Kommentar, a. a. O. S. 715.

[3] Die Frage ist sehr streitig. Die hier vertretene Auffassung folgt der Rechtsprechung des RG., vgl. RGZ. 41, 396; 119, 333; Baumbach: a. a. O. S. 231, sowie der Praxis des AG. Berlin. Dagegen Dersch-Volkmar: S. 716; Joachim Flatow: S. 525 und Assmann: a. a. O. S. 287.

[4] Vgl. auch Assmann: a. a. O., Arch.f.Urh.R. 1, 285, § 1ff. der Geschäftsordnung für das Varietéschiedsgericht und das OSchG. Berlin und § 6 der AllgAnstBed.

Die Bühnenschiedsgerichtsbarkeit wird durch Bezirksschiedsgerichte als erste Instanz und das Oberschiedsgericht ausgeübt. Jedes Bezirksschiedsgericht besteht aus einem Obmann als Vorsitzenden und vier Schiedsrichtern, von denen je zwei Arbeitgeber resp. Arbeitnehmer sind. Das Präsidium des deutschen Bühnenvereins und das Präsidium der Genossenschaft deutscher Bühnenangehörigen ernennen ihrerseits die erforderliche Anzahl von Beisitzern. Der Obmann wird vom Tarifausschuß nach Einigung der beiden Organisationen ernannt. Im Falle einer Nichteinigung erfolgt die Ernennung auf Antrag durch das Reichsarbeitsministerium (§ 1 SchO.). Das Oberschiedsgericht setzt sich zusammen aus einem Obmann und je 3 vom Präsidium des Deutschen Bühnenvereins und vom Präsidium der Genossenschaft deutscher Bühnenangehörigen ernannten Beisitzern. Der Obmann des Schiedsgerichts wird analog den Bestimmungen über die Ernennung des Obmanns bei den Bezirksschiedsgerichten ernannt. Berufungsfähig sind alle Urteile der Bezirksschiedsgerichte, soweit der Wert der Streitsache den Betrag von 100 RM. übersteigt resp. ohne Rücksicht auf den Streitwert, soweit es sich um eine grundsätzliche Frage handelt (§ 6 SchO.). Es bestehen Bezirksschiedsgerichte in Berlin, Breslau, Frankfurt a. M., Hamburg, München, Köln, denen jeweils eine Reihe bestimmt bezeichneter Orte durch gemeinschaftliche Anordnung der Vorstände des deutschen Bühnenvereins und der Genossenschaft deutscher Bühnenangehöriger zugewiesen sind. Das Oberschiedsgericht hat seinen Sitz in Berlin (§ 7 SchO.). Die Erhebung der Klage erfolgt durch Einreichung einer Klageschrift in mindestens dreifacher Ausfertigung bei dem zuständigen Schiedsgericht (§ 13 SchO.); sie muß die Bezeichnung der Parteien, die bestimmte Angabe des Gegenstandes und des Grundes des erhobenen Anspruches sowie einen bestimmten Antrag (§ 14 SchO.) enthalten. Widerklage ist nur insoweit zulässig, als sie auf demselben Vertragsverhältnis wie der Klageanspruch beruht. Aufrechnung von Forderungen, die nicht auf dem Vertragsverhältnis beruhen, ist unzulässig (§ 18 SchO.). Die Verhandlung und Urteilsverkündung ist öffentlich (§ 20 SchO.). Die Beweisaufnahmen erfolgen unverzüglich (§ 27 SchO.). In einfachen Angelegenheiten, für welche Entscheidungen bereits ergangen sind, kann der Obmann grundsätzlich den Parteien einen Vorbescheid oder einen Vergleichsvorschlag unterbreiten (§ 19 SchO.). Streitigkeiten über Verpflichtung zur Darstellung einer Rolle und Streitigkeiten über das Auftreten bei Konkurrenzunternehmen (§ 5, Abs. 3 und § 7 NV.) sollen vom Obmann des Schiedsgerichts auf die Tagesordnung der nächsten Sitzung nach Eingang der Klage gesetzt werden. In solchen Fällen ist auch der Obmann des Schiedsgerichts berechtigt, einen Zwischenbescheid unter Zuziehung je eines Beisitzers von jeder Organisation auf Grund mündlicher Verhandlung zu erlassen, der bis zur Entscheidung des ordentlichen Schiedsgerichts gilt. Die Berufungsfrist beginnt zwei Wochen nach Zustellung des Urteils (§ 44 SchO.) und endet mit dem Ablauf von fünf Monaten nach der Verkündung. Die Einlegung der Berufung erfolgt durch Einreichung eines Schriftsatzes in dreifacher Ausfertigung bei dem Obmann des erkennenden Bezirksschiedsgerichtes (§ 45 SchO.). Jedes Mitglied des deutschen Bühnenvereins oder der Genossenschaft deutscher Bühnenangehörigen verletzt seine Pflichten als Mitglied seiner Organisation, wenn es einem vor dem Schiedsgerichte geschlossenen Vergleich oder Schiedsspruch nicht unverzüglich nachkommt, vielmehr die Einleitung des Vollstreckungsverfahrens abwartet, es sei denn, daß es einen Grund für die Aufhebung des Schiedsspruches geltend machen kann (§ 52 SchO.). Außergerichtliche Kosten werden im Falle des Obsiegens der verlierenden Partei auferlegt.

b) Das Varietéschiedsgericht hat ebenfalls zwei Instanzen. In erster Instanz entscheidet das Varietéschiedsgericht, in zweiter Instanz das Varieté-Oberschiedsgericht, beide mit dem Sitz in Berlin. Das Verfahren vor ihnen wird geregelt durch eine Geschäftsordnung, deren Bestimmungen im einzelnen der Schiedsgerichtsordnung des Bühnenvereins gleichen. Das Varietéschiedsgericht ist besetzt durch einen Vorsitzenden, der zum Richteramt befähigt sein muß und je zwei aus den Kreisen der Arbeitgeber und Arbeitnehmer entnommene, von den tarifbeteiligten Verbänden zu benennende Beisitzer. Der Vorsitzende wird auf den Zeitraum eines Jahres unabsetzbar ernannt, jedoch nicht über die Zeit der Vertragsdauer hinaus. Das Varieté-Oberschiedsgericht wird von Fall zu Fall von einem zum Richteramt befähigten Juristen als Vorsitzenden und je drei Beisitzern aus der Liste der Beisitzer für das Varietéschiedsgericht besetzt. Berufungsgrenze ist 2000 RM. Berufungsfrist beträgt zwei Wochen nach Zustellung des Schiedsspruches. Außergerichtliche Kosten werden im Gegensatze zu dem Verfahren vor dem Bühnenverein in keinem Falle erstattet.

c) Das in den AllgAnstBed. vorgesehene Schiedsgericht wird gebildet aus einem Obmann und je einem von jeder Partei zu benennenden Beisitzer. Der Schiedsrichter der Arbeitgeberseite muß einem der der Spitzenorganisation der deutschen Filmindustrie angeschlossenen Verbände angehören. Der Schiedsrichter der Arbeitnehmerseite muß Künstler im Sinne der AllgAnstBed. sein. Der Obmann kann in den ihm geeignet erscheinenden Fällen und muß auf Antrag der betreibenden Partei unverzüglich einen Sühnetermin vor dem Verhandlungstermin anordnen.

3. Arbeitsgerichtsbarkeit. Die Zuständigkeit der Arbeitsgerichte für Rechtsstreitigkeiten ist einmal bei Streitigkeiten der sogenannten „Außenseiter", also von Personen, die keiner der Parteien des Tarifvertrages angehören und nur durch die Erklärung seiner Allgemeinverbindlichkeit dem Tarifvertrage unterworfen sind, ferner in allen denjenigen Fällen, in denen eine Einzelvereinbarung aus den im § 91 ArbGG. enthaltenen Gründen nicht getroffen werden kann, begründet. Dies gilt indessen nur für das ordentliche Verfahren. Für Arreste wie einstweilige Verfügungen ist auch bei Vereinbarung einer Schiedsgerichtsbarkeit stets das Arbeitsgericht zuständig, falls es sich um Ansprüche handelt, die nach § 2 zur Zuständigkeit des Arbeitsgerichts gehören. Gericht der Hauptsache ist alsdann entweder das Schiedsgericht oder das Arbeitsgericht[5]. Bei unerlaubten Handlungen von Arbeitnehmern gegeneinander genügt nicht rein äußerliches Zusammentreffen, sondern das Arbeitsverhältnis muß wesentlich zur Entstehung der unerlaubten Handlung mitgewirkt haben[6]. Auch persönlichkeitsrechtliche Ansprüche z. B. auf ordnungsgemäße Reklame, auf Beschäftigung, auf Mißbrauch des Namens unterliegen der Zuständigkeit der Arbeitsgerichte; denn es handelt sich auch hier um Streitigkeiten über Pflichten aus dem Arbeitsvertrage. Dagegen ist die Zuständigkeit der Arbeitsgerichte in allen den Fällen nicht begründet, wo eindeutig keine Ansprüche aus dem Arbeitsvertrage vorliegen, z. B. bei urheberrechtlichen Streitigkeiten zwischen Regisseur und Unternehmer; für Scheck- und Wechselklagen ist stets das ordentliche Gericht, nicht das Arbeitsgericht zuständig, auch wenn die Scheks oder Wechsel als Zahlung für Ansprüche aus dem Arbeitsvertrage gegeben sind, da diese besonderen Verfahrensarten nicht unter die Zuständigkeitsvorschriften des § 2 AGG. fallen.

---

[5] Vgl. auch DIENSTAG: a. a. O. S. 154; JOACHIM-FLATOW: S. 311; DERSCH-VOLKMAR: a. a. O. S. 559.

[6] Vgl. DERSCH-VOLKMAR: a. a. O. S. 157; FLATOW-JOACHIM: S. 61.

Fünftes Buch.

Der Theater- Film- Schaustellungs- und Konzertbetrieb.

Von

PAUL DIENSTAG.

I. Besuchsrecht.

§ 72. Die Eintrittskarte.

1. Die zwischen Besucher und Unternehmer über den Besuch einer Theater- oder Varietévorstellung, einer Konzertveranstaltung oder eines Lichtspieltheaters getroffene Vereinbarung ist in der Regel Werkvertrag im Sinne des § 631 BGB[1]. Sind die Eintrittskarten dem Besucher seitens des Unternehmers unentgeltlich ausgehändigt worden, so handelt es sich um Schenkung. Diese Charakterisierung trifft aber nicht zu für Kritikerkarten, mögen sie den einzelnen Kritikern unmittelbar oder auf dem Umweg über die Zeitungsredaktionen zugehen; denn das Entgelt bei allen diesen Karten besteht in der zwar nicht ausdrücklich übernommenen, aber ohne weiteres als verkehrsüblich anzusehenden Verpflichtung zur Abfassung resp. Veröffentlichung einer Kritik.

---

[1] So die herrschende Meinung, vgl. RGZ. 59, 22, 133 S. 389. Gleicher Auffassung OLG. München in OLGRspr. 23, 46; ferner GOLDBAUM: Theaterrecht, S. 242; OPET: a. a. O. S. 216ff.; ENNECCERUS: Lehrbuch § 370, I, 2b, Anm. 8; STAUDINGER: Vorbemerkung III, 3b vor § 631; PLANCK: Kommentar, Bd. II, 2, 4. Aufl. 1928, S. 1013, Vorbemerkung zu Werkvertrag; MITTELSTEIN: Miete, S. 45, Anm. 49; BIERMANN: IheringsJ. 32, 313; MUGDAN: Die rechtliche Natur des Theaterbesuchsvertrages unter Berücksichtigung des Kontrahierungszwanges der Theaterunternehmungen, Erlanger Dissertation 1909, sieht den Theaterbesuchsvertrag als Inominatvertrag an; PICKARDT: Der Schaustellungsvertrag, Würzburger Dissertation 1912, S. 13, 26, 27 konstruiert einen besonderen Schaustellungsvertrag; die französische Literatur sieht ihn als reine Sachmiete an. OPET: a. a. O. S. 219 Anm. 2.

2. Der Abschluß des Besuchsvertrages erfolgt communi consensu. Der Besucher macht dem Unternehmer durch Forderung einer Eintrittskarte zum verkehrsüblichen Preis ein Angebot. Die Annahme dieses Angebots geschieht durch Aushändigung der Eintrittskarte und Entgegennahme des Entgelts; seine Höhe richtet sich nach dem verkehrsüblich im Vorraum des Unternehmens aufgehängten oder sonst öffentlich bekanntgemachten Preisverzeichnisse[2]. Grundsätzlich berechtigt jede Eintrittskarte nur zum einmaligen Besuche einer Vorstellung; bei einer Mehrheit von Aufführungen handelt es sich um einen Abonnements-Besuchsvertrag. BIERMANN hat zwar die Auffassung vertreten, daß umgekehrt der Besucher die vom Unternehmer in Form der öffentlichen Ankündigung abgegebene Offerte annimmt[3]. Indessen ist diese auf der gemeinrechtlichen Konstruktion der traditio in incertam personam[4] beruhende Auffassung mit der Auffassung des Verkehrs nicht in Einklang zu bringen[5], da unter diesem Gesichtspunkte in öffentlichen, lediglich unter dem Gesichtspunkte der Kundenwerbung erfolgenden Ankündigungen ein den Unternehmer verpflichtendes und bindendes Angebot unmöglich erblickt werden kann. Vielmehr ist der Rechtsvorgang der gleiche, als wenn der Fabrikant unaufgefordert an einen unbestimmten und unbegrenzten Personenkreis Preisverzeichnisse versendet. Hier wie dort ist in diesen öffentlichen Ankündigungen und Anpreisungen nur die Einladung zur Abgabe von Offerten, niemals aber die Offerte selbst zu erblicken.

3. Die rechtliche Natur der Eintrittskarte, insbesondere der sogenannten „Tageskarte“, charakterisiert dadurch, daß sie neben der Be-

---

[2] Öffentliches Angebot von Freibilletts, etwa des Inhalts: „T.-Palast, *Größtes Theater Westfalens*, Freibillett Nr. exkl. Unkosten, Steuer, Programm etc.“ verstößt gegen § 3 UnlWG., falls auf jedes solcher Billetts an der Theaterkasse 0,50 M. bezahlt werden müssen, wofür Plätze von M. 1.— an aufwärts ausschließlich Logenplätzen gewährt werden (OLG. Hamm 2. Juli 1929 — 3. U. 180/29 — (bisher nicht veröffentlicht). Vereinbarungen von Unternehmern eines bestimmten Bezirkes über die Höhe der Eintrittspreise unter gegenseitiger Verpflichtung zur Einhaltung können möglicherweise gegen §§ 4, 8 der Verordnung gegen Mißbrauch wirtschaftlicher Machtstellungen v. 2. November 1923 verstoßen. Auf alle Fälle bedürfen derartige Verträge der Schriftform, wozu indessen nach der Rechtssprechung des Kammergerichts und Kartellgerichts Beurkundung der Beschlüsse in Gemäßheit der Satzungsbestimmungen genügt. Vgl. WUNDERLICH: Die wichtigsten Bestimmungen der Kartellverordnung im Rahmen des BGB. Berlin 1931, 9; falsch daher die in Jahrb. der Filmindustrie 1930, 503ff. abgedruckte Entscheidung des Landgerichts Fürth i. Bayern v. 19. Juni 1929.

[3] Vgl. BIERMANN: IheringsJ., 32, 292ff.

[4] Vgl. auch SOHM: GoldschmidtsZ. 17, 50.

[5] Vgl. NIPPERDEY: Kontrahierungszwang, Jena 1920, a. a. O. S. 21ff., insbes. S. 22; durchaus ablehnend auch GOLDBAUM: S. 243 sowie neuerdings RGZ. 133, 389. A. A. WOLFF-CRISOLLI: Reklamerecht, S. 316, die sich zu Unrecht auf die herrschende Meinung berufen.

zeichnung des Unternehmens und dem Tage der Gültigkeit nur noch die auf den Platz bezüglichen Angaben, wie Rang, Seite, Kontrollnummer, aber nicht den Namen des Erwerbers enthält, gehörte zu einem der umstrittensten Probleme des gemeinen Rechts. Die herrschende Auffassung sprach sich für Inhaberpapierqualität aus[6]. Auch vom Standpunkte des geltenden bürgerlichen Rechtes kann die Entscheidung nicht anders lauten; denn es handelt sich bei den Eintrittskarten um Urkunden, die bestimmungsgemäß dem jeweiligen Inhaber ein selbständiges, nicht abgeleitetes Forderungsrecht verschaffen sollen[7] (§ 807 BGB. in Verbindung mit § 793 BGB.). Bei den auf Namen ausgestellten Abonnementsbilletts und solchen Eintrittskarten, die üblicherweise an mit besonderer Legitimation versehene Träger wie Studenten, Militär, Vereinsmitglieder ausgegeben werden, handelt es sich um „hinkende Inhaberpapiere", die den Unternehmer zwar berechtigen, aber nicht verpflichten, an jeden Inhaber zu leisten (§ 808 BGB.). Der Unternehmer kann hier vielmehr Legitimation verlangen, während er bei den Urkunden aus § 807 BGB. seinerseits die Nichtberechtigung des Inhabers beweisen muß[8], mit der Maßgabe indessen, daß er durch Leistung an den Inhaber, auch wenn dieser nicht wahrer Gläubiger ist, befreit wird.

Auch das entwertete Theaterbillet ist als qualifiziertes Legitimationspapier im Sinne des § 808 BGB. anzusehen. Der Theaterkontrolleur kann also von dem Besucher beim Wiederbetreten der Theaterräume nach einer Pause den Nachweis fordern, daß er auch vor der Pause der Vorstellung beigewohnt hat; eine Verpflichtung des Kontrolleurs hierzu besteht indessen nicht[9]. Analoge Rechtsgrundsätze greifen in dem Fall Platz, daß Besucher mit einer bestimmten Eintrittskarte nach Beginn der Vorstellung ihren Platz wechseln, um sich einen besseren Platz auszusuchen.

Der Besucher kann die ihm aus der Eintrittskarte zustehenden Rechte ohne weiteres auf dritte Personen übertragen, also die Karte verschenken und verkaufen; denn der Unternehmer kann als Ausweis nur die Karte verlangen. Umgekehrt aber kann der Nachweis des Anspruches auf Besuch der Vorstellung nur durch die Eintrittskarte ge-

---

[6] Vgl. aus der Literatur: UNGER: Die rechtliche Natur der Inhaberpapiere, Leipzig 1857, 889; KUNZE: Die Lehre von den Inhaberpapieren, Leipzig 1857, 498 u. 518; ENDEMANN: Das deutsche Handelsrecht, 3. Aufl., 1876, 368; BESELER: System des gemeinen deutschen Privatrechts, 4. Aufl., 1885, 1, 342; FÖRSTER-ECCIUS: Preußisches Privatrecht, 6. Aufl., 1, 371; BRÜNN in Endemanns Handbuch des Handelsrechts 2, 206; TÖHL: Handelsrecht, 6. Aufl., 1, 669.

[7] Vgl. auch OERTMANN: Recht der Hausverhältnisse, S. 1314, Bem. 1 zu § 807.

[8] Vgl. OERTMANN: a. a. O. S. 1317.

[9] Um dem Kontrolleur die Nachprüfung zu erleichtern, sind häufig sogenannte „Kontremarken" eingeführt, die bei Beginn der Pause ausgegeben, bei Beendigung der Pause wieder abgegeben werden.

führt werden. Qualifizierte Legitimationspapiere, also Abonnements- oder sonstige Namenskarten sind nicht übertragbar; übrigens ist ihre Übertragbarkeit in der Regel auch durch einen besonderen Aufdruck auf der Karte „Nicht verkäuflich“, „Nicht übertragbar“ ausgeschlossen. Dagegen kann bei ihnen der Nachweis der Berechtigung des Besuchs der Theatervorstellung im Gegensatz zur gewöhnlichen Eintrittskarte auch in jeder anderen Weise geführt werden[10].

Bei Gutgläubigkeit des Unternehmers resp. seiner Gehilfen, der Kontrolleure, im Falle des Diebstahls oder Verlustes der Karte tritt eine Schadensersatzpflicht nicht ein; das Risiko trägt ausschließlich der Kartenerwerber. Auch Schlechtgläubigkeit, also Kenntnis des mangelnden Verfügungsrechtes des Besuchers, wirkt befreiend (§ 793 BGB.), es sei denn, daß der Tatbestand der Begünstigung einer strafbaren Handlung in der Leistung an den Inhaber liegt (§ 823 Abs. 2 BGB. in Verbindung mit § 257 StGB.) oder §§ 226, 826 BGB. Anwendung finden[11]. Ein bei dem Unternehmer begangener Diebstahl berechtigt den Unternehmer nicht zur Leistungsverweigerung, es sei denn, daß es sich um eine Leistung an den Dieb selbst handelt.

Bei Abgabe der Eintrittskarten an die Besucher darf der Unternehmer resp. das in diesem Falle als Erfüllungsgehilfen in Betracht kommende Kassenpersonal nicht nach Willkür verfahren, indem einem Besucher, vielleicht wegen seiner guten Beziehungen, „gute Plätze“, dem anderen „schlechte Plätze“ ausgehändigt werden. Die Karten sind vielmehr in der Reihenfolge ihrer Befestigung auf dem Billettblock abzugeben.

4. Die in neuerer Zeit häufig zu beobachtenden, hauptsächlich in wirtschaftlichen Momenten begründeten Abmachungen (Verbindung mit Darlehnsvertrag!) zwischen Theaterunternehmern und Inhabern sogenannter „Theaterbillettbüros“ über die Abgabe ganzer Vorstellungen oder sehr erheblicher Teile des Eintrittskartenbestandes lassen sich nicht unter den Begriff des gewöhnlichen Theaterbesuchsvertrages bringen; sie müssen vielmehr nach kaufähnlichen Grundsätzen beurteilt werden[12]. Gleiche Grundsätze gelten auch für Abgabe von Vorstellungen an Vereine. Bei den namentlich in großen Städten recht zahlreichen Theaterkassen der Warenhäuser, Hotels und ähnlicher Geschäfte handelt es sich um reine Vermittlungstätigkeit im Sinne des § 652 BGB.; der Geschäftsverkehr mit ihnen spielt sich in der Regel so ab, daß sie die Bestellung des Kunden entgegennehmen, diese an die eigentliche Theaterkasse weiterleiten und veranlassen, daß die bestellten Karten

---

[10] Vgl. Opet: a. a. O. S. 229.

[11] Vgl. Planck: a. a. O. S. 1559, 3 C. zu § 793.

[12] Vgl. RGZ. 63, 60; 67, 87ff.; 69, 429ff.; Pisko in Ehrenbergs Handbuch 2, 223.

an der Kasse für den Besucher bereit liegen; für ihre Tätigkeit erheben sie eine Vermittlungsgebühr, deren Höhe sich nach dem Platzpreis richtet.

5. Bei Abgabe von Eintrittskarten „im Vorverkauf" hat der Besucher einen Rechtsanspruch auf Einhaltung der öffentlich bekanntgegebenen Vorverkaufszeiten.

6. Mit den hier erörterten Problemen berührt sich die Frage des Kontrahierungszwanges. Sie ist für die Praxis insofern von erheblichem Interesse, als des öfteren Nachrichten durch die Öffentlichkeit gehen, daß mißliebige Personen, besonders Kritiker, seitens des Unternehmers vom Besuch von Theateraufführungen ausgeschlossen werden und sich hieran Prozesse knüpfen[13]. Opet a. a. O. S. 252ff. ist in eingehender Erörterung zu dem Ergebnis gelangt, daß für von Staat oder anderen öffentlichen Korporationen betriebene Theaterunternehmungen der Kontrahierungszwang als selbstverständlich anzusehen ist, weil es sich um publizistische Anstalten handelt, die ihrem Wesen nach der Benutzung durch jedermann offenstehen und deshalb jedem, wenn ihre Benutzung den vorangehenden Abschluß eines Vertrages voraussetzt, den Abschluß dieses Vertrages gestatten müssen. Für private Theaterunternehmungen bejaht Opet den Kontrahierungszwang zwar auf Grund einer vom Theaterunternehmer freiwillig übernommenen generellen Verpflichtung, allerdings mit dem Ergebnisse, daß es sich hierbei um eine dem freien Willen des Unternehmers entspringende, von ihm nach eigenem Ermessen übernommene Verpflichtung handele und deswegen das Maß einer etwaigen Einschränkung seiner Bestimmung unterliege. Von anderer Seite[14] wird der Kontrahierungszwang ganz allgemein bejaht.

Der Auffassung von Opet liegt insofern ein berechtigter Kern zugrunde, als er zwischen Theaterunternehmungen, die vom Fiskus oder der Kommune betrieben werden, und Privattheatern unterscheidet; abzulehnen ist jedenfalls grundsätzlich der Kontrahierungszwang für Privattheater; denn angesichts des durch Art. 152 RV. verfassungsgemäß gewährleisteten Grundsatzes der Vertragsfreiheit kann ein so empfindlicher Eingriff in die privatrechtliche Verpflichtungsfreiheit nur auf Grund einer auf gesetzlicher Grundlage beruhender Anordnung der Rechtsordnung erfolgen[15]; sie kann nicht dadurch ersetzt werden, daß

---

[13] Vgl. insbes. den Tatbestand in der Entsch. OLG. Hamm, 3. Februar 1931; Arch.f.Urh.R. 4, 192.

[14] Vgl. insbes. Fürst: Schuldverhältnisse aus einseitigen Rechtsgeschäften, LZ. 1910, 184.

[15] So die herrschende Meinung, vgl. Goldbaum: a. a. O. S. 244 und die dort zitierte ältere Judikatur; Nipperdey: a. a. O. S. 23 und die führenden Kommentare zum BGB.; Wunderlich: a. a. O. S. 23; vgl. auch RGZ. 133, S. 390.

eine, übrigens bisher nicht festgestellte, gewohnheitsrechtliche Anerkennung eines Kontrahierungszwanges für das Theaterwesen[16] oder eine freiwillig übernommene Verpflichtung des Unternehmers, die sich zudem auf der oben abgelehnten Offertentheorie aufbaut, behauptet oder schließlich auf die rechtlich bevorzugte Stellung des Theaterunternehmers hingewiesen wird[17]. Anders ist dagegen m. E. die Frage des Kontrahierungszwanges für die von Staat oder Kommune betriebenen Unternehmungen zu beurteilen; bei ihnen handelt es sich in der Tat um öffentliche Anstalten, nicht um gewerbliche Unternehmungen, da jede Absicht der Gewinnerzielung fehlt, sie deshalb keiner Betriebserlaubnis aus § 32 GO. bedürfen, auch nach der ständigen Rechtssprechung des Preußischen Oberverwaltungsgerichts als öffentliche Anstalten im Sinne des § 24 KAG. angesehen werden und demgemäß von der Entrichtung der Vergnügungssteuer befreit sind[18]. Die Rechtsentwicklung geht aber offenbar dahin, Rechtsverhältnisse der öffentlichen Anstalten, die keinen Gewerbebetrieb mit Gewinnerzielung ausüben, dem öffentlichen Recht zu unterstellen[19]; angesichts dieser Tendenz unterliegt es keinen grundsätzlichen Bedenken, staatliche und städtische Theater als öffentlich-rechtliche Anstalten mit privatrechtlicher Nutzungsordnung anzusehen, so daß Kontrahierungszwang besteht[20], mit anderen Worten: diese Theater sind nicht berechtigt, dritten Personen den Abschluß von Theaterbesuchsverträgen zu verweigern, vielmehr verpflichtet mit jedem Besucher zu kontrahieren[21], eine Auffassung, die übrigens auch deshalb berechtigt ist, weil es sich hier um faktische Monopolbetriebe handelt.

Das Recht des Privatunternehmers auf Zurückweisung ihm mißliebiger Personen[22] findet seine Grenzen im § 826 BGB., der auch hier

---

[16] So Fürst: a. a. O.

[17] Vgl. Reuling: GoldschmidtsZ. 16, 672; Laband: Staatsrecht III, S. 54, Anm. 6; Dernburg: Bürgerliches Recht II, 1, S. 18.

[18] Vgl. die S. 382 Anm. 5 zitierten Entsch. des OVG. und S. 276.

[19] Vgl. Nipperdey: a. a. O. S. 27.

[20] So auch Nipperdey: S. 28, während S. 47, Anm. 1 ohne weitere Begründung die Auffassung vertreten wird, daß von öffentlich-rechtlichen Korporationen betriebene Theater nicht anders als private Theater anzusehen seien, — eine Auffassung, die angesichts des unbestreitbaren Fehlens des Charakters als gewerbliche Unternehmung m. E. nicht zutreffend ist — und deshalb der Kontrahierungszwang auch für publizistische Theater abgelehnt wird; gleicher Ansicht neuerdings RGZ. 133, S. 391.

[21] Nach Preußischem Verwaltungsrecht sind daher für Klagen gegen städtische Theater auf Gewährung des Eintritts gegen eine gültige Eintrittskarte gemäß § 18 ZG. niemals die ordentlichen Gerichte, sondern nur die Verwaltungsgerichte zuständig. Dies wird verkannt vom OLG. Hamm, 3. Februar 1921, Arch.f.Urh.R. 4, 192.

[22] So der Titel einer das Problem in gründlicher Weise behandelnden Dissertation von Selbiger: Erlangen 1898.

als Rechtssatz höherer Ordnung berufen ist, schädlichen Auswirkungen der Vertragsfreiheit entgegenzuwirken. Von diesem Gesichtspunkte aus ist auch das Verhalten des Unternehmers gegenüber der Theaterkritik zu beurteilen. Ungünstige Theaterkritiken berechtigen den Unternehmer keineswegs ohne weiteres, auch wenn ein Kontrahierungszwang nicht besteht, zum Ausschluß des Kritikers vom Besuch der Vorstellungen, da auf diese Weise für den Kritiker die Unmöglichkeit eintritt, weiterhin Kritiken zu schreiben, er also in seiner Existenz gefährdet wird. Diese Existenzbedrohung ist um so verwerflicher, weil der Unternehmer wohl ein Recht auf sachliche, keineswegs aber auf günstige Kritik besitzt. Ist aber die Kritik unsachlich und in der offenbaren Absicht erfolgt, den Unternehmer zu schädigen, so kann sich der Kritiker bei etwaigen Ausschlußmaßnahmen nicht auf Sittenwidrigkeit des Vorgehens des Unternehmers gegen ihn berufen, da er selbst sittenwidrig handelt. Bedenklich ist die neuerdings vom OLG. Hamm vertretene Auffassung (vgl. Entsch. S. 503 Anm. 21) der Berechtigung eines Theaterverbotes bereits dann, falls der Unternehmer die Kritiken für unsachlich, unrichtig und schädigend gehalten hat; denn es wird auf das subjektive Ermessen des Unternehmers, statt auf das objektive Urteil des Richters abgestellt.

Unter Zugrundelegung der eben entwickelten Gesichtspunkte beantwortet sich auch ohne weiteres die mehrfach in Schrifttum und Rechtssprechung behandelte Frage einer Umgehung des Theaterverbots in der Weise, daß der ausgeschlossene Theaterbesucher die Eintrittskarte durch eine dritte Person kaufen läßt und auf Grund dieser Eintrittskarte den Zutritt zum Theater fordert; war das Theaterverbot begründet, so kann sich der ausgeschlossene Besucher auf diesem Wege nicht den Eintritt erzwingen, da er Rechtsnachfolger des ursprünglichen Inhabers ist, sich also alle Einwendungen entgegengehalten lassen muß, die dem ursprünglichen Inhaber gegenüber begründet sind (§ 404 BGB.). An den ursprünglichen Inhaber ist aber das Billett trotz grundsätzlicher Übertragbarkeit der Rechte nur unter der stillschweigenden Bedingung verkauft worden, daß die Übertragung nicht an ausgeschlossene Besucher erfolgt. War das Theaterverbot unbegründet, so kann verständlicherweise von einer unzulässigen Überschreitung des Verbots keine Rede sein.

Die gleichen Grundsätze greifen analog Platz, sobald es sich nicht um den einzelnen Kritiker, sondern um die Zeitung als solche, die in diesem Falle entweder durch den Chefredakteur oder den Unternehmer vertreten wird, handelt. D. h.: Bei staatlichen und städtischen Theatern kann das Verlangen auf Übersendung von Kritikerkarten überhaupt nicht abgelehnt werden; Privattheater können die verkehrsübliche Übersendung von Kritikerkarten dann einstellen, wenn der Betrieb durch hämische und herabsetzende Kritiken unsachlicher Art geschädigt wird.

§ 73. Der Inhalt des Besuchsvertrages.

1. Gegenstand jedes Besuchsvertrages ist die einwandfreie Darbietung der angekündigten Theatervorstellung, Konzertveranstaltung, Filmvorführung. Einwandfrei ist die Darbietung stets dann, wenn sie zur angekündigten Zeit und am angekündigten Orte erfolgt[1], es sich um das angekündigte Stück (Konzert) oder den angekündigten Film in seiner angekündigten Besetzung handelt, der auf der Eintrittskarte verzeichnete Platz zur unbeschränkten Verfügung des Besuchers steht und schließlich die Darbietung ihrem Inhalte nach so beschaffen ist, daß sie als vertragsgemäße Leistung angesehen werden kann.

a) Die Vorstellung hat stets an dem auf der Eintrittskarte verzeichneten Orte stattzufinden, es sei denn, daß zwingende technische, vom Unternehmer nicht zu vertretende Mängel dies unmöglich machen.

b) Es muß stets das angekündigte Stück (Film) gespielt werden. Der Kauf einer Karte für den Besuch der „Drei-Groschen-Oper“ enthält noch kein Einverständnis mit der Aufführung eines anderen Stückes[2]. Ist der angekündigte Film infolge technischer Mängel nicht vorführungsfähig, so ist der Besucher nicht verpflichtet, sich einen Ersatzfilm anzusehen. Ausdrückliche Ankündigung einer Konzertvorführung unter Beteiligung des philharmonischen Orchesters berechtigt nicht zur Verwendung eines anderen Orchesters. Kein Recht auf Rückgabe der Karte bzw. Rückforderung des Eintrittspreises besteht dann, falls das angekündigte Stück mit wesentlichen Änderungen aufgeführt wird[3], da unter Berücksichtigung der Tatsache, daß die bühnenmäßige Aufführung eines Theaterstückes sich oft sehr weitgehend vom Original entfernt[4], die grundsätzliche Anerkennung dieses Rechtes der Schikane mutwilliger Theaterbesucher Tür und Tor öffnen würde. Es ist weiterhin selbstverständliche Pflicht des Unternehmers, das Stück in der angekündigten Besetzung aufzuführen und keinen den öffentlichen Ankündigungen widersprechenden Rollenumtausch vorzunehmen; dieser Grundsatz gilt für Gastspiele ohne jede Einschränkung. Bei Ankündigung der Meistersingeraufführung mit Michael Bohnen als Gast braucht der Besucher keineswegs damit einverstanden zu sein, daß die Rolle des Hans Sachs mit einem anderen Sänger besetzt ist; bei Ensemblestücken ist jedenfalls der Rollenumtausch dann nicht gestattet, falls es sich um Träger einer Hauptrolle oder um Vorstellungen handelt, bei denen die Persönlichkeit eines einzelnen Darstellers durch seine Kunst vor den übrigen hervortritt und für die Wertung der Gesamtwirkung derartig entscheidend mitwirkt, daß gerade sein Auftreten das Publikum zum

[1] Daher Fixgeschäft, vgl. Oertmann: a. a. O. S. 357, Anm. 1 zu § 361.
[2] Vgl. OLG. München 1. Februar 1911; OLGRspr. 23, 46.
[3] A. A. Opet: a. a. O. S. 244; Goldbaum: S. 249. [4] Vgl. S. 63ff.

Besuche des Theaters bestimmt. Ist also eine Operettenaufführung mit Richard Tauber angekündigt, so liegt keine vertragsmäßige Leistung vor, falls die Rolle Taubers von einem anderen Tenor gesungen wird; denn der Besucher hat sich die Karte offenbar wegen der Mitwirkung Taubers gelöst. Eine andere Beurteilung greift dann Platz, falls es sich um eine ausgesprochene Ensemblevorstellung gleichwertiger Kräfte handelt und ein Mitglied aus vom Unternehmer nicht zu vertretenden Umständen plötzlich verhindert ist, so daß dadurch unter Umständen die Abhaltung der gesamten Vorstellung in Frage gestellt wird. In diesem Falle muß es dem Unternehmer gestattet sein, gleichwertigen Ersatz zu beschaffen. Dieser Fall ist indessen grundverschieden von dem Falle, daß ein Stück in sogenannter „Erster Besetzung" angekündigt ist, tatsächlich aber, obwohl keinerlei zwingende Gründe vorliegen[5], in zweiter Besetzung gespielt wird.

c) Der Besucher ist berechtigt, die Einräumung des auf seiner Karte verzeichneten Platzes zu verlangen, da die Überlassung des Gebrauchs zum Zwecke der Werkleistung erfolgt, daher Mittel zur Ausführung der eigentlichen Vertragsleistung des Unternehmers ist[6]. Der verkaufte Platz muß derart gelegen sein, daß von ihm die einwandfreie Wahrnehmung der Vorstellung resp. Vorführung möglich ist.

d) Der Inhalt der Aufführung resp. Vorführung muß so beschaffen sein, daß sie als vertragsgemäße Leistung angesehen werden kann, darf also nicht solche Mängel tragen, daß von einer Theateraufführung bzw. Vorführung überhaupt nicht mehr die Rede sein kann. Ist beispielsweise bei einer Filmvorführung die vorgeführte Kopie derartig verregnet oder die Tonfilmwiedergabe so schlecht, daß weder Handlung noch Sprache ordnungsmäßig wahrgenommen werden können, oder spielen bei einer Theatervorstellung infolge mangelhafter Regie die Darsteller derartig minderwertig und verkehrt, daß fortwährendes Eingreifen des Souffleurs oder gar Ablesen der Rollen notwendig ist, so besteht ein Recht auf Rückforderung des Eintrittspreises. Inhaltliche Mängel des Films oder des Theaterstücks sind unerheblich[7].

Die hier entwickelten Rechtsgrundsätze gelten im allgemeinen auch für den Theaterabonnementsvertrag; allerdings werden sich die Abonnenten stets gewisse Änderungen des Spielplanes auf Grund geänderter Verhältnisse gefallen lassen müssen. Der Abschluß des Abonnementsver-

---

[5] Vgl. Urteil LG. III, 9. Oktober 1920, KGBl. 1921, 8 (Ankündigung eines Stückes mit Cläre Waldoff); ferner Opet: JW. 1921, 418; Kessler: Recht 1904, 438; Conradis: Recht 1904, 525; Schreiber: ÖsterrAllgGZ. 42, 10 sowie Alexander Elster: „Bitte, das Eintrittsgeld zurück." DAllgZ. 13. Oktober 31.

[6] Vgl. auch Planck: a. a. O. S. 1019, Bem. 3, Vorbem. zu § 631, Nr. 3; Enneccerus: § 73, Anm. 8; Rietzler: S. 50; Reindl: Recht 1917, 279.

[7] So auch Goldbaum: a. a. O. S. 250. Unklar Eckstein: a. a. O. S. 423.

trages erfolgt, namentlich in der Provinz, auf Grund eines Prospektes, der die Angabe der während der Spielzeit zur Aufführung gelangenden Theaterstücke enthält. Werden einzelne dieser Theaterstücke infolge Schwierigkeiten in der Rollenbesetzung oder wegen anderer Hindernisse nicht aufgeführt, so besteht kein Recht auf Wandlung resp. Minderung[8].

e) Zu den eben angeführten Hauptverpflichtungen treten noch eine Reihe sie vervollständigender Nebenverpflichtungen. Der Unternehmer haftet für den verkehrssicheren Zustand aller derjenigen Gebäulichkeiten, in denen die Veranstaltungen stattfinden; diese Haftung beginnt bereits mit dem Betreten der Vorräume zwecks Lösung der Karte[9]. Sachlich begreift diese Haftung alle irgendwie möglichen Unfälle, die sich etwa infolge schlechter baulicher Einrichtungen[10], Nachlässigkeit in der Befestigung von Einrichtungsgegenständen oder durch nicht sachgemäße Ausführungen der Veranstaltungen (ein nicht ordnungsmäßig befestigtes Trapez verletzt beim Herabfallen den Besucher)[11] ereignen. Für den durch sein Personal angerichteten Schaden haftet der Unternehmer aus dem Gesichtspunkte der §§ 276, 278 BGB.[12].

Verkehrsüblich befinden sich in jedem Theatergebäude besondere Garderobenräume für die Besucher. Die Garderobenablage erfolgt in der Weise, daß der Besucher gegen Zahlung einer bestimmten Garderobengebühr eine Garderobenmarke erhält. Sie ist bloßes Beweismittel, Legitimationsausweis[13], also keine Urkunde im Sinne des § 807 BGB.[14]. Verwendung von Garderobenmarken, bei denen die Gefahr der Nachahmung oder Verfälschung gegeben ist, begründet Schadensersatzpflicht des Unternehmers. Der Unternehmer haftet auch bei Verpachtung der Garderobe für Verschulden des Garderobenpächters bzw. der Angestellten des Garderobenpächters bei ordnungswidriger Herausgabe der Garderobe[15], da er mit dem Abschlusse des Besuchsvertrages auch die Verpflichtung übernimmt, für ordnungsmäßige Aufbewahrung der Garderobe auf Verlangen Sorge zu tragen, mithin in jedem Falle das Garderobenpersonal als Erfüllungsgehilfe des Unternehmers im Sinne des § 278 BGB. zu betrachten ist. Aus diesem Grunde haftet der Unter-

---

[8] Vgl. auch Entsch. OLG. Hamburg, 15. Dezember 1914, SeuffArch. 70, Nr. 100, S. 177.

[9] Vgl. RG. DJZ. 1907, 481 und SeuffBl. Jahrg. 72, S. 537ff.; Fürst: a. a. O. S. 181; Goldbaum: a. a. O. S. 253.

[10] RGZ. 65, 19; SeuffBl. 72, 537. [11] Vgl. RGZ. 59, 21.

[12] Im einzelnen vgl. wegen der hierbei auftretenden Fragen die Kommentare zum BG zu § 278.

[13] Vgl. OLG. Darmstadt, DJZ. 1903, S. 252; HansRGZ. Bd. 25, Beilage S. 85.

[14] Vgl. Planck: a. a. O. S. 1589, Bem. 1 zu § 807; Oertmann: Bem. 1 zu § 807; Warneyer: Komm. zu § 807, S. 1390.

[15] Vgl. RG. 16. Januar 1920; Warneyer: Rechtspr. 20, Nr. 77, S. 99. KG. DJZ. 1919, 941; OLG. Breslau 19. April 1918; Soergel: Rechtspr. 20, 110.

nehmer auch für falsche Auskünfte des Garderobenpersonals, z. B. wenn ein Besucher seinen wertvollen Pelzmantel auf die Erklärung der Garderobenfrau, daß die Loge verschließbar sei, in die Loge mitnimmt, während in Wirklichkeit diese Auskunft falsch ist und zur Ursache für die Entwendung des Mantels wird[16].

Bei Verlust der Garderobenmarke kann die Garderobe auch ohne sie herausverlangt werden, sobald der Verlierer den einwandfreien Nachweis seines Eigentums erbringt; war inzwischen die Garderobe gegen Marke bereits herausgegeben worden, haftet der Unternehmer nicht, da nur das Recht, keineswegs die Pflicht der Legitimationsprüfung besteht.

Annahme und Abgabe der Garderobe folgt Prioritätsgrundsätzen[17].

Eine Verpflichtung des Unternehmers zur Lieferung eines Programms besteht nicht, es sei denn, daß die Preisgestellung der Eintrittskarten ausdrücklich unter Einschluß des Programms erfolgt. Auf der anderen Seite besteht auch kein Zwang für den Theater- oder Konzertbesucher, ein Programm zu kaufen. Tut er es, so handelt es sich um den Abschluß eines selbständigen Kaufvertrages, der mit dem Besuchsvertrage an sich nichts zu tun hat.

Vermietung von Operngläsern geschieht regelmäßig nicht durch den Unternehmer, sondern durch die in dieser Beziehung selbständig, also nicht als Erfüllungsgehilfen des Unternehmers handelnden Platzanweiser. Daher besteht keine Haftung des Unternehmers in derartigen Fällen[18].

2. Die Hauptverpflichtung des Besuchers besteht in der Entrichtung des vereinbarten Entgelts. Vereinbart ist dasjenige Entgelt, das in den öffentlichen, als Grundlage des Angebots dienenden Ankündigungen genannt ist. Werden seitens des Unternehmers im großen Umfange Karten an Theaterbillettbüros[19] zu Vorzugspreisen ausgegeben oder sind die Theaterbillettbüros infolge Kaufs der Vorstellungen in der Lage, den Preis der einzelnen Eintrittskarten niedriger zu stellen als er in der öffentlichen Ankündigung angegeben ist, so kommt möglicherweise Anfechtung des Vertrages wegen Irrtums oder arglistiger Täuschung in Betracht. Bei sogenannten „Steuerbilletts" bildet die vom Besucher zu entrichtende Steuer die Vergütung im Sinne des § 631 BGB.

Mit dem Betreten der Theaterräume unterwirft sich der Besucher dem Hausrechte des Unternehmers. Er ist demgemäß verpflichtet, das Billett dem Platzanweiser zwecks Koupierung vorzuzeigen, die Kleidervorschriften zu beachten (Ablage von Garderobenstücken, evtl. nur

---

[16] Vgl. die Anm. 15 zitierte Entsch. des RG.
[17] Vgl. ELSTER: HWRechtsW. 6, 15.
[18] So auch GOLDBAUM: a. a. O. S. 254. [19] Vgl. S. 501.

Stöcken und Hüten, Erscheinen in einem bestimmten Anzuge), sich gebührlich im Theater zu benehmen. Zur Entfernung des Besuchers aus den Theaterräumen sind der Unternehmer resp. seine Angestellten nur dann berechtigt, falls der Besucher in irgendeiner Weise das Hausrecht resp. die Hausordnung verletzt, da nur in diesem Falle sein Verbleiben in den Räumen widerrechtlich ist (§ 123 StGB.)[20]. Eine generelle Beantwortung der Frage, wann ungebührliches Benehmen vorliegt, läßt sich nicht geben. Gerade die öffentliche Aufführung eines Theaterstückes oder Vorführung eines Films ist oft von lärmenden Beifalls- oder Mißfallskundgebungen begleitet. Kundgebungen dieser Art können keineswegs als Ungebührlichkeiten bezeichnet werden; denn es entspricht dem allgemeinen Volksempfinden, in dieser Weise die Kritik an der Veranstaltung zum Ausdruck zu bringen. Allerdings müssen sich diese Kundgebungen in bestimmten Grenzen halten, dürfen sich also nicht darauf erstrecken, widersprechende Besucher körperlich zu mißhandeln, Einrichtungsgegenstände des Theaters zu demolieren oder die Schauspieler mit Gegenständen zu bewerfen, so daß ein Weiterspielen nur mit Schwierigkeiten verbunden ist. In diesem Falle kann der Unternehmer ohne weiteres von seinem Hausrechte Gebrauch machen und die „Hauptschreier" entfernen, evtl. auch polizeilichen Schutz in Anspruch zu nehmen[21]. Da Angriffe gegen das sittliche oder religiöse Gefühl, sowie das vaterländische Empfinden in der Rechtssprechung als wehrfähig anerkannt sind, mithin Notwehr gegenüber derartigen Angriffen zulässig ist[22], so wird allerdings eine Bestrafung in seltenen Fällen möglich sein.

3. Da der Besuchsvertrag Fixgeschäft ist[23], so ist bei Verzug des Unternehmers mit einer der Hauptverpflichtungen der Besucher ohne weitere Fristsetzung zum Rücktritt vom Vertrage und zur Rückforderung der bereits geleisteten Vergütung berechtigt. Beim Abonnementsvertrage kommen möglicherweise die Minderungsvorschriften gemäß § 634 BGB. zur Anwendung. Handelt es sich um einen vom Unternehmer zu vertretenden Mangel, so kann daneben noch Schadensersatz wegen Nichterfüllung verlangt werden.

Grundsätzlich ist auch eine Klage auf Erfüllung gegeben; allerdings wird die praktische Durchführung dieser Klage stets daran scheitern, daß bereits die in Betracht kommende Zeit abgelaufen ist.

---

[20] Vgl. auch Frank: StGB. a. a. O. S. 313, Anm. 2 zu § 123.

[21] Vgl. auch S. 316.

[22] Vgl. auch OLG. Dresden, bei GoltdArch. 69, 379; Frank: a. a. O. S. 159, Anm. 1 zu § 53; Rothenbücher (S. 322 Anm. 6): a. a. O. S. 223; Oetker: vgl. Darst. des deutschen und ausländischen Strafrechts AT. 2, 294ff.; die Rechtssprechung muß lebhaftesten Bedenken unterliegen, da sie ungeahnte Perspektiven einer richterlichen Zensur eröffnet.

[23] Vgl. S. 505 Anm. 1.

Eine Erstattung des Eintrittsgeldes findet dann nicht statt, falls es sich um ein begründeterweise ausgesprochenes Theaterverbot handelt oder der Besucher wegen Zuwiderhandlung oder aus einem anderen berechtigten Grunde (z. B. wegen ungebührlichen Benehmens) aus dem Theater entfernt wird.

§ 74. Die Beendigung des Besuchsvertrages.

Ordnungsmäßige Beendigung des Besuchsvertrages liegt vor, sobald der Unternehmer die Veranstaltung in der ihm obliegenden Form durchgeführt, der Besucher die vereinbarte Vergütung geleistet hat. Außerordentliche Beendigungsgründe sind:

a) Kündigung des Besuchers (§ 649 BGB.). Der Besucher ist berechtigt, bis zum Beginn der Vorstellung die Karte ohne Anspruch auf Rückgewähr der geleisteten Vergütung zurückzugeben. Ein Recht des Besuchers auf Verwendung dieser Karte bei Rückgabe besteht nicht; im Gegenteil, der Unternehmer ist berechtigt, zunächst die noch nicht ausgegebenen Karten abzusetzen. Erst dann sind die zurückgegebenen Karten zu verwenden. In diesem Falle ist der Kartenpreis dem Besucher zurückzuzahlen. Analoge Grundsätze gelten für den Fall, daß ein Abonnent Karten zurückgibt, weil er am Besuche der Vorstellung verhindert ist.

b) Tod. Tod des Unternehmers hebt den Besuchsvertrag infolge seiner werkvertraglichen Natur nicht auf, kann aber Komplikationen herbeiführen, da die Betriebserlaubnis aus § 32 GO. mit dem Tode erlischt. Ist also kein geeigneter Nachfolger vorhanden (§§ 45, 46 GO.), so ist eine Schließung des Unternehmens erforderlich. Dem Besucher ist mangels Leistung ein etwa bezahlter Betrag zurückzuerstatten.

Tod des Besuchers führt ebenfalls keine Aufhebung des Vertrages herbei; Rechte und Pflichten des Vertrages gehen auf die Erben über. Auf den Abonnementsvertrag findet § 323 BGB. Anwendung.

c) Konkurs. Der Konkurs ist insofern bedeutungslos, als er in keinem Falle, also sowohl auf Unternehmer- wie Besucherseite, eine Beendigung herbeiführt. Etwaige Forderungen des Besuchers auf Rückzahlung der Vergütung resp. der Abonnenten auf Rückzahlung des noch nicht verbrauchten Abonnementsbetrages bilden einfache Konkursforderung.

d) Unmöglichkeit des Vertrages ist nach allgemeinen Rechtsgrundsätzen zu beurteilen. Entziehung der Betriebserlaubnis ist stets vom Unternehmer zu vertreten, desgleichen Wegfall der Vorstellung wegen Erkrankung eines Schauspielers, da der Unternehmer mit einer derartigen Möglichkeit stets rechnen, also Ersatz immer zur Hand haben muß[24]. Handelt es sich um vom Unternehmer nicht zu vertretende Tatsachen — brennt das Theater ab oder können infolge Anordnung einer allgemeinen Landestrauer die Vorstellungen nicht stattfinden —, so findet § 325 BGB. Anwendung.

II. Unternehmensrecht.

§ 75. Der Theater- Film- Schaustellungs- und Konzertbetrieb als gewerbliches Unternehmen.

Jedes Theater- Varieté- und Filmunternehmen ist mit Ausnahme der Fälle, in denen eine Korporation des öffentlichen Rechtes, ein Land oder die Kommune Unternehmer ist, ein gewerbliches Unternehmen, das in der Regel nach Art und Umfang einen in kaufmännischer Weise eingerichteten Geschäftsbetrieb erfordert (§ 2 HGB.). Es kann als solches Gegenstand besonderer Rechte und Pflichten sein, ist also übertragbar und vererblich, soweit nicht Vorschriften des öffentlichen Rechtes entgegenstehen.

Die Übertragung kann sich entweder in den Formen des Kaufvertrages oder der Überlassung zur zeitweiligen Benutzung vollziehen; im ersteren Falle scheidet der Unternehmer vollkommen aus, im zweiten Falle fällt das Unternehmen nach Beendigung des Vertrages wiederum an den Unternehmer zurück.

a) Inhalt dieses Kaufvertrages sind nicht nur die einzelnen körperlichen Gegenstände und Rechte (Bestuhlung, Beleuchtung, Fundus, Dekorationen, Urheberrechte), sondern das Unternehmen als solches, also die Summe aller derjenigen materiellen und immateriellen Beziehungen, die sich mit seinem Begriff als Einheit verknüpfen, z. B. Lage, Kundschaft, bisherige geschäftliche Beziehungen. Es ist unerheblich, ob im Kaufvertrage diese Punkte ausdrücklich hervorgehoben sind oder aus der Preisgestaltung hervorgehen. Auf jeden Fall bildet das Unternehmen zu seiner Gänze den Inhalt des Kaufvertrages; auf seine materiellen und immateriellen Werte erstrecken sich die gegenseitigen Rechte und Pflichten. Der Kaufvertrag ist aus den §§ 459ff. BGB. zu beurteilen[1]. Die Haftung für im früheren Geschäftsbetriebe begründete Verbindlichkeiten des Verkäufers regelt sich nach den §§ 25ff. HGB.; evtl. kann § 419 BGB. in Frage kommen.

---

[24] GOLDBAUM: a. a. O. S. 256; OPET: a. a. O. S. 427. Anders liegt der Fall bei Gastspielen oder Starmitwirkung, vgl. S. 505.

[1] Vgl. die S. 501 Anm. 12 zitierten Entscheidungen.

Eine Sonderheit mag für Kinokaufverträge vermerkt werden: Hier wird auch mangels ausdrücklicher Erwähnung im Kaufvertrage als verkehrsüblich zu gelten haben, daß der Verkäufer nicht berechtigt ist, im nahen Umkreise des verkauften Kinos ein neues Kino zu betreiben, und zwar schon aus dem wettbewerbsrechtlichen Grunde eines unzulässigen Einbruchs in die verkaufte Kundschaft. In der Praxis wird die Einhaltung dieser Verpflichtung meist durch eine Konventionalstrafe gesichert.

Der Kaufvertrag ist an keine Form gebunden, kann also sowohl mündlich wie schriftlich, wie fernmündlich erfolgen, es sei denn, daß sich das verkaufte Unternehmen im eigenen Gebäude befindet und dieses mitverkauft wird; in diesem Falle erstreckt sich der Formenzwang des § 313 BGB. nicht nur auf den die Verpflichtung zur Übertragung des Eigentums an dem Grundstück betreffenden Bestandteil des Vertrages, sondern auf alle Vereinbarungen, aus denen sich nach dem Willen der Vertragschließenden der schuldrechtliche Veräußerungsvertrag, Leistung und Gegenleistung, zusammensetzen soll[2].

Die zum Betriebe eines Sprechtheater- oder Varietéunternehmens notwendige Betriebserlaubnis hat mit der Gültigkeit des Kaufvertrages an sich nichts zu tun. Der Abschluß eines Kaufvertrages vor Erteilung der Betriebserlaubnis ist also nicht etwa nichtig, da es sich nicht um objektive Unmöglichkeit, sondern um subjektives Unvermögen handelt. Abschluß eines derartigen Kaufvertrages ohne späteren Erhalt der Betriebserlaubnis geht zu Lasten des Käufers, der auf das Erfüllungsinteresse haftet[3].

b) Verträge über die entgeltliche zeitweise Überlassung von Theatern können entweder Miets- oder Pachtverträge sein, je nachdem dem Benutzer nicht nur der Gebrauch, sondern auch der Fruchtgenuß gewährt ist. Maßgebend ist für die Unterscheidung der von den Parteien gewollte Vertragszweck und der Inhalt der eingeräumten Befugnisse, nicht die Bezeichnung, die die Parteien dem Vertrage geben[4]. Überlassung der Räume zu gewerblichen Zwecken ist allein nicht entscheidend für Verpachtung[5]; erforderlich ist, daß die Räume nicht nur baulich, sondern auch hinsichtlich der sonstigen Ausstattung bei der Überlassung im wesentlichen schon derart eingerichtet sind, daß der Gewerbebetrieb in ihnen beginnen kann und daß ferner die Ausstattungsgegenstände, also das Inventar mit überlassen werden. „Die Räume selbst müssen die eigentliche Quelle des Erwerbs sein[6].“ Von diesen Gesichtspunkten ausgehend hat die Rechtssprechung für Miete sich

---

[2] Vgl. WARNEYER: a. a. O. I, zu § 313, S. 594 und die dort angegebene umfangreiche Judikatur und Literatur.

[3] Vgl. RG. 69, 357. [4] Vgl. RG. 91, 310. [5] Vgl. RG. 81, 23.

[6] Vgl. WARNEYER: a. a. O. 1, 966.

stets dann entschieden, wenn der Benutzer sich selbst das erforderliche Inventar beschaffen muß[7]. Ebenso wurde ein Mietsvertrag in dem Falle angenommen, daß die Benutzung der Räume zunächst ohne Inventar vereinbart und das vorhandene Inventar durch einen gesonderten Vertrag später übernommen wurde. Als Pacht wurde die Überlassung des Theatergebäudes mit Fundus angesehen[8]. Da die Rechtsfolgen zwischen Miet- und Pachtvertrag wesentlich abweichend geregelt sind — insbesondere liegt bei Behinderung durch behördliche Anordnungen keine Unmöglichkeit der Gebrauchsgewährung durch den Vermieter vor, so daß der Mieter verpflichtet bleibt, den Mietszins zu zahlen, während beim Pachtvertrag derartige behördliche Anordnungen zu einer Unmöglichkeit der Fruchtziehung und damit zur Befreiung des Pächters führen können[9] —, ist bei Abfassung derartiger Verträge die Natur des in Rede stehenden Vertrages möglichst genau zu bezeichnen. Bei Überlassung nicht dem Vermieter oder Verpächter eigentümlich gehörender Räume muß, wie übrigens auch beim Kaufvertrage, erforderlichenfalls die Genehmigung des Hauswirts zum Übergange des Miets- und Pachtvertrages vorliegen. Da unmittelbare Rechtsbeziehungen in diesem Falle zwischen Eigentümer und Dritten nicht geschaffen werden[10], so empfiehlt sich die Aufnahme von Sicherungsmaßnahmen für den Fall der Nichtzahlung der Miete oder Pacht durch den ursprünglichen Besitzer an den Eigentümer. Ist im ursprünglichen Miet- oder Pachtvertrage Weitervermietung nur mit ausdrücklicher Erlaubnis des Eigentümers zulässig, so bildet abredewidrige Weitervermietung als positive Vertragsverletzung ohne weiteres einen wichtigen Grund zum Rücktritt vom Vertrage. Bei der Abfassung von Kinotheaterverträgen ist auf ausreichende und klare Vertragsbestimmungen hinsichtlich der Übernahme etwaiger Filmverleihverträge Bedacht zu nehmen.

Wird der Mietvertrag vor Erteilung der behördlichen Betriebserlaubnis abgeschlossen, so ist eine etwa nachträglich erfolgende Versagung ohne Einfluß auf den Bestand des Mietvertrages[11]. Bei Pacht wird der Pächter frei[12]. Ist der Vertrag davon abhängig gemacht, daß der Mieter die Sache ungestört durch behördliche Eingriffe nutzen kann, so begründet Versagung der Betriebserlaubnis ein Rücktrittsrecht[13].

---

[7] Vgl. OLG. Dresden, SeuffArch. 73, 368. Dieser Fall betrifft ein Lichtspieltheater.

[8] Vgl. RG. 24. Oktober 1913; Warneyer: Rechtspr. Bd. 14, Nr. 78; RG. 10. November 1914; Warneyer: Rechtspr. Bd. 15, Nr. 47.

[9] Vgl. RG. Bd. 79, S. 92, Bd. 87, S. 277; Bd. 88, S. 96, Bd. 89, S. 203; Bd. 91, S. 310; ferner Planck: II, 2 S. 810, Vorbem. 1, zu § 537.

[10] Vgl. Mittelstein: Miete, S. 570.

[11] Vgl. OLGRspr. 16, 417; 21, 198; 22, 261; 24, 338 und Anm. 9.

[12] Vgl. Planck: a. a. O. S. 811. [13] Vgl. Planck: a. a. O. S. 811.

c) Auch Teile des Unternehmens, z. B. ein im Theater angebrachter Reklamevorhang, können vermietet werden[14]. Garderoben- und Toilettenräume des Theaters werden in der Regel verpachtet[15]. Abmachungen über Theaterreklame, wie Lichtbildervorführung und über den Inseratenteil von Konzert- und Theaterprogrammen sind nicht nach pachtrechtlichen Grundsätzen zu beurteilen; es entscheidet der Einzelfall.

d) Miet- und Pachtverträge bedürfen der Schriftform, falls sie für längere Zeit als ein Jahr abgeschlossen werden (§ 566 BGB.).

e) Bei Übergang durch Erbfolge kommen die gesetzlichen Vorschriften (§ 569 BGB.) in Betracht; hinsichtlich der Betriebserlaubnis ist § 46 GO. zu beachten[16].

f) Auf Grund des Miets- oder Pachtvertrages ist der Mieter resp. Pächter verkehrsüblich berechtigt, die üblichen Firmen- und Reklameschilder anzubringen, und zwar, soweit die Wand den gemieteten Räumlichkeiten entspricht und sich zu Reklamezwecken eignet[17]. Zur Anbringung von Lichtreklame an der Dachfront bedarf der Unternehmer der Erlaubnis des Hauseigentümers.

---

[14] Vgl. OLGRspr. 22, 201.
[15] Vgl. RG. 7. November 1911; Recht 1912, Nr. 42 und 43.
[16] Vgl. S. 291. [17] Vgl. RGZ. 80, 281; Planck: a. a. O. S. 806.

Sachverzeichnis.